# 甲子辉煌

——中国科学技术信息研究所成立60周年纪念

中国科学技术信息研究所 编

科学技术文献出版社
SCIENTIFIC AND TECHNICAL DOCUMENTATION PRESS

·北京·

图书在版编目（CIP）数据

甲子辉煌：中国科学技术信息研究所成立60周年纪念 / 中国科学技术信息研究所编. —北京：科学技术文献出版社，2016.9
ISBN 978-7-5189-1991-8

Ⅰ.①甲…　Ⅱ.①中…　Ⅲ.①中国科学技术信息研究所—纪念文集
Ⅳ.①G259.25-53

中国版本图书馆 CIP 数据核字（2016）第 234145 号

## 甲子辉煌——中国科学技术信息研究所成立60周年纪念

| | |
|---|---|
| 策划编辑：丁坤善　周国臻 | 责任编辑：周国臻　于东霞　　责任出版：张志平 |

| | |
|---|---|
| 出　版　者 | 科学技术文献出版社 |
| 地　　　址 | 北京市复兴路15号　邮编　100038 |
| 编　务　部 | （010）58882938，58882087（传真） |
| 发　行　部 | （010）58882868，58882874（传真） |
| 邮　购　部 | （010）58882873 |
| 官方网址 | www.stdp.com.cn |
| 发　行　者 | 科学技术文献出版社发行　全国各地新华书店经销 |
| 印　刷　者 | 北京时尚印佳彩色印刷有限公司 |
| 版　　　次 | 2016年9月第1版　2016年9月第1次印刷 |
| 开　　　本 | 787×1092　1/16 |
| 字　　　数 | 568千 |
| 印　　　张 | 28.5 |
| 书　　　号 | ISBN 978-7-5189-1991-8 |
| 定　　　价 | 168.00元 |

版权所有　违法必究

购买本社图书，凡字迹不清、缺页、倒页、脱页者，本社发行部负责调换

# 甲子辉煌
## ——中国科学技术信息研究所成立60周年纪念

## 编委会

**主　任**　戴国强　赵志耘

**副主任**　郭铁成　张新民　刘崎岩　张　旭　孙成显

**编委会成员**　王大庆　王险峰　朱礼军　吴运高　佟贺丰
　　　　　　　张志刚　罗　勇　郑丽颖　郑彦宁　胡红亮
　　　　　　　段黎萍　姚长青　梁　冰　蒋勇青　韩　琳
　　　　　　　程如烟　曾建勋　潘云涛

# 勇于创新铸辉煌
## ——纪念中国科学技术信息研究所成立60周年
### （代序）

1956年10月15日，中国科学技术信息研究所的前身——中国科学院科学情报研究所在周恩来总理、聂荣臻元帅等党和国家领导人的指示和关怀下正式成立。中信所的成立，标志着中国科技信息事业的开端。60年来，中信所始终秉持"资源立所、技术强所、人才兴所、依法治所"的发展理念，不断以创新精神深化改革，使中信所的公益服务、决策支持、情报研究和技术研发能力持续提升。

## 1 创新让中信所60年辉煌不断

60年的发展历程中，一代又一代的中信所人以民族振兴为己任，以服务科技发展为宗旨，以创新的精神描绘科技信息事业的蓝图，践行科技信息事业的理想。

建所之初，中信所就定位"成为全国科技文献中心，为生产和科研工作服务"，并且做出了众多创举。1959年12月，我国第一个英文版检索刊物《中国科学文摘》创刊。1962年，在全国的图书情报文献机构第一个成立检索工具书阅览室。编写的《中国图书资料分类法》《汉语主题词表》等都获得了国家科技进步奖。中信所是国家科技报告指定收藏、管理单位，国内最权威的学位论文、会议论文和美国政府科技报告等特色文献的收藏和服务中心。从20世纪60年代开始系统收集美国政府四大系列报告，已累计收集240万余份。"国家科技报告服务系统"于2014年3月1日正式开通运行，已汇集各部门、地方科技报告6万余份。

1957年12月，《科学情报工作》杂志创刊，开启了中国科技情报方法研究的大门。1959年12月，中信所编写了我国第一本情报学教材——《科技情报工作讲义》。这都是中国情报学研究的开端,对新中国的情报学研究、传播和应用起到了思想启蒙的作用。

1965年5月,中信所开始"机械穿孔的情报检索"研究,开创了我国情报工作计算机化的尝试。1974年参加"748"工程,系统开展"情报检索"和"机器翻译"研究。1978年12月,首次试验了我国"英汉题录机器翻译",与社会科学院语言研究所研究的"英汉题录机器翻译"投入试用。1983年,建立了我国最早的联机检索终端。

1980年,中信所的研究人员以超前的思维,提出开展"中国2000年研究"。这一研究思路被中央采纳,由马洪组织全国研究人员开展《2000年的中国》研究,是制定七五计划和长远规划的重要参考文件,该项目荣获国家科技进步奖一等奖。

从1978年国内最早一批情报学硕士招生开始,中信所为全社会培养一大批情报学领域的高级人才。1979年,与联合国教科文组织和法国科技情报局在北京联合举办我国第一个自动化情报和联机系统培训班。截至2015年,中信所共授予618人硕士学位。2002年,经人事部批准,设立国内首家图书馆、情报与档案管理学科博士后科研工作站。

60年来,中信所先后9次荣获国家科技进步奖(其中一等奖两次)。正是这些创举,让中信所60年一路走来辉煌不断,树立了中国科技信息事业发展的一个又一个里程碑。

## 2 新时期科技创新的情报需求发生了变化

进入21世纪,新一轮世界科技革命和产业变革正在全球范围孕育兴起,中国经济发展进入了新常态,政府深入实施以科技创新为核心的创新驱动发展战略,这些新的变化对科技创新情报产生了新的更高的需求。

"创新驱动"更需情报先行。1956年,周恩来总理听取汇报工作时,当听到对国际上科学技术的发展了解甚少,总理当即指出:"你们工作这么几年,连个情报机构都没有建立,你们的仗是怎么打的?!"中信所应时应需而建。60年过去了,我国科技发展由以跟踪为主,进入到以跟踪、并跑和领跑的"三跑"并存的新阶段。单纯跟踪国外发展态势汲取经验的情报与信息服务,已经不能满足需求,而是应将世情、国情、科情能够综合起来分析,在以往掌握情报信息优势的基础上,为决策者解决问题提供支撑,做好"参谋";为科研人员提供科技动态、研判趋势,做好研发辅助工作。

情报与信息需求的主体从体制内向体制外延伸。技术创新要以企业为主体，情报服务同样也需要面向企业。在深入实施创新驱动发展战略，着力推动大众创业、万众创新的大背景下，随着我国着力推动以企业为主体的技术创新体系建设，以及企业自身技术创新能力的不断提升，面向企业开展技术创新情报服务、产业竞争情报研究与服务等将会拥有更加广泛的需求。在此过程中，一方面，情报机构将面临为这些体制外的创新主体的决策进行服务的新需求；另一方面，拥有丰富经验的情报机构可能也会面临帮助满足企业建立自身的情报机构的特定需求。

## 3  对中信所未来创新发展的一些思考

中信所要成为国际科技创新高端智库。科技智库是中国特色新型智库的重要组成部分，建设好科技智库是我国实施创新驱动发展战略的重要支撑。60年来，中信所一直把为政府提供决策支持作为工作主线。中信所的战略研究以跟踪、报道国外最新的科技与政策动态起步，描绘世界科技发展大势，把握时代脉搏，为决策者提供全球视野。逐步形成了"事实型数据＋专用工具＋专家智慧"的研究方法体系，为政府部门的战略决策提供科学、客观的支撑。中信所要以国家级科技智库为目标，以为国家和社会提供高质量决策咨询服务为核心任务，成为研究成果丰富多元、成果传播渠道畅通快捷、成果采用率高，政策决策者高度肯定、广大公众普遍认同的国际科技创新高端智库。

建好国家科技信息资源综合利用与服务中心。2011年，中信所申报的科技情报行业第一家国家工程技术研究中心获批。2015年中信所在下属部门中也专门成立了国家科技信息资源综合利用与服务中心，使之成为实体。今后，工程中心应以工程化作为工作主线，从资源、工具与服务三个层次开展科技情报产品及支撑平台的开发，盘活中信所的资源、人才和技术优势。工程中心要为创新主体在研究开发、技术转移、成果转化等环境下的科技信息需求提供综合性解决方案和个性化服务，将中信所的信息资源和服务嵌入到创新的全生命周期过程。工程中心将打造科技信息领域的知名品牌，并面向市场推广，提升中信所的全社会和行业影响力。

以国家科技管理信息系统建设为契机，建立国家科技信息大数据中心。2015年中信所开始负责国家科技管理信息系统顶层设计工作，全面推进国家科技管理信息系统建设。在国家科技管理信息系统的顶层设计中，将依托科技计划流程管理信息、科技项目、科技成果、科研条件、科技人才、科研诚信、科技报告等资源，构建面向各类科技活动主体的多层次科技信息服务体系,实现全国科技信息高度共享,提升科技管理、服务、传播和监督的信息化水平,全面保障科技创新改革和发展。国家科技管理信息系统将以全面服务国家创新管理为目标,以支撑科技创新全流程管理和应用为核心,中信所将努力建成国家科技信息大数据中心。这些大数据将开启我国科技情报事业的重大时代转型和革新,推进科技情报工作的平台化、体系化和数据化。利用大数据分析技术方法,可以实现情报的实时精准服务,支撑创新决策,为中信所打造国际创新战略高端智库助力。采用大数据分析手段,识别创新主体需求,可以优化科技情报服务模式和业态,提升国家科技信息资源综合利用与服务中心的情报产品生产与服务效率。

## 4　结束语

　　回顾诸多辉煌成就的一个个历史瞬间,重温前人为中国科技信息事业所付出的智慧与艰辛,鼓舞我们拼搏奉献、勇往直前。

　　展望未来,中信所将携手国内外同行,以更加开放的理念、创新的精神,为各类创新主体提供优质高效的全方位科技信息与决策支持服务,继续坚持"落实公益定位,坚持科学管理,服务自主创新,建设一流院所"的工作主线,向着"国际创新战略智库、国家科技信息大数据中心、国家科技信息资源综合利用与服务中心"的目标前进!

中国科学技术信息研究所所长

# 目　录

## 第一章　新生与辉煌（1956—1965 年） ... 1

### 第一节　我国第一个综合性科技情报机构的诞生 ... 2
一、中国科学院科学情报研究所的筹建 ... 2
二、中国科学院科学情报研究所的成立 ... 7
三、科技情报工作的起步 ... 7

### 第二节　中国科学技术情报研究所科技情报工作系统的建立 ... 8
一、中国科学技术情报研究所科技情报工作系统的初步形成 ... 8
二、科技情报工作的调整和加强 ... 12
三、初创阶段领导班子配备和党群工作 ... 17
四、初创阶段人才和干部队伍建设工作 ... 18
五、初创阶段科技情报工作的组织建设 ... 20
六、初创阶段科技情报工作投入体制的建立、运行和调整 ... 23
七、迁址工作 ... 24

### 第三节　科技情报工作的开创与发展 ... 25
一、科技文献资源建设 ... 25
二、科技文献加工与服务 ... 27
三、科技文献编译报道与检索刊物体系建设 ... 29
四、科技情报咨询与服务 ... 34
五、开创科技情报分析研究工作 ... 35
六、早期实物样本的搜集工作 ... 37
七、重大科技成果与档案的管理 ... 37

  八、出版部的成立 ............................................................. 39
  九、现代情报手段的研究与应用 ............................................. 40

 第四节 情报理论方法与学科建设的萌芽 ............................................. 44
  一、初创阶段情报学理论方法研究 ............................................. 44
  二、学术委员会的成立和中国科技情报学会的筹建 ............................. 47
  三、情报学教育的发端 ......................................................... 48
  四、科技情报专业教育培训工作 ............................................... 48
  五、情报学教材和讲义的编写 ................................................. 49
  六、学位论文管理与服务工作的开始 ........................................... 50

 第五节 科技情报工作初创阶段的国内外交流与合作 ................................. 51
  一、科技情报工作初创阶段的国内主要交流活动 ............................... 51
  二、科技情报工作初创阶段的国际交流与合作活动 ............................. 51

## 第二章 严冬到春天（1966—1980 年） .............................................. 53

 第一节 科技情报工作在逆境中坚持 ................................................. 53
  一、"文化大革命"对科技情报工作的影响 ..................................... 53
  二、科技情报工作在逆境中坚持 ............................................... 55
  三、党建工作和领导班子队伍建设的挫折 ..................................... 58
  四、干部队伍建设在逆境中的坚持 ............................................. 58
  五、科技情报机构管理体制的调整和组织建设工作 ............................. 59

 第二节 科技情报工作的恢复与发展 ................................................. 60
  一、科技情报工作的春天 ....................................................... 61
  二、以中国科学技术情报研究所为中心的多层次科技情报工作系统的
    初步形成 ..................................................................... 62
  三、党建工作和领导班子队伍建设的恢复 ..................................... 62
  四、干部队伍建设工作的恢复 ................................................. 63
  五、管理体制的调整和组织建设工作的恢复与发展 ........................... 63
  六、迁址工作和科技情报中心大楼的筹建 ..................................... 65

 第三节 科技情报核心业务工作的坚持、恢复和继续发展 ............................. 65
  一、科技文献资源建设与文献工作标准化 ..................................... 65
  二、文献编译报道和检索刊物体系的发展 ..................................... 67
  三、情报分析研究工作与咨询服务工作的坚持和加强 ......................... 69

四、实物样品样本情报服务工作 ................................................................. 73
　　　五、科技成果的收集、管理、交流与推广工作 .......................................... 74
　　　六、图书和期刊的出版和管理工作 ............................................................. 77
　　　七、科技文献分类法和情报检索语言研究工作的发展 .............................. 78
　　　八、现代情报技术的探索与应用 ................................................................. 82

　第四节　中国科学技术情报学会的成立和教育培训工作 ............................. 86
　　　一、中国科学技术情报学会的成立 ............................................................. 86
　　　二、教育培训工作 ......................................................................................... 87

　第五节　国际科技情报工作的交流与合作 ..................................................... 89
　　　一、积极参加国际组织的活动 ..................................................................... 89
　　　二、开展科技情报工作的国际交流与合作 ................................................. 93

## 第三章　改革与探索（1981—1994 年）........................................................98

　第一节　科技情报工作的改革与探索 ............................................................. 99
　　　一、适应工作重点转移，提出科技情报工作新方针 ................................. 99
　　　二、科技情报专项规划的编制和科技情报发展政策 ............................... 103
　　　三、科技情报体制改革 ............................................................................... 105
　　　四、党建工作的不断推进 ........................................................................... 113
　　　五、全国科技情报事业创建 30 周年纪念大会 ......................................... 114

　第二节　科技情报工作组织体系的调整和科技情报中心大楼工程建设 ... 115
　　　一、中国科学技术情报研究所的定位和更名 ........................................... 115
　　　二、科技情报工作组织体系的调整 ........................................................... 116
　　　三、科技情报中心大楼工程建设工作 ....................................................... 121

　第三节　服务国家经济、科技发展，科技情报工作彰显时代特点 ........... 123
　　　一、科技文献资源建设与文献加工、检索体系的完善 ........................... 123
　　　二、转变情报服务方式，彰显时代特点 ................................................... 126
　　　三、情报分析研究为经济、科技发展和战略决策服务 ........................... 133
　　　四、引进实物样品样本，助力科技发展与经济建设 ............................... 148
　　　五、科技成果管理和专利的收集、检索工作 ........................................... 152
　　　六、学位论文资源的收藏与管理工作 ....................................................... 164
　　　七、科技论文统计工作 ............................................................................... 165
　　　八、科技报告工作的起步 ........................................................................... 167

九、科学计量与评价工作的建立 ........................................... 167
　　十、图书、期刊的出版工作 ............................................... 167
　　十一、科技文献分类法和情报检索语言的完善 ............................... 171
　　十二、新技术浪潮促进现代情报技术的发展 ................................. 172

第四节　中国科学技术情报学会的主要活动 ..................................... 188
　　一、情报应用技术学术交流 ............................................... 188
　　二、科技情报工作学术交流 ............................................... 190
　　三、科技情报工作国际交流 ............................................... 191
　　四、科技情报工作业务实践 ............................................... 191
　　五、科技期刊与学术专著的出版 ........................................... 193
　　六、成立中国科学技术情报学会分委员会 ................................... 195

第五节　情报学理论研究和情报教育工作的发展 ................................. 195
　　一、情报学理论研究的发展 ............................................... 195
　　二、情报教育工作的发展和调整 ........................................... 198

第六节　对外开放、国际交流与合作的蓬勃发展 ................................. 204
　　一、与国际组织的国际合作与交流活动 ..................................... 204
　　二、与美国的国际合作与交流活动 ......................................... 209
　　三、与日本的交流与合作 ................................................. 213
　　四、与其他国际组织、西方发达国家的国际交流与合作 ....................... 216
　　五、与苏联、前东欧国家和朝鲜的交流与合作 ............................... 221
　　六、加强"南南"及亚太地区合作与交流 ..................................... 222
　　七、开展与组织国际活动日、国际交流会、研讨会和展览会 ................... 224
　　八、国际学术交流与培训 ................................................. 225

## 第四章　创新与跨越（1995—2010年） ........................................ 230

第一节　科技信息体制改革与创新 ............................................. 231
　　一、科技信息工作走向创新与跨越的新阶段 ................................. 231
　　二、深化科研院所改革，定位于公益性科研机构 ............................. 232
　　三、党建工作的创新与跨越 ............................................... 238
　　四、创新和跨越阶段取得的总体成就 ....................................... 240
　　五、全国科技信息事业创建四十周年、四十五周年和五十周年纪念活动 ......... 245

## 目 录

第二节 落实自主创新战略，调整、改革和发展组织机构与创新型企业 ............ 248
  一、发展和完善创新型组织机构体系 .................................................. 248
  二、社团组织建设工作的稳定支撑 .................................................. 253
  三、所属企业的创新发展 .................................................................. 263

第三节 信息时代科技信息工作的挑战与跨越 .............................................. 268
  一、建立创新型科技文献信息系统，强化公益性服务 ..................... 268
  二、共享信息资源系统与平台建设 .................................................. 274
  三、联合实验室和研究中心的建立及运行 ....................................... 278
  四、科技信息资源与科技信息标准化体系建设 ............................... 281
  五、信息（情报）分析研究工作的深入 ........................................... 284
  六、科技信息咨询与科技查新服务 .................................................. 293
  七、科研成果的交流和推广 .............................................................. 296
  八、学位论文资源的收藏、管理与服务工作 ................................... 303
  九、科技论文统计与科技计量评价 .................................................. 304
  十、国家科技报告制度的初步建设 .................................................. 306
  十一、期刊的出版、管理与评价 ...................................................... 307
  十二、图书出版工作 .......................................................................... 313
  十三、开展信息技术的研发与应用，引领科技信息发展未来 ....... 316
  十四、充分利用影视技术，提供全方位影视信息服务 ................... 323

第四节 情报（信息）学研究与教育的发展 .................................................. 325
  一、加强情报（信息）理论和方法研究体系建设 ........................... 325
  二、情报学教育事业的发展 .............................................................. 329
  三、专业教育培训工作 ...................................................................... 333

第五节 交流合作促进跨越式发展 .................................................................. 334
  一、新世纪国内科技信息事业的交流与合作 ................................... 334
  二、国际交流与合作继续稳步发展 .................................................. 336

## 第五章 新常态与新征程（2011—2016 年） .............................................. 350

第一节 建设创新型国家 科技信息工作步入新常态 ................................... 351
  一、党的十七届五中全会、六中全会、党的十八大和全国科技创新大会的召开 ............................................................................. 351
  二、深化科技信息体制改革，落实公益定位 ................................... 351

  三、科技信息工作步入新常态，迈向新征程 ............ 353
  四、党建工作的推进 ............ 356
  五、人才队伍建设的不断加强 ............ 357

 第二节 实施创新驱动 组织系统建设工作迈向新征程 ............ 358
  一、组织系统的调整 ............ 358
  二、公益部门组织系统继续为驱动创新战略提供支撑 ............ 359
  三、新常态下的社团组织建设工作 ............ 366
  四、所属企业的平稳发展 ............ 369

 第三节 自主创新 科技信息工作的新焦点 ............ 372
  一、科技信息系统和业务发展支撑 ............ 372
  二、平台建设 引领未来 ............ 376
  三、联合实验室及其活动推动科技创新驱动和信息技术支撑 ............ 380
  四、新时期的科技信息收集、加工、服务与文献工作标准化 ............ 383
  五、新时期科技信息（情报）分析研究 ............ 387
  六、科研成果 ............ 395
  七、学位论文资源的收藏、管理与服务工作 ............ 396
  八、科技论文统计分析与期刊评价工作 ............ 397
  九、国家科技报告制度建设 ............ 399
  十、科学计量与评价 ............ 406
  十一、期刊出版 ............ 407
  十二、信息技术应用开发与服务 ............ 411
  十三、数据库建设 ............ 414

 第四节 信息（情报）方法研究和情报教育工作的拓展 ............ 418
  一、信息（情报）方法研究 ............ 418
  二、情报教育 ............ 420
  三、学科建设 ............ 421

 第五节 交流合作步入新常态，迈向新征程 ............ 427
  一、新征程中的国内科技信息交流与合作 ............ 427
  二、国际科技信息交流与合作进一步拓展 ............ 429

**参考文献** ............ **439**

# 第一章　新生与辉煌（1956—1965 年）

中国科学技术情报研究所是在老一辈无产阶级革命家的关怀和指示下建立起来的。1956 年，在周恩来总理的亲自指示关怀下，《1956—1967 年科学技术发展远景规划纲要（修正草案）》中第 57 项规定明确提出了"要迅速、系统地把我国科技情报工作开展起来"，并要求成立科技情报机构。1956 年 10 月 15 日，中国科学院科学情报研究所正式成立，从而拉开了我国科技情报事业建设发展的序幕。

1958 年，国务院批准颁布中国第一个科技情报工作的政策性文件——《关于开展科学技术情报工作的方案》。同年 11 月，第一次全国科技情报工作会议召开，11 月 13 日，《人民日报》头版发表《做好科技情报工作》的社论，提出科技情报工作必须遵循"广、快、精、准"的方针和一系列政策。12 月 9 日，"中国科学院科学情报研究所"更名为"中国科学技术情报研究所"，使之成为全国科技情报中心。总体上看，20 世纪 50 年代，中国科学技术情报研究所主要是为配合国家科学技术经济发展规划的制定和国家重大科研和生产项目的实施，摸清和掌握世界先进科技发展水平，全面、准确地提供国外科学技术发展水平的动向，为国家主管科技、经济的领导部门做好服务。

20 世纪 60 年代开始，国际形势发生了急剧变化，面对西方对我国的严密封锁，中央提出了"独立自主，自力更生"的方针，中国科学技术情报研究所为了适应形势的变化，进行了组织建设和业务工作的调整，并根据《1963—1972 年国家科学技术发展规划》的规定开展工作。1961 年和 1963 年，国家先后召开第二次和第三次全国科技情报工作会议，针对科技、经济工作的需要提出不同时期科技情报工作的任务。国家对科技情报设施建设也非常重视，周恩来总理批准投资建设科技情报大楼，1965 年中国科学技术情报研究所由"九爷府"迁至东四情报大楼。20 世纪 60 年代，科技文献基础工作、国外编译报道、科技成果管理、文献检索语言、情报工作手段及情报理论方法研究等工作逐步展开，为新中国科技情报事业的继续发展奠定了坚实的基础。

总的说来，这一时期中国科学技术情报研究所的科技情报工作，主要开展情报业务的基础建设工作，推行"广、快、精、准"的科技情报工作方针，开展"编译报道""情报研究""文献服务"，即以报道国外先进科学技术的发展水平动向为主，结合国家科技、经济发展规划与重点项目开展情报研究，有针对性地提供情报资料，为生产和科研工作服务，为国防和三线建设服务。到"文化大革命"前，中国科技情报研究所已初步形成了国家科技情报系统和服务网络，为国家的经济建设和科技发展做出了应有的贡献。

## 第一节 我国第一个综合性科技情报机构的诞生

### 一、中国科学院科学情报研究所的筹建

#### （一）科技情报工作受到重视

新中国成立初期，部分西方国家在政治上对我国采取遏制和孤立政策，在经济上对我国实行全面封锁和禁运，为此，党和政府向全国人民提出"自力更生，奋发图强，向科学进军"的号召，我国也开始探索建立科技情报机构，科技情报工作开始起步。

第一个五年计划的胜利完成，使我国国民经济发生了深刻的变化，现代化工业建设的发展，使得了解、跟踪和掌握国内外科学技术领域的各种重要成就与动向，并及时向经济部门、科学技术部门提供必要的情报资料，成为当时迫切需要解决的一个重大课题，发展科技情报事业迫在眉睫。科技情报事业落后与科技情报需求日益迫切这一矛盾引起了党和政府的高度重视。[①]

1956年1月14日，中共中央在北京召开关于知识分子问题的工作会议，周恩来做了《关于知识分子问题的报告》，提出制订《1956—1967年科学技术发展远景规划（修正草案）》。周恩来总理在报告中强调政府各部门"应该迅速地建立和加强必要的研究机构""必须为发展科学研究准备一切必要条件，如图书、档案资料、技术资料和其他工作条件，以便尽可能迅速地用世界最新的技术把我们国家的各方面装备起来"。会议向全国人民发出了"向科学进军"的号召。

党和国家领导人在议论"向科学进军"和《1956—1967年科学技术发展愿景规划》时，以周恩来总理为首的多位国家领导人，包括李富春副总理、聂荣臻副总理、李先念副总理等已在考虑建立中国的科技情报机构。1955年11月，苏联科学院技术科学部教授拉扎连柯接替柯夫达任中国科学院院长顾问。当时，拉扎连柯根据1952年苏联科学院成立科学情报研究所和开展情报工作的经验，建议中国按照苏联科学院成立情报所的做法，成立中国科学院科学情报研究所，开展中国的科技情报工作。针对这一建议，中国科学院讨论了是否由中国科学院图书馆承担这一工作的可能性。由于中央领导同志已考虑开展科技情报工作，苏联方面又提出了科技情报工作要进行有关科技进展的快报和文摘之类的工作内容，最后，聂荣臻元帅和郭沫若院长要求加快研究和落实，于是很快同意了苏联方面的建议，着手建立科学情报研究所。

---

① 中华人民共和国科学技术部.国家科学技术条件发展60年（1949—2009）[M].北京：科学技术文献出版社，2009：56.

## 第一章 新生与辉煌（1956—1965年）

中国科技情报机构是在周恩来总理的倡导和指示下建立的。1956年1月，中国科学院副院长张稼夫和副秘书长武衡向周总理汇报工作，当讲到中国科学院对国际上科学技术的发展了解甚少时，周恩来总理当即指出："搞科研像打仗，你们搞了这么多年科研，连个情报机构都没有建立，你们的仗是怎么打的？！"他指示应当尽快建立科技情报机构，在周总理的指示下，中国科学院开始了综合性科技情报机构的筹建工作。1955—1956年两年间，不仅中国科学院对酝酿成立开展科技情报研究所的问题进行了讨论并开始前期的筹建准备，而且还有少数的一两个专业部委也议论创建科技情报机构的问题。周总理的指示和科学院的迅速贯彻行动，使创建和开展我国科学情报工作的重要内容列入了国家的科学发展规划，成为国家的决策和意志，这充分体现了党和国家对创建国家科技情报事业的重视。①

### （二）科技情报机构的筹建

在周恩来总理、聂荣臻元帅和中国科学院院长郭沫若的关怀和指示下，我国开始了科技情报机构的筹建工作。

1956年2月，中国科学院指定袁翰青和曹日昌参加科学规划委员会情报工作组和任务组，并负责科学情报机构的筹建工作。中国科学院党委讨论和决定成立中国科学院科学情报研究所，并由副院长、党组书记张稼夫，副秘书长武衡，对外联络局副局长曹日昌，以及由科学院西北分院调来的秘书长袁翰青等人成立筹建班子。筹划落实领导班子和第一批职工的人员调动工作由武衡负责落实。

1956年5月4日，中国科学院院长郭沫若以"向科学技术进军"为题，在"全国先进生产者代表会议"上讲话指出：中国科学家们目前正集中力量从事12年远景规划的制订。我们要使科学研究具有充分的物质条件：研究机构、仪器设备、图书资料、人员配备，要尽可能地应有尽有。郭沫若院长还特别谈到了要有足够的技术干部和加强科学情报工作的相关问题。

1956年5月22日，经中国科学院院务常务会议决定，拟成立的科技情报机构的名称为"中国科学院科学情报研究所"，并决定建立中国科学院科学情报研究所筹备处，办公地址在北京王府井大街沙滩南翠花胡同内太平胡同8号。在筹备处建立之初，办公人员约有10人左右。② 同年7月31日，根据中国科学院编译出版委员会主任委员第一次会议精神，将干部培养部现用房腾出后由拟成立的科学情报研究所使用。

在筹建科技情报机构的过程中，苏联专家做了较大贡献。为制订我国科学发展远景规划，苏联应我国科学家邀请，派来了16位专家组成的顾问团，其中包括苏联科学院情

---

① 刘昭东．科技情报与信息工作纪实[M]．北京：科学技术文献出版社，2011：45-46．
② 中国科学技术研究所．中国科学技术信息研究所大事记（1956—1996）[M]．北京：科学技术文献出版社，1996：3．

报所所长潘诺夫。袁翰青等中国专家和潘诺夫进行了多次讨论，苏方向中方提出科技情报工作要有科技进展的快报和文摘之类的工作内容，提出了详细的研究报告和建议书，最具体的就是建立"中国科学院科学情报所"和开展科学情报工作的业务内容，并参谋了中国科技情报工作开展的模式和方法。

### （三）筹建科技情报机构的管理体制基础——设立技术情报局

为组织向科学进军和编制《1956—1967年科学技术发展远景规划纲要》，1956年3月14日，国务院科学规划委员会成立。同年6月，国务院批准国家技术委员会成立，该委员会是组织全国技术工作的职能部门，主要任务是着手研究一些综合性的技术政策和处理一些综合性的技术工作。国家技术委员会下设有技术情报局。技术情报局的设立为构建我国科技情报事业奠定了管理体制建设的初步基础。

### （四）筹建科技情报机构的政策基础——《十二年科学规划》

在1956年中国共产党第八次全国代表大会上，周恩来大会上所做的《关于发展国民经济第二个五年计划的建议的报告》中明确指出："为了发展我国的科学技术研究事业，还应该及时地解决必需的图书、资料、仪器和实验场所等问题，积极地改善科学研究人员的工作条件，并且进一步地密切国际科学研究工作的联系和合作，收集和交换国内外科学和技术资料。"在周恩来总理、聂荣臻元帅的关怀和指示下，1956年8月21日，《1956—1967年科学技术发展远景规划纲要》（简称《十二年科学规划》或《规划纲要》）编制完成。在科学规划委员会任务中列进了"研究和组织解决科学研究工作中重要的工作条件问题（如图书、资料、仪器、基本建设等）"。《十二年科学规划》把建立专门的科学技术情报工作作为我国发展科学技术事业不可缺少的重要组成部分，列为规划的第57项任务。将创建和开展我国科技情报工作的重要内容列入国家科学发展规划，使之成为国家的决策和意志，这充分体现了党和国家对科技情报事业的重视和这一事业的重要性。① 为了落实第57项任务，中国科学院着手筹建科学情报研究所，由院属编译出版委员会负责筹建计划。同年12月29日，科学规划委员会编制的《十二年科学规划》得到国务院批准。

#### 1. 科技情报的重要作用

《十二年科学规划》的第二部分，十分详细地阐明了科技情报的重要作用："科学技术情报也是发展整个科学技术的重要条件之一。科学的继承性要求进行任何科学研究工作，必须掌握有关的资料和情报，总结前人的知识和经验，了解其发展过程，特别是掌握目前国际上的发展情况，以免重复别人已经做过的工作。没有科学技术情报工作，全国科学技术工作者就很难掌握国际上科学的动向。就是在国内，如果对各方面的科学技

---

① 刘昭东：科技情报与信息工作纪实[M]. 北京：科学技术文献出版社，2011：4.

术研究工作，不能及时地交流和报道，也会造成人力物力上的重复和浪费。"于是，《十二年科学规划》中明确写上第 57 项任务"科学技术情报建立"。

**2.《十二年科学规划》中关于"科学技术情报建立"的内容**

《十二年科学规划》中第 57 项任务说明书指出："目前科学和技术的发展异常迅速。研究领域不断扩大，对提高生产的作用日益巨大，各门科学和技术的联系与相互要求也日益密切。如果没有有效的科学技术情报的服务，全国科学技术界就很难及时掌握世界科学技术发展的情况，以求达到世界先进水平。如果对各方面进行的科学和生产的研究工作，没有及时的交流与报道，将不可避免地造成人力和物力的重大浪费。我国科学技术原有基础薄弱，要在最短的时间内，迅速赶上国际水平，尤其需要科学技术情报工作走在科学研究工作的前面，所以科学技术情报工作的建立和发展，在《十二年科学规划》中的最初几年，应该特别加快。"

在第 57 项任务中关于"科学技术情报建立"的内容："我国科学技术情报工作的基础非常薄弱。情报工作的任务主要是迅速建立机构，培养情报工作的专家，全面地和及时地搜集、研究和报道国内外、特别是科学先进国家的科学技术发展情况和新的成就，使全国科学工作能及时地了解这些发展与成就。具体办法：筹建专门机构，组织力量，从事摘录全世界科学技术期刊上的论文、用快报和文摘的形式编印出版。"

《十二年科学规划》同时提出："要迅速、系统地把我国科学情报工作开展起来。"第 57 项任务还提出了建立两级情报机构的设想，即建立国家综合性的科技情报研究所，作为一级情报机构；各产业部门建立本专业的科技情报研究所，作为二级情报机构。《十二年科学规划》中第 57 项关于"科学技术情报建立"的任务的明确为科学技术情报工作的筹建起到了重要的指导和促进作用。

**3. 建立科技情报工作被列为 1956 年 4 项紧急措施之一**

在制订《十二年科学规划》的同时，为了争取时间，为研究工作打下基础，针对一些急需的、重要的科学技术任务，尤其是在中国尚处于完全空白或基础非常薄弱的重要科学技术任务，以及为开展科学研究所必需的基本条件，制定了 1956 年的 4 项紧急措施。其中第三项为"建立科学技术情报工作的紧急措施"。在制订《十二年科学规划》以前，中国没有系统的、有组织的科学技术情报工作。按照紧急措施安排，1956 年中国科学院建立科学情报研究所。

**4. 开展科学情报国际合作**

《十二年科学规划》第八节"国际合作"部分指出："建立科学联系，交流科学情报，参加学术会议。我国科学院、高等学校、生产部门研究机构与苏联和人民民主国家相应的科学机构建立直接联系，交换研究资料，讨论学术问题，交流工作经验或相互咨询、委托鉴定等是促进各国科学发展的有效方式，今后应继续发展。"

### （五）筹建科技情报机构的人才基础——配备和抽调干部和工作人员

为了完成《十二年科学规划》中确定的科学情报研究所的中心任务，袁翰青负责解决人才问题。作为应急措施，除从有关科研部门抽调一批干部外，又分别从武汉、上海、东北等地招聘了一批确有所长的知识分子。一定数量的工作人员的配备为筹建科技情报机构奠定了人才基础。

### （六）筹建科技情报机构的组织和业务工作的基础——《中国科学院科学情报研究所暂行组织系统表及说明（草案）》

1956年8月2日，中国科学院编译出版委员会科学情报研究所筹备处拟订了《中国科学院科学情报研究所暂行组织系统表及说明（草案）》（简称《草案》）。根据《草案》，即将成立的中国科学院科学情报研究所在参照苏联和民主德国的科学情报的组织系统基础上，考虑到我国当时的需要和人力，以及摄影复制文摘的工作已经由中国科学院图书馆和北京图书馆承担的实际情况，拟成立的科学情报研究所不必就文摘的种类而分部门，科学情报研究所暂不自编文摘而翻译苏联文摘杂志。

基于上述定位，拟成立的科学情报研究所的组织系统设计为：①中国科学院科学情报研究所受编译出版委员会的领导，与中国科学院其他研究单位为同级机构。②中国科学院科学情报研究所设所长1人，副所长若干人，领导全所的业务工作和行政工作。③拟成立的科学情报研究所下设学术委员会、总编辑和副总编辑、办公室和出版处。④根据中国科学院各研究所学术委员会的组织条例，科学情报研究所聘请所内外有关专家组织学术委员会。⑤编译工作是情报研究所的中心业务工作，情报研究所设总编辑1人和副总编辑若干人；总编辑和副总编辑下设第一编译室、第二编译室、第三编译室、"科学新闻"编译室和资料室。每一编译室设主编1人，副主编1~2人，秘书1人，编辑、助理编辑、实习编辑若干人。情报所编译的出版物，一般均由科学出版社担任出版工作，再由科学出版社委托新华书店及邮局发行。编译室于必要时根据院部的规定，设研究人员。资料室设主任1人，副主任1~2人，编辑人员及科员、办事员各若干人。资料室在必要时设研究人员。资料室设情报方法研究组，情报方法研究组的任务是研究资料的分类法、检索机械化、翻译自动化等新的情报理论和方法。办公室设主任1人，副主任若干人。⑥办公室下设秘书科、人事科、财务科、总务科4科和打字室，每科设科长1人，副科长1~2人，科员及办事员若干人；打字室设主任1人，打字员若干人。⑦科学技术快报既须尽快出版，刊期又不固定，同时缮校、稿费等工作也需要有专门的出版机构，因此，有成立出版处的必要。出版处设处长1人，副处长1~2人，科员、校对员、缮写员及办事员若干人。出版处下设稿费组、排校组、发行组和联络组。

《中国科学院科学情报研究所暂行组织系统表及说明（草案）》虽然是以草案的形式对科学情报研究所的组织机构及业务工作做出了初步设计，但它为科学情报研究所成立

第一章　新生与辉煌（1956—1965年）

后组织机构的建立和科学情报工作的开展奠定了组织建设和业务工作的基础。

## 二、中国科学院科学情报研究所的成立

1956年10月15日，中国科学院科学情报研究所在北京朝阳门内大街117号礼堂召开正式成立大会。中国科学院院长郭沫若代表国务院宣布成立中国科学院科学情报研究所。郭沫若院长和当时我国科学界的不少知名人士和专家，以及全所职工70人，一同参加了在大院礼堂举行的成立大会。郭沫若在大会上指出，中国科学院科学情报研究所的成立是我国科学事业发展中的一个重大事件。要实现我国《十二年科学规划》，要使我国在较短的时间内赶上世界先进水平，科学情报工作是一个很重要的条件。他在讲话中还明确提出了中国科学院科学情报研究所的任务，并宣布由袁翰青代理所长职务，时生出任副所长。在成立大会上，袁翰青代所长报告了中国科学院科学情报研究所的筹备经过、业务范围及当前的工作重点。中国科学院院长顾问苏联专家拉扎连柯也出席大会并发表讲话，苏联科学院科学情报研究所所长潘诺夫发来电报，祝贺科学情报研究所的正式成立。10月17日，《人民日报》《光明日报》等媒体都做了相关的报道。12月3日，中国科学院以〔56〕院秘字第1070号文正式通告中国科学院科学情报研究所成立。

中国科学院科学情报研究所成立后，将所址定于北京朝阳门内大街117号院，即原清朝孚王府（"九爷府"）内。

中国科学院院长郭沫若在中国科学院科学情报研究所成立大会上具体提出了研究所的主要任务：收集、研究和报道国内外特别是科学技术先进各国科学技术部门的发展情况和最新成就。目前以编译快报、文摘等刊物为工作重点，将来发展到直接由原始科学文献编辑出版各科文摘。现在着重报道技术科学和基础科学方面的情况，将来逐步发展到进行各门科学的全面报道。

中国科学院科学情报研究所是我国第一个综合性科技情报研究机构，它的建立为我国科技情报事业的建设与开展拉开了序幕，是我国现代科技情报事业发展的里程碑和标志性历史事件。

## 三、科技情报工作的起步

中国科学院科学情报研究所成立后，科技情报工作开始起步。文献基础工作受到重视，文献加工工作开始有计划、有选择地翻译苏联文摘、快报和系统地报道自己的馆藏，文献资源建设工作也开始起步。情报方法研究也提上日程。中国科学院科学情报研究所成立后，积极召开所务会议，以指导和推动科学情报工作的顺利进行。在1957年2月18日由袁翰青所长主持召开的科学情报研究所第5次所务会议上，研讨了《十二年科学规划》的意见，同意将对《十二年科学规划》中第57项提出的"应添置一些书籍、

复制品"等意见予以考虑的建议；讨论通过了科学情报研究所职工请假暂行办法；并对赠送刊物坚持的原则做出决议，决议的主要内容包括：根据科学情报资料供应的基本原则，着重有关方面的交换（如国际合作、研究资料与情报交流等）；专业性较强的期刊，如文摘、索引之类，遵照编委会规定，采取自选办法，请有关学部及少数有关院内单位自行选定，其他机关及个人可自觉订阅；在院部未另指示前，《科学新闻》仿照前次指示，赠送院系统内的人员；因工作上的联系有必要赠送书刊时，按签署的通知单办理。所务会议还就《原子物理快报》暂办、《物理文摘》暂不编译等做出决议。第五次所务会议对科技文献基础工作的开展指明了方向。

1957年9月19日，中国科学院科学情报研究所召开了科学情报工作座谈会，这是中国科学院科学情报研究所举行的第一次有关科学情报工作座谈会，座谈会对于促进初创阶段科学情报工作的开展具有积极意义。

## 第二节  中国科学技术情报研究所科技情报工作系统的建立

1958年5月14日，国务院批准的《关于开展科学技术情报工作的方案》是中国第一个科技情报工作的政策性文件。根据该文件规定的精神，我国确立了以中国科学技术情报研究所为中心的新的科技情报管理体制。同年12月9日，中国科学院科学情报研究所改称为中国科学技术情报研究所（以下简称中情所），并组建了一支专业队伍，初步形成了我国的科技情报系统。

### 一、中国科学技术情报研究所科技情报工作系统的初步形成

#### （一）第一个科技情报工作的政策性文件

**1.《关于开展科学技术情报工作的方案》**

在中国共产党第八次全国代表大会上，周恩来总理指出："为了发展我国的科学研究事业，还应该及时地解决必需的图书、资料、仪器和试验场所等问题，积极地改善科学研究人员的工作条件，并且进一步密切国际科学研究工作的联系和合作，收集和交换国内外科学和技术的资料。"根据这一指示，1958年5月14日，国务院以〔58〕科字132号文件批复"原则同意"科学规划委员会和国家技术委员会在总结经验的基础上提出的《关于开展科学技术情报工作的方案（草案）》，国务院批准的《关于开展科学技术情报工作的方案》（简称《方案》）是中国第一个科技情报工作的政策性文件，该文件明确规定了科技情报工作的工作任务、机构设置、组织建设及建立科技情报网的原则。

**2. 工作任务**

《方案》提出的科技情报工作任务："报道最近期间在各种重要的科学技术领域内国内

外的成就和动向,使科学技术、经济和高等教育部门及时获得必要的情报与资料,以便于吸收现代科学技术成就,节省人力时间,避免工作重复,促进我国科学技术的发展。"

### 3. 机构设置与组织管理体系

《方案》规定:掌管科学技术情报工作的国家机关是国务院科学规划委员会与国家技术委员会。这项规定确立了中国科技情报事业的新的管理体制。《方案》还规定,为了扩大和加强中国科学院科学情报研究所,将国家技术委员会技术情报局的情报组(即资料工作)并入中国科学院科学情报研究所,国家技术委员会则是管理全国科技情报工作和掌管一部分机密资料的职能机构。同时根据《方案》规定,将中国科学院科学情报研究所改称中国科学技术情报研究所,使之成为全国的科学技术情报中心。1958年9月26日,中国科学院科学情报研究所以〔58〕情发字131号文下发了关于将中国科学院科学情报研究所扩大为全国科技情报中心,改称为中国科学技术情报研究所(简称"中情所")的通知,并初步拟定了更名后组织机构的调整情况。中情所受国家技术委员会和中国科学院双重领导,并列入中国科学院编制。

根据《方案》规定,中情所的业务范围有所扩大,工作任务也定位于为全国服务,即面向全国各研究单位、高等院校及厂矿企业;各经济部门及农业、医学部门的科技情报机构都应当扩大和加强,使之成为各专业的科技情报中心;此外,在天津、上海、沈阳、西安、武汉、成都、广州7个城市建立地区的科学技术情报分中心,从而形成全国性的综合科技情报工作系统。

## (二)第一次全国科技情报工作会议

### 1. 概况

1958年11月1—12日,为了贯彻执行《关于开展科学技术情报工作的方案》,更好地为社会主义建设服务,国务院科学规划委员会在北京主持召开了第一次全国科技情报工作会议。会议由国务院科学规划委员会副秘书长武衡主持。11月12日,国务院副总理兼科学规划委员会主任聂荣臻在接见会议代表时做了重要讲话。聂荣臻副总理在工作会议上指出:情报工作是科技事业的一个重要组成部分,应受到各有关部门、科研机构、高等院校、经济部门和厂矿企业的重视。现在各方面迫切需要科技情报工作,应当尽快地开展起来,使其在工农业生产发展中充分发挥作用。他勉励从事科技情报工作的人员,要加强为生产和科学研究服务的观点,做好科学技术资料的搜集、整理和供应工作。在这次会议上,国务院科学规划委员会副秘书长武衡做了"进一步加强科学技术情报工作"的报告,要求各部门、各省市把科技情报部门建立起来,迅速形成脉络贯通的全国科技情报网。

会议讨论了如何进一步加强科技情报工作,使生产建设、科学教育各部门能及时获得科技情报资料。大会正式赋予我国科技情报机构"耳目、尖兵、参谋"的使命,强调情报研究是参与决策的研究。会议还确定资料工作、交流工作和情报调研是情报工作的三大中心任务。会议通过了《关于加强科学技术情报工作的意见（草案）》《科学技术工作的原则与方法（草案）》《关于组织国内科学技术情报网的意见（草案）》《关于科学技术情报工作保密问题的意见（草案）》和《关于培养科学技术情报干部的建议（草案）》5个文件。第一次全国科技情报工作会议为我国科技情报事业稳定发展奠定了基础。

### 2. 基本工作方针

第一次全国科技情报工作会议确定，科技情报工作必须根据总路线和国家的技术政策，"广、快、精、准"地提供技术情报和资料，为生产和科学研究服务，为社会主义建设总路线服务。"广"是指广泛组织和动员社会各方面的力量，广辟情报来源，广泛收集和积累情报资料，同时服务对象的面也要广；"快"是指科技情报的搜集、整理、报道、提供服务等工作要迅速、及时，走在生产建设、科学研究需要的前面，走在领导决策的前面；"精"是指情报的整理和提供要讲求针对性，要密切结合生产建设和科学研究中心任务的需要；"准"是指提供的情报必须准确无误，根据充分，实事求是，讲求科学性。

这是我国首次提出科技情报工作"广、快、精、准"的指导方针。指导方针为我国科技情报事业的发展指明了方向，是我国科技情报工作遵循的基本工作方针。中国科技情报事业经过几十年的建设，逐步发展壮大，一直遵循着"广、快、精、准"的方针，这一方针影响深远，意义巨大。

### 3. 具体要求

第一次全国科技情报工作会议对科技情报工作提出了5项具体要求：①保证各地区、各部门、各单位在制订和执行生产建设和科学研究计划时，能及时地获取必要的情报与资料；②迅速全面地把国内重要的发明创造和科学研究成果的情报搜集起来，传播开去；③及时地、系统地介绍苏联和其他社会主义国家的重要科学技术成就，及时地、有选择地报道各主要资本主义国家获得专利的发明和科学发现；④定期地、分别地评述各重要科学技术门类的国内水平和发展趋势；⑤有步骤、有计划地积累和系统地整理科学技术资料。

## （三）《人民日报》关于《做好科学情报工作》的社论

1958年11月13日，为了贯彻落实第一次全国科技情报工作会议确定的方针和总路线，《人民日报》头版发表《做好科学情报工作》的社论，高度评价科技情报工作的重要性。社论指出："情报工作是科学技术事业的一个重要组成部分，应该受到各有关部门、科研机构、高等院校、经济部门和厂矿企业的重视。科技情报工作必须根据国家的科技政策，'广、快、精、准'地提供科技情报和资料，为生产和科学研究服务。""科学技术情报工作的方针是为社会主义建设服务，也就是为多、快、好、省地建设社会主义的总路线服务。科学技术情报工作，必须针对多、快、好、省地完成生产计划和科学研究计划的需要，有计划有目的地搜集和提供情报资料。这些资料是各地区、各单位最迫切需要的。广大群众的社会主义建设的积极性被高度组织起来以后，就需要办法，需要科学技术情报资料，如果他们一经掌握这些新的办法和情报资料，就可以在很短的时间内改变生产面貌。""重视科学技术工作，因而也重视科学技术的情报工作，迫切要求科学技术情报工作为生产建设服务。这是很自然的事情。科学技术情报工作应该积极为当前的生产建设服务，供给各方面所迫切需要的情报，这是主要的方面。但是，科学技术情报工作还应该根据党的发展科学技术的方针，研究科学技术的发展动向，密切注意国内外的重大发明创造，及时报道科学技术的新发现和新成就。"

（四）更改所名和综合性科技情报机构的定位

1958年12月22日，根据〔58〕院厅秘字第486号文件，中国科学院正式批准中国科学院科学情报研究所更名为中国科学技术情报研究所（以下简称中情所）。为了加强我国科技情报工作分工协作，1959年3月4日，在国家科学技术委员会（简称"国家科委"）工作条件局召开的会议上谈及了我国科技情报工作分工协作问题的意见：中情所是综合性的情报机构，也是全国科技情报工作的事业中心，应当把重点放在尖端、重大和基础科学技术方面，但也必须尽可能地照顾到一般；应当把重点放在国外方面，国内方面只限于国家重大科学技术新成就。具体而言，中情所应当以主要力量进行国外情报资料的搜集和索引文摘的工作，如编制外文期刊、外国专利文献、国外非书非刊资料的索引和文献；组织所内外力量按照国家需要有选择、有计划地翻译苏联13种文摘；国内重大的科技成就经过集中、整理后也做成文摘，及时进行报道；各种科技快报全部交各有关专业情报机构接办是适当的。[①] 在中情所定位于综合性情报机构前后，全国专业性的科技情报机构、地方科技情报机构、科技情报中心等相继成立，全国科技情报工作系统已初具雏形。

（五）科技情报工作的初步开展

1958年10月，副所长黎雪到任后，主持召开了一系列综合性会议和所务会议，继续推动初创阶段科技情报工作的开展。在1958年11月19日—12月8日召开的5次综合性会议上，黎雪副所长介绍了中情所的工作情况和今后工作计划，提出了贯彻全国科学技术情报工作会议精神和征求同有关单位协作的意见。来自中央各专业情报机构、医药卫生、农业、文教系统、各大图书馆等部门负责人参加了综合性会议。在1959年7月24日召开的所务会议上，讨论了《情报刊物出版计划制定办法（草案）》《发稿、校对、发行工作办法（草案）》；在1959年7月31日召开的所务会议上，讨论了如何开展科技情报工作的一系列问题，此次所务会议确定了举办情报训练班，并派人参加座谈

---

[①] 中国科学技术信息研究所. 中国科学技术信息研究所大事记（1956—1996）. 北京：科学技术文献出版社，1996：135.

辅导。在1959年8月7日召开的所务会议上，副所长黎雪着重指出了如何提高情报工作质量，厉行增产节约的问题，会议通过了《情报刊物出版计划制定办法（试行）》和《发稿、校对、发行工作办法（试行）》两个文件。

## 二、科技情报工作的调整和加强

### （一）中情所科技情报工作的调整

由于"大跃进"和"反右倾"的错误，加之自然灾害和苏联政府撤退专家、撕毁合同，我国国民经济在1960—1962年发生了严重的经济困难。中共中央及时决定对国民经济实行"调整、巩固、充实、提高"的方针。1961年，在"调整、巩固、充实、提高"的八字方针指引下，中情所广泛吸收国外的科学技术成果，充分利用国内取得的科学技术成就和经验，加强为农业生产发展的服务工作。同时，国家科委也对全国科技情报工作整顿、调整提出了要求："集中力量，形成中心，形成拳头，广辟来源，加强管理，搞好服务。"

**1. 精简机构，强化对全国科技情报事业的领导**

1960年1月，根据工作整顿、调整的要求，中情所从中国科学院中独立出来，改属国家科委编制，归口管理部门是国家科委工作条件局。1961年2月，国家科委所属科技情报局与中情所合署办公，这既精简了机构，又强化了对全国科技情报事业的领导。1964年8月，中情所与国家科委科技情报局"局所分开"，中情所从国家科委科技情报局中独立出来。

**2. 设立重庆分所**

1960年10月，为了贯彻中央关于加强三线建设、加强备战和精简机构的重大决策，国家科委决定在京外设立中情所的分支机构。10月21—30日，国家科委领导在四川省和重庆市的大力支持下，确定在重庆市设立中国科学技术情报研究所重庆分所。同年11月，中情所党委办公室主任杨俊杰等人赴重庆，经与重庆市协商，查看并落实了分所的临时所址，拟定暂时设址于重庆市郊区石桥铺的四川省团校院内。同年12月16日，中情所以〔60〕情发字133号文件形式向国家科委提出筹建中国科学技术情报研究分所的情况报告。报告指出，根据国家科委党组关于加强科学技术情报工作建立第二线的指示，将中情所分出一部分在西南地区建立科学技术情报研究的第二基地，该情报分所应成为中情所的一个分支机构，接受中情所布置的各项工作任务。情报分所的建立，一方面可以使中情所分出一部分力量，用来加强内部的科技情报工作，全面开展国内外公开与内部科学技术情报研究工作；另一方面，也可根据全国科学技术情报工作的统一安排，建立第二线的科学技术情报研究工作，以便于更全面、及时地为科学研究与生产建设服务。1960年12月25日，重庆分所正式成立，由总所王健副所长兼任分所所长和党委书记，杨俊杰担任党委副书记，李丹任副所长。重庆分所成立后，科技文献检索刊物的翻译出版和国外科技文献的翻译工作转移到重庆分所。①1961年4月11日，中情所就分所人员配备、人员生活及四川省协助筹建等问题向国家科委做出了请示报告。1962年2月11—20日，重庆分所正式将重庆市市中区胜利路91号（现为132号）作为新址。同年12月，中情所抽调20多名先遣队到达重庆。随后，第二批50多名人员抵达重庆。

根据1961年中国科学院《关于自然科学研究机构当前工作的十四条意见（草案）》有关加强科技情报工作的精神，对中情所和重庆分所的任务进行了明确的分工：中情所侧重于基础理论、尖端技术和综合性情报方面的工作，重庆分所侧重于工、农、医有关技术科学情报方面的工作。这样，总所情报工作研究重点转到为国家发展规划、科技项目攻关和组织管理决策等综合性研究方面。重庆分所主要承担全部工程技术类检索刊物的编制和组织协调工作。重庆分所成立时的主要任务是建立我国手工检索刊物体系；承担全国工程技术检索期刊的编译出版；翻译国外科技情报文献的编译出版；开展为地方服务的情报文献工作，以适应广大科技人员对了解世界科技发展水平和吸取国外先进技术的需求。

20世纪60年代，重庆分所承担了成套检索刊物的组织、编辑出版，并创办了一些新型学科的编辑报道刊物，同时开展了国外科技文献的收集、整理和服务工作，至1966年，分所编辑出版的科技文献刊物有70种，年报道量达1亿字，占全国检索刊物报道量的2/3。因此，分所为我国科技信息检索工具的编制做出了突出的贡献，在我国科技情报事业发展史上发挥了重要作用。②

### 3. 科技情报工作步入正轨

1962年7月，《关于自然科学研究机构当前工作的十四条意见（草案）》试行1年后，根据有关加强科技情报工作的精神，中情所调整了机构，加强了基础建设，提升了一批知识分子为馆室副主任，工作实行了"五定"并制定了各项规章制度，工作逐步走向正轨。

## （二）第二次全国科技情报工作会议

### 1. 概况

为了贯彻"自力更生，奋发图强"的方针，突破技术封锁，国家科委于1961年1月31—2月8日在北京召开了第二次全国科学技术情报工作会议。国家科委副主任武衡主持会议并在会议上做了报告。武衡副主任在报告中指出：在当前技术封锁的情况下，改

---

① 中国科学技术信息研究所.中国科学技术信息研究所大事记（1956—1996）.北京：科学技术文献出版社，1996：7.

② 中国科学技术信息研究所.中国科学技术信息研究所大事记（1956—1996）.北京：科学技术文献出版社，1996：193.

变现状的有效途径就是更快、更广地搜集国外科学技术情报资料，为社会主义经济建设服务。会议进一步明确了科技情报工作的性质，强调了科技情报工作是一项服务工作，不能依靠行政命令办事。要取得服务效果，就必须有很好的服务观点、正确的服务态度和适当的服务方法。会议指出，从整体上看，科技情报工作要国内外并举，但国务院各部委情报机构要侧重国外情报工作。国内情报工作主要是交流问题。国内情报的交流并不完全依靠情报机构，但情报机构要负责资料的搜集、整理、交流和传播工作。综合情报机构和专业情报机构应当相辅相成，互相配合，互通情报。会议要求在确保国家机密的原则下，实现情报的充分交流。为此，要划分资料密级，确定保密范围，以保证互通情报、互相交流。

会议提出贯彻"自力更生、奋发图强"的方针，要战胜技术封锁，根据我国具体情况编写世界各国科技文献的文摘。会议强调的中心思想是"建立我国有效的科技情报系统，必须及早形成全国综合的、中央若干专业的以及地方综合的情报中心。"

第二次全国科技情报工作会议在科技情报工作的历史上第一次提出了全国科技情报中心、部门情报机构及各地方情报机构的建设思路与任务分工。会议要求中情所应成为我国翻译介绍国外科技情报与基本理论的文献资料中心。

根据此次会议精神，1961年2月，国家科委科技情报局与中情所合署办公，情报局局长兼任中情所所长。会议制订了《关于加强科学技术情报工作的通知（草案）》《1961—1962年科学技术情报工作规划（草案）》《全国科学技术文献登记和索取办法（草案）》《出国人员带回国外科技资料登记办法（草案）》《翻译国外科学技术文献登记办法（草案）》等文件。

**2. 明确科技情报工作的方向和任务**

国家科委副主任武衡在大会上指出了中国科技情报研究所、各部、各地方科技情报工作的方向、任务。

会议报告提出，中国科学技术情报研究所应以外国的尖端技术与基础理论的、综合的战略情报为主，整理利用，扩大报道。要根据我国的具体情况，自编世界各国科技文献的文摘。中国科学技术情报研究所除本身情报业务外，作为全国的科技情报中心，要负责对全国科技情报工作的组织规划、协调分工等提出意见，要总结经验以提高水平，要为各情报机构培训干部。中情所的方向、任务是"中国科学技术情报研究所应成为我国翻译介绍国外科技情报与基本理论的文献资料中心，应将登记的文献摘要分类、印刷和发行，供全国各单位使用"。各部、各地方科技情报工作的方向、任务是"各部所属情报机构，一般应以国外的和工农业生产技术的情报工作为主；各地方情报机构，一般应以国内的、工农业生产技术和战术性的情报工作为主"。

**3. 组织规划和情报队伍建设**

会议提出了建立情报刊物体系、自编检索刊物、情报机构分工合作的组织规划和情报队伍建设等方案，这对于贯彻执行"奋发图强、自力更生"的方针，在"调整、巩固、充实、提高"的基础上，做到"广、快、精、准"，有计划、有重点地搜集国外科技情报，加以整理和利用，并及时传播交流国内科学技术的新经验、新成就，为社会主义建设总路线服务，具有重要意义。

**4. 首次制订科技情报工作规划**

会议本着全面规划、加强协调、整顿队伍、培养干部的指导思想，制订了中国第一个科技情报工作规划——《1961—1962年科学技术情报工作规划（草案）》。规定了1961—1962年中国科技情报工作应当完成以下7个方面的任务：①收集和积累中外科学技术情报资料；②翻译和介绍国外科技情报资料；③整理报道国内外科学技术情报资料；④开展情报研究工作，及时掌握国外科学技术发展水平和动向，为制订长远的科学技术发展规划提供系统的参考资料，同时也为发展工农业生产、保证农业过关和各学科的科学研究提供战略性情报；⑤建立必要的工作制度；⑥集中力量，形成拳头，要求每一个地区和每一个专业能在两三年内形成一个可以依靠的科学技术情报工作的"拳头"；⑦整顿和培养科学技术情报队伍。

### （三）《关于加强科学技术情报工作的通知》

自1960年到1962年，中国国民经济发生严重困难。为了反对美国和苏联的封锁，必须全面贯彻"自力更生，奋发图强"的方针，大力发展科学技术。1961年，国家科委发布了《关于加强科学技术情报工作的通知》（简称《通知》）。《通知》指出，愈是强调自力更生的方针，愈要投入更多的力量，大力加强科学技术情报工作。在国外情报工作方面，必须大力广开来源，及时整理利用；在国内情报工作方面，必须加强搜集整理，充分传播交流；在情报工作的基础方面，也必须积极进行整顿加强，建立和健全制度。同时情报工作的机构和队伍必须贯彻"调整、巩固、充实、提高"的方针。

《通知》中提出了5项任务：①为了充分发挥各级情报机构的积极性，各级科学技术情报机构必须合理分工协作，减少重复遗漏，广、快、精、准地开展科技情报工作。为此要求各级科学技术情报机构必须贯彻下列几个原则，即国内外情报工作同时并举，各有侧重；尖端技术、基础理论与工农业生产技术的情报工作同时并举，各有侧重；战略性与战术性的科技情报工作同时并举，各有侧重。国家科委所属情报机构应以国外的、尖端技术与基础理论、综合战略的情报工作为主；国务院各部门所属情报机构，一般应以国外的和工农业生产技术的情报工作为主；各省、自治区、直辖市科学技术委员会所属情报机构，一般应以国内的、工农业生产技术和战术性的情报工作为主。国家科委加强对全国科学技术情报工作的全面规划，组织协作，监督实行，更有效地发挥现有人力、物力的作用。②国家科委应该积极地、有计划地组织各专业部门并通过各种关系，收集世界各国的科学技术情报、资料，特别是国内迫切需要而又不易获得的尖端科学技术情报、资料。③大力加强国内科学技术情报工作，紧密地配合各时期的中心任务，在不泄密、不浮夸的原则下，迅速把国内科学技术新成就、新经验集中上报国家科委，并由国家科委责成所属情报机构，迅速组织传播交流。④为了在全国范围内充分利用多种科学技术文献，应建立必要的管理制度，如科技文献的管理、检索和提供制度，以及翻译国外科技文献的登记制度等。⑤为适应国民经济建设、国防建设和科学研究发展的需要，各地区、各部门应加强对科技情报工作的领导，并创造有利条件，促进情报工作的开展。

### （四）第三次全国科技情报工作会议

国家科委于1963年2月19日—3月7日在北京召开了第三次全国科技情报工作会议。国家科委副主任武衡做报告。报告中谈到了当前情报工作中需要解决的4个问题及科技情报和图书工作的10年规划的任务。会议制订了《1963—1972年全国科技情报工作十年发展规划》，还拟定了《关于加强科学技术情报工作为农业技术改革服务的意见》《国务院各专业部（局）科学技术情报机构的性质和任务》《地区科技情报研究所的性质和任务》和《省、自治区、直辖市科学技术委员会情报处（室）的工作任务》4个文件。这次会议为中国科技情报事业的进一步发展制定了方针，明确了各级情报机构的性质和任务，制定了加强农业科技情报工作的措施，加强了国外科技文献编译报道工作和科学技术成果交流的工作。

此次会议初步明确了从中央到地方综合与专业情报机构的性质与任务及其互相合作的密切关系：中国科学技术情报研究所及有关各情报机构应首先建立有关农业技术改革的文献检索工作，应调查研究国外有关农业的文献资料现状和我国的需求；国务院各专业部（局）科技情报机构接受和提出与中国科学技术情报研究所之间相互委托的科技情报工作任务；地区科学技术情报研究所，在业务上受中国科学技术情报研究所的指导，承担所委托的任务，并且"将逐步成为该所的派出机构"。

会议上提出了对今后10年，特别是在第三个五年计划期间中情所发展的总目标：将世界重要科技文献基本搜全，及时掌握和快速报道重大科技发展方向，培养科技情报队伍和采用新技术开展情报工作自动化研究。

### （五）《全国科学技术情报工作十年发展规划》

1962年12月，国家科委编制了第二个国家科学技术发展规划——《十年科学技术发展规划（1963—1972）》（简称《十年科学规划》）。1963年12月，中共中央、国务院批准，由国家科委下达，并会同各有关部委组织实施《十年科学规划》。其中《1963—1972年全国科学技术情报工作十年发展规划》被列为《十年科学规划》的专业规划第45项，又一次被列为第一批32项国家重点项目之一。

# 第一章 新生与辉煌（1956—1965年）

《十年科学规划》第十章"措施"中详细规定了确保10年科学规划实现的12项措施，其中第六项"加强情报、资料、图书和档案工作"中有关"情报工作"和第七项"健全成果鉴定和奖励制度"部分，对1963—1972年情报工作做出了指导规划，具体包括规划依据、加强各情报机构的工作、加强国外书刊和情报资料的报道和复制工作、大力发展科学技术出版事业、健全成果鉴定和奖励制度等内容。

《十年科学规划》指出："加强中国科学技术情报研究所和7个地方情报中心，加强各部门的专业情报机构。改进进口书刊的管理办法，广辟途径，收集国外的科学技术和技术经济情报资料，做到国外公开发行的重要文献资料基本齐备。加强国内情报资料的交流工作。加强情报的分析和研究，提出对策。由中国科学技术情报研究所筹建中央科学技术情报文献资料馆，并有效地组织情报资料的交流。"

1964年7月，国家科委成立了情报专业组，进行《十年科学规划》的组织落实工作。情报专业组讨论了《1963—1972年科技情报工作发展规划情报理论、方法和设备研究项目落实与分工的建议（草案）》和《科技情报编译报道十年规划（草案）》，研究制订了情报专业组1964—1965年的活动计划，并检查了中国科学技术情报研究所1963—1964年研究课题计划的执行情况。

这个《规划》仅仅执行了3年，由于受到"文化大革命"的干扰，未能完成，但是情报专业组在其存在期间，进行了大量的工作，对于《十年科学规划》中的各项任务，起到了组织落实和督促检查作用，并收到一定效果。

## 三、初创阶段领导班子配备和党群工作

### （一）初创阶段领导班子的配备和调整

1956年10月15日，中国科学院科学情报研究所成立，最初由袁翰青代理所长职务（1956年10月—1957年3月），副所长为时生。1958年10月，时生离任，黎雪副所长到职。1959年12月，副所长黎雪离任，所长聂春荣到任。

1961年2月，国家科委科技情报局与中情所合署办公后，科技情报局局长聂春荣兼任中情所所长。1964年8月，中情所与国家科委科技情报局"局所分开"，倪弄畔接替聂春荣担任中情所所长兼所党领导小组组长，聂春荣仍然担任国家科委科技情报局局长。

### （二）初创阶段的党群工作

#### 1. 党支部委员会的成立

1956年10月15日，中共中国科学院科学情报研究所支部委员会宣布成立，全面担负起贯彻执行党的路线、方针、政策和组织领导、发展科技情报事业、为国民经济建设服务的重任。

1956年10月15日，由周俊烈担任中共中国科学院科学情报研究所支部委员会书记。1957年3月，周俊烈同志调离，由时生同志担任所支部委员会书记，所支部委员会在中国科学院编译出版委员会党委领导下进行工作，党员有35人。

**2. 党群工作的初步开展**

1958年9月，中国科学院科学情报研究所成立了党总支委员会和党总支办公室，黎雪出任总支党委会书记，各处、室成立了6个党支部。为配合党建工作，1958年，中情所成立了第一届团总支。1960年11月，党总支改选，成立第一届中共中国科学技术情报研究所委员会。1960年11月，梁波出任党委书记。1961年1月1—20日，中情所成立分所党委及党委办公室。4月，聂春荣出任党委书记（1964年2月29日后为党的领导小组组长）。1963年7月30日，中情所政治部成立，政治部下设办公室、组织处、宣传处、人事处、保卫处。1964年2月29日，根据情报局和中情所党组会议决定，所党委进行改选。同年8月3日，经科委党组同意，情报局建立了党的领导小组，并经党组决定情报局和情报所的机构分开办公。分开办公后，中情所另行组成新的领导小组，倪弄畔担任党的领导小组组长。

建所初期，所党委根据党中央的方针、政策、周恩来总理对建立科技情报工作的指示及上级领导要求，带领全所党员、干部积极开拓发展科技情报事业。在国际上与许多友好国家建立了广泛联系，相互交换资料，扩大科技资料收集渠道；在国内加强科技资料的收集、整理、报道工作，并建立重点服务单位、开展上门服务。

## 四、初创阶段人才和干部队伍建设工作

### （一）初创阶段组织人员的配备

为了使中国科学院科学情报研究所顺利开展工作，国家选调一批科技人员从事情报工作，由武衡亲自负责选调。这批人员分为两部分：一部分是从上海调集和招聘新中国成立前的留用业务人员；另一部分是从全国各地，特别是东北调集的俄文翻译人员。到1956年年底，全所干部为165人，其中大部分为外语翻译工作人员，科技人员仅占9%。上述选调人员推动了科技情报初期业务工作的开展。1957年10—12月，中国科学院科学情报研究所陆续调进专业和外语干部共计64人。1958年1月，经中组部、中宣部下文，中国科学院科学情报研究所1957年的人员编制定为235～463人，经费为117.8万元，其中科技人员为178～354人。

### （二）初创阶段干部队伍建设工作的逐步加强

在中国科学院科学情报研究所创建初期，党和国家十分重视科技情报干部队伍的建设工作。

在中国科学院科学情报研究所成立时，国家就调集干部职工从事科技情报工作。起初调集的第一批建所职工为50人。第二批调进的干部多是从新中国成立前的机构接收来的具有较好的业务背景和英文能力的干部和职员，人员总数为三四十人，他们大多数来自上海、天津、长沙等大城市；另外还从上海招聘了大约80位高级知识分子，这些人中包括祝友三、左锡麟、魏迈、刘泽民、吴立夫、冯琳懿、黄志刚、曹昌、林登狱等人。1957—1958年，国家从中国科学院和各专业部委及东北沈阳、大连、哈尔滨等地的俄语学院或俄语专科学校专门调来了俄语翻译和业务骨干，后来他们大多数都成了各业务处室的负责人和专家。

### （三）初创阶段干部培训工作

1959年7月，中情所举办了全国科学情报工作干部训练班，有131名学员参加了学习。1960年10月4日，聂春荣所长主持召开了情报所领导小组会议，着重强调了干部培训。会议指出，为了贯彻科学技术自力更生的方针，必须大力培养各级情报干部，因此必须开办情报干部轮训班，学习期间为2个月，争取春节前开办一期，名额为60人左右。

### （四）干部的选调和引进工作

20世纪60年代，中国科学技术情报研究所正式通过国家计划分配大学生选调干部。20世纪60年代的前3年，中情所引进的大学生总计20人，这些大学生同进所的老同志一起，共同努力，奠定了中情所的业务基础。20世纪60年代初，中情所已发展成为翻译苏联文摘、编译报道科技发展动态和消息，提供文献服务的科技情报中心。

### （五）干部队伍建设初具规模

截至1962年，中国科学技术情报研究所职工人数已发展到400多人，业务机构也已自成体系。这个时期，中情所涌现出一批中青年业务专家，包括杨沛霆、董建生、贡光禹、孙学琛、赵连城、周智佑、王熹、钱起麟、蒋凯、周国印、赵宗仁、蒋映鹏、许恒泰等业务中坚。20世纪50年代的业务领导和60年代的这批业务中坚的大多数人参与了1959年和1963年的《中国科学技术情报工作讲义》的两次编写工作。1963年编写的《中国科学技术情报工作讲义》是我国科技情报业务发展史上的第一本正式印刷供内部发行的综合情报业务培训教材，它流传应用多年，培养了我国科技情报界不少干部。这个时期的业务科室负责人也对中情所的发展打下了良好的基础，这些业务科室负责人包括顾坚、岳起、姚维范、虞鸿钧、李元龄、朱耀纲、吕荣华、曾少潜、申嘉廉、陈光莉等。

### （六）初创阶段干部队伍的发展壮大

1963—1965年是中情所干部队伍发展壮大的3年。在以聂荣臻元帅为主任的国家科委的大力关怀下，在聂春荣、倪弄畔、王予民、梁波、王健等所领导的主持下，1963年，中情所调进大学生84人；1964年，调进大学生20余人；1965年，调进大学生20多人。这3年调进的大学生同1962年以前调进的大学生汇集在一起，成为中情所20世纪七八十年代乃至90年代的科技情报业务的中坚力量。他们为中国科技情报事业的发展，特别是科技情报事业的电子化、计算机化和网络化做出了巨大贡献。在"文化大革命"前的这一时期和后来的70年代，他们为重庆分所的建立和发展做出了贡献；为两弹一星的发射，为南京长江大桥的修建，为武钢一米七轧机建设，为三线攀枝花钢铁厂的兴建，为李四光开采石油陆相成油理论的提出，为华罗庚的统筹学理论，为国家领导人了解世界科技进展均做出了突出的贡献。

"文化大革命"开始后，中国科学技术情报研究所的干部队伍建设工作几近中断。

## 五、初创阶段科技情报工作的组织建设

### （一）组织建设工作的起步

1956年10月15日，根据《中国科学院科学情报所暂行组织系统表及说明（草案）》规定的任务，即科学技术情报研究所的主要任务是"搜集研究和报道国内外，特别是科学技术先进各国科学技术部门的发展和最新成就……以编译快报和文摘等刊物为工作重点……"，中国科学院科学情报研究所成立时在所内建立了办公室、资料室、四个编译室和出版组。办公室下设秘书科、财务科、人事科和总务科。资料室负责搜集、保管和供应重要的科学技术文献，为所内各编译室服务。第一编译室负责编辑国内科学研究的情报文献；第二编译室负责编译苏联及人民民主国家的科学文献，并以翻译苏联的科学文摘杂志为主；第三编译室负责编译有关资本主义国家的科学文献，以出版科学技术快报为主要工作；第四编译室即"科学新闻"编译室负责编辑出版半月刊，报道国内外科学上的重大成就和重要活动。出版组负责将各编译室的稿件汇齐送科学出版社印刷出版，以及快报和其他出版物的出版发行工作。

1957年8月19日，科学情报研究组成立。1957年10—12月，中国科学院科学情报研究所将原来按任务划分的编译室改为按专业划分的情报研究室。即将第一编译室改组为第一研究室，负责机械、电工、电子、航空；将第二编译室改组为第二研究室，负责采矿、化工、冶金；第三编译室改组为第三研究室，负责基础科学；将第四编译室改组为第四研究室，负责农业、医学。同年12月，中国科学院科学情报研究所又成立了科学情报方法研究组，隶属于学术秘书处，负责情报检索、报道、语言机器翻译、分类、文献管理现代方法和技术等的研究。

1958年5月，为了扩大和加强中国科学院科学情报研究所，将国家技术委员会情报局的情报组（即资料工作）并入中国科学院科学情报研究所。同年9月，中国科学院科

# 第一章 新生与辉煌（1956—1965年）

学情报研究所将出版组扩大为出版处，下设出版、发行、校对等各小组；将资料室改为资料馆，并下设复制组等分组。

中国科学院科学情报研究所所内机构初步建立起来。

## （二）组织建设工作的调整

随着科技、经济的发展，所内机构进行了调整，以不断适应中国科学技术情报研究所作为综合性科技情报机构的定位要求，所内机构初具规模。

1958年9月26日，根据〔58〕情发字131号文件精神，中国科学院科学情报研究所对所内机构和业务部门的设置进行了调整，以适应所名更改后科技情报工作开展的需要。中国科学技术情报研究所下设办公室、学术秘书处、科学技术情报研究室、4个专业情报研究室、联络室、资料馆和出版处。学术秘书处负责学术交流活动。第一科技情报研究室负责机械、电工；第二科技情报研究室负责化工、冶金；第三科技情报研究室负责数学、物理、地质和土建；第四科技情报研究室负责医药、农业和生物。联络室负责联络工作；出版处负责出版。1958年12月，中调部印刷厂并入中国科学技术情报研究所，负责所里的全部印刷任务。

1959年6月6日，根据〔59〕情发字060号文件精神，中情所对职能部门进行了增调：将办公室中人事科分出，设立人事处，将联络室更名为联络处，新设计划处、行政处和保卫处。对业务部门也进行了增调：将原4个专业情报研究室分为8个专业情报研究室；并增设编辑室。同年12月，中情所在情报方法组的基础上成立了情报方法研究室，主要任务是研究、开发和促进情报工作现代化，下设分类法组、复制组、叙词和计算机组。情报方法研究室成为学习、研究和应用新型情报加工、服务方法的中心。情报方法研究室的成立是中情所发展史上的一件大事，它的设立加强了情报的报道、情报分析研究和开发工作，促进了情报工作现代化的研究。

所内机构的设置朝着科技情报工作的专业化方向发展。

## （三）组织建设工作的初步完善

1960年8月1日，为加强职能部门和科技文献的管理与服务工作，根据〔60〕情发字083号文件精神，中国科学技术情报研究所对职能部门进行了增调：撤销计划处，将人事处和行政处并入办公室，增设保密科；办公室下设秘书科、人事科、保卫科、保密科、行政科和财务科。对业务部门也进行了增调：将编辑室更名为编辑部；增设文献馆，下设编目组、出纳组、索引组、期刊组、缩微组、复制组；恢复资料室，附设在三部；增设情报干部培训班、基本建设办公室，附设在三部；将出版处和印刷厂合并成立出版印刷处（厂），附设在三部。此次最突出的调整是将业务部分合并为3个部：一部由第一~第四情报研究室和编辑部、文献馆组成，负责国外的、公开的情报工作；二部由第五、第六专业情报研究室和资料馆、联络室组成，负责国外的不公开的情报工作；三部由第七、第八专业情报研究室和资料室组成，另设出版印刷处（厂）、情报干部培训班和基本建设办公室。

1961年10月，中国国外科学技术文献编译委员会成立，聂春荣所长任主任。同年12月，国家科委将其标准局的标准资料室划转给中国科学技术情报研究所。

1962年4月，中国情所贯彻中央"调整、巩固、充实、提高"的八字方针，对职能部门进行了重新调整：设立局办公室和党委办公室；将联络室更名为对外联络室；成立学术委员会筹委会。对业务部门的调整仍是此次组织建设工作的重点，撤销了一部、二部、三部这3个部的建制，重新恢复4个研究室，但4个研究室的专业分工有所变动，即第一情报研究室负责尖端技术；第二情报研究室负责基础科学；将原属于学术秘书处的综合组独立出来成立第三情报研究室，负责综合研究；第四情报研究室负责工业、农业和医学。同年，文献馆增加了采购组和咨询组，并于12月成立了检索工具书阅览室，成立检索工具书阅览室为当时全国图书情报文献部门首创。1962年9月，中情所基建办公室开始筹备东四情报大楼的建设。同年12月21日，经聂荣臻副总理批准，中情所成立印刷厂，将复制组从文献馆中分出，并改制为企业，1963年1月1日，中国科学技术情报研究所复制（复印）公司成立。

1963年2月25日，国家科委批准成立中国科学技术情报研究所学术委员会。1963年4月9日，根据〔63-4〕科情字聂字102号文件精神，中情所学术委员会成立（1966—1978年中断，1979年重新组建）。1963年5月，成立膳食科，归属办公室。1963年9月，中情所印刷厂改为企业，专门负责中情所的印刷、出版和发行工作。

1964年，中国科学技术情报研究所继续对职能和业务部门进行增调。对职能部门的增调工作有：6月29日，中情所将人事和保卫工作从办公室中分出，并根据〔64〕人岳字1017号文件精神，成立人事处和保卫处。7月30日，根据所领导小组扩大会议决定，成立政治部，下设政治办公室、组织处、宣传处、人事处、保卫处。对业务部门的增调工作有：将文献馆中的咨询组分出，成立文献服务室（后改为咨询服务室）；将出版处改为编辑出版部（简称为"出版部"）；将标准资料室改为标准资料馆（简称为"标准馆"），下设译文阅览室、专家阅览室等；增设样品馆、采访处、财务器材科。此外，中国国外科学技术文献编译委员会人员编制和办公室也设在中情所。为加强情报研究工作，中情所在方法研究室设立手工检索、计算机检索、机器翻译和复制技术4个组，开展情报新技术的研究。

1965年1—7月，中国科学技术情报研究所又一次进行了所内机构的调整，再次撤销一、二、三、四研究室，将4个研究室改组为综合研究室（后改为"一室"）；中国科学院图书馆专利组并入中情所，成立专利资料馆（简称为"专利馆"），后来演变成国家专利文献中心；将采访处更名为采访部；一机部情报所的样本样品室并入中情所，并在样品馆的基础上成立样品样本馆；将科研成果登记办公室从文献馆中分出设立科研成果登记办公室（又称为"二室"），加强了科技情报的综合分析研究和国内科技成果的登记与交流。1965年12月，中情所成立电影馆（以组织观看为主，1966—1970年闭馆）、农业组和重点服务组。1966年2月，中情所设立西南情报站，附设在文献服务室，专为建设攀枝花服务。经过调整与完善，截至1966年"文化大革命"开始前，所内机构设有行政办公室、党委办公室、政治部（下设办公室、组织处、宣传处、人事处、保卫处等）、学术委员会、中国科学技术文献编译委员会办公室、科学技术情报研究室、综合研究室（一室）、科研成果登记办公室（二室）、文献馆、文献服务室、样品样本馆、标准资料馆、专利馆、采访部、情报方法研究室、中国科学技术文献复制公司、出版部、基建办公室、印刷厂，以及专业性机构如电影馆（组）、农业组、重点服务组和西南情报站（附设在文献服务室）。1966年，中情所将情报方法研究室中的复制组分出，建立国家科委天津复印技术研究所，情报方法研究室被撤销。

1965年6月，中国科学技术情报研究所迁至东四科技情报大楼后，文献资料的收集有较大增加，为了使科技情报资料得以充分利用，各专业室和索引组加强了报道与分析研究工作；文献服务室加强了检索与参考咨询工作；为了使加工后的信息广泛传递给用户，出版部和印刷厂负责出版印刷发行"三大类、九小类"情报刊物（检索类的目录、文摘、索引；报道类的消息、快报、译报；研究类的动态、进展报告、述评）；复制公司为了文献资料的储存和更广、更快传递，引进先进缩微阅读设备，开展在当时为全国少有的服务工作；情报方法研究室为了促进文献资料工作的自动化，引进电子计算机开展情报检索和机器翻译研究工作；专门成立的电影馆增加了信息传播的手段，当时收集加工播放200多部科技影片；农业组和西南情报站为了送资料上门，支援国家重点项目和三线建设，开展了"背篓服务"。①

## 六、初创阶段科技情报工作投入体制的建立、运行和调整

### （一）科技情报工作投入体制的建立

中国科学院科学情报研究所成立之前，国家十分重视对科技情报工作开展后的投入问题。在1956年我国政府召开的一系列关于科学技术工作条件的会议和指示中，都涉及中国科学院科学情报研究所成立后为顺利开展科技情报工作进行投入的问题。中国科学院科学情报研究所成立后，国家开始研究和组织科研条件问题。随着科研投入体制的确立，科技情报工作投入体制也初步形成。自1956年10月中国科学院科学情报研究所成

---

① 中国科学技术信息研究所. 中国科学技术信息研究所大事记（1956—1996）. 北京：科学技术文献出版社，1996：97.

立至1960年，国家对中国科学院科学情报研究所的经费投入达到117.8万元。[①]

（二）科技情报工作投入体制的运行与调整

1960—1962年我国国民经济发生严重困难。1961年，国民经济实行"调整、巩固、充实、提高"的方针。虽然我国国民经济发生严重困难，但为了购买国外科技资料，国家仍然拨付了可观的费用。1963年，聂荣臻向毛泽东主席汇报工作谈到进口书刊资料所花外汇时，毛泽东主席特别提到还要搜集国外社会科学情报资料，并提出要适当增拨外汇。1964年6月，毛泽东主席指出："争取几年内做到不再进口粮食，节省下外汇来，多买技术设备、技术资料。"中情所科技情报工作在国家科研经费投入的支持下，科技资料的搜集、存储、整理和利用，都有了可靠的依据，从而为1963—1966年科技情报工作的开展奠定了基础。

1964年2月，国家科委召开的专门会议上特别强调在科研投入方面要"统一管理，科学投资"。随着《十年科学规划》的制定和实施，党和政府对科技工作的重视程度和科技投入规模日益提高，科技情报工作的投入也出现了增长的趋势。1961—1967年间，国家投入在中情所的经费总计达232万元。[②]

## 七、迁址工作

1965年6月至7月，在周总理、李先念副总理、聂荣臻副总理、李富春副总理等国家领导人和韩光、武衡副主任的关心和批示下，我国第一所科技情报大楼在东四建成，面积18 800平方米，设有30多个阅览室，700个阅览座位，并设有专家阅览室，基建投资共计426万元。东四科技情报大楼共8层，1～4层为文献馆、标准馆、样本馆及资料馆等文献资料工作部门和情报方法研究室；5～6层为行政办公室及研究室（一、二室等）；7层为出版部；8层为样品陈列室。东四科技情报大楼是当时全国规模最大、功能最为齐全的科技情报中心。同年6月，中情所所址从朝内大街117号（"九爷府"旧址）迁往东四科技情报大楼办公。国家拨巨款划地建设东四情报大楼，彰显了党和国家领导人对我国科技情报事业的重视。科技情报大楼的建成成为中国科技情报事业兴旺发展的标志和一面旗帜，有力地招引和促进着全国科技情报系统的基础建设。[③]

中国科学技术情报研究所在东四情报大楼办公期间，科技情报收藏面广、量大，它是全国唯一一家最多收藏美国四大套报告、专利说明书、标准资料、产品样本、国内科

---

① 中国科学技术信息研究所．中国科学技术信息研究所大事记（1956—1996）．北京：科学技术文献出版社，1996：152．

② 中国科学技术信息研究所．中国科学技术信息研究所大事记（1956—1996）．北京：科学技术文献出版社，1996：152．

③ 刘昭东：科技情报与信息工作纪实．北京：科学技术文献出版社，2011：81．

技保密资料和工程图纸、检索类工具书的科技图书情报中心。科技情报中心大楼在全国率先设立了"专家阅览室"。我国著名科学家华罗庚、李四光、竺可桢、王淦昌、童第周、陈景润等都曾光临科技情报中心大楼查阅信息，在阅览大厅或专家阅览室接受服务。出自科技情报大楼的情报资料，有力支持了国家三线和重点建设项目，其中包括三峡葛洲坝建设、武钢1.7米轧机等国家重点建设项目。中情所在科技情报中心大楼办公期间，率先介绍了国际上的重大科技动态和进展，包括"运筹学""绿色革命""新能源""白色污染""夏时制""卡尔普新材料""气流纺纱""射流技术""塑料压模新工艺"等。中情所选编的赶超和参考资料天天送往国家科委、国务院和中央领导同志。国家领导人经常批示中情所报送的科技信息和报告。在科技情报中心大楼办公期间，中情所引进了试行机械穿孔检索的布尔计算机，推动了中国科技情报工作机器检索技术的研发与应用。

1969年12月29日，中国科学技术情报研究所迁往北京化工学院。

## 第三节 科技情报工作的开创与发展

### 一、科技文献资源建设

中国科学院科学情报研究所成立时就十分重视科技文献建设工作。成立的当日就出版了1种新闻刊物（《科学新闻》），编译1种文摘刊物（《机械制造文摘》）。1956年，资料室成立。资料室搜集研究和报道国内外特别是科学技术先进国家科学技术部门发展情况和最新成就，资料室的成立是我国情报资源建设的开始。在袁翰青的领导下，积极收集、加工各类刊物资料，翻译出版了苏联文摘杂志《机械工程分册》和《冶金分册》，并编辑出版了《科学新闻》半月刊；还采购了各种外文工具书，编写了《各国期刊简介》《期刊译名录》的初稿和《科技进展快报》等。1956年11月，中国科学院科学情报研究所又编译了6种专业的快报（矿冶、电工、化工、医药、原子物理、机械）。同年12月31日，"期刊译名录"初稿编辑完成。上述文献是科技文献基础工作的早期形式。

1957年1月，《化学论文索引》《科技快报》（矿业类）创刊。同年4月，《冶金文摘》创刊，其内容是翻译苏联《冶金文摘》。6月上旬，《物理论文索引》创刊。12月21—30日，《科学情报工作》创刊，刊物主要目的是介绍和学习世界各国，主要是苏联和各兄弟国家科技情报工作的先进方法和理论，交流科学情报人员的实际工作经验，加强全国各情报机构之间的联系。

1958年，资料室改为资料馆，资料馆贯彻"广、快、精、准"的方针，广泛、及时、有针对性地收集、加工、研究、报道国内外科技文献，并且采取多种形式开展对外服务。

# 甲子辉煌
## ——中国科学技术信息研究所成立60周年纪念

1958年1月,《半导体快报》创刊。同年10月,《无线电快报》《力学文摘》《地质文摘》《物理学文摘》创刊。1958年,为了支持初创阶段科技文献基础工作,位于北京西苑的中调部印刷厂并入中国科学院科学情报研究所,承担所里的印刷工作。

在情报业务自身建设方面,中国科学技术情报研究所不但构筑了我国当时情报收集、加工和编译、报道的情报服务体系,而且还以创新精神率先创办了为中央领导和科技、经济界领导服务的《科技参考消息》《国外科技动态》《快报》等影响全国的重要刊物和内部简报。截至1959年1月,中情所已订购科学技术期刊6824种。其中中文期刊533种,俄文期刊275种,其他外文期刊6016种。交换国外期刊418种,搜集过期期刊86种,搜集中文资料4107份,中文内部刊物307份,外文资料4351份。在资料搜集方面,中情所已同43个国家643个单位建立了联系,订购研究报告、学术会议文献、学位论文等共2531篇;出版科技快报,有电工、电力、冶金、原子能等共10种,共利用国外科技期刊达205种;编写期刊论文索引39类,每月平均19 000条,共利用期刊4250种;翻译苏联《文摘杂志》地质、地理、物理、数学、化学、冶金、生物、生物化学、电工、力学、机械制造11个分册,分30类出版,每月600余万字。①

1960—1962年,中国科学技术情报研究所先后创办了《林业文摘》《植物病理学文摘》《电工文摘》《化学文摘(分析化学)》,以及《科学新闻》《机械制造文摘》《冶金文摘》《中国科学文摘(英文版)》(1962年5月恢复创刊)和《综合科技动态》(1962年5月创刊),以满足国家和地区制定发展规划的需要,这些都是最初的科技情报研究成果形式和文献基础形式。

1961年12月,中国科学技术情报研究所创刊了我国第一份《中文内部科技资料目录》。1962年6月,国家科委科技情报局局长兼中情所所长聂春荣提出了"情报所开展消息、检索、译报和研究工作的全面要求",并为文摘工作提出了"全、快、变"的工作方针。同年7月,中情所创刊《新能源快报》。1962年1月,《科学情报工作》更名为《科技情报工作》。1963—1966年,中国科技情报界在《科技情报工作》杂志上发表过大量有关文摘、机器翻译、情报研究工作、分类法和主题法等方面的学术论文。中情所还编辑出版了《科学技术情报工作概论》等。

1963年,《生物化学文摘》《实验生物学文摘》《综合科技文摘》《宇宙航行》译丛、《情报研究》等陆续创刊。截至1963年年底,随着国家经济情况好转,文献资料收集有较大增加。中情所订购的国外期刊已达6900种,较1962年增加3000种;国外科技资料采购达14万篇;对外交换也取得进展,《中国科学文摘》(英文版)同50个国家的1628个国外单位有资料交换关系。② 国内资料收集工作得到发展,包括内部科技资料、留学生论文、出国考察报告、期刊等。1964年,《综合科技动态(第三分册:农业技术经济)》

---

① 邓力群,马洪,武衡,等. 当代中国的科学技术事业. 北京:当代中国出版社,1991.
② 刘昭东. 科技情报与信息工作纪实. 北京:科学技术文献出版社,2011:79.

(2月)、《综合科技动态（第四分册：工业技术经济）》(2月)、《标准化译丛》(6月)、《科技参考消息》(6月)相继创刊。1965年7月，根据中国科学院党组和国家科委的指示，中国科学院图书馆将全部专利文献和部分设备移交给中情所，并于1965年9月30日正式办理了移交签字手续。专利文献的移交丰富了中情所的馆藏，加强了科技文献基础工作。

截至1965年年底，中国科学技术情报研究所已形成包括特种文献、期刊、标准、产品样本和非公开出版的国内外科技文献资料的全国文献中心。这个中心收藏有各国特种文献40多万册；国外科技期刊累计11 000种；24个国家的专利文献近500万件；20多个国家的35万种产品样本；42个国家的国家标准17万件；各种国内科技期刊1000多种；国内重大科研成果报告1.1万多项；25个国家的1000多件样品。1966年，中情所公开发行的国外科技情报刊物有191种（包括重庆分所出版的刊物）。①

## 二、科技文献加工与服务

### （一）科技文献加工

中国科学技术情报研究所成立以来，始终重视科技文献加工工作。中情所的文献加工工作代表了当时文献加工工作取得的成就，是文献加工工作的缩影。②

截至1959年，中国科学技术情报研究所大约翻译出版了《机械制造文摘》（9个分册）、《冶金文摘》（2个分册）、《力学文摘》（4个分册）、《物理学文摘》（3个分册）与《地质文摘》（2个分册）。1959年12月，《中国科学文摘》（英文版）创刊。

1961年第二次全国科技情报工作会议提出了"自编世界各国科技文摘"的工作方针。中情所出版了以报道我国科技期刊论文为主的自做文摘《中国科技文摘》（英文版）。

从1962年起，中国科学技术情报研究所文献加工报道工作的重点转向报道馆藏文献，创刊了《科技文献索引》（18个系列刊物）及《中文内部科技资料目录》一种，以索引的形式报道馆藏。1965年，文摘、索引工作达到了历史的最高点。编译的综合性文摘刊物增加到7个，即《综合科技文摘》（第二分册：情报工作）、《物理学文摘》（3个分册）、《化学文摘》（第四分册：分析化学）、《地质文摘》（第一分册）、《地球物理勘探文摘》《生物化学文摘》及全部自做自编的《实验生物学文摘》（取自各国科技现刊论文）；编译的快报有4个：《原子能快报》《无线电快报》《新能源快报》与《半导体快报》。《科技文献索引》的特种文献部分与期刊部分合并成一个系列，共30分册，以月刊或双月刊

---

① 邓力群，马洪，武衡，等．当代中国的科学技术事业．北京：当代中国出版社，1991．
② 杨沛霆．文献组织工作中的几个问题．见：中国科学技术情报研究所编．科学技术情报工作讲义（下册）．北京：中国科学技术情报研究所，1959：171-184．

形式当年合计共报道了 191 140 条，是历年来最高条数。①《科技文献索引》的 30 个分册分别是：综合科技、数学、力学、物理、化学化工、地质地理、地球物理、天文学、测绘、生物学、医学、农业、林业、水产、自动化与通信、核子能、计量技术、建筑技术、水利工程、电力工程、电机工程、矿业石油、冶金、机械制造原理与工艺、铁路运输、公路运输、水路运输、航空、轻工业、纺织。索引工作主要是编译馆藏目录，然后分类编排出版。文摘则由编译英、美文摘逐步增加自编自做部分，特别是取自外刊现刊的文摘，报道信息与馆藏索引相呼应，对读者与用户提供了较好的检索途径。②

回顾 1956—1965 年近 10 年的发展，中国科学技术情报研究所文献加工报道工作总的方向是从编译国外文摘朝着自编自做文摘索引的方向发展，选题和报道内容注意结合国内科研与生产发展的需求。就全国范围来看，中情所除自身发展文献加工外，对全国检索刊物体系的形成，起着相当大的推动作用。

"文化大革命"期间，文献加工工作受到很大冲击，基本处于停顿状态，检索刊物纷纷停刊。1966 年 10 月，《科技文献索引》馆目系列更名为《馆藏特种文献目录》，将原 30 个分册合并为 15 个分册出版，次年全部停刊。文摘与快报刊物也先后停刊。③

### （二）科技文献服务

1960 年，我国国民经济出现严重困难，在"调整、巩固、充实、提高"方针的指导下，我国科技情报工作进行了调整，资料馆作为业务部门也进行了改组。1960 年 8 月，资料馆改为文献馆。1961 年，文献馆的业务工作按照定题服务（被动服务，即有关部门提出查询的具体要求，由中情所提供文献资料服务）和定点服务（主动服务，即与研究单位或工矿企业建立固定联系，定时向其提供资料）两大类别予以加强，并建立起情报刊物"三大类、九小类"的系列，各类情报刊物的数量和质量都有了很大的提高。在服务对象方面，中情所主要为广大科研人员和专家服务。例如，中情所为数学家华罗庚研究"系统理论"积极收集文献、资料，受到好评。华罗庚说："情报所的同志慨然地帮助了我们，主动地担负起组织资料的工作。这样，我们看到了各种各样的有关文献，了解到这种统筹方法的宽广用场，因而才确定从事研究和普及推广这一方法。"1963 年 5—7 月，中情所在北京、西安、成都、重庆和武汉进行巡回展览，开展科技文献服务。当时，我国著名科学家李四光、童第周、王淦昌、钱伟长、贝时璋、牛满江、庄逢甘、金善宝等都来到中情所查阅过资料。

---

① 中国科学技术信息研究所. 中国科学技术信息研究所大事记（1956—1996）. 北京：科学技术文献出版社，1996：12.
② 中国科学技术信息研究所. 中国科学技术信息研究所大事记（1956—1996）. 北京：科学技术文献出版社，1996：100.
③ 中国科学技术信息研究所. 中国科学技术信息研究所大事记（1956—1996）. 北京：科学技术文献出版社，1996：101.

第一章 新生与辉煌（1956—1965年）

随着科技情报工作的开展，科技情报资料的基础性工作逐步完善。当时资料馆的主要任务是负责组织管理文献资料（包括缩微资料、外文资料和期刊）和采购、编目制卡，编译出版报道馆藏文献检索，接待读者上门阅览资料、外文期刊及工具书；负责馆里各项工作的组织协调，负责编写馆里的工作计划、工作总结、人事工作（包括干部培养、干部调动、评定工资、评定职称）及党务工作、政治思想工作、安全防火等。资料馆下设编目组、出纳组、索引组、期刊组、缩微组，后来增加了采购组和咨询组。编目组按本进行分类编目与印制馆藏卡片和排卡；标注索取号；负责国际十进分类法研编任务和处理读者咨询文件处理工作，国际十进分类法工作于1963年并入方法室。出纳组管理外文资料书库和工具书阅览室，工作人员把编目组加工过的新到资料按不同文种资料的索取号、入库排架、定期整架和定期装订。索引组（文献报道部的前身）是为了深化文献资料报道工作而成立的，由于文献馆采集的四大套西文特种文献AD、PB、NASA、DOE报告等的收藏量大、涉及专业面广和需要翻译成中文等特点，中情所内成立了索引组。按篇报道的素材卡片，由编目组提供；索引组负责翻译、分类编辑出版《中国科技情报研究所馆藏文献索引》（检索期刊）。期刊组负责新到期刊的登记、分类、制卡，提供读者检索，现刊开架阅览，过刊分类入库管理和提供读者阅读；为了便于管理，每年把大量的过刊装订成册；不定期地把期刊目录分类编辑打印或铅印成册提供读者查阅。缩微组的工作是将收到的资料按照文献题目登记验收，再给每篇文献资料注上采购组给的索取号，排入缩微资料柜；读者可通过编目组查目室和缩微组提供的分类卡检索；缩微组配有先进的缩微资料阅读机和复印机为读者服务。采购组通过不同途径采购外文资料、期刊，到货后进行登记，再分送有关小组加工服务；采购组还负责处理和外国书商的来往信件、订货单，定期结算外汇等。咨询组提供咨询，典型的咨询服务活动就是为国家科委提供"日本当年是如何开发台湾的"咨询课题，调研报告受到好评，这是文献部门接受咨询课题的开始。除了上述工作外，为了更好地为科研和生产人员服务，国外资料馆经常配合国家的重点科研项目组织专题资料展览，并不断更新展出资料的内容。

1964年1月，文献馆中的咨询组分出，改为文献服务室（后改为咨询服务室），加强了资料的检索与参考咨询工作。为了进一步提高情报资源的管理水平，1965年9月，文献服务室举办了"统筹方法"展览会，在展览会上，著名科学家华罗庚来到中情所，做了关于"情报工作与统筹方法"的学术报告。中情所将"统筹方法"的科技管理方法引进科技文献管理与服务中，收到了较好的社会效益。

## 三、科技文献编译报道与检索刊物体系建设

建立完善的科技情报检索系统，特别是完善的科技情报检索刊物体系是开展各项情

报服务的先决条件，是情报活动的基础。1961年，中国国外科学技术文献编译委员会的成立，标志着我国文献编译报道工作和检索刊物体系的初步形成。

### （一）中国国外科学技术文献编译委员会成立前的文献编译报道工作

在中国国外科学技术文献编译委员会成立前，我国的情报编译工作经历了一个从无到有的发展过程。

1956年10月，中国科学院科学情报研究所成立后，文摘工作踏上了有组织、有计划发展的道路。到1958年，开始出版题录性的索引刊物《期刊论文索引》（后改名为《科技文献索引》），主要报道国外期刊论文，从而实现了从没有索引到有少量的主题索引。这个时期主要是翻译出版国外的检索刊物，报道速度缓慢，且选题也不尽切合国情需要。因此，有必要成立负责组织协调全国科技文摘编译报道的机构。

### （二）中国国外科学技术文献编译委员会的成立及其初期活动

#### 1. 中国国外科学技术文献编译委员会的成立

为了及时、广泛地吸收国外科学技术成果，组织全国力量有计划、有分工地编译国外科技文献，并加强对科技情报编译报道工作的组织协调，根据第二次全国科技情报工作会议的决定，1961年10月，中国国外科学技术文献编译委员会成立。这是由国家科委领导下的中国科技情报编译出版工作的组织协调机构，编译委员会由国家科委情报局、中情所、国务院有关部委、省、市科技情报研究所组成。会议决定"由全部翻译苏联文摘逐步过渡到自编世界各国的文摘"，进一步促进了我国检索刊物的发展。当时工作人员编制及办公室均设在中情所内。1965年，中国国外科学技术文献编译委员会改称为中国科学技术文献编译委员会，1978年又改称为中国科学技术文献（情报）编译出版委员会。委员会自建立起就对国家科技情报刊物进行研究、评价、组织、协调，对科技情报刊物体系的建立起到了重要作用。

#### 2. 中国国外科学技术文献编译委员会第一次会议

1961年10月23—28日，中国国外科学技术文献编译委员会第一次会议在北京召开。会议确定了国外科技文献编译委员会的职责是制定全国国外科技文献编译工作的方针任务；制定全国国外科技文献编译工作的年度计划和长远规划；制定全国国外科技文献编译工作的规章制度；组织协调全国国外科技文献编译工作，并解决出现的问题。会议还提出了加强编译报道工作的三点意见：①科技文摘：几年来，翻译苏联文摘，为自做文摘创造条件。现在已有条件的自做文献。自编的与翻译的文摘可以按学科性质编在一起。二者的比例可多可少，都可称为自编文摘。②组织分工：在中央各情报机构之间，凡是各部门能搞的，中情所就不要搞；在中央各部门与地方之间，凡是地方能搞的，中央各部门就不搞。③要充分利用国外科技文献资料：1万多种期刊要充分利用，很快报道出来。难得文献与专利文献用处很大,要很好安排力量进行翻译。会议参加人员有委员23人,会议讨论了1962年的编译计划与分工协调方案,并进行了具体安排,交流了经验。

### 3. 中国国外科学技术文献编译委员会主任委员会扩大会议

1962年5月30日—6月3日,中国国外科学技术文献编译委员会主任委员会扩大会议在北京召开。国家科委情报局局长兼中情所所长袁春荣在发言中提到,情报报道的4类形式(消息、检索、译报和研究类)都是需要的。其中检索类中的文摘是主要形式,文摘应该"全、快、便"。所谓"全"即所收集和报道的原始文献在学科和种类上尽量做到齐全;所谓"快",即报道时差要尽量缩短;所谓"便",即检索方便,不仅要考虑手工检索的需要,而且要考虑计算机检索需要。

### 4. 中国国外科学技术文献编译委员会第二次年会

1963年6月25日—7月5日,中国国外科学技术文献编译委员会第二次年会(扩大会议)在北京召开。会议主要讨论国外科技文献编译报道十年规划和1964年年度计划,并交流工作经验。袁春荣主任委员在发言中提出,文摘是系统报道、积累和检索文献的主要工具,是核心。翻译文摘学科、文种较全,自做文摘结合我国需要且报道较快。自编文摘应该是两者相结合的做法为宜。关于我国科技情报刊物采用何种检索方法,袁春荣发言中建议"采用国际十进分类法",并且提出:"中国科学技术情报研究所应大力加强对于检索工作的领导,抓紧有关检索人员的培训,以及工具书的编译出版工作。"会议讨论通过了《1964年国外科技文献编译报道工作计划》和《国外科技文献编译报道工作十年规划》。该《十年规划》提出了文献编译报道工作的10年奋斗方向:大力加强国外情报报道工作,10年内力争接近世界水平,基本满足全国科技事业的需要;逐步地、有计划地扩大选用文献的范围,扩大报道量;建立学科齐全的中国科技情报检索系统,采用国际先进分类法和标题法,并编制国际十进分类的索引、标题和作者索引;充分发挥翻译和自做文摘的潜力,在保证质量的基础上,扩大文摘索引的报道量;文摘采用书本和卡片两种形式出版,并有计划地印发缩微卡片以便读者阅读原文;增加报道与译丛品种和报道量,做到门类齐全,每一小专业或小学科至少有一种报道国外文献的刊物。会议还讨论确定了将科技情报刊物划分为"三大类、九小类"的检索刊物体系。会议建议科技情报刊物的检索方法,采用以"国际十进分类法为主,以标题法为辅"的原则,起草了《关于科学技术情报检索类出版物采用方法的建议》。该《建议》于1963年12月由国家科委批准执行。

### 5. 中国国外科学技术文献编译委员会第三次会议

1964年7月召开了中国国外科学技术文献编译委员会第三次会议。会议提出了情报刊物新的分类体系,即按科技情报刊物的性质与作用分为检索、译报、研究三大类,同时按出版物的目的、选题范围及出版形式又划分为期刊、专辑、图书三类。这次会议讨论决定，中国国外科学技术文献编译委员会更名为中国科学技术文献编译委员会，并提出《中国科学技术文献编译委员会组织条例》。

**6. 中国科学技术文献编译委员会第四次会议**

1965年12月召开了中国科学技术文献编译委员会第四次会议。会议贯彻国务院批准的《关于科学技术交流与保密工作会议的报告》及《关于科学技术交流与保密工作的若干意见》的精神，会议决定，文献编译编委会不仅要组织协调国外科技文献的编译报道工作，而且要组织国内科学技术文献的交流工作。会议修改了《中国科学技术文献编译委员会组织条例》，还拟订了《中国科学技术文献编译委员会关于国内科学技术内部刊物管理办法（草案）》。

## （三）"三大类、九小类"检索刊物体系

"三大类、九小类"检索刊物体系是国家科委情报局局长、中国科学技术情报研究所所长聂春荣首先在中国国外科学技术文献编译委员会第二次年会上提出来的，其中包括情报工作的主动服务和被动服务、为上（领导）和为下（基层）服务、调研工作和检索工作的内涵。情报出版物的"三大类"为报道类、检索类、研究类；"九小类"为消息快报、科技期刊、译报文集、题录索引、文摘期刊、浓（压）缩文献、专题报告、综述评述、工具专著。

**1. 报道类**

报道类的文献内容多为一次文献。报道类出版物有三小类：①消息快报：以短文摘要形式快速报道国内外最新的科技信息。以便各级领导和科技人员及时了解掌握最新的科学技术动态。消息快报提供线索，启发思路。多以期刊和报纸形式出版，刊期多较短。做到"快""新""简"。如《电工快报》《国外科技消息》等。②科技期刊：全文报道国内外科研成果和技术成就的重要刊物。用于传播科研成果、推广先进技术、普及科学知识等。如《科学通报》。③译报文集：全文或摘要形式报道的译文刊物和专著。它向读者介绍科学技术成果和科学技术知识。有定期出版的期刊、有多篇译文汇编成册的文集、有单篇的译文和专门报道译文的检索刊物，如《科学技术译文通报》。

**2. 检索类**

检索类报道的文献内容多为二次文献。目的是让读者用较少的时间，可以掌握更多的文献线索。如有必要，可以通过文献的出处进一步查阅原文。检索类出版物有三小类：①题录索引：检索类文献的最简单形式，仅有文献题名和文献出处。但报道通信量大，能够满足"全""快"的需要，检索方便，可从分类、主题等途径进行查找。报道多以期刊形式出现。如《科技文献索引》《中文内部科技资料目录》《馆藏特种文献目录》等。②文摘期刊：比目录题录索引要详细，除文献题名和出处外，还以简介和文摘的形式报道文章的内容。通过文摘可以判断，是否需要进一步查阅原始文献。报道多以期刊形式

报道论文文摘。如《机械制造文摘》《冶金文摘》《力学文摘》《物理学文摘》《综合科技文摘》等。③浓(压)缩文献:为节省读者阅读时间,编者将一次文献,在不影响全面反映文章内容的情况下,将一些虚词、过多的解释、形容句子等进行全面压缩,不看原文就可以掌握论文内容。

3. 研究类

研究类报道的文献内容为三次文献。是在掌握一次、二次文献的基础上,经过消化,编写出来的论文或专著。研究类出版物有三小类:①专题报告:多为不定期出版的情报研究成果单行本。研究类出版物是根据国家和专业部门提出的课题,通过全面调查收集有关文献,经过整理分析、综合归纳编写出来的专题报告。内容丰富,有分析、有观点、有建议,对管理人员和科技人员有较大参考价值。②综述评述:报道国内外科技发展水平和动态趋势的综述、评述形式论文的出版物。内容系统详尽,有较高水平和相当深度,为科技人员提供具体参考,为管理人员提供决策情报。综述评述要求作者熟悉有关领域的基本情况和全面占有文献。综述性文章是全面占有国内外有关专业文献,经过严格选题,归纳整理,客观报道的动态性论文。评述性文章是在综述的基础上,加上作者的主观看法而编写的论文,其参考价值比综述性论文参考价值更大些。如《国外科技动态》《科技动态》等。③工具专著:多以图书形式出版,属于三次文献,也可以视为一次文献。如《中国图书馆分类法》《中国图书资料分类法》。①

(四)文献编译报道取得的成就和检索刊物体系的完善

中国国外科学技术文献编译委员会的成立进一步促进了我国检索刊物的发展。该编译委员会在1961—1965年的5年中,在国外科技文献的编译报道工作方面进行了大量的组织协调工作,对中国科技情报刊物形成系列,对确定中国检索刊物体系的方向,对提高情报刊物质量等,起到了规划、协调和指导的作用。

中国科学院科学情报研究所成立后,就比较重视文摘的编译报道。1957年,翻译苏联的《冶金文摘》创刊,这是第一项文摘工作。同年12月,《科学情报工作》和《中国科技文摘》(英文版)创刊。

1961年,开始编译英、美文摘,并出版以报道我国科技期刊论文为主的自做文摘《中国科技文摘》(英文版)。同年12月,我国第一份《中文内部科技资料目录》创刊。1962年,《科学情报工作》改名为《科技情报工作》。1962年5月,《综合科技动态》创刊。同年6月,国家科委情报局局长聂春荣提出了"情报所开展消息、检索、译报和研究工作的全面要求",并为文摘工作提出了"全、快、变"的工作方针。同年7月,《新能源快报》创刊。1963年,《情报研究》创刊。1964年,《标准化译丛》和《科技参考消

---

① 中国科学技术情报学会,中国国防科技信息协会. 中国情报学百科全书. 北京:中国大百科全书出版社,2010:172-173.

息》创刊。同年，中情所对国内外科技资料进行全面清理，并决定将重份运往三线重庆分所。截至1965年，中情所出版的科技文献索引与期刊共30种。文献年编译报道量已近20万条，出版科技文摘7种，快报4种，科技情报业务发展迎来了一个新的时期。[1] 中情所1966年公开发行的国内外科技情报刊物有191种（包括重庆分所出版的刊物）。[2] 此外，重庆分所是我国科技情报发展初创阶段编译、报道外国文摘索引、创办众多文摘刊物的生力军。20世纪60年代，重庆分所出版的科技文摘、文摘索引和译报类刊物已达到30多种，占全国检索类刊物报道量的2/3。[3]

1962—1966年，中国科学技术情报研究所文献检索体系从翻译为主向"自编本"过渡，检索刊物体系已初具雏形并获得一定的发展。这个时期检索刊物的出版编辑工作基本上是有组织、有计划的。这一阶段，中情所先后出版检索刊物，以及报道国外文献等方面的刊物。这些检索刊物，除报道我国的科技文献外，也报道美国、英国、法国、德国、日本、苏联等国的科技文献。同时，科技情报刊物的质量也在逐步提高，减少了交叉重复，报道内容也较以前准确。此外，科技文献编译委员会还组织了2万多名业余情报文摘员和翻译人员从事情报资料的翻译和检索工具的编制工作，发挥了广大科技情报工作人员共同办好科技情报刊物的作用。[4]

1966年"文化大革命"开始后，中国科学技术情报研究所绝大多数文献检索刊物相继停刊，文献编译报道工作几近中断，检索刊物体系建设工作也受到冲击，几陷停顿。

## 四、科技情报咨询与服务

科技情报咨询工作始于1956年10月中国科学院科学情报研究所成立之后，当时的情报咨询工作围绕着国家和地方科技发展的重大活动和任务，为配合国家制订《十二年科学规划》，为实施科研与生产的攻关项目，为提高科研、革新和生产能力，开展科技情报的咨询工作，主要是翻译国外科技成就和动向，以消息、快报、译报和文摘形式，供国内科技界参考。在文献咨询方面主要是为读者服务和来信提供参考服务。

20世纪60年代初，我国发生严重经济困难，但中情所的科技情报咨询与服务工作在困难中坚持，并取得了较大成就。20世纪60年代，科技情报咨询与服务工作围绕着国家科技发展10年规划中的374个项目，深入系统地提供国内、外有关学科和专业的发

---

[1] 刘昭东. 科技情报与信息工作纪实. 北京：科学技术文献出版社，2011：79.
[2] 中华人民共和国科学技术部. 国家科学技术条件发展60年（1949—2009）. 北京：科学技术文献出版社，2009：62.
[3] 刘昭东. 科技情报与信息工作纪实. 北京：科学技术文献出版社，2011：135.
[4] 中国科学技术信息研究所. 中国科学技术信息研究所大事记（1956—1996）. 北京：科学技术文献出版社，1996：12.

展水平和趋势的情报服务，同时结合国情提供综合的和专业的技术经济的情报咨询。[①] 在技术咨询方面，1962年，中情所成立了咨询组。在读者服务方面，中情所于1962年12月成立了检索工具书阅览室，为当时全国图书情报文献部门首创。检索工具书阅览室的创建方便了读者的使用和服务。

1963年9月，国家科委发布《关于上报和登记科学技术研究成果的若干规定（试行草案）》。同年10月，国家科委将全国科研单位上报和登记科研成果以《科学技术研究成果公报》的形式进行报道的工作交给中国科学技术情报研究所开展。1963年12月，国家科委下达"日本当年是如何开发台湾的"咨询课题，中情所的调研报告受到好评，这是文献部门接受咨询课题的开始。1964年1月，国家科委科学技术研究成果登记办公室设立，进行国内重大科技成果的登记、推广和技术交流。在重点服务方面，1966年2月，中情所成立了西南情报站，专为建设攀枝花服务，情报人员用当时提倡的"背篓精神"把资料及时送到渡口（现为攀枝花市）各厂矿、设计、施工现场，这是为配合当时三线建设的攀枝花工程，进行的技术咨询服务。此外，中国科学技术情报研究所重庆分所为发展我国内陆西南地区的情报服务工作做出了重大贡献。根据国家科委和中情所的统一部署，为落实三线情报工作建设的指示精神，重庆分所在重庆郊区建立了战备书库，为西南的三线建设、军工项目和国家重点建设项目提供大量的服务，这些科技情报服务工作主要包括：清点、装运战备书库的书刊资料；"背篓"上山，巡回服务，为四川、贵州和湖北山沟里的三线工厂提供情报资料；为长江水力资源的调查和长江三峡大坝修建的前期调研提供情报服务并进行咨询研究；为国家重点建设项目攀枝花钒钛矿藏开采提供专题情报服务；在渡口（现为攀枝花）和西昌设立情报站，为军工项目开展情报服务。在检索咨询方面，由于具备大量中、外文检索工具书、参考工具书，开展了大量手工检索的科技咨询服务。

"文化大革命"开始后，科技情报咨询与服务工作陷于停顿。

## 五、开创科技情报分析研究工作

早在科技情报事业创建初期，中国科学技术情报研究所就开展了情报分析研究工作，并取得了一定的成就。

### （一）初创阶段科技情报分析研究工作

20世纪50年代，我国处于西方国家的封锁禁运的国际环境之中，科技文献资料来源匮乏，对外部世界科技发展状况缺乏全面、深入的了解。因此，在中国科学院科学情

---

[①] 中国科学技术信息研究所. 中国科学技术信息研究所大事记（1956—1996）. 北京：科学技术文献出版社，1996：107.

报研究所创建之初，科技情报分析研究工作主要是报道世界先进国家技术科学和基础科学的发展水平动向和最新成果。1958年，《关于开展科学技术情报工作的方案》进一步指明了情报分析研究工作的方向：报道最近期间在各种重要的科学技术领域内国内外的成就和动向，使科学、技术、经济和高等教育部门及时获得必要的情报资料，便于吸收现代科学技术成就，节省人力时间，避免工作重复，促进我国科学技术发展。据此，中情所加强了情报研究工作。20世纪50年代，科技情报分析研究工作的重点是文献研究，相应地，文献调查和信息整序成为当时情报研究的基本方法。

中国科学院科学情报研究所成立之初，所内大部分人员是外语人才，科研力量集中在情报理论和方法室，当时主要任务是研究、开发和促进情报工作现代化，主要工作包括情报理论方法研究，如分类法与主题法的比较研究，国际十进分类法的翻译和推广，并办了8期培训班。1957年12月21—30日，中情所创办《科学情报工作》，主要目的是介绍和学习世界各国，首先是苏联和各兄弟国家科技情报工作的先进方法和理论。《科学情报工作》创刊，体现了对情报方法研究的重视。情报方法研究室成立后还与全国有关的图书馆和情报所等36个单位合作研究《中国图书馆图书分类法》和《中国图书资料分类法》；与地质图书馆等单位合作研制边缘穿孔卡片，并组织了小批量的生产和试销；还研究了文摘的发展道路、刊物的报道形式、综合所与专业所的分工等课题，以及对机器检索、复制技术与设备、机器翻译等方面的研究。

20世纪60年代初，随着1962年制定《十年科学规划》的实施和大规模社会主义现代化建设的开展，中情所科技情报分析研究工作着重围绕着"科技情报工作首先是为实现农业过关和新技术过关两个中心问题服务；为迅速掌握60年代的科学技术水平并实现科学技术的现代化服务"这一指导思想而展开。与此同时，科技情报分析研究工作也加强了国外科学技术的报道工作。1962年《综合科技动态》和《科技参考消息》等刊物的出版，成为当时了解世界科技发展动态的重要窗口。例如，《综合科技动态》发表的关于加强基础研究、重视发展电子技术、推动产业技术革新等方面的系统文章，引起科技规划与管理部门的重视。

总的来说，初创阶段的科技情报分析研究工作，以报道国外先进科学技术的发展水平动向为主，结合国家科技、经济发展规划与重点项目开展情报研究，有针对性地提供情报资料，为生产和科研工作服务。

（二）初创阶段软科学研究工作

1960年，国家制定十年规划，要求了解国外情况，中国科学技术情报研究所为此展开国外调研工作，后来，每逢国家召开计划会议，中情所都会提供具有针对性的软科学研究方面的科技情报资料，成效显著。这是中情所有计划开展的具有全局性重大问题的软科学调研工作，这在科技情报事业初创阶段，具有一定的意义。"文化大革命"中，软科学研究工作几乎完全停顿。

## 六、早期实物样本的搜集工作

早在20世纪50年代末60年代初，我国就开始了实物样品科技情报服务工作，当时中国科学院副秘书长武衡在对情报工作进行指导时，就曾提出通过涉外途径除了收集情报资料外，还要搞一些高精尖科研项目所需的小件样品。1959年1月，中情所开始与世界上43个国家的600多个单位建立了交换关系，并通过世界上几千个厂商，获得了多种产品样本。1965年，机械部技术情报所将国外产品样本全部移交给中情所，中情所成立样品样本馆，收集国外样本，引进国外样品，为我国的工农业发展做出了贡献。到1965年7月，中情所收集的国外产品样本计20多万件，小型新产品样本千余件。[①]

## 七、重大科技成果与档案的管理

### （一）科技成果登记制度的建立

为了及时了解国家科学技术发展规划和年度计划执行情况，掌握科技事业的发展状况、整体水平，更好地促进和组织研究科技成果的交流、推广和转化，避免因重复研究造成的浪费，1963年9月，国家科委发布《关于上报和登记科学技术研究成果的若干规定（试行草案）》（以下简称《规定》）。同年10月，国家科委召开首次研究成果登记工作会议。经过会议讨论，国家科委正式修改后颁布《关于上报和登记科学技术研究成果若干规定（试行草案）》，使科技成果评审鉴定制度作为我国科技管理的一种制度确定下来。该规定提出，全国各科技研究单位上报和登记的科技研究成果，经国家科委选择有广泛交流意义的科技成果，以《科学技术研究报告》的形式出版；为了便于检索，还将出版《科学技术研究成果公报》和有关的文摘或索引。

《规定》要求国务院各有关部委局和各省、市、自治区科委上报和登记科学技术研究成果，一切研究成果，都应当以研究试验报告、调查考察报告或学术论文的形式，办理上报和登记手续；研究院所和高等院校应将此作为自己的经常工作，并对研究成果组织审查或鉴定，提出保密等级，填写"科学技术研究成果登记卡片"，同时要求全国各基层单位（包括研究院所、大专院校、科学考察队等）自1963年起要逐步清理本单位的研究成果，并要求中情所承担有关研究成果的编辑出版工作。

研究成果上报的程序：专业部属单位将报告和卡片上报领导部门和国家科委、抄送地方科委，地方所属单位将报告和卡片报主管厅局和地方科委，并抄送国家科委；《规

---

[①] 中国科学技术信息研究所. 中国科学技术信息研究所大事记（1056—1996）. 北京：科学技术文献出版社，1996：12.

定》要求向国家科委推荐由国家科委出版的科技研究报告，负责组织交流推广使用有关的研究成果；各个学会召开的学术会议和出版的学术刊物中的研究成果也应由主管单位推荐，国家科委负责发表全国性的研究成果公报，出版全国重要科学技术研究报告，并由中情所编辑出版全国科技研究成果的文摘或索引；督促检查各部门、各地方研究成果的交流和推广情况，组织具有全国意义的科技研究成果的交流和推广工作，建立"全国科技研究成果档案"，办理登记业务。国防专用研究成果的上报和登记办法由国防部另行规定，除国防专用外一切通用技术和理论研究成果，均应报国家科委。对过去十几年的科技研究成果，应有步骤地清理、上报和登记。《规定》颁布后，科技成果上报登记工作逐步在全国展开。

（二）国家科委科学技术研究成果登记办公室的设立

为了贯彻《十年科学规划》中有关科技成果鉴定和奖励制度的具体保障措施，管理好全国的科技成果，1964年1月，国家科委科学技术研究成果登记办公室设立，主管全国科技成果的登记，在国内首次建立了科技成果登记制度。国家科委负责发表全国性的研究成果公报，出版全国重要科学技术研究报告，并由中情所编辑出版全国科学技术研究成果的文摘或索引等。办公室设在中情所，业务上受国家科委计划局指导，对重大科技成果实行国家统一管理。编制归属中情所资料馆，已登记的研究成果由资料馆收藏。该办公室负责编辑出版《科学技术研究成果公报》和《全国重要科学技术研究报告》，以及《全国科学技术研究成果登记卡片》，建立全国科学技术研究成果档案，并督促检查各部门、各地方研究成果的登记、交流和推广情况，组织具有全国推广意义的成果交流和推广工作。

（三）科技成果登记取得的成就

重大科技成果上报与登记制度的创建，为国内科技情报交流与服务奠定了不竭的、不断更新的重要情报源基础，它主要是为更好地制定和执行国家科技计划及相关科技政策提供统计资料和科技情报服务。

1965年，国务院召开"全国科技保密与交流会议"，提出"加强国内科技成果的交流"的要求，据此，中国科学技术情报研究所编辑的《研究报告》《成果公告》《出国考察报告》等刊物相继出版。

国家科委科技研究成果登记办公室及其后的科技研究成果管理办公室自成立以来，与全国各部门、各地方相应的成果登记、管理机构共同努力，在科技成果的上报登记、统计分析、交流推广等方面做了大量工作。据统计，在1963—1966年，经国家科委科技成果登记办公室编辑登记的科技成果有10 187项（其档案于1990年8月已移交国家档案馆保管，作为科技档案的一部分）；在国家科委《科学技术研究成果公报》（1963年创刊，出版了39期）上公布国家科委正式登记的科技研究成果9700多项；国家科委出版《研究报告》1500多种，并向全国发行了《全国科学技术研究成果登记卡片》；国家科委还编辑出版了120多种《出国考察报告》。[①]

## （四）重大科技成果档案管理工作

在1963年以前，中国科技档案管理工作是按照中共中央和国务院发布的《关于技术档案管理的规定》进行的。1963年9月，国家科委发布了《关于上报和登记科学技术研究成果的若干规定（试行草案）》，科技成果档案就随着科技成果上报登记工作的开展而建立起来。

中国的科技成果档案实行分级管理的原则。国家科委科技研究成果管理办公室负责国家级的重大科技成果的管理。科技成果档案由科学技术研究成果报告表、技术鉴定证书、研究实验报告、国内外调查研究报告、研究论文和推广应用的有关材料等构成。这些材料，随着成果上报登记后，自然形成科技成果档案被保存起来。

"文化大革命"期间，科技档案遭到严重破坏，大批技术档案丢失、分散和损坏。

## （五）科技成果保密与交流制度的确立

1958年9月，中共中央发布《关于科学技术保密问题的规定》，1959年6月，全国科学技术情报资料交流会议在江苏无锡召开。在1961年召开的第二次全国科技情报工作会议的报告中提出：在确保国家机密的原则下，实现情报的充分交流。为此，要划分资料密级，确定保密范围。1966年3月，国家科委印发《关于科学技术交流和保密工作的若干意见（草案）》。对正确处理交流与保密的关系；科技保密范围和密级划分；区分国防保密和技术保密；区分经济保密、公文保密和技术保密；成立科技交流与保密小组等方面做了具体规定。自此，科技成果的保密与交流制度得以正式确立。

## 八、出版部的成立

在组建和促进文献编译报道工作方面，中国科学技术情报研究所的出版工作反映了科技情报界文献编译报道工作发展的方向，是科技情报界文献编译报道工作的缩影。在1956年中国科学院科学情报研究所成立之前，组建中的出版组就已经开始搞一些刊物，如《电工快报》《机械快报》等，这些快报以赠送的形式呈送有关部门。1956年10月中国科学院科学情报研究所成立后，根据科学情报研究所的主要任务是"收集、研究和报道国内外特别是科学技术先进各国科学技术部门的发展情况和最新成就……以编译快

---

① 中国科学技术信息研究所. 中国科学技术信息研究所大事记（1956—1996）. 北京：科学技术文献出版社，1996：113.

报、文摘等刊物为工作重点……"的规定，中情所相应成立了出版组，陆续出版了有关专业方面的资料和快报，有定期公开的索引、文摘、《科学情报工作》（1962年1月改名为《科技情报工作》，1994年改为《中国信息导报》，2008年又更名为《中国科技资源导刊》）等。1958年出版组扩大为出版处，下设出版、发行、校对等小组，此时与业务配套的财务组、查询组、对款组等职能组也相继建立起来，目的是迎接多项目、多层次的业务工作。1958年，中调部的印刷厂并入中国科学院科学情报研究所，承担所里的全部印刷任务，从1963年9月起，印刷厂改为企业，为中情所的印刷、出版、发行工作做出贡献。出版处成立后，出版的资料、快报、索引、文摘等主要包括基础情报刊物、快报和情报期刊。基础情报刊物有《机械制造文摘》《科学新闻》（半月刊）、《冶金文摘》《力学文摘》《地质文摘》《物理学文摘》《林业文摘》《化学文摘》《电工文摘》；快报有《矿冶快报》《电工快报》《化工快报》《医药快报》《原子物理快报》《半导体快报》《机械快报》；情报期刊有：《科学情报工作》《中国科学文摘》（英文版）。此外，还出版了《留学生论文》、各种专业的《出国考察报告》《科研报告》等。1964年1月，出版处改称为出版部。1961—1966年，许多刊物陆续创刊，包括《中文内部科技资料目录》《综合科技动态》《科技文献索引》（1966年改名为《馆藏特种文献目录》）、《新能源快报》《科学技术研究成果公报》《生物化学文摘》《实验生物学文摘》《综合科技文摘》《宇宙航行》译丛、《情报研究》《标准化译丛》《科技参考消息》等。特别是1962年《综合科技动态》和《科技参考消息》创刊，这两个刊物的出版，成为当时了解世界科技发展动态的重要窗口，受到各界读者的广泛欢迎。1965年12月，出版部还编辑出版了《科技文献索引》。为了加强期刊的收集工作，1966年2月，国家科委明确规定中图公司进口的国外科技资料第一本均由中情所收藏，当时收藏的特点是广而全，包括自然科学的各个领域。中情所还贯彻全国情报刊物编委会制定的有关科技情报刊物二级归口方案，加强了科技情报刊物的管理。1973年2月12日，中央批准了中情所成立科学技术文献出版社的报告。从此为科技情报（图书、期刊、科技报告）等的正式出版创造了有利条件。

科技情报出版机构的成立推动了书刊资料的进口工作。到1966年2月，中情所搜集国外科技期刊9925种，与52个国家交换书刊2242种。到1966年8月，中情所还出版了120余种《出国考察报告》，发行总数20 000份以上。[①] "文化大革命"期间，书刊资料进口工作横遭摧残，进口业务下降到新中国成立以来的最低点。

## 九、现代情报手段的研究与应用

为了缩短与国外的情报技术之间的差距，加快科技情报工作的开展，中国科学技术

---

[①] 中国科学技术信息研究所. 中国科学技术信息研究所大事记（1956—1996）. 北京：科学技术文献出版社，1996：12.

情报研究所在20世纪60年代就开展了情报检索语言和现代技术在情报工作中应用的可行性研究。1961年召开的第二次全国科技情报工作会议把机器检索列入全国科技情报工作的发展规划。1963年召开的第三次全国科技情报工作会议,把研究新型复制方法和设备、情报检索机械化、机器翻译和电子情报逻辑机等4项任务,列入《全国科学技术情报工作十年发展规划》。

(一)机器翻译研究的开展

机器翻译任务在《十二年科学规划》中的研究题目是"机器翻译:自然语言翻译规则系统的建立和自然语言的数学理论"。

我国早在1956年便把机器翻译列入科学研究的发展规划,是世界上第4个开展机器翻译研究工作的国家。

1958年7月,国家派出两名业务干部蒋映鹏、赵宗仁到全苏科技情报研究所专门学习机器翻译与机器检索技术,回国后,他们对苏联情况做了详细介绍。同年,根据《十二年科学规划》的规定,中国科学院科学情报研究所、中国科学院语言研究所、计算技术研究所进行合作,开展俄汉、英汉机器翻译的研究,协作人员组成机器翻译研究组,集中在中国科学院计算技术研究所第三研究室内办公。该组研究人员经过约1年的研究,1959年5月,设计出一套俄汉机器翻译实验型规则系统,经过编程后在国产第一台104型电子计算机上成功进行了机器翻译试验,输出8个译文句子,译文为汉字电报代码。这是我国最早进行的机器翻译试验。[①]1959年5月22日,中情所召开机器翻译座谈会,开始探讨利用计算机进行翻译工作的可能性。

1960—1961年,以中国科学技术情报研究所、中国科学院语言研究所、计算技术研究所3个研究单位为主,集中了几个大学和科研单位,在过去机器翻译研究成果的基础上又研制出一套新的机器翻译系统,但因当时国家遭遇经济困难,加之科研任务调整,未能上机试验而中断。

1962年,中情所成立新的理论方法研究室,内设语言研究小组,从事机器翻译和机器检索方法的研究。1963年,语言研究小组改组扩建为机器翻译组和机器检索组。机器翻译研究组将当时出版的《无线电文摘》作为研究对象,继续研究、设计机器翻译规则系统。

1963年,机器翻译的研究纳入《全国科技情报工作十年发展规划》。1964年,中国科学院语言研究所、中国科学技术情报研究所、中国科学院计算技术研究所等9个单位,开始协同进行有关问题的研究。到1965年年底,已经用《自动化与通讯》索引英文题录作为语言材料,进行翻译系统的语言模型的研究。

---

① 高崇谦.我所信息管理现代化研究的历史回顾.见:中国科学技术信息研究所编.中国科学技术信息研究所建所五十周年纪念文集,2006:199.

"文化大革命"开始后,机器翻译工作被迫停止。

### (二)机器检索的研发

为了实现科技文献和情报手段现代化,中情所开始重视机器检索的研究开发。1962年,我国把机器检索列入情报发展规划,并于1963年开始研究机械检索技术。在办公自动化设备的研制方面,1965年5月,中情所就开始了"机械穿孔的情报检索研究",同年又打破"封锁"首次从法国进口了一台布尔穿孔卡片输入计算机,准备试验用这台机器通过叙词法加工输入来存储、管理和提供馆藏文献查询服务,从而最早开创了我国情报工作计算机化的尝试。

1965年12月,中情所理论方法研究室试验成功穿孔卡片检索,并小批量生产推广,这是中情所在情报自动检索道路上迈出的历史性的一步。"文化大革命"期间,布尔计算机还未经充分开发,就被搁置在中情所东四大楼地下室内。1967年,理论方法研究室被撤销,布尔计算机免费送给了中国人民银行使用,科技情报检索工作的计算机化中断。1965年,我国还从美国引进ASTIA叙词表进行机械检索试验,"文化大革命"期间,停试8年。此外,中情所还研究设计了一些专用设备,如书库自动化传输设备、铁皮卡片柜、铁皮文件资料柜、缩微卡片柜等。

### (三)复印技术的研究与应用

中国科学院科学情报研究所创建初期,复印技术的研究便受到了重视。1958年,中国科学技术情报研究所成立了复制组。1960年,中情所理论方法研究室专门成立了复印研究组。1962年,中情所成立了我国最早的中国科学技术文献复制公司(后更名为"中国科学技术文献缩微复印公司")。1962年6月,为推广文献缩微化,中情所理论方法研究室与上海无线电15厂合作试制缩微品储存柜成功,并投入生产。1963年,复印方法和设备的研究开始被列入国家规划项目。经过有关科研与生产单位的研究和试制,1964年8—9月,中情所理论方法研究室与天津照相机厂共同成功研制热敏复印机。1965年12月,我国从联邦德国进口5BC和12A大型复印机,理论方法研究室验收并组织研制。到1965年年底,在缩微阅读器、重氮复印机、银盐扩散转印机和转印纸、氧化锌静电复印机的复印纸等方面都取得了阶段性研究成果,有的设备已小批或成批生产,投入应用。其中,中情所研制的氧化锌静电复印纸是当时取得的具有代表性的科研成果。

为了加强复印技术的研究工作,1966年1月,在中情所情报理论方法室复印研究组的基础上,新建了国家科委复印技术研究所,专门从事复印技术的研究和试制工作。不久,建所工作受到"文化大革命"冲击,陷入瘫痪。

## （四）科技声像情报工作的萌芽

中国科学技术情报研究所科技声像情报工作始于20世纪60年代，当时主要从事科技电影片的收集、放映工作，到1965年上半年，中情所收集的国外科技影片有200多部。[①]1965年12月，中情所成立了电影馆，当时以组织观看为主。20世纪60年代，中情所还购置了电影设备，放映科技电影，普及科技知识和宣传科技信息。

## （五）引进《国际十进分类法》

1958年，我国文献学家丁珂、刘国钧和董健生等同志针对资料工作薄弱、混乱情况，提出建立比较完善的资料分类编目的统一方法的主张。特别是自1961年中国国外文献编译委员会成立以来，科技情报刊物特别是检索刊物发展很快，但多数检索刊物不具备全国通用的检索手段，因此不能充分发挥检索作用，影响了科技文献的利用。丁珂等人认为，应用图书分类法是不合适的，自编符合当时需求的大型分类法又需要很长时间，于是提出使用外国已应用几十年的《国际十进分类法》，并对该法进行了详细的介绍。1959年2月，丁珂等人开始翻译《国际十进分类法》详表，利用了10个月时间，完成了《国际十进分类法》详表的翻译工作，全表153个类目，80万字。中情所在《国际十进分类法》的引进、编译及进行人员培训和推广使用等方面，都起到了巨大的推动作用。中情所翻译并内部出版了《国际十进分类法》中文简本，此后又陆续出版了中文详本。之后，各专业情报所也相继采用《国际十进分类法》作为基本检索方法。

1963年6—7月，中国国外科学技术文献编译委员会第二次年会在北京召开，聂春荣发言中建议"采用国际十进分类法"。为了解决检索工具的问题，1963年12月31日，国家科委批准我国科技情报检索类出版物应以《国际十进分类法》作为检索的基本方法。此后，中国科技情报界出现了一个推广和使用《国际十进分类法》的高潮。1年之后，由于受"左倾"思潮的影响，《国际十进分类法》被打成为一株仇视马列主义、宣扬资本主义的"毒草"。1964年11月27日，国家科委发出关于停止使用《国际十进分类法》的通知。同年，检索刊物的基本检索方法转用《中国图书馆图书分类法》。1964年12月，中情所举办《中国图书馆图书分类法（草案）》专题讲座，介绍这部分类法的编制经过、原则、类目划分及使用方法等，检索刊物的基本检索方法开始使用《中国图书馆图书分类法》。1965年1月，中情所召开座谈会批判《国际十进分类法》，认为是反动的、反科学的，是资产阶级唯心主义学术观点。《国际十进分类法》被批判，而全国通用的检索手段又未建立，致使中国科技情报界长期缺乏一种通用的检索语言，这给我国情报事业带来了巨大损失。

---

[①] 中国科学技术信息研究所. 中国科学技术信息研究所大事记（1956—1996）. 北京：科学技术文献出版社，1996：12.

## 第四节 情报理论方法与学科建设的萌芽

### 一、初创阶段情报学理论方法研究

自 1956 年 10 月中国科学院科学情报研究所成立以来，情报理论与方法研究一直是中国科学技术情报研究所工作的重点之一，中情所围绕着情报理论与方法研究开展了系统研究，并取得了初步成果。

我国有组织、有计划地开展情报学理论与方法研究始于 1956 年 10 月中国科学院科学情报研究所成立之后。科技情报的理论与方法建设主要是研究和探索我国科技情报工作的内容与方式，情报机构的职能与发展方向，情报人员的构成比例与培养方式及情报业务工作流程等，从总结经验入手，探讨我国科技情报工作的发展道路。尽管也取得了一些研究成果，为推动国家科技情报事业的发展发挥了积极的作用，但是情报学理论研究的深度与广度都有待于进一步扩展与提高，从总体上看，情报学理论认识落后于情报社会实践。

我国情报事业初创阶段的情报方法理论研究大致可以分为起步阶段（1956—1959 年）和发展阶段（1960—1966 年）。起步阶段主要是开展实际的科技情报工作，研究具体的情报工作方式，因此更加注重方法的研究。与此同时，也引进国外的情报工作理论与方法，并交流国内的情况和经验。发展阶段的情报工作在情报理论方法研究上有了多方面的开展，取得了许多应用成果，同时开始注意探讨科技情报工作的自身规律，开展了大量研究工作。在科技情报事业创建初期，我国第一批情报研究成果出现，成为我国情报研究的起点。这一时期的情报研究，除了对机器检索的研究、复制技术与设备研究、办公自动化设备的研制、机器翻译的研究等情报方法研究外，情报一般理论方法和研究方法的研究也日益受到重视。

#### （一）专门情报理论方法研究机构的成立及组织业务变迁

为了专门开展情报理论与方法研究，1957 年 12 月，中国科学院科学情报研究所成立了情报方法研究组（1959 年扩展组建为方法研究室），隶属于学术秘书处。其任务是"进行情报检索、报道、语言机器翻译、分类、文献管理现代方法和技术等的研究。"情报方法研究组从性质上看，属于情报理论方法的研究机构。1959 年 6 月，情报方法研究组改称为情报方法研究室，下设分类法组、复制组、叙词和计算机组，情报方法研究室成为学习、研究和应用新型信息加工、存储、服务方法的中心，情报方法研究室加强了情报的报道和分析研究与开发工作，促进了科技情报工作现代化的研究。1966 年将情报方法研究室复制组分出，建立国家科委天津复印技术研究所，情报方法研究室被撤销。

#### （二）一般情报理论方法的研究

一般理论方法的学术研究在情报工作初创阶段受到了重视。中国科学技术情报研究所开始从国情出发讨论实际工作问题。

（1）肯定自编文摘的工作方向。当时，情报界开展了文摘大讨论，武衡同志对大讨论做了结论："几年来，翻译文摘为自做文摘创造了条件，现在有条件自做文摘了。"这次讨论肯定了自编文摘的方向，加深了对两种方法优缺点与应用范围的认识，活跃了学术研究气氛。

（2）分类法和主题法的比较研究。1958年，丁柯等人为整理情报资料的需要，研究、引进并编译了《国际十进分类法》。丁柯等人利用10个月时间，于1959年2月完成翻译工作，这是情报部门研究情报理论的早期活动。同时，开始学习机器翻译和机器检索技术，并合作研制边缘穿孔卡片。1963年，中情所成立情报方法研究室后，购置了布尔检索机，进行机械检索与计算机自动翻译等的试验与研究。这是中国有计划地研究情报理论方法的开始。此外，在准备选定检索方法的时候，人们提出"是分类法，还是主题法"的问题，在第三次全国科技情报工作会议上，学术观点不同的学者也展开激烈争论。在大会上，袁翰青和丁柯各执一法，当时的百家争鸣的气氛使情报界深受鼓舞。1963年，《建立检索系统的几个问题》一书出版，该书认为，情报工作中心任务是解决"找"的问题，建立检索系统是解决"找"的问题的唯一途径，因此检索方法的大讨论具有非常重要的意义。该书对检索系统的编制原理、编制要求和相关工作的关系等进行了全面探讨，并在分类法与主题法相互比较中探明我国切实可行的检索方法道路和前景，成为我国最早系统讨论情报检索理论方法的书籍。

（三）情报研究方法论的萌芽

1958年，我国就已经开始出现情报述评和分析服务。在1958年召开的第一次全国科学技术情报工作会议上，首次提出了科技情报工作的"广、快、精、准"指导方针，在此基础上，逐渐发展成为具有中国特点的情报研究工作，其成果具有综合性、战略性和及时性的特点。此外，当时首次提出情报部门要开展"高度综合概括的情报研究工作""专业情报部门情报研究如峡谷前进，独攀高峰，如同见树不见林；综合情报部门情报研究纵观天下，鸟瞰四方，如同见林不见树"。这是我国情报研究最早的方法论。在初创阶段我国已有了情报述评和专题总结的情报服务方式，随着情报事业的发展，情报研究作为一项任务提出来并为人们普遍接受，在情报研究方法论方面也有了突破。如编写述评的5种方法：事物枚举法、历史分段法、中心分析法、列表对比法、综合归纳法等至今还有参考价值，成为后来情报研究方法论的重要内容。

（四）创办情报方法理论研究刊物和编写情报分析研究报告

为了引进国外情报工作理论、方法，交流国内情况、经验，发展情报学，中国科学院科学情报研究所于1957年12月21日创办《科学情报工作》，该刊物的主要目的是介绍和学习世界各国，首先是苏联和各兄弟国家科技情报工作的先进方法和理论，交流科学情报人员的实际工作经验，加强全国各科技情报机构之间的联系。《科学情报工作》有助于探讨情报工作理论，其创刊词指出：情报工作要求解决的学术问题"已远非传统的图书馆方法所能解决，必须有自己的特殊科学途径""大量科学文献形成情报工作，发展成一种专门科学的物质基础。虽然作为一门科学还在胚胎时期，但这个发展方向是可以肯定的""作为一门科学，它具有无限广阔的发展远景"。《科学情报工作》对国内外情报工作现状与发展的介绍，引起了学者们探讨情报理论的兴趣。《科学情报工作》的创刊标志着中国情报学研究的开端，是情报学史上的第一个里程碑。在《科学情报工作》创刊的第一年，就配合国内建立起各级情报机构，广泛介绍世界各国的情况和经验，尤其是苏联的经验。1962年，《科学情报工作》更名为《科技情报工作》后，更加注重情报理论方法研究，中国科技情报界在《科技情报工作》杂志上发表过大量有关文摘、机器翻译、情报研究工作、分类法和主题法等方面的学术论文，促进了科技情报理论研究工作。

中国科学技术情报研究所在起步阶段大力开展国内外有关文献的收集和调研。1959年12月，中情所创刊我国第一个英文版检索刊物《中国科学文摘》（英文版）。1964年，《科技参考》创刊，20世纪70年代，党和国家领导人对《科技参考》的创刊进行了批示，《科技参考》较好地发挥了科技情报分析研究的决策支撑作用。

（五）认真学习和借鉴苏联有关情报理论方法研究的经验

1958年1月，中国科学院院长郭沫若在访问苏联的总结报告中强调重视科学研究工作，把重视科技情报工作列为向苏联学习的一个方面。1959年6月，苏联全苏科学技术情报研究所副所长Ｃ·Ｍ·李西奇金应邀访问中国科学技术情报研究所。在29日举行的全所大会上，李西奇金做了"苏联科学技术情报工作概况"的学术报告。李西奇金在报告中指出，"最合理的使用人类所积累的知识，是现代科学最重要的问题之一""发现一种新事物或创立一种新理论比证明这种事物并没有真正被发现或这种理论还不成立要容易得多""要充分重视科学情报的经济意义""情报不仅要全，而且必须要快""只有利用电子计算机，情报工作才可能是有成效的"。李西奇金还介绍了苏联科学家先在情报所工作若干年后再去做研究工作的经验。他认为，允许并鼓励科学家在情报所兼职，建立学术委员会，开展学术活动；他还指出，搞好《中国科学文摘》和积极参加国际学术交流对中国是很重要的。

（六）情报理论与方法研究对建立健全完整的检索刊物体系的促进

科技情报事业的初创阶段，情报理论与方法研究工作的突出成果是提出了"三大类、九小类"的理论，从而建立健全了中国情报刊物体系。提出情报刊物"三大类、九小类"

的指导思想，源于1961年9月我国首次派代表参加在英国举行的第27届国际文献工作联合会。我国代表聂春荣同志在回国汇报会上强调了文献工作的重要，并对刊物功能进行初步分析。1962年5—6月，在全国外国科技文献编译委员会扩大会上，正式提出建立我国自己的性质各异、功能互补的情报刊物体系。在这种思想、理论指导实施下，我国情报刊物发展迅速，很快形成较为完整的"三大类、九小类"的报道体系，当时受到日本情报界的好评。

"文化大革命"开始后，情报学理论与方法研究工作被迫停顿。

## 二、学术委员会的成立和中国科技情报学会的筹建

### （一）学术委员会的成立

20世纪60年代，中国已开始了情报学术活动。1961年2月11日，为了开展学术活动，促进科技情报工作的开展，中国科学技术情报研究所提出了《关于建立学术委员会的初步意见》（简称《意见》）。《意见》指出，"为了贯彻'自力更生，发奋图强'的方针，根据第二次全国科技情报工作会议精神，情报工作在当前的形势下，必须走在科学事业的最前面，真正起到通风报信，及时了解世界各国科学技术发展的新成就、新动向；但在我国科技情报工作时间不长、经验不多的情况下，如何使这门特种科学迅速取得成果，是值得研究的一个问题。因此，目前唯一的解决办法是首先建立起科技情报学术委员会"。《意见》还就建立学术委员会的目的、任务、组织成员及领导关系、组织设置、工作活动方式等草拟了《学术委员会组织草案》。1962年初，中情所组建了学术委员会筹委会，学术委员会筹委会组织了数次学术讨论会和报告会，但作为一个筹备机构，尚不能发挥应有作用。

1963年2—3月，第三次全国科技情报会议提出了成立中国科技情报学会的倡议，各大区科技情报机构的工作正在逐步加强。1963年2月25日，国家科委批准成立中国科学技术情报研究所学术委员会（简称"学委会"），袁翰青任学术委员会主任，曾少潜任学术秘书。学术委员会的任务是对我国科技情报工作的方针任务进行研究和讨论；研究和讨论中国科学技术情报研究所工作的远景规划和业务计划中的学术问题；对中情所的奠定业务工作、干部培养工作随时提出改进的意见和建议；组织中情所内外的科学家、科技情报专家开展情报理论和方法的学术讨论；举办全所性的学术活动，如专题论文报告、学术讲座等；评议中情所的科学情报研究成果，如专题研究报告、总结和述评等。

为了适应这些新的情况和要求，中国科学技术情报研究所于1963年4月中旬以〔63-4〕科情学聂字102号文件形式向国家科委提出了《关于成立中国科学技术情报研究所学术委员会的请示报告》，报告附有《中国科学技术情报研究所学术委员会成员名单》

和《中国科学技术情报研究所学术委员会暂行组织条例》。

"文化大革命"期间，学术委员会中断活动，直至1979年重新恢复组建。

### （二）中国科学技术情报学会的筹建

中国科技情报学会是根据我国科技情报事业发展需要，在武衡、聂春荣、陶毅等老一辈情报事业的领导人发起筹建的。在1963年2—3月举行的第三次全国科技情报工作会议上提出了成立中国科学技术情报学会的倡议。1964年2月21日，中国科学技术情报研究所所长聂春荣与中国科协协商决定筹建中国科学技术情报学会，中国科协全国委员会主席团经讨论，同意筹建中国科学技术情报学会，并成立了筹委会。中国科学技术情报学会筹委会成立后，初步开展了一些情报学术活动，但由于"文化大革命"的影响，筹建工作停顿下来，直到1978年才召开了第一次会员代表大会，宣告正式成立。

## 三、情报学教育的发端

1956年中国科学院科学情报研究所建立之初，科技情报工作在国内是一项崭新的事业，没有可供借鉴的经验，国内当时也没有高等院校开设科技情报专业输送专门人才，但国家十分重视科技情报教育工作。我国科技情报教育发端于1958年。1958年9月29日，中国科学院编译出版委员会创办中国科学情报大学，开设3个系，即科技情报系、编译出版系、图书馆学系，学制4年。中国科学技术情报研究所参与了该校的筹备工作，承担了部分教学工作和毕业生的实习及论文撰写指导与答辩工作。1959年9月，中国科学情报大学并入中国科技大学，成为该校的科学情报系。科学情报系是我国第一个情报学专业系，并于1963年培养出首批正规情报专业毕业生200多人，同年3月2日，中国科学技术大学科学情报系学生77人来到中情所学习，并结合所内的工作完成了毕业论文的设计。同年，因多种原因，中国科技大学情报系停办。到1978年，我国才恢复情报人才的培养和恢复正规情报教育工作。

## 四、科技情报专业教育培训工作

科技情报工作的专业教育培训工作开始于20世纪50年代中后期。1956年10月中国科学院科学情报研究所成立后，就十分重视在职工作者的专业教育培训工作，重视情报人员素质的提高。1958年以来，中国科学技术情报研究所采取正规教育和在职短期训练相结合的方式，开展培训工作。当时对在职工作者的培训工作主要集中在业务工作的学习上，学习的内容包括英语、德语、俄语、日语和《国际十进分类法》及必备的业务知识上，为此，中情所常年开设外语培训班和业务培训班。20世纪60年代初期到"文化大革命"前这段时间，外语培训的语种包括英语、日语、德语、法语和西班牙语，同时还注重科技情报业务的短期培训工作。1957年7月15日，中情所主办了全国科技情报工作干部训练班，有131名学员参加了此次训练，此次培训对于加强科技情报工作人才队伍建设，推动专业教育培训工作发展具有积极意义。1963年4月15日，第一期文献服务工作讲习班开学。1965年，中情所举办了为期1年的情报干部业务培训班，全国有50多人参加了这次专业培训。1963年10月，中情所为分配到所内的80多名大学毕业生开办科技情报工作培训班，讲授《中国科学技术情报工作讲义》和《国际十进分类法》。自1959年7月至1964年5月，中情所单独及与有关单位合作举办过多期全国科技情报干部培训班、文献服务培训班等，并应邀派人到外地进行科技情报学术讲座活动。粗略估计，从1956年到"文化大革命"前这10年间，中情所共培训职工1200余人次。[1]

"文化大革命"开始后，情报教育培训工作几乎中断。虽然在1971年恢复了培训工作，但规模比较小。

### 五、情报学教材和讲义的编写

#### （一）第一本情报学教材——《科技情报工作讲义》

1958年9月成立的情报大学并入中国科技大学，成为一个情报专业。为了在年内开专业课，1959年，袁翰青、曹昌、杨沛霆等人组织编写了我国第一本情报学教材《科技情报工作讲义》（上、下册）。这是我国第一次建立情报学的可贵尝试，也是情报学发展和情报学科建设的重要里程碑。1959年12月，《科技情报工作讲义》出版。该《讲义》各章节提出的理论，如文摘编辑集中与情报服务分散的见解、职能与业务结合、技术情报与经济情报结合、图书与情报互补、一次与二次文献结合等理论至今看来仍十分可贵。《科技情报工作讲义》指出："情报人员培养与情报工作自动化是两大战略课题。"《科技情报工作讲义》还对情报自动化未来前景做了生动具体的描述。

《科技情报工作讲义》是中国科学技术情报研究所开展情报工作培训教育，进行情报学研究编写的第一部专业启蒙教材，也是我国科技情报界最早的情报工作讲义之一。[2]

#### （二）较为全面和成熟的讲义——《中国科学技术情报工作讲义》

1963年1月，由中情所袁翰青等9位专家编写的《中国科学技术情报工作讲义》，是我国情报学和情报工作发展史上较为全面和成熟的综合性阐述情报学和情报工作内容的教材。它虽然不是正式出版发行的图书，但在科技情报界内部广泛使用和参考。该讲

---

[1] 中国科学技术信息研究所. 中国科学技术情报研究所大事记（1956—1996）. 北京：科学技术文献出版社，1996：121-122.

[2] 刘昭东：科技情报与信息工作纪实. 北京：科学技术文献出版社，2011：67.

义内容基本上反映了我国科技情报事业发展初创阶段的情况和水平，大体是苏联模式在中国实践并有自己一些发展的系统与机制。①

这份讲义共分上、下2册。上册是科技情报工作方针、政策方面的内部文件和有关文章。下册主要讲述科技情报工作的业务内容，其内容包括："第一章，科学技术情报的来源；第二章，国际十进分类法；第三章，科技情报报道工作；第四章，编辑出版工作；第五章，科技文献的检索；第六章，科学技术情报检索机械化与自动化；第七章，机器翻译与俄汉机器翻译；第八章，文献复制法；第九章，文献组织工作中的几个问题"。

撰写《中国科学技术情报工作讲义》的业务专家各章分别为朱耀纲、董建生、曹昌、袁翰青、贡光禹、高崇谦、陈可培和杨沛霆。1962年，在讲义还没有正式形成时，各位作者已先后在不同的场合进行演讲和介绍，有的还登在当时的《科技情报工作》上，已有了相当的影响。1963年是中情所接受国家分配大学生最多的一年，80多名进所的年轻职工在前3个月就是参加当时的科技情报局和中情所联合举办的科技情报工作知识学习班，所学的讲义即为《中国科学技术情报工作讲义》。1963年，举办科技情报工作培训班时，除上述作者外，还有周智佑、赵连城、许恒泰、赵宗仁、蒋映鹏、吕荣华、王熹、周国印、孟健民等同志。之后，《中国科学技术情报工作讲义》广为流传，成为当时刚刚成立的省、市和中央各部委科技情报所培训班的使用教材或参考资料。

## 六、学位论文管理与服务工作的开始

我国科技论文管理与服务工作开始于20世纪60年代，这一时期对学位论文的管理是通过部委红头文件的形式进行推动和约束。1962年，教育部和国家科委联合发布《关于交接留学生毕业论文的报告》，规定"今后留学生上交的学位论文、学习总结报告和毕业论文全部由国家科委统一保管"。1965年，高等教育部和国家科委又联合发布《关于报送研究生毕业论文问题的通知》，明确规定，"为了做好研究生毕业论文的保管、交流和使用工作，国家科委与高等教育部共同商定，今后高等学校及各有关单位上报的研究生毕业论文，关于自然科学和技术方面的，全部由中国科学技术情报研究所负责统一保管""各高等学校已报送高等教育部的毕业论文，高等教育部将移交给中国科学技术情报研究所"。据此，中国科学技术情报研究所成为自然科学学位论文的法定收藏和保管单位。

"文化大革命"时期，学位论文的管理与服务工作中断。

---

① 刘昭东：科技情报与信息工作纪实．北京：科学技术文献出版社，2011：67-68．

# 第一章 新生与辉煌（1956—1965年）

## 第五节 科技情报工作初创阶段的国内外交流与合作

### 一、科技情报工作初创阶段的国内主要交流活动

1965年，科技情报局局长兼中国科学技术情报研究所所长聂春荣率队到上海科技情报研究所考察工作和学习工作经验，随行人员包括情报局办公室主任邓清仙、高启东、专利馆的申嘉廉、国内资料馆的张若惠、标准馆的梁培泽、国外文献馆的刘昭东等同志。访问队在上海学习交流了4天。中国科学技术情报研究与上海情报所就国内外文献和科技期刊建设、情报分析研究、情报咨询服务等方面进行了经验交流。

### 二、科技情报工作初创阶段的国际交流与合作活动

科技情报的国际科技交流与合作是科技情报事业的重要组成部分。在20世纪50年代，由于西方国家对我国实行封锁，因此，我国国际合作的空间很小，仅同苏联和东欧国家开展了合作。进入20世纪60年代，我国同时开展了同西方国家和第三世界国家的合作，主要是派人出国考察，参加国际科技会议和展览会并在会后顺访、考察。

在中国科学院科学情报研究所创建初期，我国同苏联就建立情报机构事宜进行了卓有成效的交流与合作。1955年11月，苏联科学院技术科学部教授拉扎连柯接替柯夫达任中国科学院院长顾问。当时，拉扎连柯根据1952年苏联科学院成立科学情报研究所和开展情报工作的经验，建议中国开展科学情报工作。《十二年科学规划》制订过程中，苏联科学院科学情报研究所所长潘诺夫就规划中建立科学技术情报工作的方案发表了详尽的报告和建议。1958年1月，中国科学院院长郭沫若访问苏联，在访问苏联的总结报告中强调重视科学研究工作，把重视科学情报工作列为向苏联学习的一个方面。1958年2—12月，根据中苏科技合作项目规定，中国科学院科学情报研究所选定200多种国内中文科技期刊，将其中的论文摘要译成俄文（或英文），寄给苏联全苏科学技术情报研究所供编制苏联文摘杂志选用。1958年7月，中国科学院科学情报研究所派蒋映鹏、赵宗仁赴全苏科技情报研究所学习机器翻译和机器检索技术。1959年6月，苏联全苏科学技术情报研究所副所长C·M·李西奇金应邀访问中情所。在29日举行的全所大会上，李西奇金做了"苏联科学技术情报工作概况"的学术报告，提出了很多有益的意见和建议。

1960年，中国考察国外科技情报工作的代表团由赵石英带队，出访苏联、德意志民主共和国和捷克，这是中国科技情报界首次派代表团考察国外的科技情报工作。1961年3月，社会主义各国在捷克首都布拉格召开中央科技情报机构代表会议。这次会议主要讨论了各国在科学技术和经济情报的合作、文献工作的分工、名词术语的统一等问题。

1961年9月，国际文献工作联合会第27届会议在英国伦敦召开。会议议题是讨论

国际科学技术情报文献工作的发展趋势及交流情报文献工作的经验。中情所所长聂春荣率代表团以观察员身份列席会议，了解会议情况，并调查该组织的国际政治背景和与我国台湾国民党政府有关机构的关系。

1962年11月，在北京参加社会主义国家标准化机构代表会议的古巴、越南代表访问中国科学技术情报研究所。

此外，我国先后与苏联、德意志民主共和国、捷克、古巴、越南等国建立了资料交换关系；我国还与英国、法国、瑞士、瑞典、日本、丹麦等国家建立了直接或间接形式资料采购关系；间接进口了一些设备，如法国布尔计算机、联邦德国复印机等。20世纪60年代初，一些社会主义国家开始对中国科技情报工作给予关注，通过访华考察加强了认识和了解。

总的来说，这一阶段中国科学技术情报研究所开展的对外交流与合作活动是有限的。"文化大革命"开始后，中情所的对外交流与合作活动基本中断。

# 第二章　严冬到春天（1966—1980年）

"文化大革命"期间，国家的各项事业都遭到严重破坏，科技情报事业也未能幸免。面对困境，在周恩来、叶剑英、李先念、胡耀邦等党和国家领导人的关怀和支持下，科技情报事业在逆境中继续前进。

"文化大革命"结束后，在邓小平同志领导下和其他老一辈革命家支持下，党的十一届三中全会于1978年12月胜利召开，这次会议全面认真地纠正"文化大革命"中及其以前的"左"倾错误，确定了解放思想、开动脑筋、实事求是、团结一致向前看的指导方针，做出了把党和国家工作中心转移到经济建设上来、实行改革开放的历史性决策。1978年3月18日，全国科学大会召开，邓小平在这次大会上的讲话中明确指出"现代化的关键是科学技术现代化""知识分子是工人阶级的一部分"，重申了"科学技术是生产力"这一马克思主义基本观点，澄清了长期束缚科学技术发展的重大理论是非问题，打开了"文化大革命"以来长期禁锢知识分子的桎梏，迎来了科学的春天。这次大会是中国共产党在粉碎"四人帮"之后，国家百废待兴的形势下召开的一次重要会议，也是中国科技发展史上一次具有里程碑意义的盛会。

中国科学技术情报研究所在改革开放的新形势下，勇敢探索，积极进取，适应社会主义经济建设需求，使得中国科技情报事业快速恢复并不断得到发展，全国基本上形成了以中国科学技术情报研究所的综合性科技情报中心和各专业性情报机构组成的多层次的科技情报工作系统。同时，中情所在科技情报检索语言研究、检索刊物体系、情报学术活动、科技成果奖励与交流、国际科技情报合作与交流等方面取得了很大的成就。中情所的科技情报事业也在"科学的春天"里踏上了恢复、改革和探索的新征程。

## 第一节　科技情报工作在逆境中坚持

### 一、"文化大革命"对科技情报工作的影响

1966年5月16日，"文化大革命"开始。科技情报工作被贬为"洋奴哲学""爬行主义，"受到了严重摧残。中国科学技术情报研究所作为国家科技情报中心，基本上被拆散，处于瘫痪状态。科技情报人才的培养和科技情报教育工作也因"文化大革命"而被迫中断。

# 甲子辉煌
## ——中国科学技术信息研究所成立60周年纪念

"文化大革命"期间,除了阅览室仍对外服务外,中国科学技术情报研究所的很多机构被撤销。1966年5月,方法室被撤销,使得情报理论方法的研究一度中断。1967年12月,通过各种途径与国外有关单位建立起来的文献交换关系被中断,刊物交换工作停止,并断绝一切国外联系,国外科技电影片库也封存起来,不再收集和对外服务,中情所仅通过原东欧国家进口一些过期的外国期刊和文献,国际合作几乎停滞。中情所10年积累起来的宝贵文献资料也被封存,文献资料大量散失。文摘类刊物和定点服务也被撤销。资料订购工作也受到干扰,1966年前,中情所曾直接向英国、法国、德国、瑞士、瑞典、荷兰、比利时、丹麦、日本9个国家30多家书商订购科技书刊,"文化大革命"开始后一律停止联系,统一归中国外文书店订购,从而对国外科技资料的收集、服务工作,一度出现困难。[①] 此外,原已出版的213种情报刊物,除了20多种外全部停刊。连同酝酿中的通过改版扩容,以新华社《参考消息》为样板的《科技参考消息》的发展计划中止。"三大类、九小类"情报刊物体系也被冲散。此外,由于我国科研机构在"文化大革命"中受到严重的冲击,基础研究工作几乎停止,与国外的学术交流中断,全国原有的300多种学术期刊,包括《科技情报工作》《科技参考消息》《馆藏目录》《科学技术研究成果公报》等刊物一度全部停刊,科技情报事业处于瘫痪状态。[②]

1968年9月20日,军管小组和工宣队进驻中国科学技术情报研究所,全所按6个连队建制实施军管。同年12月7日,中情所革命领导小组成立。1969年5月15日,奉上级指示,中情所出版的刊物、资料一律停止出版与发行。同年9月4日,为了执行国务院归口统一领导的精神,中国科学技术情报研究所、科学出版社、中国科学院图书馆归由军管小组统一领导。11月,"军宣队""工宣队"开始撤离。1970年11月20日,中国科学技术情报研究所和中国科学院图书馆合并,机构以连、班、组建制。1971年,由梁波、张运恒负责中情所的领导工作。1972年3月,中情所撤销连队建制,改为馆、室、组建制,馆室工作开始恢复。

在此期间,中国科学技术情报研究所的许多科技情报人员被迫下放,从事繁重的体力劳动,有些科技情报工作人员甚至成为审查对象,身心受到极大的伤害。这些都给科技情报工作带来了无法弥补的损失。从1969年4月开始,中情所的许多科技情报工作研究人员分3批被下放到河南省罗山县"五七"干校学习,仅第1批被下放的人员就多达360余人。[③]

"文化大革命"期间,科技情报工作投入机制也遭到破坏,不仅300多种科技期刊全部停刊,而且文摘类刊物和定点服务也被撤销。资料订购工作也受到干扰。科技情报工

---

① 中国科学技术信息研究所. 中国科学技术信息研究所大事记(1956—1996). 北京:科学技术文献出版社,1996:14.
② 中华人民共和国科学技术部. 中国科技发展60年. 北京:科学技术文献出版社,科学出版社,2009:81.
③ 同①.

作投入大大下降。随着纠"左"治乱工作的进行,科技情报投入工作出现了转机。在科技情报机构为国家"两弹一星""长江大桥","武钢一米七轧机"等建设做定题服务和跟踪服务过程中,国家拨付了科研经费投入。1975年9月,胡耀邦同志还做出了需要大力加强对中国科学技术情报研究所情报工作投入的指示。

## 二、科技情报工作在逆境中坚持

"文化大革命"中后期,广大科技情报工作者坚持真理,排除干扰,坚持工作。周恩来、叶剑英、邓小平、李先念、胡耀邦等老一辈无产阶级革命家十分重视和关怀科技情报事业。科技情报事业的广大工作人员在十分艰难的环境下,爱国奉献,采取多种有效措施在逆境中维持着科技情报工作的运转。

### (一)科技情报工作的两次转机

"文化大革命"中、后期,科技情报工作出现过两次转机。第一次转机出现于20世纪70年代初期,第二次转机出现于1975—1976年初。

**1. 第一次转机**

1969年,中国科学技术情报研究所重庆分所按照上级指示恢复成立科技消息组和动态组,不定期地出版科技消息和科技动态,及时报送中央领导同志、国务院和国家科委,国家领导人经常对中情所报送的科技信息和报告予以批示。同时,经特别批准,中情所恢复采购PB、AD、AEC、GPO等美国科技研究报告。在周恩来总理的关怀下,中情所坚持留京开门服务。4月,中情所首批干部下放河南"五七干校"。在近300名职工在"罗山干校"劳动的情况下,中情所仍然维系着工作,维持开门服务。11月,根据"四五"计划和中央有关领导同志的批示,中情所编辑出版《赶超参考资料》,为中央和国务院部委领导提供情报服务。

20世纪70年代初期,周恩来总理主持中央日常工作。1970年6月17日,周总理在听取中国科学院工作汇报时指出:"情报所要组织得很好,搞一个好的班子,这是为大家服务的。"周总理还具体要求情报所不能停止情报服务工作,不能关门和全部下放。在周总理的保护下,中情所和其他一些科技情报机构没有封门和全部下放,并一直维持上班服务。聂荣臻副总理也指示要保护好中国科学技术情报研究所,说:"这是国宝,千万不要破坏了。"叶剑英元帅也多次强调:"情报工作必须加强。"在周总理的关怀下,20世纪70年代初期,中情所立即全面开展各项科技情报工作,下放的科技情报人员也逐渐返岗。1970年12月,国务院业务组将中情所起草的《关于加强国内科学技术交流工作的通知》发至有关部、委、局、各省、市、自治区,要求参照执行,这对于加强国内科技情报的交流工作具有积极意义。1971年在全国计划工作会议上,周总理找到当时的外交部部长姬鹏飞和总理联络员刘西尧,询问科技情报工作如何开展。周总理又指示,要把科技情报事业办好，加强技术情报工作，做好技术经验交流。在周总理的指示和关怀下，1971年12月6日，根据国务院科技组和中国科学院转发的《关于编制科技计划和召开科技会议的请示报告》的通知精神，中情所决定筹备召开各部科技情报所工作座谈会，交流如何加强国内外科技情报工作和建立全国科技情报网络问题。

国务院副总理李先念十分重视进口书刊的使用问题，1973年6月30日，李先念副总理对《关于中国图书进口公司拟与美国书商等进行直接贸易的请求报告》批示："进口刊物要适用，听说过去进了不少书刊，放在那里好多年，无人使用。"对于中情所编辑出版的为领导服务的《科技参考资料》，李先念也指示："《科技参考资料》要扩大发行范围。"

不少部委领导亲自过问科技情报工作，召开科技情报工作会议，许多被下放、调离的科技人员陆续重返岗位，科技情报工作一度出现了转机。

"文化大革命"期间，周恩来总理联络员、国务院科教组副组长刘西尧同志不仅对稳定中科院起到了一定作用，而且对科技情报事业的发展也起到稳定的作用。1969年年底，刘西尧指示，要求中情所做好为科学技术（特别是产业技术）赶超世界先进水平提供国外背景资料的工作。12月，第一期《科技赶超参考资料》印出。初期，该刊印100份，由专人呈送国务院办公厅。① 刘西尧对该项工作十分重视，多次在他的住地约见该刊编写人员，具体布置任务和提出要求。为了办好刊物，研究小组经常联系国家计委、国家科委及有关部委的司局，了解经济、科技发展的实际情况和问题，从而使该刊能够密切联系生产和科研工作的实际，取得了较好的效果。1970年12月，在国家科委和国务院科教组组长刘西尧的指示精神下，进行了《关于上报和交流科学技术成果的规定（试行草案）》的起草工作，这对科技成果的上报和交流工作的开展具有积极意义。1971年8月31日，刘西尧还指示："建议将有价值的国外科技影片定期编出目录，附上简单扼要的内容介绍，送有关省、市部门和单位。他们认为需要，即可来看或拿去看。"1972年，在全国计划会议上，周恩来总理又一次找到姬鹏飞和刘西尧询问科技情报工作怎么搞，关心科技情报工作的开展。

"文化大革命"期间，在周总理的关怀和保护下，中国科学技术情报研究所的几届领导对中国科技情报事业均做出了很大贡献。"文化大革命"后的董铁成、岳峻、和平、宫震、肖唯一、谷雨、杜质彬、张征秉、聂春荣、梁波、张运衡、倪弄畔、魏东明、姚仲康等多位主要领导，他们致力于维护中情所的安定团结局面，促进了业务的恢复和发展。②

**2. 第二次转机**

1975—1976年年初，邓小平同志在周恩来总理病重期间主持中央日常工作。他按照

---

① 孙学琛. 中信所情报研究工作发展历程琐记. 见：中国科学技术信息研究所. 中国科学技术信息研究所建所四十五周年纪念文集（1956—2001）. 2001：55.

② 刘昭东. 科技情报与信息工作纪实. 北京：科学技术文献出版社，2011：109.

四届人大确定把中国建设成为社会主义现代化强国的宏伟目标，坚决果断地采取一系列有力措施，着手解决"文化大革命"造成的混乱，为此，邓小平召开解决工业、农业、科技等方面问题的一系列重要会议，许多方面的工作有了明显好转。

1975年7月，胡耀邦同志主持中国科学院工作，对科技情报工作十分关心，他多次听取科技情报工作汇报，并到中情所视察和指导工作。1975年，胡耀邦对中情所编写的《科技参考资料》《科技参考消息》等刊物曾做过多次指示，指出："这种资料对我们大家狠抓业务，认真赶超世界先进水平极有好处。"并指示中情所："每一、两个月向科学院领导报一次国际上科技动态和最新成就，一年出一次年刊，对全世界科技动向和新成就做出综合述评，送有关领导参阅。"在1975年的全面整顿中，胡耀邦部署《关于科技工作的几个问题（汇报提纲讨论稿）》的起草、定稿工作。当时"四人帮"把科研工作中必要的查阅外国文献、参考借鉴外国已有的科研成果，一概批判为"洋奴哲学""爬行主义"，把同外国科学界进行考察扣上"卖国主义"帽子，使得国际学术交流几近中断，没有人敢去研究国外科技动态和发展成果。针对这种情况，胡耀邦提出要实行"拿来主义"，即有分析、有批判地将外国的东西拿来，为我所用。在他的授意下，《汇报提纲》里写下了这样一段话："要像鲁迅所说的'拿来主义'，把外国的先进科学技术拿来为我所用。"胡耀邦的关怀和支持对全国的科技情报工作乃至整个科技界产生很大影响。但在1976年的"批邓、反击右倾翻案风"运动中，《汇报提纲》被"四人帮"污蔑为在邓小平指挥下炮制的一个妄图在科技界全面复辟的资本主义纲领。

"文化大革命"期间，由于党和国家领导人的保护，中国科学技术情报研究所不仅一直进行不间断的服务，而且为"三科"（国家科委、中国科学院、中国科协）合并，保护和储存干部做出了贡献。

### （二）全国科学技术工作会议对科技情报工作提出的要求

1972年，根据周恩来总理的建议，中共中央召开全国科学技术工作会议，来自中国科学院、各省、自治区、直辖市，国务院各部、委、组、院、局和国防科技管理部门机构的代表249人出席了会议。这是自"文化大革命"以来召开的第一次全国性讨论科技工作的会议。[①]在会议上，中情所在会上提出了《关于进一步加强科技情报工作的几点意见》，要求加强科技情报工作的组织领导、加强情报网的组织建设、广辟国外情报来源。但由于这次会议是在"四人帮"严重干扰下召开的，会期长达5个多月，最后被加以"右倾翻案"罪名，没有取得任何成果。因此，《关于进一步加强科技情报工作的几点意见》也被否定，无从实现。

### （三）中国科学院办公会议和核心小组决议对科技情报工作提出的要求

1974年1月12日，中国科学院办公会议通过决议：遵照中央、国务院的批示，认

---

① 中华人民共和国科学技术部. 中国科技发展60年. 北京：科学技术文献出版社，科学出版社，2009：83.

真抓好国外科技情报资料研究,并加以利用。确定由科技办公室、四局抓好此项工作。四局要把中情所工作抓好,整顿、健全全国科技情报网,通过省、市部门的科技情报机构建立交流、推广渠道。1974年11月20日,中国科学院核心小组通过决议:①中国科学技术情报研究所要承担全国科技情报的组织协调、交流经验等工作。首先把全国科技情报网抓起来,通过各省、市、自治区及国务院各有关部门的科技情报机构,建立和健全收集、交流、推广的渠道,把情报工作做好。②重庆分所以四川省为主,与中科院双重领导。具体工作由中情所负责处理,重大问题由中情所提出处理意见报中国科学院审定。

### (四)第四次全国科技情报工作会议

1975年5月3—19日,中国科学院在极端困难的条件下在北京召开了第四次全国科技情报工作会议,并取得了积极的成果。会议讨论通过了《关于健全和发展全国科学技术情报网的几点意见》《关于加强科学技术情报资料工作的几点意见》和《1976—1985年全国科技情报发展纲要》《全国科技情报会议纪要(草稿)》4项文件。会议强调要组织和规划全国科技情报工作,健全和发展全国科技情报网和加强科技情报调研工作。第四次全国科技情报工作会议批准委托中国科学技术情报研究所兼管全国科技情报的职能工作。

## 三、党建工作和领导班子队伍建设的挫折

"文化大革命"开始后,党的领导组织和党的工作受到严重冲击,一度处于停顿状态。1969年3—9月,中国科学技术情报研究所开始进行整党,成立了整党建党领导小组,党的组织活动逐步恢复。1972年3月20日,中情所取消党支部连队设置,改为馆、室、组建制,并按业务单位建立党支部,设立所政工组,负责人事、保卫、组织、宣传等工作。同年4月10日,中国科学院党的核心领导小组决定倪弄畔为中情所党的领导小组组长。1974年3月7日,由宫震出任党的领导小组代理组长。1975年1月7日,成立了中情所罗山"五七"干校党委。同年3月14日,由肖唯一出任党的领导小组组长。11月17日,由姚仲康出任中情所党的领导小组组长。

## 四、干部队伍建设在逆境中的坚持

"文化大革命"时期,中国科学技术情报研究所的干部队伍建设工作受到冲击,中情所绝大多数职工因被下放而荒废了情报业务的开展,选调人才和壮大干部队伍工作也几近停顿。但在这一时期,中情所在周恩来总理的关怀和保护下,干部队伍建设仍在逆境中坚持。1971年,军管组和所领导做出决定,着手解决中青年业务骨干长期两地分居问题,在极端困难的情况下,把十五六名中青年业务骨干的配偶户口移入北京,这一措施

避免了业务人才的流失，同时也吸引了一批新的人才进入中情所。同年，所领导决定组办军管片单位英语培训班，来自各专业情报所、外文书店、器材公司、科学院图书馆等单位的年轻干部40多人参加了培训，刘昭东和刘静华担任教员，学习内容是基础英语和口语及科技英文翻译。梁战平、赵丽华、张宗信、张孟军、张占国、滕传福等几十位当时的年轻业务骨干都参加了这一培训班。培训班的举办对于后来情报业务的恢复和开展奠定了坚实的人才基础。1972年，中情所通过联合国教科文组织培养和选派了所内业务干部到国外参加国际科技情报会议，在"文化大革命"后期开创了中情所联系国外世界、开展国际情报合作活动的历史。当时，有幸先后被派往国外工作和参加国际会议的业务骨干包括刘少文、刘东升、赵宗仁、虞鸿钧、刘昭东和龚西等。

### 五、科技情报机构管理体制的调整和组织建设工作

#### （一）科技情报管理体制的调整

"文化大革命"期间，科技战线成为重灾区。1970年，国家科委及地方科委的机构统统被撤销，科技情报工作几陷停顿。1970年7月，国家科委、中国科协并入中国科学院，这就是所谓的"三科合并"。"三科合并"后，同年10月9日，作为国家情报中心的中国科学技术情报研究所和中科院图书馆合并，中情所的归口管理部门为中国科学院。随着科技情报工作的转机，科技情报的管理工作有所恢复。1973年4月19日，中国科学院以〔73〕科发字192号文批准中情所成立办公室、政治处和业务处（后又分为一处、二处）。1974年确定了由中国科学院四局，后又由中国科学院科技办公室兼管科技情报工作。1975年5月，第四次全国科技情报工作会议通过并批准，委托中国科学技术情报研究所兼管全国科技情报职能管理工作，其任务是业务规划、组织协调、经验交流、干部培训。

1971年9月23日，中国科学院下达〔1971〕科字第262号文，对重庆分所实行以中国科学院与四川省的双重领导体制，明确分所的主要任务是做好国内外的科技情报工作，更好地为西南和内地的建设、生产和科学实验服务。1974年11月20日，根据中国科学院核心小组通过的决议，重庆分所以四川省领导为主，与中国科学院实行双重领导。1975年6月11日，中国科学院发文再次明确重庆分所的主要任务：①在中国科学技术情报研究所的统筹规划下，主要从事科技情报检索刊物的编译出版；②与所在省市的情报机构密切配合，加强调研，为三线建设多做些重点服务；③开门办所，积极开展文献资料服务。

#### （二）组织建设工作

"文化大革命"初期，中国科学技术情报研究所大部分馆室被撤销，但一些没有被撤

销的机构，如西南情报站、文献服务室、重点服务组等仍然坚持服务。在所址从东四情报大楼搬迁至和平里北京化工学院以后，馆室工作开始恢复。

1969年1月，科研成果办公室更名为国内成果组，1972年改为国内部，1973年改为国内科技交流部，国内交流部在"文化大革命"期间一直维系着科研成果的交流和推广。文献馆、专利馆、标准馆、样本样品馆等也照常开放。1970年，文献服务室更名为咨询服务室（咨询服务部的前身）。

1971年，为了做好科技电影的放映工作，中情所成立了电影组。同年，原属于情报方法研究室的分类法组主动与北京图书馆协商合作事宜，决定联合编辑全国图书情报界统一使用的分类表，中情所重点负责自然科学部分的编辑。分类法组在《中国图书馆分类法》和《中国图书资料分类法》编制工作上做出了重要贡献。

1972年，为了配合上述任务做好科技情报分析研究与服务工作，中情所情报分析研究工作在组织和人力安排上做了相应的调整，将综合研究室（第一情报研究室）改名为"国外科技情报研究部"，以后陆续根据形势需要，开展《长期规划参考资料》《国外公害概况》《国外科技管理》等专题调研工作。1972年3月，中情所成立"国内科技交流部"（其前身为国内成果组、国内部），负责编辑出版《科技重要成果汇编》《科技成果报告》《科技消息》《出国考察报告》及《国际科技简报》工作。12月，中国科学技术情报研究所、中国社会科学院语言所、中国科学院计算所、上海情报所、冶金部情报所及化工研究院等单位组成的机器翻译协作研究组，进行机器翻译的研究与试用工作。

1973年3月，中国科学技术情报研究所组建"（国外）科技交流部"，开展国外来华科技交流活动。同年4月19日，中国科学院以〔73〕科发字192号文批准中情所成立办公室、政治处和业务处（一处、二处）。7月2日，样品样本馆还专门成立了国外样品馆，负责国外样品的引进，但后来中断引进，直至1978年才恢复。7月2日，中情所根据国家建设需要，借鉴国外先进技术，并发挥所里老知识分子的作用，决定成立"编译组"。8月，为确保"748"工程的顺利实施，中情所、北京图书馆和国防科委情报所联合成立了情报检索组，主要负责情报检索系统的研制工作。

1975年3月，中国科学技术情报研究所计算机组正式成立，下设软件组、硬件组、词表组和机器翻译组等各小组，并承担"748"工程的部分组织协调任务。后来，计算机组更名为计算机室，正式成为中情所的一个业务部门。计算机室的成立标志着中情所情报现代化工作的开始。

## 第二节 科技情报工作的恢复与发展

1977年，以邓小平同志为核心的党和国家第二代领导人"拨乱反正"，把党的中心任务转到经济建设上来。在邓小平同志的领导和支持下，我国科技事业进入了一个充满生机和活力的崭新阶段，迎来了"科学的春天"，中国科学技术情报研究所的各项科技情报工作得到迅速的恢复，并蓬勃发展起来。

## 一、科技情报工作的春天

### （一）全国科学大会促进科技情报工作春天的到来

1978年3月18日，全国科学大会在北京召开。全国科学大会再一次把科技情报工作提到重要日程。关于科技情报事业，国家科委主任方毅在全国科学大会的报告中指出："要健全和加强我国的科技情报工作，组织好地区性和行业性的科技情报网。通过多种途径，广泛收集国外科技情报资料。对国内科研机构的研究课题和科技成果，要进行登记，组织好交流。科技管理部门、科技情报机构和一切科研机构，都要加强对科技情报的分析研究工作。"他还指出："要尽快实现科技情报工作的现代化，用现代化手段装备情报机构。要建立起一批文献检索中心和数据库，初步形成全国科学技术情报图书计算机检索网络。同时还要加强科学技术图书资料的出版工作。"

中国科学技术情报研究所提名袁翰青同志为特邀代表出席全国科学大会。在科学大会上，中情所为大会写了《加强科技情报工作是高速发展科学技术的需要》一文，作为大会交流材料。同时，中情所举办了新中国成立以来重大科技成果展览会和国内外技术交流和座谈会。

全国科学大会的胜利召开表明党和政府对科学技术作用的认识达到了一个新的高度，标志着新时期科技战略转折的实现，也促进了科技情报事业的发展，迎来了科技情报工作的春天。

### （二）《1978—1985年全国科学技术发展规划纲要》中有关开展科技情报工作的措施

1977年12月12日—1978年1月16日，国家科委在北京召开全国科学技术会议，制定了《1978—1985年全国科学技术发展规划纲要》（简称为《八年科技规划》或《八年规划纲要》），这是我国发展科技的第三个长远规划。

《八年规划纲要》把"建立一批现代化的实验室、试验基地和重大实验设施，以及现代化情报中心和图书馆"列为我国科学发展八年奋斗目标之一，其中第74项重点项目和第12项具体措施规定了建立和发展全国科技情报系统的目标和任务。第74项任务是"研究建立全国科技情报、图书资料现代化的检索中心和系统"，随后由中情所牵头组建了由部分部委情报所参加的"74项办公室"，指导相关工作。《八年规划纲要》中关于"建立科学技术情报系统，加强国内外科学技术情报交流"的规定，激励了全国科技情报人员的工作热情。

《八年规划纲要》中多处提到科技情报工作。第二部分"重点科学技术研究项目"中"新兴科学技术方面"第74项任务为"用现代化装备国家的重点部门和地区的情报、图书单位,研究建立全国科学技术情报、图书资料的现代化检索中心和系统(中国科学技术情报研究所、北京图书馆、中国图书进口公司)"。第四部分"具体措施"中第6、第8、第9、第12、第13项比较集中地提到了科技情报工作。此外,《八年规划纲要》对加强科技情报人员队伍建设、完善科技情报机构设置、建立科技情报学会和科技情报人员的奖励机制都具有指导意义。

## 二、以中国科学技术情报研究所为中心的多层次科技情报工作系统的初步形成

### (一)中国科学技术情报研究所的主要任务

1980年8月,中国科学技术情报研究所明确了定位和主要任务。中情所是国家科委领导下的综合性科技情报研究机构,是全国科技情报事业中心。其主要任务:①根据国民经济和科学技术发展规划,有重点地搜集国内外科学技术情报资料,搜集范围包括有关科技的报纸、杂志、会议文献、研究报告、专利资料、标准资料、检索工具书、样本和样品、电影和录像资料等。②围绕国民经济建设和科学技术发展规划,开展综合性的科技情报分析研究和编译报道。③在全国检索刊物体系中,承担综合性的情报检索刊物的编译报道工作。④组织国内重大科研项目计划、科研阶段成果和科研成果的交流、参与编制国内科技情报检索刊物。⑤开展咨询、代译、检索服务和馆藏资料的阅览和复制服务。⑥参与全国科技情报干部培训教学,编写教材、业务学习参考资料和年鉴手册。⑦开展科技情报理论方法和技术手段现代化的研究。⑧开展科技情报工作的国际交流与合作。

### (二)以中国科学技术情报研究所为中心的多层次科技情报工作系统的初步形成

20世纪80年代初期,中国科技情报工作的组织建设有了明显的恢复、发展与壮大,全国基本上形成了以中情所为核心的综合性的和专业性的情报机构组成的多层次情报工作系统。科技情报业务工作成就也比较突出,在科技情报检索语言研究、检索刊物体系、情报学术活动、科技成果奖励和交流、情报网建设、国际情报合作与交流等方面都有很大发展。

## 三、党建工作和领导班子队伍建设的恢复

"文化大革命"结束后,党建工作逐步恢复。1978年12月,党的十一届三中全会召

开，重新确立了马克思主义的思想路线、政治路线和组织路线，提出把工作的重点转移到社会主义现代化建设的轨道上来。根据党的十一届三中全会和科学大会的精神，中情所党的领导小组及时提出"尽快实现科技情报工作的现代化"的奋斗目标，通过做好基层党组织的组织建设、思想建设，加强党员教育，转变党的作风，把大家的思想统一到党的十一届三中全会以来的路线、方针和政策上来，保证了科技情报工作的顺利开展。

1978年7月，由魏东明出任党的领导小组组长。1980年1月7日，由林自新出任党的领导小组组长。1980年5月，中情所党的领导小组根据工作需要将原来的政工组，分为人事处、保卫处，原政工组的组织宣传组改名为机关党委办公室。同年11月26日，国家科委任命林自新为中情所党的领导小组组长。

1980年2月5日，中共中央组织部〔80〕干任字70号文件正式任命林自新为中国科学技术情报研究所所长，兼国家科委政策研究室副主任。

## 四、干部队伍建设工作的恢复

"文化大革命"结束后，干部队伍建设逐步恢复。中情所不仅尽力稳定所内安定团结的局面，而且从科学院各所抽调了12名年轻优秀的专业干部以充实干部队伍，恢复情报业务工作，这批专业干部包括陈松生、张广仁、张伟良、樊正堂等，他们后来大多数都成了中情所的业务骨干或领导。

中国科学技术情报研究所还果断地及时恢复了中国科技情报学会和创建了研究生班，及时招取恢复高考以后的第一批情报专业硕士研究生，其中有不少优秀人才，包括段瑞春、屈慰双、马连元、田力普、许立达、冯志伟、张钟、秦璋、王惠临、兰崇远、张保明等。这批人才后来均成为国家科委或中情所的重要干部或业务专家、留学国外的技术人才，都是创建中国科技情报计算网络及专利事业的早期业务骨干。

截至1980年8月，中国科学技术情报研究所总所职工人数达到1177人，其中，教授、研究员、助理研究员和工程师共370人。重庆分所529人，其中，教授、研究员、助理研究员和工程师共172人。

## 五、管理体制的调整和组织建设工作的恢复与发展

### （一）国家科委重建后管理体制的调整

根据中共中央《关于成立国家科学技术委员会的决定》的精神，1977年9月18日，国家科委条件局兼管全国科技情报工作，中国科学技术情报研究所归国家科委领导。对于重庆分所的领导，1979年10月18日，国家科委下达〔79〕国科发条字613号文件指出，重庆分所归属中国科学技术情报研究所，实行以国家科委为主的与四川省双重领导，有

关分所的方向任务、工作计划、业务管理、经费器材、基本建设、编制定员、劳动工资等由中国科学技术情报研究所归口管理。

(二) 组织机构建设和业务部门设置工作的恢复和发展

"文化大革命"结束后，中情所所内的机构陆续恢复工作，并成立了相关机构，加强了科技情报工作。

1978年，中国科技文献编译委员会恢复工作，并更名为中国科技文献编译出版委员会。同年，中情所成立了教育组，得到国务院学位办公室批准，开始培养硕士研究生。同年，成立了相应的管理机构——学术组。5月，电影组改为声像资料馆，声像资料馆正式成立，负责科技声像的储存、加工、复制、播放等工作。8月，情报方法研究室重新恢复，中国科学技术情报学会在成立之初设在情报方法研究室。8月30日，中国科技情报学会正式成立。中国科技情报学会是中国科协的组成部分，办事机构挂靠在中情所，接受中国科协和中情所双重领导。11月，国家科委恢复和重建了国家科委科技成果管理办公室，设在中情所国内交流部，业务受国家科委科技成果局指导。截至1978年，中情所设置的职能部门有：政工组、业务组（业务一组、业务二组）、学术组、办事组、后勤组；业务部门有：国外交流部、国内交流部、科学技术文献出版社、国外科技资料馆、专利馆、标准馆、样本馆、计算机组、咨询服务室、电影组、复制公司、印刷厂和幼儿园。

1979年，中情所学术委员会正式恢复工作，并召开了第一届学术委员会会议。同年，学术组并入人事处，1983年，教育组改为教育处。中情所情报教育组织机构建设对于研究生教育的开展，以及促进中情所的情报学教育具有积极意义。1979年5月15日，根据机构设置方案，中情所设置了"三室五处"，即党委办公室、所办公室、基建办公室、业务处、人事处、保卫处、行政处、设备器材处（后改为器材财务处）。1979年11月28日，根据国家标准局建议，由中情所牵头组建全国文献工作标准化技术委员会，该委员会常设办事机构秘书处设在中情所。

1980年5月，中国科学技术情报研究所成立了"检索报道部"，由一个部门集中文献加工和编辑出版综合性文摘刊物与馆藏目录系列。

经过努力，所内情报机构原有各部门基本得到恢复，并根据情报工作的开展情况，增设了一些机构，组织机构建设工作取得长足进展。截至1980年，所属及总所设置的主要机构包括党领导小组办公室、全国文献工作标准化技术委员会秘书处、中国科技文献（情报）编译出版委员会办公室、中国科学技术情报学会办公室、国家科委科技成果管理办公室（设在国内交流部）、学术委员会、业务一处、业务二处、器材财务处、基建办公室、所办公室、人事处、保卫处、行政处、采访部、检索报道部、国外科技情报研究部、国内科技交流部、国外资料馆、国内资料馆、编译馆、专利资料馆、标准资料馆、样本样品馆、声像资料馆、咨询服务室、计算机室、情报方法研究室、科学技术文献复制公司、科学技术文献出版社和印刷厂。

### 六、迁址工作和科技情报中心大楼的筹建

#### （一）迁址工作

"文化大革命"期间，根据"备战"和我国外交发展的需要，周恩来总理指示并由国务院机关事务管理局业务组于1969年12月3日发文〔69〕国管业字第66号文件指示，东四科技情报大楼划归外交部使用，原北京化工学院全部房屋及有关固定设备移交给中国科学技术情报研究所使用。东四情报大楼全部归外交部使用。同年12月29日，中情所在国务院机关事务管理局、外交部和解放军的大力协助下全部撤离东四科技情报大楼。1970年1月10日，中情所在位于和平街北口的北京化工学院院内正式对外服务。

#### （二）科技情报中心大楼的筹建

为了促进科技情报事业的发展，改善科技情报工作滞后的局面，加强中国科学技术情报研究所作为国家科技情报中心的地位，1978年9月11日，中情所提出《请求批准新建国家科技情报中心的报告》，报送中共中央、国务院和国家计委。该报告得到了华国锋、邓小平、李先念等领导同志的批准，批文称："中央同意建大楼，要求做出正式预算，提出设计方案。"1978年12月26日，国家计委下发《批准关于建设国家科技情报中心的通知》。在中央领导和国家科委领导的支持下，开始了国家科技情报中心大楼的筹建工作。

## 第三节　科技情报核心业务工作的坚持、恢复和继续发展

### 一、科技文献资源建设与文献工作标准化

#### （一）科技文献收藏、加工与服务

**1. 资料收藏量**

1979年，中国科学技术情报研究所资料搜集量：国外文献资料3.7万件；国外期刊（包括专利、标准、检索刊物）9793种；标准资料2万件；专利说明书74万件；产品样本18万件；科技电影174部；工具书2097册。资料搜集途径主要是通过商业途径订购。此外，中情所还与63个国家和地区及71个国际组织建立了交换关系，交换户已发展到2472户。

截至1979年年底，中国科学技术情报研究所资料总收藏量中，国外期刊（1968年以来）累计12 700种；国外文献资料（主要包括研究报告、会议资料、学位论文等）67.1万件；专利说明书660万件；标准资料27.8万件；国外产品样本35万件；国内期刊4000种；国内资料20万件；缩微资料（平片和胶卷）100万件；工具书3.3万册；科技电影1200部。重庆分所馆藏1965年以前的专利说明书480万件。

### 2. 编目加工

中国科学技术情报研究所将搜集来的科技文献资料交由编辑加工部门根据文种分别进行分类、制卡、排卡，并为资料报道部门提供索引卡片。以国外资料馆为例，馆藏目录卡包括：分类卡、西文书名字顺卡、日文书名字顺卡、俄文书名字顺卡、西文机构卡、西文会议资料卡。

### 3. 文献服务

截至1979年年底，科技文献服务工作取得了较为突出的成就。所专利馆、标准馆、样品样本馆、咨询服务室等单位，1979年共接待读者12.5万人次，这些馆采用开架或闭架方式，供读者阅读；开展日常咨询服务，根据读者来信的要求，代查并答复读者所需文献的线索，全年答复信件13 000封；结合国家重点科研项目开展服务工作，如出版专题资料目录、文献、译文集或到现场进行资料展览等活动；组织社会翻译力量，为用户代译各种科技资料，文种包括英语、日语、法语、德语、俄语、波兰语、捷克语、罗马尼亚语、瑞典语和意大利语等。1979年组织代译1855万字；1979年为各省、市和专业部门提供科技影片6992部次；文献复制公司经营业务内容包括静电复印、拍照、放大、拷贝等，读者在各馆查到所需文献，可委托文献复制公司进行复印。1979年共完成静电复印品393万页，拍照缩微胶卷265万页。1980年，中情所加强了国内文献资料的收集工作，即全面系统地收集期刊、系统地收集全国一级学会的会议文献，广泛收集中文资料。

## （二）科技文献工作标准化

从新中国成立之初到"文化大革命"结束这段时间，文献标准化工作几乎是一片空白。1978年5月，国家标准总局的成立和1979年7月《中华人民共和国标准管理条例》的颁布，标志着我国标准化工作进入了一个新的发展时期。1978年9月，中情所代表我国作为正式成员加入了国际标准化组织——文献工作标准化技术委员会（ISO/TC46），并于1979年4月派代表去波兰首都华沙参加了该委员会第18届年会，开始参与国际文献标准化活动。

1979年11月5日，中情所以〔79〕科情字第177号文件请示国家标准局召开"全国文献工作标准化技术委员会"成立大会，请示文件拟组成"全国文献工作标准化技术委员会委员名单"，并列有《全国文献工作标准化技术委员会1979—1981年工作计划（讨论稿）》"全国文献工作标准化技术委员会成员名单"《全国文献工作标准化技术委员会工作简则（讨论稿）》和《全国文献工作标准化技术委员会成立大会议程》4个附件。

1979年11月28日，全国文献工作标准化技术委员会在江苏省无锡市召开成立大会。会议明确了标准化技术委员会的性质和任务：通过制定各项标准，使文献工作走向标准化、系统化和统一化，促使文献工作向自动化、现代化发展，实现科技文献交流，达到资源共享的目的。会议讨论通过了《全国文献工作标准化技术委员会简则》和《全国文献工作标准化技术委员会1979—1981年工作规划》。根据国家标准局建议，由中情所牵头组建全国文献工作标准化技术委员会。该委员会常设办事机构秘书处设在中情所。这次会议是我国新中国成立以来第一次有包括中情所在内的由图书、情报、档案等各方面文献工作者参加的标准化工作会议。

## 二、文献编译报道和检索刊物体系的发展

### （一）文献编译报道工作的恢复和发展

#### 1. 文献编译报道工作的恢复

1978年，中国科技文献编译委员会恢复工作。这一年，在江苏省苏州市召开了中国科技文献编译委员会第五届会议和情报学会筹委会扩大会议。会议讨论修订了《编委会组织章程》《情报学会章程》《1979—1985年编委会出版规划》和《情报学会活动计划》4个文件。会议决定将中国科技文献编译委员会改称为中国科技文献（情报）编译出版委员会（简称"编委会"）。在会议闭幕式上，中情所负责人聂春荣做了"加强编译报道工作，开展情报学术活动"的总结报告。根据《编委会组织章程》的规定，编委会的职责是①贯彻执行国家相关编译出版工作的方针政策；②编制全国科技情报编译出版工作规划，审核年度编译出版计划；③拟订全国科技情报编译出版工作的规章制度；④组织协调全国科技情报编译出版发行工作；⑤组织宣传培训工作和学术交流活动。

#### 2. 文献编译报道工作的发展

自1978年中国科技文献（情报）编译出版委员会第五届会议后，中国科技情报编委会每年召开一次编委年会，审核下一年度的编译出版计划并讨论相关编译出版情况，这就保证了全国科技情报刊物的水平、质量和连续性。1978年，中国科技情报编译出版委员会还成立了由专业人士组成的科技情报检索出版物分委员会，作为科技情报编委会的技术咨询机构。科技情报检索出版物分委员会在完善检索刊物体系，推动手工检索向联机检索、网络检索乃至情报刊物编排自动化等方面起到了非常重要的作用。

为了加强编译报道工作和建立统一检索刊物体系的要求，1979年6月14日，国家科委请示国务院，改变出版自然科学和医疗卫生期刊审批手续，建议出版全国科技情报刊物，改由中国科技文献（情报）编译出版委员会协调批准。

自1978年8月编委会恢复工作以来，在各有关科技情报部门的共同努力下，全国性

的科技情报刊物发展很快。据1980年统计,经中国科技情报编委会批准纳入全国体系的科技情报刊物达367种,其中检索类刊物137种(文摘42种),报道类刊物224种,研究类刊物15种,年出版字数为3.8亿字,占全国自然科技刊物的1/3。① 到1981年,全国性科技情报刊物已达404种。② 资料收集的途径主要是通过商业途径订购。

(二)检索刊物体系的发展

**1. 全国科技情报检索刊物协作会议**

1977年7月19—26日,经中国科学院批准,中情所在河北省石家庄召开全国科技情报检索刊物协作会议。③ 会议认为,迅速建立健全我国自己的科技情报检索刊物,是实现情报工作现代化的关键环节,是实行自动化检索和多快好省地开展情报研究工作的基础。这次会议标志着我国开始有计划、有组织、有领导地统一建立我国的检索刊物体系。会议确定了"全、快、便"的要求和"统一规划、专业归口"的原则。所谓"全"即所收集和报道的原始文献在学科和种类上尽量做到齐全;所谓"快",即报道时差要尽量缩短;所谓"便",即检索方便,不仅要考虑手工检索的需要,而且要考虑计算机检索需要。所谓"统一规划,专业归口"的原则,即在中国还没有可能集中大量人力、物力编辑出版大型综合性检索刊物的情况下,应当按不同专业设立若干归口单位,负责各自专业检索刊物的编辑出版工作,同时,要加强中国科技文献(情报)编译出版委员会的组织协调工作。会议议定了《关于建立健全我国科技文献情报检索刊物体系的意见》和《1979—1985年全国科技文献编译出版规划(草案)》。会议后,首先有组织地创办了报道国内文献资料的《中文科技资料目录》,共22个分册。

**2. 检索刊物体系建立健全方案和编译出版规划**

根据科学技术发展规划,1979年制订了《关于建立健全我国科技文献情报检索刊物体系的方案(草案)》和《1979—1985年全国科技文献检索刊物编译出版规划》。根据该《方案》和《规划》的要求,确定中国科技文献检索刊物建立的原则应以学科为主,兼顾专业,尽量保持学科的系统性,体系分为国内系列和国外系列,并根据不同需要,设立专利文献、标准文献等文献类型系列,以作为主系列的辅助部分。同时,要求检索刊物必须编有年度索引,以"全、快、便"作为检索刊物质量衡量标准。该《方案》和《规划》使检索刊物向建立体系方向跨出了一大步。至此,中情所检索刊物开始走上系统建设阶段。

**3. 中国科技文献检索刊物总编辑部和检索报道部的成立**

1979年,中国科技情报学会编辑委员会在山东淄博市召开了学术会议,会上决定成

---

① 科技情报刊物质量普查总结摘登. 情报理论与实践, 1981, (3): 21-23.
② 张征秉在1981年召开的中国科技情报编译出版委员会第八次年会上的讲话.
③ 中国科学技术信息研究所. 中国科学技术信息研究所大事记(1956—1996). 北京: 科学技术文献出版社, 1996: 24.

立"中国科技文献检索刊物总编辑部",下设10个分编辑部,统一规划、选题、编辑、标引,统一出版发行各种检索刊物。1980年5月,中情所成立了检索报道部,由一个部门集中文献加工和编辑出版综合性文摘刊物与馆藏目录系列。

**4. 中国科技情报编委会第七次年会**

1980年7月,中国科技情报编委会在北京召开第七次年会,年会根据中共中央宣传部批准的国家出版局党组《关于控制出版新刊物的报告》的精神,协调批准了1981年全国科技情报刊物的出版计划。情报学会、中国图书馆协会、全国文献标准化技术委员会联合召开学术会议,讨论通过了《全国文献目录著录标准(草案)》《文献检索刊物的文摘与题录的著录格式(草案)》。

## 三、情报分析研究工作与咨询服务工作的坚持和加强

### (一)情报分析研究工作的坚持和加强

**1. 情报分析研究工作在逆境中的坚持**

1966年5月,"文化大革命"席卷全国,科技情报分析研究工作陷于停顿。老一辈无产阶级革命家在极为困难的环境下对极"左"势力的抵制和斗争,采取种种有效措施抓住时机,维持科技情报分析研究工作的开展,并完成了一些有意义的成果。

"文化大革命"期间,中情所在大量的资料分析和实际调查研究的基础上,编写了一批有分析、有观点、参考作用较大的科技情报研究报告,受到了各有关方面的重视。中情所编印的《鹿岛的变迁》《鲁尔的兴衰》等情报研究报告等,均受到了有关部门的重视和采纳,为编制规划和组织实施重大项目,起到了很好的作用。

1968年年初,由于动乱已经波及国防科委所属单位,国防科技情报工作受到影响,因此,国防科委建议中情所能创办中央领导同志参阅的科技消息性刊物,及时反映国外先进技术的发展动态,特别是与军事有关的技术发展情况。同年5月,根据此项任务编印的《科技参考消息》出版,这是"文化大革命"期间恢复出版的第一份刊物。

1971年,受国务院科教组的专门指示,中情所开展了液压单晶炉情况的国内外调查和了解,并取得了积极的成果。

由于"文化大革命"造成的动乱,使中国科学院许多研究所的研究工作无法正常运行。1971年末,中国科学院和国家科委领导为了发挥一些老科学家的作用,同时也为下一步恢复和规划因动乱而停滞的科技工作,拟邀请各学科的一些老科学家进行一项调研国外科学技术发展动向的工作,并责成中情所牵头组织实施。中情所组成班子,并邀请中国科学院20个研究所及中央气象局的共60多位科学家,其中包括邹承鲁、王葆仁、张文佑、李荫远等多位学部委员,共同参与此项工作。历时半年,完成了包括基础学科和技术学科在内的80多篇专题调研报告,以《自然科学发展动向》书名于1972年5月出版。

# 甲子辉煌
## ——中国科学技术信息研究所成立60周年纪念

这是我国科学家第一部系统评述自然科学发展动向的专著。在极"左"势力猖獗一时的政治动乱年代,这部书的出版,在科技、教育部门产生了很大影响。[①]

1972年,国外情报研究部接受了国家计委委托的任务:编写国外环境保护丛书第一卷:《国外公害概况》。这是我国编写的第一部介绍西方工业化国家发展经济的过程中,不注意保护自然环境所造成严重后果的专著,该专著对早期系统地介绍国外环境污染的形成和推动我国环保事业的创建起到了一定的作用。这部专著于1975年1月由人民出版社出版发行。

1975年,中央委派胡耀邦、李昌到中国科学院主持工作。胡耀邦到任后,走访各研究所进行调查研究,在了解情报调研工作过程中,胡耀邦对《科技参考消息》等刊物给予好评。李昌还要求中情所派人向他报告当今世界科学技术发展的基本情况与特点,特别是一些重要领域的发展水平与动态,以及有关科技管理工作的问题。同年,中情所还应邀向中国科学院计划工作会议报告国外科学技术发展情况,受到与会领导和科学家的欢迎和好评。

"文化大革命"期间,情报分析研究工作很不稳定,不少任务带有随机性的特点。但由于很多工作是按照上级交办的任务进行的,所以分析研究工作的目的性和针对性有所加强。

### 2. 科技情报分析研究工作的加强

国家安排"748"工程后,将中情所情报理论方法室的原有的业务"机器翻译""情报检索"纳入该工程计划,这是该阶段情报方法理论的核心工作。1976年"文化大革命"结束后,情报方法研究室重新恢复,恢复后的主要任务是研究情报理论、方法与技术。同时,情报学会设在情报方法研究室。情报方法研究室的主要工作包括:①对情报信息需求与用户服务的研究。②对情报政策和规划的研究。③对信息技术开发应用的研究。④对文献标准化和缩微摄影标准化的研究和组织推动。⑤对情报系统和机构的对比评价研究。⑥对科技情报体制改革的研究。

20世纪70年代后期,国家实行对外开放,国家的工作重点转移到现代化建设上来,中情所的科技情报分析研究工作又开始活跃起来。十一届三中全会以后,随着全国改革开放的大好形势,科技情报分析研究工作取得了长足的发展。国外情报研究部的国外科技动态资料和研究报告恢复了它们在国家经济建设和科技发展中的显著作用,国家领导人对科技情报研究成果的批示不断传来。

1977年,中情所开展了"进行国外科技情报的调研和报道为领导决策服务"的调研工作。调研情况主要以《快报》内部刊物发表,送中共中央和国务院领导参阅,是当时高级领导了解国内外科技和经济发展的一个重要窗口。十一届三中全会以后,实行以经

---
[①] 孙学琛.中信所情报研究工作发展历程琐记.见:中国科学技术信息研究所编.中国科学技术信息研究所建所四十五周年纪念文集.2001:55-56.

济建设为中心和改革开放政策,为了适应需要,《快报》着力抓住科技与社会经济的接合点,加强了科技支持社会经济发展的报道,报道面进一步拓宽,既报道自然科学和技术,也以经济和社会发展为中心报道社会科学。国际组织、国外智囊机构的报告和言论也成为重要的报道领域。该刊发表的《两种发展战略》,启发了中国对发展战略的大讨论,对中国自觉、明确地运用战略思想,发展经济、科技及各行各业产生了非常积极的影响。70年代末和80年代初,《快报》及时反映了国外信息化和信息的概念,着重报道了信息具有6个特征:可扩充性、可压缩性、可取代性、可传输性、可扩散性、可共享性。这些文章的广为传播,产生了良好的社会反响。总之,《快报》大量报道了国外人士对新科技和产业革命的讨论情况,对中国及时抓住这场革命的机遇,迎接挑战,跟踪国外高新技术发展形势,注重国内高新技术发展起到了积极作用。

1978年全国科学大会召开。大会闭幕以后,为了配合中央关于贯彻全国科学大会精神的各项工作,中情所国外情报部开展了科技报告活动。报告内容以邓小平的"科学技术是生产力"的理论为指导,论述当代科学技术发展的特点、趋势及其对经济、社会发展的影响,以及若干重要的科学技术领域的发展水平与竞争态势,以引起广大干部和群众对科学技术工作的重视。这项活动受到中央和地方各部门、各企事业单位、大中学校、解放军各部队的广泛欢迎,取得了很好的社会效果。

20世纪70年代末—80年代初,为了配合国家长期规划的制订,中国科学技术情报研究所编写了约30万字的专题参考资料,内容涉及发展战略与技术政策、科技与经济协调发展、技术引进、技术革新、传统产业技术改造、适用技术、人才培养和管理等。[①]

## (二)情报咨询与服务工作的坚持和加强

"文化大革命"开始后,科技情报咨询与服务工作陷于停顿,但由于党和国家领导人的重视和科技情报工作人员的努力,在当时困难的情况下,中情所的科技咨询与服务工作仍然取得了一定的成就。

### 1. 为国家建设提供情报支撑

"文化大革命"期间,中情所在逆境中继续为国家"两弹一星"、长江大桥、三峡葛洲坝建设、武钢一米七轧机、攀枝花钢厂、二汽建设等国家建设工作提供定题服务和跟踪服务,从而为国家建设做出了重要贡献。

"文化大革命"期间,西南情报站继续重点为三线建设服务。1970年,中情所为武钢一米七轧机和大寨大队的图书馆进行了很好的技术咨询服务工作,以后又开展了彩色胶片染印法会战、液压单晶炉会战等重点任务的服务,采取了资料上门,翻译编印专题资料等工作手段。在此期间,工作人员根据公关中遇到的技术难题,从国外的期刊、研

---

① 孙学琛.中信所情报研究工作发展历程琐记.见:中国科学技术信息研究所编.中国科学技术信息研究所建所四十五周年纪念文集.2001:58.

究报告、专利和样本等文献中查找了许多有针对性的资料,主动上门提供给当时参加会战的彩色胶片、光学镜头、新光源、录音技术、摄影照明机械化及自动化等各攻关小组,取得了很好的效果,该项工作也得到了有关领导和攻关小组技术人员的好评。1974年,中情所与冶金部科技情报所等单位组成"武钢一米七米工程重点服务小分队"进行联合服务,三下武钢工地为工程的设计、施工、科研、生产、对外谈判等提供了大量的情报资料,还在现场举办各种讲座、展览,促进了该项工程的进展。正如1975年12月5日,湖北省建设武钢一米七轧机工程指挥部来函指出的那样:"一年来,你们广大职工努力贯彻毛主席三项重要指示,积极为一米七轧机工程的设计、施工、科研、生产准备以及对外谈判,提供了大量的科技情报、电影、译文、专利、国外标准、规范样本等情报资料,还为现场举办科技情报讲座和展览,对一米七工程起了很好的促进作用。"1975年1月,中国科学院制定了《1975—1980年全国海水淡化科学技术发展规划重点项目书》,中国科学技术情报研究所积极响应,咨询服务室编制了《海水淡化专题文献题录》和译文集。

### 2. 为国家决策部门和有限科研单位及科研人员提供科技情报的咨询与服务

"文化大革命"期间,中国科学技术情报研究所虽然与外国及国际组织都断绝了来往,连仅有的国际资料交换与交流也中断了,但它在力所能及的范围内继续为国家经济、科技、军工等决策部门和尚在工作的有限科研单位和科学家提供了不间断的科技情报服务,从而做出了重要贡献。

在所址从东四情报大楼搬迁至和平里北京化工学院以后,文献馆、专利馆、标准馆、样本样品馆等照常开放,钱伟长、陈景润等一些著名科学家和坚守岗位的科技人员经常光临这几个馆。1969年12月1日,中情所首创了为读者服务的"出题评价"工作(为自动化研究所一名科技人员专门向国外买到比利时专利说明书的复制品,并立即给读者阅读并请他写出该专利的评价)。1970年,为加强国内科技成果的交流,《科技消息》创刊。为支持配合我国电影工业技术的公关,还在重点服务组中专门成立了国外电影技术小组,编辑出版《国外电影技术月刊》。1971年8月19日,为配合全国计划会议,筹备"三废治理综合利用展览会"。这是当时全国首次关于环境保护的宣传及交流活动。根据国务院业务组要求,国内成果组负责征集全国重大科技成果,1970年出版《科技成果选编》,送计划会议参考。

### 3. 出版科技情报咨询与服务方面的资料和刊物

纠"左"治乱之后,为了做好科技情报工作,中国科学技术情报研究所出版了一些咨询与服务方面的资料和刊物,一些定期刊物也恢复出版。1969年,"文化大革命"开始时被迫停刊的《综合科技动态》(后更名为《国外科技动态》)复刊。[①]1969年11月,

---

① 中国科学技术信息研究所. 中国科学技术信息研究所大事记(1956—1996). 北京:科学技术文献出版社,1996:14.

中情所为了办好《科技参考消息》《国外科技动态》两个刊物，将原编辑组改为冶金、机械、电子技术、化工及综合利用、国防科学及原子能等4个编辑小组。1970年3月，为支持我国电影技术（包括彩色胶片）公关，中情所编辑了定期出版刊物《国外电影技术》月刊及不定期刊物《五小工业汇编》。1971年5月，中情所有13种定期刊物恢复出版，其中包括《国内科技资料目录》；另12种为《国外科技资料馆藏目录》系列，分为航空、自动化通信与计量技术、化学化工、石油、铁路、公路、水路运输、核子能、矿业、冶金、机械制造动力工程与电工、农业、林业、水产、数学、力学、生物学、物理学、地球物理、天文学等分册。[①]据统计，1972年1—3月中断了4年多的交换工作恢复后，中情所已与52个国家和地区联系，由国外寄送中情所133种期刊1720册。[②]"文化大革命"后期，一些刊物开始编辑出版，专题技术交流会、展览会等形式开展的国内情报交流也比较活跃。1975年，中情所接受国家计委委托，编写了国外环境保护丛书《国外公害概况》。1975年6月27日，《科技情报通讯》创刊。1977年12月，《快报》创刊。

## 四、实物样品样本情报服务工作

### （一）"文化大革命"期间实物样品收集与服务工作

"文化大革命"期间，实物样品收集与服务工作的规模和范围都比较小，比较典型的实物样品收集工作就是在1970年4月21日，中国科学技术情报研究所首次收集到英国和日本两国制造的一次性注射用针具和针头样品，当时立即提供给卫生部业务组和263部队试用及评价。1971年12月，中情所引进美国、日本、意大利、澳大利亚、印尼、泰国和菲律宾的水稻种子约340公斤，棉花籽、小麦种子、玉米种子等几百公斤，并通过香港华润公司购进国外近百种小样品，分别给国内有关部门提供实物样品。中情所还首次引进了菲律宾水稻杂交种子（IR-8）和气流纺纱关键器件。这些实物小样品的引进，开创了中情所收购小样品的新渠道，深化了科技情报服务工作。[③]1972年6月9日，根据外贸部和中国科学院〔72〕科字73号文件精神，由中情所、北京市革委会计划组、天津市科技局、一机部情报所、中国科学院外事组等单位组成了对外技术座谈办公室，从此开辟了中情所通过国际展览会搜集情报和样本样品的新渠道。中情所林凤文、余名杰、周思贤等受命于贸促会参与组建对外科技交流部，开展国外来华科技交流工作。自1972年起，中情所参加了历届广州进出口商品交易会。[④]1973年，中情所为开展外国产品样本展览工作，筹建国外样品馆，为收集和引进国外样品做出了贡献。此后，实物样

---

[①] 中国科学技术信息研究所. 中国科学技术信息研究所大事记（1956—1996）. 北京：科学技术文献出版社，1996：17.

[②] 同[①].

[③] 同[①].

[④] 刘昭东. 科技情报与信息工作纪实. 北京：科学技术文献出版社，2011：88.

品样本收集工作中断,直至 1978 年才得以恢复。

(二)实物样品样本情报工作的恢复和服务方向的转移

1978 年,经国家相关部门批准,中国科学技术情报研究所不仅恢复了实物样品样本工作,而且开展了实物样品引进和实物情报的工作。1980 年,第一批国外实物样品引入我国,在科技情报界开创了实物样品情报服务的新途径,首先实现了服务方向的战略转移,创造了巨大的经济效益。

截至 1980 年,中国科学技术情报研究所每年搜集国外样本近 3 万种,国内样本 1100 种,借鉴近千种样品研制成功投产,创造了巨大的经济效益。

## 五、科技成果的收集、管理、交流与推广工作

(一)科技成果的交流和推广活动

### 1. "文化大革命"期间科技成果的交流和推广活动

在"文化大革命"期间,尽管中国的科技成果管理工作在总体上遭到了破坏,但科技成果的交流和推广活动并未完全中断,并一度出现较为活跃的情况。1966 年 8 月—1977 年,国家科委与中国科学院合并,科技成果管理工作主要是以中国科学院的名义,向全国收集科技成果,编辑《重要科学技术成果汇编》;中国科学技术情报研究所国内成果组(科研成果登记办公室在此期间称为"国内成果组")同时组织新成果、新技术的交流与展览。

1970 年 3 月,为了响应毛主席"到群众中去,到工厂去,到农村去"的号召,中情所积极响应,去北京电子管厂、首都钢铁公司、北京郊区人民公社等基层单位开展科技情报服务工作,开始组织科技展览会,这是"文化大革命"期间科技情报界召开技术交流会的开始。如 1970 年举办的可控硅和半导体新技术展览会,同时 4 次下木城涧煤矿,把资料、样本送上门,为煤矿技术革新提供参考,还组织现场技术交流,及时推广"四新"技术。此后,中情所举办了一系列展览会和交流会及科技情报委托服务,有些展览会、交流会都属全国首次,比较典型的有:1970 年 3 月 28 日,受国营 520 工厂委托,中情所有关部门积极行动,协助解决飞机救生系统(降落伞、脱离设备)、G 值控制器及开枪伞等有关样本、实物,接受用户委托采购的工作从此开始。同年 12 月,组织了国内首次以射流技术和可控硅技术为内容的小型专题情报资料巡回展出团,先后在北京、天津、沈阳、昆明、广州、成都、攀枝花、长沙、兰州、西宁等地展览,为科技情报服务工作开创了一条新途径,也对可控硅技术等的应用推广产生了极大的影响。1971 年,国务院科教组 2 月 26 日指示,要求中情所对液压单晶炉情况进行调查了解。中情所通过北京矿务局机电修配厂、天津工学院、北京 605 厂、四机部科研组、设备组、北京市赶

第二章 严冬到春天（1966—1980 年）

超办公室、一机部情报所、北京 774 厂等单位调查了解并于 3 月 8 日汇报。同年 5 月 19 日，经中国科学院外事组的同意，中情所与香港华润公司合作，由该公司协助选购国内急需的资料。该公司还提供了菲律宾水稻种子（1R-8）、意大利小麦、水稻、杂交玉米种子等，从而开创了中情所小额样品新渠道，深化了国内情报服务工作。同年，中情所率先宣传介绍和推广应用了微生物、三废治理的综合利用。1973 年 2 月 2 日，中情所在成都市巡回展出"放射性同位素与射线应用展览会"。同年 11 月 15—21 日，为及时交流钙塑材料在国内研制情况，率先在江苏省镇江市召开"钙塑材料技术交流会"。这是从国外引进该项技术后，在国内首次召开应用技术交流会。这对推动钙塑材料的广泛应用起到了促进作用。12 月 17 日，由中情所组织的"中、小功率气体激光器研究及制作工艺技术交流会"在广州市召开。这是激光技术应用方面国内第一个气体激光器制造技术交流会。1974 年 9 月，中情所主办"全国中、小功率固体激光器技术交流会"在长春市召开。1975 年 4 月 21 日，在石家庄市召开华北三省二市（北京、天津、河北、山西、内蒙古）的重要科技成果交流会。同年 6 月，在长沙市召开"钠硫电池技术交流会"。这是新型钠硫电池国内首次技术交流会。同年 10 月 11 日，在西安市召开"红外技术应用交流会"。同年 11 月 7 日，在上海市召开"电渗析技术交流会"。同年 12 月，在兰州市召开"全国反渗透技术交流会"。1975 年举办的上述交流会，在有关部门、省市科协和情报所的协助下，达到了交流的目的，受到协作单位和与会代表的好评。组织的激光、红外、超声检测等都得到了应用和推广。有的通过交流讨论，为以后该项技术的研究和发展起了很好的促进作用。1976 年 6 月，中情所在北京召开海水淡化蒸馏技术座谈会。同年 11 月，在广西柳州组织召开激光机械加工技术交流会。同年 12 月，在广州人民大厦组织召开全国超声检测技术交流会。1977 年 4 月 15 日，中情所组织召开全国激光医学应用和激光医疗器械技术交流会。这是激光在医学方面应用的国内首次技术交流会。同年 7 月，在哈尔滨组织召开放射性同位素应用技术交流会。1980 年，国家科委科技成果管理办公室分别在太原、厦门召开了北方和南方农业科技成果交流会，促进农业成果的交流和推广。由中情所举办的这些成果展览交流会、技术报告会和座谈会，对推动新技术的普及、发展和投入生产起到了很大的推动作用。

**2. "文化大革命"结束后至 1980 年以前科技成果的交流和推广活动**

"文化大革命"结束后，科技成果的交流和推广仍继续进行。1980 年以前举办的科技成果展览会，其宗旨主要是扩大科技成果的宣传交流，推动科技成果的推广应用。由于这个时期对科技成果仍然实行无偿使用的原则，各单位（包括集体所有制单位）、个人均可通过展览了解到展出项目的技术细节，获得所需的技术资料（国防项目除外），为科研单位、厂矿企业提供了掌握科技信息的良好机会，对推广应用科技成果起到了很好的媒介作用。

## （二）科技成果的上报与汇总工作

1970年12月，根据国家科委和国务院科教组组长刘西尧的指示精神，起草了《关于上报和交流科学技术成果的规定（试行草案）》。同月，国务院业务组颁发《关于加强国内科技交流工作的通知》，要求有关部、委、局、各省市自治区参照执行，该通知对于加强国内科技成果交流具有积极意义。1972年4月10日，中国科学院发文各省、市、自治区、国务院有关部门，通知选编1972年度重要科技成果上报中情所国内部（科研成果登记办公室）。1973年5月5日，国务院科教组颁发《关于加强科学技术成果交流的通知》，责成中情所负责全国科技成果汇总和交流工作；各地科研单位应及时把成果技术资料一式二份报送中情所；每年9月各地应把一年来主要科技成果、技术资料、图片汇总报送中情所。根据这些文件要求，中国科学技术情报研究所成立了国内科技交流部，开展了大量工作。

## （三）科技成果的选编工作

1970年3月，根据国务院业务组要求，中国科学技术情报研究所国内成果组负责征集全国重大科技成果，并编辑《科技成果选编》（1973年以后改名为《重要科技成果汇编》）。同年，为加强国内科技成果的交流，《科技消息》创刊。与此同时，专题性的成果汇编，如《五小工业成果汇编》《农业科技成果选编》，以及专项《科技成果报告》《出国考察报告》等陆续出版。

## （四）科技成果登记制度的重建

"文化大革命"期间，科技成果登记工作受到破坏。1977年以后，科技成果登记制度开始恢复并进一步健全。1978年11月，国家科委发布《关于科技研究成果的管理办法》，在全国恢复科技成果登记，重申国家科委负责督促检查各部门、各地方科技成果的交流推广。同年12月，国家科委科技成果管理办公室成立，设在中情所国内交流部，业务受国家科委成果局指导。该办公室主要负责全国科技成果的登记工作，同时负责科技成果的统计分析、管理全国重大科技成果档案、组织交流和推广科技成果及编辑《科学技术研究成果公报》。自此，我国建立了每年统计分析全国科技成果的年度统计制度。

自国家科委科技成果管理办公室成立以来，与全国各部门、各地方相应的成果登记、管理机构共同努力，在科技成果的上报登记、统计分析、交流推广等方面做了大量工作。1966—1977年共收集了国务院各部门和全国各省、自治区、直辖市科委推荐的重要科技成果20 000多项，并从中选择了技术水平为国内先进、具有较大经济效益或社会效益的科技成果2000余项，编成《科学技术重要成果汇编》向全国推广。[1]

---

① 邓力群，马洪，武衡，等．当代中国的科学技术事业．北京：当代中国出版社，1991．

为了加强科技成果的交流工作，1979年12月，中情所在重庆召开全国第四次科技成果情报交流会，这也是国家科委恢复后，以国家科委成果办名义组织的第一次全国综合性科技情报成果交流会。1970—1980年，每年由中情所编印的年度《重要科技成果汇编》，共汇集了上万项国家重要科技成果。

## 六、图书和期刊的出版和管理工作

### （一）图书出版工作

#### 1. 科学技术文献出版社的成立

中国科学院科学情报研究所成立之初就成立了出版组，1958年成立了出版处，设出版、发行、校对等小组。1964年1月，出版处改称为出版部。出版部是科学技术文献出版社的前身，当时的任务是出版所内各部门编、译各类科技情报刊物和国务院各部委的专业情报所编、译的各种科技情报资料（内部）和刊物。

1969年7月，国家科委、中国科学技术情报研究所、中国科学院图书馆、科普出版社、工业出版社、光华出版社等单位联席会议研究情报、宣传出版归口统一管理和体制改革问题。同年9月，成立了临时领导小组。在临时领导小组第二次会议上，讨论并落实了新书出版、存稿处理、库存等问题。1970年，中国科学技术情报研究所和中国科学院图书馆合并后，出版工作得到了进一步加强。

1973年2月12日，国务院出版口批准了中国科学技术情报研究所成立科学技术文献出版社的报告，"中国科学技术情报研究所正式成立'科学技术文献出版社'，以后凡是中国科学技术情报研究所刊物都以此署名。该社社名编号为176号"。经过筹备，同年5月20日，"科学技术文献出版社"正式成立。10月10日，经国家科委审核、国家出版事业管理局批准，科学技术文献出版社重庆分社也正式成立。科学技术文献出版社在原有"三大类、九小类"刊物基础上开始了图书出版业务。1979年，科学技术文献出版社开始独立核算。

国务院批准科学技术文献出版社成立，为科技情报（图书、期刊、科技报告）等的正式出版创造了有利条件，为我国科技情报事业的发展起到了积极的推动作用。

#### 2. 出版《中国科学技术史》

中国古代的科学技术，在很长的一段时期里都居于世界领先地位。中国历史上的科学技术成就，为世界文明的发展做出了很大贡献。著名英籍科学史家李约瑟花费近50年心血撰著的多卷本《中国科学技术史》，通过丰富的史料、深入的分析和大量的东西方比较研究，全面、系统地论述了中国古代科学技术的辉煌成就及其对世界文明的伟大贡献，内容涉及哲学、历史、科学思想、数学、物理、化学、天文、地理、生物、农学、医学及工程技术等诸多领域。《中国科学技术史》是世界上研究中国科技史最完备、最深刻、最具特色的一部里程碑式的著作。1974年10月15日，中国科学技术情报研究所与有关单位合作翻译、出版、内部发行《中国科学技术史》5 卷。

### （二）科技期刊的管理工作

新中国成立以来，我国科技期刊出版事业，在党和政府的关怀下，随着社会主义各项事业的发展，取得了可喜的成绩，为我国科学技术发展和国民经济建设做出了积极贡献。

中华人民共和国建立后，第一个期刊管理政策是 1951 年 12 月 21 日政务院颁发的《期刊登记暂行办法》，这个文件虽然称作"登记"办法，但却明确规定，中国期刊的管理模式执行"审批制"。这一原则一直延续至今，也是世界上对期刊实行"审批制"不多见的国家之一。

20 世纪 50 年代中期，国务院没有专门的新闻出版管理机构，而是由中共中央宣传部代行使对新闻出版业的管理职责。当时中宣部把对新闻出版的管理职责委托文化部出版局（新闻出版总署前身）和国家科委代行管理职责，即文化部出版局管理社会科学出版物，国家科委负责自然科学出版物。国家科委从 20 世纪 50 年代开始对科技期刊进行管理，制定了一系列文件和管理条例，会同有关部门采取了许多有利于改善科技期刊办刊环境的措施，从政策上、经济上、体制上为科技期刊的发展提供保障条件。到 20 世纪 60 年代中期，科技期刊发展到 400 种。

"文化大革命"期间，科技期刊几乎陷于停顿状态，至 1976 年动乱结束，科技期刊恢复出版，1978 年中宣部进一步明确科技期刊仍由国家科委负责管理。1979 年要求创办科技期刊的数量猛增，国家科委无力承担审批任务，于是向国务院呈报《关于改变出版自然和医药卫生期刊审批手续的请示》，经国务院批转，把科技期刊的审批权改为分口审批，即把学术主办期刊、科普类期刊由中国科协审批；全国自然科学类期刊由中国科学院审批；全国性科技情报类期刊由中国科学技术情报编译出版委员会审批。

## 七、科技文献分类法和情报检索语言研究工作的发展

"文化大革命"期间，科技文献分类法和科技情报检索语言研究工作受到冲击。但是，中国科学技术情报研究所的工作人员出于对科技情报事业的责任感，努力维系着科技文献分类法及科技情报检索语言的研究工作。在开展科技文献分类法研究的同时，1974 年 8 月 6 日，中国科学技术情报研究所、北京图书馆、国防科委情报所三家签订协议书，由中国科学技术情报研究所牵头，设立情报检索组，主要负责领导情报检索系统的研制工作，取得了一系列的工作成就。"文化大革命"结束后，科技文献分类法和科技情报检索语言研究工作获得了重大进展。

### （一）编制、出版《中国图书资料分类法》和《中国图书馆图书分类法》

《中国图书资料分类法》（简称《资料法》）是中华人民共和国成立以来第一部最为

完整、详细的新型图书资料分类法。新中国成立后，在图书馆界掀起研究编制文献分类法的热潮。20世纪50年代，中央人民政府文化部文物局还召开了图书分类法座谈会，专门讨论新中国图书分类法的编制问题。此后，我国编制了30多部图书分类法。"文化大革命"开始后，图书资料分类法研究受到挫折，专家学者被关进"牛棚"，受到批斗，分类法被说成是"封资修大杂烩"。1971年，为了适应统一分类检索方法的要求，编制出中国自己的文献分类法，在北京图书馆的倡议下，由国家文物事业管理局领导，有中国科学技术情报研究所等30多个单位参加，开始编制《中国图书资料分类法》。1972年7月，《中国图书资料分类法（草案）》定稿，并广泛征求各界意见。1975年6月，《中国图书资料分类法》出版发行。随后又出版了《中国图书资料分类法》的译本和简本《中国图书馆图书分类法（中小型馆试用本）》。1975年6月版《中国图书资料分类法》列出类目4万余条，较之同时出版的《中国图书馆图书分类法》（2万余条类目）更适合情报部门类分检索刊物条目与馆藏资料之用。《中国图书资料分类法》的出版不仅解决了图书资料的分类问题，而且也为实现全国图书资料统一分类编目和科技情报资料的分类准备了条件。

《中国图书资料分类法》和《中国图书馆图书分类法》是专业人员与图书、情报人员相结合的产物，是国内外各种分类法的经验和成果的继承和发展。

（二）研究、编制、出版《汉语主题词表》

《汉语主题词表》是我国第一部大型的综合性叙词表。《汉语主题词表》的编辑任务，作为"748"工程办公室的重点研究项目之一———计算机检索的配套工程，于1974年正式列入《1976年全国科技发展计划（草案）》。在《汉语主题词表》编制过程中，得到了武衡、聂春荣等老同志的关怀，国家也在人员、经费等方面给予了极大的支持。《汉语主题词表》具有学科多、词量大、编辑技术难度高的特点。1975年11月，在赵宗仁、李兴辉的主持下，中国科学技术情报研究所、北京图书馆、国防科工委情报所、电子科技情报所、机械科技情报所等单位组织筹建了《汉语主题词表》编辑组，并组织了全国约505家单位，1378位图书、情报及科技人员共同协作，参加《汉语主题词表》的编制工作。编制工作经历了国内外全面调研、科学分工、提词、会审遴选、技术攻关及终审定稿等阶段。1976年3月，《汉语主题词表》编制任务列入《1977年国家科学技术发展计划》，成为发展规划的重点项目之一，这为全国检索体系逐步向自动化检索过渡创造了必要条件。经过5年的大量工作，共优选了约11万余条主题词（包括非正式主题词），制定了标引规划、使用说明等实际应用技术，从而完成了这次庞大的编表工程。

《汉语主题词表》目的是建立全国统一的联机情报检索网络。该主题词表是中国第一部大型综合性检索工具书，全书包括主表、附表、词族索引、范畴表、英汉对照索引等。该叙词表由3卷10个分册组成：社会科学部分2个分册，自然科学部分7个分册，附表1个分册。该主题词表于1980年8月全部收齐，其收词内容涉及社会科学和

# 甲子辉煌
## ——中国科学技术信息研究所成立60周年纪念

自然科学的所有学科领域，收词量为108 568条（正式主题词91 158条，非正式主题词17 410条），约1500万字。[①] 表中以Y（用）、D（代）、S（属）、F（分）、Z（族）、C（参）的规范符号，显示主题词之间的语义关系。

1980年8月，《汉语主题词表》（试用本）3卷10个分册正式出版发行，其中，工程技术卷由中情所研制并出版。《汉语主题词表》（工程技术卷）覆盖工程技术所有的学科专业，按学科分为13个分册印刷出版，同时出版光盘版。从1975年开始历时5年终于完成了《汉语主题词表》的编表工作。《汉语主题词表》的问世，为国家图书馆情报界利用叙词法进行文献标引与检索奠定了基础，为建立机读文献信息数据库提供了有利条件，特别是为情报检索、检索语言研究及数据库建设培养了许多人才，影响深远。

1980年12月24—29日，中国科技情报学会、中国图书馆学会、全国文献工作标准化技术委员会、联合召开"全国分类法、主题法检索体系标准化会议"。会议提出《中国图书馆图书分类法》《汉语主题词表》可作为国家标准的建议，后被国家标准局采纳，并批转全国参照执行。

### （三）汉字信息处理系统工程（"748"工程）

汉字信息处理系统工程是我国20世纪70年代启动的第一个大型汉字信息处理系统工程项目，通常也称之为"748"工程。"748"工程主要由精密汉字编辑排版系统、汉字情报检索系统、文字处理与通信系统3个子项目组成，工程的核心是解决汉文化与计算机的结合，是具有中国特色的汉字信息处理技术。

#### 1. "748"工程的提出

20世纪70年代初，欧美等发达国家凭借计算机等高科技迅速发展的优势，其经济、军事实力等得到了显著增强。而中国则由于受到"文化大革命"的影响，科技水平与综合国力与发达国家之家的差距进一步拉大。1972年8月，周恩来总理在听取了有关部门关于发展计算机工业和技术的汇报后，做出了"要广泛发展计算机应用"的重要指示。要落实周恩来总理的指示，使计算机能在中国得到普遍的推广应用，必须首先要攻克计算机处理汉字的难关。为此，郭平欣等老一辈计算机专家提出了实施计算机汉字信息处理科研工程的设想，以改变我国印刷行业的落后面貌，解决汉字的计算机信息处理问题，使汉字与计算机接轨。有关部门也随即开展了对国内外相关情况的系统调研。1974年6月18日，国家安排了汉字信息处理系统工程，将"机器翻译""情报检索"纳入该工程计划；钱学森在"748"工程专业组正、副组长第二次会议上传达了李先念的书面批示："开这个会议（指'748'工程会议），是很必要的，要发展电子工业，各部要大力支持。"1974年8月，在周恩来总理的关怀下，四机部（全称为第四机械工业部，现为工业和信息化部），召开了计算机工作会议。会议确定了加强外部设备的发展，加强软件的

---

[①] 邓力群，马洪，武衡，等．当代中国的科学技术事业．北京：当代出版社，1991．

发展，加强服务工作和加速产品更新换代的方针，提出了"关于研制汉字信息处理系统工程"的建议，并与一机部（全称为第一机械工业部）、中国科学院、新华通讯社、国家出版事业管理局共同作为发起单位，联名通过国家计委向国务院呈送了"关于研制汉字信息处理系统的请示报告"。与此同时，中国科学院、四机部、国防科委3家联合在北京召开"748"工程电子计算机文献资料展览、配合计算机技术经验交流会。会议分10个专业组，中国科学技术情报研究所是组织者和参与者之一。

#### 2. "748"工程的启动和进展

在国家计委的支持下，1974年9月，该工程被列入1975年国家科学技术发展计划，并定名为"748"工程。同时，由5个发起部门各派代表团组成了"748"工程领导小组，四机部作为牵头单位，下设办公室处理日常工作。自此，"748"工程正式启动。

中国图书情报界也积极投入"748"工程的相关研发工作。1974年8月，经"748"工程领导小组批准，由中国科学技术情报研究所、北京图书馆（现国家图书馆）、国防科委情报所（现装备发展部信息系统局）、四机部情报所等4个单位组织成立了"汉字信息处理情报检索系统领导小组"，由中情所任组长单位，下设联合办公室，负责领导情报检索系统的研发。1975年3月，中情所计算机组正式成立，下设软件组、硬件组、词表组和机器翻译组等各小组，并承担"748"工程的部分组织协调任务。情报检索系统研发的主要工作有：科技情报刊物的自动排版、印刷和情报检索系统应用软件的开发；日本高千穗TK70-T4100汉字（日文）信息处理系统的引进、试验与试用；机器翻译的研究；《汉语主题词表》的编制等。《汉语主题词表》的编制由中情所承担。应用软件的开发由沈阳计算所承担。日本设备的引进试验由中情所完成。机器翻译的研究工作于1975年12月开始，由中情所、中国社会科学院语言所、中国科学院计算所、上海情报所、冶金部情报所及化工研究院等单位组成的机器翻译协作研究组的领导下进行的。经过3年的探索与研究，于1978年6月首次进行了"英汉题录机器翻译"的试验，并在当年年底投入了试用。

#### 3. "748"工程取得的主要成果

"748"工程是一个多学科、跨地区、跨行业的工程。该工程汇聚了高等院校、科研机构、政府管理部门和用户单位等多方面的科技人员和管理人员，通过他们10多年的艰苦奋斗，取得了一批成果。主要包括：①进行了大规模的汉字字频统计，得出了当代中国使用汉字的使用频度，为汉字字模库的制作提供了依据。②研究出了一整套汉字字形信息处理的有关算法及汉字字形信息的高倍率压缩和还原技术，成功地研究出一整套把汉字字形矢量化并复原点阵的快速算法和使文字变倍失真尽可能小的变倍算法及字形信息压缩技术。③研制成功了精密型汉字激光照排系统。④研制出了几种汉字的输入输出设备和不同用途的汉字处理系统，制成了精密型汉字印刷照排系统——华光系统和方正系统。⑤开发了微型机汉字操作系统、汉字数据库系统、汉字全文检索系统等。⑥研制成自动生成复杂版式方法；基于页面描述语言的版面卫星远传。⑦发展了桌面彩色出版系统，高性能彩色图像处理和排版软件，研制了多媒体出版的写作环境。其中，"激光照排系统"曾于 1985 年和 1995 年先后两次获得"中国十大科技成就奖"和"国家科技进步奖一等奖"，《汉语主题词表》也于 1985 年获"国家科技进步奖二等奖"。

**4. 实施"748"工程的意义**

"748"工程的成功，引发了中国印刷技术的第二次革命，使印刷业告别了铅与火，步入了光与电的时代；开创了中国计算机处理中文信息的新纪元，加速了汉字数字化和信息化的进程；培育了中国的汉字信息处理产业；确立了中国在汉字研究方面的领先地位；加速了汉字数字化、信息化、智能化的进程。同时，随着汉字信息处理技术的走向世界，对汉字文化圈的国家也产生了重大影响。

## 八、现代情报技术的探索与应用

### （一）计算机情报检索和磁带数据库检索

**1. "文化大革命"期间计算机情报检索和磁带数据库检索**

1965 年，中国科学技术情报研究所从法国引进一套布尔电子计算机，开始了计算机情报检索的研究工作，"文化大革命"开始后，布尔计算机还未经充分开发，就被搁置在中国科学技术情报研究所东四大楼地下室内。1967 年，中情所的理论方法研究室被撤销，布尔计算机免费送给了中国人民银行使用，科技情报检索工作的计算机化被迫中断。直到 1974 年 6 月 18 日，随着"748"工程的上马，计算机情报检索工作才得到恢复和发展。

1975 年 3 月，中情所计算机组正式成立，下设软件组、硬件组、词表组和机器翻译组 4 个小组，并承担"748"工程的部分组织协调任务，从而全面开始了计算机检索系统的研究开发工作。在其此间，计算机组更名为计算机室，正式成为中情所的一个业务部门。计算机室的成立标志着中情所情报现代化工作的开始。1976 年 7 月，日本首次来华在上海举办展览会，有汉字信息处理的设备参展，以此为契机，中情所首次从日本高千穗株式会社引进的 TK70-T4100 汉字（日文）计算机系统到货，主要用于汉字信息处理检索系统的开发和情报文献加工处理方面的研究工作。该计算机系统由"748"工程领导安排先安装在电子部南京无线电厂（734 厂），供 734 厂和南京大学等单位研究、仿制参考。计算机室派硬、软件技术人员到南京参加计算机安装调试、维护和研究工作。1978 年 12 月，TK70-T4100 计算机系统被运到中情所。TK70-T4100 计算机是我国情报界最早引入的具有汉字处理能力的计算机。

1975 年，中国科学技术情报研究所、机械部科技情报所、化工部科技情报所、中国地质信息中心、中科院文献情报中心、中国核情报中心、中国农科院科技文献中心、中

## 第二章 严冬到春天（1966—1980年）

国医科院医学情报所等单位相继引进《科学文摘》《机械文摘》《聚合物科学与技术》《地质资料》《科学引文索引》《原子能文摘》《国际农业文摘》《美国医学文献分析与检索系统》等几十种国外科技文献磁带数据库及相应的检索软件技术，开展定题服务。

**2. 计算机情报检索从探索研究向应用阶段转变**

从"文化大革命"结束到1980年期间，我国科技情报机器检索的研发取得了很大进展。除了"748"工程继续实施外，在引进国外磁带发展定题服务、计算机检索方面成就突出。

1978年，我国开始引进国外磁带发展定题服务（SDI）。在TK70-T4100汉字信息处理计算机系统于1978年12月由南京734厂移到中情所后，"国外资料馆藏目录编排系统"和"ISPEC磁带定题服务"的研究也开始进行。20世纪80年代，随着计算机硬件的改善和软件的开发，除开展定题服务外，中央各部委情报所又利用引进磁带建立了追溯联机检索数据库，进行随机检索，同时输出软盘和编辑索引等。

中国计算机情报检索工作开始是引进国外软件，后来进行了不同程度的二次开发工作，表明中国检索软件已经从引进、消化，走向开发、创新阶段，拥有一定的情报检索软件的研制能力。中国计算机情报检索已由探索研究阶段开始向应用阶段过渡，并为以后的发展奠定了基础。

### （二）机器翻译和复印技术的研发应用

**1. 机器翻译的研发应用**

1975年，在"748"工程项目中，"机器翻译"被列为重点项目之一，成立了以中国科学技术情报研究所为主持单位，由社会科学院语言研究所、中国科学院计算技术研究所、上海科技情报研究所、冶金部科技情报研究所及化工学院等10多个单位参加的机器翻译协作研究组，该组以冶金部科技情报所出版的"冶金题录"作为试点对象，开始了英汉题录翻译规则系统的研究。经过3年的努力，1978年6月，在中国科学院计算技术研究所的Ⅲ型电子计算机上首次进行了我国"英汉题录机器翻译"的抽样试验，抽样20条，输出的译文是汉语拼音，并于12月26日投入试用，从而完成了"冶金题录机器翻译"的攻关任务，达到了预期的效果，为全国培养了一批技术骨干。在研发"英汉机器翻译"的同时，机器翻译协作研究组还考虑研试法汉、德汉、俄汉、日汉等机器翻译，将一对一的机译扩展为多种语言的互译。由于该机无汉字输出装置，输出的是汉语拼音。

1978年11月，中国科学技术情报研究所安装了日本生产的TK70计算机和T4100汉字信息处理系统，并和有关单位协作继续进行冶金专业、计算机专业的英译汉试验，主要是利用TK70进行"冶金题录"的机器翻译试验，并取得了初步成果。此外，还展开了有关机器翻译的学术讲座活动，如1978年7月17日—8月17日，中国科学技术情报研究所邀请香港中文大学乐秀章教授讲授机器翻译研究的讲座和其他学术交流活动。

### 2. 复印技术的研发应用

1972年初，中国科学技术情报研究所恢复了复印技术研究工作。1972年9月9日，中情所通过轻工业品出口公司订购日本U-BIX750型静电复印机。10月23日，中情所派出技术人员和翻译4～5人去日本学习U-BIX750型静电复印机操作和维修技术。从1972—1982年的10年中，中国科技人员自行设计和加工，先后制出了20余种硒静电复印机，其中已形成生产能力并受到用户欢迎的有武汉长江600型机，上海海鸥-4型和5型机，上海FE-129型和240型机等。在硒鼓生产方面，复印技术研究所的硒鼓系列逐步由纯硒鼓发展为Se-As、Se-Te等多元合金鼓，产品的部分质量指标已超过某些国外商品，20世纪70年代后期已能替代部分进口设备。在材料方面，有些工厂形成了负性的和正性的色调剂与相应载体的生产能力。20世纪70年代还开展了光导材料的研究工作，并开始试制出有机光导静电复印机样机。

中国科学技术文献复制公司更名为中国科学技术文献缩微复印公司后，中国科学技术情报研究所加快了复印技术的应用，后经聂荣臻副总理批准改为事业单位企业管理，附设"中科应用技术公司"和"北京自动化设备技术服务公司"（1997年1月27日，中国科学技术信息研究所所务扩大会议决定撤销复印公司）。

## （三）科技声像情报工作的奠基

### 1."文化大革命"期间科技声像情报工作的奠基

1970年4月10日—1971年3月，中国科学技术情报研究所电影组收集的国外科技影片300余部，丰富了馆藏。

1971年，中国科学技术情报研究所首次从菲律宾引进科技电影。同年，香港华润公司代中情所收集的科技电影片有50部，在1972年1—6月期间，香港华润公司又代中情所收集了16部科技电影片。[①]1972年7月24日，科技电影发送全国各省、市和中央各部委科技单位审视。

为了加强科技电影的管理工作，1973年2月—12月，中国科学技术情报研究所制定了关于《国外科技情报影片审查和借映的暂行规定》《国外科技情报影片放映试行办法》和《复制科技情报影片的试行办法》。

1973年上半年，中国科学技术情报研究所已经收集到的国外影片190部，向全国各地提供了341部（包括复制品）在全国放映了1887场次，观众达100多万人次。[②] 截至1973年年底，中情所国外电影搜集已成规模，搜集的国外电影217部，成为当时全国和

---

① 中国科学技术信息研究所.中国科学技术信息研究所大事记（1956—1996）.北京：科学技术文献出版社，1996：18.

② 中国科学技术信息研究所.中国科学技术信息研究所大事记（1956—1996）.北京：科学技术文献出版社，1996：20.

## 第二章 严冬到春天(1966—1980年)

后来中央电视台放映国外科技影片的第一片源。①

20世纪70年代,中国科学技术情报研究所开始了以磁带为载体的电视录像科技情报工作,这标志着我国科技情报录像工作的开始。

### 2. "文化大革命"结束后的科技声像情报工作

"文化大革命"结束后,声像国际交流与合作逐步展开。1977年4月28日—5月13日,联邦德国《电影百科全书》社负责人沃尔夫教授访华,商谈中情所入社等问题(该社当时收藏影片2500部)。② 在此基础上,1978年,中情所声像资料馆正式成立。1979年3月,声像资料馆和日本科技文化中心签署成立了"日中科技录像放映网",由日本录像服务公司提供200台录像机、电视机和录像节目,在全国科技情报系统、大专院校和部分企业设立了200个播放网点,率先建立了我国第一个科技录像播放网。③ 在该播放网点,日方定期向我方提供录像带介绍宣传日本科技发展成就和部分公司企业先进的管理方式和有关产品,这也是我国科技情报界有组织地开展影视科技情报工作。1980年4月12—28日,日中电视录像服务公司常务董事西天尧先生应中国科技情报研究所和中国电视广播服务公司邀请来我国访问,并签订了《在中国设置日中科技电视录像网备忘录》,促进了我国科技录像放映网的工作。我国与日本方面联合进行的协作活动在社会上引起了较大反响,并对以后影视科技情报工作的开展起到了推动作用。此后,各级科技情报所开始陆续购置摄像机及配套设备。

20世纪80年代,科技声像情报业务工作有了较快的进展。截至1980年5月,中国科学技术情报研究所声像资料馆共储存国内外科技影片达800余部,翻译加工复制有中文解说的影片1100余部,总计1900余部影片,内容包括15个专业范围。④

20世纪80年代以前,中国科学技术情报研究所的影视科技情报工作只是以收集、放映科技电影为主。影视科技情报工作基本上缺乏电影摄制这一环节,缺少原始科技情报资料的收集和分析及总结当地实际传递情报的能力。

### (四)汉字编码技术的研究

"文化大革命"结束后,面对国内外日新月异发展的高新科技,为了早日解决计算机在我国应用和普及的"瓶颈"问题,我国加快了汉字编码的研究。

汉字编码是为汉字设计的一种便于输入计算机的代码。1978年12月18—21日,中国科学技术情报研究所和中国科技情报学会在山东省烟台市联合召开了"全国汉字编码

---

① 刘昭东. 科技情报与信息工作纪实. 北京:科学技术文献出版社,2011:88.
② 邓力群,马洪,武衡,等. 当代中国的科学技术事业. 北京:当代中国出版社,1991.
③ 中国科学技术信息研究所. 中国科学技术信息研究所大事记(1956—1996). 北京:科学技术文献出版社,1996:24.
④ 中国科学技术信息研究所. 中国科学技术信息研究所大事记(1956—1996). 北京:科学技术文献出版社,1996:29.

学术交流会",与会代表82名,共收到学术报告和汉字编码方案54篇,有33人在大会上进行了交流。[①] 经全国科协批准,常务理事会通过,会上成立了中国汉字编码研究会,拟定了1979年活动计划,并决定选编出版会议收到的综合报告和汉字编码方案。会后,科学技术文献出版社出版了《汉字编码方案汇编》,这是我国第一本关于编码方案的专著。

由于科学大会的召开,改革开放的推行,微机技术的发展与普及,专利法的实施,中国科学技术情报研究所汉字编码研究在20世纪80年代进展显著。其中,优秀方案的综合指标比早期有很大提高,并投入使用。汉字编码输入技术的长足进步使印刷业开始告别铅与火,进入光与电的时代。

## 第四节 中国科学技术情报学会的成立和教育培训工作

### 一、中国科学技术情报学会的成立

中国科学技术情报学会(CSSTI,简称"中国科技情报学会""情报学会")是依法成立、具有法人地位的全国科技情报工作者的学术性群众团体。1964年,由武衡、聂春荣、陶毅老一辈情报事业的领导人发起,经中国科协主席团批准,成立筹委会,后由于"十年动乱"而停顿。"文化大革命"以后,经过拨乱反正,迎来科学的春天,1978年8月30日,中国科技情报学会在苏州召开第一次会员代表大会,选举产生由74人组成的第一届理事会,武衡当选为理事长,江明、聂春荣、高尚林、胡安群、张征秉、陶毅、林自新(后增选)当选为副理事长,李新当选为秘书长。大会通过了学会章程及机构组成。中国科技情报学会正式成立。在成立大会上,通过了《中国科技情报学会章程》(简称《章程》,于1998年修订),《章程》就中国科技情报学会的任务、宗旨、组织机构等做了具体规定。1980年前后,全国有29个省、市、自治区及部分地市成立了科技情报学会。

**1. 学会宗旨**

中国科技情报学会的宗旨:坚持实事求是的科学态度和优良作风,团结组织广大科技信息工作者,充分发扬民主,开展学术研究与交流,促进科技知识的普及和信息资源的开发利用,促进科学技术信息事业面向社会、面向经济、面向科技,为社会主义市场经济的繁荣和发展服务。

**2. 学会任务**

中国科技情报学会的任务:①组织开展情报科学理论与实践的学术交流活动;②普及科学技术信息知识,传播先进技术,推广科技成果;③开展咨询服务,接受课题研究、

---

① 中国科学技术情报学会,中国国防科学技术信息学会.中国情报学百科全书.北京:中国大百科全书出版社,2010:74.

项目开发、市场调查、会展培训等委托任务;④沟通中央与地方科技信息机构及行业间的联系,密切国内外、海内外信息团体和信息工作者的友好交往,开拓合作渠道,加强国际合作与交流活动;⑤推荐、奖励优秀论文、科普作品和做出重大贡献的会员;⑥出版学术书刊和科普读物;⑦建设科技信息工作者之家。

**3. 学会组织机构**

中国科技情报学会是中国科协的组成部分,办事机构挂靠在中国科学技术情报研究所,接受中国科协和中情所双重领导。

学会最高领导机构是全国会员代表大会。在会员代表大会闭会期间,理事会是学会的领导机构,理事会休会期间,常务理事会行使理事会的职权。

**4. 学会成立初期的学术活动**

"组织开展情报学理论与实践的学术交流活动"是学会章程规定的首要任务。中国科学技术情报学会成立后,开展了各种有组织的学术讨论和学术交流活动。中国科学技术情报学第一届学术年会于1979年12月在昆明召开,有200余人参加了这次学术年会,年会征集的论文中,有125篇论文分别在大会和专业分组会上宣读或书面交流。截至1980年,中国科技情报学会各专业委员会如情报源开发利用、情报检索、机器翻译、编译报道、声像复制缩微、情报研究、理论与方法及国防科技情报等专业委员会还召开了多次专题学术讨论会,征集论文多篇。学会成立以后,积极组织开展情报科学和情报工作理论、方法和现代化等方面的研究,学会组织开展的学术活动活跃了学术思想,提高了学术水平,使科学知识得到普及。同时,中国科技情报学会在促进海峡两岸科技情报工作者之间的交流和交往方面也做了许多有益的工作。

在中国科技情报学会成立初期,有关情报学理论和经验总结的专著和期刊逐渐增多。在专著方面,1979年,中国科学技术情报研究所编印了《情报学概论》,后经修订于1985年以《科技情报工作概论》为名正式出版。中国科学技术情报研究所创办的《科技情报工作》(前身为《科学情报工作》,创刊于1958年,"文化大革命"期间停刊)于1979年复刊,承担了部分情报学术论著的报道工作。

上述事实表明,在科技情报工作新的发展阶段中,中国科学技术情报学会不仅出版了专著和期刊,召开了全国性学术讨论会,而且学术研究的深度和广度有所提高,全国科技情报学术活动出现了欣欣向荣的新局面。

## 二、教育培训工作

### (一)情报学研究生教育的开展

1978年3月,中国科学院下文要求各研究所注重人才的培养,并报审培养本学科专业硕士研究生的计划和条件。据此,中国科学技术情报研究所决定依靠自己和社会的力量办学,培养所需的高级专业人才。随后恢复了理论方法研究室,开展情报理论、情报技术和标准化的研究。同年成立了教育组,得到国务院学位办公室批准,开始培养硕士研究生。同年6月,中情所正式招收了科技情报专业研究生,研究生学制为2年①,设置了包括机器翻译、机器检索、情报研究、情报理论与管理等研究方向。中情所的情报研究生班注重理论与实践相结合,除公共课聘请大专院校的教师外,大部分专业课程由所内专家担任教学工作。中情所属于第一批招收情报学专业研究生的单位之一,研究生教育的开展对于促进中情所的情报学教育具有积极意义。同年,中情所成立了相应的管理机构——学术组,1979年,学术组并入人事处,合称为人事教育处。②

1979年,中国科学技术情报研究所学术委员会恢复组建工作。1月20日,中情所以〔79〕科情字第22号文件形式向国家科委提出《关于修改"中国科学技术情报研究所学术委员会组织条例和人选名单"的请示》,该《请示》附有"中国科学技术情报研究所学术委员会组织条例与人选名单"(修改稿)。经请示,中国科学技术情报研究所第一届学术委员会正式成立。③

### (二)情报专业培训教材和专业学术期刊的问世

#### 1. 情报专业培训教材的问世

1977年,中国科学技术情报研究所文献服务室编辑了《国外科技文献资料的检索》一书,该书在1978年8月经第二次印刷。该书是在总结中情所文献服务室工作实践的基础上,由白光武、林尧泽、刘明起、周智佑编写的。对当时的主动文献服务起到了推动作用。

#### 2. 情报专业学术期刊的编辑出版

"文化大革命"后,随着"科学春天"的来临,供科技情报人员、图书资料人员及科技人员和大专院校师生参考使用的资料和专业期刊也相继出版,例如,1978年10月,由中情所编辑出版了《国外科技情报工作》和《国外科技情报文摘》等参考资料。一些学术刊物也陆续复刊,如,1979年《科技情报工作》复刊。而后,《情报科学》(1980年)、《情报学刊》(1980年)、《情报学报》(1982年)、《情报资料工作》等学术期刊创刊或出版,这些学术期刊为展示情报学研究成果提供了舞台。④

---

① 中国科学技术信息研究所.中国科学技术信息研究所大事记(1956—1996).北京:科学技术文献出版社,1996:25.
② 中国科学技术信息研究所.中国科学技术信息研究所大事记(1956—1996).北京:科学技术文献出版社,1996:27.
③ 中国科学技术信息研究所.中国科学技术信息研究所大事记(1956—1996).北京:科学技术文献出版社,1996:28.
④ 中国科学技术情报学会,中国国防科学技术信息学会.中国情报学百科全书.北京:中国大百科全书出版社,2010:196.

## （三）科技情报工作培训

"文化大革命"时期，科技情报教育培训工作几乎中断。1971年，小规模的科技情报工作培训在中国科学技术情报研究所展开。这一年，中情所领导决定举办情报所军管片单位英语培训班，有来自情报所、外文书店、器材公司、中国科学院图书馆等单位的年轻干部40多人参加了培训。该培训班由刘昭东、刘静华任教员，学习内容是基础英语和口语及科技英文翻译。中国科学技术情报研究所的人员，包括梁战平、赵丽华、张宗信、张孟军、张占国、滕传福等都参加了培训。这次培训规模虽然较小，但在"文化大革命"这一特殊历史时期举办培训班是难能可贵的，该培训班不仅对未来开展情报工作具有重要意义，而且也为20世纪80年代派人到国外学习奠定了基础。

"文化大革命"结束后，科技情报工作培训业务逐步恢复。1979年，受联合国教科文组织（UNESCO）和加拿大资助，我国第一个"自动化情报和联机系统培训班"在科学会堂举办。联合国教科文组织、美国、法国的知名信息专家为培训班授课，我国各部委专业情报所和省、市的大部分综合性科技情报所都派专家和中层干部参加了该培训班的业务培训。后经统计，参加这一培训班的学员在20世纪80年代初大都成了各个情报所的领导和技术骨干。

## 第五节　国际科技情报工作的交流与合作

20世纪60年代后期，因受"文化大革命"的影响，中国科学技术情报研究所的对外合作全部停止，外事工作中断，只是偶尔根据国内有关部门的需要，利用某些渠道开展一些科技情报搜集工作。进入20世纪70年代，中情所对外交流工作重新起步，当时的主要活动是参加外国来华展览会和技术交流，在这期间，与国外的资料交换关系逐渐恢复，对外技术座谈会和其他学术交流活动也逐渐展开。"文化大革命"结束后，中情所积极开展科技情报的交流与合作工作，与美国、英国、日本、法国、联邦德国等建立了双边合作与交流关系。为引进国外技术服务，自1975—1980年，中国积极参与联合国教科文组织（UNESCO）开展的双边交流活动，并先后加入了世界科技情报系统（UNISIST）、国际标准化组织文献技术委员会（ISO/TC46）、国际文献联合会（FID）等国际组织。

### 一、积极参加国际组织的活动

（一）积极加入联合国教科文组织世界科学情报系统

1972年，联合国教科文组织恢复了我国合法席位。1972年10月，联合国教科文组织召开第十七次大会，讨论并通过了建立世界科学情报系统（UNISIST）的决议。当时以刘西尧为首的国务院科教组要求中国科学技术情报研究所对联合国教科文组织的成立、性质、宗旨等情况进行调查研究，向中央决策提供参考材料。在这一背景下，中情所采访部成立了外事组，负责开展这一工作。

1973年，根据国务院教科组和中国科学院的指示，由中国科学技术情报研究所派虞鸿钧、刘东升同志作为中国科技代表团的成员出席联合国教科文组织大会，在这次大会上，讨论了成立世界科学情报系统的问题。这是"文化大革命"期间，中情所第一次派员出国并参加的国际会议。1973年11月5—9日，联合国教科文组织世界科学情报系统（UNISIST）计划第一次指导委员会会议在巴黎联合国教科文组织大厦召开，中情所派出以虞鸿钧为代表的代表团与会，从而开启了中情所与国际组织开展合作的大门，标志着我国的科技情报事业与国际信息世界接轨。参加这次会议，对于我国科技情报界接触国际世界，了解国外科技情报工作及科技情报技术发展状况，获取国际援助，以及在中国举办国际活动，发展与英国、法国、美国、加拿大、日本和菲律宾、泰国的双边合作关系等，都提供了重大的历史机遇，促进了科技情报界的国际交流与合作。1975年10月13—17日，中情所刘东升、刘昭东、赵宗仁代表我国参加世界科学情报系统第二届指导委员会会议。中情所作为国家代表正式宣布并被批准加入该政府间国际组织，成为联合国教科文组织出版物国家收藏馆之一。中情所加入联合国教科文组织世界科学情报系统具有重要意义，正如中情所聂春荣所长在1975年强调说，"我们有了了解西方国家的渠道。我国的情报工作主要在我们现在的基础上好好向他们学习，就一定会发展很快"[①]。

## （二）通过世界科学情报系统综合情报计划积极参与国际双边交流活动

1976年，联合国教科文组织将世界科学系统计划与国家技术情报系统计划合并成立综合性情报计划（UNESCO-PGI，2001年综合情报计划和政府间信息学计划合并为全民信息计划），中情所代表连续当选为历届综合性情报计划政府间理事会成员国。中国与联合国教科文组织开展的交流活动，主要是通过中情所同这个组织的综合情报计划处对口开展交流活动。

1977年11月17—25日，以聂春荣为团长，刘东升、刘昭东组成的中国政府代表团，出席在法国巴黎举行的联合国教科文组织的"世界科学情报系统"综合计划政府间理事会第一次会议。会后应法国和前南斯拉夫的邀请，参观了两国科技情报、科学研究机构和计算机制造厂等单位。

1978年6月15—26日，应中国科学技术情报研究所聂春荣邀请，联合国教科文组织综合性计划处（UNESCO-PGI）处长维索斯基应邀来访。11月17日—12月1日，世界科学情报系统政府间理事会主席、前南斯拉夫全国委员会主席、军事医学文献研究所

---

① 刘昭东. 科技情报与信息工作纪实. 北京：科学技术文献出版社，2011：29.

所长依·韦斯莱·塔娜斯科维奇女士访问我国。上述访问活动开辟了中情所与联合国教科文组织人员互访的合作途径。

1979年1月23日,联合国教科文组织在波兰首都华沙召开了世界科学情报系统第三届世界科学情报系统会议(科技情报活动规划和实施会议)。聂春荣、刘昭东代表我国参加了会议。参加这次会议的有19个国家和3个国际组织的代表共35人。会议的中心内容是讨论现代化情报技术及对国家情报政策的影响,交流在科技情报工作领域内应用现代情报技术和设备的经验,展望现代化情报技术和手段的发展趋势。[①]会议还主要研讨如何利用世界科学情报系统的指南建设各国国家科学情报系统的问题。聂春荣所长和刘昭东同志同时顺访了罗马尼亚和苏联全苏科技情报所。1980年3月15—25日,联合国教科文组织世界科学情报系统处处长托卡里昂访问我国,以加强与中情所在科技情报工作方面的合作。

在联合国教科文组织的资助下,中国科学技术情报研究所参加了一系列国际性科技情报培训班和研讨会,促进了中国与世界各国情报、图书界的交流和合作。规模较大的合作是1979年9月,由联合国教科文组织、加拿大和法国科研部在北京举办的情报自动化和联机检索培训班,这是我国第一个科技情报检索培训班。1980年11月17—28日,联合国教科文组织综合情报计划处、菲律宾大学图书馆学院和教科文组织菲律宾大学委员会联合举办的"现代技术在图书馆和情报处理中应用"亚太地区学习班在马尼拉举行。参加学习班的学员来自中国、印度、印度尼西亚等10个国家共27人。在此之后,中情所共派出8人参加该班的学习。

(三)积极加入国际标准化组织

国际标准化组织是世界上最大的非政府性标准化专门机构,是国际标准化领域中一个十分重要的组织。ISO的任务是促进全球范围内的标准化及其有关活动,以利于国际产品与服务的交流,以及在知识、科学、技术和经济活动中开展国际相互合作。

1979年4月18—27日,我国派中国科学技术情报研究所和国家标准总局3人,以中国标准化协会的名义出席在波兰首都华沙举行的国际标准化组织第46技术委员会(ISO/TC46,文献工作)第18届大会所属的6个分委员会会议。同年,中情所代表我国参加国际标准化组织情报委员会(INFCO)和国际标准化组织情报网(ISONET)。我国正式加入国际标准化组织,并确定将"情报文献标准化技术委员会"(ISO/TC46)秘书处设在中情所,负责归口的日常业务工作。1980年11月,中情所派2人代表国家标准局首次参加在伦敦召开的国际标准化组织TC171第二届大会及所属工作会议。

---

① 中国科学技术信息研究所. 中国科学技术信息研究所大事记(1956—1996). 北京:科学技术文献出版社,1996:27.

## （四）正式成为国际文献联合会会员国

国际文献联合会（FID）是非官方性国际学术组织，1895年由比利时人奥特莱和拉封丹创建，该学术组织原名为国际目录学协会，1931年更名为国际文献协会，1937年更名为国际文献联合会，1988年更名为国际信息与文献联合会，但仍以FID作为名称简称。国际文献联合会的宗旨是在国际范围内联合科学、技术、艺术和人文科学等方面的文献工作有关团体和个人开展学术交流；组织和协调力量，开展对文献工作的研究；召开国际会议，总结交流文献工作的经验；编印文献工作刊物及组织培训文献工作者等活动。它是国际上历史悠久、有较大影响的学术组织之一，赫赫有名的国际十进分类法就是在国际文献联合会的主持下编纂制订的。其常设办事机构即秘书处设在荷兰的海牙，办事处设在比利时首都布鲁塞尔。

1956年中国科学院科学技术情报研究所创建以后，一直在寻找国际上的对口国际组织，想了解它们，并希望着加入它们。但是，20世纪50年代—70年代的国际形势和我国国内的政治形势未能为中情所实现这一愿望提供很好的条件和机会。通过多方了解，中情所已经知晓国际文献联合会的存在和加入它的重要性。1959年，中情所开始翻译《国际十进分类法》详表，并于1962年开始，将其编成教材，供人员学习、使用。1961年，国际文献联合会在英国召开第二十七届会议，讨论科学技术情报文献工作的发展趋势，聂春荣所长率代表团以观察员身份列席了会议。

1972年，中国在联合国教科文组织的席位得以恢复。1973年，中国科学技术情报研究所代表我国参加了联合国教科文组织的世界科学情报系统的活动。在1975年的会议上，中国科学技术情报研究所代表刘东升、赵宗仁、刘昭东开始注意到在列席世界科学情报系统指导委员会会议的观察员组织中有国际文献联合会的代表。后来，刘昭东被选为该指导委员会的副主席，这使得中情所有机会注意和接触身为联邦德国国际文献联合会会长的国际文献联合会主席安茨（Ants）。中情所派代表刘昭东参加联合国教科文组织在法国巴黎举行的会议，并与安茨接触，开始筹划加入国际文献联合会事宜。

经过5年多的艰苦努力，在国际文献联合会主席安茨和秘书长布朗（Brown）的帮助下，经过国际文献联合会内部非常艰苦的协商，终于取得了一项大多数成员同意的方案，即恢复中国的国家会员资格，台湾机构以中国台北的名义以联系会员的资格参加国际文献联合会的活动。1980年1月，国际文献联合会举行理事会会议，正式批准恢复中国国家会员的资格。经国家批准，中国科学技术情报研究所代表中国重新加入国际文献联合会，成为正式国家会员国。

1980年3月8—17日，应中国科学技术情报研究所邀请，国际文献联合会主席安茨和秘书长布朗访问我国，国家科委副主任江明会见了他们。访问期间，安茨和布朗在北京图书馆和情报界分别作了"国际文献趋势"和"国际文献联合会组织机构及其活动情况"的报告，并就同我国今后合作问题，同中国科学技术情报研究所所长林自新进行了工作会谈。8月,林自新所长率王熹、潘静芬、程敦荣(重庆分所)作为中华人民共和国的代表首次出席了在丹麦首都哥本哈根召开的国际文献联合会第四十届大会和年会。同年11月,中国科学技术情报研究所还派团参加了国际文献联合会亚洲及太平洋地区委员会(FID/CAO)组织的活动。11月6—7日,中情所应邀参加在日本东京召开的国际文献联合会亚洲大洋洲委员会第六届大会,其后,我国均按通知参加国际文献联合会亚洲大洋洲委员会。

## 二、开展科技情报工作的国际交流与合作

1971年10月26日,我国恢复在联合国合法席位。为了进一步提高我国科技情报事业的整体水平,这一时期开展了一系列重要的国际学术交流与合作活动。

### (一)开展与美国的科技情报工作的交流与合作

20世纪70年代初,诺贝尔奖获得者李政道教授曾介绍一批科技、特别是计算机科学的出版物到中国,其中包括《情报学浅说》(The First Book of Information Science)。1972年8月14日,美国国家技术情报服务中心(NTIS)曾委托我国驻匈牙利商参处和美国科学情报学会两单位向郭沫若院长要求与中国科学技术情报研究所建立科技情报合作。20世纪70年代末,中情所已代表我国与美国有关方面建立了正式的科技情报合作关系,人员往来与合作开始增多。

1978年,中国科学技术情报研究所刘昭东将美国情报学家贝克所著《情报学浅说》一书翻译完毕并出版,内容包括:什么是情报?储存和检索情报;将情报输入计算机;从计算机获取情报;情报交流;查找缩微胶卷上的情报;未来的情报学等7章。该书的出版对于我国了解美国情报教育、计算机管理、联邦政府图书馆管理及自动化等具有重要意义。该书成为"文化大革命"后我国介绍除苏联外的西方国家情报科学的第一本译著出版物。

1979年,邓小平访美期间与美国签订了第一个中美科技合作协定,所附的议定书中包括科技情报合作议定书。双方的对口合作单位后来确定为中国科学技术情报研究所和美国国家技术情报服务中心。中美两国政府所签订的科技合作协议所附科技情报合作议定书几次续签,前后历经10多年,其核心内容是双方交换所需要的研究报告、文摘和目录,美国国家技术情报服务中心以低于市场价格的50%的优惠售价给中方美国的四大套科技报告复制件,即美国商务部出版局报告(PB)、军事技术情报处报告(AD)、宇航局报告(NASA)、能源部报告(DOE)影印件。中国科学技术情报研究所负责将中国的一部分科技论文报告提供美方。这些文献几十年来一直发挥着促进我国科学技术发展的积极作用,它们大大方便了我国对第二次世界大战前后世界先进科学技术报告和文献的

收藏和利用。早在1969年，中情所开始恢复对外采购时，就补订了PB报告、AD报告、AEC报告的印刷本。遗憾的是，1971年，根据中国科学院〔71〕科字第97号文件规定，中情所停止了与美国的业务通信联络。从20世纪60年代中期至80年代，来中情所直接借阅和复制的材料，大多数都是"四大套"报告和期刊。所附议定书中规定的优惠价格也使我国节约了大量的美元外汇。它的意义还在于参照美国四大套报告体制，我国通过创新形成了自己的国家科技报告内容和管理系统。通过这一项目，我国为中情所及国防科技文献中心培养了一批科技报告文献专家。

1979年，重庆分所翻译出版的中文版《科学》杂志（《科学美国人》中文版）为当时国务院和中央领导提供了不少参考信息。1979年，国家科委主任方毅亲自批示同意与美方合作，把《科学美国人》直接引入中国，并将此事报告了邓小平副总理和李先念副主席。不久，签订了出版《科学美国人》中文版合作协议，成为中美最早的刊物合作出版协议。1980年9月23—26日，应中国科学技术情报研究所邀请，在北京召开《科学美国人》杂志社1980年年会，重庆分所领导及美国、日本、德国等国有关人士参加。《科学美国人》杂志社请示方毅同志同意全文翻译在中国发行。1984年，中情所引进并出版世界著名的《科学美国人》杂志的中国版，由中情所重庆分所实施。

1979年6月4—14日，中国科学技术情报研究所邀请美国华盛顿哈瓦大学亚洲图书馆馆长旅美华侨吴廷华回国进行学术交流活动。在京期间做了"情报工作自动化和情报资料检索"等课题的学术报告和座谈。同年9月，美国佐治亚工学院情报和计算机科学系斯拉麦卡教授应邀来我国第一个计算机情报检索培训班讲课，主题为"情报技术现状及应用"。之后，由学员编写了2本书，多数学员毕业后成了我国情报系统计算机应用骨干。这也是中情所接受国际资助的第一个项目。10月，国家科委主任方毅为重庆分所主办的《科学》杂志做了批示，同意与美方合作，并将此事报告了邓小平和李先念同志。[①]

1979年11月27日—12月10日，由中国科学技术情报研究所副所长王微组成的中国国家科技情报中心考察团首次访问美国，该考察团成员包括副所长王微、业务一组组长（处长）杨鸿仁，参与大楼建设的建筑设计工程师兰百里，秘书和翻译刘昭东，以及北京建筑设计研究院的王月华主任等。考察团第一次访问了美国国家技术情报服务中心，了解了美国国家技术情报服务中心的性质、工作内容、文献收集、加工和传播流程，以及他们的办公设施。双方第一次签署了合作备忘录，准备开展科技报告的交换与人员培训。这为以后中美科技情报合作打下了良好的基础。代表团还访问了纽约、波士顿、华盛顿、哥伦布、芝加哥、旧金山等6个城市和地区，参观了纽约图书馆、纽约大都会博物馆、华盛顿国会图书馆、美国科学技术文献情报中心、美国科学情报所（ISI）、几个主要的展览馆、旧金山斯坦福大学图书馆和其他城市图书馆等20多个图书情报机构。经过考察和交流，考察团先后收集了40多份有关这些大楼建设和内部布局的规划和

---

① 刘昭东. 科技情报与信息工作纪实. 北京：科学技术文献出版社，2011：90.

工程图纸，并获赠上百份图书馆、情报服务流程、规则和管理办法等资料。这些对我国科技情报中心大楼的设计和业务规章制度的建设具有很大的参考作用，也成为当时我国这方面的参考材料。[①] 这是国内第一个访美的正式科技情报代表团。

1980年，中国科学技术情报研究所率先与美国科学情报研究所（ISI）"引文索引"创始人加菲尔德博士合作，成功引进"引文索引"信息加工与服务，并开展论文统计工作。

### （二）开展与法国的科技情报工作的交流与合作

1978年9月24日—10月9日，中国科学技术情报研究所接待了为执行中法科技协定所规定的科技情报交流项目，法国"新技术和信息处理公司"专程来我国送交小型计算机情报检索软件（MILODIS），由于当时中情所没有合适的计算机可用，将此软件安装在北航的罗马尼亚情报检索软件（FELI-250）计算机上试用。

1979年2月7—22日，为执行中法科学技术协定所规定的科技情报项目交流，应中国科学技术情报研究所邀请，法国科技情报局领导委员会主席洛朗·西蒂率法国科技情报局8人代表团访问我国，代表团成员有法国科技情报局秘书长米歇尔、数据库专家杜布瓦教授、计算机语言学专家屋古瓦教授和法国国家科研文献中心主任多利埃等。法国国家科研文献中心主任多利埃女士对我国科技文献服务系统发表了看法，并就中法之间的合作提出了建议。代表团在北京、上海、桂林、广州等地进行了参观访问，举行了8次学术报告会、6次学术座谈会，对加强中法双方合作与情报交流起了重要作用。同年6月7日，中情所与法国科技情报局就人才交流、资料交换、合作编制技术术语、创办"法国科技文献阅览室"等问题达成一致，中方派14人赴法国学习机器翻译和数据库。

1979年9月3—28日，受联合国教科文组织和加拿大资助，中国科学技术情报研究所与法国科技情报局和联合国教科文组织合作，在北京科学会堂举办了我国第一个国际性的"情报自动化和联机检索培训班"。美国佐治亚工学院情报和计算机科学系斯拉麦卡教授、世界科学情报系统主席、信息专家依·韦斯莱·塔娜斯科维奇应邀来我国讲课，法国也有两名教师讲课。

20世纪70年代末，经国家批准，中国科学技术情报研究所与法国建立了双边科技情报合作关系。在此期间，中情所还与法国驻我国有关机构在北京联合举办了科技电影周活动。

### （三）开展与有关国际组织、有关国家的科技情报工作的交流与合作

#### 1."文化大革命"期间的国际交流与合作活动

早在1958年，巴基斯坦全国科技文献中心曾与中国科学技术情报研究所建立过刊物交换关系。1971年9月23日，巴基斯坦希望恢复因"文化大革命"停顿的交换关系，

---

① 刘昭东.科技情报与信息工作纪实.北京：科学技术文献出版社，2011：170.

继续提供资料复制品和出版物。

1971年，我国恢复联合国的合法席位后，许多国家纷纷补寄资料，总计收到51个国家寄来的1719种刊物和资料。

1971年11月16日，朝鲜驻华使馆参赞刘成进、一秘崔哲来中国科学技术情报研究所参观、访问。张运恒接待并介绍了中情所的工作情况。双方会谈了科技情报交换工作。这是"文化大革命"以来的第一次外宾来访。1972年1月21日，朝鲜影印印刷考察团来中情所参观、访问，张运恒主持接待。同年11月4日，中情所接待朝鲜国立科学院代表团来访。中情所过去曾与朝鲜科学院图书馆、朝鲜医学科学院图书馆、朝鲜国立中央图书馆、电气煤炭工业省电器研究所等单位有过刊物交换的关系。

2."文化大革命"结束后的国际交流与合作

20世纪70年代末—80年代初，中国科学技术情报研究所开始与工业发达国家展开全面合作。

(1) 联邦德国。1977年，联邦德国《电影百科全书》社负责人沃尔夫教授访华，商谈中国科学技术情报研究所入社等问题。20世纪70年代末，中情所与联邦德国研究技术部下属的专业信息中心共同合作，开通STN系统进行信息检索服务，并派遣工作人员赴德国学习培训。

(2) 日本。1978年12月，以武衡为团长的国家科委考察团赴日本考察专利情报工作，中国科学技术情报研究所参加了该专利考察团。考察团在日本参观了特许厅、特许情报中心、国际工业产权资料馆、发明协会及一些工厂和研究所，对日本专利情报工作有了进一步的了解。日本企业中的专利部，是企业生存、发展不可缺少的"参谋部"，专利情报对企业的研制活动起着重要作用，专利制度保证了研制工作总在新起点上进行，是日本自身技术经济迅速发展的重要原因之一。1979年3月，按国家科委与日中科技文化交流中心签订的长期协定，日中电视录像服务社提供电视录像机200台，由中情所负责具体接受工作并组织建设了我国第一个科技录像放映网。20世纪70年代末，中情所与日本科技厅下属的日本科技情报中心（JICST）进行长期数据交换、人员交流及开展其他合作项目。1980年4月12—28日，日中电视录像服务社常务董事西田尧先生应中情所和中国电视广播服务公司邀请来我国访问，进一步促进了我国科技录像放映网的工作。

(3) 苏联。1979年2月14日，为了了解国际情报技术和技术设备的应用情况，我国由贸促会组织、中国科学技术情报研究所李新同志带队的参观团，参观了在莫斯科举行的、由苏联商工会和科技情报中心共同组织的国际情报技术展览会。在这次展览会上，有18个国家展出了153种技术设备、千余项技术产品，涉及的专业范围有8个。[①]

(4) 奥地利。1979年5月7日—6月1日，中国科学技术情报研究所参加了在奥地

---

① 中国科学技术信息研究所. 中国科学技术信息研究所大事记（1956—1996）. 北京：科学技术文献出版社，1996：27.

利举办的第二届"高级情报工作国际培训学校",进行较高水平的培训。

(5) 英国。1979年12月,中国科学技术情报研究所应英国图书馆和英国文化协会的邀请,派团访问了英国图书馆、英国现代化情报系统、剑桥大学和伦敦大学的有关部门、英国专门图书馆和情报机构、协会等单位。1980年6月,大英图书馆出借部主任莱茵博士与国际服务部史密斯先生来所访问。

(6) 联合国。1980年12月8—12日,应联合国新能源和再生能源大会副秘书长米勒先生邀请,中国科学技术情报研究所所长林自新参加了在瑞士日内瓦召开的情报专家会议。

20世纪70年代末,中国科学技术情报研究所通过与国外驻华使馆及国外有关机构的合作,先后在北京举办了日本、英国、德国、加拿大、意大利等国家的科技电影周活动,利用电影媒介进行科技信息的交流与传播活动。经国家科委批准,中国科学技术情报研究所通过官方渠道与日本、德国、美国、英国、加拿大、奥地利、瑞典、澳大利亚等国建立了双边合作关系,与部分国家的科技情报合作被纳入政府间的科技合作协议。1980年9月22—26日,中情所应邀参加在泰国曼谷召开的"东南亚地区科技情报网会议"。

(四)开展与国际民间组织或个人的科技情报的交流与合作

中国科学技术情报研究所还积极开展民间的科技情报的交流与合作。1978年,为向全国科学大会献礼,中国科学技术情报研究所进行《科学美国人》中文版试刊工作,翌年正式与该出版社合作,出版中文版《科学》。1979年,中国科学技术情报研究所代表国家科委接受日本日中录像服务公司赠送的200台录像设备,在全国科技情报单位进行布点,在我国建成了第一个全国性录像网系统,积极开展了信息传播活动。根据中情所业务发展需要,先后在日本和美国等地开办了合资公司。旅日华侨邹仁熊自1979年以来,访华上百次,为促进中情所同日本开展合作做出了贡献。1980年6月,大英图书馆出借部莱茵博士与国际服务部史密斯来中情所访问。

# 第三章　改革与探索（1981—1994年）

1980年7月，国家科委主持召开了第五次全国科技情报工作会议，这次会议明确了新时期科技情报工作的方针，突出强调了科技情报工作必须紧密为经济建设服务的指导思想，从而成为全国科技情报工作的一个新起点。1982年第五届全国人大第五次会议把科技情报工作首次列入国民经济和社会发展五年计划，第五次全国科技情报工作会议和第五届全国人大第五次会议标志着科技情报事业进入了改革与探索的新时期。1983年9月10日，国家科委明确提出中国科学技术情报研究所的工作重点是为科技攻关提供情报，为编制国民经济计划和科技规划提供情报；做好情报咨询服务工作。

1984年，党和国家对发展我国的信息产业做出了战略性部署，这对我国信息产业从无到有，从小到大不断健康发展产生了深远影响。根据科技工作面临的新形势、新要求，国家科委于1984年1月召开了第六次全国科技情报工作会议。到1985年，以中国科学技术情报研究所为核心的全国性情报工作系统基本形成。[①]1985年4月，《中共中央关于科学技术体制改革的规定》颁布实施，中国科学技术情报研究所走上了改革的历程。1986年10月，国家科委批准颁布了《中国国家科技情报政策要点》，该政策文件为当时及今后一段时期内科技情报工作的开展提供了方向指导和制度保障。1988年4月，国家科委召开了全国科技情报所（局）长会议，提出"一业为主，多种经营，以副养主"的方针，这一方针的提出对科技情报工作的改革与探索工作具有重要意义，科技情报工作进入由科学技术服务向经济、社会、市场服务延伸的新阶段。

20世纪80年代，中国科学技术情报研究所为国民经济建设和科学技术的发展做了大量服务工作。在为各级领导决策、科技攻关项目、技术引进和设备引进、编制规划和计划，乃至为促进生产技术和科学研究服务等方面，都取得了明显效果。在"经济建设必须依靠科学技术，科学技术工作必须面向经济建设"的方针指引下，中情所开始由单纯为科学研究服务，向为科技工作、经济建设服务的方向实行了战略转移。

20世纪90年代，鉴于信息业的迅速发展，国家将信息产业列入第三产业的先导行业。1991年，《国家科学技术情报发展政策》（《中国科学技术蓝皮书》第6号）正式发布，在信息为国民经建设服务的战略目标指导下，提出了发展科技信息服务业必须遵循的基

---

[①] 中华人民共和国科学技术部. 国家科学技术条件发展60年（1949—2009）. 北京：科学技术文献出版社，2009：113.

本方针和原则，这对于指导和推动我国科技情报服务事业的发展具有重要意义。1992年9月召开第八次全国科技情报工作会议，出台了《国家科委关于加快科技信息服务业搞活纲要和政策要点》，讨论了《国家科委关于进一步加快和深化科技信息机制改革的意见》（会后正式出台），宣布国家科委关于"科技情报"改为"科技信息"的决定，中国科学技术情报研究所更名为中国科学技术信息研究所。为贯彻中共中央关于"稳住一头，放开一片"的科技改革方针，中国科学技术信息研究所（简称中信所）提出了科技信息体制改革的总目标和改革的内容。随着改革的深入，科技信息系统作为我国信息服务业的中坚力量，已初步具有产业化特征，服务形式日趋多样。1993年，国家科委出台了《国家科委关于加快发展科技信息服务业发展规划纲要》，规定了2000年科技信息服务业发展的总体目标。科技情报体制改革的不断深化为我国科教兴国和可持续发展战略的实施及应对信息时代的挑战具有积极意义。同时，信息市场的建立推动了科技成果加速向生产力的转化，促进了科技信息的有效交流、传播与推广。中信所向着产业化方向发展的同时，科技信息系统网络化、电子化发展步伐也在加快前进，电子出版业得以兴起和发展。

这一时期，中国科学技术情报（信息）研究所在科技情报文献信息资源建设、科技情报的咨询与服务、科技情报的分析研究、经营改革、文献标准化、科技论文统计、科技文献期刊和书籍的出版、实物样品和样本的引进、检索语言、文献分类法、机器翻译、数据库建设等情报手段现代化、情报学理论与学科建设、学术交流活动、职业培训及国际交流与合作等各个方面的工作都取得了全面发展。中情所撰写的各种专题报告、赶超资料和快报得到中央负责同志的表扬。世界科技领域中的某些重大的科技进展由中国科学技术情报研究所介绍到国内来。如绿色革命、2000年中国研究、千年科技发展研究、环境保护、第三次浪潮等。中情所开拓了一系列具有历史意义的情报基础建设：为"小康生活"服务的国外产品、样品引进服务，第一个国际联机检索情报培训班，第一个情报研究生培训班，第一个国际联机检索站，第一个科技情报计算机系统，第一个全国科技录像网，以及第一个现代化中国科技情报中心大楼建成。

中国科学技术情报（信息）研究所在改革中不断前进，在探索中全面发展，为科教兴国和可持续发展战略的实施提供了基础性保障条件。

## 第一节 科技情报工作的改革与探索

一、适应工作重点转移，提出科技情报工作新方针

（一）第五次全国科技情报工作会议

1980年7月15—20日，国家科委主持召开了第五次全国科技情报工作会议。国家

科委副主任江明在会议上所做的工作报告中介绍了我国科技情报工作发展概况，总结了一些主要经验与教训，提出了新时期科技情报工作的方针和加强今后科技情报工作的意见。会议认为，科技情报工作要紧密结合国民经济建设的需要，面向基层，面向生产第一线，为国民经济建设服务。

会议明确提出了科技情报工作的新方针："围绕国民经济建设和科学技术发展的需要，广辟情报来源，加强文献工作，深入调查研究，掌握国内外科学技术动向，有针对性地、及时地提供情报资料和分析研究资料，有效地为国民经济建设服务。"这个方针突出强调了科技情报工作必须紧密为经济建设服务的指导思想，从而成为全国科技情报工作的一个新起点。科技情报的工作重点：大力加强科技情报工作的基础——文献工作；针对国民经济调整有关问题，围绕同本部门、本地方扬长避短，开展技术改造，合理引进技术，增加就业，改善人民生活，扩大出口等有关的技术与技术经济问题，开展情报服务。同时，必须加强情报工作的自身建设。

会议通过了《关于加强科技情报工作的意见》。该意见涉及以下9个方面：①关于加强对科技情报工作的领导；②关于各级情报机构的设置和任务分工；③关于国外科技情报资料的布局；④关于科技情报报道工作；⑤关于国内科技情报工作；⑥关于科技情报分析研究工作；⑦关于科技情报队伍建设；⑧关于科技情报工作手段的现代化；⑨关于科技情报工作的国际合作与交流。其中的第⑧项是时任中情所所长林自新和他所指导的会议文件起草班子拟订的，并通过"意见"的形式加以强调和突出。

### (二)《国民经济和社会发展第六个五年计划》中关于"科技情报系统"的建立

1982年12月10日，第五届全国人大第五次会议批准的《国民经济和社会发展第六个五年计划》，该计划第4编"科学研究和教育发展计划"第25章科学技术第4节"发展科学技术的措施"中指出："努力改善科研手段和工作条件。国家选定的重点攻关项目和重点推广项目所需经费，要按具体用途，分别纳入各级科技计划、技术改造计划、基本建设计划和信贷资金计划，专款专用，并落实所需物资。要有计划地引进、收集、整理、复制和报道国内外科技文献资料，加强国内外科技情报交流，逐步建成适应我国科技发展的科技情报系统。"这是科技情报工作首次列入了国民经济和社会发展五年计划，被视为加速经济建设和科学技术发展的战略措施。

第五次全国科技情报工作会议和《国民经济和社会发展第六个五年计划》的颁布实施标志着中情所情报工作进入改革和探索的新阶段。

### (三)认真贯彻第五次全国科技情报工作会议和"六五"计划精神

为了适应工作重点转移，认真贯彻第五次全国科技情报工作会议和"六五"计划精神，中情所在 1981—1984 年组织召开了一系列座谈会、研讨会、委（所）务会等会议，加强科技情报工作为经济建设服务方针的执行，明确科技情报工作的工作重点和发展方向。在 1981 年 8 月 3—8 日组织召开的"全国科技情报咨询工作研讨会"上，提出了"加强情报咨询工作，更好地为国民经济建设服务"的方针。在 1981 年 11 月 23 日—12 月 1 日组织召开的"全国中小城市科技情报工作座谈会"上，确定了进一步贯彻第五次全国科技情报工作会议精神，科技情报工作应当为经济建设服务；根据社会主义生产目的，要满足人民物质文化生活的需要，中小城市要重视发展消费品的生产等重要措施。在 1982 年 7 月 22—30 日组织召开的"地、县科技情报工作座谈会"上，中情所副所长张征秉做了"加强地、县科技情报工作，为增加粮食生产和开展多种经营做贡献"的报告。报告指出：地、县科技情报工作的工作方向是面向农村，为增产粮食和发展多种经营服务；加强对国外科学技术、经济发展方向和发展战略的调查研究。情报所直接为农业生产服务，这是我国国民经济发展提出的新要求，也是我国科技情报工作的新发展。在 1983 年 2 月 1—9 日组织召开的部分专业情报所所长会议上，中情所所长林自新指出了信息在经济建设中的作用："信息在经济建设中，在未来的社会发展中，显得越来越重要。信息准确灵通，传递时间短，工作效率和生产效率就会大大提高，经济决策才能建立在可靠的基础上。信息系统的发展，会把许多产业带动起来，社会进步的速度会加快很多。把信息系统搞好了，四化的战略目标是能够提前实现的。"会议还就科技情报部门如何为制订科技长远规划服务问题进行了讨论。

（四）中国科学技术情报研究所情报工作重点的转移

1983 年 9 月，在国家科委召开的委务会议上，明确了中国科技情报研究所的工作重点：①为科技攻关提供情报；②为编制国民经济计划和科技规划提供情报；③做好情报咨询服务工作。并指出，中情所还应将综合性、战略性的情报研究、情报理论和情报现代化手段的研究与应用等任务承担起来。

1983 年 11 月 25 日，国家科委各厅、局举行座谈会。会议就科技情报工作如何更好地配合科委各厅、局工作和加强互相联系等问题进行座谈，肯定了中国科学技术情报研究所在面向经济建设服务方面取得的成绩，并希望在科学管理、发展预测、科技与经济社会协调发展等方面，开展情报研究与情报服务。

1984 年 1 月 3 日，中国科学技术情报研究所召开所务会议，提出了 5 个重点和 12 个要点。5 个重点：①搞好整党工作；②加强文献资料、样品的搜集和利用工作；③加强情报分析研究；④加快情报检索系统的建设；⑤开工兴建情报中心大楼。12 个要点：①整党；②保证情报中心大楼的开工；③抓紧建立计算机检索系统；④继续进行改革，建立科学管理方法；⑤围绕经济建设需要，搞好情报研究工作；⑥加强国内科技成果交流和生产技术情报服务；⑦改善文献工作，提高服务质量；⑧确定印刷厂、复制公司、出版社的管理体制和印刷厂、复制公司的技术改造规划；⑨巩固和发展国际合作与交流；⑩搞好人员培训；⑪改进中国科技情报研究所工作和生活条件；⑫落实全国科技情报工作会议精神，加强全国科技情报工作。

1983年9月26日，国家科委以〔83〕国科发策字691号文批准了《中国科技情报研究所的性质、方向和任务》的报告及所属各单位任务和职责。1984年7月，中情所印发了国家科委批准的《中国科学技术情报研究所的性质、方向和任务》及所属各单位的任务和职责。该报告阐述了中情所的性质是国家科委领导下的综合性科学技术情报研究机构，是国家综合性的科学技术情报文献中心、检索中心和研究中心。它面向全国提供科技情报服务，并负责全国科技情报事业的规划和协调工作。该报告列明了中国科技情报研究所的10项具体任务：①根据国民经济和科学技术发展需要及全国文献资料的布局，广泛而有侧重地收集国内外科技情报资料。②加工、报道所收集的国内外科技情报资料，编译出版检索类、译报类和研究类科技情报刊物。③利用国内外各种类型的检索工具和手段，开展手工和计算机检索服务。组织建立适合我国国情和需要的中外文文献数据库，逐步建成科技情报联机检索网络，充分检索和利用国内外科技情报资源。④围绕国民经济和科学技术方针、政策、规划等综合性课题，开展国内外科技情报分析研究，报道国内外科学技术成就和水平动向，为决策部门提供综合性战略情报服务。⑤开展馆藏文献资料阅览、咨询、翻译、文献复制和声像资料的摄制与播放等情报服务工作，有计划地为国家的一些重点科研项目提供专题情报服务。⑥登记、加工、报道和组织交流国家重要科技成果，尽快掌握并及时向中央和国务院报告国内科技进展情况。⑦开展情报理论、政策、管理与服务方法的研究和现代化手段的应用研究工作。⑧负责组织拟订全国科技情报工作的方针政策和规划计划，并负责全国科技情报工作的组织协调、业务指导和干部培训等项工作。⑨开展科技情报工作的国际合作与交流。⑩重庆分所的主要任务是承担总所的部分任务和加工二次文献，并为重庆市的经济和科学技术发展提供情报服务。

（五）第六次全国科技情报工作会议

根据科技工作面临的新形势、新要求，1984年1月17—23日，第六次全国科技情报工作会议在北京召开。国务院副总理、国家科委主任方毅在讲话中指出："总结经验，努力改革，采用新技术，加强全国科技情报系统的建设。"方毅在会议上宣布：经国务院批准，同意国家科委成立科技情报局，国家科技情报中心大楼的建设已列为全国重点基建项目，采取国家科委科技情报局和中国科学技术情报研究所两块牌子、一个机构的做法，不增加人员编制。国家科委副主任杨浚做了"抓住时机，加强科技情报工作，更有效地为经济建设服务"的工作报告，该报告重申了科技情报工作必须有效地为经济建设服务的方针，部署了近期科技情报的工作任务，规划了科技情报工作现代化的发展远景。杨浚在报告中指出,坚决贯彻科技情报工作必须有效地为经济建设服务的方针;扩大服务对象,树立牢固的服务思想;从实际出发,讲求效益,积极创造科技情报工作的新形式;大力加强生产技术情报工作,作为执行科技情报工作方针的重点;研究分析"新的世界产业革命"的动向,加强新兴技术和新兴产业的情报工作;围绕发展战略开展情报分析研究;有计划有步骤地建立全国科技情报计算机检索系统;采取切实措施,加快科技情报系统的建设;抓好科技情报人员的培训,充实情报队伍。会议讨论和通过了1个意见、2个条例、4个规划:《国家科委关于加强情报工作的意见》《全国科技情报工作条例》《科技情报成果奖励条例》《全国科技情报计算机检索系统规划》《全国科技文献检索刊物编译出版规划》《文献工作标准化发展规划》《全国科技情报干部培训规划》7个文件。

这次会议重申了科技情报工作必须有效地为经济建设服务的方针,部署了近期科技情报的工作任务,规划了情报工作现代化的发展远景,进一步促进了科技情报事业的发展。

在第六次全国科技情报工作会议上,中国科学技术情报研究所所长林自新和他所指导的会议文件起草班子再次把科技情报工作手段现代化的方针和任务列入文件,并加以强调和突出。

(六)国家科委科技情报局的设立和"一个机构,两块牌子"

为了贯彻第六次全国科技情报工作会议精神,加强对科技情报工作的管理,1984年3月16日,国务院〔84〕函字48号文批复,同意国家科委设立科技情报局,与中国科学技术情报研究所"一个机构,两块牌子",不增加人员编制。国家科委科技情报局的任务:①在国家科技工作的方针政策指导下,负责拟订全国科技情报工作的方针政策;②依照国家科技、经济、社会发展规划的要求,组织制订全国科技情报工作的规划、计划;③对科技情报工作进行组织协调;④在业务上同地区、部门的科技情报单位进行联系指导;⑤组织科技情报干部的培训;⑥领导交办的其他任务。国家科委科技情报局的设立,加强了对全国科技情报工作的职能管理。

二、科技情报专项规划的编制和科技情报发展政策

(一)科技情报专项规划的编制

20世纪80年代以来,中国科学技术情报研究所参与编制了科技情报事业发展的专项规划,包括《全国科技情报计算机检索系统规划》《1984—1990年科技情报检索刊物编译出版规划(草案)》《文献工作标准化发展规划》和《科技情报干部培训规划》等。[1]1990年5月,《1991—1995年国家科技情报发展规划》(简称《规划》)编成。《规划》的总目标:

---
① 邓力群,马洪,武衡,等. 当代中国的科学技术事业. 北京:当代中国出版社,1991.

达到基本保证我国经济建设和科技发展对科技情报的需求,初步建成具有中国特色的科技情报系统,为跻身于世界情报之林做好准备。为此,"八五"期间,为突出重点,确实做好情报检索、文献和研究3方面工作。

(二)《国家科学技术情报发展政策》

《国家科学技术情报发展政策》(《中国科学技术蓝皮书》第6号)是国家科委用以指导国家科学技术情报发展的政策性文件。该文件从酝酿、起草、提出建议、研究、修改,一直到颁布施行,经历了一个长期的过程。

1982年10月14—18日,由中国科技情报学会理论方法组和情报研究组主持,中国科技情报政策学术讨论会在湖南岳阳联合召开。与会代表在交流论文的基础上,着重就下列问题进行了认真、热烈的讨论:①科技情报政策的概念;②科技情报政策的作用和制订原则;③科技情报政策的内容(包括科技情报工作的地位和作用、体制、干部队伍、经费、情报工作的发展方向及现代化、国际交往与合作等)。代表们认为,国家应尽快制订适合我国科技情报发展的一系列政策,有了统一、全面的情报政策,就可以统一认识,明确任务,调动科技情报人员的积极性,促进我国情报工作的协调发展。讨论会经过较为深入的探讨,起草了《关于科技情报政策讨论会要点汇报》,拟提交全国情报学会理事会讨论修改后报送国家有关主管部门参考。

从1985年起,国家科委参考联合国教科文组织发布的《国家科技情报政策指南》,开始了制订中国国家科技情报政策要点的组织工作,布置了相应的软科学研究。为了制定中国科技情报政策,国家科委科技情报局于1985年开始组织国内外专家讨论,提出了我国科技情报政策草案,随后提交第七次全国科技情报工作会议讨论通过。

1986年3月31日—4月4日,由中国科学技术情报研究所举办,联合国教科文组织赞助的中国国家科技情报政策专家会议在北京举行。中国、澳大利亚、美国、牙买加、英国、南斯拉夫、印度尼西亚、印度、日本、朝鲜、马来西亚、巴基斯坦、泰国、菲律宾等国的专家、观察员和教科文组织的代表共30余人参加了会议。会议由中情所副所长刘昭东主持。国家科委科技情报局局长兼中情所所长汪廷炯发表讲话,国家科委副主任吴明瑜在会上做了关于中国科技政策的报告,联合国教科文组织综合情报计划政策处副处长蒙特维洛夫在开幕式上致辞并讲话。这次会议重点讨论的问题有①对情报——国家重要资源的要求;②情报人才的开发、物质设施和新技术的应用;③情报资源的有效利用;④国家情报源的组织与国际交流。出席会议的专家们在重点问题的基础上经过讨论,提出了关于中国制订国家科技情报政策的8点建议。

1986年8月,国家科委科技情报局在汪廷炯局长主持下召开了科技情报政策研讨会,讨论制订科技情报政策的问题,形成了总结报告,拟订了《中国国家科技情报政策要点及其说明(草案)》。同年出版了《中国国家科技情报政策专家会议文集》。在情报政策研讨会上形成的《中国国家科技情报政策要点（草案）》强调，要加强科技情报研究工作。同年10月，国家科委批准颁布了《中国国家科技情报政策要点》。该政策从12个方面阐述了科技情报工作的主要内容。《中国国家科技情报政策要点》为当时及今后一段时期内科技情报工作的开展提供了方向指导和制度保障。

1990年5月，《1991—1995年国家科技情报发展规划》编成。规划的总目标：达到基本保证我国经济建设和科技发展对科技情报的需求，初步建成具有中国特色的科技情报系统，为跻身于世界情报之林做好准备。为此，"八五"期间，为突出重点，确实做好情报检索、文献和研究三方面工作。1990年5月22—25日，国家科委科技情报司召开"中国国家科技情报政策专家咨询会"，对《中国国家科技情报政策要点》文本做了补充、修订。

1991年2月20日，《国家科学技术情报发展政策》以《中国科学技术蓝皮书》（第6号）形成正式发布，其中以国务委员、国家科委主任宋健的一篇著名文章《论科技情报工作的重要地位》作为前言，第二部分为国家科学技术情报发展政策，第三部分为《国家科学技术情报发展政策》说明，第四部分为制订国家科技情报发展政策的背景材料。《国家科学技术情报发展政策》从12个方面81项具体内容阐述了科技情报工作的主要内容，蓝皮书后所附包括制订国家科技情报发展政策的背景材料、我国科技情报资源调查分析、沿海地区科技情报需求和服务模式、科技管理与决策人员的情报需求、中小企业的情报需求、乡镇企业的情报需求、国家科技情报政策专家会议总结报告和建议等7项附录材料。

《国家科学技术情报发展政策》是一部完整的科技情报政策，在情报为国民经建设服务的战略目标指导下，提出了发展科技情报服务业必须遵循的基本方针和原则，以及国家在人力、物力、财力方面应给予的扶植和支持，同时还对科技情报服务业的组织管理和情报工作各个环节的协调发展做出了明确的规定，对于指导和推动我国科技情报服务事业的发展、营造有利于科技情报工作的开展环境、加强科技情报工作的管理和协调，如推进信息资源共享、促进科技情报工作体系建设、加大对科技情报工作资金的投入等，都具有重要意义。

## 三、科技情报体制改革

### （一）科技情报体制改革的开始

20世纪80年代以来，在贯彻科技情报工作必须有效地为国民经济建设服务的方针过程中，中国科学技术情报研究所的科技情报工作取得了很好的成绩。但是，科技情报体制与有计划的商品经济不相适应的状况，仍很严重。因此，坚定不移地改革科技情报体制，既是经济体制改革和科技体制改革的需要，又是科技情报事业自身发展的需要。

## 甲子辉煌
## ——中国科学技术信息研究所成立 60 周年纪念

1983 年 2 月,中国科学技术情报研究所开始所内机构改革。1984 年 5 月 15 日,中情所所务会议决定成立以刘昭东为组长的改革试点工作小组,开始研究改革问题。同年 8 月 25 日,改革试点小组讨论通过了国内文献馆、计算机室穿孔工作、所办公室打字工作和幼儿园改革方案,自 9 月 1 日起实施。9 月 18 日,林自新主持召开了部委科技情报工作改革座谈会。11 月 12 日,所务会议讨论批准了重庆分所关于改革的报告,并研究全所改革问题。13 日,在中国科学技术情报研究所干部会议上,林自新主持会议并介绍了关于科技体制改革的情况,决定成立专题改革工作小组。1985 年 1 月 7 日召开的所务会议决定 1985 年要办理的 6 件事中,将"实现科技成果商品化,改变科技情报服务完全无偿的做法,对一些情报咨询服务项目实行合理收费"列为头等大事,并明确中情所的拳头产品,落实产品的系列化。1985 年 3 月 31 日,《有偿服务收入管理暂行规定》经所务会议通过,正式下发试行。

1985 年 6 月,中国科学技术情报研究所积极贯彻《中共中央关于科学技术体制改革的决定》和国家科委发出的《全国科技情报体制改革座谈会议纪要》文件精神,为促进有计划的商品经济发展服务。中情所初步改革了人事、财务和业务管理制度,下放了管理权限;人事上实行了中层干部聘任制,在部分单位试行全员聘任制,开展了"四定一考核"工作(1985 年 4 月 30 日开始实行的"定任务、定编制、定人员、定岗位责任制和考核制度");财务上实行了事业费指标使用;业务上认真推行了有偿服务,制订了有偿服务暂行规定,拟定了咨询服务、文献服务、培训服务、声像服务、样本样品服务和代译服务等方面的 87 项有偿服务收费暂行收费标准。通过实行有偿服务,中国科学技术情报研究所预算外收入达到 144.8 万元,1985 年 12 月 16 日成立了经营管理处,统一了对外业务的经营,加强了经济管理,为国民经济建设提供了有效的情报服务。科技情报经营改革活动有力地促进了各方面工作,创收达到了历史最好水平,比 1984 年增长了 90%。[①]1986 年 4 月 12 日,国家科委批准中国科学技术情报研究所成立专业技术职务评审委员会。同年 10 月 17 日,中央职称改革工作领导小组转发《中国科学技术情报研究所实行有关专业技术职务试行条例的实施细则》,供各地区、各部门情报研究机构参考。总之,中国科学技术情报研究所的科技情报体制改革虽然刚刚开始,但它在实现情报产品商品化,实行情报有偿服务,开拓科技信息市场,加速科技成果转化,以及情报机构向经营服务型方向转化等方面,已经显示出巨大的生命力。

### (二)科技情报体制改革的发展

#### 1. 第七次全国科技情报工作会议

根据党中央、国务院关于经济体制改革的精神,1986 年 10 月 13—18 日,国家科委

---

① 中国科学技术信息研究所.中国科学技术信息研究所大事记(1956—1996).北京:科学技术文献出版社,1996:110.

在北京召开第七次全国科技情报工作会议。汪廷炯做了题为"深入开展科技情报体制改革，更有效地为国民经济建设服务"的工作报告。刘昭东做了"关于制订国家科技情报政策和编制科技情报事业规划的说明"的报告，国家科委副主任吴明瑜做了题为"奋斗与创新"的报告。会议的中心议题是如何深入开展科技情报体制改革，以及科技情报工作如何更有效地为国民经济建设服务。会议指出，在科技情报工作必须面向国民经济建设主战场的总方针指导下，科技情报工作必须延伸到技术、经济和社会诸领域。会后，国家科委下发并通过了《关于加强科技情报工作为经济建设服务的意见》《中国国家科技情报政策要点及其说明（草案）》《1986—1990年我国科技情报发展规划（草案）》等文件。其中，《1986—1990年我国科技情报发展规划（草案）》是一部比较完整的科技情报发展规划。

第七次全国科技情报工作会议具体明确了科技情报事业和中国科学技术情报研究所发展的方向和任务，后来大约10年，中国科学技术情报研究所科技情报工作体制改革的指导思想和精神都与这次会议确定的精神相一致。

**2. 所长负责制**

根据第七次全国科技情报工作会议和国家科委下发的《关于加强科技情报工作为经济建设服务的意见》，中国科学技术情报研究所于1987年开始实行所长负责制。1988年，所长负责制得到强化。

**3. 承包经营责任制**

1987年，中国科学技术情报研究所认真贯彻了"精简机构，下放权力，加强核算，开拓业务"的办所方针，中国科学技术情报研究所进行精简机构，开始对所内部分单位实施承包经营责任制和分类管理等，并以合同方式明确承包的指标和责、权、利。1988年，中国科学技术情报研究所更广泛深入地推行承包经营责任制，实行所有权与经营权分离，分类管理，搞活内部机构，放活科技情报人员，注意发挥全所职工的积极性和创造性。

**4. 科技情报财政拨款制度改革**

1987年，为配合科技情报体制改革，中国科学技术情报研究所对财务管理体制进行了调整，即中国科学技术情报研究所的事业经费仍由国家拨给，并按任务与经费挂钩的办法，实行全额管理和经费包干。在事业费预支削减10%的情况下，中国科学技术情报研究所开展了"双增双节"的活动，保证了全所年度计划所规定各项业务工作指标的基本完成。1988年，中国科学技术情报研究所在收益分配方面按照国务院放宽奖金税起征点的政策办理，兼顾国家、集体和个人三者利益，改革的重心围绕着财政科技情报拨款制度进行。1988年，中国科学技术情报研究所在个别单位试行了工资总额包干和人员的优化组合，为改革提供经验，中层干部聘任组合制和职工离退休制度走向正常化；实行了课题费管理办法，在收益分配上按照国务院放宽奖金税起征点的政策办理，内部经济核算开始起步，试点工资总额包干（1988年3月26日在采编部首次开始试点工资总额包干制），并在财务管理和效益分配上加大改革力度，有力促进了科技情报投入体制改革的深化。1988年9月，中国科学技术情报研究所实行了由所长领导下的总会计师负责制，总会计师协助所长组织领导本单位经济核算；同时，财务管理部门配备了核算人员，具体负责在科研课题的经济核算的管理工作。1989年中国科学技术情报研究所实行"全额预算管理、经费包干、结余留用，超支不补"的管理办法，科学事业费仍由国家拨给，实行包干，并积极组织合理收入，以弥补事业费的不足。1992年，中国科学技术情报研究所在《关于中情所实行事业费包干加快改革的报告》上指出：①中国科学技术情报研究所正在按科技工作会议精神制订改革方案，拟向党组做一全面汇报，在党组做出新的决定前，以维持原"事业费包干"方式为好。②中国科学技术情报研究所要加快改革步伐，同意按双元运行分类管理的方向规划，实施改革方案。

**5. 专业技术职务聘任制**

1987年，中国科学技术情报研究所首次顺利完成了专业技术职务的聘任工作，评出具有高、中、初级技术职务资格的人员共590人，中国科学技术情报研究所职称评定改革工作全面展开。

**6. 一所两制和事业单位企业化运行机制**

在科技情报体制改革探索过程中，中国科学技术情报研究所实行了"一所两制"，采取事业单位企业化运行的机制，面向市场，面向经济，科技情报机构普遍开办了经营实体，开展了各种各样的创收活动。

通过深化改革，中国科学技术情报研究所科技情报体制改革迈出了新步伐，取得了新的成绩。1987年，中国科学技术情报研究所的有偿服务工作，围绕着经济建设的需要，紧密与"星火计划"相结合，面向乡镇企业和中小企业，开拓了许多新的经营服务领域，全年创收保持了历史上的较高水平。

1988年，中国科学技术情报研究所进一步解放思想，转变思想观念，把主要力量投入经济建设主战场，为国家"火炬计划""星火计划""863"计划等国家重大科技计划服务。在经营服务方面，中国科学技术情报研究所树立"用户第一"思想等，开展多种形式的有偿服务，全年累计创收170万元，比上一年增长30%。

从1989年开始，经营观念逐步确立。中国科学技术情报研究所大力深化情报产品的商品化及其市场营销、情报服务的用户观念，加强了经营管理等的认识，所有这些观念的转变给中国科学技术情报研究所带来了认识上和实践上的飞跃。1989年，中国科学技术情报研究所增强了经营观念，抓紧了业务管理规则的制定。1990年，中国科学技术情报研究所比较好地完成了向国家科委实行的三年承包合同。1990年3月8日，国家科委主任宋健在中情所1989年工作总结上做了重要批示："情报所1989年各项工作都取得了重大进展，为科技事业和经济建设做出了较大贡献。应该向他们表示感谢。"

第三章　改革与探索（1981—1994年）

1991年1月9日，国家科委主任宋健在听取中国科学技术情报研究所和情报司的工作汇报时重点指示："情报工作是信息产业的重要组成，情报所搞的是真正的信息产业，希望情报所的同志继续奋斗；要继续解放思想，开拓新的服务领域、服务方式，分流一部分干部；要进一步坚持改革开放，加强与社会的联系，提高知名度；科委在'八五'期间要给以稳定的、不断增长的支持，情报所也要今后经过努力，年营业额达到1亿元的水平。"

1991年2月，《中国科学技术情报研究所"八五"业务计划》提出主要奋斗目标是"确立四个地位，提高两个效益"。四个地位：确立中国科学技术情报研究所在全国具有的综合性情报中心的社会地位；确立中国科学技术情报研究所在国家科委系统中应有的地位；确立中国科学技术情报研究所在情报界的中心地位；确立中国科学技术情报研究所在国际上的知名度和学术地位。两个效益：情报服务的社会效益和经济效益，到"八五"末，创收翻一番。1992年5月6日，中国科学技术情报研究所下发《关于加快改革试点的决定》，就12个单位推进管理模式的试点工作做了布置。

由于面向商品经济，推行有偿服务，实行经费包干，在一定程度上影响了中国科学技术情报研究所的主体工作。例如，1984年中国科学技术情报研究所的下拨经费收入为760万元，6年后的1990年也只有1160万元，而1984年国外期刊采购6261种，1990年只采购3200种。① 中情所在科技情报体制改革过程中也出现了一些其他问题。据统计，当时中情所办公司最多时达30多个。由于缺乏人才、资源和经验，科技情报机构开办的经营实体普遍效益不佳，偏离了科技情报主体业务，服务能力下降。1992年"科技情报"改为"科技信息"后，中国科学技术信息研究所开始处于对自身的反省和对未来发展的探索之中。

（三）科技情报体制改革的深入

1. "稳住一头，放开一片"

1992年8月27日，国家科委和国家体改委联合发布了《关于分流人才、调整结构、进一步深化体制改革的若干意见》，将改革重点逐步转向结构调整和综合配套改革。该意见主要提出了一些原则性意见，没有提出具体的改革要点。其中尝试性地提出了"进行分流和调整的基本路子是'稳住一头，放开一片'"。

1993年5月，全国科技工作会议召开，新一届党和国家领导人对"稳住一头，放开一片"方针给予明确支持。江泽民总书记在5月14日的讲话中明确表示，"我非常赞成在科技的发展上实行'稳住一头，放开一片'的方针。'稳住一头，放开一片'这句话所表示的辩证关系，所包含的深刻内涵，是我国科技体制改革成功经验的总结。"

2. 第八次全国科技情报工作会议

1992年9月15—19日，国家科委在北京召开第八次全国科技情报工作会议。国家

---

① 刘昭东.科技情报与信息工作纪实.北京：科学技术文献出版社，2011：121.

科委副主任周平在会上做了《加快改革步伐,进一步推进科技情报事业的发展,为实现我国国民经济建设第二阶段战略目标而奋斗》的工作报告。科技情报司司长刘昭东做了关于《国家科委关于进一步加快和深化科技信息体制改革的意见说明》的报告。会后出台了《国家科委关于进一步加快和深化科技信息体制改革的意见》和《国家科委关于加快科技信息服务业规划纲要和政策要点》,宣布了国家科委关于"科技情报工作"改为"科技信息工作"的决定,宣布"中国科学技术情报研究所"将改名为"中国科学技术信息研究所",推动中共中央关于"稳住一头,放开一片"的科技改革方针,并提出科技情报体制改革的总目标和改革的内容。这次会议是我国科技情报工作历史上的又一次重要会议。国家科委做出的一系列决定有力推进了全国科技情报体制改革。

会议上,国家科委副主任周平宣布将"科技情报"改为"科技信息",并指出了更改的原因:①为什么把"情报"改为"信息"。国家科委将"科技情报"改为"科技信息"的决定,反映了科技情报界的呼声和愿望。"情报"或"信息"是人类社会和自然界中普遍存在的现象,是物质形态及其运动规律的体现,出现在自然、社会和人类思维活动之中。国际上都通用 Information 这个词,多数国家译成"信息",Intelligence 译为"情报","Information"的含义国际标准定为"传递的知识或事实",我国常称为"情况报道",《辞海》解释为"战时于敌之报告,曰情报";或解释为"信息是指对消息接收者来说,预先不知道的报道"。我国之所以长期使用"情报"这个词,是 20 世纪 50 年代情报这项事业的历史产物,它与信息是意义重合的两个不同叫法。当时,叫"情报"也是顺应历史潮流。②进入 20 世纪 80 年代以来,"信息"一词在我国被广泛认同和使用,信息业迅猛增长,又被列为第三产业而加速发展。为此,再继续使用"情报"或叠用"情报信息",不适应时代的要求。③混淆"情报"与"信息",会被误解为两个不同概念而搞重复建设,浪费大量人力、物力和财力;同时,也不利于科技情报机构深化改革和延伸服务,在外事活动中还会造成诸多不便,特别是与港台和东南亚的交往中,"情报"常与"谍报"相混淆,造成一些不必要的麻烦。因此,"科技情报"改为"科技信息"。

第八次全国科技情报工作会议后,由于"科技情报"改为"科技信息",国家科委"科技情报局"相应地更名为"科技信息司","中国科学技术情报研究所"改名为"中国科学技术信息研究所",以适应改革和发展形势的需要。

第八次全国科技情报工作会议是科技信息事业发展史上最后一次全国科技情报工作会议。1998 年,原国家科委科技信息司撤销,中国科技情报学会承担了部分原国家科委科技信息司的职能,全国科技情报工作会议改为研讨会形式。2000 年,第一届全国科技情报(信息)工作研讨会召开。

### 3. 科技情报体制改革的深入

1992 年,中国科学技术情报研究所进一步解放思想,科技情报体制改革又向前迈进了一大步。根据国家科委出台的一系列全国科技情报体制改革的决定,中国科学技术情

## 第三章 改革与探索（1981—1994年）

报研究所按照"稳住一头，放开一片"的改革方针，变"等、靠、要"为"闯、改、干"，积极推进科技信息体制改革，探索公益型研究机构自我支持与自我发展的道路，在稳定发展文献资源建设与服务、网络建设与服务、情报研究与教育等公益服务的基础上，大力发展以经营服务为核心的信息产业与信息服务业，全面提升了文献保障能力、快速反应能力、决策支持能力、集成服务能力和持续发展能力，为中国科学技术信息研究所的进一步发展奠定了坚实的基础，并对推进全国科技信息体制改革做出了重要的贡献。

在推进科技情报体制改革的过程中，中国科学技术情报研究所于1992年7月15日向国家科委汇报中情所的改革思路，形成的方案于1992年8月24日获得国家科委批准。这一改革方案的指导思想是：中国科学技术情报研究所作为国家科技信息事业中心，35年来做了很大的贡献，但是时至今日，面临我国经济、社会和科学技术迅速发展的新形势，它的运行机制、工作内容、服务观念和模式已不能很好适应改革开放和社会主义市场经济的需要。中国科学技术情报研究所必须大力改革，认真贯彻"面向、依靠""攀高峰"和"发展第三产业"的基本方针；贯彻"稳住一头，放开一片"的深化改革方针，着重改革原有的运行机制，基本划开公益研究服务和以市场需求导向为主的情报经营服务。中国科技情报研究所存在于社会的功能是从事国内外科技信息的搜集、整理、检索、研究和咨询服务。基本任务是搜集、整理和开发国内外科技信息资源，建设国内外计算机联机网络，跟踪和研究世界科技发展水平和动向，利用中国科技信息研究所人力、物力和其他有利条件，积极兴办其他第三产业。改革的总体目标：加强和发展国家要确保的社会公益研究和服务型的国家科技情报中心，在3～5年内实现电子化、网络化和国际化，争取达到国际上先进同类机构80年代的基本工作能力和水平。加快发展信息服务业和产业，立足经济、社会和科技发展的需要，促使信息服务和信息产品的商品化、产业化和国际化。形成一批其他第三产业的实体。具体目标：第一步，1995年达到50%人员不依靠事业费，创利税600万元；第二步，1997年只有300～400人依靠事业费，创利税800万元。

中国科学技术信息研究所为实施上述改革方案，于1993年、1994年、1995年每年年初都召开发展和思想工作会议，对改革的各个方面进行深层次的具体部署。在国家科委原信息中心和中国科学技术信息研究所合并以后，着重进行了统一思想、真抓实干的动员和组织工作；分解了改革方案的各项任务和指标，明确全年重点；业务单位划成经营块和公益块，实行相对独立运行机制。经营块强化企业化管理，扩大运营自主权，推行成本核算，分配与效益挂钩；公益块严格推行"三定"，实行岗位责任制，分配实行岗位津贴；并认真制订和实施一系列改革配套的政策措施。1993年1月20日，经对外经济贸易合作部批准，中信所还取得了外贸进出口权。根据1993年8月国家科委颁布的《关于加强科研单位收入财务管理的暂行办法》，中信所的收入实行规范的"归口管理"，由财务管理部门统一核算和管理，并向主管部门报送有关报表。

1994年年初，通过学习邓小平同志文选第三卷和《中共中央关于建立社会主义市场经济体制若干问题的决定》，中国科学技术信息研究所形成了全年的工作思路和要点。为适应社会主义市场经济的要求，将《决定》中提出的"科技咨询和信息服务机构要面向市场，逐步实行企业化经营，增强自我发展和市场竞争的能力""进一步发展技术和信息市场"，作为中信所的发展方向，并将中信所的主要任务调整为5项：①根据国民经济发展需要，以市场为导向，搜集国内外科技为主的信息资源；②发展以数据库和网络建设为基础的信息咨询和信息服务；③从事以科技信息为主的信息研究与咨询；④开展以信息和技术市场为核心的信息和技术的交流交易活动；⑤从事信息产品的生产和信息管理的研究与开发。通过1994年科技信息体制改革，中国科学技术信息研究所及时调整了主要任务，加大企业化管理的力度，实行了分类管理、干部考核、奖惩激励机制，取得了科技信息改革的长足进展。

为了保证改革的顺利进行，中信所还对以落实改革方案的一系列配套政策措施进行了修订和增订。1994年6月14日，中信所关于公司（总）经理、厂长、社长离任经济审计暂行办法出台，该办法就审计的对象、内容、结论、复议等做了较详细的规定。同年6月20日，中信所个人所得税实施细则出台，该实施细则根据《中华人民共和国个人所得税法》结合所内具体情况做了进一步说明与规定，该实施细则于7月1日起执行。6月27日，"中国科学技术信息研究所关于职工实行三岗制管理试行办法"出台，该办法就中信所职工在岗、待岗、离岗的管理与待遇，做了详细的说明，该办法于7月1日起执行。

中国科学技术信息研究所为在深化改革中求得较大发展，认清了面临市场竞争形势，加强了5个观念：市场竞争和发展的观念："稳住一头，放开一片"的观念，实现"三个转移"的观念和突出重点，有限目标的观念。在深化改革方面，加大了人事制度改革力度：全所各业务单位均实行分类别、分层次的企业化管理，各单位及各单位内部的班组均实行不同程度的成本核算，个人和单位的分配与本人、本单位的效益及成本核算程度挂钩，进一步对基础研究和公益事业单位再行界定和调整；职能部门按照精兵简政的原则，严格核定职责任务和工作人员，实行岗位责任制，加强服务思想，提高工作效率，并相应提高其待遇。再次调整信息资料的搜集方针，用适量的经费精选和采购核心刊物、技术报告、会议录、机读信息、商贸和市场信息、国际标准化信息及各种咨询服务的参考资料和工具书，用适量的经费支持服务工作的转变，适应市场要求，开放数据库，加快信息服务工作手段现代化；逐步推进后勤服务社会化。

1995年，中国科学技术信息研究所进一步实施改革方案。当时面临的形势是国家经济高速发展和信息需求日益加大，全国开始加强信息基础建设。中信所统一对所性质和长远发展的认识，即通过改革，发展信息基础建设事业，发展以科技信息服务业为主的信息服务和产业。具体措施如下：集中力量把"中国信息市场（CIM）"建设好，使之具备展示国内外新技术、新产品，发布国内外新技术、新产品信息，进行信息和技术的交流、交易及提供相应的国际化配套服务等4项功能；为了改变战线太长、小规模生产、分散经营、管理松乱、效益不佳的现象，要加强集成和经营管理；为加快信息基础建设，要求加强信息资源开发和利用，适应新形势，创造新形式，走出新路子。在信息服务工作上，信息资料收集内容重点要放在前沿科学、高新工程技术、参考工具书和一部分市场需求大的科技经济与市场信息等方面；信息资料形式要突出机读和电子媒体信息；筹建联机编目中心，建立电子信息服务中心。在数据库建设方面，要在调整加强原有数据库建设的同时，根据国家热点和科技与市场的需求，创建新的数据库，面向国内外市场。建设中信所大楼信息局域网，联通 Internet 网。加强信息研究和咨询服务业和人才培训等。经过一年全所职工的共同努力，比较好地完成了各项年度指标，同时在经济效益上也有了明显提高。

## 四、党建工作的不断推进

### （一）党组织和领导班子建设工作

中国科学技术情报研究所在改革与探索过程中坚持全面推进基层党组织和党员队伍建设，强化党委办公室和离退休部门的协调和沟通职能，大力加强党组织和所领导班子成员建设，深化党群工作的改革和探索，不断完善党的组织结构，不断强化党员的战斗堡垒作用和模范先锋带头作用，发挥了有力的政治核心和服务保障作用。

1980年11月26日，国家科委任命林自新为中国科学技术情报研究所党的领导小组组长。1981年5—6月，中情所成立机关党委性质的中共中国科学技术情报研究所委员会。同年7月25日，中共中国科学技术情报研究所召开第一次党委会议，徐简担任所委员会书记。11月15日，中情所各基层党支部进行了改选，原20个党支部改选后为22个党支部。1983年1月19日，经国家科委党组扩大会议决定，中国科学技术情报研究所撤销原党的领导小组，设立所分党组，林自新任分党组书记，党委在分党组领导下工作。1984年1月24日，中国科学技术情报研究所成立党的纪律检查委员会。同年6月7日，中共中央组织部批准林自新任国家科委科技情报局局长。12月23日，林自新调离中国科学技术情报研究所。

1984年12月，国家科委〔84〕国科发党字1249号文件任命汪廷炯同志为中国科学技术情报研究所所长、分党组书记、党委书记。1985年4月18日，经国家科委批准，汪廷炯任国家科委科技情报局局长。同年10月22日，党委书记徐简调到国家科委科技干部局，包锦章同志代理党委书记。12月23日，汪廷炯担任中共中国科学技术情报研究所委员会党委书记。1986年12月26日，中国科学技术情报研究所决定取消所分党组，机关党委改为基层党委，1987年2月4日，国家科委党组批复同意中国科学技术情报研究所"取消分党组，成立所党委"的请示，并于同年4月13日批准中国科学技术情报研究所"关于增补所党委、纪委委员的报告",自此,基层党委沿用至今。1987年7月21日,李景春担任所委员会党委书记。

1990年1月15日—2月20日,中国科学技术情报研究所开展了党员重新登记工作。同年11月,由汪廷炯担任中共中国科学技术情报研究所委员会代理党委书记。1991年4月27日,经国家科委任命,党委组会议研究决定,任命刘昭东为中国科学技术情报研究所所长兼党委书记、科技情报司司长。同年11月11日,由刘昭东担任中共中国科学技术情报研究所委员会党委书记。1993年12月,中国科学技术信息研究所和国家科委信息中心合并后,两机构党委重组为中国科学技术信息研究所党委。1994年4月19日,刘昭东出任所党委书记。1994年5月,根据国科党人字〔94〕23号"关于刘昭东等同志任免的通知",任命赵棣华为党委书记兼副所长。6月20日,国家科委任命刘昭东为所长、司长。

（二）党建工作的不断推进

中国科学技术情报研究所在国家科委党组和委直属机关党委的领导下,认真贯彻落实党中央、国务院和国家科委一系列方针、政策和部署,密切围绕中国科学技术情报研究所的中心工作,始终把思想建设工作作为首要政治任务,紧密结合中国科学技术情报研究所工作实际加以部署和推进,有力保证了全所改革、发展、稳定的大局。

随着中国科学技术情报研究所科技情报体制改革的深化,中情所在坚持党政一把手负总责,所党委统一领导,党政工团齐抓共管,各部门合力推进,职工群众广泛参与,精神文明建设工作不断向前推进。1986—1994年,中国科学技术情报（信息）研究所重视扶贫工作,不断在河北滦平、承德、陕北、井冈山、吉安等地开展扶贫、救济、慰问志愿活动。

1984—1985年,中国科学技术情报研究所深入开展整党工作,加强了党的组织建设工作,促进了全所的团结。1985—1992年,中国科学技术情报研究所间断性地开展了党风廉政建设工作。从1983年至1995年,中国科学技术情报（信息）研究所每年都举办思想政治路线工作会议,加强了党的思想建设。

## 五、全国科技情报事业创建30周年纪念大会

1986年,全国科技情报事业创建30周年。5月,聂荣臻为我国科技情报事业30周年题词:"我国科技情报事业创建已届三十周年！三十年来,科技情报战线上的同志们,艰苦创业,奋发求进,为我国科技事业的发展做出了很大的贡献。同时,在自身建设上,也取得很大的成就。科技情报事业是科技发展必不可少的重要依据,对科技人员有重要的启迪作用。科技情报工作正是为了让科技人员耳聪目明,触类旁通,思维敏捷,思路开阔,从而促进我国科技事业的发展。希望同志们继续努力,进一步发挥我国科技情报工作的重要作用,为四化建设贡献更大的力量。"

9月13日，为纪念我国科技情报事业创建30周年，国家科委科技情报局与科委办公厅、政策局在科学会堂联合举行记者招待会。10月21日，国家科委在北京召开了全国科技情报事业创建30周年纪念大会。宋健指出："科技情报工作是搜集、输送科学技术知识和最新科学成就的媒介，是现代科学技术的重要支柱。可称之为输送营养的动脉，是'活化酶'和'催化剂'。没有它，科学技术不可能持续地向更高层次发展。"宋健同志还为中国科学技术情报研究所建所30周年题词，提出了"科技情报系统是科技工作的动脉"的论述，突出强调了科技情报对科技发展的重要性，以及必须为科技发展做好服务，不断地提供维系科技发展动力和信息的工作方向。[①]

全国科技情报事业创建30周年纪念大会对72项获得科技情报成果进步奖的获奖项目（一等奖3项、二等奖10项、三等奖20项、四等奖39项）及人员颁奖，其中，《公元2000年的中国》《国外文献管理与服务》《面向国民经济建设，开展多种形式情报服务》3项获得建所30周年科技情报进步一等奖；《国内科技成果管理》《情报咨询服务及编辑出版工作》《情报科学书籍的出版工作》《英汉冶金题录机译系统》《科技情报工作手册》《科技参考资料》《科技情报讲义》《国外科技动态》《国内科技简报》《农村适用技术的调研和推广》10项获得建所30周年科技情报进步二等奖。全国科技情报事业创建30周年纪念大会向86名先进工作者、274名所龄25年以上的同志颁发荣誉证书，大会还表彰了394位先进工作者和20位对科技情报事业做出重要贡献的老同志。

与此同时，我国科技情报事业创建30周年学术研讨会于10月27—31日在重庆召开。

## 第二节　科技情报工作组织体系的调整和科技情报中心大楼工程建设

一、中国科学技术情报研究所的定位和更名

（一）"一个机构，两块牌子"和"三定方案"

1989年2月1日，国家科委科技情报局改为科技情报司。国家科委科技情报司与中国科学技术情报研究所"一个机构，两块牌子"。2月3日，经国家科委批准，科技情报司下设综合处、新技术处和文献管理处，加强了科技情报的管理工作。1990年，为了加强科技期刊的管理工作，科技情报司成立了期刊管理处。

1990年4月26日，经国家科委领导批准，国家科委原则同意中国科学技术情报研究所"三定"方案，方案规定，中国科学技术情报研究所是国家科委领导下的综合性科

---

① 刘昭东. 科技情报与信息工作纪实. 北京：科学技术文献出版社，2011：33.

学技术情报研究机构，是国家综合性科学技术情报中心，面向全国提供科技情报服务。

1990年10月8日，国家科委下达〔90〕国科发人字801号文，原则同意重庆分所的"三定"方案，重申委托中国科学技术情报研究所对分所实行归口管理的意见，强调重庆分所是国家科委直属的事业单位。

### （二）中国科学技术情报研究所更名为中国科学技术信息研究所

1992年9月15日，经请示并经国家科委同意，国家科委副主任周平在第八次全国科技情报工作会议上宣布：国家科委研究决定，中国科学技术情报研究所将改名为中国科学技术信息研究所，英文名字缩写仍然是"ISTIC"，国家科委"科技情报司"改为国家科委"科技信息司"，拟从会后开始正式启用。

1992年12月12日，在"中国科学技术情报研究所"更名为"中国科学技术信息研究所"；同时，国家科委决定将中国科学技术信息研究所与国家科委信息中心两个单位整制合并，合并后实行"一个单位，两块牌子"，名称为"中国科学技术信息研究所"，又称为"国家科委信息中心"，更名后，原信息中心所属业务部门也进行了调整。中国科学技术信息研究所的"国外情报研究部"也相应地更名为"信息分析研究中心"。

1993年2月，经中央机构编制委员会批准，中国科学技术情报研究所和中国科学技术情报研究所重庆分所分别更名为"中国科学技术信息研究所"和"中国科学技术信息研究所重庆分所"，原职能、编制不变。

## 二、科技情报工作组织体系的调整

### （一）科技情报工作组织机构的调整

1981年3—4月，中国科学技术情报研究所与日本向阳会社合办了"和华技术服务公司"。1981年3月，中情所成立中国科技声像公司，开始了影视出版发行工作。

1982年，中国科学技术情报研究所的专利资料馆和标准资料馆先后分别移交给中国专利局和中国标准化综合研究所。2月5日，根据〔82〕国科发人字099号文件精神，中国科学技术情报研究所注册开办了劳动服务公司。

1983年2月23日，中国科学技术情报研究所召开中层以上干部会议，部署全所机构改革和中层干部调整工作，所内机构改革活动开始。同年8月16日，国家科委党组批准中国科学技术情报研究所的机构设置，将职能部门业务一处改为业务处，将业务二处改为全国科技情报工作协调办公室；将教育组从人事处分出，成立教育处；将采访部改为国际联络处；成立检索报道部。

1984年，中国科学技术情报研究所将基建办公室负责的基建工作划归行政处。6月19日，国家科委领导同意科技情报局下设综合处和组织协调处两个职能处。9月24日，广电部批准中情所为中国科技声像录像出版单位。

1985年4月20日,为准备迁入新大楼,中国科学技术情报研究所成立了规划办公室,规划进楼后的机构及房屋安排;成立业务计划处,全所业务工作计划正式下达。同年12月16日,成立了经营管理处,统一了对外业务的经营,加强了创收管理,为国民经济建设提供了有效的情报服务。

1986年2月1日,经国家科委批准,成立科技情报局文献管理处,负责全国自然科学技术期刊的审批工作。同年12月24日,中国科学技术情报研究所又对文献部门进行调整,撤销国内文献馆、国外文献馆和检索报道部,设置了文献采编部、文献加工部和文献服务部。

1987年,随着计算机检索技术和国际联机检索系统的应用和联合国技术信息系统中国分部(TIPS CHINA)的建立,中国科学技术情报研究所将"咨询服务部"改为"检索咨询部",检索咨询部对于建立网络增值服务、数据库联机查询服务和深层次咨询服务于一体的服务新模式做出了贡献。为贯彻积极主动、有偿服务的方针和积极促进科技成果的推广与交流,中情所成立了技术开发部(对外称"中国技术与经济信息咨询服务公司")。为促进缩微技术的应用,中情所将"科技文献复印公司"更名为"科技文献缩微复印公司"。4月1日,国家科委和当时的对外经贸部专门成立了联合国技术信息系统中国国家分部(TIPS CHINA),并制定联合国技术信息促进系统的中方执行机构为中国科学技术情报研究所,中情所成为联合国技术信息促进系统在我国的唯一运行中心。7月,随着研究生教育的发展和成人教育培训工作的逐步展开,中情所将教育处与高级科技情报研究班合并成立"教育培训部",教育培训部的成立不仅有力推动了研究生教育的继续发展和成人教育规模的扩大,而且也使教育管理工作朝着专业化的方向发展。

1988年,中国科学技术情报研究所成立基建动力处;技术开发部更名为咨询公司;样品样本馆更名为"样本部"。

1989年10月4日,根据〔89〕国科发监字423号文件的精神和中国科学技术情报研究所有关"三定"方案的批复,经所务会研究决定,设置监察审计处。

1990年,"科技文献缩微技术复印中心"更名为"科技文献缩微复印中心";"中国科技声像公司"更名为"中国科技信息与声像公司",并成为独立的部门。1月9日,监察审计处正式成立。同日,经所领导研究并报国家科委清理整顿公司办公室批准,除劳动服务公司、中国科技信息与声像公司保留外,其他公司一律撤销。2月12日,基建动力处更名为动力处,基建工作由行政处负责。6月1日,根据国家科委对中情所"三定"方案的批复,决定设置老干部处。

1991年5月22日,根据〔91〕国科财字038号文件精神,中国科学技术情报研究所基建工作从委基建指挥部分出,由中情所负责管理,基建办公室与行政处合署办公,"中国科学技术情报研究所基建办公室"印章开始启用。8月30日,国家科委批准中国科学技术情报研究所成立"中日科技文化交流中心"（日本室）。9月2日，为了加强科技报告的管理工作，国家科委决定设立"中国科技报告管理办公室"，该办公室设在科技情报司文献管理处，具体工作由中国科学技术情报研究所承担。

1992年，样本部更名为"新产品引进开发部"。为了促进数据库建设，将文献加工部更名为"数据库开发部"，并成立了"技术经济数据部"；为了促进计算机技术应用、计算机软件开发和计算机检索工作，计算机室更名为"计算机中心"；将科技声像馆更名为"科技声像部"。4月，中国科学技术情报研究所成立计算机中心软件二部，实行企业化管理，自负盈亏。6月8日，国外情报研究部更名为"信息分析研究中心"。

1992年9月第八次科技情报工作会议后，原信息中心所属业务部门进行了调整，保留了OA研究室、MIS研究开发室、北京太乙机电高技术公司、北京海翔宠物养殖有限公司、北京信科咨询公司。10月29日，中信所"新产品引进开发部"更名为"维特信息技术公司"，并在北京市海淀区高新技术产业开发区正式注册。12月，教育培训部与理论方法研究室的部分工作和国内文献加工部的《情报科学文摘》刊物合并，改称"研究培训中心"。

1993年，中国科学技术信息研究所将中国技术与经济信息咨询服务公司更名为"兰科技术信息开发公司"，其主要致力于科技成果推广和交流、信息咨询服务、产业市场分析、会议展览等业务。同年，情报方法研究室被撤销，其所属业务与教育培训部合并成立研究培训中心，其检索语言组和机器翻译组归计算机中心。研究培训中心承担相应的情报方法研究工作，成为专门的情报方法研究机构。同年，中国科学技术信息研究所成立科技成果推广中心，附设在国家科委成果管理办公室，其主要任务是促进科技成果的推广与交流。同年，行政处和动力处撤销；软件二部更名为"中国科学技术信息研究所软件工程部"。2月18日，为了贯彻落实国家加快发展第三产业的精神，中信所加速了事业单位企业化管理进程，成立了北京万方数据公司，旨在探索事业单位企业化管理，尝试利用市场机制满足社会科技信息需求的新途径。同日，北京天盛广告公司在北京市海淀区正式注册成立。4月23日，中国科学技术信息研究所与国际数据集团合资成立"北京技术咨询新产品开发服务公司"（后注册为"北京东晓高技术咨询与产品开发服务公司"）。5月18日，成立北京情信经纪人事务所。7月26日—8月3日，中信所与原中国科学技术情报研究所业务机构合并工作基本完成。

1993年10月19日，中国科学技术信息研究所与美国BDI公司组建合资公司——美国亚细亚国际信息技术有限公司（简称为"亚信公司"）。根据协议，合资公司注册地点为美国达拉斯市，注册资金为50万美元，其中美国BDI公司占60%股份，中国科学技术信息研究所占40%股份。主要业务是从事中美信息资源的交流，重点开拓中国企业数据库（CECDB）在美国的联网服务和产品销售市场。11月26日，所务会议讨论决定，中信所接收《信息世界》杂志并作为主办单位。为此，中信所成立了《信息世界》编辑部。

12月13日，中信所成立"国家科委计算机软件技术培训中心"；成立办公自动化部、管理信息系统部、文印室和后勤服务中心（1999年被后勤服务管理中心合并）。12月15日，中国科学技术音像出版社发展成为北京天盛科学技术音像出版社。北京天盛科技音像出版社正式注册运营，主要出版发行科技教育和宣传等方面的音像制品。1993年，中信所在纽约设点筹建纽约太平洋信息公司，并于1994年开办了太平洋信息公司，为将中信所信息产品推向国际市场和促进国内外信息产品和技术的进出口贸易开辟了渠道。

1994年，为适应科技信息体制改革的需要，中国科学技术信息研究所进一步调整了业务组织机构。为加强科技文献管理和文献数据库的开发与建设工作，将国外文献采编部、国内文献采编部、文献开发服务部合并发展成为信息服务中心。同年成立重点服务办公室（1997年撤销），重点负责技术咨询、技术转让和技术培训等工作。1月20日，中信所取得外贸进出口权。4月1日，"和华株式分社（香港）有限公司"成为中信所独资经营公司。4月19日，为加强对驻外公司和进出口业务的归口管理，成立所驻外公司和进出口业务领导小组；成立进出口业务部；为加强房地产的管理和开发，成立所房地产管理和开发领导小组；调整计划财务处机构，成立业务发展处、财务处，并成立发展研究小组。4月27日，成立所属公司董事会。6月30日，中国科学技术信息研究所"特英数据技术公司"（简称为"特英公司"）在北京市新技术产业开发试验区正式注册成立。7月19日，为加强对科委办公自动化和管理信息系统的开发服务，中国科学技术信息研究所将OA、MIS、软件工程部3单位合并成立"系统工程部"。8月18日，国家科委批准设立信息市场。10月13日，中国信息市场正式设立，该信息市场的主要功能是发布国内外新技术、新产品的信息；开展技术转让活动；进行信息和技术的交流、交易。11月1日，科苑商城正式营业。

1996年，中信所将计算机中心作为特英公司的所内归口联系部门。1997年，行政处职能部门重新恢复；10月22日，行政处并入组建后的后勤服务管理中心（但保留建制）。

### （二）行业和社团组织建设工作的调整

#### 1. 全国科技情报计算机检索系统领导小组办公室成立

1984年1月25日，国家科委决定成立"国家科委科技情报检索系统领导小组"，领导小组下设办公室，由中国科学技术情报研究所负责筹建。同年4月，领导小组及相应办事机构宣告成立，从而带动了我国计算机情报检索事业的全面发展。为更好地跟踪科技规划的执行，及时提供相应的科技信息（情报）服务，8月7日，中情所所务会议决定成立全国科技情报计算机检索系统领导小组办公室。

#### 2. 科技成果管理办公室和科技成果管理研究会成立

1978年11月，国家科委科技成果管理办公室成立，设在中国科学技术情报研究所国内交流部，科技成果登记与管理工作恢复。1984年2月，国家科委创建了全国性的科技成果上报与登记制度，并把它的执行机构（国家科委科技成果登记办公室）设在中情所，它为专门的国内科技成果交流和信息服务提供了基础。

1993年1月11日，成立了"中国科技成果管理研究会"，秘书处设在中国科学技术信息研究所国内部（成果办公室）。中国科技成果管理研究会在筹备期间和成立以后，先后召开了两次全国性的学术研讨会，两次全国性的成果管理培训班，并组织了若干行业与专题性的成果交流展示活动，还编辑出版了两本研讨论文集。中国科技成果研究会通过协同各专业部门、各地方组织国内科技情报（成果）信息的交流与服务，对成果工作的改革起到了一定作用。

### 3. 学位评定委员会成立

1985年3月，根据《中华人民共和国学位条例》，国家教育委员会〔85〕科教字12号文件同意批准成立"中国科学技术情报研究所学位评定委员会"及组成名单。

### 4. 专业职务技术评审委员会成立

1986年4月12日，国家科委批准中国科学技术情报研究所成立专业技术职务评审委员会。1987年，中情所首次顺利完成了专业技术职务的聘任工作。专业职务技术评审委员会的成立标志着科技情报职称评定改革工作的全面展开。

### 5. 中国软科学研究会成立

1992年11月，国家科委成立了国家软科学研究工作指导委员会，负责向国家科委提供促进软科学事业发展的政策咨询。1994年12月，国家科委正式成立了中国软科学研究会。软科学研究会挂靠在中国科学技术信息研究所，其主要任务是积极探索各级各类决策的民主化、科学化、制度化的程序与措施，为完善国家民主政治体制，为经济建设及改革与发展做出贡献。

### 6. 中国科技报告管理办公室成立

为了加强科技报告的管理工作，1991年9月2日，国家科委决定设立"中国科技报告管理办公室"。1992年，"中国科技报告管理办公室"正式成立，该办公室设在情报司文献管理处，具体工作由中国科学技术信息研究所承担。按照国家科委的统一部署，依托国家科委发展计划司和中信所，成立了国家科技报告制度建设联合办公室。联合办公室设在中信所，代表国家科委落实和推进国家科技报告制度建设工作。

### 7. 中国科技情报学会专业分会设立

1993年3月5日，经民政部核准，中国科技情报学会下设专业分会。到目前为止，中国科技情报学会下设的专业分会包括煤炭、农业、船舶、建筑、航天、交通、冶金、环境、纺织、竞争情报、中科文献11个专业分会。

截至1994年，中国科学技术信息研究所主要组织机构的设置情况为：中国科技情报学会办公室、全国文献工作标准化技术委员会秘书处、学位评定委员会、技术职务评审委员会、学术委员会、党委办公室、所办公室、文印室、老干部处、保卫处、监察审计处、国际合作处、业务发展处、信息服务中心、信息分析研究中心、成果推广中心（国家科委成果管理办公室）、检索咨询部、TIPS 中国分部、重点服务办公室、研究培训中心、软件培训中心、计算机中心、数据库部、系统工程部、进出口业务部、信息市场开发部（维特公司）、科技声像部（天盛广告公司、天盛音像出版社）、缩微复印中心、万方数据公司、科学技术文献出版社、太乙公司、海翔公司、信科公司、《信息世界》杂志社、后勤服务中心、劳动服务公司、印刷厂和科苑商城。

### 三、科技情报中心大楼工程建设工作

自 1978 年起，中国科学技术情报研究所开始了公主坟情报中心大楼的筹建工作。1978 年 9 月 11 日，中国科学技术情报研究所提出《请求批准新建国家科技情报中心的报告》，邓小平等中央领导批准该报告。同年 12 月 26 日，国家计委下发《批准关于建设国家科技情报中心的通知》。1979 年 11 月 27 日—12 月 25 日，中国"国家科技情报中心"出国考察团由中国科学技术情报研究所、北京城市建筑设计院、北京城市规划建筑院等单位组成，由中国科学技术情报研究所副所长王微任团长，杨鸿仁、刘昭东、兰百里等 6 人参加的国家科技情报中心大楼考察团访问美国、日本和香港，考察有关"国家科技情报中心"大楼的服务功能设计要求、设计方案。

20 世纪 80 年代初期，我国科技情报界和中国科学技术情报研究所第一次获得了联合国教科文组织和联合国开发计划署（UNDP）出资 19 万美元用于国家科技情报中心大楼的计算机设备和系统建设。[①]1980 年 7 月 9 日—8 月 8 日，应中国科学技术情报研究所邀请，联合国教科文组织派咨询专家——英国巴斯大学建筑教授、图书馆建筑专家布劳恩先生和瑞典皇家工学院图书馆馆长、情报系统专家施瓦兹先生访问中情所，为所大楼的方案设计提供技术咨询。在布劳恩先生对科技情报中心大楼设计的"一高一低"的两个方案中，北京市规划局和建筑设计院选中了国际流行的低的公共设施型、群台田字天井阳台方案。1981 年 3 月 1 日，联合国教科文组织向中情所递交了咨询专家施瓦茨和布劳恩关于建设中情所计算机化情报服务系统的咨询报告，对中情所计算机自动化系统建设有关的"影响选择计算机系统的因素""利用国外数据库进行情报检索"等 5 个方面提出了建设性意见。1983 年 11 月 20—29 日，根据联合国教科文组织 19 万美元资助项目的计划安排，中情所派出计算机硬件、软件、系统分析人员组成的 5 人代表团去日本和香港考察，选择新大楼所需要的硬件、软件和系统组成方案。1984 年，国际图书馆建设师布劳恩、计算机系统设计专家施瓦兹和大楼内部设施咨询人员波洛访华，进行新大楼及计算机信息系统建设的考察、设计和咨询工作。

1984 年 1 月 3 日，中国科学技术情报研究所所务会议提出了关于开工兴建情报中心

---

① 刘昭东．科技情报与信息工作纪实．北京：科学技术文献出版社，2011：117．

# 甲子辉煌
## ——中国科学技术信息研究所成立60周年纪念

大楼的工作要点，1月10日，国家计委〔1984〕计基061号《关于下达1984年按合理工期组织建设的大中型项目名单的通知》中，将科技情报中心大楼项目承建列为1984年国家重点建设项目。7月2—31日，联合国教科文组织派波尔等3人就科技情报中心大楼家具事宜提供咨询。7月26日，方毅到中国科技情报中心大楼工地视察，方毅指出，中央把情报中心大楼建设列为重点工程，这是一项重要任务。8月8日，宋健指出，（中国科学技术情报研究）所基础好，要抓紧干，不要等新大楼盖好，先搞局部网，要限期把具体计划定下来，两年半以后搬进新大楼后要"通电"。9月6日，宋健主任在中情所科技情报检索调度会上说："新大楼一建起来就要对外'输出'，对外'通电'。"9月21日，举行国家科技情报中心开工典礼，聂荣臻元帅为中国科技情报中心大楼工程奠基题词："科技情报是科学技术和经济社会发展的重要基础"。国家科委主任宋健在情报中心开工典礼上说："国家决定把兴建中国科技情报中心作为重点工程，是加强科技情报信息工作的有力措施。"国务委员方毅、政协副主席周培源、北京市副市长张百发等参加了开工典礼。张百发代表北京市人民政府，坚决支持中国科技情报中心这一国家重点工程的建设。

1985年，中国科学技术情报研究所与联合国、联合国发展计划署（UNDP）和联合国工业发展组织（UNIDO）合作，在中情所建成联合国技术信息促进系统（TIPS）中国分部，通过现代检索手段——国际网络系统开展全国范围内中外技贸信息及数据的流通与服务，使我国传统的为科技服务的信息系统在面向经济建设的服务中迈出了一大步，其服务范围扩展到技术经济领域。

1986年科技情报中心大楼建成后，瑞典人、丹麦国家技术图书馆馆长施瓦兹博士向中国科学技术情报研究所提出了计算机系统建设的建议书，该建议书被列为联合国教科文组织的正式文件，即"中国科学技术情报研究所计算机化情报服务系统咨询报告"。根据这一建议书的建议，中情所开始有了建设我国科技情报界和图书馆界的第一个综合性"CHINA INFO"系统的基础。中国的科技情报加工和服务开始从传统的索引、文摘和述评的指示情报源的传统服务阶段，向利用计算机系统和微机加工数据、建立数据库并提供数据服务的新阶段转变。[1]

1987年6月24日，国家科委副主任阮崇武主持召开联席会议，研究进驻情报中心的搬迁工作。7月25日，国家科技情报中心大楼建成，其建筑面积60 600平方米，占地面积31 500平方米，总投资8860万元，并设有比较完善的现代化设施。[2] 中情所所址开始迁往公主坟新建的国家科技情报中心大楼，这是中情所第三次所址搬迁。至1987年8月20日，搬迁工作基本结束。

1988年3月11日，中国科学技术情报研究所隆重举行科技情报中心大楼建成及开

---

[1] 刘昭东. 科技情报与信息工作纪实. 北京：科学技术文献出版社，2011：183.
[2] 中国科学技术信息研究所. 中国科技信息研究所大事记（1956—1996）. 北京：科学技术文献出版社，1996：110-112.

第三章 改革与探索（1981—1994 年）

展工作的典礼，国务委员方毅参加了典礼并剪裁。

## 第三节 服务国家经济、科技发展，科技情报工作彰显时代特点

### 一、科技文献资源建设与文献加工、检索体系的完善

（一）科技文献资源建设

20世纪80年代，中国科学技术情报研究所科技文献资源管理与服务工作在阅览、检索、咨询、复印、出版、声像等服务方面成就显著。

自1980年起，中国科学技术情报研究所加强了国内文献资料收集工作，全面系统地收集期刊，系统地收集全国一级学会的会议文献，广泛收集中文资料。袁翰青在1983年谈及文献工作时也强调，文献工作是基础，一是要收藏的数量多和质量好；二是要加工正确；三是要服务好。他还提出要保住中国科学技术情报研究所的文献工作。①

经过20多年的努力，截至1986年年底，中国科学技术情报研究所收集的国外科技期刊中，采购的国外期刊数量为5173种，交换数量为2082种，收集的国外科技资料中，书本式资料21763种，缩微式资料41916件；收集的国内科技期刊4038种，国内科技资料54 562册；收集的检索工具书中，国内多卷本213种、1367册，国外740种、8381册；收集的外文工具书164册，中文工具书300册；收集的产品样本中，国内样本1100种、3000份，国外样本26 758种、80万份；收集的国外产品样本1668种、2793件；收集的国外科技影片101部，国内科技影片36部，国外科技录像片1100部。② 中情所还积累了相当丰富的文献资料馆藏，包括国外科技资料约78万份，国外科技期刊15 711种、约145万册，缩微科技资料135万余份，检索工具书1200种、21万余册，参考工具书24 671册，国外产品样本15万册，国外科技影片1471部，国内科技影片836部，录像带482部，国内科技资料约38万册，国内科技期刊30万余册，国内产品样本4700份。③ 中情所已经形成了以科技期刊、科技报告、学术会议论文、检索工具书、参考工具书、产品样本及声像资料为特色的文献中心。

1987年，由于文献资料价格连年上涨，事业经费下降，外汇汇率上调，文献费得不到相应增补，中国科学技术情报研究所开始调整文献收集方针，提出"有选择、有侧重地收集国外文献资料"，同时通过扩大交换渠道，减少订购环节，节约经费数万元；在文献加工和馆藏利用率方面，全年共报道文献12万条，2700万字；文献服务工作在突破

---

① 刘昭东. 科技情报与科技信息工作纪实. 北京：科学技术文献出版社，2011：25.
② 中国科学技术情报研究所一九八六年年报. 中国科学技术情报研究所，1987：15.
③ 中国科学技术情报研究所. 一九八六年年报. 中国科学技术情报研究所，1987：16.

传统情报服务模式、深化文献开发利用方面进行了大胆尝试,编辑了专题资料目录,加工整理了实用技术转让项目,组织建立了实用技术信息网。

1988年,根据前几年文献工作的探索和实践,中国科学技术情报研究所进一步调整和修订了文献资料的收集方针,并加强了刊物交换工作。国外文献资料收集以工程技术、管理科学和高技术为主,文献收集要与引进的及自己生产的检索磁带相匹配,与中情所研究任务相适应,必须满足情报用户的最基本要求,对国内文献资料的收集范围可适当放宽。文献采集方针的调整和刊物交换工作的加强,使当年文献资料费超支的局面有所缓解;在努力改善阅览室服务的基础上,开展合同用户服务,既方便了用户,又提高了文献资料的利用率。

为了加强科技情报系统文献资源建设工作,国家科委于1988年11月16—19日召开了全国科技文献工作会议,会议通过了《国家科委关于调整和加强全国科技情报系统文献工作的意见》(简称《意见》)。《意见》指出,中情所为国家综合性科技情报中心,文献收藏范围以工程技术、管理科学和高技术等为主。

1989年,中国科学技术情报研究所文献采集工作实行经费按文献类型划块,加强订单审查和把关,使文献费没有突破预算,对外文期刊进行缩微加工是调整文献布局的重要基础工作。经过筛选,1989年对首批48种期刊进行了缩微加工和发行。为提高阅览室服务质量,中情所对阅览室工作人员进行了岗位培训。

1990年,面对外汇汇率上调和国外文献价格上涨的严峻形势,中国科学技术情报研究所进一步调整了外文文献采集方针,明确了采购文献和引进磁带、光盘数据库相匹配的原则;期刊的缩微加工工作迈上了新台阶,通过与有关单位联合,对360种期刊进行了缩微加工;为提高阅览服务质量而进行的岗位培训收到较好的效果。

1991年,中国科学技术情报研究所文献工作在完成常规搜集、加工和服务的同时,加强文献开发,走出所门服务,变死资料为活资料。扩大定题定向服务范围,先后组织人员到大同、包头、邢台、延吉、南阳等地进行专题文献服务。

截至1994年年底,中国科学技术信息研究所文献收藏总量中,国外科技资料102万余册,国外科技期刊约174万余册、1.6万种,缩微科技资料约469万余份,检索工具书29万余册,参考工具书22 769册,国外产品样本40万余份,国外科技影片1700部,国内科技影片350部,录像带21 618部,国内科技资料49万余册,国内科技期刊56万余册、9100种,国内产品样本40 628份。① 中信所已经成为馆藏量极为丰富的综合性科技信息中心。

(二)科技文献加工

20世纪80年代,中国科学技术情报研究所的文献加工工作获得了长足的进展,具

---

① 中国科学技术情报研究所.一九九四年年报.中国科学技术情报研究所,1995:9.

体表现在：①出版了一系列综合性文摘。②随着计算机检索系统的发展，文献加工工作逐步向建立文献数据库的方向发展，学术会议论文数据库的试标引工作也逐步展开，加强了中文计算机数据库的建设。截至1988年年底，中国科学技术情报研究所加工的分类文献71 968册，文献著录23 727条，文献印卡49 058张，文献排卡40 918张，文献篇名卡10 857张，装订文献13 200册。①

进入20世纪90年代，中国科学技术情报研究所加工了多种中文数据库。与此同时，西文期刊、中文期刊和西文文献的数据库也相继上马。此时的计算机联机检索服务系统、数据库开发与建设等方面都获得了发展。截至1994年年底，中信所分类加工文献3713册，著录3713条，印卡15 000张，排卡37 005张，篇名卡1846张，装订文献11 065册。②

### （三）检索刊物体系的完善

#### 1. 关于完善检索刊物体系的政策

1980年7月7日，国家科委制定了《关于科技情报刊物政策性补贴的规定》，该《规定》指出，对于凡经中国科技情报编译委员会批准的确实需要办而又确有亏损的科技情报刊物应给予政策性补贴，由情报事业费（或科研事业费）中支出。1981年，中国科技情报编委会检索分委会提出《关于检索刊物质量要求（试行）》。1984年1月27日，为了加强对全国性自然科学技术期刊的领导和管理，提高期刊质量，使其更好地为科学、技术、教育、国民经济建设服务，国家科委制定《全国性自然科学技术期刊管理办法》。该《办法》指出，创办全国性科学技术情报检索类期刊，先送中国科学技术情报编译出版委员会审核同意后送国家科委审批。

#### 2. 中国科技情报编译出版委员会年会

1981年6月，中国科技情报编译出版委员会召开第八次年会。会上，编委会办公室汇报了近年来的工作情况和现阶段科技情报刊物所存在的问题，以及今后改进的意见。会议着重研究了科技情报编译出版工作如何为经济建设服务的问题。1981年6月17—20日，在中国科技情报编译出版委员会第九次年会上提出了会议的中心议题：进一步办好检索刊物，使我国科技文献检索刊物体系更趋完善，更好地为经济建设服务。为了加强文献编译报道工作，1985年6月，在中国科技情报编译出版委员会召开的第十次年会上，审核1986年情报刊物出版计划，研究如何建立与健全科技文献检索刊物体系，讨论修改编委会章程和期刊管理办法，以及讨论1986年开展检索刊物评比活动办法。

#### 3. 检索刊物管理工作的逐步加强

1984年6月15日，中国科技情报编译出版委员会召开常委扩大会议，讨论《全国

---

① 中国科学技术情报研究所．一九八八年年报，1989：9.
② 中国科学技术情报研究所．一九九四年年报，1995：12.

性自然科学技术期刊管理办法》《关于整顿全国性自然科学技术期刊的通知》，审核1985年全国科技情报刊物的出版计划。1985年10月，中国科技情报编委会召开国内科技文献检索刊物工作座谈会，讨论《1985—1987年国内科技文献检索刊物体系列规划》。同年10月27日，全国科技情报检索系统领导小组在北京召开"七五"计划工作座谈会。1986年2月1日，经国家科委批准，科技情报局文献管理处成立，负责全国自然科学技术期刊的审批工作。同年3月29—31日，国家科委科技情报局和全国科技情报检索领导小组在成都联合召开了"科技情报系统编制中文科技期刊联合目录工作会议"，会议决定，各科技情报所收藏的中文科技期刊都将纳入联合目录，其截至年份为1985年，检索性期刊暂不纳入。该项工作从1984年开始筹划，由加拿大国际研究开发中心资助，中情所承担研究任务。1985年开始，1988年完成并通过验收。第二期1986—1990年由国家科委科技情报司支持并于1992年完成。

**4. 具有中国特色检索刊物体系的形成**

截至1985年年底，中国科技情报编译委员会编译的刊物中，检索类刊物219种，共计140万条；报道类刊物291种，共计1.84亿字；研究类刊物22种，共计0.154亿字。[①]1985年，中情所对情报检索刊物进行了整顿，较好地完成了各类刊物的报道工作，出版、印刷和复制工作都采取了有力措施，超额完成了全年任务指标。

截至1986年年底，中国科学技术情报研究所已经基本形成了一个较完整的检索刊物体系，并逐步走向计划化、标准化和协调化。该检索刊物体系具备如下特点：①出版的形式和内容有了统一规划；②学科覆盖面越来越广，专业范围越分越细；③标引工作和著录格式日趋标准化；④检索手段和检索途径逐渐完善；⑤一批专门报道国内文献的文摘刊物出现；⑥报道量持续增长；⑦编辑单位由专职机构部分转向专业机构，提高了检索刊物的内在质量；⑧电子计算机技术广泛应用。

## 二、转变情报服务方式，彰显时代特点

### （一）转变情报服务方式，继续为经济、科技发展服务

**1. 从单纯提供科技文献服务到提供综合服务**

自1980年明确提出科技情报工作要为国民经济建设发展服务的方针以后，中国科学技术情报研究所逐渐改变了单纯文献服务的服务方式。随着国民经济的发展，生产企业，特别是乡镇企业和中小企业，需要的不仅是科学技术情报，而且需要经济情报和管理情报，更需要直接提供见效快、效益高的技术项目和市场信息。在这种情况下，中情所一手抓科技情报，一手抓经济情报和市场信息，为技术引进、技术革新和技术改造提

---

① 中国科学技术情报研究所一九八四年年报. 中国科学技术情报研究所，1986：30.

供各种情报服务。

**2. 从被动的无偿服务到主动的面向社会服务**

长期以来，中国科学技术情报研究所的情报服务工作是无偿的。1985年以来，为了使科技情报工作有效地为发展商品经济服务，中情所情报工作面向社会，实行有偿服务。

1988年4月，国家科委召开了"全国科技情报所（局）长座谈会"，会议提出了公益性服务与有偿服务相结合，变"等用户上门"的被动服务为"用户第一"的主动服务。随着科技情报体制改革的不断深化，中情所科技情报工作的服务领域不断延伸，服务对象不断扩大，服务模式和方法也在不断发展。

**（二）"走出所门，主动服务"方针**

1991年11月，中国科学技术情报研究所刘昭东所长给国家科委宋健主任、周平副主任的报告中提出"走出所门、主动服务"的方针。国务委员兼国家科委主任宋健指示："赞成'走出所门、主动服务'这个方针"，并指出："情报所有一支很大的职工队伍，要组织一部分力量搞开发，要多创收，争取逐渐地自己养活自己。""要继续解放思想，开拓新的服务领域、服务方式，分流一部分干部；要进一步坚持改革开放，加强与社会的联系。"周平副主任也指示："情报所的工作很有起色，同意'走出所门、主动服务'的提法，面向需求，进一步提高综合服务能力。"宋健主任"赞成'走出所门，主动服务'这个方针"的重要批示，使中情所的科技情报工作走向积极、主动地为国家重点科技项目服务、为经济建设服务、为社会服务的目标。

1992年，中国科学技术情报研究所积极贯彻"走出所门，主动服务"的方针，使业务工作产生了巨大的变化。全所为中小城市、大中企业、"三区"分流服务，使科技情报工作与国家经济建设、"三区"建设建立了密切关联。围绕国家经济建设的重大问题和国家科技发展的七大计划积极提供专题服务。

之后，中国科学技术情报研究所总结经验，发扬优良传统，把组织实施"走出所门，主动服务"向全国推广，并且收到明显的社会效果。中情所提出的"走出所门，主动服务"的情报服务方针，成为我国各级科技情报机构广泛采用的情报服务方针。

**（三）科技情报工作为经济、科技发展服务**

1981年8月3—8日，中国科学技术情报研究所组织的"全国科技情报咨询工作研讨会"在北京召开，中心议题是"加强情报咨询，更好地为国民经济建设服务"，从而明确了科技情报咨询工作的方向。[①]1981年，国家科委主任方毅针对中国科学技术情报研究所重庆分所"为攀枝花钒钛资源综合利用提供情报服务"的报道做出批示，"这件工作

---

① 中国科学技术信息研究所. 中国科技信息研究所大事记（1956—1996）. 北京：科学技术文献出版社，1996：32.

做得很好，希望能继续努力"。

1983年，中国科学技术情报研究所成为第一批课题查新单位之一。在技术咨询方面，国家科委又恢复了"成果办"，进行成果登记、发表公报、发放证书、建立数据库，举办成果展、技术交流交易会、洽谈会。建立了TIPS中国国家分部，开展了国内外双向技术、经贸信息交流与服务。国家科委几个单位联合中情所举办了信息发布厅，大力推广各种高新技术和应用技术，开展技术咨询，为经济、科技发展服务。

1984年，中国科学技术情报研究所加强了科技情报的服务工作，多次举办文献资料和新技术革命图书资料展览及引进样品效果汇报展览。党和国家领导人参观了展览，并指出："引进样品是引进技术的一个重要方式。引进技术、革新产品，是搞活经济的一条很好的路子。"

1985年，中国科学技术情报研究所加强了科技情报服务工作，开始面向社会服务，积极扩大服务面，努力把情报送往中小城市、边远地区，主动为中小企业、乡镇企业和农村建设服务，到40个中小城市举办了信息资料展览、样品样本展览、声像资料播放和专题科技交流交易会，还开展了多种形式的文献咨询和科技咨询服务，情报服务向经营服务方向发展。

1986年，中国科学技术情报研究所按照国家科委的统一部署，在"星火计划"服务方面，主要开展了信息服务、技术交流、图书出版及声像服务等工作，举办了"星火适用技术情报资料展览"。从大量的科技文献中选编出适用技术资料，深入到全国一些市、盟、县、镇，直接为乡镇企业服务。举办了养猪、节能等新技术交流推广会。出版了以养殖、食品加工等方面为主的系列丛书。制作了"星火科技"录像片20部。

1987年，中国科学技术情报研究所的科技情报服务工作，围绕着经济建设的需要，紧密与"星火计划"相结合，面向乡镇企业和中小企业，开拓了许多新的经营服务领域，全年共完成创收133.5万元，保持了历史上的较高水平。

1988年，中国科学技术情报研究所的科技情报服务工作继续发展，围绕经济建设和"星火计划"，面向企业，大力推广适用技术和科研成果；加强国内外信息交流，已建成具有30余个中心站、40多个直接用户的国际性情报服务网，全年发送国内外信息近6000条；"星火科技"专栏节目继续在电视台播出，日益受到欢迎。

1989年，中国科学技术情报研究所科技情报服务工作广泛开展。全年开展国内科技交流40次，参加人数近5万。成果研制单位和用户之间的成交额达1.2亿元人民币。TIPS中国分部按期完成罗马总部供稿指标，全年供稿771篇。国内中心站已有31个，用户达1300户，为促进我国技术和产品进入国际市场和引进国外先进技术起到了较好作用。

1990年，中国科学技术情报研究所的科技情报服务工作取得了较好的效果。全年开展科技交流40多次，参观人数近3万人，成果研制单位与用户之间的成交额达2.1亿人民币；TIPS网络向20多个国家提供了技术与产品40多项，与外商的成交额达800多万美元；小件样品的巡回展览得到了有关领导和广大科技人员的好评，一年来共举办展览16次，观众达14万人次；全国技术信息发布厅正式开业服务；与国际数据集团共同举办的大型科技刊物《新产品世界》正式出版发行；"星火科技"与"科技时代"电视专栏节目播出后，受到各界用户欢迎。

1991年，中国科学技术情报研究所全年开展国内科技交流51次，参观人数1万人次，培训技术人员500人，创造社会经济效益6亿多元；TIPS中国分部接收发送信息9624条，技术贸易成交额达3000多万美元；一年来共举办样品巡回展12次，观众6万多人，为协助企业开发国内产品做出了一定的成绩。全国技术信息发布厅开业一年来，促成一个中美合资企业，举办专题信息发布会20多次，技术中介服务受到有关领导重视。在"星火科技""科技时代"电视专栏播出的基础上，又开辟了"致富之路""星火装备""星火短评"小栏目，受到了用户的欢迎。此后，中情所的情报研究工作主线基本上围绕着信息商品化、信息源市场化、信息咨询企业化、信息服务专业化、信息管理科学化、信息交易法制化、信息系统集成化、信息交流网络化和国际化等几个方面展开。

1992年，中国科学技术情报研究所情报服务工作产生了巨大变化，全所为中小城市、大中企业、"三区"分流服务，使科技信息工作与国家经济建设、"三区"建设建立了密切关联。围绕国家经济建设的重大问题和国家科技发展的七大计划积极提供专题服务。技术信息咨询服务正在向高层次全方位方向发展。信息发布会、国内外信息传递效果明显。除了科技情报工作为经济、科技发展服务外，还继续为领导决策服务。1992年6月8日，国家科委惠永正副主任在中情所送阅的《快报特刊》（1992年5月）上批示："最近仔细阅读了情报所送来的几份《快报特刊》很受启发，特点明显，如综合性（将主要发达国家的动向联在一起比较），如时效性（新发展动向）"。

1994年，中国科学技术信息研究所积极开展信息产业，并有了新的起步，提出并开始筹建中国信息市场。该项目得到了国家科委主任宋健、副主任朱丽兰和惠永正及其他科委领导的批示与赞成。它的建设推动中信所信息服务业和信息产业上了一个新台阶。

中国科学技术情报研究所情报咨询的内容和领域不断拓展，中情所的咨询工作，归纳起来，主要有以下几方面内容：①为国内领导部门及公众客户提供国际政治、经济、科技、贸易、能源、环境、健康、工业、农业等信息咨询研究，并为国外客户提供有关中国科技、经济、文化、教育、人文、社会等各类信息咨询；②为国内客户及国外拟在华投资企业开展项目评估、可行性论证、市场调研等信息咨询服务；③为国内外客户组织信息发布会、交流会、展示会等商务活动，提供第一手国际产品与技术供求信息，为客户向国外发布信息；④为国内外客户承担技术和产品的推广交流工作，寻找合适的投资伙伴和合作对象，为投资者准备有关投资需求的法律概要；⑤为国内外客户举办各种信息培训与研讨会，涉及信息资源开发利用、信息分析研究、信息系统与信息技术开发应用、外语等各种内容；⑥组织国内企业赴国外交流、考察，开展国际商务活动，承接国外企业来华开展交流、参观、考察；⑦为国内客户联网及建数据库事宜进行咨询服务；⑧各种文字的外译中、中译外业务，高质量的外文打字业务，以及为中外各界进行技术交流与贸易谈判提供译员；⑨提供国内外联机检索和查新服务；⑩承接国外客户在华的常年代理业务。

（四）科技情报工作为"星火计划"服务

1985年5月，国家科委向国务院提出了《关于抓一批"短平快"科技项目，促进地方经济振兴的请示》，建议在"七五"规划的科技计划中专列一项促进地方经济振兴技术开发计划，命名为"星火计划"。国家科委星火计划办公室是全国"星火计划"的归口管理部门，负责制定有关方针、政策、规划和项目计划的编制，以及指导、协调全国"星火计划"的实施。1986年，第七次全国科技情报工作会议确定了科技情报工作要为"星火计划"服务的方向和任务。同年，国家科委科技情报局颁布《关于为实施"星火计划"开展科技情报服务的意见》。

1985年11月26日，中国科学技术情报研究所向国家科委报送"关于为'星火计划'服务的请示报告"。1986年3月13—17日，国家科委科技情报局在浙江萧山召开"全国科技情报为星火计划服务座谈会"，提出了10项具体措施。为进一步推动"星火计划"的实施，1986年6月18日，中情所等7个单位参加在科学会堂举办的"星火"实用技术情报资料展览会。"星火计划"的服务工作逐步展开。同年10月17日，国家科委正式下达由中情所承办利用卫星频道传送"星火科技"电视节目的任务。"星火科技"的宗旨："配合国家星火计划的组织实施，面向广大农村推广先进的适用技术、传播科技知识、培养农村人才、为振兴地方经济服务"。"星火科技"是国家科委依托中情所唯一的电视宣传窗口。11月，中情所承担了"星火科技"电视专栏节目的任务，并计划于1987年春节由中央电视台向全国播出。为此，国家科委成立"星火科技电视节目"领导小组，由汪廷炯、徐简、奚惠达3人组成，下设国家科委星火科技电视节目办公室，由国家科委科技情报局及中情所声像馆有关人员组成。1986年12月13—17日，中情所在天津召开了首届"全国星火科技声像制品摄制计划及评比会议"，此后，评比会议每年举办一次，10年间先后在南宁、宜昌、太原、西安、深圳、石家庄、重庆等地举办。1987年1月31日，利用卫星转播的"星火科技"电视节目，在中央电视台第二套节目中正式播放。为加强"星火计划"的宣传，中情所制作的一批星火节目在中央电视台和教育台栏目中播放，并且和中央电视台联合举办"架金桥、觅知音""科技大市场""金桥连四海"等具有较大影响的现场直播特别节目。1989年"星火科技电视节目的组织实施"荣获了"国家星火三等奖"。

为了更好地为"星火计划"服务，1989年7月23日，星火科技领导小组开会，研究成立编委会，召开工作会议，进行调研，健全相关制度。同年12月27日，中国科学技术情报研究所建成"星火计划适用技术信息检索系统"，并通过国家科委验收。在加强

"星火科技"宣传中，宋健主任多次给予肯定和表扬："加强星火科技的宣传，并使之走向国内外""这是一本万利的大事，应予支持"。1990年，中情所制作的"工业炉用颜式燃烧器"，获第四届全国"星火科技"电视节目三等奖。1991年10月5日，宋健主任为《星火银屏》一书题写书名并做指示："你们做了非常好，且非常重要的工作，向你们表示感谢。"同年11月，中央电视台"星火科技"电视节目专栏成立编委会。1996年8月12日，为庆祝"星火计划"实施10周年，由中信所承办的国家科委《中国星火十年路》六集电视系列片制作完成。国务院总理李鹏为该片亲笔题写了片名："中国星火十年路"。该电视系列片得到星火企业、兄弟省的支持，该系列片荣获了"中宣部五个一工程奖"。

（五）科技情报工作为"火炬计划"服务

1988年年初，国家科委向国务院提交了《动员和组织科技力量为沿海地区经济发展战略服务的报告》，提出拟从下半年开始实施"火炬计划"。同年8月4日，中共中央政治局常务委员会扩大会议听取了国家科委关于"火炬计划"筹备工作的汇报，正式批准此项计划。8月5日，国家科委召开有各部委科技局（司）长和各省、市、自治区、计划单列市科委主任参加的第一次全国"火炬计划"工作会议，宣布"火炬计划"正式出台。

在"火炬计划"实施过程中，中国科学技术情报研究所积极为"火炬计划"提供服务，为高技术产业发展提供支撑服务，特别是提供强有力的数据支撑，为科学宏观管理和决策提供准确、可靠、及时的情报服务，促进高新技术成果的商品化。

1989年5月24—27日，由国家科委火炬计划办公室、中国科学技术情报研究所和北京市科技研究院共同主办的首届"火炬杯"高技术产品展评会在中情所召开。展评会择优评选具有先进水平和广阔的国内外市场及较好经济效益的高科技项目。中情所还为建设特色产业基地提供及时、准确的情报服务，在加速特色产业的集聚和发展、促进区域经济的发展方面做出了贡献。中情所积极为"火炬计划"的实施服务，使得高新技术产业开发的软环境建设得以改善，我国高新技术软环境建设进一步增强。

（六）科技情报工作为"科技攻关"服务

科技攻关计划（"十一五"期间将其扩展为"国家科技支撑计划"）是国家科技计划体系的主体，是我国国民经济和社会发展计划的重要组成部分。中国科学技术情报研究所积极为科技攻关计划的实施服务。中情所积极为科技攻关计划项目展开立项、课题研究和项目论证，通过立项、课题论证和项目调研，确定科技攻关计划项目和推荐国家科技攻关计划的预选项目。为了使科技攻关计划得以实施，中情所展开软科学研究，了解、跟踪、掌握当代世界科技前沿、科技动向和重要成就，即时反映最新科技进展和发展动向，报道科技前沿领域的最新研究成果。中情所还为领导和各高新技术企业提供科研攻关、决策、管理等方面的情报咨询与服务，为新产品项目提供技术依据和跟踪服务，为广大科技人员提供最新前沿技术信息，对科技攻关计划进行项目验收，对重点科技攻关项目实施项目汇编，为科技攻关计划的顺利实施做出了贡献。

（七）科技信息咨询与服务市场（中心、公司）的兴起和发展

随着科技情报体制改革的不断深入，中国科学技术情报研究所已被列为差额拨款事业单位，要求创收经营，补足事业发展、职工工资和福利经费的差额部分，在此形势下，中情所把工作重点从传统的情报文献和图书资料服务转移到以从事信息增值的咨询服务上来，建立了大型骨干信息提供和咨询服务中心。1990年11月22日，中情所与国家科委科技成果司、情报司、技术市场管理办公室和科技日报社共同主办的全国信息发布厅开业。1991年，中情所文献服务部在大同、包头、延吉、南阳、邢台、北京等地举办了"信息技术交流会"。1992年10月29日，中信所新产品引进开发部发展成为维特信息技术公司，并在北京市海淀区高新技术产业开发区正式注册。1993年2月18日，中信所成立了第一家专业数据库公司——北京万方数据公司。在技术咨询方面，中信所成立了兰科信息技术开发公司，经过调整，明确了公司的发展方向，将市场调查、翻译、技术中介作为主要业务，与日本 ADVANSIS 公司、日本 URBAN CONNECTION 公司、德国 JFK 公司、韩国三星电子股份有限公司、日本丰田技术公司及美国 NPD 集团公司建立了业务联系。1994年，中信所加强了信息资源的开发利用，创办了京区第四家图书市场"科苑商城"。9月28日，"科苑商城"举行试营业。11月1日"科苑商城"正式开业。

1993年，中国科学技术信息研究所所长刘昭东率领代表团访问美国达拉斯，参观美国"信息市场"和美国的信息网络技术。同年，中国科学技术信息研究所拟筹建山东威海高技术信息技术服务中心。2月16日，刘昭东所长、胡海棠副所长陪同国家科委副主任周平赴山东省威海、青岛、潍坊、淄博、济南等地视察了解工作，并落实威海信息会馆用地事宜。同年，中信所在山东威海建立了高技术信息服务中心。1994年，刘昭东率团访问美国商业开发公司（BDI）美籍华人刘耀伦、田溯宁和丁健3位先生，田溯宁、丁健帮助中信所进一步了解美国信息市场的情况，并协助筹办北京的中国信息市场。1994年8月18日，中国信息市场新闻发布会在中信所举行，发布会发布了信息市场开始筹建的有关信息。同年8月30日，中信所召开有国外驻华使馆和组织机构官员参加的中国信息市场新闻发布会。该信息市场经国家科委批准设立，建成以中国科学技术信息研究所为依托的、国内当时规模最大的设施现代化、管理科学化、综合服务一流的国际信息化市场。其主要功能：展示国内外新技术、新产品；发布国内外新技术、新产品的信息；开展技术转让活动，进行信息和技术的交流与交易。1995年2月27日，国家科委主任办公会议纪要指出：筹建中国信息市场是中国科学技术信息研究所深化科技信息体制改革，与国际信息市场接轨的重要举措，要抓紧建设。中国科学技术信息研究所

应在改革开放中,把握住发展信息服务业这个大方向,大力发展信息咨询业、数据库产业、信息市场和信息研究。中国信息市场的建立推动了科技成果加速向生产力的转化,促进了科技信息的有效交流、传播与推广。

(八)科技咨询与服务情报网建设

1982年11月,中国科学技术情报研究所成立了科技情报刊物(出版物)发行网。到1985年,由中情所和32个专业部委科技情报研究所,29个省、自治区、直辖市科技情报研究所,200多个市(地)科技情报研究所和一些县级科技情报机构,大量的工矿企业、研究设计院(所)、大专院校的情报资料部门,以及各种科技情报网所组成的情报工作系统基本形成。①

1988年6月28日,中国科学技术情报研究所成立了"企业与科技咨询网",这是一种专业性科技情报网。实践证明,这种科技情报咨询与服务网有利于情报交流,有利于联合开展文献服务、报道服务、情报研究和培训干部等工作,它具有较强的活力,成为中国情报工作系统中一个重要组成部分。

### 三、情报分析研究为经济、科技发展和战略决策服务

进入20世纪80年代后,随着改革开放和国家工作重点的战略转移,市场经济的兴起和决策科学化的发展,中国科学技术情报研究所的科技情报研究工作开始从科技领域跨入经济领域,科技情报研究工作进入了成熟发展阶段。软科学研究随着科技和经济的蓬勃发展而逐步发展起来。从1982年开始,我国进一步发展了综合性、政策性、战略性情报研究,科技情报研究水平和研究质量进一步提高,取得了明显成绩。1984年召开的第六次全国科技情报工作会议再一次强调,继续围绕发展战略开展情报的调查分析和研究,有层次地开展战略性、综合性、长远性的情报调查分析和研究工作,为领导决策提供情报资料和研究报告。1988年,中共第十三次代表大会政治报告中明确指出"大力发展软科学"。至此,我国软科学研究开始纳入工作的范畴,成为各级领导直接依赖的可靠力量。在国家的扶持下,情报分析研究工作已经成为为国民经济建设服务的重要依靠力量之一。

(一)情报分析研究组织建设

1983年,中国科技情报学会组建了情报研究专业委员会,并把对情报研究理论和方法的研究作为专业委员会的基本任务之一,从此,情报研究有了自己的学术研究和交

---

① 中华人民共和国科学技术部.国家科学技术条件发展60年(1949—2009).北京:科学技术文献出版社,2009:113.

流的组织和平台。1987年，中国科学技术情报研究所参加到社会软课题研究的招标角逐中，共完成软课题19个，其中包括中情所为"863"计划积极开展研究工作，情报研究部为此承担的3项软课题任务。情报研究部还承担了5种《快报》的任务。①

1992年9月，中国科学技术信息研究所"国外情报研究部"更名为"信息分析研究中心"，情报（信息）研究工作继续得到加强，情报（信息）分析研究工作继续跟踪世界科技、经济和社会发展的动态，及时地把国外出现的新潮流、新理论、新技术、新产品、新趋势介绍到国内来，以促进我国现代化建设的发展。

1994年12月，国家科委正式成立了中国软科学研究会。软科学研究会挂靠在中国科学技术信息研究所，其主要任务是积极探索各级各类决策的民主化、科学化、制度化的程序与措施，为完善国家民主政治体制，为经济建设及改革与发展做出贡献。受国家科委委托，组织办理"国家软科学研究计划"一般性项目的申报立项、阶段检查和结题评审工作。对我国软科学事业发展的方针、政策、法规，中长期规划开展研究，并向国家宏观管理部门提出建议。组织开展软科学基础理论与方法的研究，进行各种学术交流活动，努力促进软科学理论体系的建设与发展。

## （二）情报分析战略研究座谈会、学术研讨会和新技术展览会

从1980年下半年起，中国科学技术情报研究所就开始在内部刊物上介绍国外关于发展战略的文章，这些文章引起中央领导部门的注意。1982年3月起，由于光远、童大林同志发起，中国社会科学院、国家科委等单位联合多次召开发展战略座谈会，广泛研讨有关发展战略的种种问题。中情所是这次座谈会的主办单位之一。1983年10月，国务院技术经济发展研究中心召开有包括中情所在内的120余位专家学者参加的发展战略讨论会。与会者从中国的实际情况出发，扬长避短，从不同角度提出多种适合我国国情的发展战略，如协调发展战略、持续发展战略、全面发展战略、富国裕民发展战略等。所有这些活动对研究和制订适合我国国情的发展战略起到了一定的推动和促进作用。②1984年5月12—18日，中情所在河北石家庄召开"新的技术革命和我国现代化建设"研讨会。同年8月2—17日，由中情所牵头组织北京图书馆等8个单位在北京市劳动人民文化宫举办"新技术革命情报图书资料展览"。全国人大常委会副委员长严济慈、国家体制改革委员会副主任童大林，以及袁翰青等人参观了展览，观众达1万多人次。10月21日，中情所参加由中国科协等7个单位在北京科学会堂主办的"新技术革命信息技术展览"，展出信息技术文献资料2000余册，播放录像磁带30余部。有关新技术革命的情报图书

---

① 中国科学技术信息研究所. 中国科学技术信息研究所大事记（1956—1996）. 北京：科学技术文献出版社，1996：51–52.
② 虞鸿钧. 情报调研纪事. 见：中国科学技术信息研究所编. 中国科学技术信息研究所建所45周年纪念文集. 2001：37.

资料和信息技术展览在社会上引起了广泛影响,起到了情报工作的耳目作用,推进了情报分析研究工作的加强。1988年,中国科学技术情报学会情报研究与理论方法专业委员会还召开情报政策与发展战略学术研讨会,讨论了发展策略和情报政策的四大热点问题。

(三)情报分析研究工作的加强

20世纪80年代—90年代中期,中国科学技术情报研究所科技情报研究工作努力适应形势需求,不断提高研究水平,得到了蓬勃的发展。科技情报的分析研究内容由科学技术领域扩展到经济、社会领域相交叉;工作方式从以文献调研为基本方式转向文献调研与实际调查相结合的方式。

1983年,为国家编制"七五"计划和长远发展规划,以及为国家发展战略研究进行积极的调研服务,受到了好评。

1984年,围绕着"科技情报为经济建设服务"的方针,科技情报研究与经济建设和科技发展结合更加紧密,科技情报研究发挥的作用更加显著,许多情报研究成果在领导机关的决策和管理中发挥了重要作用。情报研究手段也得到了根本性的改善,定量分析与定性分析相结合的研究方法被更多地应用于情报研究,促进了情报研究水平的提高。

1985年,围绕新技术的重要领域和某些发达国家,开展了跟踪调研分析,加强了国内科技成果的管理与交流工作,承担了联合国大学的科研项目。在情报分析研究成果中,中国科学技术情报研究所的许多研究成果受到经济、技术决策部门的好评,有些对战略决策有较大实用价值的成果,受到了国家级或部委的奖励。当年,中国科学技术情报研究所有5项科技情报成果荣获国家级科技进步奖。

1986年,中国科学技术情报研究所的情报研究工作开始突破以往的模式,在为改革服务,为经济建设服务,为领导决策服务等方面,都进行了新的探索和尝试,完成了一批质量较高的研究报告,承担了14项软课题研究项目。

1987年,中国科学技术情报研究所的情报研究工作在完成原定工作的基础上,拓宽研究领域,把研究工作从单纯的国外情报研究转变为国内外情报研究紧密结合,从单纯依靠本身事业费搞研究和闭门搞研究转变为从大科技观点出发,走出所门,参加到社会上软课题研究招标的角逐中。全年共完成软课题19个。

1988年,中国科学技术情报研究所的情报研究工作继续走向社会,针对国家科技工作重点和经济建设,不断拓宽研究领域;在国别研究、高技术、社会发展等方面都有进展。1988年共完成研究课题11个。

1989年,中国科学技术情报研究所配合国家科委"火炬计划"和"863计划",完成了《1988年世界高技术发展述评》等60多个课题,《中国科技论文统计与分析》研究成果发表后,在社会上引起了较大的反响并受到国家科委领导的好评。

进入20世纪90年代,中国科学技术情报研究所由单纯的科技情报研究机构转变为科技情报研究、决策研究、咨询服务、软科学研究、技术经济研究机构。同时，科技情报研究层次，由只重视微观的战术性情报研究转变为微观战术性和宏观战略性情报研究兼顾并重。此外，科技情报搜集来源，由单纯文献资料转变为文献资料和各种多媒体资料相结合；科技情报研究方法，由定性研究转变为定性研究与定量研究相结合，但仍以定性方法为主；科技情报研究手段，由传统的手工型、个人单干型，转变为集体协作式，并开始应用计算机、知识工程、专家系统等现代化手段辅助科技情报研究；科技情报服务方向，也由专为科研服务转变为为科研决策服务、为科技成果转化成现实的生产力服务、为经济建设服务等多种功能。

1990年，中国科学技术情报研究所的情报研究工作取得了新的进展，完成各种研究课题40多个，《中国和世界各国科技实力比较》被列为科技白皮书的系列出版物，《863成果数据库》开始建库。中情所还从国外获得资助进行情报研究，拓宽了研究范围。1991年，紧紧围绕着国家经济建设和科技发展的要求，进一步拓宽了研究范围，完成40多篇论文和14种刊物528.8万字的报道任务，在领导部门和社会上产生一定的影响。宋健主任为《各国科技要览》一书撰写了前言。1992年，情报分析研究工作开始向国家重大决策咨询转变，直接参与决策研究，一些研究成果已得到国家有关部门的肯定和重视。1993年，中国科学技术信息研究所方法室正式撤销建制，与教育培训部合并成立研究培训中心，其检索语言组和机器翻译组归计算机中心。研究培训中心成为专门的情报方法研究机构。1994年，中信所完成的信息研究课题承接量比上一年度增长了59.5%，并加大了为国家科委提供研究服务的力度，为国家科委服务的研究课题占研究课题总量的73.8%。这一年，中信所圆满地完成了江泽民总书记下达、国家科委交办的《现代科学技术基础知识》一书的编撰工作。

（四）重大情报分析研究课题

**1. "中国2000年研究"**

1980年，中国科学技术情报研究所国外情报研究部组织开展了"2000年的中国"研究活动。1981年8月，美国"全球2000年"研究报告主持人巴尔尼博士来中情所访问并做学术报告，自此中情所在其启发下，第一个在国内提出并开展"中国2000年研究"，即预测我国2000年发展状况的调查研究，这是中情所国外部开展的一项巨大的调查研究工作。在"中国2000年研究"课题进行过程中，巴尔尼博士提供了有关课题研究方面的资料，中情所国外研究部的一大批资深研究人员，包括孙学琛、贡光禹、李勇为、任志英、程玉琴、陈宏谟、王余青、侯国清、李思一、梁战平等为课题研究做出了贡献。"中国2000年研究"历经一年多时间，从人口、能源、矿物／资源、耕地、森林、交通、食物、经济等10个方面的2000年发展前景描绘了粗线条的轮廓。"中国2000年研究"使中情所的情报研究工作迈上了一个新的台阶，即由单纯的国外情报研究转向国内外结合的情报研究,以及单纯的定位分析研究转向定性分析与定量分析相结合的情报研究。这一研究进展很快引起了有关领导的注意。1982年年底,国务院发展研究中心主任马洪听取中情所关于"中国2000年研究"的调研报告,肯定了这一研究的意义。1983年,该项目由国务院发展研究中心承接,从而纳入了国家研究的轨道,中情所从事的这项研究课题为国务院经济技术社会发展研究中心开展的"中国2000年研究"做了奠基性工作。"中国2000年研究"不仅使我国有了与国际接轨的研究理念和方法,而且逐步带动和练就了一支宏观的战略研究队伍。

从1982年开始,国务院经济技术社会发展研究中心、中国社会科学院、中国科学技术情报研究所等在马洪的主持下,组织各研究单位、规划设计单位、高等院校等400多名专家学者参加了"2000年的中国"这项宏大复杂的经济社会系统研究。1983年3月,国家"六五"计划把"2000年的中国"这个课题列入国家重点课题,并于同年编写完成"2000年的中国"的调查研究和编写工作。这份报告从人口、能源、矿物/资源、耕地、森林、交通、食物、经济等10个方面的2000年发展前景,描绘了粗线条的轮廓。经过3年的艰苦努力,于1985年5月全面完成了"2000年的中国"研究总报告及"2000年中国人口与就业""2000年中国的经济""2000年中国的能源""2000年中国的科学技术""2000年中国的教育""2000年中国的环境""2000年中国的农业""2000年中国的自然资源""2000年的中国交通运输""2000年的中国消费"等12个分报告和一批专题报告。该项研究工作按照系统工程的方法,系统地设计了研究的内容、组织与方法;采取新的思路,即从人口预测、人民实现小康生活水平为研究起点,把远景目标和现实国情相结合,把长远研究和近期研究相结合。"2000年的中国"研究是一个综合性、全局性、战略性的高层次研究成果,也是我国第一个科技、经济、社会与环境协调发展战略方面的重大综合性软科学研究成果,对我国经济社会的发展战略、长期规划及当前政策的制定提供了综合性参考资料。此外,"2000年的中国"还对我国预测学和未来学的研究与发展做出了重要的贡献。"2000年的中国"提出了总体发展战略及上百条政策建议,构成了配套的政策体系,为中共中央和国务院进行决策提供了科学依据,为各地区、各部门、各项事业的发展工作提供了背景材料。1988年,《情报工作和情报科学发展战略——2000年的中国研究》正式出版发行。在《中共中央关于第七个五年计划的建议》中,采纳了其中许多研究结果及政策建议。国务院转发了该研究报告后,在全国及国际上引起了很大的反响。该项成果于1988年获国家科学技术进步一等奖。

"2000年的中国"是20世纪80年代较为综合系统的一项研究,该项研究不仅产生了2000年的研究报告,而且为中国发展战略研究工作者带来了一套崭新的美国发展战略研究的理念、内容、方法和技术。"2000年的中国"对于我国在20世纪90年代进行科技战略情报的预测研究具有推动作用。

### 2.《科技参考资料》

1984年，中国科学技术情报研究所写了一份有关煤的气化的几个政策问题的报告，发表在《科技参考资料》第466期上。报告中指出，几个政策问题如技术、资金、管理、用户、煤质、供水等问题需要考虑，特别需要考虑的是技术问题和管道问题，报告还就煤的气化在技术上、经济上以及基础设施上是否可行有待探讨等问题进行了说明。4月27日，邓小平同志审阅了这份资料后，批给当时主管经济工作的几个中央领导阅。后来，关于煤气的气化问题得到认真的考虑和妥善的处理。

### 3.《各国科技要览》

为了及时掌握国外科技动态，1985年，中国科学技术情报研究所国外部（科技信息分析研究中心）组成了由梁战平为首组成的11人课题组，研究各国科技概况。1986年，课题组研究完成了《各国科技概况》的研究课题。1991年，中情所出版了反映40个国家科技状况的新版《各国科技要览》，该书计83万字，详细介绍了各国科技发展情况。[①]

### 4.《世界高技术发展战略与政策》

1986年，中国科学技术情报研究所编写了《世界高技术发展战略与政策》一书，这是我国介绍高技术发展最早的出版物之一，而且是涵盖最全的一种。该书的内容包括：各国高技术发展规划与战略，全面介绍了美国、欧洲、日本及经互会成员国当时的四大计划；高技术发展的主要方向，剖析了信息、新材料、生物空间、核电等高技术的发展态势；发展高技术的政策与措施，综合归纳了各发展高技术及其产业所采取的措施；典型高技术区的剖析，分析了高技术区的形成、发展及其对高技术产业和社会经济发展的作用。在我国制定"863"计划的开始阶段，及时地编辑出版这本内容翔实、有分析、有观点、比较全面反映国外高技术及其产业发展资料，受到科技管理工作者的欢迎。该书为推动我国高技术及其产业的研究发展发挥了积极的作用。

### 5.《世界科学技术发展年度述评》

1986年，根据中央领导要跟踪、研究、掌握国外科技发展的动态和方向，了解、分析外国政府对发展科技所采取的政策、措施的指示，中国科学技术情报研究所联合国家科委科技合作局编写了《1986年世界科学技术发展动向》（以孙学琛为主的编写小组编写完成）、《1987年世界科技形势报告》（由梁战平、宋振峰等完成编写工作）等跟踪研究课题。为保证跟踪研究的持续性，1988年组成了固定研究小组。研究小组的任务是常年持续跟踪、收集、积累科学技术的发展新动向，新出台的发展科学技术政策，以及推动科学技术与经济、社会发展相结合的政策、措施，结合国外报回的调研材料、研究、分析一年来的科学技术发展动向报告。从1988年开始，将每年的报告统一命名为《世界科学技术发展年度述评》（现为《国际科学技术发展报告》）。《世界科学技术发展年度述评》

---

① 任志英.新世纪新飞跃.见：中国科学技术信息研究所编.中国科学技术信息研究所建所四十五周年纪念文集.2001：77.

包括六大部分内容：当年的科学技术发展动向；世界科学技术发展述评；世界科学技术的主要进展；各国科学技术发展述评；各国（地区）科技政策与管理的重要措施；若干国家（地区）的科技统计指标。这些内容及时准确地跟踪了世界科学技术的新发展、新突破、新举措和新统计数据，又分别地反映各个国家当年科学技术的新进展和新政策。同时对当年科技发展的特点和热点进行分析，为决策者提供新思路、新依据。1993年，国际合作司和中国国际科技合作协会在组织召开的"《世界科学技术发展年度述评》10周年座谈会"上，称《世界科学技术发展年度述评》是一部独具特色的、颇具影响力的报告。

### 6. "促进中医药出口创汇的战略与政策研究"

1992年，中国科学技术情报研究所、中国中医院图书情报研究所提出关于"促进中医药出口创汇的战略与政策研究"的软科学研究项目。该软科学研究项目获得了国家科委政策法规司和国家中医药管理局的支持，迅速在中情所成立了课题组，在中国中医院图书情报研究所组织成立了课题二组，另外，还组织了以305医院前院长陆天鑫为首的专家组。该研究项目在国内外首次调研了中医药的国际地位、国际市场及各国有关中草药的法规，粗略确定了在国际中药市场中所占份额；并较全面、系统地调研了国内影响中医药出口的因素及对策。主要结论：中医药出口大有可为。但中药科技含量低，经营体制不完善，所占国际市场份额与中医药大国地位极不相称，必须要有危机感与紧迫感。课题建议制定并实施国家级"弘扬中国传统医药学工程"，并提出了弘扬工程的战略目标、主要内容、措施、管理与资金来源。课题结束后，在1995年9月举行了汇报会。国家中医药管理局局长张文康及国家科委政策法规司司长张登义等领导出席了会议，高度肯定了课题组的工作。1995年11月，课题通过了国家科委组织的由中医药专家组成的评审委员会的评审。专家们一致认为这是一项优秀的研究成果，具有可操作性。1996年，陈可冀院士等37位医药界的全国政协委员依据课题成果提交了政协提案，获得了有关部门的重视，该提案获得了全国政协优秀提案奖。国家科委和国家中医药管理局及北京市中医药管理局在其制订并实施的国家级规划、"九五"攻关计划、攀登计划，以及国家中医药管理局为全国卫生工作会议起草的报告中都采用或参考了本课题成果，并决定将发展中医药列为国家重大科技产业工程。国家中医药管理局以本课题成果为主要内容召开了"全国中药市场信息交流会"，其出版的《中药进口贸易指南》一书收入课题报告19万字。多家中药企业依据本研究成果制订其规划，或针对国际市场加强开发力度，或拟联合为集团打入国际市场，产生一定的经济效益。一些中医药研究和教学单位参考本研究成果瞄准国际市场进行研究，并加强国际合作交流。本课题研究报告在新闻出版界也引起了强烈反响。据1997年不完全统计，新华社、《人民日报》《中国日报》《科技日报》《健康报》《中国中医药报》《中国青年报》《经济参考》等报刊宣传本课题成果50余次，法国电视二台驻北京办事处曾慕名专程来课题组采访。1995年本课题获中国科学技术信息研究所科技进步一等奖，1996年获全国科技信息系统优秀成果一等奖，1997年获国家科委科技进步二等奖，1998年获国家科技进步三等奖。

**7.《现代科学技术基础知识》**

1993年5月28日，受中共中央委托，遵照江泽民总书记的指示，由国家科委牵头组织科技界撰写的《科学技术与中国的振兴——机遇与挑战》（后改为《现代科学技术基础知识》）一书办公室成立并设在中国科学技术信息研究所。编辑出版《现代科学技术基础知识》旨在提高干部科学文化素质。国家科委责成中国科学技术信息研究所组成撰写办公室，开展组织撰写工作。该书主编为宋健，副主编为刘昭东等。该书由江泽民总书记作序并题写书名，于1994年2月正式出版。1994年4月7日，《现代科学技术基础知识》一书出版发行新闻发布会在国家科委多功能厅举行。国家科委副主任兼该书副主编惠永正、中国科学技术信息研究所所长兼该书撰写办公室主任刘昭东出席了发布会。同年7月12日，为配合广大党员干部学习《现代科学技术基础知识》一书，中信所科技声像部以"机遇和挑战——科学技术与中国的振兴"为题制作了3套录像带并发行。该书和录像带出版发行后，深受广大干部欢迎，出版的书籍先后数十次印刷，发行量逾百万册。

## （五）情报分析的全面展开

### 1. 新技术革命的报道和预测研究

1983年10月9日，中央领导做了题为"注意研究世界新的工业革命和我们对策"的报告，分析了当代世界经济和技术发展的新形势，而且提出了如何正确对待的一系列战略观点思想。中央六部门于1984年3月开始举办"新技术革命知识讲座"，系统讲授新技术革命方面的知识。中国科学技术情报研究所出版专辑集中报道了世界新技术革命产生的背景、特征、影响、发展趋势；新学科、新技术、新产业的发展概况和基本知识介绍；新技术发展对经济社会的影响，采取对待新技术发展的对策；国外学者对新技术革命的种种议论和述评等。这些报道在社会上引起了广泛影响。1986年，中情所完成的《本世纪末高技术突破预测100例》《美国三个高技术密集区案例分析》等课题，对20世纪末高技术领域项目以例证或案例的方式实施预测或分析，使社会能够及时了解高技术的发展方向。此外，中国科学技术情报（信息）研究所完成的新报道和预测性研究课题主要有：1988年，《日本超导研究开发的现状和动向》《美国超导研究和应用概况》等；1989年，《1988年国外生物技术》《1988年国外交流超导材料和先进复合材料》《1988年核能和新能源综述》《1988年世界机器人技术发展回顾》《1988年国外电子信息高技术发展综述》《1988年世界民用激光器的进展》《农业生物技术研究和开发的进展与前景》等；1990年，《1990年能源、新技术、自动化及生物技术》；1991年，《91高技术年度进展报告》；1993年，《促进美国经济增长的技术——增强经济实力的新动向》《科学、技术与联邦政府——新时代的国家目标》《高技术进展》《英国科学技术》《新西兰科学技术》《澳大利亚科学技术》《21世纪日本百项重大科研项目》《八十年代以来日本重大科研项目》《日本关键技术》《北欧各国科技概况》《俄罗斯科技概况》《90年代世界新科技革命态势》《南太平洋岛国科学技术》等。1994年10月上旬，中国科学技术信息研究所研究培训中心主办的《信息科学技术跟踪简报》内部试刊发行，该《简报》主要是对当前国内外信息科学技术、信息产业的现状、发展动向和走势，以及信息界所关注的热点和焦点问题进行了跟踪报道。

### 2. 新技术革命的挑战及其对策的研究

1983年，国务院号召开展关于新技术革命的挑战及其对策的研究。1985年，为此中国科学技术情报研究所完成《国外生物遗传资源的保存和利用》《电子材料的发展现状与展望》《新能源与节能材料的开发》《国外新技术开发区状况》《核能发电现状及展望》《国外生物工程发展情况》《星球大战计划》等课题。此外，中国科学技术情报研究所为开展"2000年的中国"这一重大课题研究，编写了《各国科技要览》等综合性技术资料，产出了一大批的分析研究成果。情报调研工作在国民经济各部门、各地方确定经济、社会发展战略，制订经济和科学技术发展规划，拟定各项技术政策，选择技术引进项目，进行企业技术改造、资源开发和工程建设，以及确定产品发展方向，评价技术经济效果，进行科学预测和可行性研究等方面，起到了重要的参考作用。之后，中国科学技术情报（信息）研究所完成的新技术革命的挑战及其对策的研究课题主要有：《高技术在农业生产中的应用及其经济效益评估》《世界高技术发展态势》《国外高技术发展动向》《发展与决策》《国家关键技术选择》等。

### 3. 新产业革命研究

20世纪70年代后期尤其是80年代，以信息技术革命为主导力量的新的产业革命来临。因此，1983—1984年，传播、报道新技术革命的信息成为中国科学技术情报研究所情报调研工作的一个亮点。为了及时报道新的产业革命，《快报》最先报道了新的生物技术，并经常性报道高技术、科技园区、信息革命、美国"新经济"，以及对新产业革命的重要议论，欧美日的重要计划和部署。到了1993年，抓住新产业革命的机遇并迎接挑战被列入我国政府的议事日程。中情所还以《快报》刊登过的文章为基础，编辑出版了《新的产业革命》一书。此外，中情所在80—90年代上半期还组织了各类反映新技术革命的课题，如：《中国高技术的产业化》《国外高技术进展预测100例》《国外高技术发展动向》《SDI对美国科学技术的影响》《中国高技术产业化道路》《日本的高技术产业化》《新技术与传统产业的融合》《我国高技术产业化现状及对策》《我国影响高技术产业化的问题》《我国发展高技术产业面临的问题与对策》《新材料研究动向》等课题。

### 4. 为编制国家或地区经济长期规划的研究

1980年，为了配合国家经济长期规划的制定，中国科学技术情报研究所编写了约30

万字的专题参考资料，内容涉及发展战略与技术政策、科技与经济的协调发展、技术引进、技术革新、传统产业技术改造、适用技术、人才培养与管理等。仅1980年1年内，中情所产出了50期情报分析研究的参考资料，具体内容包括：①根据国务院通知的要求，提供有关国家制订长远规划的方法和程序；②介绍国外对我国2000年发展的预测，如美国政府2000年全球情况调查报告的预测，经济合作与发展组织的预测及世界银行的预测等；③通过美国、日本、英国等发达国家的历史经验说明这些国家如何靠科技进步大大改变经济与社会的面貌的；④外国人对我国技术与经济发展的议论。① 此外，中情所完成的规划性研究课题主要有：《关于科技情报事业发展规划的编制》的综述、《论编制科技情报事业发展规划》《1987年世界科技综述报告》等。

### 5. 可持续发展研究

1983年，中国科学技术情报研究所完成《关于环境承载能力的概念问题》《经济增长与发展》课题。1984—1992年期间，中情所每年出版的《世界状况》年度报告及国外其他有关可持续发展和全球问题的论著对在我国介绍可持续发展思想及全球问题起到了一定的促进作用。1985年，中情所完成《我国造纸业污染及治理问题研究》《我国垃圾处理的几点建议》等课题。

### 6. 发展战略研究

20世纪80年代初，中国科学技术情报研究所参加发起和组织首都科技、经济界关于发展战略问题定期讨论会，编译出版《发展战略研究丛刊》，其中关于可持续发展的社会，增长的极限、第三次浪潮、适用技术等译文，引起了关注。1983年，中情所完成《发展战略及开展中国式社会主义的发展战略研究》课题。在为战略决策服务方面，进行了《国外科技情报的调研和报道为领导决策服务》课题，供领导决策服务，取得了良好的效果。此外，中情所在20世纪80—90年代上半期组织的《发展战略与科技政策情报研究》课题于1986年获得国家科技进步奖科技情报成果二等奖。之后，中情（信）所完成的战略性研究课题主要有：《欧洲共同体合作研究的发展概况》《国际能源新形势及我国能源发展战略》《我国生物技术发展战略和2000年预测》《中国高技术的多层次发展战略》《苏联的科技战略与改革》《1990年世界科技发展动向》《90年代中国的新兴工业化及战略选择》《90年代我国产业发展的形势及战略选择》《科技发展决策服务系统》等。

### 7. 调研、评价课题研究

1983年，中国科学技术情报研究所成立了兰科信息技术开发公司，将市场调研作为公司的发展方向之一。1984年，中情所完成《面临社会挑战的联邦德国的科学技术情报方针政策调研》课题。同年，编写了《苏联科技情报机构的经济核算制》的调研资料。之后，中情（信）所完成的调研、评价性研究课题主要如下所述。1985年，《缩微技术

---

① 虞鸿钧. 情报调研纪事. 见：中国科学技术信息研究所编. 中国科学技术信息研究所建所四十五周年纪念文集. 2001：40.

调研》;1986年,《玉米深度加工技术的调研》《国内养猪技术的调研》等;1987年,《我国科技人员学术水平的调研》《把"国外科技动态"办成有鲜明特色和广泛社会影响的综合性科技刊物调研》《CD-ROM 系统应用调研》《大型企业情报需求调查研究》《关于我国高技术发展问题认识问卷调查》等;1988年,《国外高技术产业发展情况调研报告》《中东国家基本情况调研》等;1990年,《国际科技合作效果调研和汇编》《文献资源利用调研及读者用户调查》《研究与发展宏观评价指标体系》《R&D 评价体系》《基础研究评价指标体系》《中国热点问题总报告》等;1991年,《国际科技合作项目效果调研》《中国科技机构学术水平调研》《科技成果管理有关法规调研》等;1992年,《国外及我国台湾地区重大科技项目调研》;1993年,《法国空间计划评价》《石嘴山经济科技评价》《国外科研项目调研》《新疆移动电话发展与市场潜量调研》《信息资源调研》《IBM 联网调研》《中文数据库的调研、选择与购进》《用户联机过程中问题的调查与结果》等;1994年,《国际市场调研》《寻呼机市场调研》等。

### 8. 国外科技政策分析研究

中国科学技术情报(信息)研究所完成的国外科技政策与分析研究的课题主要有:1985年,《苏联东欧国家科技成果管理条例》《日本科技成果管理条例》《英国的科技政策及其动向》《联邦德国的科技概况》《法国科技政策的发展方向》《谈美国科技政策几个侧面的新发展》《国外发展新材料的政策》《科技自力更生的国际环境》《日本中小企业的振兴和政策措施》等;1986年,《日本人才资源开发政策研究》;1987年,《国外战略资源政策研究》《日本科研成果的奖励与管理》《技术创新政策:国外的经验、教训和某些启示》等;1988年,《苏联高技术管理体制》《苏联高技术与高技术产业发展政策的剖析》《日本高技术产业的管理措施》《印度的高技术科研管理》《"阿丽亚娜"和"尤里卡"计划的组织与管理》《美国高技术产业化发展的特点及政府的有关政策》等课题,并完成了包括英国、联邦德国、法国、巴西、美国、苏联、日本、民主德国等各国的高技术产业方针政策方面的一系列研究课题;1989年,《发达国家促进企业科技进步的政策措施》《各国科技型企业宏观管理制度的分析比较》《法国支持科技型企业的政策与措施》等;1990年,《西欧主要发达国家知识产权与科技立法》《日本、苏联科技立法和科技发展》《日本政府组织体制和功能》《日本、西德及国外企业科技进步的投资、融资渠道、政策分析》《我国从苏联引进技术的政策》等;1991年,《提高科技政策制定水平》;1992年,《90年代产业发展与政策研究》《宁夏石嘴山地区的科技经济发展规划》等;1993年,《中国中药如何走向世界的战略和政策研究》《中国科技计划的制定与实施》等;1994年,《信息工作中的知识产权问题和我们的对策》。

### 9. 科技论文统计与科技报告研究

1987年,中国科学技术情报研究所完成"'863计划'科技报告体系的研究与设计"课题。同年,国家科委主任宋健布置中情所开展科技论文的统计研究工作,中情所组织了二十几人参加课题组开展工作。1988年上半年,中情所主要以美国科学引文索引(SCI)为基础,开展了"我国科技人员论文发表情况调研分析"的研究,这是我国第一次对我国科技人员论文发表状况进行较系统的分析研究。研究报告发表后立即在科技界和教育界引起了很大的反响,很多单位对论文统计结果立即做出了反映。1989年2月2日,《人民日报》第3版以"科技论文增长迅速"为题,引用并报道《我国科技论文状况的统计与分析》这一研究报告。10日,新华社向全国发布新闻稿。11日,《人民日报》《光明日报》《北京日报》等多家报纸对新华社发布的新闻稿进行了转载。此项研究课题的完成填补了我国科研评价工作的一项空白,这对于评价我国的科研水平是一项重要的依据。此外,此项科研课题还为国家科技决策和了解投资效果、了解我国科研成果提供了可靠的依据,对我国文献计量学做出了实质性的重要贡献。随后,中情所每年都进行科技论文统计工作。1990年,中情所完成"中国科技论文统计与分析"(以后每年都有相关科技论文统计与分析的研究课题)、"从Scientometzics载文看引文分析研究的现状"等课题。1992年,中情所完成"'863计划'年度报告"课题。1994年,主持并承担了联合国教科文组织项目"世界科学报告——1993年中译本""世界科学报告"等课题。

### 10. 竞争情报研究

20世纪80年代,我国开始了竞争情报的研究。1980年,杨沛霆首先在文献上讨论竞争情报问题。1988年,我国有了有关竞争情报的译文或译著。20世纪90年代中期,中国竞争情报开始走向自主研发和推广应用阶段。中国科技情报界积极引进现代竞争情报的理论和方法,并将其嫁接于中国的情报研究实践。中情所开展了"情报研究的国内外比较研究""基金项目研究"等课题,还出版了《企业竞争情报研究》《市场竞争和竞争情报》等论著。1994年1月,中国科技情报学会情报研究暨竞争情报专业委员会的成立标志着竞争情报研究正式的引进。

### 11. 微电子技术、检索语言和情报(信息)手段现代化研究

20世纪80年代上半期,中国科学技术情报研究所组织"建立国际联机检索终端实现检索手段现代化,为全国开展科技情报服务"课题,该课题于1985年获得国家科学技术进步奖三等奖。据统计,中国科学技术情报(信息)研究所完成的相关课题研究成果主要有:1983年,《举世瞩目的微电子技术》;1984年,《高密度贮存技术与我国缩微技术发展概论》;1985年,《国外微机应用的问题与对策》《微电子技术对社会的影响》《国外微机发展应用环境条件》《缩微摄影技术》《IBM4381上的西文建库程序》《中文资料磁带格式项目的自动生成》《微机运行的工资管理》《机器翻译冶金题录》《情报局数据管理系统》《西文资料的编目打卡》《中文会议资料目录打印》《中文文献资料的格式检查》《重庆、辽宁、江苏等地国际联机终端的建立与服务》《分终端的监视监听系统》《北京—重庆300波特改为1200波特通讯试验》《IBM PC/XT作为国际联机检索终端的试验》《缩微摄影技术》等;1986年,《微机排版、激光打印、静电胶印系统的应用研究》;1987年,

《技术引进数据库的研究》《国外情报工作研究数据库(第一阶段)》《冶金题录英汉机译系统研究》《MICRO CDS/ISIS 1.03和2.0版的汉化》等;1990年,《成果管理系统软件开发》《CDS/ISIS软件汉化》《光盘适用性、经济性研究》《我国科技情报系统功能评价指标体系的研究》《技术引进战略情报的情报支持和咨询》《信息处理用现代汉语综合词库》《微机英汉(题录和全文)机译系统的开发和应用》《国家"863"智能型英汉机译系统》等;1991年,《英文词汇校验软件》《CCFC格式磁带的输入转换程序》《成果公报排版》《微机通用信息管理系统》《进出口项目管理》《"863"智能型机译系统》《汉语功能词典》《机译语言调研系统》《微机英汉机译系统》等;1992年,《微机英汉机译系统的开发和利用》《机读多语种科技词库》《信息处理用现代汉语综合词库》《国家863智能型英汉机译系统》《CD-ROM套录》《SL-1计算机网络》等;1993年,《COS/ISIS扩充功能开发》《文献自动化系统》《MICRO IDAMS3.0版汉化》《建立分终端二级用户节点(试验)》《科委排版印刷系统》《VAX 6220 BULL机、程控机及微机的运行维护、维修与管理》等;1994年,《全国科技情报声像资料联合目录数据库》《NVS/ISO记账系统》等。

12. 情报(信息)研究及情报(信息)工作研究

中国科学技术情报(信息)研究所完成的情报工作方面的研究课题成果主要有:1983年,《关于科技情报和文献工作的统计调查》;1985年,《图书资料借阅》;1986年,《城市中小企业的情报需求实例研究》《乡镇企业情报需求实例研究》《情报研究信息系统初步设计》等;1987年,《改善中国科技管理决策人员情报环境对策研究》《社会信息化条件下的情报研究》等;1987年,中情所还与石化总公司情报所合作完成《IOIU合作项目第三阶段研究》《中国科技期刊被世界六大检索系统收录情况分析》《"863"成果统计分析报告》《关于当前情报研究的若干问题》等;1988年,《情报产业问题研究》《工程师情报需求特点、问题和对策研究》《GOM及其应用研究》;1989年,《情报研究部发展方向与管理模式初探》《信息/自动化技术发展述评》《情报所文献合理馆藏结构》《我国科技情报系统功能评价指标体系的研究》《国外情报系统的分析与比较》等;1990年,《中国科技情报分析研究为规划和决策服务的现状》《发展我国情报研究工作的战略设想》《试用数据包络分析法评价美国高技术公司效益》《全国情报研究协作交流方案》等;1991年,《情报研究(80—90)纪实录》《新形势下样本工作如何发展》《中文文献加工系统》《中国信息产业问题研究》《新形势下样品工作如何发展》等;1992年,《情报科学技术进展研究》《论科技情报工作》《科技情报机构比较研究》《事实库的市场预测及我所发展模式》《样品开发模式探讨》《新形势下如何开展样品工作》等;1993年,《美国国家信息基础结构》《"持续发展科技信息系统"可行性研究》《国家医药科技活动信息管理系统》《咨询模式研究》《信息分析与合成》《信息工作中的知识产权问题及对策》《为大中型企业提供信息服务的模式研究》《"星火计划"管理系统》《国家科委信息系统》《行文管理系统》《科委政策法规库》《科委大楼异机种资源共享局域网》等;1994年,《国家科委中信所局域网BBS信息服务系统》《分数量子霍尔效应研究》《"美国信息基础结构"行动计划》《持续发展信息系统可行性研究》《中国信息市场模式研究》等。

### 13. 相关软课题研究

1989年,中国科学技术情报研究所承担了"中国的高技术产业化"软科学课题。20世纪90年代,中情所为联合国教科文组织翻译和出版《世界科学报告》和开发《环境与发展信息系统软件包》;与美国新千年研究所联合开发《国家可持续发展计算机预测模型》;为比利时生物技术工业学会提供《中国生物技术及其产业的信息分析报告》;为国家科委开发"国家科技发展决策服务系统",建立"科技兴市信息通道",开展"中国科技论文的统计与分析"工作,并每年召开新闻发布会;此外还承担国家自然科学基金会研究项目和国家科委软科学研究项目,产生了不少优秀成果。1991年3月29日,由国家科委政策法规司组织,中情所、机械工业情报所、天津市情报所共同承担的软课题"情报机构功能效益评价指标体系"在北京通过了鉴定。1992年,中情所完成"高新技术和国际竞争情报的深层开发"课题。1993年,完成"超'863计划'软课题研究""国家关键技术选择"等课题。

### 14. 科技管理、技术引进和科技实力分析研究

中国科学技术情报研究所完成的相关研究课题成果主要有:1985年,《发展中国家技术引进初探》;1989年,《国际技术转移概论》《技术转移和产业结构的关系》《技术引进项目的评价与选择》《技术引进、消化吸收与创新系统分析》《高技术发展对技术转移机制的影响》《发达国家科技型企业案例分析》《美国科技型企业管理》《科技型企业管理原则》《日本科技型企业管理》《科技型企业的宏观调控》《西德企业的组织与管理》《台湾的科技型企业管理》等,并完成我国、西欧、苏联、美国、日本、东欧、印度、墨西哥、巴西等国科技实力研究等课题;1990年,《台湾科技型企业管理初探》《英国企业科技进步投资政策分析》《苏联科技实力浅析》《中国与各国(地区)科技实力比较研究》等;1991年,《中日管理思想比较研究》;1992年,《中国与各国(地区)科技实力比较研究》;1994年,《各国科技实力研究》《科技体系结构调整国际比较研究》等。

### 15. 农业问题和农业技术研究

中国科学技术情报(信息)研究所完成的相关研究课题成果主要有:1983年,《发展中国家的农业发展问题》;1988年,《农村经济发展技术环境分析》《科技在农村社会中转移模型》等;1990年,《节约农业用水》;1991年,《农村劳动力转移》;1992年,《农业劳动力的转移》;1993年,《科教兴农指标体系》。

### 16. 邓小平思想理论研究

1990年,中国科学技术情报研究所完成"邓小平科学思想初探"课题。受《邓小平的生平、思想研究丛书》编委会的委托,中信所于1992年开始承担"邓小平科技思想研究"研究课题,并于1993年4月14日圆满完成了该套丛书之一的《邓小平科技思想研究》

的编写出版任务。4月14日,《邓小平的生平、思想研究丛书》在人民大会堂举行了座谈会,全国人大常委会副委员长雷洁琼出席座谈会并对该书给予高度评价。1993年,中信所完成《邓小平思想宝库》《邓小平"科学技术是第一生产力"的思想与实践——市场经济与科技进步》等课题成果。

（六）其他研究课题

20世纪80年代—90年代上半期,中国科学技术情报研究所组织了"中日管理思想比较研究"课题。1983年,中情所完成的研究课题包括《科技人员成分统计系统》《美国赫德逊研究所关于发展问题的基本观点》《国外关于现代化的人的素质研究》《节能技术探讨》等。1984年,中情所与中国食品工业协会合作完成《1981—2000年的全国食品工业发展纲要》。1985年,中情所完成的研究课题包括《澳洲的科技变革》《科技自力更生的国际环境》《我所各类专业技术职务条例》《工资管理》《业务计划处年报管理系统》《办公室公文打印》《澳洲的科技变革》《科技自力更生的国际环境》《我国垃圾处理的几点建议》等。1986年,中情所完成的研究课题包括《信息技术发展的国际环境》《国际科技合作的现状与趋势》《我国乳腺癌早期诊断技术的研究》《刷镀技术新进展》《实施城市规划必需的法制》《发展中国家引进外资的经验和教训》《小汽车的发展前景》《我国石膏建材的现状》《我国汽车节能技术的开发研究取得丰硕成果》等。1987年,中情所梁战平主持自然科学基金项目之一"国际技术转移机制"的课题研究。完成的研究课题还包括《各国基础研究特点—中、印、巴科技实力对比研究》《高技术与社会组织化》《软件经济时代的神话与现实》《国外交通运输结构的分析和发展趋势的探讨》《中国乡镇企业在社会经济发展中的作用、地位、问题和对策》《借鉴外国经验,提高我国科普电视水平》《论战后科学技术发展的若干国际影响》等。1988年,中情所主持并承担了联合国教科文组织项目"中国科技进步对社会的影响"课题研究。同年,完成《中国乡镇企业技术进步机制》《国外高技术与中小企业》《"八六三"计划情况介绍》《国外科技基金工作述评》《高技术产业化问卷调查统计分析报告》《中国管理面临的挑战》《中国科技统计要览》(国内部分)等。1989年,中情所完成《苏联民间科技组织及其国际科技活动》《西欧各国的民间科技交流》《1989年世界科技发展大事记》《国际技术贸易动向》《交通领域中期技术选择》《金属材料行业中期技术选择》《环境保护与社会公共安全领域中期选择》《法国股份制简介》《发达国家科技型企业案例分析》《科技型企业发展概述》《苏联科技型企业进展概况》《科技型企业与股份制》《各国白皮书综述》《各国科技统计比较研究》等。

1990年,中国科学技术情报研究所主持并承担了自然科学基金项目"亚太地区科技经济交流模式"课题。同年,完成的研究课题成果有《中国中小企业在市场疲软情况下的对策》《交通运输建设的新发展》《增加资金投入是加速交通建设的关键》《各国科技概况》《我国科研机构收益分配优化方案》《能源的合理利用》《我国粮食问题》《1990年科技记事》《政府科技政策出版物研究》《"四小龙"经济科技在亚太地区的作用和地位》《美国对环太地区科技经济合作的态度及其含义》等。1991年，完成的研究课题成果有《工农业主要产品价格比较》《科技年鉴》《中国热点问题研究》《环太经济科技合作模式》《1991年世界科技记事》等。1992年，完成《1992年世界科技记事》《自动化技术年报》《1992年全球预警》《发展与抉择—1992年中国形势分析》《世界科技与研究机构指南》《90年代世界科技发展大趋势》《中国的生物技术信息源》《中国加入关贸总协定的企业对策》《中国热点问题研究》《工农业主要产品价格比较研究》《国家关键技术选择》《国外事业型机构全方位扫描》等。1993年，完成《各国科技丛书》《能源研究动向》《国际贸易中知识产权问题》《中、日、美产业选择的比较》《各国科技实力比较研究》《科技决定未来》《科技与中国振兴》《对外科技合作与交流》《全国医药行业科技统计管理系统》《工程科学与技术领域科技活动分类案例储集》（1、2、3集）、《胎次递进人口发展模式研究》《国家级重点新产品试制鉴定计划项目申报表及数据库设计规范》《编制92级新产品减免税名单》等。1994年，完成《90年代世界科技纵览》《国际合作参考资料》《机遇与挑战三个录像片的设计与审校》《94新产品试制计划》《"科技兴市"信息通道》《现代科学技术知识辞典》《世界现状》《对外科技合作与交流效果选编》《国外调研报告资料选编》《中国软科学研究会筹备工作》《科技投入研究》等。

## 四、引进实物样品样本，助力科技发展与经济建设

### （一）实物样品的集中引进与服务

自1980年开始，实物样品样本的搜集和引进工作以中国科学技术情报研究所为中心，地方情报所配合，迅速形成相当大的规模和声势，建立了一套完整的制度，形成了一条国内外脉络贯通的引进与服务的网络，为科技情报工作闯出了一条新路。1980年，为贯彻执行党的十一届三中全会提出的"关于调整国民经济"和"利用现有工业基础把消费品搞上去"的方针，中情所开始利用现有的条件大力开展国外实物样品样本的搜集和引进工作，并提出今后三五年内引进实物样品工作的方针要以引进消费品为主，以促进国家的技术进步和国民经济的发展，促进国内消费品科研和生产的发展。中国科学技术情报研究所国外实物样品样本的搜集和引进工作受到了国家科委、国家经委、国家计委、财政部、外交部、外贸部和海关总署等部门的支持。国家开始向中情所拨专项外汇用于购买实物样品。1980年，中情所把第一批国外实物样品引进到国内，从而在科技情报界首先实现了服务方向的战略转移。这批样品虽然只在北京、南京、上海展出，但在全国却引起了强烈反响，要求扩大引进。许多中央和地方领导及科技人员也一致认为，搜集和引进国外实物样品，指导思想对路，时机及时。

## 第三章 改革与探索（1981—1994 年）

截至 1980 年年底，中国科学技术情报研究所每年收集国外样本近 3 万种，国内样本 1100 种，同年，开展实物样品收集国外样品 1600 种，借鉴近千种样品研制成功投产，创造了巨大的经济效益。① 在这期间，由于国家科委领导的大力支持，和以林自新所长为首的领导班子的共同努力，中情所获得了外交部、外贸部和国家科委专门批给的 40 万美元外汇专款，用于开展国外资料和消费品样本样品收集工作。②

1981 年 3 月 12—30 日，中国科学技术情报研究所、北京市科技情报所为促进消费品生产，在北京联合举办"国外轻工和日用样品展览会"。展示的样品包括近 20 个国家和地区有关生活日用品、轻工等共 12 类、1400 余项。③ 1981 年 7 月，中情所在鞍山举办"轻工纺织产品样本展览会"。10 月，中情所与日本工业技术文化中心联合举办日本轻工业生活用品展览。

1982 年，在国家科委、国家经委联合召开的引进样品工作座谈会上，林自新所长做了"科技情报工作要为发展消费品多做贡献"的发言，这为引进样品提供服务工作指明了方向。4 月，在国务院领导提出"解决温饱"的任务后，中情所及时举行日用生活用品陈列会。同月，中情所采购和征集的第二批国外消费品情报样品，在北京、沈阳、重庆和武汉等地巡回展出，深受群众欢迎。样品样本馆举办国外引进样品展览 7 次，展出样品 7200 种，31 043 件，共接待观众 70 万人次。④ 1982 年，辽宁省科技情报所与中情所在沈阳联合举办"引进消费品情报样品展览会"，展出 39 个国家和地区 4000 多件情报样品，参观者达 13 万人。

1984 年 6 月 15—23 日，"引进样品效果汇报展览"举行，共展出展品 2700 种、5000 多件。⑤ 6 月 22 日晚，国务院副总理姚依林、李鹏、田纪云；国务委员谷牧、张劲夫、王丙乾、宋平；中央书记处书记胡启立、郝建秀等党和国家领导人参观了"引进样品效果汇报展览""消费品新产品试制工作汇报展览"。中央领导同志充分肯定了引进样品工作的方向和所取得的成绩，同时也指出了不少产品仍需不断改进和提高。此外，中情所和地方情报所合作引进国外样品，并举办样品展览会方面的成就也十分突出。一些有条件的省市经委、科委及情报单位组团出国采购，形成了以中情所集中引进和各省分流引进相结合的态势。这一时期初步形成了一套对实物样品科学的管理方法。中情所国外样品引进工作进入了高峰时期。8 月 10 日—9 月 6 日，中情所派人赴西藏，参加国家科委科技情报局和西藏自治区科委在拉萨联合举办的"1984 年引进新技术新产品和科技

---

① 中国科学技术信息研究所. 中国科学技术信息研究所大事记（1956—1996）. 北京：科学技术文献出版社，1996：31.

② 刘昭东. 科技情报与信息工作纪实. 北京：科学技术文献出版社，2011：117.

③ 中国科学技术信息研究所. 中国科学技术信息研究所大事记（1956—1996）. 北京：科学技术文献出版社，1996：31.

④ 中国科学技术情报研究所一九八三年年报. 中国科学技术情报研究所，1984：27.

⑤ 中国科学技术信息研究所. 中国科学技术信息研究所大事记（1956—1996）. 北京：科学技术文献出版社，1996：40.

电影展览会"，共展出国内外小件样品 319 种、456 件，放映科技电影 30 部，接待观众近 8000 人。① 这一阶段，在引进轻工消费品实物样品展览、赴西藏情报服务小分队等都受到党政领导和广大用户的欢迎和好评。

据国家科技成果数据库统计，1980—1986 年，中国科学技术情报研究所共引进 6 批 1800 种情报样品，先后在国内 30 个展区举办展览、交流和技术洽谈、转让，与会者达 200 万人次。据不完全统计，已有 3500 种仿制成功，2800 余种批量生产，其中，2000 种仿制样品的经济效益达 16.9 亿元，投入产出比大于 1∶100，该项目对促进科研设计、产品更新换代、中小企业的发展和外贸出口等均起到显著的推动作用。有力地推动了情报向产业型、服务向经营型过渡的进程。②

## （二）实物样品样本的分流引进与服务

1985 年，中国科学技术情报研究所引进了美国情报处理服务公司（IHS）生产的《产品总目录服务》（MCS）产品样品缩微资料库。1985 年 1 月 29 日—3 月 9 日，中情所派员赴香港采购样品，该样品采购工作丰富了样品样本的馆藏。5 月 6—9 日，中情所在山东泰安召开"文献资料和实物样品开发利用座谈会"。1985 年，样品样本馆在四平、无锡、秦皇岛、大连、芜湖、武汉、杭州、牡丹江、新疆等地进行了服装、家具等轻工业样品样本展览，展出样本 3198 件，样本 650 件，参观人数达 6 万人次。③

1986 年，中国科学技术情报研究所举办了国外服装、家具为主的样本巡回展。中情所在淮阴、江阴、徐州、唐山、丹东、成都、宝鸡、青岛等地进行的样品样本巡回展览，展出样品 2439 件，样本 6500 种，参观人数达 69 000 人次。④

1987 年，中国科学技术情报研究所与唐山市情报所联合举办"文献资料样品展览"，以及"1987 年国际新产品样本展览会"，并在丹东、唐山、牡丹江等地进行样本样品展览，展出样品 2900 件，参观人数达 15 100 人次。⑤ 样品样本馆还开辟样本陈列专架，展出部分国内及日本等国外样品样本。

1987 年 10 月 23 日，国家科委主任宋健在中国科学技术情报研究所指出："样品不仅要搞采集，还要搞开发，搞生产，要鼓励大家向经济领域走。资料费是有困难，但对情报所还是要想法支持，你们是为社会服务的。"中情所的样品、样本的采集和展览服务为我国当时关系国计民生的轻工建设做出了重要贡献。

---

① 中国科学技术信息研究所. 中国科学技术信息研究所大事记（1956—1996）. 北京：科学技术文献出版社，1996：40.
② 国家科技成果库. 实物样品情报的服务与组织管理. 第一完成单位：中国科技情报研究所. 中图分类号：G351.2. 评价单位：国家科委.
③ 中国科学技术情报研究所. 一九八五年简报，1986：33.
④ 中国科学技术情报研究所. 一九八六年简报，1987：29.
⑤ 中国科学技术情报研究所. 一九八七年简报，1988：23.

1988年，中国科学技术情报研究所在丹东举办样本展，展出样本600种。4月1日，设在样品样本馆的国际新产品样本陈列室正式开幕，29家国内外公司参加了这次样本展出。

1989年，中国科学技术情报研究所在本所开展了"国际仪器展览会""国际样本展"，并在南昌、贵阳、黄岩等地举办样本巡回展，参观人数达8000人次。

1981—1990年，中国科学技术情报研究所通过有关部门从几十个国家、地区引进实物情报样品，分别在北京、辽宁、吉林、黑龙江、河北、河南、山东、江苏、浙江、湖南、湖北、陕西、青海、新疆、贵州等省、市举办多次巡回展出，展出样品7000多种，30 000多件，接待观众100万人次。①

## （三）实物样品样本搜集和引进多元化

进入20世纪90年代，实物样品样本搜集引进工作进入了一个新阶段。在这一时期，中国科学技术情报研究所引进国外产品样品的情报服务工作相当活跃，样品样本展也在全国各地展开。

1990年11月5—20日，中国科学技术情报研究所举办"1990年第三届北京国际新产品样本展览会及中国企业、公司和产品数据库报告演示会"。1990年，中情所在河南、河北、江苏、湖南等地进行了800件引进样品巡回展览，展出16次，参观人数达15万人次。同年，中情所在本所举办的国际样本展，40个厂家的样本在这次样本展中展出，参观人数达2100人次。

1991年11月，中国科学技术情报研究所在本所展厅举办"第四届北京国际新产品样本展览会"，有1000家的样本展出，参观人数达1000人次。同年在郑州、南阳、湖南、包头、重庆等地进行的样品巡回展，有25 000件次样品展出，参观人数达6万人次。这个时期还举办了国际饮品及技术展览活动，实物型情报服务取得了新的发展。

1992年，中国科学技术情报研究所实物样品开发工作取得显著效益，交易额逐年递增。1992年1月8日，"92中情所迎春新产品、新技术汇报会"举行。

1993年4月20日，中国科学技术信息研究所维特信息技术公司与北京西单商场集团、北京百货大楼集团联合举办了"93最新产品样品招标暨信息发布会"。在本次活动中推出了1000多项新产品样本，其中又与商家共同选定100项进行招标。中标率30%，成交率15%，增值近万元。全国人大常委会副委员长程思远、国家科委副主任黄齐陶等出席开幕式并剪彩。

1994年，中国科学技术信息研究所维特公司在杭州、黄石、鞍山等地举办样品巡回展，展出样品650件，参观人数达15000人。

到20世纪90年代中期，中国科学技术情报研究所大力引进和搜集国外实物样品样本，在全国巡展中为企业服务，参观者达几百万人次，洽谈合作几千项，产生了非常大

---

① 姚平录，柴雨亭等．北京科学技术志．北京：科学出版社，2002．

的社会效益和经济效益。实物样品样本搜集引进工作为国家创造了财富，缩短了设计和试制新产品的周期，扩大了外贸出口，取得了重大的经济效益和社会效益，并成为开发新技术的突破口。

## 五、科技成果管理和专利的收集、检索工作

为了更好地跟踪科技规划的执行，及时提供相应的科技信息（情报）服务，1984年2月，国家科委创建了全国性的科技成果上报与登记制度，并把它的执行机构（国家科委科技成果登记办公室）设在中国科学技术情报研究所，它为专门的国内科技成果交流和信息服务提供了基础。经过30多年不懈的努力，中情所科技成果管理工作和专利的收集、检索工作从建立、发展到充实、完善，取得了很大的成绩，已经初步建立起一套适合中国国情和管理水平的科技成果管理制度。

### （一）科技成果鉴定制度

1984年2月，国家科委发布《关于科学技术研究成果管理的规定（试行）》，重申科技成果的鉴定按1961年《鉴定暂行办法》执行，并做了一些补充规定。1985年9月30日，国家科委、国家经委联合发出《关于加强科技成果管理的通知》。科技成果鉴定制度当时在保证科技成果的质量，提高科技人员的责任心，避免因科技成果不成熟而投产所带来的损失，促进科技成果的交流和推广等方面，都起到了积极的作用。

### （二）科技情报成果奖励制度

#### 1. 科技情报成果奖励制度的确立

在1984年以前，为鼓励科技情报工作者的积极性和创造性，进一步促进科技情报事业的发展，科技情报机构也进行了科技情报成果奖励工作，但都是比较零散的，缺少规范化、系统化和法制化。1984年4月，国家科委发布的《全国科学技术情报工作条例》提出由政府对科技情报成果予以奖励，这是中国首次由政府发布的对科技情报成果含意进行界定和提出应该给予奖励的文件，科技情报成果奖励制度正式确立。随后，科技情报成果被纳入《中华人民共和国科学技术进步奖励条例》的评奖范畴，并相应成立了"科技管理和科技情报行业评审组"。为了促进科技情报工作的开展，1985年2月9日，国家科学技术进步奖评审委员会发布了《国家级科学技术进步奖的奖励范围和评审标准实施细则（试行）》（简称《细则》），《细则》中明确规定了奖励范围、评审标准和评价指标体系，《细则》是1985年至20世纪末实施的旨在促进科技情报工作发展的奖励方法，科技成果奖励制度进一步完善，国家对科技情报成果奖励的投入也按照奖级进行。科学技术情报成果奖励制度对于推动科学技术进步，调动科技人员、管理人员的积极性和创

## 第三章 改革与探索（1981—1994年）

造性，保护公民的科学技术成果权，有着积极的作用。

### 2. 科技情报成果奖励评审

1984年国家科委发布了《全国科学技术情报工作条例》，该条例第20、21条分别明确了科技情报成果的范围和评定科技情报成果的要求。根据《细则》，从1985年起，中国科学技术情报研究所组织了申报国家科技进步奖的评审工作，获得国家级进步奖一等奖1个、二等奖3个、三等奖2个。1986年，中情所设立了所级科技进步奖，并于1986年4月28日制定了《中国科学技术情报研究所科学技术情报进步奖试行条例》及《中国科学技术情报研究所科学技术情报进步奖评价等级标准》。1986年8月18—23日，全国科技情报系统科技情报成果和先进工作者评审委员会在北京召开会议，评选出221项成果，395名先进工作者。根据《全国科学技术情报工作条例》，在1986年10月15日中国科技情报工作创建30周年之际，由国家科委科技情报局主持，对文献工作、情报研究、新技术应用、情报理论和方法研究等方面的情报成果进行了评审，这是中国首次全国大规模、全面的科技情报成果评审，此次评审共评定了科技情报成果210项，其中一等奖9项、二等奖62项、三等奖50项、四等奖89项。① 以后每年申报评审一次。1992年，为庆祝全国科技大会的召开，中情所增设了"中国科技信息研究所优秀成果奖"。科技情报成果各种奖励办法的相继出台，对这一时期科技情报工作的开展发挥了重要作用。1996年，多部委联合进行了全国科技情报成果评审和奖励。1986年和1996年进行的两次评审评出获奖科技情报成果共443项，其中一等奖18项，二等奖113项，三等奖185项，四等奖89项（不包括军口等机密项目）。② 这些活动都促进了我国科技情报成果奖励制度的建立和发展。

### 3. 科技情报成果获奖情况

（1）国家科委科技进步奖科技情报获奖项目见表3-1。

表3-1 国家科委科技进步奖科技情报获奖项目

| 编号 | 获奖项目 | 等级 | 获奖时间 | 获奖人员 |
|---|---|---|---|---|
| G-01 | 中国图书馆图书分类法、中国图书资料分类法及其简本 | 1 | 1985 | 李兴辉*、朱孟杰、韩承铎*、关家麟、张琪玉* |
| G-02 | 汉语主题词表 | 2 | 1985 | 赵宗仁、李兴辉*、高崇谦、刘湘生*、钱起霖 |
| G-03 | 进行国外科技情报的调研和报道为领导决策服务 | 2 | 1985 | 侯国清、张孟军 |

---

① 中国科学技术情报学会，中国国防科学技术信息学会. 中国情报学百科全书. 北京：中国大百科全书出版社，2010：419.

② 中国科学技术情报学会，中国国防科学技术信息学会. 中国情报学百科全书. 北京：中国大百科全书出版社，2010：125.

续表

| 编号 | 获奖项目 | 等级 | 获奖时间 | 获奖人员 |
|---|---|---|---|---|
| G-04 | 中文药学文献数据库和文摘自动编辑排版及检索系统 | 3 | 1985 | 郭候光、刘春科、郭丰文*、杨文清*、郑瑞泰* |
| G-05 | 建立国际联机检索终端实现检索手段现代化，为全国开展科技情报服务 | 3 | 1985 | 邱连章*、宇宏*、陈通宝、张家湘、张金城* |
| G-06 | 发展战略与科技政策情报研究 | 2 | 1987 | 虞鸿钧、包锦章、孙学琛、程玉琴、贡光禹、吴立夫 |
| 88-1 | 实物样品情报的服务与组织管理 | 2 | 1988 | 董文祯、王在贵、何永杰、李亚民、陈松生、白秀娟、刘义儒、孙美仪、阮菊萍 |
| 88-2 | 我国科技人员论文发表情况调研分析 | 3 | 1988 | 尚忆初、张玉华、贡光禹、杜宝荣、程玉琴 |
| 88-3 | 我国发展微电子工业的国际环境分析 | 3 | 1988 | 李思一、李树人等 |
| 9001 | 中文科技期刊联合目录系统 | 2 | 1990 | 练亚纯、白光武、刘春科、冯海涛、顾蕾、苏小玲、吕荣华、关家麟 |
| 9002 | 中国高技术的产业化 | 3 | 1990 | 李思一、梁战平、王余卿、李勇为、贡光禹、贾谦 |
| 9101 | 建立为沿海战略服务的信息体系研究 | 3 | 1991 | 王家骏*、刘志才等 |
| 9102 | 计算机西文文献编目与排版系统 | 3 | 1991 | 陈珍成、张志平、韩丽、周鼎恒、罗宇、商超等 |
| 9201 | 中国企业、公司及产品数据库 | 3 | 1992 | 朱伟、杨宗礼、李长胜、贾书桂、林来华 |
| 9202 | 中国学术会议论文数据库及中国学术会议论文联合目录 | 3 | 1992 | 高衡宝、卢清祥、李苏平、张利、黄美娟、王怀惠 |
| 93001 | 全社会对科技投入的研究 | 3 | 1993 | 杨永全、陈奇楠、胡建颖、羡钢、成邦文、王立彦、石林芬、王琪延、金小青 |
| 93002 | 大型情报检索软件 CDS/ISIS 汉化与开发 | 3 | 1993 | 吴广印、王曙光、郑彦宁 |
| 94001 | 科技期刊质量标准及其评价方法研究 | 2 | 1994 | 宋培元、朱晓东、朱孟杰、石耀山等 |
| 94002 | 中国科技计划的研究与实施 | 2 | 1994 | 丁凡等 |
| 94003 | 中日科技管理思想比较 | 3 | 1994 | 梁战平、张锡玲、董英、陶建明、杨沛霆、京立、崔传义 |
| 94004 | 环太地区经济科技合作景观 | 3 | 1994 | 梁战平、任志英、武夷山、郑明燕、吴叶君、彭建寅、王满 |

带*者为外单位人员。

第三章 改革与探索（1981—1994年）

（2）全国科技情报系统优秀科技情报成果获奖项目见表3-2。

表3-2 全国科技情报系统优秀科技情报成果获奖项目

| 编号 | 获奖项目 | 等级 | 获奖时间 | 获奖人员 |
|---|---|---|---|---|
| Q-01 | 发展战略和科技情报政策的情报研究 | 1 | 1986 | 虞鸿钧、包锦章、吴永顺 |
| Q-02 | 机械制造文摘 | 2 | 1986 | 许仁、谢小梅、秦青 |
| Q-03 | 科技情报工作 | 2 | 1986 | 王松益、李文云、刘秀兰 |
| Q-04 | 实物样品情报服务与组织管理 | 2 | 1986 | 王在贵、何永杰、白秀娟 |
| Q-05 | 我国科技文献检索刊物体系的建立和实施 | 2 | 1986 | 曾少潜、李晓山、林锦如 |
| Q-06 | 微型计算机 | 3 | 1986 | 薛家政、罗昭喜、夏毅 |
| Q-07 | 情报学报 | 3 | 1986 | 梁叔才、程德扬、张淑萍 |
| Q-08 | 全国科技成果的管理及交流推广 | 3 | 1986 | 丁向阳、夏跟梅、李耀然 |
| Q-09 | 全国科技文献标准和制定与推广 | 3 | 1986 | 姜树森、沈玉兰、朱南 |
| 92-1 | 中国企业、公司及产品数据库 | 1 | 1992 | 朱伟、杨宗礼、李长胜、贾书桂、林来华、张素敏、杨奕红、黄荷、李亚萍、周蔚、严伟、张冰 |
| 92-2 | 中文科技文献自动检索技术 | 1 | 1992 | 吴广印、陈通宝、周鼎恒、陈珍成、李秀锦、王曙光、练亚纯、李苏平、张林强、张志平等 |
| 92-3 | 中国科技论文统计分析 | 2 | 1992 | 张玉华、程玉琴、杜宝荣、武夷山、苏中杰、李照明、潘云涛、张述庆、郭红 |
| 92-4 | 开展专题服务、创造更大效益 | 2 | 1992 | 曾文英 |
| 92-01 | 情报文献工作标准化研究及标准的制修订（参与合作项目） | 1 | 1992 | 沈玉兰、朱孟杰、张凤楼、练亚纯、周智佑等 |
| 92-02 | 《国家科学技术情报发展政策》研究（参与合作项目） | 2 | 1992 | 汪廷炯、刘志才、朱孟杰、葛守江、刘昭东、陈炳刚、戈雪松、冯安命等 |
| 92-03 | 科技情报经济效益和社会效益（参与合作项目） | 3 | 1992 | 陈克、刘志才、林九如、霍忠文、陈松生、赵仲明 |

（3）建所三十周年科技情报进步奖获奖项目见表3-3。

表3-3 建所三十周年科技情报进步奖获奖项目

| 编号 | 获奖项目 | 等级 | 获奖时间 | 获奖人员 |
|---|---|---|---|---|
| 1-1 | 公元2000年的中国 | 1 | 1986 | 林自新、虞鸿钧、程玉琴 |
| 1-2 | 国外文献管理与服务 | 1 | 1986 | 袁翰青、张家湘、徐海初 |
| 1-3 | 面向国民经济建设，开展多种形式情报服务 | 1 | 1986 | 殷承富、李铁征、徐艳萍 |

续表

| 编号 | 获奖项目 | 等级 | 获奖时间 | 获奖人员 |
|---|---|---|---|---|
| 2-1 | 国内科技成果管理 | 2 | 1986 | 王鸿吉、丁向阳、赵世俊 |
| 2-2 | 情报咨询服务及编辑出版工作 | 2 | 1986 | 翟云、何群 |
| 2-3 | 情报科学书籍的出版工作 | 2 | 1986 | 喻醒尘、余国森、曾少潜 |
| 2-4 | 英汉冶金题录机译系统 | 2 | 1986 | 蒋映鹏、谭建亮、张志庆 |
| 2-5 | 科技情报工作手册 | 2 | 1986 | 汪鸿才、陈光莉、张家湘 |
| 2-6 | 科技参考资料 | 2 | 1986 | 包锦章、虞鸿钧、王余卿 |
| 2-7 | 科技情报讲义 | 2 | 1986 | 袁翰青、曹昌、朱耀纲 |
| 2-8 | 国外科技动态 | 2 | 1986 | 喻醒尘、刘静华、苏中杰 |
| 2-9 | 国内科技简报 | 2 | 1986 | 林凤文、郑汉治、刘军 |
| 2-10 | 农村适用技术的调研和推广 | 2 | 1986 | 夏根梅、赵锦英、钱景新 |
| 3-1 | 国外文献微机编目系统 | 3 | 1986 | 冯琳懿、黄丁年、陶锦 |
| 3-2 | 国外科技馆藏目录 | 3 | 1986 | 王熹、徐秉德、姜树旺 |
| 3-3 | 科研成果录像片 | 3 | 1986 | 杜邦玉、张大益、王聪聪 |
| 3-4 | 收集播放国外科技电影 | 3 | 1986 | 胡炳申、田瑞华、陈印 |
| 3-5 | 定题资料收集服务 | 3 | 1986 | 金雅珍、孟慧云、杨淑平 |
| 3-6 | 金属清洗剂等三项新技术的调研和推广 | 3 | 1986 | 李耀然 |
| 3-7 | 综合性科技文摘 | 3 | 1986 | 刁戌生、陈仲实、刘超云 |
| 3-8 | 和华技术情报服务公司 | 3 | 1986 | 刘昭东、张广仁、陶建明 |
| 3-9 | 研制柯达胶卷洗液 | 3 | 1986 | 马桂英、庞建军、苏明 |
| 3-10 | 国内学术会议缩微资料 | 3 | 1986 | 李志太、张金钟、徐艳萍 |
| 3-11 | 国际交流促进情报服务 | 3 | 1986 | 刘昭东、王晓初、赵迎福 |
| 3-12 | 现代科技的特点与发展趋势 | 3 | 1986 | 孙学琛 |
| 3-13 | 通过情报服务建立起钙塑材料新产业 | 3 | 1986 | 葛葆森、梁士元、郭学武 |
| 3-14 | BY-2电接触固体薄膜润滑剂的推广应用 | 3 | 1986 | 林扶 |
| 3-15 | 出国考察与对外科技交流 | 3 | 1986 | 张裕后 |
| 3-16 | 国际联机检索系统分终端的建立 | 3 | 1986 | 朱伟、张林强、狄驷 |
| 3-17 | 提供样品促进机器进口 | 3 | 1986 | 孙美仪、阮菊萍、何永杰 |
| 3-18 | 中情所年报微机管理系统 | 3 | 1986 | 李翔、陈健、贺晓丹 |
| 3-19 | 国外公害概况 | 3 | 1986 | 包锦章、杨沛霆、朱钺 |
| 3-20 | 夏时制节约照明用电的建议 | 3 | 1986 | 贡光禹 |

## 第三章 改革与探索（1981—1994年）

（4）中国科学技术情报（信息）研究所科技进步奖项目见表3-4。

表3-4 中国科学技术情报（信息）研究所科技进步奖获奖项目

| 编号 | 获奖项目 | 等级 | 获奖时间 | 获奖人员 |
| --- | --- | --- | --- | --- |
| 87-2-11 | 信息技术发展的国际环境 | 2 | 1987 | 李思一、陈厚云、李树人 |
| 87-2-12 | 当前中国三类用户的情报需求机器对策研究 | 2 | 1987 | 霍叔牛、都小健、陈昭南 |
| 87-3-21 | 全国次氯酸钠发生器情报调研和技术推广 | 3 | 1987 | 夏根梅 |
| 87-3-22 | 节省钢材新成果的推广交流 | 3 | 1987 | 聂恒仁 |
| 87-3-23 | MICRO-CDS/ISIS（1.03）的汉化与移植 | 3 | 1987 | 吴广印 |
| 87-3-24 | 各国科技要览 | 3 | 1987 | 梁战平、孙学琛、兰崇远 |
| 87-3-25 | 开辟情报源扩大服务项目 | 3 | 1987 | 王安娜、张凤仙、孟慧云 |
| 87-3-26 | 微机汉字通用情报检索软件MICRO-CDS/ISIS的研制（与建材局情报所合作）与推广 | 3 | 1987 | 梁卓丹、姜萍、张立伟 |
| 88-2-1 | 我国科技人员论文发表情况调研分析 | 2 | 1988 | 尚忆初、张玉华、贡光禹 |
| 88-3-1 | 财务管理系统 | 3 | 1988 | 付强、朱华 |
| 88-3-2 | "星火科技"电视节目专栏 | 3 | 1988 | 李秀英、张炼、孙锐华 |
| 88-3-3 | 管理科学文摘 | 3 | 1988 | 刁戌生、孙奉媛、夏功英 |
| 88-3-4 | 国外高技术进展一百例 | 3 | 1988 | 陈来成、李泽清、文翠兰 |
| 88-3-5 | 中国学位论文情报源的开辟和搜集工作 | 3 | 1988 | 高灿荣、关家麟 |
| 88-3-6 | 高精度电脑皮带秤的情报调研及推广 | 3 | 1988 | 沙椿泰 |
| SKJ89-1 | 中国高技术的产业化 | 1 | 1989 | 李思一、梁战平、王余卿、周健、贾谦 |
| SKJ89-2 | 中国、印度、巴西实力对比 | 2 | 1989 | 汤世国、孙学琛、张帆、吴立夫 |
| SKJ89-3 | 1988年国外高技术进展 | 3 | 1989 | 陈来成、梁战平、李泽清 |
| SKJ89-3 | 全国自然科技期刊管理办法 | 3 | 1989 | 朱孟杰、林锦如、宋培元 |
| 90-1 | 国外技术转移机制 | 2 | 1990 | 梁战平、刘世伟、任志英、程玉琴、程宏模、陈炳富 |
| 90-2 | 西文文献数据库检索系统 | 2 | 1990 | 王曙光、郑彦宁、黄薇、舒丽民 |
| 90-3 | 中文科技期刊联合目录系统 | 2 | 1990 | 练亚纯、白光武、刘春科、冯海涛、顾蔷、苏小玲 |

续表

| 编号 | 获奖项目 | 等级 | 获奖时间 | 获奖人员 |
|---|---|---|---|---|
| 90-4 | 情报产业问题研究 | 3 | 1990 | 周智佑、芮国章、陈昭楠 |
| 90-5 | 情报所文献合理馆藏结构研究 | 3 | 1990 | 辛歌亦、吴贺新、詹炎、稽傅礼、徐海初 |
| 90-6 | 人事办公自动化管理系统 | 3 | 1990 | 沈晓扬、李玉英、王国荣、鞠丽、吕伟伟 |
| SKJ91-2-1 | 建立为沿海战略服务的信息体系研究 | 2 | 1991 | 王家骏*、刘志才等 |
| SKJ91-2-2 | 计算机西文文献编目与排版系统 | 2 | 1991 | 陈珍成、张志平、韩丽、周鼎恒、罗宇、商超等 |
| SKJ91-3-1 | 联机检索通信 | 3 | 1991 | 王太和 |
| SKJ91-3-2 | 纺织新成果情报调研及推广 | 3 | 1991 | 彭洁、黄祖英 |
| SKJ91-3-3 | DJB-823保护新材料新工艺推广应用 | 3 | 1991 | 林扶 |
| SKJ91-3-4 | 我国科技情报资源调查分析 | 3 | 1991 | 朱孟杰等 |
| SKJ91-3-5 | 南京农业教育情报中心计算机系统 | 3 | 1991 | 周鼎恒、张万钧、张立炜 |
| SKJ92-1-1 | 中小企业、公司及产品数据库 | 1 | 1992 | 杨宗礼、林来华、张素敏、黄荷、严伟、李亚萍、邱向红、王淑芝、张帆 |
| SKJ92-1-2 | 中国科技论文统计分析 | 1 | 1992 | 张玉华、程玉琴、杜宝荣、武夷山、苏中杰、李照明、潘云涛、张述庆、郭红 |
| SKJ92-2-1 | 开展专题服务、创造更大效益 | 2 | 1992 | 曾文英 |
| SKJ92-2-2 | 各国科技要览 | 2 | 1992 | 梁战平、任志英、孙学琛、贡光禹、丁凡、李勇为、贾谦 |
| SKJ92—2-3 | 中国学术会议论文数据库和中国学术会议论文联合数据库 | 2 | 1992 | 高衡宝、李秀珍、吕华、吴银燕、潘继才、罗灵飞、张德 |
| SKJ92-3-1 | 钢框胶合板建筑模板科技成果情报调研及推广 | 3 | 1992 | 高勇、王新新 |
| SKJ92-3-2 | 光盘实用性、经济性研究 | 3 | 1992 | 稽傅礼、戚其秀、王孟茹、王桂凤、郑登理 |
| SKJ92-3-3 | 宣传推广植物固体燃料情报服务 | 3 | 1992 | 朴在珠、穆来敏、李秀英、吕德隆 |
| SKJ92-3-4 | 开展多种模式的文献服务 | 3 | 1992 | 李艳君、闻淑英、陈小苞、马绿林、孙瑞秋 |
| SKJ92-3-5 | 读者机构及文献资料使用分析系统 | 3 | 1992 | 焦俊武、黄丁年、张梅、王志苹、雷荣 |
| SKJ92-3-6 | 西文期刊馆藏目录数据库的建立与维护 | 3 | 1992 | 李艳君、王淑清、张涵芬、崔金静、王桂英 |

## 第三章 改革与探索（1981—1994年）

续表

| 编号 | 获奖项目 | 等级 | 获奖时间 | 获奖人员 |
|---|---|---|---|---|
| SKJ92-3-7 | 国外高技术发展动向 | 3 | 1992 | 陈来武、李泽清、文翠兰、贾谦、赵庚新 |
| SKJ92-3-8 | 世界科技立法知识产权动态研究 | 3 | 1992 | 董英、刘世伟、胡泉鸣、陶建明、张锡玲 |
| SKJ1-1 | 全社会对科技投入的研究 | 1 | 1993 | 杨永泉、陈奇楠、胡建颖、羡钢、成邦文、王立彦、石林芬、王琪延、金小青 |
| SKJ2-1 | 大型情报检索软件CDS/ISIS汉化与开发 | 2 | 1993 | 吴广印、王曙光、郑彦宁 |
| SKJ2-2 | 中日管理思想比较 | 2 | 1993 | 梁战平、张锡玲、董英、陶建明、杨沛霆、京立、崔传义 |
| SKJ2-3 | 技术进步对经济增长影响的定量测算 | 2 | 1993 | 黄振中、徐吉峰 |
| SKJ2-4 | 科技发展规划决策支持系统前期工作 | 2 | 1993 | 阎脉绍、黄振中、高素萍、李岩 |
| SKJ2-5 | 环太地区经济科技合作景观 | 2 | 1993 | 梁战平、任志英、武夷山、郑明燕、吴叶君、彭建寅、王满 |
| SKJ2-6 | 邓小平科技思想研究 | 2 | 1993 | 张锡玲、孙学琛、任志英、郑与任、周国臻、宋振峰、庞景安 |
| SKJ2-7 | 中国科学技术信息研究所采编工作条例汇编 | 2 | 1993 | 吴荣荣、高健、郭华、郭玉、王安娜、麻寺蓓、武敬秋 |
| SKJ3-1 | 磁性槽泥在电动机改造中的调研与应用推广 | 3 | 1993 | 沙椿泰 |
| SKJ3-2 | 全国医药行业科技统计管理信息系统 | 3 | 1993 | 羡钢、胡强华、阎脉绍、梅咏、张湘岩 |
| SKJ3-3 | 情报技术 | 3 | 1993 | 石履超、汤兆魁、张凤楼、郑登理、王太和 |
| SKJ3-4 | 情报科学技术进展研究 | 3 | 1993 | 戚其秀、庞景安、郑登理、崔士廉、胡英 |
| SKJ3-5 | 实物样品情报工作的新模式 | 3 | 1993 | 王在贵、李亚民、白秀娟、李慧仙、阮菊萍 |
| SKJ3-6 | 中国信息产业问题研究 | 3 | 1993 | 周智佑、戚其秀、陈昭楠、庞景安、詹炎 |
| SKJ3-7 | 我国科研单位经济效益分配优化方案探讨 | 3 | 1993 | 贡光禹、屈慰双、程宏模、王小成、董丽筠 |
| SKJ3-8 | 关于人事体系的研究 | 3 | 1993 | 刘军、王国荣、沈小扬、李玉英、吴宏 |

续表

| 编号 | 获奖项目 | 等级 | 获奖时间 | 获奖人员 |
|---|---|---|---|---|
| SKJ3-9 | 信息升值——开展信息服务 | 3 | 1993 | 焦俊武、王恒源、刘光德、康盈夯、李群 |
| SKJ1-1 | 《现代科学技术基础知识》及配套参考书的编写 | 1 | 1994 | 刘昭东、梁战平、孙学琛、王建平 |
| SKJ1-2 | 电视系列片《机遇与挑战——科学技术与中国的振兴》 | 1 | 1994 | 张锐华、李振羽、武夷山 |
| SKJ2-1 | ZHK、GJ养护窑高效节能技术的推广交流 | 2 | 1994 | 伍家君 |
| SKJ2-2 | QUICK MIS系列微机通用管理信息系统的开发推广 | 2 | 1994 | 吴广印、郑彦宁、姜萍、潭丽蓉、阎平、刘明、李新科 |
| SKJ2-3 | 中国教育电视台科技大世界栏目 | 2 | 1994 | 吴维新、王聪聪、胡炳申、王立、罗勇、程永来 |
| SKJ2-4 | 中国科学技术信息研究所科技文献信息源介绍 | 2 | 1994 | 吴荣荣、王国治、张凤仙、韩荣富、赵如愚、冯圣元、杨淑萍 |
| SKJ2-5 | 必多收——信息科研生产的结晶 | 2 | 1994 | 焦俊武、曹进兴、运克强、张兆玉 |
| SKJ3-1 | 水处理技术和物理法促熟酒技术及设备的推广 | 3 | 1994 | 俞如新 |
| SKJ3-2 | 国家级新产品试制计划管理系统 | 3 | 1994 | 陈新荣、孟繁森、沈国超、房庆、许国奉 |
| SKJ3-3 | 中国寻医问药数据库 | 3 | 1994 | 宋振峰、李俊音 |

带*者为外单位人员。

(5) 中国科学技术情报研究所优秀成果奖获奖项目见表3-5。

表3-5 中国科学技术情报研究所优秀成果奖获奖项目

| 编号 | 获奖项目 | 等级 | 获奖时间 | 获奖人员 |
|---|---|---|---|---|
| 1 | 中国企业、公司及产品数据库 | 1 | 1992 | 朱伟、李长胜、贾书桂、杨奕红、周蔚、贾珑、徐志华、李淑玲、齐溪潭 |
| 2 | 中国科技论文统计分析 | 1 | 1992 | 张玉华、程玉琴、杜宝荣、武夷山、苏中杰、李照明、潘云涛、张述庆、郭红 |
| 3 | 开展专题服务、创造更大效益 | 2 | 1992 | 曾文英 |
| 4 | 中文科技期刊联合目录 | 2 | 1992 | 练亚纯、白光武、刘春科、冯海涛、顾蕾、苏小玲、李世诚 |
| 5 | 各国科技要览 | 2 | 1992 | 任志英、贾谦、丁凡、韩文、祝有三、杨长明、林菁 |

续表

| 编号 | 获奖项目 | 等级 | 获奖时间 | 获奖人员 |
|---|---|---|---|---|
| 6 | 中国与各国（地区）科技实力比较研究 | 2 | 1992 | 杨长明、丁凡、张义芳、贾谦、李耕耕、任志英 |
| 7 | 中国学术会议论文数据库及中国学术会议论文联合数据库 | 2 | 1992 | 高衡宝、李秀珍、吕华、吴银燕、潘继才、潘莉如、张婧 |
| 8 | 计算机西文文献编目与排版系统 | 2 | 1992 | 陈珍成、张志平、韩莉、周鼎恒、罗宇、商超 |
| 9 | 中外高技术发展动向 | 2 | 1992 | 陈来成、李泽清、文翠兰、贾谦、赵庚新 |
| 10 | 中、印、巴实力对比 | 3 | 1992 | 孙学琛、张帆、吴立夫、汤世国 |
| 11 | 国际技术转移机制 | 3 | 1992 | 梁战平、任志英、程玉琴、刘世伟、程宏模 |
| 12 | 光盘实用性、经济性研究 | 3 | 1992 | 嵇傅礼、戚其秀、王孟茹、王桂凤、郑登理 |
| 13 | 世界科技立法和知识产权动态研究 | 3 | 1992 | 董英、贡光禹、陶建明、胡泉鸣、刘世伟 |

## （三）科技成果登记和管理制度

1978年，我国恢复了科技成果登记制度，并开始建立每年统计分析全国科技成果的年度统计制度，1985年以后又增加了"成果水平、完成单位类别、所属计划以及应用情况与经济效益"等统计指标，1989年以后每年向全国发布一次科技成果统计公报。据不完全统计，1978—1994年全国共登记省部级科技成果35万多项。[①]

截至1985年年底，国务院各有关部门和全国各省、自治区、直辖市科委向国家科委推荐具有国内先进水平的重大科技成果4万余项，其中经国家科委正式登记并在《科学技术研究成果公报》上公布的国内首创的国家级成果共有9000余项。据对1981—1985年期间近10万项科技成果的初步统计分析，在98 245项科技成果中达到国际先进水平的科技成果占5.3%，达到国内先进水平的占35.5%；在91 930项应用技术成果中69.6%已应用于工农业生产、医疗卫生及社会生活等各个方面，取得了显著的经济效益和社会效益。仅以获得国家发明奖和国家科技进步奖的项目统计，累计增收节支就达到1 500多亿元。此外，我国科技信息成果也得到了承认和奖励。[②]

1990年8月，根据国家科委办公厅和国家档案局的意见，并经所领导批准，原国家科委成果办1966年以前登记的1万余项重要科技成果档案，移交中央档案馆保存。

1993年1月"中国科技成果管理研究会"成立后，中国科技成果管理研究会协同各专业部门、各地方组织国内科技情报（成果）信息的交流与服务。

---

① 中国科学技术信息研究所.中国科学技术信息研究所大事记（1956—1996）.北京：科学技术文献出版社，1996：114.

② 邓力群，马洪，武衡，等.当代中国的科学技术事业.北京：当代中国出版社，1991.

## （四）科技成果的收集、交流和推广

科技成果展览会和交流会的举办和出版科学技术成果专刊促进了科技成果的交流和推广。

1983年6月10—16日，中国科学技术情报研究所与国家科委科技管理局在广西南宁召开"全国农村适用技术成果交流会"，29个省、市、自治区、11个部委的132位代表参加了会议。会议交流了适于我国农村应用的农、林、牧、副、渔、农产品加工、贮存、农村能源、乡村建筑等方面的科技成果400余项，展出样品200件，接待观众580人次。

1984年6月1—10日，中国科学技术情报研究所以国家科委名义在湖南省长沙市召开"农副产品加工贮藏保鲜成果交流会"，800多人到会，交流展览了近千项成果和实物，通过技术贸易洽谈，草签了153项协议，总成交额达1000万元左右。11月12—17日，在西安召开了"全国低碳马氏体应用技术成果交流会"，参加会议的有国务院有关部委、26个省、自治区、直辖市共118个单位，123名代表。11月24—30日，在北京召开了"盐熔炉快速启动和液体喷砂技术交流推广会"，参加会议的有国务院各部委、各省、自治区、直辖市共89个单位，99名代表。

1985年5月22—29日，科技成果办在广州举办"全国粮食深度加工及饲料技术交流会"，进行技术交流，洽谈技术转让。6月11—15日，科技成果办在河南平顶山市举办"粉煤灰微珠应用技术交流会"，推广粉煤灰微珠应用技术。7月下旬，科技成果办在长春市举办"重液变温法技术交流会"，推广应用重液变温法技术。8月25—31日，科技成果办在北京举办"DIB-823电接触保护剂应用研讨会"，推广应用DIG-823电接触保护剂。8月26—29日，科技成果办和山西大同水泥厂共同举办"新型研磨体技术交流会"，推广新型研磨体技术。10月22—28日，中情所举办"日本图书现代化办公设备技术交流陈列会"。12月16—20日，科技成果办和国防科工委在北京市联合举办"全国推广车船节能新技术新产品展交会"，推广车船节能新技术。

1986年，科技成果办举办了一系列科技成果交流会和推广会，进行技术交流和新技术应用推广。这些技术交流会和应用推广会包括："自焙碳砖技术交流会"（1月，平顶山）；举办"阀门成果展览和交易会"（1月，北京）；"苏州地区乳腺癌普查"（3月，苏州）；"氯化钾（钠）光度镀锌新工艺交流会"（4月，重庆）；"大豆综合利用推广会"（5月，杭州）；"快速养猪法推广会"（5月，广州）；"旋转接头及配套产品推广会"（5月，成都）；"钢铁除锈、钝化新工艺推广会"（6月，淮北）；"新型贝氏体钢应用推广会"（8月，北京）；"钨铈电极应用推广会"（11月，成都）；"快速分离人造金刚石与石墨推广会"（12月，北京）。

1987年，中国科学技术情报研究所国内科技交流部继续举办一系列科技成果的交流会和推广会，进行科技成果的技术交流与推广。这些交流会和推广会包括："大豆生产冰激凌技术推广会"(4月,吉林);"中子活化技术应用成果推广交流会"(4月,北京);"高精度电脑皮带秤技术推广会"(5月,南京);"次氯酸钠发生器现场推广会"(5月,广州);"沙棘综合利用新技术推广会"(5月,青岛);"急性心肌梗死早期诊断技术推广会"(8月,济南);"PUC加工用润滑剂技术交流推广会"(8月,淄博);"全国建筑产品及工艺技术交流交易会"(9月,西安);"节电型交流接触器科技成果交流会"(9月,哈尔滨);"人工智能应用交流展览会"(10月,深圳);"热处理可控气氛与气源技术和设备技术交流会"(10月,太原);"全国工业窑炉节能新技术、新产品展交会"(10月,北京);"钕铁硼永磁材料应用技术交流会"(11月,宁波);"膨胀珍珠岩轻型建筑材料推广会"(11月,杭州)。12月7—14日,中国科学技术情报研究所文献服务部举办"科技成果图书资料推广交流会"。

1988年,中国科学技术情报研究所继续举办科技成果技术展览会和交流会,先后在北京、贵阳举办了"新技术成果展览交流会";在北京、无锡等地举办了"单项科技成果推广会";在河南举办了"适用技术信息发布展示会"。

1989年8月27日,时任中共中央总书记江泽民、国务委员邹家华到中国科学技术情报研究所参观了由电子科学研究院和华通信息产业公司联合举办的"军事电子预研成果汇报展示会",国家科委副主任郭树言陪同中央领导参观了展览。1989年,中情所在本所举办了一系列科技成果推广交流会,包括"小型轻工产品技贸交流洽谈会""国外科学仪器技术交流报告会""光盘展示会"等,还在北京举办了"新技术成果展览交流会",参观人数达3万人次。

1990年6月14—18日,中国科学技术情报研究所国内科技交流部举办"全国中小企业、乡镇企业适用技术成果展览交流会",国家科委副主任蒋民宽参观了展览。6月30日—7月4日,国内科技交流部和中国民办科技实业家协会联合举办"全国民办科技机构科技成果展览交流会",国家科委副主任周平出席开幕式并宣读了国家科委主任宋健给大会写来的贺信。11月30日—12月8日,中国科学技术情报研究所实物样品参加在武汉举办的"工业科技成果交易会",得到湖北省有关领导的称赞。1990年,中情所在本所展厅举办"新技术成果展览会",共举办42次,参观人数2万人次;举办"首届全国食品添加剂技术成果展览会",参观人数1000人次;举办其他展览会10次,参观人数6万人次。

1991年4月16—19日,由国家科委高技术司主办、中国科学技术情报研究所协办的"863计划5周年成果展览会"在本所展厅展出,国家科委副主任李效时致开幕词,中国科学院院长周光召、国家科委副主任朱丽兰为展览会剪彩。展览期间,党和国家领导人杨尚昆、乔石、宋平、秦基伟、王丙乾、宋健、周培源、钱伟长、王光英、马文瑞等及有关部门的领导参观了展览。同年8月13—18日,由国家科委成果办主办、中情所和内蒙古自治区科技情报所承办的"新技术、新工艺、新设备、新产品展览交流会"在呼和浩特举行，国务委员兼国家科委主任宋健为交流会题词，"加强科技成果交流，振兴内蒙古经济"。8月16—20日，中情所与北京市科技情报所、包头市科技情报所联合主办的"包头首届国内外科技资料和新产品开发成果展示会暨技术信息发布会"在包头举办。同年，中情所还在本所展厅举办了"新技术成果推广、展交会"及其他展览会。

1992年，中国科学技术情报研究所大力加强了促进科技成果尽快转换为生产力的科技成果推广。在1992年9月15—19日的"全国科技情报工作成就暨信息产品展示会"上，中情所共获得6项奖励，即全国科技情报工作展览会优秀组织奖、全国科技情报成就展览会优秀展团奖、计算机联机检索服务系统、数据库开发与建设、为领导决策提供大量的情报研究报告、开拓技术情报服务新途径4项优秀项目奖。

1994年5月28日—6月1日，中国科学技术情报研究所与中国食品工业协会联合承办的"94中国国际饮品及技术展览会"在国际会议中心举行，参观人数达3万人。1994年5月11日，中情所承办的"中加高科技展示洽谈会"，此次展示洽谈会的主题是"共享21世纪科技成果"。上述活动受到了联合国相关组织、印度、泰国、新加坡、韩国、英国、美国等国家的欢迎。同时，还采用重点扶持一些企业或产品创办经济实体等方法，推广新成果，也取得了显著效果，为科技成果推广开辟了新途径。

### （五）科技查新服务

我国的科技成果查新咨询工作始于1985年。1990年10月8日，为使科技查新工作健康发展，加强对查新工作的宏观管理，不断提高查新质量，国家科委印发了《关于推荐第一批查新咨询科技立项及成果管理的情报检索单位的通知》（〔90〕国科发情字800号）。申报首批一级查新单位的有20多个单位，获得授权的有11家，其中包括中国科学技术情报研究所。该通知标志着中情所科技查新咨询工作的正式起步。

中国科学技术情报研究所是国家科委认定的第一批国家一级科技查新咨询机构，同时也是国家科学技术奖励工作办公室认定的国家发明奖查新单位。

### （六）专利文献的移交和专利查新服务

1981年8月，中国科学技术情报研究所的专利文献移交给中国专利局，成立国家专利文献馆，后改为知识产权局的一个重要组成部分——专利文献中心。《中华人民共和国专利法》于1985年4月1日起实施后，为了配合《专利法》的实施，中情所开展了专利查新工作和查新服务。随着专利工作的开展，专利查新检索成为国家发明奖评审的必要条件。

## 六、学位论文资源的收藏与管理工作

中国科学技术情报研究所从1963年开始系统收集中文学位论文，是中文学位论文的法定收藏机构。1981年，国务院学位委员会颁布《中华人民共和国学位条例暂行实施办法》，明文规定学位论文是中国学位授予的重要依据。1983年3月，国务院学位委员会《关于颁发博士学位证书和送交博士学位论文的通知》（〔83〕学位办字003号），要求根据《中华人民共和国学位条例暂行实施办法》第23条规定，将已通过的博士学位论文分别寄交北京图书馆和中国科学技术情报研究所各一份。据此，从1983年开始，中国科学技术情报研究所成为收藏自然科学文献的博士、硕士论文的法定单位。1984年，国务院学位委员会《关于寄送博士和硕士学位论文的通知》（〔84〕学位办字011号），再次发文要求各学位授予单位，根据《中华人民共和国学位条例暂行实施办法》第23条规定，除将已通过的博士学位论文和摘要（每人各一份）寄送北京图书馆外，并将已通过的全部博士和硕士学位论文和摘要（每人各一份），按自然科学和社会科学两大类，分别寄交中国科学技术情报研究所和中国社会科学院情报研究所，今后在学位论文通过后的半年内集中寄一次。1986年，国务院学位委员会《关于做好授予学位的备案、统计、报表工作和颁发学位证书、送交学位论文工作的通知》（〔86〕学位办字034号）重申，各学位授予单位根据《中华人民共和国学位条例暂行实施办法》第23条规定，应将已通过的全部博士和硕士学位论文和摘要（每人各一份），按自然科学和社会科学两大类，分别寄交中国科学技术情报研究所和中国社会科学院情报研究所。各单位可视通过论文的多少，每半年或一年集中寄送一次。1983—1986年，中情所已收集学位论文达9000篇，同年又开展了留学生学位论文的收集工作。1988年，国家科委、国家教委和中国社会科学院联合发文《关于报送留学生学位论文的通知》，确定凡出国留学取得硕士、副博士、博士学位者，必须向国家报送学位论文副本，授权中国科学技术情报研究所、中国社会科学院文献情报中心作为法定国家单位负责收藏。由此形成了我国学位论文三家机构法定收藏的组织格局，即国家图书馆负责收藏博士学位论文，中国科学技术情报研究所负责收藏自然科学领域硕士及以上学位论文，中国社会科学院情报研究所负责收藏社会科学领域硕士及以上学位论文。

20世纪80年代，中国科学技术情报研究所开展了学位论文题录数据库和文摘数据库的建设。1988年，中国科学技术情报研究所建立了《中国学位论文数据库（文摘版）》（CDDB），采用CCFC格式作为著录标准，收录了我国自然科学领域各高等院校、研究所的博士、硕士论文文摘索引，采用《中国图书馆分类法》，提供分类号、作者、指导教师、论文名称、全文任意词字段等多种查询途径，各字段间能进行逻辑组配，检索灵活方便，而且可以在网上申请原文提供服务，也可以根据馆藏号借阅和有限复印。[①]

## 七、科技论文统计工作

从20世纪60年代开始，中国科学技术情报研究所系统收集美国政府四大系列报告；

---

① 贺德方，赵嘉朱，姜爱蓉，等．国家学位论文资源管理与共享系统研究．北京：科学技术文献出版社，2014：51．

# 甲子辉煌
## ——中国科学技术信息研究所成立60周年纪念

20世纪70年代，开始系统收集外文会议论文集；1984年开始系统收集中文会议论文。

自1987年起，中国科学技术情报研究所在国家科委的支持下，首次利用美国引文索引（SCI）等工具，对我国学者在国外知名期刊上发表论文的情况进行分析。1987年，为了完成国家科委领导提出的评价中国科技工作国际地位的任务，尚忆初、贡光禹、程玉琴、杜宝荣和张玉华等人，共同开始了中国科技论文的统计分析工作。根据国内科技期刊论文数据库，以及依据国际主要检索系统（SCI、EI）所建立的国际论文数据库，完成中国科技论文与引文的各项统计、分析，并以新闻发布会、《中国科技论文统计分析年度研究报告》和《中国科技期刊引证报告》的形式向社会公布统计、分析的结果。同年，我国第一个科技论文数据库诞生，并第一次得到了我国科技论文数量在国际上的名次、我国科技论文产出的单位和个人的排名等重要统计数据。这个结果，首次在国家科委召开的全国科技工作会议上公布，开始受到科技领导部门及科技界的关注。截至1988年年底，中情所建成了包括1000余种国内科技期刊、涵盖40个大的学科门类，基本可以反映我国科学研究全貌的论文数据库和相应的管理与分析系统，可以向社会公布如地区、学科、单位、个人、基金等各项统计结果，展示了我国科学研究工作的概貌。从1989年起，在众多有关部门和有关单位的支持下，中情所开始同时对我国学者在国内重要科技刊物上发表论文的情况，用文献计量学的方法进行分析，并每年通过新闻媒体发表统计分析公报，国家科委将中国科技论文统计与分析工作正式列为国家科技统计工作的常规任务。1989年2月2日，《人民日报》第三版以"科技论文增长迅速"为题，引用并报道中情所情报研究部的《我国科技论文状况的统计与分析》这一研究报告。10日，新华社向全国发布新闻稿。11日，《人民日报》《光明日报》《北京日报》等多家报纸对新华社发布的新闻稿进行了转载。 1990年1月31日，国家科委副主任蒋民宽、郭树言分别在中情所"中国科技论文统计与分析"研究报告上做了重要批示。蒋民宽批示"此项工作做得不错，有统计有分析，建议在全国通报一下。"郭树言批示"这项工作虽然历时不长，但已取得很大成绩"。从1990年第一次中国科技论文统计与分析结果新闻发布会开始，每年的新闻发布会都向社会公布我国科技论文数量的国际地位，科技论文数量和被引用情况等数据，不仅成为科技和教育领导部门关注的数据，也成为许多高等学校和科研单位高度重视的基本数据，并体现在许多单位的管理政策之中。科技论文的定量分析统计工作，已经成为我国科技评价工作中的基本客观要素之一。12月18日，中情所举行新闻发布会，会上首次通报了1989年中国科技论文的统计分析结果，按照收录论文的数量排序，我国居世界第15位，自此以后中情所每年都要发布科技论文统计结果。1993年2月15日，国务委员、国家科委主任宋健在中信所"关于《1991年我国科技论文在国际上的地位》统计分析结果的报告"上批示："这个统计从一个侧面反映了中国科学事业的繁荣程度，应该坚持下去，建议将此材料中的要点，在公开刊物上或报纸上发表。"朱丽兰副主任批示："此报告很值得重视"。

## 八、科技报告工作的起步

早在 1964 年，我国就提出了建立科技报告制度的设想。钱学森曾明确地提出"要建立中国的科技报告"（这里是指要建立国防科技报告），由此，我国开始了科技报告体系建设的探索工作。1984 年，我国由原国防科工委组织启动国家国防科技报告体系建设，涵盖核、航空、航天、船舶、兵器和电子等行业。1992 年，国家科委科技信息司决定设立"中国科技报告管理办公室"。同年，中国科学技术信息研究所在科委科技信息司支持下，开展了建立中国科技报告管理体系的研究，组织制定并颁布了《中国科技报告管理办法》《中国科学技术报告编号》《科学技术报告的编写格式》等国家标准和法规，但由于当时缺乏政策环境和经费支持，后续工作未能继续下去。

## 九、科学计量与评价工作的建立

1987 年，中国科学技术情报研究所在国家科委的支持下，首次利用美国《科学引文索引》(SCI)、美国《工程索引》(EI)、《国际科学会议录引文索引》(CPCI-S，原 ISTP) 等工具，对我国学者在国外知名期刊上发表论文的情况进行分析。1988 年，中国科学技术情报研究所运用科学计量学的一些指标和方法，对中国科技论文的状况进行统计与分析，得出了许多对科技组织、规划和发展有重要参考价值的数据和结论，为科技创新工作提供依据，这标志着科学计量学的理论与方法开始应用于实践。为了推动科技计量与分析工作的开展，中国科学技术情报研究所建立了《中国科技论文引文与分析数据库》(CSTPCD)。自 1989 年起，在众多有关部门和有关单位的支持下，中国科学技术情报研究所开始对我国学者在国内重要科技刊物上发表论文的情况，用文献计量学的方法进行分析，并每年通过新闻媒体发表统计分析公报。

## 十、图书、期刊的出版工作

### （一）科学技术文献出版社的业务发展

1973 年 2 月 12 日，科学技术文献出版社正式成立。科学技术文献出版社是国家中央一级综合性科学技术出版单位，承担着出版科技情报、科技管理、科技教科书、科技工具书和高新技术等方面书籍的任务。

1981 年后，科学技术文献出版社除了出版期刊外，还先后出版了综合类、自然科学类、工业技术类、农业技术类、医药卫生类、文化教育类等 6 个方面的各种目录、报告和专著等多个品种。这些图书、资料的出版为我国的科研部门和生产部门提供了参考资料，收到了很好的效果。从 1983—1993 年的 10 年中，图书出版的品种是头 10 年的 15 倍，共出版了 1500 个品种（重版书不计），平均每年出版 200～250 个品种（包括重版书）。

1984年，科学技术文献出版社设立了专门的图书编辑室，陆续出版发行了科技白皮书、蓝皮书、黄皮书。科学技术文献出版社的成立，为科技情报（图书、期刊、科技报告）等的正式出版创造了有利条件，为我国科技情报（信息）的广泛交流与传递、为我国科技情报事业的发展起到了积极推动作用。按照中国科学技术情报研究所的工作安排，科学技术文献出版社向中情所递交了任务"承包合同"，并在面向市场的图书出版上做了一些有益的尝试，取得了良好的经济效益和社会效益。

1984—1992年，中国科学技术情报研究所还组织、翻译了美国世界观察研究所每年出版的年度报告，并在科学技术文献出版社出版、发行。

从20世纪80年代初到2001年，科学技术文献出版社获奖（国家奖、部委奖、学协会奖、单位奖）图书达到30个品种，其中有《公元2000年的中国》（1984年出版发行一印6万册），1988年《情报工作和情报科学发展战略——2000年的中国研究》正式出版发行，并荣获科技进步一等奖；1989年4月，《中国古代传统铸造技术》获首届全国科技史优秀图书史二等奖；1989年11月，《徐寿和中国近代化学史》获首届全国科技优秀图书二等奖；1990年包昌火主编的《情报研究方法论》荣获全国优秀科技图书二等奖，1992年10月，获新闻出版署主办的第六届全国优秀科技图书二等奖；1992年12月，《现代情报检索理论》获电子工业部颁发的二等奖；《国防科技情报源及获取技术》1993年获国防科工委颁发的科技进步二等奖，1995年10月获国家级科技进步三等奖。

此外，科技文献出版社还先后出版了不少重点书、系列图书，如《中国图书资料分类法》《汉语主题词表》《中国科学技术政策指南》《中国科学技术白皮书》，还有《科技情报工作概论》《中国图书情报工作实用大全》《情报技术》《科技管理》，以及科学技术文献出版社参加国家科委组织的"星火计划"农业实用丛书，为"三农"服务，其中包括《西红柿四季栽培》《肉鸡快速饲养》等。1989年，科学技术文献出版社在征得台湾好兄弟出版社同意，在大陆用简化字出版发行了《中国秘方全书》，当年发行3.4万册，并多次再印。1992年，科学技术文献出版社出版了《中国奇方全书》，之后专门组织作者编辑出版分科的各科秘方全书。同时，科学技术文献出版社的《蓝色的宝库——21世纪海洋开发》《可拓行销》的繁体版本分别授权中国台湾水产出版社、全华科技图书出版社发行。1993年，科学技术文献出版社出版了配合江泽民总书记题词、宋健国务委员主编的《现代科学技术知识》主教材的参考丛书一套10种。获奖图书、重点图书和系列丛书的出版发行，受到了新闻出版署、国家科委等上级领导部门的首肯和广大读者的欢迎，收到了较好的社会效益和经济效益。

（二）情报学专著类图书的出版

随着社会经济信息化的发展和情报学的不断进展与深化，我国情报学领域的专家、学者出版了一大批具有较高水平的专著。表3-6所列为出版的主要情报学专著和有关外国译著,其中,出版时间以第 1 版出版时间为准。

表 3-6 主要情报学专著和部分译著类图书(1959—2010 年)

| 序号 | 专著名称 | 编(著、译)者 | 出版时间 | 出版单位 |
|---|---|---|---|---|
| 1 | 《科技情报工作讲义》 | 中国科学技术情报研究所编写组 | 1959 | 中国科学技术情报研究所 |
| 2 | 《国外科技文献资料的检索》 | 中国科学技术情报研究所文献服务室 | 1977 | 科学技术文献出版社 |
| 3 | 《情报检索理论概述》(俄) | 赵宗仁等译 | 1980 | 科学技术文献出版社 |
| 4 | 《科学交流与情报学》(俄) | 徐新民等译 | 1980 | 科学技术文献出版社 |
| 5 | 《实用情报文献工作基础》(德) | 丰新枚等译 | 1983 | 科学技术文献出版社 |
| 6 | 《科技情报工作概论》 | 中国科学技术情报研究所本书编写组 | 1984 | 科学技术文献出版社 |
| 7 | 《图书情报学方法论》 | 王崇德 | 1988 | 科学技术文献出版社 |
| 8 | 《科学技术情报手册》(日) | 高崇谦等译 | 1988 | 科学技术文献出版社 |
| 9 | 《文献计量学》 | 邱均平 | 1988 | 科学技术文献出版社 |
| 10 | 《情报科学的理论与实践》(英) | 中国科技情报硕士研究生班译 | 1990 | 科学技术文献出版社 |
| 11 | 《信息工作理论与实践》 | 刘昭东、陈久庚、关家麟等 | 1995 | 科学技术文献出版社 |
| 12 | 《数字时代情报学理论与实践——从信息服务走向知识服务》 | 中国科学技术信息研究所、有关部委科技信息机构、信息企业等 | 2006 | 科学技术文献出版社 |
| 13 | 《中国情报学百科全书》 | 以贺德方、蔡镭为主任委员的编委会 | 2010 | 中国大百科全书出版社 |

(三)检索刊物的出版和《中文科技期刊联合目录》的建立

20 世纪 60 年代,中国科学技术情报研究所开始重视检索工具的编制。我国的检索期刊是先从翻译苏联文摘杂志和做题录索引、逐步到翻译和自做混编到自做。我国检索期刊鼎盛时期约有 250 种,已初步建成了中国的检索刊物体系。检索期刊有目录索引体系、文摘期刊体系、综合性检索期刊、专业性检索期刊,从专门介绍国外或专门介绍我国的检索期刊,逐步过渡到按专业学科报道国内外文献。

20 世纪 80 年代,在加拿大国际开发研究中心(IDRC)支持下,中国科学技术情报研究所联合全国 70 多个图书情报部门开始建立《中文科技期刊联合目录》系统。1984 年,中情所对期刊原始数据进行整理加工,经过计算机处理,最终在 VAX11/750 计算机上建立起"全国(科情)中文科技期刊联合目录数据库检索系统"。该系统收集了 10 014

种中文科技期刊的刊名、编辑出版单位、简介等 34 项书目信息和 56 个中央部委和省、市、自治区情报部门的收藏情况。各地用户可以通过终端从各种角度查找数据库的内容。该项目得到加拿大国际开发研究中心大力资助与合作。课题用了 4 年时间，于 1988 年完成各项要求，获国家科委科技进步二等奖。

1986 年 2 月，国家科委科技情报局在北京召开"自然科学技术期刊工作座谈会"，研究加强科技期刊管理的问题。同年 3 月，国家科委科技情报局在成都召开"编制中国科技期刊联合目录会议"，组织情报系统编制中文科技期刊目录。1989 年 4 月 4 日，国务委员、国家教委主任李铁映对〔89〕国科发情字 101 号文做了批示："国家应支持科学技术书刊的出版发行，请新闻出版署根据这一原则处理"。1989 年，中国科学技术情报研究所编、科学技术文献出版社出版的《中文科技期刊联合目录》收录中国 56 个科技机构收藏的 1949—1985 年的中文科技期刊（含港台地区）1 万余种。该《全国中文科技期刊联合目录数据库检索系统》的最终成果：①情报部门第一次实现"文献加工和检索系统"计算机电子化；②出版了《中文科技期刊指南》；③出版了《中文科技期刊联合目录》。[①]1989 年 12 月 10 日，全国第三次优秀科技论文文献检索期刊评比会评出一等奖 10 个，二等奖 20 个，三等奖 35 个，表扬奖 23 个。其中，中国科学技术情报研究所《管理科学文摘》荣获三等奖，《科学情报文摘》和《中国学术会议文献通报》获表扬奖。

### （四）中国核心期刊评价研究工作

中国核心期刊研究工作始于 20 世纪 70 年代。20 世纪 80 年代末，中文期刊评价研究工作提到日程。我国陆续有 5 个单位从事核心期刊评价研究工作，分别是中国科学技术情报研究所、北京大学、中国科学院文献情报中心、中国社会科学院文献信息中心、南京大学中国社会科学研究评价中心。

1994 年，中国科学技术信息研究所开始进行期刊评价工作，其标志是发表期刊引证报告。自此，中信所定期发布期刊引证报告，对于精品期刊，相关领导还进行了批示。对于发布的期刊引证报告，采取多种形式的表格和图形，帮助读者全面了解和评价科技类期刊，这已经成为管理人员、期刊出版编辑人员和广大科研人员的重要工具书。

### （五）期刊引文统计工作

1994 年中国科学技术信息研究所进行的中国期刊论文统计工作，目的是将各期刊被引用情况作为调整统计源期刊的依据指标之一。其选用的期刊源和数量都以中文论文统计源和数量为准，即凡作为论文统计对象而入选的科技期刊（具有国内统一刊号的公开发行期刊），都被选为引文统计对象。在入选的论文统计科技期刊中，只有那些被统计的

---

① 中国科学技术情报学会，中国国防科学技术信息学会. 中国情报学百科全书. 北京：中国大百科全书出版社，2010：225.

论文，它的引文才被统计。

## 十一、科技文献分类法和情报检索语言的完善

### （一）《中国图书馆图书分类法》《中国图书资料分类法》的修订、出版

20世纪60年代中期，我国图书情报界（包括中国科学技术情报研究所）开始了对《中国图书馆图书分类法》的修订工作。1981年，《中国图书馆图书分类法》系列版本成为国家标准试用本。1985年，《中国图书馆图书分类法》及其简本获国家科技进步奖一等奖。

《中国图书资料分类法》是中国各类情报与信息单位（包括中国科学技术情报研究所）、图书馆、资料部门广泛采用的大型检索语言工具书。1975年，《中国图书资料分类法》出版了第1版。1980—1981年，《中国图书馆图书分类法》和《中国图书资料分类法》两部分类法进行了共同修订。1982年12月，《中国图书资料分类法》出版发行了第2版，被全国各级情报机构普遍采纳。《中国图书馆图书分类法》和《中国图书资料分类法》及其简本于1985年8月获国家科技进步奖一等奖。《中国图书资料分类法》于1989年1月出版发行了第3版。这部分类法的第1~3版是《中国图书馆图书分类法》的系列版本，两者在体系结构、类目设置、类目注释、标记符号、复分表等方面基本相同，自然科学和工程技术部分扩充加细，适合科技情报资料部门使用。2000年，《中国图书馆图书分类法》和《中国图书资料分类法》又修订、出版了第4版。

### （二）叙词表的编制

#### 1.《汉语主题词表》的修订完善

《汉语主题词表》自1980年8月出版后，极大地推动了各专业词表的编撰出版及开展建立数据库的标引工作，因此，《汉语主题词表》于1982年获得了国家出版局颁发的优秀出版特奖。1985年，《汉语主题词表》获得了国家科技进步奖二等奖，获奖单位是中国科学技术情报研究所和北京图书馆。在用户广泛的要求下，词表组于1985年2月又编写出版了《汉语主题词表标引手册》，并在全国范围内举办了10多次主题法推广培训班，以标引手册为教材。虽然囿于当时的历史条件，该书中的理论阐述及实践经验尚感欠缺，但其中的基本理论思想及观点，基本的技术方法，至今仍然发挥极大的指导作用。

1987年，随着科学技术的迅速发展，情报界主题标引的广泛采用，《汉语主题词表》已日感不敷应用。在用户的不断要求下，词表组开始了对《汉语主题词表》自然科学卷的编辑增订，并进行了机读版本的研制工作。这次增订工作参照了49部专业词表，收集了十几个单位对词表增订的意见，删除了无效词4000余条，新增词近8000余条；新增词族141个，删除族首词134个，订正了参照项不符及范畴划分不当之处。历经4年工作及装机操作和软件设计等阶段，于1992年10月出版发行自然科学增订本。此版系机

读版,由计算机自动编排及激光照排印刷出版。《汉语主题词表》自然科学增订本编排格式新颖,词间关系准确、属分关系合理,特别是机读版的完成,引起了各方的注意。

**2.《中国分类主题词表》**[①-③]

《中国分类主题词表》作为一部大型文献标引工具书,是在《中国图书馆图书分类法》(现改为《中国图书馆分类法》)编委会的主持下,从1987年开始由全国40个图书情报单位(包括中国科学技术情报研究所),160位专家学者共同参加编制而成,为实现分类主题一体化标引,为机助标引、自动标引提供条件,降低标引难度,提高检索效率和标引工作效率编制而成的分类检索语言主题检索语言兼容互换的工具。《中国分类主题词表》(第1版)是在《中国图书馆分类法》(第3版)和《汉语主题词表》(第1版)的基础上编制的,成为两者兼容的一体化情报检索语言。《中国分类主题词表》是到目前为止规模最大的分类法主题法一体化情报检索语言。

1994年出版的《中国分类主题词表》第1版,分2卷6册,收录分类法类目5万余个,主题词及主题词串21万余个,其中正式主题词101 376个,包括"分类号——主题词对应表"(共2册)和"主题词——分类号对应表"(共4册)两卷。第1卷以《中国图书馆图书分类法》第3版为主体,将《汉语主题词表》的全部主题词置于相应类目下;第2卷以《汉语主题词表》的字顺表为主体,增加了大量主题词串,并将《中国图书馆图书分类法》的全部分类号置于相应的主题词或主题词串下。《中国分类示题词表》适用于各种类型图书馆和情报机构对文献进行分类标引和主题标引,既可用于手工检索系统,也可用于计算机检索系统。

## 十二、新技术浪潮促进现代情报技术的发展

### (一)情报技术及其应用

20世纪80年代,中国科学技术情报研究所采用情报技术并予应用到情报工作中。中情所应用的情报技术的内容非常广泛,主要的情报技术有:以计算机技术为核心的情报存储技术、情报加工技术、情报检索技术、情报服务技术、机器翻译技术、与通信技术相结合的联机与网络技术、以光电技术为核心的复印技术、缩微技术及现代印刷技术、存储和借阅服务的机械化技术等。在情报采集技术方面,利用先进的采集技术,在互联网、内部网、数据库、文件系统等多种信息源中,全面、实时地获取各种所需的信息,并将这些信息进行加工、处理,再对采集的各种情报进行自动分类、过滤、去重,

---

① 中国科学技术情报学会,中国国防科学技术信息学会. 中国情报学百科全书. 北京:中国大百科全书出版社,2010:413.
② 国家图书馆中国图书馆分类法编委会. 中国分类主题词表. 第2版. 北京:北京图书出版社,2005.
③ 刘湘生. 中国分类主题词表. 北京:华艺出版社,1994.

与各种相关信息自动建立关联。在情报检索技术方面,在数据库技术、导航与搜索引擎技术、自然语言理解技术、全文检索技术、多媒体查询技术等方面取得了一定的突破,并应用于情报检索系统的设计及网络信息检索的实践中。在情报声像技术方面,在情报工作领域广泛采用现代声像技术,有助于提高情报服务效果,声像技术在计算机情报检索中,已成为重要的组成部分。

随着情报现代技术手段的应用,中国科学技术信息研究所开发了文献服务自动化系统。1993年3月,中信所确定开发的文献自动化系统包括西文采购编目、中文采购编目和借阅流通子系统。

### (二)机器翻译、检索和磁带检索的实际应用

#### 1. 机器翻译

从1981年起,我国机器检索翻译初步进入应用阶段。1981年初,中国科学技术情报研究所机器翻译研究组利用引进的TK70型电子计算机进行了5000条"冶金题录"的批量翻译试验,输出的是汉字,其准确率达到80%,尚有20%的译文存在词汇和语法错误。[1]1982年,中情所重新组织本所力量研制"冶金题录"英汉机器翻译系统,试验素材扩大到9200多条,词典扩大到2万词条。经过3年研究试验,译文正确率平均为67%,速度也有所提高。[2]

1990年,中国科学技术情报研究所和中国科学院计算机技术研究所等单位协作,承担了国家科委"863"计划中的《英汉机器翻译系统IMT/EC-863》(智能型英汉机器翻译系统)的攻关任务,该系统于1992年6月通过了由国家科委组织的专家鉴定。这个系统在中国首次实现了以较为完备的形式文法为理论模型的机器翻译技术,利用简单的处理机制,实现了包括语言知识的推理、动态多路径选择等技术,在总体设计原则、算法处理机制、语法语义知识表示,语言分析和推理等多方面均有较大创新,在翻译正确率、译文可读性方面均有较大突破,并以产品形式打入国际市场,取得了出口创汇的良好效益。该项目获得了1993年中国科学院科学进步奖一等奖和1995年国家科技进步奖一等奖。

#### 2. 机器检索

为了普及电子计算机检索的基础知识,中国科学技术情报研究所于1980年5月出版了我国最早的系统介绍电子计算机检索方面的图书。该书介绍了电子计算机在情报图书部门各工作环节中应用的一般知识,并在系统设计原理、数据库等以实例说明。当时已有原第一机械部、第二机械部、地质部、化工部等情报所、上海科技情报所、南京大学、北京航空学院等单位在设计情报检索软件、上机试验中参考了该书的有关章节。该书先在内部

---

[1] 高崇谦. 我所信息管理现代化研究的历史回顾. 见中国科学技术信息研究所编. 中国科学技术信息研究所建所五十周年纪念文集,2006:199.

[2] 邓力群,马洪,武衡,等. 当代中国的科学技术事业. 北京:当代中国出版社,1991.

发行，1980年6月由科学技术文献出版社对外公开出版，对我国后来进行机器检索研究事业起到了一定的启蒙和参考作用。1980年9月，中国科技情报学会在北京组织了第一次全国机器检索学术交流会，会议提出关于开展我国电子计算机情报检索总体设计和利用国外进口磁带等建议，中国科学技术情报研究所电子计算机检索的试验研究取得了较大进展。

### 3. 磁带联机检索

1985年3月，《国家科委关于加强进口文献磁带管理的通知》规定，由国家科委科技情报局和全国科技情报检索系统领导小组负责办理。在中国科学技术情报研究所搬迁到公主坟新址后开业典礼一周年之际，INSPEC、COMPENDEX、EI-MEETING 3个西文磁带开始对外提供联机检索试服务。1991年，中情所试验开通电子邮政，完成了CCFC格式磁带的输入转换程序设计。

### （三）计算机情报检索的应用

#### 1. 发展计算机科技情报检索的政策及研究应用规划

1983年4月，在国家科委统一组织下，中国科学技术情报研究所草拟了《全国计算机科技情报检索系统项目规划（草稿第一稿）》。5月22—24日，中情所受国家科委委托，在北京召开了"建立国际联机终端检索系统的研究"和"建立汉字计算机情报检索系统的研究"两个国家科技攻关项目的论证会，会议上介绍了国家科技攻关项目的有关背景和国家计委、经委、科委对确定国家科技攻关项目的要求。8月，中情所和国家科委基础研究新技术局签订了"建立国际联机终端系统研究"和"建立汉字计算机情报检索系统的研究"合同，并得到了国务院电子计算机和大规模集成电路办公室的批准。11月6日，"中国科技情报中心装备方案讨论会"在北京召开，来自全国的科技情报界、图书馆界、计算机研究应用部门、电子工业部门、通信部门的专家和科技人员40余人参加。

1984年1月25日，国务院电子计算机大规模集成电路领导小组将"科技情报计算机检索系统"项目正式列入国家重点规划，国家科委决定成立"国家科委科技情报检索系统领导小组"，领导小组下设办公室，由中国科学技术情报研究所负责筹建。与此同时，国家科委批准中情所制定的"国家信息中心计算机检索系统工程计划"，决定引进IBM4381和VAX11/750两套计算机系统。8月，中情所提出了中情所现代化的5点意见：①建立5个文献数据库；②引进IBM4381；③完善情报刊物体系；④加强文献标引工作；⑤加快文献标准化。在上述5点建议中，中情所把情报技术手段的现代化作为主要任务之一。10月12日，中情所所务扩大会议讨论了国家科技情报中心计算机检索系统第一期（1984年10月—1987年12月）工程计划。10月29日，《国家科技情报中心计算机检索系统第一期工程计划》明确指出，要建立面向全国的西文检索系统，建立中文数据库和ISTIC中文情报交换磁带。为此，中情所引进了VAX11/750，并安装调试IBM4381；文献部门重点建立了《西文文献目录数据库》《西文期刊数据库》《中文会议论文数据库》《中文期刊和科研成果数据库》等 5 个数据库。

1985 年 10 月 16 日—11 月 1 日，中国科学技术情报研究所举办了"北京国际计算机情报检索讨论会"，进一步商讨国际计算机情报检索问题，美国、英国、日本、意大利和加拿大等国专家出席讨论会。1986 年 8 月，中情所、江苏省科技情报所联合召开"国际联机检索技术研讨会"，研讨有关国际联机检索技术问题。1986 年 11 月 1—6 日，国家科委科技情报局在重庆召开"1986 年全国科技情报检索会议"，会议总结了"六五"期间全国计算机检索系统的建立情况，制定了 1987—1988 年两年的工作计划和"七五"期间的工作规划，提出明确目标、突出重点、加速科技情报计算机检索系统建设方针，积极支持和鼓励建库与刊物编辑出版相结合。

随着计算机检索技术的应用，1989 年，国家科委常务会议听取科技情报司关于科技情报发展纲要汇报，指出当前要把数据库和计算机检索系统的建设，情报资源布局和开发利用作为重点来抓。国家科委发布了《国家科委关于加强数据库建设和服务，推动全国科技情报计算机检索系统建设的意见》《科技情报计算机系统 1989—1990 年重点任务安排计划》，部署了我国数据库和计算机检索系统建设的重点任务。1991 年 1 月 24 日，由国家科委科技情报司组织、中国科学技术情报研究所等 10 多家单位共同承担的"七五"国家重点科技攻关项目"中文文献自动检索支持技术"在北京通过了专家鉴定和国家验收。

**2. 微机检索和联机检索**

20 世纪 80 年代，以中国科学技术情报研究所为中心，各部委、各省市、地区情报机构和部分科研院所、高等院校和工矿企业相继建立了国际终端检索系统。

1981 年，中国科学技术情报研究所与医药管理总局情报所合作，成功开发《中国药学文献数据库》和刊物自动编排及检索系统；和国际组织联合举办了联机检索、系统设计、微机应用等多种技术培训班。这些工作为中情所建立联机自动化检索系统准备了必要的技术条件和人才条件。

1983 年 6 月 13 日，由中国科学技术情报研究所、联合国教科文组织、欧洲空间组织情报检索中心联合举办了"系统设计与联机情报检索培训班"，机电部、邮电科学研究院数传所和北京电信管理局参加了这个培训班，这个培训班为建立国际联机检索服务工作奠定了基础。从 1983 年 9 月 19 日起，在联合国教科文组织的资助下，中情所进行检索系统可行性研究和典型检索系统的试开发。我国的第一个国际数据终端开始试运行。1983 年 10 月 25 日，中情所建立了我国第一个联机情报检索服务站，中情所国际联机检索服务部正式开业并对外服务。11 月 23 日，国务委员兼国家科委主任方毅、余秋里、宋任穷、陈慕华、邓力群、胡启立、李鹏、田纪云等中央领导和国务院领导在赵东宛、杨浚等陪同下参观了中情所联机检索服务部，并于 25 日参观了国际联机检索表演。25 日，中情所与国家科委各厅、局在联机检索服务部举行座谈会，会议就科技情报工作如何更好地配合科委各厅局工作和加强互联网联系等问题进行了座谈。座谈会指出，中国科学技术情报研究所在面向经济建设服务方面取得了良好的成绩，在今后的情报工作中应当注意对科学管理、发展预测、科技与经济社会发展相协调等方面，开展情报研究与服务。国际联机检索情报服务站的建立，使国内的科研人员可直接检索国际知名的数据库系统，满足了国内科研人员搞现代化研究所需的文献检索需求。第一个联机情报检索服务站的建成是20世纪80年代初情报手段现代化的标志性事件之一。此后，以中情所为中心，各部委、各省市、地区情报机构和部分科研院所、高等院校和工矿企业的国际终端联机检索系统网络逐步形成。这一时期，我国相继与世界上著名的联机情报检索系统ESA-IRS、ECHO、DIALOG、ORBIT、BRS、STN、F12-TECHNIC、DATASTAR、PFDS等联通，这为进一步开发中国的联机检索系统积累了技术经验。1983年10月，中情所在邮电部的支持下，建立了一台终端。这台终端连接ESA-IRS数据库，并通过网络接口与欧洲的EURONET和美国的TYMNET、TELE-NET网络相连。这台终端的用户除可检索欧洲的ESA-IRS数据库外，还可检索美国的DIALOG和ORBIT及其他数据库。公用数据终端的建立，是中国走向国际联机情报检索的良好开端。与此同时，中情所在联合国教科文组织和意大利支持下建立的中国大陆第一个国际联机情报检索服务站开业服务。该站与欧洲空间组织情报检索中心联机，使用意大利公用数据网及其连接到欧美各国的公用数据网，开始向全国用户提供ESA-IRS、DIALOG、SDC系统的联机检索服务。1983年12月，水电部水电科技情报所建立了国际联机检索终端，与美国、西欧四大情报检索系统、中国科学技术情报研究所数据库和国内水利电力系统的17个分终端联机检索。这一时期建立的联机检索服务站在5个方面起到了巨大作用：①在全国发挥了引领示范作用，启动和加速了我国计算机联机检索的建设。②针对经济建设和科技发展中的实际和研究需求加快了信息服务的准确性和速度、创造发明技术的查新，以及馆际互借和局域网的建设。③刚刚开发建设的一些数据库资源开始走向应用轨道，如《中草药数据库》《中西文期刊数据库》《特种文献数据库》等。④通过联机检索服务，使中国承担的联合国技术信息服务系统（TIPS）项目非常活跃，联系了几十个成员国家和地区及数以千计的中国企业。⑤在此基础上发展了中国科技情报大楼的计算机系统，跟上了20世纪80—90年代世界信息基础建设的步伐。[1]

1984年9月，宋健同志在科技情报检索调度会上说："目前科技情报工作非常落后，要把科技情报计算机检索系统搞起来，要把这项工作任务作为重点工程来搞……"。在全国科技情报检索系统领导小组的领导下，1984年拟定9个可供微机情报系统采用的推广项目，其中缩微胶卷检索系统、汉字情报检索系统、刊物编辑排版系统和图书管理系统等已组织移植和转让。这些项目表明，中国在微机情报检索和管理方面的应用，已经迈出了可喜的一步。[2]

---

[1] 刘昭东. 科技情报与信息工作纪实. 北京：科学技术文献出版社，2011：184.
[2] 邓力群，马洪，武衡，等. 当代中国的科学技术事业. 北京：当代中国出版社，1991.

1985年1月,在宋健同志的亲自关怀下,中国科学技术情报研究所成立了计算机检索系统工程指挥部,确定的3项任务(建立面向全国的中西文联机检索系统;建立中文期刊、会议论文、科技成果、西文期刊、西文资料5个数据库;建立文献管理自动化流程)中,有一项就是建立面向全国的中西文联机检索系统。8月17—24日,"建立国际联机检索终端实现检索手段现代化,为全国开展科技情报服务"被评为国家科技进步奖三等奖。在国家科委科技情报司和全国科技情报检索系统领导小组的统一规划部署下,开始建立以中国科学技术情报所国际终端为转接点的全国性分终端服务网。

1986年,中国科学技术情报研究所研制成功第一个计算机检索、机器翻译、自动排版系统。1988年,中情所采编部采用计算机排版目录索引,实现了查目计算机化。此外,中情所利用微机在汉字信息处理方面所取得的成绩,也都具有中国的特色,成为一个很有发展前途的领域。

1989年9月,国际联机检索技术研讨会在安徽黄山召开,会议重点讨论了经济数据库和国内外书库的开发、利用问题。12月,中国科学技术情报研究所建成"星火计划适用技术信息检索系统",并通过国家科委验收。1989年,国内联机检索系统初步开通是当年联机检索业务的重要进展,突破了中情所只有国际联机而没有国内联机的局面。NCP软件和协议转换器的对接成功,使IBM和VAX机进入24端口交换机,完成了以微机作为汉字仿真终端进行远程联机检索的试验。

1990年,国内联机检索系统已于10月正式对全国各地用户提供服务。根据"七五规划"安排,中国科学技术情报研究所引进国外磁带建立了联机检索数据库。截至1990年年底,中情所的检索系统的基本情况为:① IBM4381系统。利用CDS/ISIS联机检索软件,建立了约230万个记录的英文联机检索数据库,主要有馆藏英文资料、期刊、中国学术会议(英文版)及部分从国外引进市售磁带等。1990年完成了CDS/ISIS大型情报检索软件的汉化工作并通过鉴定,首次实现了在大型IBM计算机上对中文资料进行检索处理。②中文文献数据库检索系统(VAX11/750)。1990年10月1日,中情所建设了中文文献数据库检索系统,这是第一个为科研人员服务的检索系统,该系统填补了国内的空白。该系统利用汉化的TRIP软件,在检索系统的计算机上建立了7个数据库共20万个记录。后来将西文文献也加入进来,成为中西文联机检索系统,数据库的内容涉及科技成果、公司企业与产品、专利、国家标准共约30多万个记录。中西文文献联机检索系统是我国唯一的对外服务的系统(2000年6月后,中西文文献联机检索系统改造成为万方的CHINA INFO系统)。与此同时,中情所通过电话网和分组交换网在全国30多个城市设置60多台远程联机检索终端,在不少城市设置了国际联机检索系统的分终端,形成了既能检索国内信息又能检索国外信息的综合性检索系统,实现了实用性的要求。

除了大型系统之外,在中情所内各馆、部、室推广使用微机,先后建立了文献管理、财务管理、人事管理、文书档案管理、外事管理、情报研究、出版印刷文字处理等系统,为中情所计算机应用进一步普及化打下了良好的技术基础。此外，开发了西文文献编目系统和排版系统，使人工打字机打印卡片变为计算机自动打印卡片，人工卡片检索变为计算机检索，使中情所成为第一个计算机编目的图书情报单位。

1991年，中国科学技术情报研究所中西文计算机检索系统服务能力进一步加强。IBM4381系统提供的西文检索数据230万条记录，已检索1586次。VAX系统已装有8个数据库共约30万篇文献，检索2146次。联机检索终端已有120个，分布50个城市。

1994年，中国科学技术信息研究所加强了计算机网络、信息工作手段现代化和办公自动化及数据库建设。中信所利用国家科委主任特别基金，成立了突击队，完成了"国家科委小区局域网接入互联网（INTERNET）"工程，成功从INTERNET处申请到了一个B类IP地址，初步建成了科委小区局域网，为小区开通了电子邮政和BBS服务，联通了INTERNRT网，使中信所成为国内最早接入互联网的5个网络单位之一，为日后"中国科技信息网"的建设打下了坚实的基础，同时也成为动用主任特别基金的第一个项目。

截至1995年年底，中国科学技术信息研究所由原来的单纯检索，增加了电子邮政、电子公告板、文件传输等功能，逐步走上综合信息服务的轨道。中信所还实现了与国际互联网（INTERNET）联机，扩大了国际出口，实现了检索、电子公告、电子邮政等多功能服务，为系统的进一步扩容和完善做了开创性工作。截至1995年年底，中信所已有近300台微机，应用在业务管理、职能管理等各个方面。[①]

20世纪90年代，中国科学技术信息研究所在世界银行的资助下对计算机设备进行了扩充，增加了VAX7600、DEC4610、VAX6220 3台功能较强、容量较大的计算机，2台通信服务器和2台通信路由器；增加了与用户连接的端口，扩充了外存，为建设大容量的数据库创造了条件。截至1995年年底，中文数据库使用时间已达100多小时，显示记录2200多条；已开通国际联机检索系统10个，国内分终端扩展到60个。中信所通过多路转换器转接国内外通信线路，实现与国内外的联机，使全国的科技情报界一方面可以通过终端设备和卫星通信网络与美国的DIALOG、英国的INFORLINE、意大利的ESA－IRS、法国的FIESTA、德国的STN、卢森堡的ECHO、奥地利的WSR、瑞士的DATASTAR等12个大型情报检索系统联机，直接检索所需的情报，另一方面又可以在国内充分利用邮电部已有通信网开展国内联机检索服务。

### 3. 联合国技术信息促进系统中国分部的创建[②,③]

1985年9月，虞鸿钧代表中国首次去意大利罗马总部参加联合国技术信息促进系统

---

① 中国科学技术信息研究所.中国科学技术信息研究所大事记（1956—1996）.北京：科学技术文献出版社，1996：104.

② 尹国英.忆国际数据终端和Tips的创建——为纪念所庆45周年而设.见：中国科学技术信息研究所编.中国科学技术信息研究所建所四十五周年纪念文集.2001.

③ 中国科学技术信息研究所.中国科学技术信息研究所大事记（1956—1996）.北京：科学技术文献出版社，1996：104-105.

## 第三章 改革与探索（1981—1994 年）

(TIPS)的第一届政府间理事会会议，研究成立南南合作的技术信息系统。同年 12 月 24 日，作为联合国技术信息促进系统组织创始国之一的中国政府加入了联合国技术信息促进系统，成为当时 9 个成员国之一。1987 年 4 月 1 日，国家科委和当时的对外经贸部专门成立了联合国技术信息系统中国国家分部（TIPS CHINA），并制定联合国技术信息促进系统的中方执行机构为中国科学技术情报研究所，中情所成为联合国技术信息促进系统在我国的唯一运行的中心。1987 年 5 月 15 日，计算机情报检索系统工程指挥部组织并通过了对"TIPS 用户数据管理系统"的验收。

联合国技术信息促进系统中国分部网络通信分为与国外通信和与国内通信两大部分。就国外通信而言，1987 年 5 月 11 日，连接联合国技术信息促进系统总部的计算机系统卫星通信线路开通，与各成员国之间联网同步运行，开始从联合国技术信息促进系统各成员国接受信息，并且向各成员国提供信息。联合国技术信息促进系统中国分部作为终端用户，由于成立之初没有互联网，因而采用专线与其设在意大利罗马的总部进行 24 小时不间断通信，使用的计算机为联合国提供的 PDP11 计算机。在这个阶段，TIPS CHINA 还得到了联合国技术信息促进系罗马总部和国家科委的经费支持，建成了双向电子信息服务网络，发展了一批用户，培养了一批技术骨干，积累了工作经验，为今后工作的开展做好了准备。就国内通信而言，联合国技术信息促进系统中国分部成立之初，对国内只提供印刷型信息产品——《联合国技术信息促进系统信息通报》。

联合国技术信息促进系统信息的内容非常丰富，涉及 19 种类型，专业范围也十分齐全，包括 14 个专业，而且传递手段先进，时效性强，它是一个"浓缩"科技、经济、贸易信息的"结晶"，是一种新兴的事实型动态情报源。为了开发和利用这些信息以便服务于我国的科技进步和经济建设，TIPS CHINA 将我国产品和技术信息在国际上予以宣传和报道，提高了我国在国际信息市场的知名度。TIPS CHINA 还发展了许多直接用户，并在全国各地建立了 20 多个联合国技术信息促进系统中心站，从而形成了一个庞大的联合国技术信息促进系统用户网。此外，为了满足广大用户对发达国家需求信息的需要，TIPS CHINA 大力开拓新的信息渠道和信息来源。经过运行 3 年后，联合国技术信息促进系统系统开始正常运行，并走向成熟。

随着我国经济体制改革的不断深入和联合国技术信息促进系统总部的要求，TIPS CHINA 决心改变运行费完全依赖上级资助的做法，努力面向需求，面向市场，探索开展有偿服务的路子。到 1990 年 3 月，TIPS CHINA 的有偿服务收入已占总支出的 64.8%，初步扭转了对上级经费支持的依赖，增强了自我发展的能力，联合国技术信息促进系统所提供的对外和对内的信息服务取得了明显的社会效益和经济效益。国家科委主任宋健对此先后两次批示："联合国技术信息促进系统能起到这么大的作用"，"似应大力宣传和推广，这对情报工作范围的扩展，对推动经济技术的进步会起到新作用"。

为了适应市场经济发展的要求，TIPS CHINA 加大了改革力度，对组织机构、运行机制进一步进行了调整,先后成立了网络通信部、国际联络部、信息加工发行部和市场部。各部门合理分工,扩大了信息来源,增强了服务内容,改进了服务质量,发展了更多用户,使有偿服务发展到了一个新阶段。

为了满足快速服务的要求,采用了微机终端服务,实现了电子信箱等现代化手段。从1993—1995年,联合国技术信息促进系统采用三台微机组成了总线结构的Novell雏形网络,电子版信息导入的操作者使用终端和路由器,路由器通过一条电话线与远程用户通信,从而开始了TIPS CHINA使用计算机传递电子版经贸信息的网络及通信平台建设。

为了扩大信息源,TIPS CHINA先后加入了联合国开发计划署国际信息开发网(UNDP/DEVNET)、欧洲经济共同体企业合作信息网(EEC/BRE)、联合国工业发展组织工业与技术信息网(UNIDO/INTIB)和亚太地区技术转让中心(APCTT);还与欧洲信息中心(EIC)、欧洲数据中心(ED)、欧美最大的技术转让集团(PAX)及各国工商会、经贸机构、各国驻华使馆商务处、科技处等保持着密切的信息交流关系。1995年,TIPS CHINA又与美国INTERNET网相连接,进一步扩大了TIPS CHINA为用户提供双向服务的范围。

截至1995年年底,TIPS CHINA在20多个城市建有市级信息中心站,并直接吸收各企事业单位入网,形成了全国性的双向信息交流服务网络。其特点是既将国外大量技贸信息传播给国内用户,又为国内用户向国外发布供求信息和广告信息,而且信息量大,信息真实可靠,国内外客户可直接沟通,国内用户可横向交流,费用又十分低廉。1995年联合国技术信息促进系统中国分部的有偿服务收入达到了160多万元,走上了经济自立、自我发展的道路。

**4. 计算机软件系统开发**

中国科学技术情报研究所通过引进国外软件,并进行不同程度的二次开发工作,表明检索软件从引进、消化,走向开发、创新阶段,拥有一定的情报检索软件的研发能力。1986年,中情所引进了VAX11/750SP-8及IBM381等设备。中情所还与联合国教科文组织及兄弟单位合作,成功地汉化了MICRO CDS/ISIS软件,通过了鉴定,并向全国科技情报界推广。1987年,中情所MICRO CDS/ISIS软件2.0版的汉化工作顺利完成。1988年,中情所在克服多种不利因素的情况下,IBM4381机已装入文献160万篇,并已开始进行检索的对比试验。检索软件CDS/ISIS的汉化工作进展顺利,VAX机用TRIP软件的汉化工作已基本完成;IBM远近程通信软件调试完成并已正式投入使用。同年,中情所、上海科技情报所承担了"七五"重点科技攻关项目计划"CDS/ISIS大型情报检索软件的汉化"。1990年12月5日,中情所与联合国教科文组织共同合作完成的国家"七五"重点科技攻关项目——汉化CDS/ISIS大型情报检索软件在北京通过鉴定,这项成果在国际上首次实现了IBM大型计算机对中文的检索处理。1993年,"大型情报检索软件 CDS/ISIS 汉化与开发"获得国家科委科技进步奖三等奖。

1992 年 4 月，中国科学技术情报研究所正式推出自己独立开发的微机通用信息管理软件 MICRO ISTIC/ISIS V1.0 版。5 月正式对外发行。1993 年，中信所成立了国家科委软件培训中心，加强了软件的开发利用管理。1994 年 3 月 20—30 日，"微机通用信息管理系列软件 MICRO ISTIC/ISIS"在"第五届全国软件产品及技术交易会"上被授予金奖。1994 年 9 月 12 日，"MICRO ISTIC/ISIS 微机通用管理信息系统"被中国软件协会推荐为 1994 年度优秀软件产品。

### 5. 汉字信息处理系统的快速研发

1983 年，中国科学技术情报研究所计算机室利用引进的 TK70 计算机自主设计的汉字"药学文摘"刊物自动编辑排版和汉字文献检索软件，成功地进行了检索试验并通过国家鉴定。此外，中情所建立了一批实用型汉字文献数据库，包括《馆藏中文期刊数据库》《科技成果数据库》《论文数据库》《企业、公司数据库》等，并参与组织国内有关单位制定文献工作、计算机检索方面的有关国家标准。

1985 年，中国科学技术情报研究所引进了 VAX11/750 计算机系统及 MONOTYPE 激光照排系统。1990 年 10 月 1 日，中情所中文检索系统正式开始向全国提供服务。该系统使用与瑞典合作的汉化的 TRIPS 全文检索软件，在 VAX11/750 计算机上建立了 7 个数据库共 20 万个记录。

1986—1987 年，中国科学技术情报研究所引进了 SP-8 高速汉字印字系统及 IBM4381 计算机系统。1987 年，我国研制成功计算机汉化程序设计语言编译系统和数据库管理系统，汉化了 COBDL、FORTRAN、PL/I、DMS、QLP 5 种常用软件，中情所还和联合国教科文组织合作开始了 Micro CDS/ISIS 软件的汉化工作。

### （四）专业数据库建设

在新技术革命浪潮的影响下，中国科学技术情报研究所率先开展了数据库服务业，依靠本所积累时间最长、范围最广的文献及文献数据，以及国家的重点支持，取得了数据库建设的成就。1984—1995 年，中情所的数据库建设每年都会获得新进展，并取得了分阶段的数据库建设成就。同时，事实数据库（非文献数据库）也取得了长足进展，并在一定程度上大大超过了文献数据库，从而引起了中国情报检索工作者的重视。

1984 年，为了加快科技情报手段的现代化，中国科学技术情报研究所的国内会议文献、国内科技期刊、西文资料、西文期刊、国内科技成果 5 个数据库的建库工作，已经起步并完成了年度计划指标。1984 年 5 月，方毅等中央领导批示：中国应建立《中国药学文摘数据库》。为此，中情所与国家医药总局开始合作开发建设"中国药学文摘数据库和文摘刊物自动编排及检索系统"，并于当年完成并正式发行中国第一份计算机排版的《中国药学文摘》。1984 年 6 月 4—6 日，由国家医药管理局、国家科委情报局、国家科委全国计算机情报检索系统领导小组，主持召开了"中文药学文献数据库和文摘刊物自动编排及检索系统鉴定会"，该成果获得国家科技进步奖三等奖。随后，国家医药总局、中情所建立了《中国药学文献数据库》，这是中国建立的第一个中文文献计算机数据库，也是情报手段现代化的标志性事件之一。

由于微机应用的初步铺开，5个数据库的建设取得了一定的进展。1985年，中国科学技术情报研究所开始建立《西文馆藏科技期刊数据库》，根据"七五规划"的安排，中情所还引进国外磁带，建立联机检索数据库和加强自建中文数据库的工作。国家科委并批准了西文联机检索数据库的试验和西文联机编目投入使用，以及西文期刊目录全部进入计算机等项目，情报系统现代化逐步走向新的高度。12月，中情所引进美国情报处理服务公司（IHS）生产的产品总目录服务（MCS）产品样品缩微资料库，并开始建立《西文馆藏科技期刊数据库》。

1986年，中国科学技术情报研究所完成了《适用技术数据库》等6个数据库的建设，并完成了前处理的计划指标。

1987年，中国科学技术情报研究所在IBM4381机上完成了大型联机检索软件CDS/ISIS的安装调试工作，已装机文献85万多篇。《西文期刊馆藏目录数据库》制成国际标准磁带；《西文联机编目系统》已投入运行；《适用技术数据库》具备试服务条件；其他数据库均已完成1987年预定任务。当年中情所自建的文献型数据库有《西文馆藏科技期刊数据库》《西文期刊馆藏目录数据库》《中文科技期刊联合目录数据库》《中国学术会议论文数据库》《西文联机检索系统》等。为适应改革开放的新形势，当年中情所还研创《中国重大科技成果数据库》《中国适用技术数据库》（文献部分）、《实用技术信息数据库》《全国重大科研成果数据库》等事实、数值型数据库。

1988年，中国科学技术情报研究所的数据库建设取得了较大进展。《中文期刊联合目录数据库》《西文馆藏文献数据库》通过了鉴定；《中国重大科技成果数据库》《适用技术数据库》已开始试服务；英文版的《中国学位论文数据库》《中国学会学报文摘数据库》即将提供标准磁带，为中情所数据库产品进入国际市场打下了基础；在克服多种不利因素的情况下，IBM4381机已装入文献160万篇，并已开始进行检索的对比试验。1988年10月，按照《国家科技情报中心计算机检索系统第一期工程计划》要求，中情所计算机室和文献采编部共同研建了《西文文献目录数据库》系统。当年，中情所自建的文献型数据库有《中国学位论文数据库》（CDMDM，英文版）、《中国学会学报论文数据库》（英）等。

1989年，中国科学技术情报研究所的数据库建设稳步发展，《西文文献馆藏数据库》《中国学术会议数据库》《中国适用技术成果数据库》都已具相当规模。《中国企业、公司及产品数据库》走出了以库养库的新路。《西文文献目录数据库》《中国学术会议数据库》《INSPEC数据库》《EI-MEETING》《COMPENDEX数据库》《中国学位论文数据库》

（英文）、《中国博士论文数据库》（中文）等文献数据库和《中国适用技术成果数据库》《重大成果数据库》《中国企业、公司及产品数据库》等事实数据库先后投入服务。

1990年，中国科学技术情报研究所数据库建设稳步发展，数据库容量不断增加，《中国科研机构数据库》正式投入建设，《中国公司、企业及产品数据库》投入使用后，受到国内外用户的重视。中情所自建了文献型数据库《西文会议文献联合目录数据库》和《中国科研机构数据库》（中、英文版，1990年）、《中国企业、公司及产品数据库》（CECDB，1990年，该数据库为中情所和国家科委情报司联合研发）等事实、数值型数据库。同年，《美国科学文摘》《工程索引》《中国国家标准》《中国专利公报》《美国政府研究报告》《美国公司厂家名录》《美国教育文摘》《德国公司厂家名录》《电子百科全书》等非自建数据库也达到了一定的规模。

1991年，中国科学技术情报研究所数据库情报产品向产品化、产业化和国际化方向迈出了步伐。《中国企业、公司及产品数据库》《中国科研机构数据库》已分别向国内外用户提供数据软盘，《中国学会学报论文文摘数据库》已与美国新兴出版社签订合同，由我方提供软盘数据，对方出版磁带和书本，向全世界发行，成为中情所打入国际市场的第一个数据库产品。同年，《中文科技期刊篇名》《微机软件》《英国科学文摘》等非自建数据库相应建立，非自建数据库规模有所扩大。

1992年，中国科学技术情报研究所自建的文献型数据库有《中国学位论文目录数据库》和《中文CD-ROM光盘数据库》。1992年，重庆分所率先研制并在中国推出的中文科技期刊《中文CD-ROM光盘数据库》，标志着中国光盘数据库的发展由引进国外光盘走向自行研制的阶段，光盘技术应用日趋成熟。光盘数据库建设和信息技术的进步推动了电子出版业的发展。中信所的数据库开发建设，特别是《中国企业、公司及产品数据库》的开发，为中信所万方数据的创建奠定了基础。1993年2月18日，中信所万方数据公司正式成立。

1993年，中国科学技术信息研究所自建了《ISTIC报告数据库》，并扩充了《东欧公司名录》《欧洲公司名录》《中国化学文献数据库》等非自建数据库。

1994年，中国科学技术信息研究所自建了《中国科技文献数据库》，并扩充了《中文科技期刊篇名库》等，以联机检索或光盘的形式提供服务。当年，中信所还自建了《寻医问药数据库》《百万商务通讯名录数据库》等事实、数值型数据库。此外，《东南亚企业公司数据库》《科技成果交易数据库》《国际标准数据库》《国际电子标准数据库》《微机软件PC-BLUE》《日本公司名录数据库》《中国生物医学数据库》《DIALOG系统兰页》《EI美国工程索引》《美国政府研究报告》《美国制造厂商名录》《德国公司名录》等非自建数据库也相继开发建立，这些非自建数据库从类型看属于光盘数据库。

截至1995年年底，仅中国科学技术信息研究所已自建的中国信息源的事实型数据库就有9个，文献数据库7个，累计存储记录已超过250万条。[①]

（五）科技声像情报工作

**1. 科技声像情报工作的长足进展**

1981年3月，中国科学技术情报研究所声像馆发展成为中国科技声像公司（1992年停止注册）。与声像资料馆是两块牌子一套人马，开展影视出版的发行工作（1984年经广播电视部批准，中情所有了影视出版权），购置了录像、摄像设备，开始了摄制和录放科技录像片和科技资料片。各单位每年都拍摄几部至十几部科技录像片，进行形象化的科技宣传，为我国科技声像情报工作的开展奠定了坚实的基础，获得了很好的社会效益和经济效益。1983年，中情所发行科技影片38部，制作拷贝1060部，租借科技影片1843部。[②] 1984年3月26日，在北京举行的首届科技声像"银河奖"发奖大会上，中情所摄制的《脑塔桥》《757大型计算机》《快速成型模具》等3部作品获奖。1984年9月24日，广播电视部批准中情所为中国科技声像科技录像出版单位，其出版范围为经过翻译加工、解决了版权问题的国外科技音像资料和国内录制的科技音像资料。1984年，中情所收集的国内科技影片38部，国外科技影片39部，国外科技录像82部。[③]

1986年4月，国家科委在重庆市召开了全国首届科技情报系统声像工作会议，会议通过了《关于加强科技情报声像工作的意见》和《全国科技情报声像单位为"星火计划"服务计划要点》两个文件。全国首届科技情报系统声像工作会议后，中情所的科技声像情报业务工作取得了长足的进展。自1986年10月17日开始，中国科学技术情报研究所承办了CCTV二套"星火科技"和一系列星火节目的制作播放，李鹏总理为"星火科技"题写了片名，这也是国家科委唯一的电视宣传窗口。各级领导都非常重视和支持这项工作，成立了由国家科委科干局和信息司领导小组组成的"星火科技电视节目领导小组"，下设由信息司和中国科学技术情报研究所声像馆组成的"国家科委星火科技电视节目办公室"，全体工作人员在上级领导的指导帮助下，完成了各项任务。

为了加强星火计划的宣传，中国科学技术情报研究所积极与CCTV合作，使一批星火节目在CCTV的"桥""祝你致富""经济信息""新闻联播"和教育台的"燎原学校"等栏目中播放，并且和CCTV联合举办"架金桥、觅知音""科技大市场""金桥连四海"等具有较大影响的现场直播特别节目。加强宣传力度，提高了自身的知名度，受到观众和好评和领导的表扬。中国科学技术情报研究所参与摄制的有关科技扶贫内容的电视剧《喜鹊登枝》，国务委员陈俊生同志看后说："希望千千万万农业信贷员像剧中主人公一

---

① 中国科学技术信息研究所. 中国科学技术信息研究所大事记（1956—1996）. 北京：科学技术文献出版社，1996：104.
② 中国科学技术情报研究所一九八三年年报. 中国科学技术情报研究所，1984：27.
③ 中国科学技术情报研究所一九八四年年报. 中国科学技术情报研究所，1985：17.

样，为人民办实事，办好事。"原国家科委副主任郭树言同志看后说："科技与农业信贷相结合，必将产生巨大的社会效益。"中国科学技术情报研究所摄制的《科技体制改革10年》，录像片受到了国家科委领导的好评。他们摄制的《遥感在中国》，驻苏联使馆的领导看后，坚持要留在使馆，作为对外宣传用，此片在1989年波兰国际科教电影节上获得荣誉奖。另外，中国科学技术情报研究所摄制的《金融企业的困境与希望》《迈向现代化的金融企业》录像片，受到了国务院、国家科委和中国人民银行领导的好评。1989年"星火科技电视节目的组织实施"荣获了"国家星火三等奖"，1991年获国家科委"星火五周年宣传奖"。此外，中国科学技术情报研究所为中央电视台《科技时代专栏》，仅1990年2—8月就摄制了12部推广新的尖端技术的录像片，受到了好评。

1993年12月15日，中国科学技术音像出版社更名为北京天盛科学技术音像出版社，主要出版、发行科技教育和宣传等方面的音像制品，并配合中央电视台、科技部及其下属司局等机构制作大量科技宣传电视节目。北京天盛科学技术音像出版社成立后，先后与中央电视台、中国教育电视台、北京电视台合作制作《科技博览》《星火科技》《科技大世界》《科技新航线》《财神到》《中国科技周刊》等多个栏目。独立制作完成多部大型科技类专题片，其中《中国星火十年路》获国家"五个一"工程奖。1994年3月1日，与中国教育电视台共同创办的《科技大世界》栏目工作室正式运行，该栏目下设环球科技、科技市场、科技人物、科技史话、自然之谜和专题报道等6个专题，该栏目在CETV开播后，因节目制造精良，收视率较高，取得了良好的社会效益和经济效益。① 同年，《科学技术与中国的振兴》电视系列片开播，国务委员、国家科委主任宋健于3月4日为《科学技术与中国的振兴》题写片头："机遇与挑战——科学技术与中国的振兴"。

**2. 全国科技声像情报网的建立**

20世纪90年代，为了发挥科技声像情报的整体优势，中国科学技术情报研究所建立了全国科技声像网，承担国家科委和中央电视台的"星火科技"电视专栏。全国科技声像网的建立标志着综合性科技情报声像工作的组织建设取得了突破性进展。

**3. 科技声像情报工作的专业培训**

为了提高科技声像情报工作人员的专业水平，中国科学技术情报研究所加强了科技声像情报工作人员的专业培训。中情所先后于1981年、1982年及1985年举办了三期全国科技声像情报编导、摄制人员培训班，共培训了340名专业人员。1989年，中情所又与北京电影学院联合举办了2期全国科技声像情报电视编导、摄制专业证书班，共培训了204名专业人员。

**4. 科技声像资料的管理工作**

为了使声像资料在我国经济建设中充分发挥应有的作用，1984年，中国科学技术情报研究所从本馆资料出发，立足全国声像文献资料的管理，参照了国际和国家有关标

---

① 胡炳申．略谈我国的科技声像情报工作．情报科学技术，1991，(5)：32-34．

准，制定了适合我国声像部门声像文献资料的管理规则。在1986年召开的"全国科技声像情报资料科学管理座谈会"上，对中情所编写的声像资料管理规则进行了讨论，决定各单位统一使用中情所设计的编目卡片及账页。会上，大家还就编辑全国科技声像情报资料联合目录取得了一致意见，会议对这套管理办法进行了讨论和改进，并首先在全国科技情报系统进行宣传推广。工作实践证明这套管理办法是切实可行的，全国总工会等系统也开始推行这套管理办法。

1994年6月，中国科学技术信息研究所经过3年的努力建成了《全国科技情报声像资料联合目录数据库》，该数据库共收有中央各部委和省、市、自治区16个单位的声像文献资料数据5000多条。

**5. 科技声像情报工作国际交流活动**

（1）开展和日本的科技声像国际交流活动。1980年，日本向阳社和日本科技文化交流中心会长韩庆愈先生率团访华，与中方达成科技电影放映会协议。1982年11月，中国科学技术情报研究所与日本科学文化中心联合举办第三届"日本科技电影放映会"。1983年3月30日，日本向阳社韩庆愈先生来到中情所，商谈电影放映会及录像公司事项。4月29—5月8日，日中电视录像服务公司西田尧、丰田昭率领访华团来访并对录像网点进行视察。7月10—24日，日中电视录像服务公司访华团在矢作志率领下来访，会谈将原备忘录延期5年事项，并签订了《在中国设置日中科技电视录像网备忘录》。9月14—26日，日中电视录像服务公司董事长坂田来访并视察录像网点。同年9月，中情所与日本科技文化中心联合举办"日本科技电影放映会"。10月20—24日，旅日华侨东庆堂夫妇来访，会谈为情报机构提供录像磁带和设备事项。10月27—30日，日本科技电影放映会访华团在小口祯三、韩庆愈率领下访华，并参加电影会开幕式。中情所通过与日本科技文化中心的合作，建立了我国第一个覆盖20多个省市和大多数部委的全国科技录像网，并与日本、英国、法国、意大利、加拿大等西方国家的驻华使馆和有关单位联合举办了科技电影周。[1] 日中科技录像公司和中情所的合作，推动了中情所和我国科技录像界与日本的"每日放送""NHK""东芝公司""三洋公司""岩波映画""索尼公司"、"松下公司"等知名电气公司之间的合作关系。该年在日本、英国、意大利、加拿大、法国、波兰和德国等国家的有关部门的支持下，在北京和全国数十个大、中城市，一年举办1~2个国家的科技电影和录像放映周活动，收到了很好的社会效益。在日本日中录像服务公司的支持下，中情所在全国建立200个录像网点。1984年1月9—12日，刘昭东同志接待了日本岩波电影制片厂厂长小口祯三，双方签订了合作备忘录。同年4月18—30日，中情所派刘昭东、田树梓、董英等组成的中国录像电视代表团访问日本，以扩大日中电视录像网在日本的影响力，以收集更多的录像节目。5月23日，中情所与日本岩波电影制片厂在北京举行"岩波科技电影放映会"开幕式，并签署《中国科学技术情

---

[1] 刘昭东. 科技情报与信息工作纪实. 北京：科学技术文献出版社，2011：118.

报研究所与日本岩波电影制片厂会谈纪要》。10月30日,为庆祝日中文化中心与中情所联合举办"岩波科技电影放映会5周年",日本科技电影放映会在北京开幕,日方提供了57部科技电影。[1],[2] 1984年,中国科学技术情报研究所、中国图书进出口公司和日中科技文化中心签署了《在中国联合举办日本科技电影放映会备忘录》。10月31日—11月7日,日本科技电影放映周在中情所放映,放映活动在北京和众多省市连续举办了15场,受到了广泛的欢迎。在这期间,中情所和日方还在中国历史博物馆举办了我国首届"办公自动化设备展览会",展览会吸引了中央各部委和有关部门、生产厂家前来参观学习,并购置了全部展品。11月8—13日,日本日中科技录像公司访华团大下义明先生等6人来访,视察录像播放点的活动情况。1985年,中情所和日本岩波电影制片厂、和华公司、日中科学技术文化中心等组织和企业签署了一系列会谈纪要、备忘录,以促进科技声像放映工作。1985年6月,岩波电影制片厂文化团来北京举办"科技电影放映会"。1985年6月6—7日,日本日中电视录像服务公司矢作志来访。6月11—20日,日本岩波科技电影放映会小口祯三等8人参加了在中国举办的放映会。10月6—13日,日本日中电视录像服务公司高目一见等3人来访,商谈合作事宜。10月29日—11月5日,日本科技电影放映会松井茂雄等8人来访,商谈放映会事宜。11月11—17日,日本日中电视录像网中山宗一等2人来访,商谈合作事宜。1986年11月,中情所举办了日本电影周活动。1987年12月9日,中情所举办了"日本科技电影周"活动。1990年,在外事工作较为困难的条件下,经过主动联系,中情所与日本的一些机构建立并继续发展科技电影的放映,由日方提供资助,在中国10个城市举办的日本科技电影周圆满举行。中情所还与日本录像公司签订了新的合作协议。1990年5月10日,日中录像服务公司代表团来访,在华期间,与国内有关单位洽谈了合作事宜,并出席了上海举办的"日中录像播放网经验交流会"。10月13—17日,中情所与日本NHK国际财团在北京联合举办"日本科学教育电影放映节"首映式,其后40部影片在我国10大城市巡回播出。1991年3月,中情所和日本驻华使馆联合举办"日本科技电影周"活动。10月,和日本NHK在中情所电影厅联合举办"日本科技电影周"活动。1992年10月6日,日本科技电影周活动在中情所电影厅举行。1994年,中信所举办"日本科技电影周"活动。1995年10月,中信所与日本NHK国际财团共同举办了"95日本环境保护录像放映会"。从1980—1995年的15年间,日中科技录像公司通过和华公司的协助,在中国各个省市和部分部委情报所建立了科技录像放映站或放映室,为每一个站点提供了录像设备,协助国家科委情报司成立中国科技录像服务系统,为各个站点提供了近千部科技录像节目,特别是以此为基础,国家科委与中央电视台合作开办了"星火计划"节目的科技录像

---

[1] 中国科学技术信息研究所.中国科学技术信息研究所大事记(1956—1996).北京:科学技术文献出版社,1996:39-40.

[2] 刘昭东.科技情报与信息工作纪实.北京:科学技术文献出版社,2011:227.

节目。

(2) 开展与其他国家的科技声像国际交流活动。①加拿大。1983年1月5日和31日，加拿大大使馆一秘王健来访，商谈加拿大电影放映会事项。1983年4月5日，中国科学技术情报研究所和加拿大驻华使馆联合举办"加拿大科技电影放映会"。②英国。1983年5月3日，英国大使馆二秘郭彬来访，商谈英国电影放映会事项。1984年3月20日，中情所与英国驻华使馆联合举办的"英国科技电影放映会"在北京国际俱乐部举行开幕式，英国驻华使馆大使伊文思、中情所所长林自新出席并分别致辞。在这次放映会上，共有28部影片在7个城市放映。①③美国。1984年，美国美中电影开发公司谭宏庆来所，达成购买电影片事宜。④法国。1985年6月21—29日，法国对外关系部声像中心迪舍特夫妇来访。8月31日，"法国科技电影放映会"派出3人参加在中国举办的放映会活动。9月3日，"法国科技电影放映会"在北京举办。⑤波兰。1986年11月，中情所首次派声像馆李秀英参加波兰第十一届国际科技电影节，中国两部科教片获奖。1988年，中情所派人参加波兰第十二届国际科技电影节，共有2部影视片获国际奖。②⑥德国。1987年11月9日，中情所举办了"联邦德国科技电影周"活动。

## 第四节　中国科学技术情报学会的主要活动

中国科学技术情报学会（简称情报学会）自1978年正式成立以来，一直挂靠在中国科学技术情报研究所，是中情所业务发展的重要组成部分。中国科技情报学会在横向联系各部委、各行业，纵向联系各省、地、市科技情报服务机构的工作中起到纽带作用。

### 一、情报应用技术学术交流

（一）机器翻译

1980年9月，中国科技情报学会组织的全国机器翻译第一次学术交流会在北京举行，会议内容涉及英-汉、俄-汉、德-汉、法-汉机器翻译，多语言之间的翻译和机助翻译。会上还展示了反映机器翻译成果的机器译文和计算机输出的各种统计资料。

---

① 中国科学技术信息研究所.中国科学技术信息研究所大事记（1956—1996）.北京：科学技术文献出版社，1996：39-40.

② 李秀英.科技声像创造了辉煌　明天将更加灿烂——庆祝建所45周年.见：中国科学技术信息研究所编.中国科学技术信息研究所建所四十五周年纪念文集（1956—2001）.2001：159-162.

## （二）机器检索

1980年9月2—6日，中国科技情报学会组织的"全国第一次机器检索学术交流会"在北京召开，会议提出关于发展我国电子计算机情报检索的总体设计和利用国外进口磁带等建议。情报学会从此每隔1～2年召开一次全国机器检索学术交流会，至1995年已召开11次。全国机器检索学术交流会推动了计算机情报检索的试验研究、实用服务、数据库建立和微机检索在情报工作中的应用。

## （三）检索语言

1984年7月11—13日，中国科技情报学会在北京密云召开"常用检索术语研讨会"，探讨常用检索术语的定义，并提出规范性意见。10月21—26日，情报学会在江苏常州举办"自然语言处理和机器翻译学术研讨会"，交流编制机器翻译系统的经验，强调机译研究要结合实际应用。

## （四）缩微与复印技术

1984年8月7—10日，中国科技情报学会在河北秦皇岛市举办"缩微、复印技术经验交流会"，交流缩微文献、复印技术在情报部门的应用。

## （五）科技声像

1984年11月15—18日，中国科技情报学会举办"全国科技声像技术经验交流会"，交流科技声像中的选题、编导、摄制、音响、配音等方面的经验。此后，情报学会多次举办科技声像经验交流会，推动科技声像情报工作的开展。此外，情报学会还承办情报教育录像片的放映发行。1989年12月，由情报学会组织，吉林工业大学情报工程系承办的情报教育系列录像片（10集）开始发行。

## （六）计算机检索

1982年年初，在中国科技情报学会组织的"第二届全国计算机研讨会"上，到会专家、学者注意到新技术革命对情报工作现代化的影响，一再强烈呼吁发展我国科技情报机构工作的重要性，得到了与会记者的共鸣，并引起了中央领导的高度重视。1984年国家科委计算机情报检索系统领导小组及相应办事机构宣告成立，从而带动了我国计算机情报检索事业的全面发展。1985年10月21—24日，情报学会文献检索专业委员会举办首届"北京国际计算机情报检索研讨会"，这是情报学会举办的第一次国际研讨会。会议的主题为"国际情报检索系统和网络的设计与规划"，包括美国、日本、意大利、加拿大等国的 6 名专家在内的 60 位代表出席。[①]1985 年 10 月，情报学会举办"全国计算机情报检索系统学术研讨会"，邀请外国专家研讨我国情报检索系统，并讨论全国计算机情报检索系统"七五"规划。1988 年 10 月 14—18 日，情报学会在中情所召开"第三届北京国际计算机情报管理学术讨论会及展览会"。会议的主题是新信息技术对发展中国家科技情报活动的影响。来自 8 个国家和地区的 20 余位外国代表对"七五"期间我国数据库建设、联机情报检索等方面的成就给予了高度评价，对我国一些数据库和汉字自动标引技术表现出浓厚的兴趣，有些国家代表还提出购买、交换和合作意向，该讨论会和展览会奠定了国际合作的基础。[②]1994 年 1 月 14—16 日，情报学会、中信所、国际信息与文献联合会、国际数据集团（IDG）联合举办"第四届北京国际计算机情报管理研讨会暨展览会"。会议的主题是信息的新价值观和新开拓的信息领域。国际信息与文献联合会主席劳娜女士、执行秘书长歌德戈布尔、联合国教科文组织综合性计划处主席沃尔夫冈·劳纳先生等出席。

## 二、科技情报工作学术交流

中国科技情报学会通过召开一系列科技情报工作学术年会、研讨会与交流会，促进我国科技情报事业的发展。

1984 年 4 月 13—17 日，中国科技情报学会召开"全国第四次情报研究学术讨论会"，就如何开展综合与专业情报调研工作进行讨论。5 月 16—21 日，举办"情报用户需求与情报服务方法研讨会"，研究情报用户需求与联机检索的关系，以及用户需求与情报系统的设计。6 月 23—26 日，举办"情报学会专职干部工作研讨会"，研究在改革的形势下，如何搞好学会的工作。8 月 14—23 日，举办"新技术革命理论与战略学术研讨会"，谈论科学革命、技术革命和产业革命的定义、特点、历史分期及其相互间的关系。11 月 17—22 日，举办"国防科技情报 2000 年讨论会"，谈论国防科技情报工作面临的形势和今后的发展道路，以及国防科技情报改革。11 月 19—23 日，举办"译报类刊物学术讨论会"，从编辑理论、编辑方法、编辑人员的培养，以及全国情报刊物的协调等方面，探讨如何提高译报类情报刊物的质量问题。

1985 年 5 月，中国科技情报学会理论方法专业委员会举办"情报事业经济管理问题研讨会"，讨论如何利用经济手段管理情报事业。10 月，中国科技情报咨询工作专业委员会举办"科技情报咨询研讨会"，交流科技情报咨询经验。12 月 16—20 日，中国科技情报学会召开"第三次学术年会暨全国首届青年情报理论与实践学术讨论会"，会议提出

---

[①] 刘昭东. 科技情报与信息工作纪实. 北京：科学技术文献出版社，2011：61.
[②] 高庆生. 坚持"三主一家" 再创学会工作新局面. 见中国科学技术信息研究所编. 中国科学技术信息研究所建所四十五周年纪念文集（1956—2001）：210.

关于改革引进国外科技书刊资料工作的建议，关于提高文献利用率、解决检索刊物政策性补贴的建议，以及关于 2000 年中国科技情报科学发展预测研究的几点意见。

### 三、科技情报工作国际交流

1978 年以后，中国科技情报学会的国际合作与交流有了迅速的发展，逐步与美国、英国、日本、法国、联邦德国等建立了科技情报合作与交流关系。

1987 年 4 月，英国情报科学家协会（IIS）授予中国科技情报学会秘书长刘昭东荣誉会员称号。这是国外情报学术组织第一次授予我国科技情报工作者的荣誉称号。[①] 我国还通过英国文化委员会的支持先后派遣了 12 位业务骨干和年轻人赴英国图书情报单位和高等院校实习和培训。由于中英情报学会和协会之间的合作与影响，带动了中国科技情报学会与其他欧洲国家如法国、联邦德国、瑞典、丹麦等有关学术组织的合作关系的发展。1989 年 5 月，中国科技情报学会和英国情报管理协会合作出版英文版《中国情报科学——情报学报论文选集》。

1988 年 10 月，中国科技情报学会协助国际文献联合会亚太地区委员会（FID/CAO）和中国科学技术情报研究所举办了"新情报技术在发展中国家的应用"国际研讨会。[②]1991 年 10 月 18 日—11 月 2 日，陈炳刚率中国科技情报学会代表团访问澳大利亚、新西兰。1993 年 10 月 13 日—11 月 2 日，以高庆生为团长的 4 人情报学会代表团访问美国。1994 年 9 月 30 日—10 月 10 日，以梁志耀为团长的中国科技情报学会代表团一行 24 人赴日本参加"第 47 届国际信息和文献联合会大会"，刘昭东在大会上被推选为国家理事。

### 四、科技情报工作业务实践

#### （一）完善报道类情报刊物的质量划分标准

中国科技情报学会就情报报道类刊物质量标准划分问题专门起草了《关于情报报道类刊物质量标准》及《情报报道类刊物质量评估方法》等 2 项建设性文件，为决策部门开展刊物评比创造了条件。向有关部门报送了"检索刊物要给予政策性补贴""改善国外科技书刊资料引进工作""加强数据库建设"等建设性建议，都受到有关部门的采纳或重视。

#### （二）努力建设科技信息工作者之家

中国科技情报学会一直把发挥党和政府联系科技情报（信息）工作者的桥梁和纽带作用作为自己的职责，努力增强为科技信息工作者服务的意识和能力，通过各种渠道，

---

① 刘昭东. 科技情报与信息工作纪实. 北京：科学技术文献出版社，2011：61.
② 刘昭东. 科技情报与信息工作纪实. 北京：科学技术文献出版社，2011：61.

反映科技信息工作者的建议和要求，增大了情报学会的凝聚力。

1982年年底，中国科技情报学会针对我国科技情报队伍人员结构不合理，很多人没有经过专门情报业务培训，不适应工作要求等情况，征询第二届理事会的意见，提出了要大力加强情报专业人才培养的建议，受到国家科委的重视，促成了国家科委在武汉大学投资建立培训中心。

为了联系广大会员，中国科技情报学会定期出版"会讯"，及时传播党和政府有关的信息政策，交流学术思想和工作经验，通过召开地方学会和行业秘书长会议，增强了各学会的历史使命感和凝聚力。一些学会在不断活跃学术交流的同时，加大宣传普及和人才培养的力度，拓展了为领导决策和企业服务的渠道；一些学会学术交流打破了情报系统的界限，走上了和企业结合的道路，在科技兴企、科技兴农中做出了贡献；一些学会树立经营观念，参与信息产业，成立了信息中介、咨询服务机构和经济实体，通过信息发布会、技术中介、承担课题和举办培训班，以及联办公司和经济合作等，既取得了较大的社会效益，促进了地方经济发展，也保障了学会各项活动的正常开展。[①]

### （三）奖励先进工作者

1991年4月16日，中国科协授予中国科技情报学会办公室主任高庆生"中国科学技术协会先进工作者"称号，表扬他在中国科技情报学会工作和科协活动中所取得的成绩。

### （四）促进海峡两岸科技信息交流

1993年12月3日，中国科技协会批准成立"海峡两岸科技信息交流委员会"。中国科技情报学会成立的"海峡两岸科技信息交流委员会"和中国台湾"海峡两岸科技资讯交流委员会"成为对口交流单位。同年12月，"海峡两岸科技信息交流委员会"正式接待了台湾5人组成的资讯代表团，双方友好地商谈了两岸的合作。12月17日，应中国科技情报学会副理事长刘昭东邀请，以宋玉先生为首的台湾"海峡两岸科技资讯交流委员会"代表团访问中信所，刘昭东、汪廷炯副理事长、陈炳刚秘书长等会见了代表团，举行了正式会谈，并就今后在联合举办海峡两岸科技信息研讨会、联合编写出版书刊、人员交流及代理咨询等方面的合作交换了意见。

### （五）普及科学知识

"普及科学技术信息知识，传播先进技术，推广科技成果"是中国科技情报学会工作的一项重要任务。中国科技情报学会成立以来，多次举办培训班、报告会和一些重大活动，培养了人才，普及了情报知识和信息知识，提高了情报意识、信息意识和开发利用

---

① 高庆生. 坚持"三主一家" 再创学会工作新局面. 见中国科学技术信息研究所编. 中国科学技术信息研究所建所四十五周年纪念文集（1956—2001）：210-212.

信息能力，提高了科技人员学术水平和业务能力。由于当时我国信息化程度比较低，社会信息意识薄弱，很多信息产品和服务未能被社会了解和利用，不能在国民经济中发挥应有的作用，因此，中国科技情报学会于1992年举办的全国情报讲演大奖赛，面向社会宣传了情报工作的重要性和在国民经济建设中的重要作用，中国科学技术情报研究所获得一等奖和大会组织奖。

中国科技情报学会还利用多种渠道、形式向不同层次、领域的人员乃至中学生普及科技情报知识，不失时机地宣传科技情报在经济建设中的作用和地位，为此举办了各类学习班、报告会、讲习班和夏令营活动，参加者数万人。邀请情报界专家讲授、制作《通向信息海洋捷径》《联机检索》普及教育系列录像片，举办地区性科技情报知识竞赛，举办首届中学生科技情报夏令营活动，出版了《情报知识问答》及情报普及丛书。

为了启发少年儿童智力，培养少年儿童学科学、爱科学的思想，1993年由中国科技情报学会发起，和中央电视台青少部、中国科协青少部联合举办了全国少儿科幻大奖赛。在不到1年的时间里，即收到作品15 000余篇（幅）。经初评，900余篇（幅）入选为优秀作品，最后由国内著名科幻工作者组成评委会，评选出一、二、三等奖90余篇（幅）。中央电视台制作了专题节目播放，产生极大的影响。

## 五、科技期刊与学术专著的出版

中国科技情报学会成立后，有关情报学理论与方法等方面的专著和期刊逐渐增多。1979年，中国科学技术情报研究所编印了《情报学概论》，后经修订于1985年以《科技情报工作概论》为名正式出版。1982年6月，中国科技情报学会的《情报学报》创刊。1988年3月，情报学会组织20余名情报专家撰写的《情报工作和情报科学发展战略——2000年的中国研究》正式出版发行。1988年10月，《情报学术会议论文选（1987）》正式出版发行。1989年5月，情报学会与英国情报管理协会合作出版英文版《中国情报科学——情报学论文选集》。1991年9月3日，情报学会与吉林省科技情报学会、吉林省科技情报所联合主办《现代情报》在北京举行创刊首发式。1993年1月，《中国大百科全书·图书馆学·情报学·档案学》卷之情报学由中国大百科全书出版发行。此外，中国科技情报学会还主办了一系列有广泛影响的期刊，在科技情报工作的宣传、交流和传播等方面发挥了重要作用。

（一）《情报学报》

《情报学报》是由中国科学技术情报研究所和中国科技情报学会联合创办的学术性期刊，1982年创刊于北京，原为季刊，1987年改为双月刊。主要发表情报科学和技术的理论研究与应用研究方面的学术论文、研究报告和高质量的综述评论。内容包括：知识信息产生、交流和利用的研究；信息资源特征的研究；信息收集、加工、存储、检索、传递和应用中的理论与方法；情报分析研究与决策支持；竞争情报研究；情报服务和用户研究；情报学教学与人才培养，以及情报工作的组织、管理和政策研究等。《情报学报》是情报学、图书馆学和管理科学领域的核心刊物，也是中国科技论文统计与分析和中国社科论文统计与分析源期刊，是国家自然科学基金会管理学部认定的重要期刊，已被INSPEC（科学文摘）、LISA（图书馆和信息科学文摘）、РЖ（俄罗斯文摘杂志）、CSSCI（中文社会科学引文索引）等国外信息系统和中国科技论文与引文数据库（中国科学技术信息研究所）、中文社会科学引文索引（南京大学）、中国学术期刊文摘（中国科协）、数字化期刊全文数据库（北京万方数据）、中国期刊全文数据库（清华同方）等中国著名信息系统收录，并被中国科协、新闻出版总署和国家自然科学基金会等评为优秀期刊和管理科学重要期刊。[①]1992年，《情报学报》获得中国科协优秀学术期刊二等奖。

### （二）《中国信息导报》

《中国信息导报》是由国家科委主管，中国科学技术信息研究所、中国科学技术情报学会联合主办的科技信息行业的导向性刊物。该出版物于1959年创刊，定名为《科学情报工作》，1963年更名为《科技情报工作》，1993年更名为《中国情报信息》，1994年定名为《中国信息导报》。其办刊宗旨为：在国家科技发展的总体思想指导下，宣传报道科技信息业发展的趋势和动向，为全国科技信息界搭建一个组织、协调、交流经验的平台，为我国科技信息事业的发展服务。《中国信息导报》在科技信息（情报）界有着较大的影响。曾多次被评为全国优秀科技期刊，并作为"双百"期刊入选"中国期刊方阵"。《中国信息导报》于2008年更名为《中国科技资源导刊》。

### （三）《中国大百科全书·图书馆学·情报学·档案学》卷之情报学

1983年11月，在国家科委主任武衡主持的一个专门会议上，讨论了在大百科全书中如何反映情报业务工作的问题。1984年10月10日，"《中国大百科全书图书馆学·情报学·档案学》情报部分草案座谈会"在北京科学会堂召开，讨论了编写框架问题。1985年8月，中国科技情报学会召开了"《中国大百科全书》情报学卷"编委会筹备组会议。为了顺利组织开展《中国大百科全书·图书馆学·情报学·档案学》卷之情报学部分的组织编写工作，科技情报界的工作者们付出了艰苦的努力，做了大量工作。1993年1月，《中国大百科全书·图书馆学·情报学·档案学》卷由中国大百科全书出版社出版发行，历经10余年的艰苦努力，此部著作终于问世。该著作的情报学部分由情报理论、情报业务、情报事业、情报技术、情报系统和情报人物、资料等6个分支、288条

---

① 中国科学技术情报学会，中国国防科学技术信息学会．中国情报学百科全书．北京：大百科全书出版社，2010年：194-195．

组成，计 30 万字。参与编写的专家近百人，基本反映了中国情报学和情报工作发展的历史，较全面地介绍了情报知识和当时情报学的状况及水平。在 1996 年庆祝中国科技情报事业创建 40 周年之际，由国家科委、中国科学院等 5 单位对参加编写的人员联合颁发了全国科技信息系统优秀成果一等奖。①

### 六、成立中国科学技术情报学会分委员会

1992 年 4 月 21 日，中国科技情报学会声像专业委员会成立，该委员会积极开展科技声像工作经验和声像科技学术交流活动，努力促进我国科技情报声像事业的发展。1993 年 3 月 5 日，经民政部核准，同意中国科技情报学会下设专业分会。1993 年 12 月 13 日，成立海峡两岸科技信息交流委员会。1995 年 4 月 28 日，成立中国科技情报学会竞争情报分会。

## 第五节 情报学理论研究和情报教育工作的发展

### 一、情报学理论研究的发展

进入 20 世纪 80 年代以后，随着科技情报工作的恢复和发展，中国科学技术情报研究所在情报理论与方法建设方面呈现出勃勃生机，尤其是情报研究方法论、情报检索系统建设及情报资源开发应用的理论研究，取得了一批有重要价值的研究成果，并不断地向深度与广度发展。1992 年，国家科委宣布"科技情报"改为"科技信息"，引发了关于情报与信息、情报学与信息科学的大讨论。日益复杂的网络环境、高速发展的信息技术导致情报学环境的巨大变迁，情报学不断与其他的相关学科进行交叉融合，在发展的过程中不断引入新的思维、方法与技术，从而进一步推动了情报学理论研究的发展。

（一）情报学理论研究发展的动因

20 世纪 80 年代，中国科技情报学会的成立、正规情报教育的恢复和发展、学术刊物的创刊，以及情报教材与专著、讲义资料和学术报告的编写大大促进了中国科学技术情报研究所情报学理论研究的开展。

**1. 情报学会对情报学理论研究的推动**

1978 年中国科技情报学会成立以后，在情报学理论研究上取得了一系列可喜的成

---

① 周智佑. 历经艰辛 面向社会——论《中国大百科全书》情报学部分的问世. 见：中国科学技术信息研究所编. 中国科学技术信息研究所建所 40 周年纪念文集（1956—2001）. 2001：95-98.

绩。自学会成立至1996年，共组织各种类型的学术会议近百次。征集交流论文8000余篇，参加学术会议的情报工作者5000多人次。① 中国科技情报学会对推动情报理论研究的不断深入，发挥了应有的作用。

### 2. 正规情报教育的恢复和发展

20世纪80年代，情报教育出现了蓬勃发展的局面。中国科学技术情报研究所作为招收研究生的单位，所招收的研究生成为很多重要部门的业务骨干，情报专业研究生队伍的建设推动了情报学理论研究的进展。

### 3. 期刊、教材的出版及学术交流

（1）期刊。1980年，以重视情报学学科建设为宗旨和特色的杂志《情报科学》问世。1982年，中国科技情报学会学刊《情报学刊》创刊，期刊的问世促使情报界兴起研究情报学理论的热潮。此后，《情报实践》等期刊陆续问世，推动了情报学理论研究和学术活动的繁荣。

（2）教材。随着情报学研究生教育的兴起，中国科学技术情报研究所编写了最新教材，在知识体系严谨性、内容新颖性等各方面都显示情报学理论研究进入了一个新阶段。大批教材的编写和出版不仅改变了专业教材种类少的局面，而且在教材内容和体系结构方面也有所创新，从而使情报学教学质量有了较大的提高。此外，供科技情报人员、图书资料人员及科技人员和大学师生参考使用的讲义资料也相继出版，对情报学理论研究起到了促进作用。

（3）学术交流。这一时期学术交流活动比较活跃，中国科学技术情报研究所学位评定委员会组织了多次次学术报告会、学术讲座、出国考察报告会。上述学术活动群众接受面广，针对性强。为提高中情所学术水平，活跃学术气氛，促进各项业务的开展，中情所从1991年开始每年举办一次学术年会，并出版优秀论文集。1991年，中情所学术研讨会共有75篇论文应征，有16篇论文获奖。1992年，中信所学术研讨会有47篇论文应征，有13篇论文获奖。1993年，中信所学术研讨会有44篇论文应征，有22篇论文获奖。1994年，中信所学术研讨会有76篇论文应征，有30篇论文获奖。1995年，中信所学术研讨会有90篇论文应征，有32篇论文获奖。②

## （二）情报学理论研究的发展

从建所伊始，中国科学技术情报研究所就十分重视情报学基础理论的研究，研究的内容涉及情报学研究的范畴、范式，对情报学工作内容、对象、价值的研究，自然语言

---

① 中国科学技术信息研究所. 中国科学技术信息研究所大事记（1956—1996）. 北京：科学技术文献出版社，1996：129.

② 中国科学技术信息研究所. 中国科学技术信息研究所大事记（1956—1996年）. 北京：科学技术文献出版社，1996：126.

的处理研究,以及在大数据条件下情报分析理论研究等方面。进入20世纪80年代以后,中情所情报专业教育体系逐步形成,推动了我国情报学的理论研究。

1. 情报政策研究的探索

情报政策是国家情报事业发展的核心问题,也是重要理论问题。1982年,中国科技情报学会召开了科技情报政策讨论会。会上,中国科技情报学会对我国情报政策进行了认真严肃地讨论,从多年实践经验出发,并在介绍主要国家情报政策共同规律基础上,提出我国的情报政策。作为情报政策的基础情报学的一个重要分支是情报史的研究,这方面先后发表了几篇有代表性的论著,力图从研究自己的历史出发,探索适合我国的情报政策。

2. 情报学方法的研究

进入20世纪80年代以后,中国科学技术情报研究所科技情报研究工作从专业研究进入了综合研究,从定性分析扩展到定量分析。

3. 用户调查、分析和培训研究

20世纪80年代后期,中国科学技术情报研究所的文献工作从核心期刊的统计源的定量分析入手,对我国情报学术界的一些专家的学术成就进行定量评价。情报需求调查成为一个大课题。这也是一个重要观念的转变,反映了我国情报学研究进入到一个从需求考虑工作安排的新阶段,把过去收集—加工—报道—研究—服务的思考习惯倒转过来,成为用户—服务—研究—报道—加工—收集。这就把用户调查放在第一位,避免了收集不管整理,整理不管报道,报道不管服务,服务不考虑用户的弊端。为此,我国情报界兴起用户调查、分析和培训的研究,补充了过去一大空白。此后,中国科技情报学会理论方法专业委员会组织有关部门和同志进行大规模的用户调查,写了不少研究报告。情报工作开始走上重视需求、结合实际的务实道路。

4. 情报技术现代化研究

中国科学技术情报研究所通过对情报技术开发应用的研究,如汉字编码的研究及其组织推动、情报检索系统的效率和评价研究,冶金题录英汉机译系统的研究,国外数据库和光盘发展的调研等都受到重视。尽管情报技术现代化研究属于应用研究的范畴,但也促进了情报学理论研究的开展。

5. 关于"情报"和"信息"的讨论

自1992年9月"情报"改为"信息"起,有关情报学的争论又具有了中国特色。在"情报"改为"信息"的过程中,引发了一些新的思考和争议。例如,"情报与信息能不能画等号""情报科学与信息科学能不能画等号""情报学是否消亡了"等,这些思考和争议有利于情报学理论和学科建设。关于"情报"和"信息"的思考和争论,武衡在纪念中国科技情报事业创建40周年之际指出了情报学理论研究的核心思想:"要解决好'找'和'看'的问题,在情报所成立那天,就确定以快报与文摘工作为重点,就是解决读者

'找'和'看'的问题。计算机和网络化都只是手段的变化,目标不能变。"这是武衡指导科技情报工作和开展情报学理论研究的核心思想,对中国科学技术信息研究所开展情报理论研究具有重要的指导意义。

## 二、情报教育工作的发展和调整

### (一)情报教育工作的发展

**1. 情报教育管理工作的发展**

1985年3月23日,根据《中华人民共和国学位条例》,国家教育委员会〔85〕科教字12号文件同意批准成立"中国科学技术情报研究所学位评定委员会"及组成名单,开始授予中情所科技情报专业硕士学位授予权。学位评定委员会在课题立项论证、信息采集方针研究、科技信息咨询规范化研究等方面做了许多有益的工作。4月11日,学位评定委员会召开了第一次会议。

1985年5月,中国科学技术情报研究所制订《中国科学技术情报研究所硕士学位授予细则》,7月,制订《中国科学技术情报研究所研究生管理工作细则》。从1985年9月—1987年7月,中情所共培养了1年制研究生109名。1986年,第一期情报研究班37名学员毕业。同年,中情所开办了第二期情报研究班,面向全国招收学员40人。1987年,第三期情报研究班面向全国招生34人。1988年3月,中情所修订了《关于授予硕士学位的规定》和《研究生管理工作细则》。同年5月,中情所情报学硕士研究班课程设计研讨会在北京举行。联合国教科文组织和英国、美国、加拿大、香港及我国情报专家代表参加讨论,就课程内容与结构、教学与学习方法、学生负担、资源与支持及课程管理进行了充分讨论,最后通过了《情报学硕士研究生课程设计》和《情报学硕士研究生课程设计研讨会最终报告》,提出开设12门公共课、4门选修课和3个研究方向,即文献加工与情报自动化、情报服务管理与情报经济,以及科技情报政策与发展战略。

**2. 情报研究生教育工作的发展**

1984年1月13日,国务院学位委员会正式批准中国科学技术情报研究所为第二批(管理科学)硕士学位授予单位,这标志着中情所情报学研究生教育走上了发展的轨道,情报专业的课程设置也不断调整,逐步完善。该阶段招收的是2年半—3年制的研究生,研究方向设机器翻译、机器检索、情报研究、情报理论与管理、专利和文献管理,共培养研究生69人。1985年,中情所招收攻读情报专业的研究生7名。

1984年4月,在中国科学技术情报研究所积极争取下,联合国教科文组织在总结菲律宾大学东南亚地区情报班经验的基础上,决定在中情所举办情报研究班,项目期3年(1985—1988),每年资助3万美元,英国文化委员会每年资助3万英镑。该班的长期目标,是在中国建立一个培训高级科技情报专家和图书情报管理人员中心,近期目标

## 第三章　改革与探索（1981—1994年）

是举办研究生水平的情报学研究班，为中情所及全国图书信息单位培养信息业务骨干和管理干部。同年4月，根据尼拉梅根教授的建议，中情所组织了情报研究班课程设计研讨会，英国文化委员会派出了以英国谢菲尔德大学教授为首的4人专家小组来华，与中国专家共同制订研究生课程大纲。经过两周的讨论，提出该班学制1年，开设12门必修课，包括：情报与社会，情报与数据源，情报与系统管理，情报、数据源与资料组织，情报内容分析与处理，情报数据系统与服务，情报技术，情报市场与情报经济，图书馆、情报学定量研究方法，系统分析与运筹学，国家和地区情报系统及网络的规划与发展，1门选修课。同年9月，中情所主办的1年制情报学研究班开班，学员35名来自全国各级情报机构。成绩合格者，颁发由中国科学技术情报研究所、联合国教科文组织和英国文化委员会三方联合签署的毕业证书，连续举办3期。在此期间，中情所还举办了3次与研究生教育相关的国际研讨会，在1987年的情报研究班国际评价会上，美国著名情报专家兰卡斯特教授，菲律宾大学情报学院院长瓦里奥，联合国教科文组织情报综合计划署情报教育处主任朱利先生，英国驻华使馆文化参赞马勒先生，欧共体的代表及国内专家参加会议。评价委员会由9名外国专家和8名中国专家组成，对教学工作、课程结构、教学条件、学员质量做了多方面评价，肯定了中情所两年来的办班成绩。[1] 截至1987年秋，中情所共培养研究生79人，这些人后来成为我国有关单位的专家和业务骨干。

中国科学技术情报研究所的情报研究生班注重理论与实践相结合，除公共课聘请大专院校的教师外，大部分专业课程由所内专家担任教学工作，他们大多在国外接受过培训，回到中情所后在各业务部门承担着重要的工作，既有丰富的实践经验又有一定的理论知识。研究生的英语水平教育也受到高度重视，每学期英语课程近50学时。尤其在1985年以后，联合国教科文组织和英国文化委员会资助聘请了20多位外国情报专家为研究生班授课，并定期举办英语讲座。学生的英语水平大都达到可以与外国专家交流的程度。[2]

1988年，情报学研究班和情报学研究生班合并，设立硕士研究生班，统一学制为2年，研究方向为文献加工与情报自动化、情报服务与管理、科技情报研究。1990年6月25—30日，汪廷炯作为特邀代表参加国务院学位委员会学科评议组第四次会议，会议决定将情报学上升为理学一级学科，建立图书馆学与情报学学科评议组，并批准在武汉大学设科技情报博士点，在北京大学设图书馆学博士点。1991年3月，在北京召开了"情报学研究生教学经验交流会"，英国著名情报专家福斯克特教授和澳大利亚墨尔本皇家理工学院副院长兰姆斯顿教授应邀与会。中国科学技术情报研究所、武汉大学、中科院文

---

[1] 中国科学技术信息研究所. 中国科学技术信息研究所大事记（1956—1996年）. 北京：科学技术文献出版社，120–121.

[2] 刘昭东. 科技情报与信息工作纪实. 北京：科学技术文献出版社，2011：173.

献信息中心、中国医科院情报所、吉林工业大学、军事科学院医学情报所、国防科工委情报中心及北京师范学院15名专家教授与会，中外专家就培养方向、课程设置、教学方法、教材建设等进行了交流。

截至1994年年底，中国科学技术信息研究所共培养研究生283人，授予硕士学位157人。

**3. 情报学教材、讲义的编写**

1984年12月，在国家科委科技情报局的支持下，中国科学技术情报研究所和中国科技情报学会邀请科技情报界20多位业务专家和骨干，联合编写了有关科技情报工作的综合专著，即《科技情报工作概论》，它是我国科技情报事业发展史上由情报界同人联合编写的第二本综合专著。有关情报学教育的讲义资料也陆续编写。1986年，中情所情报研究班任课教师组织编写了《情报学》《情报分析研究》《科技政策概论》《计算机概论》《科技管理》等教学讲义。1989年，又组织翻译了《情报科学的理论与实践》。1994年7月，中信所组织编写了《信息与信息化社会》。

1984年12月，中国科学技术情报研究所学术委员会组织所内专家和人员杨沛霆、王熹、金雅珍、朱孟杰、关家麟、周智佑、林尧泽、白光武、孙学琛、傅秉一、喻醒尘、王松益、曾民族、赵宗仁、姜树森、陈炳刚、霍叔牛、刘化樵、刘昭东等编辑出版了《科技情报工作概论》一书，该书是中国科技情报工作概论编写组在1962年为培训中国科技情报干部组织编写《科技情报工作讲义》的基础上编写的。主管科技情报工作的原国家科委副主任武衡同志为该书做了"要重视教育在情报事业中的作用"的序言。该书是中国科技情报工作者参考国外情报工作的经验和根据20多年的工作实践编写的一部具有一定理论性和实践性，既是科技情报、图书部门培训在职干部的教材，也可作为大专院校有关专业教学参考的工具书。该书共分为13章内容，介绍了科技情报的基本属性、概念、定义、传递方法与模式、历史；情报学与图书馆学、信息科学、科学学、管理学、运筹学、未来学、人才学的关系；情报干部培训；情报源和文献搜集；文献整理与管理工作；情报检索与咨询服务工作；情报调研工作；科技情报报道；刊物编辑和出版；几种其他情报服务工作；科技情报工作现代化、标准化；情报需求与用户研究；中国科技情报工作；美、苏、日科技情报工作等方面的理论与实践。《科技情报工作概论》在20世纪80年代和90年代初广为使用，被教育部列为高等院校情报专业参考书目。

《信息与信息化社会》由科学技术文献出版社于1994年7月出版，由刘昭东、宋振峰编著。是一部有关信息与信息化社会及其理论问题研究的著作。该书以当代信息技术和信息产业的迅速发展为背景，从分析信息资源的性质入手，对信息技术和信息产业中的一些重要领域的最新发展做了介绍。这部著作指出："信息化社会是以信息为社会发展的基本动力，以信息技术为实现信息化社会基本特征的手段，以信息经济维系社会存在和发展的主导经济，以信息文化改变着人类教育、生活方式和工作方式以及价值观和时空观念的社会形态。"这部著作的问世是我国信息社会学研究的重要成果。

（二）情报成人教育培训工作的发展

### 1. 情报成人教育培训的政策与管理

为了使在职培训工作走上正规化轨道，中国科学技术情报研究所在 1981 年 12 月 23 日制订了有关职工培训的规定。1985 年 11 月 23 日，重新制订了《中国科学技术情报研究所教育培训管理办法（试行）》，1987 年 11 月和 1989 年 3 月两次进行了修改和补充，1991 年 8 月又重新制订了《中国科学技术情报研究所职工教育试行办法》。1986 年 4 月 12 日，国家科委批准中国科学技术情报研究所成立专业技术职务评审委员会。

### 2. 在职教育培训和业务培训

20 世纪 80 年代，中国科学技术情报研究所开展了一系列情报教育培训工作。

1980 年 5 月，中国科学技术情报研究所在南京大学举办了"全国科技情报计算机检索培训班（中级）"，学员来自 19 个省、自治区情报所和 9 个专业部情报所，共 87 名学员，培训班开设 4 门课程：COBOL 语言、情报检索基础、系统设计、试验性系统解剖。

1983 年 9 月，根据中共中央、国务院关于加强干部教育的有关规定，国家科委教育委员会委托中国科学技术情报研究所在武汉大学建立科技情报人员培训中心，设两个班：科技情报大专班和在职科技情报人员进修班。1983 年，中情所在本所内开展了在职干部的国内和国外培训，培训项目包括科技管理、中文、电子学、历史、外语、环保、图书馆、计算机、图书情报、情报管理、计算机检索、环境工程、情报分析研究、情报系统分析、语言机器翻译、文献管理等，培训方式多种多样。同年，中情所组织了所办学习班，包括日语口语班和高初中文化补习班，学习时间都是半年。

1984 年，中国科学技术情报研究所继续开展在职教育培训工作，全所参加教育培训、进修和文化补课共计 249 人，占职工总人数的 20.8%，培训方式包括国内培训和国外培训，培训课程涉及科技管理、科技情报、中文、电子、经济、党政、图书、情报、外语、计算机软件、文献管理等，有 87 人毕业或结业。同年，举办了 4 次学习班，包括日语口语班(半年)、英语口语班(4 个月)、高中理科补习班(半年)和高中文科补习班(半年)。同年，为配合建立数据库，推广微型机在科技情报工作中的应用，以及对新员工的基础教育，中情所先后举办 5 次业务培训班，接受培训的学员共计 137 人，占职工总数的 11.4%，培训的内容包括主题标引、微型机基本知识、程序语言及操作、采购、编目、分类法、情报服务、手工检索、机器检索、样品样本业务知识。通过在职教育培训和业务培训，中情所所内人员的业务素质有了较大提高。

1985 年，中国科学技术情报研究所继续开展教育培训工作，并同时开展业务培训工作。全所参加教育培训进修及送往各类大专学校学习的共计 157 人，占职工总数的 13%。当年情报教育的培训方式包括国内培训和国外培训，设置的课程包括科技情报、财会、图书馆学、经济管理、科技情报、科技情报概论、英语口语、科技管理等。所内还开设了标引技术、节能技术、文献检索、馆藏资料检索、法语口语和微机等业务培训班，取得了良好的效果。

1986年，中国科学技术情报研究所参加教育培训进修，以及各类大专学校学习的共计139人，占职工总人数的11%。当年情报成人教育沿袭了往年情报教育的培训方式，设置的课程包括图书情报、政治、财会、经济管理、中文、科技管理、物理、化学、科技情报、机器检索及微机学习班等；当年还进行了手工检索、联机检索、STN系统和科技法语等业务培训。

1987年，中国科学技术情报研究所参加教育培训进修，以及各类大专学校共计157人，占职工总人数的11%。当年情报成人教育仍然采用国内培训和国外培训相结合的方式，培训课程包括科技情报、企业管理、文秘、图书情报、法律、微机、英语、计算机应用、情报管理等。

1988年，中国科学技术情报研究所参加教育培训、进修及各类大专学校学习共计167人，占职工总人数的14%。当年情报成人教育继续采用国内培训和国外培训相结合的方式，培训课程包括科技情报、法律、党政、图书情报、经济管理、英语等。中国科学技术情报研究所还举办了正规学历教育，包括电大、夜大、函大、中专等教育类型，讲授的课程有电气、印刷、图书、新闻、计算机工程、会计、写作、法律等。此外，中情所还开设了情报业务基础知识学习班、专利文献检索学习班、图书管理学习班、科技英语翻译技巧学习班、英语语法知识补习班等短期业务培训班。

1989年，中国科学技术情报研究所全所参加教育培训、进修和各类大专学习共计166人，占职工总数的15%。教育培训继续采用国内培训和国外培训相结合的方式，培训课程包括科技情报、图书馆、外语、科技管理、企业情报管理、文献管理等。所内参加外出学习进修人员合计27人。1989年9月，中情所举办了情报管理函授班，开设了10门课程。

1990年，中国科学技术情报研究所除了继续沿用原有的培训方式和课程设置外，在学习内容上含增加了德语、知识产权的培训。当年全所参加教育培训、进修及各类大专学习的共计206人，占职工总数的17%。1990年11月，受国家科委合作司委托，举办国际合作知识产权培训班，到1994年共举办5期。

1991年，中国科学技术情报研究所参加教育培训、进修及各类大专学习的共计145人，占职工总数的14%。当年加强了计算机普及知识、计算机检索和期刊调研等内容的培训。1992年，中国科学技术情报研究所参加教育培训、进修及各类大专学习的共计222人，占职工总数的22%。当年新增了行政管理方面的培训内容。1993年，中国科学技术信息研究所参加培训、进修及各类大专学习的共计50人，占职工总数的4.6%。1994年，参加培训、进修及各类大专学习的共计300人，占职工总数的29%。全所职工通过国内外培训，增长了知识，专业素质和业务水平都有了明显的提升。截至1994年年底，中国科学技术信息研究所一共开办了60个班，参加在职继续教育的学员达2475人。

### 3. 计算机软件技术培训

在国务委员、国家科委主任宋健同志的倡议和推动下，1993年11月12日，中日两国政府正式签署了《关于就成立国家科委计算机软件技术培训中心实行技术合作项目的会谈纪要》（即R&D文件）、《关于国家科委计算机软件技术培训中心技术合作项目会谈纪要备忘录》和《国家科委计算机软件技术培训中心技术合作项目暂行实施计划》3个文件，正式成立了国家科委计算机软件技术培训中心，由中国科学技术信息研究所承办。

该培训中心的目标是促进中国计算机软件技术产业的发展，加强计算机软件技术培训功能，引进国外先进技术和方法，培养系统开发、系统管理等方面的中、高级软件技术人才。

培训中心成立以后，根据中日双方商定的3个文件的要求，立即开展了大量的工作，主要是日方无偿分批提供了价值300万美元的计算机、声像和教材印制等设备，组建了技术上比较先进的实验性网络，并派遣了5名日本专家常驻中心，进行技术指导工作；中方配备了工作人员，聘请了专家兼职教师，完成了办公用房和教学用房的改造装修工作，在日方专家的指导下，培训中心制订了教学大纲，确定了课程设置，编写了教材，为正式招生进行了深入、细致、具体的准备工作。按照计划，培训中心定期开设系统管理和系统开发两个班。课程设置突出目的性、系统性、先进性和实用性。

培训中心作为国际高技术合作的一个窗口，利用其特有的日方技术、经济支持的好条件，经常邀请国内外知名学者和客座教授举办国际研讨会、报告会和专题讲座，为我国高技术发展做出贡献。

### （三）情报教育工作的调整

经过14年的起步和发展，到1992年，由于"情报"改为"信息"，我国情报教育工作也进行了调整。

20世纪90年代初，以美国图书情报学院的调整为标志，情报学专业教育遇到了新的挑战并出现了世界性的危机。信息技术的进步和80年代以来多学科、多领域对信息领域的介入，使传统的以文献信息管理为中心的情报学教育显得陈旧和不适应，信息人才市场已面临着多个学科专业的竞争，社会信息部门已不局限于从图书情报专业挑选人才。在这一背景下，情报学教育必须加快改革步伐，拓宽专业面和适应范围，迈向"信息""信息管理"这一更广阔的领域。1992年9月，国家科委决定将"科技情报"改为"科技信息"，"中国科学技术情报研究所"更名为"中国科学技术信息研究所"，名称的变化给情报学教育既带来了机遇，也带来了不利影响，情报学研究生教育由此进入了徘徊阶段。

## 第六节　对外开放、国际交流与合作的蓬勃发展

20世纪80年代—90年代中期，作为国家级科技情报中心，中国科学技术情报研究所不仅参与重大国际活动，而且科技情报工作的国际交流与合作工作有了迅速的发展，中国已和联合国教科文组织等国际性组织，以及美国、英国、日本、法国、德国、加拿大、澳大利亚、瑞典、意大利、南斯拉夫、菲律宾、泰国等国家建立了科技情报工作的双边合作与交流关系，并与更多的国外机构建立了合作关系或资料交流关系。更多的学术团体来华访问，中国也多次派团出国考察、学习和培训，学术交流与培训活动非常活跃，双边科技协定，国际合作活动大量开展，中国还与波兰、俄罗斯、越南、巴西等建立了科技信息合作关系，促进了我国科技信息事业的发展。[①]

### 一、与国际组织的国际合作与交流活动

#### （一）参加国际文献联合会历届年会

从1980年召开的国际文献联合会第40届年会开始，中国均派人参加。每届年会有不同的中心议题，其中"文献工作与经济学""情报新技术的挑战"及"情报需求与用户的调查"等，都有一些新的学术观点。比如，有的学者提出，80年代以来，在文献大量增加，形成"情报爆炸"的时代，情报机构在搜集工作上，应当从数量概念转移到质量概念上来，要精简，要"截流"，而不是"百分之百"的搜集。这些观点对中国开展情报学理论研究及工作实践，都有启发意义。1980年11月，中国科学技术情报研究所参加了在东京召开的国际文献联合会亚洲大洋洲委员会（FID-CAO）第6届大会。其后召开的FID-CAO历届会议，我国均派人参加。1984年9月14日—10月6日，中国科学技术情报研究所派姚维范、赵迎福、陈炳刚赴荷兰参加国际文献联合会第42届大会，并于11月19日—12月2日派石耀山赴澳大利亚出席国际文献联合会会议。1988年8月17日—9月2日，中情所派总工王熹等3人赴芬兰参加国际文献联合会第44届大会，会后赴英国进行中英校际交流计划考察。10月24日，中情所协助国际文献联合会亚太地区委员会（FID-CAO）在北京举办"第十届地区年会——暨亚太地区光盘技术展示会"，全国政协钱伟长副主席接见与会代表，会后联合国教科文组织将一套演示设备和光盘赠送中情所。1990年10月25日—11月3日，张凤楼总工程师赴韩国参加"第十一届国际文献联合会亚洲大洋洲大会"。1994年10月，国际文献与信息联合会主席劳纳、执行秘书长歌德戈布尔来访，促进国际文献与信息联合会与中信所的进一步交流与合作。10月

---

① 刘昭东.国际合作与交流是中信所可持续发展的重要力量——纪念中国科学技术信息研究所建所45周年.见：中国科学技术信息研究所编.中国科学技术信息研究所建所四十五周年纪念文集.2001：22-29.

4—9日，国际文献联合会第47届大会在日本东京召开，中信所派代表参加了这次会议，刘昭东所长被推选为国家理事。

（二）参加国际标准化组织会议

1980年11月，中国科学技术情报研究所派两人代表国家标准局首次参加在伦敦召开的国际标准化组织TC171第2届大会及所属工作组会议。我国与国际标准化组织展开合作的对口单位是国家标准化管理委员会文献标准会，以及中国科学技术情报研究所文献标准会秘书处。1983年5月14—30日，中情所派姚维范、吴荣荣赴奥地利参加国际标准化组织TC46第二十届大会。1985年5月4—20日，中情所派姚维范赴英国参加国际标准化组织TC46大会。1991年5月25日—6月3日，中情所派人赴丹麦参加国际标准化委员会TC46会议。

（三）开展与联合国教科文组织的国际交流与合作

### 1. 开展与联合国教科文组织综合情报计划处的国际交流与合作

进入20世纪80年代后，中国与联合国教科文组织开展多项双边交流活动，并且成为这个组织的综合情报计划政府间理事会的理事国成员。20世纪80年代以来，由联合国教科文组织综合情报计划处（UNESCO-PGI）聘请的各国情报、图书、文献专家到中国讲学和咨询达20余次。中国有近百人次在联合国教科文组织的资助下，参加了一系列国际性科技情报培训班和研讨会，促进了中国与世界各国情报、图书界的交流和合作。1981年10月，中情所以综合性情报计划政府间理事会成员国的资格，参加在法国巴黎教科文组织总部举行的联合国教科文组织综合性情报计划第三届政府间理事会会议。会议上，联合国教科文组织向中情所提出了实现计算机自动化系统和利用国外数据库进行情报检索的建议，为此，联合国教科文组织综合情报计划处的计划中列入"中情所计算机情报检索系统实用性可行性研究和典型性情报检索系统的开发"项目，这是中情所第一个列入国际资助的工程项目。会议期间，我国代表团同美国、法国等国，确定了1982年由欧洲空间组织情报检索中心在北京举办"情报系统设计和数据处理"培训班，培训我国科技情报人员。1983年1月11—27日，中情所派刘昭东、赵阳陵参加联合国教科文组织综合情报计划第四届政府间理事会会议。1984年11月13日—12月13日，刘昭东副所长率代表团出席联合国教科文组织综合情报计划处第五届政府间理事会会议。中情所支持刘昭东竞选联合国教科文组织综合情报计划政府间理事会副主席成功，这是我国科技情报界代表第一次在国际政府间科技情报组织中竞选任职。[①] 会议前后，代表团分别参观访问了法国和英国的图书情报单位，并同英国文化委员会商定了关于英国资助中情所举办"高级情报人员培训班"的会谈纪要。1985年，联合国教科文组织综合情

---

① 刘昭东. 科技情报与信息工作纪实. 北京：科学技术文献出版社，2011：116.

计划政府间理事会在北京召开了第十届会务局会议，中国作为理事国成员参加了这次会议。这次会议不仅增进了各理事国成员对中国科技情报事业的了解，而且密切了各理事国成员之间的友好合作关系。1985年8月，中情所协助在北京举行联合国教科文组织综合计划政府间理事会第十届会务局会议，全国人大常委会严济慈副委员长会见了8名与会理事国代表。1986年11月9—25日，中情所刘昭东副所长等一行4人出席了在巴黎召开的联合国教科文组织综合情报计划处政府间理事会第六次会议，会上，刘昭东再次当选为理事会会务局副主席。1986年之后，中情所先后有梁战平、武夷山代表我国参加联合国综合情报计划政府间理事会及其活动。从1989年起，联合国教科文组织每年举办一期"亚太地区信息资源利用与开发研讨班"，为亚太各国图书情报人员提供培训；参加"环境与发展软件包"模拟系统开发活动；派信息系统专家出席国际研讨会；举办计算机检索培训班，建立国际联机检索站等。我国情报界通过参与教科文组织的综合情报计划，跟踪了信息发展趋势，吸取了国外先进技术和经验，培养锻炼了我国的信息人才。1990年10月27日—11月7日，包锦章副所长赴法国参加第八届联合国教科文组织综合情报计划处政府间理事会会务局会议，后赴葡萄牙参加世界工程师联合会。1992年8月2—4日，联合国教科文组织综合情报计划处亚太地区顾问托里求斯女士来访，刘昭东所长会见了托里求斯女士，双方探讨了情报事业的发展与合作问题。1992年10月，联合国教科文组织综合情报计划处主席、德国人劳纳访问中国科学技术信息研究所。10月13日，中信所所长刘昭东赴法国、意大利参加联合国教科文组织综合情报计划处和TIPS会议。1994年6月，刘昭东所长应邀出席了在法国巴黎举行的联合国综合情报计划政府间理事会会议。同年11月25日—12月10日，以赵棣华为团长的我国代表团一行5人出席了在巴黎举行的联合国教科文组织综合情报计划政府间理事会和政府间信息学计划（IIP）委员会会议，刘昭东在这次会议上当选为政府间信息学计划委员会副主席。

**2. 参加国际情报标准工作会议**

1982年，中国科学技术情报研究所派代表参加联合国教科文组织同匈牙利中央技术图书馆和文献中心在布达佩斯举办的第三届国际情报标准应用研讨会。1983年9月23—30日，中情所派姜树森参加在法国举办的联合国教科文组织情报方法规范标准工作组会议。1985年9月27日—10月5日，中情所霍叔牛赴法国参加联合国教科文情报统计标准会议。

**3. 开展情报网组织建设**

1983年7月4日，联合国教科文组织官员托里求斯来访，调查建立新能源和再生能源情报网事项。10月，中国科学技术情报研究所协助联合国教科文组织在南京召开"亚太地区科技情报与经济交流网（ASTINFO）协商会议"。联合国派印度人尼拉梅根等6人来华讨论了为建立亚太地区科技情报和经验交流网活动计划。1984年2月21—25日，联合国教科文组织高斯查克来访，协商新能源与可再生能源情报网的建设事宜。

### 4. 组织科技情报政策会议和咨询

1985年3月，由联合国教科文组织协助，中国科学技术情报研究所在北京举行科技政策研究及培训机构专家会议。1986年3月，联合国教科文组织资助在北京召开"中国国家科技情报政策"专家会议，提出制订中国国家科技情报政策的8点建议，在此基础上，国家科委制定了《中国科技情报政策蓝皮书》。1990年5月，联合国教科文组织在北京召开"中国国家科学技术情报政策"专家咨询会。12月，受联合国教科文组织委托，中情所在北京召开"情报为决策和规划服务国际专家会议"。

### 5. 开展现代情报技术的应用与交流活动

1987年，中国科学技术情报研究所与联合国教科文组织合作，开始 MICRO CDS/ISIS 软件的汉化工作，1988年，该软件汉化工作列入"七五"攻关项目计划。同年，中情所派人参加联合国教科文组织与中国情报界的合作项目，共同开发计算机文献服务软件 MICRO CDS/ISIS 多语种1.0版的核心设计与开发，这是中国与联合国教科文组织第一次真正的现代情报技术合作。基于该系统，中情所开发了中西文兼容的大型情报检索系统 CDS/ISIS。1989年5月，由联合国教科文组织资助，中情所与世界工程师协会（WEO）联合在北京举行"情报与技术革新国际研讨会"。1989年10月，联合国教科文组织再次资助中情所在北京召开"中国 CCF 通用交换格式用户手册专家咨询会"。进入20世纪90年代后，中国科学技术信息研究所已成功地连续举办了4届计算机国际研讨展示会。

### 6. 参加、组织展览会和研讨会

1981年7月19日—8月8日，中国科学技术情报研究所派人参加联合国教科文组织在马来西亚首都吉隆坡召开的"情报研究研讨会"。11月16—20日，联合国教科文组织邀请中情所参加在菲律宾首都马尼拉举办的"图书馆情报教学视听和计算机辅助设备研讨会"。1982年6月7—15日，中情所派人参加联合国教科文组织同匈牙利中央技术图书馆和文献中心在匈牙利首都布达佩斯举办的第三届"国际情报标准应用研讨会"。11月2—12日，中情所派人参加联合国教科文组织和菲律宾大学在马尼拉举办的"为情报用户服务研讨会"。1984年7月，中情所接受联合国教科文组织中国委员会委托在北京举办"联合国教科文组织活动展览"。1985年4月6—9日，联合国教科文组织派尼拉梅根来访，商谈开展情报政策研讨会事宜。1988年12月，联合国教科文组织资助中情所在北京召开"科学技术与中国农村发展"研讨会。1989年5月8—12日，中情所与联合国教科文组织、联合国科技发展中心、欧洲经济共同体共同举办"面向中国中小企业的分布式数据库系统国际研讨会"。10月，中情所应邀派代表参加在曼谷举办的用户 CDS/ISIS 座谈会，我方演示了联合国教科文组织合作的中文片 CDS/ISIS V2.3版。进入20世纪90年代后，中国科学技术信息研究所参加两届国际饮品展览会，国际技术市场交流会。

### 7. 其他国际合作与交流活动

1983年4月，联合国教科文组织总干事阿马杜·马赫塔尔·姆博来访，明确支持联合国教科文组织在中国科学技术情报研究所举办情报研究班。6月，中情所支持赵棣华报名竞选联合国大学理事会国家理事，获得成功，这是中情所第一位女士在国际组织中当选。12月3—8日，中情所派人参加在印度海德拉巴举行的"正在进行的科研情报利用地区讨论会"。1984年5月29日—9月4日，中情所派周树森赴联合国教科文组织总部工作学习。6月4—6日，联合国教科文组织阿布拉姆森来访。7月2日，中情所受联合国教科文组织中国委员会委托筹办的"联合国教科文组织活动展览"开幕，林自新等所领导出席了开幕式。10月5—16日，中情所派刘志才赴联合国教科文总部出席国际会议。11月2—11日，中情所派余名杰赴印度尼西亚参加联合国教科文组织会议。11月12日—12月4日，派刘昭东、刘化樵、李翔、王晓初赴联合国教科文组织总部参加会议并考察英国、法国科技情报工作。1984—1985年，中国科学技术情报研究所与联合国签署了《关于在中国举办教科文组织活动展览合同》《关于在中国举办高级科技情报人员培训班项目书》《关于新能源情报网合作的合同》等多份文件，进一步促进了与联合国的国际交流与合作。1985年，联合国教科文组织成立政府间信息学计划（UNESCO–IIP），中情所出席了该计划的第一次会议，并于1987年代表中国加入该项计划，建立了政府间信息学计划中国联络点。1987年8月2—4日，联合国教科文组织数据通信专家国际会议在中情所召开。1994年7月20日，中国科学技术信息研究所与联合国教科文组织在北京签署了联合出版《世界科学报告》（中文版）一书的协议。

### （四）开展与联合国其他组织、机构的交流与合作

#### 1. 开展与联合国大学的交流与合作

1985年5月19—24日，联合国大学副校长普洛曼与计划协调人希里先生访华，与中国科学技术情报研究所商定"情报过剩与情报不足"（IOIU）子课题合作研究项目。7月5—15日，中情所派赵棣华赴墨西哥参加联合国大会理事会议。9月28日—10月5日，联合国大学帕特里克来访，商谈合作事宜。12月7—16日，中情所赵棣华赴日本参加联合国大学理事会。

#### 2. 通过技术信息促进系统建立联合国技术信息服务系统中国分部

1984年3月8—27日，美国专家格罗雪、托斯访问中国科学技术情报研究所，商谈联合国开发计划署援助中情所情报服务计算机化的事宜。1985年9月，中情所派虞鸿钧参加联合国开发计划署发起的在罗马召开的技术信息试验系统的组织会议，研究成立南南合作的技术信息系统。1987年设在中情所的TIPS中国分部筹备工作就绪，4月1日投入运行。1987年5月16日，联合国科技发展基金会主任、印度人拉卡卡来到中情所检查联合国技术信息服务中心中国分部的工作，并参观了科技情报中心大楼。11月30

日—12月9日，王熹副所长赴意大利参加TIPS分部委员会会议，后赴奥地利参加联合国工业发展组织联机检索会。1989年3月11—20日，包锦章副所长赴罗马出席TIPS第三次政府间指导委员会。1989年4月19—25日，联合国技术信息服务中心总部主任萨维奥博士访问TIPS中国分部。1990年5月28—30日，包锦章副所长赴罗马参加联合国技术信息服务系统第五届政府指导委员会会议。1993年6月17日，中信所副所长陈松生接待世界银行咨询专家，开始执行"星火计划"技术信息系统咨询的合同。

### 3. 促进与联合国工业发展组织的合作与交流

1987年4月，中国科学技术情报研究所与联合国工业发展组织（UNIDO）联合举办了"中小企业情报服务研讨会"，中外专家共40余人参加。1988年5月30日—6月5日，王熹副所长赴苏联参加联合国工业发展组织工业数据库会议。1991年12月，联合国工业发展组织、英国技术转让中心与中国科学技术情报研究所联合举办"'91国家技术市场交流交易会"，来自18个国家和国际组织的45位外国代表参加了展览会，展览会成交额为1250万美元。1995年，联合国工业发展组织驻京代表戴维斯博士访问中信所。

### 4. 积极参与科技交流与会议活动

1985年9月21—27日，中国科学技术情报研究所虞鸿钧赴意大利参加联合国科技资金系统专家会议。1993年4月，联合国前助理秘书长、联合国科技促进发展中心主任塞奇·春大地（Sergio C.Trindade）来访，并参加"'93国际咨询大会"，在联合国积极支持和帮助中国参与科技交流与会议活动。

### 5. 派员参加联合国开发组织培训

1984年4月13日—6月21日，中国科学技术情报研究所派石履超赴苏联参加联合国开发组织培训班，进行业务培训。

## 二、与美国的国际合作与交流活动

### （一）开展与美国国家科技情报服务中心的交流与合作

1981年5月，中国科学技术情报研究所邀请隶属于美国商务部的国家科技情报服务中心（NTIS）主任戴伊、办公室主任林德曼访问中国，中情所所长林自新和戴伊就交换科技报告和人员培训等项目签订了中美开展科技情报双边合作的第一个协议。协议签署后，中情所每年派2～4名工作人员到NTIS接受培训，有关培训工作人员的合作直至1988年结束。协议签署后，美国代表团同意可以向上海等主要需求用户提供多份科技报告，并访问了上海、西安和广西的科技情报机构。该协议的合作内容后来被列入了《中美科技合作协定议定书》，这一议定书几次续签，连续执行，其核心内容是双方交换需要的研究报告、文摘和目录，美国国家技术情报服务中心以低于市场价格50%的优惠价格售给中方美国的4大套科技报告复制件，即美国商务部出版局报告（PB）、军事技术情报处报告（AD）、宇航局报告（NASA）、能源部报告（DOE）。这一合作大大方便了我国对第二次世界大战前后世界先进科学技术报告和文献的收藏和利用，这一合作项目使我国各专业部委和省市情报所及图书馆广为受益。目前，在我国收藏的原来的"四大套"报告和以后科技文献报告最全的单位是中国科学技术信息研究所和国防科委科技文献中心。各个部委和省市图书情报单位都有一定数量的收藏，这些科技报告和文献大多是借助中美科技合作项目、中国图书进出口公司和以上两个最大的收藏单位的支持而形成的。这些文献在科学界、工程技术界，甚至从事新产品开发企业单位受到了热烈欢迎。[①]

1981年11月9—13日，中国科学技术情报研究所应NTIS的邀请，参加在印度首都新德里召开的国际技术情报网第四届地区主任会议。1983年7月11日—8月4日，根据中情所与美国国家技术情报服务中心的协议，邀请美国科技情报专家斯特林、芬尼切尔和梅茨格来华讲学，先后在北京、武汉、成都三地进行讲学活动。1984年，中情所与NTIS签署了《关于执行中华人民共和国国家科学技术委员会与美国商务部在1984年4月30日签订的议定书R附件的会谈纪要》《关于在中国科学技术情报研究所新建大楼内开设美国先进技术展览意向书》。1984年10月21日—11月4日，NTIS主任卡波尼沃访问中情所，双方签订了关于进一步加强合作的会谈纪要。1985年，中情所和NTIS签署了《关于执行1984年4月30日签订的议定书及附件的会谈纪要》，国家科委和美国商务部签署了《科技情报合作议定书》。1985年3月6日，中情所派高衡宝、吴荣荣赴NTIS工作学习。9月14日，汪廷炯率团访问NTIS。9月15日—10月6日，NTIS及国会图书馆罗森伯特等3人来华访问并讲学。1986年5月，中情所联合原轻工业部情报所和NTIS在北京召开"消费品工业技术情报服务国际讨论会"，中外代表在这次讨论会上宣读了9篇论文。

（二）合作开展千年研究课题

1981年，中国科学技术情报研究所邀请美国全球2000年研究报告主持人、世界千年研究所所长巴尔尼博士来访，并就双方合作开展千年发展战略研究达成了协议。自此，中情所在他的思路的启发下，第一个在国内提出并开展"中国2000年研究"，该项研究开创了我国战略研究进行国际合作而获得成果的先例。1983年，巴尔尼访问中情所，进行"中国2000年"的研究咨询，中情所同世界千年研究所开展了千年发展预测模型研究的合作。1986年9月，美国世界千年研究所总裁布朗访问中国科学技术情报研究所，与中国科学技术情报研究所达成了出版物合作协议。

（三）通过亚信公司开展科技信息与咨询服务的合作与交流

1993年，中国科学技术信息研究所通过创立合资公司，向国际化迈进。为了增加

---

① 刘昭东. 科技情报与信息工作纪实. 北京：科学技术文献出版社，2011：205.

对外合作交流的触角,经过充分的酝酿和研究,1993年,中国科学技术信息研究所在美国纽约设点,建立了"美中科技信息咨询服务中心",并派人置房和开拓工作,后来又于1993年10月19日与美籍华人美国德克萨斯州商业发展公司(BDI)总裁刘耀伦,以及留美学子田溯宁、丁健在美国达拉斯合资成立"亚细亚国际信息技术有限公司"(简称"亚信"公司),刘昭东所长和田溯宁先生分别代表双方在协议上签字。根据协议,美国德克萨斯州商业发展公司占60%股份,中国科学技术信息研究所占40%股份。亚信公司主要从事中美信息资源的交流,重点是开拓中国企业数据库(CECDB)在美国的联网服务和产品销售市场,中国企业数据库开始走出国门,进入世界市场。亚信公司引进了Internet信息技术,率先建立了科技信息领域的Internet网络,努力开发中信所和其他单位的中国数据库。亚信公司还在中信所设立办公室,开展中国信息技术业务,并承揽科技界、科技情报界及电信领域的一些网络业务。亚信公司后来成为第一个在纽约纳斯达克上市的大陆背景的华人公司。1993年4月23日,中国科学技术信息研究所所长刘昭东与国际数据集团(IDG)董事长麦戈文分别代表中国科学技术信息研究所和国际数据集团签署合作协议,双方合资成立"北京技术咨询新产品开发服务公司"(后注册为"北京东晓高技术咨询与产品开发服务公司"),国家科委副主任黄齐陶接见了国际数据集团董事长麦戈文先生,并参加了签字仪式。东晓公司在中国编辑出版了《新产品世界》《电子产品世界》和《通讯产品世界》。同年,中信所在纽约设点筹建纽约太平洋信息公司,并于1994年开办了太平洋信息公司,为将中信所信息产品推向国际市场和促进国内外信息产品和技术的进出口贸易开辟了渠道。1994年3月1—29日,刘昭东率团访问美国,在美期间,代表团出席了由中信所和美国得克萨斯州商业发展公司合资成立的亚细亚信息公司的首次董事会,刘昭东所长任副董事长。访美期间,刘昭东出席了"哈佛亚太地区商业会议",还访问了一批国际公司及有影响的人物,加强了中信所与这些机构和人物的联系与合作。访美期间,在麦戈文先生和熊晓鸽先生的邀请和安排下,代表团访问了波士顿地区的信息机构和企业。同年8月12—14日,麦戈文先生等3人访问中信所,在熊晓鸽先生的积极促进下,麦戈文先生原则同意发起一个支持中信所的合资项目,经协商双方签署共同筹建威海科技信息会馆协议。中国科学技术信息研究所与国际数据集团的合作走上了正规化的道路。在国际数据集团总裁麦戈文和副总裁熊晓鸽的推荐和支持下,刘昭东在美国哈佛大学商学院举办的"1994年哈佛亚洲太平洋商务大会"上发表了有关"中国科学技术信息研究所与中国的信息服务业"的演讲。通过演讲,与会美国和其他国家代表400多人了解了中国科学技术情报研究所的机构性质、数据和产业的发展情况,中国联机检索和网络建设的前景和未来等,从而增强了中国科技信息事业在国际上的影响力。中国科学技术信息研究所与国际数据集团的合作对于发展信息服务业及我国的信息技术,特别是对电子信息服务业的发展做出了一定的贡献。1995年4月15日,亚信公司在中信所召开了第二次董事会。1996年,中信所退出合资的亚信公司。1997年,中信所将纽约的信息咨询服务公司撤销并卖掉办公场地,中信所与亚信公司的合作关系自此终止。

（四）与美国开展多方位的交流与合作

**1. 开展与美国科学情报研究所及有关情报组织间的合作**

1980年,中国科学技术情报研究所与美国科学情报研究所"引文索引"创始人加菲尔德博士合作,成功引进"引文索引"信息加工与服务,并开展论文统计,后来被中国科学界接受和认可,两家机构进行了多年的合作。1987年2月,美国科学信息研究所所长加菲尔德访问中情所和陕西等地,介绍引文索引业务,并与中情所达成合作备忘录。1989年10月25日—11月2日,包锦章副所长率中国科技情报学会代表团赴美国参加美国情报学会第52届年会,并访问美国有关情报机构。1990年10月28日—11月7日,陈炳刚副所长率中国科技情报学会代表团一行4人赴加拿大参加美国科学情报学会第53届年会。

**2. 开展与美国世界观察研究所间的合作与交流**

1982年,中国科学技术情报研究所首次参加美国世界观察研究所举办的研讨会,而后开始了多年的合作与交流。中情所曾介绍世界观察研究所所长莱斯特·布朗撰写的《谁来养活中国》一书进入中国,在国内引起很大的反响和讨论。1984年,美国世界观察研究所布朗来访并讲学。

**3. 开展与美国新炼丹术研究所间的学术交流活动**

1983年1月7—21日,美国新炼丹术研究所所长何时宝来访,双方进行了"技术经济发展战略"的学术交流。同年7月1日—8月4日,美国情报学专家讲学团斯特林等4人到中国科学技术情报研究所讲授情报学。1984年1月20日,美国新炼丹术研究所所长何时宝来访并讲学。

**4. 开展与《科学美国人》杂志社合作办刊事宜**

1981年8月31日—9月4日,中国科学技术情报研究所派人参加《科学美国人》杂志社在美国维尔京群岛约翰城举办的《科学美国人》1981年年会。1983年,中情所与《科学美国人》杂志社签署了《合作谅解备忘录》。1984年8月22—25日,《科学美国人》杂志社董事会主席皮尔访问中情所和重庆分所,讨论扩大合作和联合办刊事宜。1984年,中情所派包锦章、刘达赴莫斯科出席《科学美国人》杂志社年会。1985年2月2—7日,皮尔夫妇来访,商谈合作事宜。

**5. 开展与美国化学文摘社的交流与合作**

1983年10月17日,美国化学文摘社高级编辑高晓红来访并商谈化学文摘事项。1992年4月21日,美国化学文摘社代表团来访,刘昭东所长会见了代表团。

**6. 开展与美国亚洲基金会的交流与合作**

1983年4月17日,美国亚洲基金会顾问袁仁红来访,商谈关于发展战略研究合作事项。1984年5月5日，美国亚洲基金会主席威廉姆斯来访。

**7. 其他交流与合作活动**

1983年2月3日，美国3M公司与中国科学技术情报研究所，商谈缩微技术事项。4月19—22日，美国技术援助志愿者协会琼·威尔科斯基来到中情所参观并商谈双边合作事宜，双方签署了《关于加强合作的会谈纪要》。8月8日，美国新泽西州拉各斯大学亚历山大图书馆期刊采访部主任钱狄荪来访。1984年4月3—7日，美国适用技术公司董事廖子照来所，商谈并签署了在中情所新建大楼内开设"西方先进技术陈列中心"的意向书。4月30日，美国联机计算图书馆中心有限责任公司副总裁基尔戈尔来到中情所进行参观访问。5月10—18日，美国东北大学莱纳夫妇到中情所进行工作访问。1985年10月12—14日，美国马洛伊公司马洛伊来访并商谈合作事宜。1986年9月13日，美国OCLC总裁布朗来所访问。1990年10月16日，由中国科学技术情报研究所与美国数据集团（IDG）联合创办的8开大型综合性科技月刊《新产品世界》在人民大会堂举行了首发式，国家科委副主任周平出席会议并讲话。1991年5月30日，诺贝尔奖获得者、美国哥伦比亚大学教授李政道来访。1992年7月，美国FAXON公司代表团来访，双方就共同感兴趣的问题进行了探讨并签订了合作意向书。1993年，中国科学技术信息研究所为促进国内外技术交流和转让，赴美国参加"第五届国际针灸暨东方医学学术会议"。

## 三、与日本的交流与合作

20世纪80年代初，中国科学技术情报研究所因筹划设计中国科技情报中心大楼，曾派访美团顺访日本科技情报机构。在此形势下，以韩庆愈先生为首的旅日华侨向日本"向阳社"推荐创建了与我国来往的"日中科技经济交流中心"，引介中情所和诸多科技情报服务单位开始了与日本友好单位和人士长达15年之久的友好交往。同期，中国还与日本有关机构和组织等开展了长期的国际合作与交流活动。

### （一）开展与日本科技情报中心的合作与交流

1981年，中国科学技术情报研究所与日本科技厅下属的日本科技情报中心（JICST）进行长期数据交换、人员交流及其他合作项目。1983年3月5日，日本科技情报中心由川隆雄、高彦武访问中情所。同年7月8—21日，日本科技情报中心理事长下村昭三、副理事长管工和夫一应中情所邀请来访，会谈双边合作事宜，双方签订了《加强双方合作举行会谈的备忘录》。1990年10月22—23日，日本科技情报中心副理事长管工和夫一一行来访，与中情所草签了关于在两个情报单位之间开展合作的会议纪要。1991年6月24—27日，应中情所邀请，日本科技情报中心理事长下村昭三先生等一行2人来访，刘昭东所长同下村昭三理事长代表双方签署了合作备忘录，国家科委副主任周平会见了日本客人。1994年，中信所与日本科技情报中心联合在北京举办"信息服务与企业发展亚太地区研讨会"。

（二）通过和华技术情报服务公司促进中日科技情报工作的交流与合作

1981年12月，在林自新所长的大力促进和倡导下，中国科学技术情报研究所在国外建立了第一个情报合作机构——和华技术情报服务公司。1981年12月，和华技术情报服务公司正式成立，该公司是20世纪80年代初期外贸部认定的对外开展国际科技合作的先进海外公司，在促进我国科技情报的国际合作与交流，促进中日友好单位与人士的联络和友谊等方面，为我国科技情报事业的发展做出了贡献。1982年，中情所派张广仁赴东京，并留日工作。日本和华公司促进了我国情报界与日本图书信息界的合作与交流，特别是在科技录像和小件样品引进方面，贡献突出。和华公司为中情所大力在国外，特别是在日本采购为建设小康生活和解决温饱而用的小件样品做出了重要贡献。1982年，中情所与日本、中国香港图书信息单位、大学和友好单位加强了合作关系。1984年，在参考和总结东京和华公司的实践经验的基础上，香港和华公司建立，合资方有中国科学技术情报研究所、日本日中文化交流中心韩庆愈先生和东京和华公司。1985年11月18日—12月5日，中情所刘昭东、陈光莉、金耀明、赵锦英、庞禄庚赴日本和华公司开会并访问，进一步促进与和华公司的合作。1994年4月1日，和华株式会社分社（香港）有限公司成为中信所独资经营公司，刘军出任公司总经理。1999年，中信所将东京的和华公司卖给了私人经营，仅存香港和华公司经整顿、变革和更名得以存续。

（三）加强科技声像工作的交流与合作

1983年7月10—24日，日中电视录像服务公司第二任会长矢作志应中国科学技术情报研究所邀请来访，与中国科学技术情报研究所会谈，并签订《联合举办日本科技电影放映会备忘录》和《双方交换定期刊物协议书》。同年11—12月，中国科学技术情报研究所派邹全、朴在珠、李树雄等人赴日本学习录像设备维修技术，并派李大年、赵仲儒学习计算机软件技术。1984年，日本岩波电影制片厂厂长小口祯三来访，双方签订了合作备忘录，之后多次访华，多次举办岩波科技电影放映会。1986年7月23日—8月3日，汪廷炯所长率代表团赴日本考察科技声像工作。1989年10月，日中电视录像服务公司会长矢作志率日本科技录像代表团访华。1990年5月10—20日，日中录像服务公司代表团来访，在华期间与国内有关单位洽谈了合作事宜，并出席了在上海举办的日中录像播放网经验交流会。7月21—31日，以赵锦英副所长为团长的中国科技录像网代表团一行6人赴日本访问。1991年3月29—30日，中国科学技术情报研究所和日本驻华使馆联合举办"日本科技电影展"。5月11—19日，日本日中录像服务公司代表团一行5

人来访。8月23日—9月2日，以赵锦英副所长为团长的中国科技录像网代表团一行6人赴日本访问。1992年4月25—28日，日中录像代表团来访，并参加了在成都召开的"日中录像网经验交流会"，中国科学技术情报研究所党委副书记赵棣华出席了这次会议。9月5—15日，以中情所副所长关家麟为团长的日中录像网代表团访问日本。

（四）促进中日企业间经济信息技术交流活动

1985年，中国科学技术情报研究所与中日友好经济访华团主持人、大阪创造社的伊豆兵卫组织的日本经济技术友好访华团合作，在促进中日企业经济信息技术交流活动方面，贡献突出。在伊豆兵卫的推动下，通过主办中日经济论坛等形式，促进了日本企业界对中国的了解。这是日本创造社和中情所首次开展交流与合作。1986年9月2日，日本SISCO公司濑藤先生来所访问。1991年7月6—14日，日本大阪地区创造社第五次经济视察团来访，国家科委副主任周平、惠永正分别会见了视察团全体成员，刘昭东所长等与视察团进行了会谈。

（五）开展计算机软件技术培训

早在1985年，中国科学技术情报研究所就派刘春科、李众兴赴日本进行软件进修。1993年6月，日本国际协力事业团（JICA）第二次事前调查团宇多宏等3人访问中信所，双方就设立"计算机软件技术培训中心"一事进行会谈。经国家科委批准，决定在日本国际协力事业团资助下在中信所建立"国家科委计算机软件技术培训中心"。同年11月，日本国际协力事业团铃木重之率领实施协议调查团来中国科学技术信息研究所访问，并与中国科学技术信息研究所进行会谈，双方正式签署了关于成立国家科委软件技术培训中心实行技术合作项目的会谈纪要、备忘录和合作项目5年暂行实施计划。12月13日，"国家科委计算机软件技术培训中心"在中国科学技术信息研究所正式成立。软件培训中心成立后，日方十分重视软件培训工作的进展和教学质量，专门向软件培训中心派驻了5位专家，协助管理培训中心、制订教学计划。1994年4月，软件培训中心的4名日本专家陆续到任。8月，首席顾问、"计算机软件培训中心"主任石原聪教授到任，与中国方面的专家一起工作。为确认软件培训中心合作项目的实施进展和制订年度计划，以桥田久仁熊为团长的日本国际协力事业团计划协商调查团一行6人于同年9月专程来中信所访问。1995年5月，软件培训中心举办了首届系统开发培训班，近百人参加了开学典礼。日本国际协力调查团的这一援助项目帮助中信所开始了软件培训项目，受到有关方面和用户的热烈欢迎。①

其间中日双方就缩微技术、计算机在情报工作中的应用、汉语主题词表等多项业务进行了多次互访，取得了较好的效果。

---

① 刘昭东. 科技情报与信心工作纪实. 北京：科学技术文献出版社，2011：178.

## 四、与其他国际组织、西方发达国家的国际交流与合作

20世纪80年代初期至90年代中期,中国科学技术情报研究所与英国、加拿大、奥地利、意大利、法国、瑞典、澳大利亚等西方发达国家建立了科技情报双边合作关系,签订了各种不同的合作协议并举办各种研讨会或讨论会。

### (一)开展与英国的合作与交流活动

#### 1. 开展与英国图书馆的交流与合作

1980年6月,大英图书馆出借部主任莱茵博士、国际服务部副主任史密斯来访。1983年5月3日,英国伦敦大学图书馆馆长道格拉斯来访,并做了图书情报学术报告。1984年,中国科学技术情报研究所与大英图书馆签署了《谅解备忘录》。1984年12月10日,英国专门图书馆和情报机构专业协会(ASLIB)接纳中国科学技术情报研究所为海外团体会员。1985年,中国科学技术情报研究所和大英图书馆签署了《谅解备忘录》。1992年10月9日,中国科学技术信息研究所与英国图书馆和情报机构专业协会签订了合作协议。

#### 2. 开展与英国文化委员会的交流与合作

1993年3月,在英国文化委员会的帮助和资助下,中国科学技术信息研究所与英国拉夫堡大学进行软课题研究方面的合作,研究的内容是"为中小企业提供信息服务模式"。合作的一个项目是双方召开座谈会,拉夫堡大学教授约翰·费瑟和格林汉姆等与中信所人员共同深入基层进行调研,并于1995年9月共同举办"亚太地区信息服务与企业发展研讨会"。中、英双方于1996年共同撰写了中、英文研究报告。1993年9月6—11日,国家科委科技信息司、中国科学技术信息研究所、政策司和英国文化委员会、英国信息管理协会共同在中信所举行"2000年中国信息政策与发展战略——中英信息管理讨论会",国家科委委员周平、科技信息司司长兼中国科学技术信息研究所所长刘昭东、副司长兼副所长胡海棠参加了大会,英方12名从事信息管理咨询服务和信息技术应用研究的专家和来自我国省市及中央部委情报机构的各方面人员与会。

#### 3. 其他合作活动

1983年,英国布莱克威尔图书公司经理、北美公司远东商务部主任布莱克威尔来所访问,商谈科技期刊事项。1984年5月21日,英国戴维·贝丽斯有限公司约翰·波拉来访,与复制公司商谈机器检索事宜。同年7月18日,英国驻华使馆参赞约翰森来所,商谈开办情报培训班事宜。9月16日,英国驻华使馆一秘郭彬来所,商谈情报学培训学校事宜。11月16日,英国科学情报咨询有限公司尤金·格罗斯来所,商谈科技情报事宜。1987年9月,英国情报科学家学会(IIS)理事会接受刘昭东同志为荣誉会员,这是国外情报学术组织第一次向我国科技情报工作者授予荣誉称号。1991年2月24日—3月10日,

以汪廷炯所长为团长的中国科技情报工作代表团一行 4 人赴英国访问。1993 年 7 月 9 日，中信所万方数据中心与英国利德顺泷公司（REED-SINO-ASIA）达成协议，合作开发、生产、销售《中国企业、公司及产品数据库》93 年英文版 CD-ROM 光盘。

（二）开展与加拿大的国际合作与交流活动

1. 开展与加拿大国际发展研究中心的交流与合作

1981 年 7 月 19 日—8 月 8 日，加拿大国际发展研究中心（IDRC）邀请中国科学技术情报研究所率中国"亚洲工业技术情报网"考察团对该中心在菲律宾、马来西亚、新加坡、泰国和我国香港地区的成员组织进行考察。1983 年 2 月 16—17 日，加拿大国际发展研究中心主任沃尔斯顿·莱克斯来访，双方商谈合作事项，并签订了《双边合作纪要》。10 月 19—26 日，加拿大国际发展研究中心咨询专家丁子锦访华，对建立中文期刊数据库进行咨询。为了加强中加政府间科技合作，中情所与加拿大国际发展研究中心签署了《关于建立中文期刊联合目录数据库报告书》，加拿大国际开发研究中心资助中情所有关中文信息处理的内容，并联合中国 70 多家单位参加编制了《中文科技期刊联合目录》，用于中文电子处理。该项目于 1990 年获得国家科委科技进步奖二等奖。1984 年 2 月 21—27 日，加拿大国际发展研究中心麦克来访。同年 5 月 30 日，加拿大国际发展研究中心高德瑞等 3 人来访。同年 12 月 17—23 日，中情所派吕荣华、练亚纯、王慧敏、关家麟赴香港参加加拿大国际发展研究中心举办的"中文文献目录信息处理讨论会"。1984 年 12 月 23 日—1985 年 1 月 5 日，加拿大国际发展研究中心项目主管瓦兰廷先生来访，双方就"中文期刊联合目录"合作项目的具体条款达成协议。1985 年，中情所与加拿大国际发展研究中心签署了《关于建立中文期刊联合目录数据库报告书》。

2. 开展与加拿大科技情报研究所的交流与合作

1983 年 9 月 19 日—10 月 1 日，加拿大科学技术情报所所长史密斯先生来访，探讨合作项目，双方签订了《关于合作的谅解备忘录》。1985 年 9 月 14 日，汪廷炯率团访问加拿大科技情报所。1985 年 10 月 19 日—11 月 10 日，加拿大科技情报研究所苏守方夫妇来访并讲学。

3. 其他交流与合作活动

1983 年 3 月 10—13 日，加拿大东南亚工业技术情报网主任契柯来访，并为东南亚地区技术转让研讨会安排事项。4 月 18—28 日，契柯等 14 人来华继续讨论技术转让事项。5 月 9 日，加拿大硅、磷、钾研究所普蕾蒂等人员来访，商谈推销化肥期刊事项。10 月 18 日，加拿大图书馆学会代表团希尔维斯特等 4 人来访，加强交流与合作。1984 年，加拿大 ESPIA 公司凯姆贝尔来访，商谈情报人员的教育问题。1987 年 5 月 18 日，中情所包锦章副所长赴加拿大参加"信息与竞争研讨会"。1994 年 5 月 11 日，中信所与加拿大加龙集团联合在北京召开"第 10 届 ASTINFO 协商会议暨 21 世纪信息教育战略地区研讨会"。

### (三)开展与德国的国际合作与交流活动

根据1978年10月中、德两国签订的科学技术合作协定,1981年5月31日—6月14日,以林自新所长为团长的中国科学技术情报研究所代表团访问联邦德国。同年,中国科学技术情报研究所与联邦德国研究技术部下属的专业信息中心共同合作,开通STN系统进行信息检索服务,并派遣工作人员赴德国学习培训。

1983年,中国科学技术情报研究所与德意志联邦政府情报文献协会签署了关于加强合作的《第四次会议纪要》。1984年6月29日—7月2日,联邦德国情报文献协会主席海因里克和瓦登培克来访,同林自新和刘昭东进行了座谈,并就中国科学技术情报研究所和联邦德国情报文献协会的合作,签署了会议纪要。8月11—19日,联邦德国情报文献协会复印部梯勒来访,并举办缩微复印讲习班。

1984年,联邦德国卡普洛教授访问重庆分所,并做了"情报科学发展"的学术报告。1986年5月8—9日,联邦德国研究技术部司长董特率科技情报代表团来访,双方签订了两国科技情报合作协议。1987年3月30日—4月8日,联邦德国数据专家菲利普访问重庆分所,做了"能源、计算机、数据库"专题讲座。1987年7月24日—8月9日,汪廷炯所长率中国科技情报代表团回访联邦德国,并与卡尔斯鲁厄信息中心具体签订了协议,对STN系统自1987年起中国每年派2人培训并给予检索优惠,该中心还派专家来华讲课。1989年5月8—18日,联邦德国科技情报代表团里特贝格率团来访。

### (四)开展与法国的国际合作与交流活动

#### 1. 建立"法国科技文献阅览室"

1983年2月9日,法国使馆科学专员顾华年来访,商谈法国科技文献和期刊阅览室事项。1983年,中国科学技术情报研究所与法国科技情报部际委员会签署了《关于科技情报合作的备忘录》。1983年7月19日—1984年1月19日,中国科学技术情报研究所派焦俊武、刘淑华赴法国阅览室服务实习。1984年,国家科委科技信息司、中国科学技术情报研究所和法国国家科技情报司、国家科技文献信息中心达成科技合作协议,在中国科学技术情报研究所大楼创立"法国科技文献阅览室"。同年,法国科技情报部部际委员会代表团一行10人参加"科技情报为经济发展服务研讨会",并出席法国文献阅览室揭幕典礼。3月19—22日,中法"科技情报为经济发展服务"研讨会在北京召开。在此期间,国家科委顾问武衡、法国科技情报部际间委员会主任卡桑、法国驻华大使马洛在中国科学技术情报研究所为"法国科技文献阅览室"揭幕。法国将最新的科技期刊和其他出版物送展这一阅览室,大大缩短了我国科技工作者阅读法国科技文献,了解世界科技发展动态的滞后时间,并拓宽了中国科学技术情报研究所的对外合作渠道。

#### 2. 其他交流与合作活动

1983年3月8—24日,中国科学技术情报研究所派出李新、王敬远、林凤文、蒋映鹏、黄兆铨、周树森组成访法科技情报代表团访问法国。10月11—16日，法国机器翻译专家西瓦莱特来访，协助中情所机译软件上机。12月23日，法国图书情报出版专家吕西、德盖伊来访，交流图书情报工作。1984年3月19—22日，根据中法科技交流协定，两国科技情报界人士在北京召开了"科技情报为发展服务"研讨会，双方文献专家及有关人员56人参加了研讨会。4月3—8日，法国机器翻译专家屋古瓦来访，对中国科学技术情报研究所使用的ARIAN-78软件予以咨询。7月25日，法国欧洲出版公司技术情报部斯考兰夫妇与中国科学技术情报研究所国外文献馆交换组商谈合作事宜。1984年11月19日，法国百科全书编辑部洛克勤来访，向中国科学技术情报研究所介绍了该编辑部的情况。1985年，中国科学技术情报研究所与法国科技情报部际委员会签署了《会议纪要》。4月4—21日，法国巴黎地区城市规划与整治研究院亨利夫妇来访。10月28日—11月15日，法国教科文组织全国委员会本斯特来访并讲学。1987年2月21日，法国科技代表团参观国家科技情报中心大楼后表示，希望在新大楼联合举办法文科技培训班。1988年11月21日，中国科学技术情报研究所文献服务部与法国驻华使馆科技处联合举办了"趣味数学展"。1989年4月19—25日，中情所与法国T.T.T.公司联合在北京举办莱塞耐时微机光盘系统展示会。8月23日—9月7日，汪廷炯所长率中国科技情报学会代表团一行6人访问法国。

### （五）开展与意大利的合作与交流活动

1983年，中国科学技术情报研究所通过与联合国教科文组织、意大利水线公司（Italy Cable）合作，以及美国、英国、瑞典信息技术专家的协助建成了我国第一个联机科技情报检索服务站。意大利水线公司派出2名专门的技术专家来中国科学技术情报研究所协助开通联机检索的通信线路，该通信线路是由意大利水线公司提供，途经欧洲网络，与美国连接在一起。情报检索服务站的建立是我国信息现代化的一个里程碑，引起了国内外的广泛关注，引起我国邮电部及党和国家领导人的重视，国务院副总理方毅、国务委员宋健等领导专门到场视察祝贺，国际媒体纷纷做了报道。中国科学技术情报研究所、科学院高能物理所（它是通过日本信道实现的中美高能信息联机检索）成为20世纪80年代中期我国联机检索技术应用的首航者。1983年11月25日，党和国家领导人方毅、余秋里、宋任穷、陈慕华、邓力群、胡启立、李鹏、田纪云等中央和国务院领导同志参观了中国科学技术情报研究所国际联机检索服务部。[①]1983年2月20—26日，意大利电报局官员柯拉等2人访问中国科学技术情报研究所，商谈安装终端通信线路事项。1992年10月30—11月13日，中国科学技术信息研究所派人参加在意大利都灵举行的"92 MEETING POINT国际展览会"。

---

① 刘昭东. 科技情报与信息工作纪实. 北京：科学技术文献出版社，2011：116-117.

### （六）开展与瑞典的合作与交流活动

1981年11月，瑞典科技情报代表团应中国科学技术情报研究所邀请访问我国，与我国情报局专家进行交流。1982年7月11—30日，瑞典隆德大学政策研究所研究员、情报专家巴尔克先生访问中国科学技术情报研究所，与我国情报界专家进行学术交流。同年10月20日—11月5日，由林自新所长率领的中国科技情报代表团回访瑞典。1983年3月28日，巴尔克夫妇2人来访并考察了情报在电子工业中的应用。1983年，中国科学技术情报研究所与瑞典科技情报委员会签署了《关于科技情报合作的会谈纪要》。1984年4月27日，瑞典国际高等研究机构联合会尼尔森来访。1985年3月28日—4月19日，瑞典皇家学院图书馆施瓦茨来华讲学并商谈合作事宜。5月15日—6月4日，瑞典查尔默斯技术大学图书馆南希夫妇来访并讲学。1988年11月7日，瑞典PARALOG公司经理来访，商谈TRIP软件合作经营问题。

### （七）开展与澳大利亚的合作与交流活动

1984年10月9日，澳大利亚信息系统规划专家吴文玉来访，对计算机系统规划提供咨询。1985年12月1—10日，澳大利亚钢索传送机械有限公司法勒来访并商谈技术转让问题。1989年11月17日—12月1日，张海泉副所长率中国科技情报代表团赴澳大利亚访问。1991年10月18日—11月2日，中情所陈炳刚副所长率中国科技情报学会代表团访问澳大利亚、新西兰。1992年12月8日，澳大利亚新南威尔士州图书馆推广部主任瑞特女士来访，刘昭东所长会见瑞特一行。1993年4月15日，澳大利亚新南威尔士州图书馆筹办合资公司，新南威尔士州发展部长和图书馆长访问中信所，并签署了合作备忘录。

### （八）开展与其他发达国家的交流与合作

#### 1. 开展与奥地利的交流活动

1981年8月，中国科学技术情报研究所邀请奥地利国际情报中心术语主任费尔伯教授访华。1983年5月9日—6月3日，中情所派人参加奥地利联邦科研部与联合国教科文组织、国际图书馆学会在奥地利联合举办的"国际情报专家研讨会"。

#### 2. 开展与比利时、欧共体的合作与交流活动

1986年10月6日，欧共体信息总司长卡本蒂尔来所访问。1987年6月21日，欧共体官员来所访问。1993年10月，比利时生物产业联合会主席克罗伊先生访华，与中国科学技术信息研究所签订了关于加强生物技术领域的合作与交流的协议。1994年3月13—24日，欧共体专家、比利时CAPVOLMAC公司代表汉森和鲁库尼就国家科委与欧共体科技信息系统合作项目访问中信所，张菊年、胡海棠副所长会见了欧共体专家。

### (九)开展与韩国的交流与合作

1991年10月3—13日,刘昭东所长率代表团赴韩国参加"91汉城技术转让研讨会",并与韩国产业技术情报院签订了合作协议。同年11月16—19日,韩国派员参加了在北京举行的"亚太科技声像交流网研讨会"。1994年4月4—9日,由国家科委成果司主办、国家科委成果办承办的"中韩实用技术商品化合作投资洽谈会"在北京召开,有近百名外宾及我国27个省、市、自治区800多人参加,这是中韩建交以来第一次大规模中韩科技合作活动。同年12月,中国科学技术信息研究所与韩国对华投资公司达成委托研究培训中心为韩国学生举办信息专业培训班协议。

## 五、与苏联、前东欧国家和朝鲜的交流与合作

### (一)开展与苏联的合作与交流活动

1984年11月23日,苏联国家科委合作局局长科纽什科率7人代表团到来访,之后1987年11月、1988年10月和1989年11月,苏联科技情报代表团来访。1987年2月23日,经商谈,中国科学技术情报研究所与苏联全苏情报所建立刊物交换关系。11月19—29日,苏联科技情报考察团来访并进行考察。1988年5月26日—6月16日,汪廷炯所长率科技情报代表团访问民主德国和苏联,签订两国间科技合作备忘录,回国后将苏联科技情报合作列入中苏科技合作总协议中。1989年4月17—27日,苏联科技代表团来访。同年10月19日—11月2日,张凤楼总工率中国科技情报代表团赴苏联进行回访。11月15日,苏联情报代表团来访。1990年10月9—18日,苏联国家科技情报司副司长伊万诺夫率苏联科技情报代表团一行4人来访,与中情所回顾了1990—1991年合作项目的执行情况,商定了1991—1992年双方合作计划,并签署了会谈纪要。

### (二)开展与原东欧国家的合作与交流活动

#### 1. 开展与民主德国的交流与合作

1983年11月17日,民主德国大使贝特霍尔德来访并拜见林自新所长,商谈两国科技情报界合作事项。1988年7月1—8日,汉斯·沃黑率民主德国情报代表团来访,并正式签订协议。1989年12月9—17日,民主德国科技情报代表团来访。

#### 2. 开展与波兰的交流与合作

1984年4月29日,张征秉、任志英率中国科技情报代表团访问波兰。同年11月8—16日,波兰科学技术经济情报中心诺瓦克等2人来访,就执行中波科技合作项目,商谈进一步合作事宜,并签署了《中波科技合作议定书》。1985年,中国科学技术情报研究所与波兰科学技术经济情报中心签署了《进一步发展合作的会谈纪要》,中国科技声

像服务技术中心和波兰技术进步中心签署了《合作协议书》。

**3. 开展与其他前东欧国家的交流与合作**

(1) 匈牙利。1985年,中国科学技术情报研究所派包锦章、程玉琴赴匈牙利参加世界问题研讨会。1987年4月,匈牙利情报所长米哈里·阿古斯顿访问中情所。

(2) 捷克。1988年10月31日—11月28日,包锦章副所长赴捷克进行科技情报工作考察,后赴法国参加联合国教科文组织综合情报计划会议。1989年5月14—21日,塔拉希克博士和捷克情报所副所长、科委专家波斯皮希率捷克科技情报代表团访问中国科学技术情报研究所。

(3) 乌克兰。1992年5月25日—6月12日,以中国科学技术情报研究所副所长陈炳刚为团长的科技情报代表团访问乌克兰,双方签订了合作协议。

### (三)开展与朝鲜的合作与交流活动

1983年,朝鲜中央科技通报社代表团李永立等4人访问中国科学技术情报研究所,商谈建立合作事项。1985年3月15日,朝鲜科技代表团来访并参观。同年4月11日—5月11日,朝鲜中央科技通报社黄宗秀等3人来访,进行计算机培训。4月25日—5月13日,中情所派张凤楼、王鸿吉等人对朝鲜科技通讯社进行了回访。1987年6月16日,朝鲜代表团来所访问。1988年7月10—19日,李景春等一行3人,应朝鲜中央科技通讯社的邀请,访问朝鲜民主主义人民共和国,并签订《关于中国科学技术情报研究所与朝鲜民主主义人民共和国中央科学技术通讯社1989年度合作计划书》。1989年8月和10月,朝鲜科委主任率科技代表团访问中情所。9月,根据中情所与朝鲜中央科技通讯社合作议定书,中情所接受朝鲜中央科技通讯社2名进修生,为期1年半。1990年11月1—21日,朝鲜中央科技通讯社的3名进修生来中情所进行情报检索语言方面的研修学习。1991年8月5日,以朝鲜中央政治局候补委员、中央书记崔泰富为团长的朝鲜劳动党代表团一行7人来访。同年12月17—26日,中情所派员访问朝鲜。1992年11月21—30日,中信所派出以胡海棠为团长的代表团赴朝鲜进行工作访问。

## 六、加强"南南"及亚太地区合作与交流

### (一)通过情报网建设加强交流与合作

1980年9月,中国科学技术情报研究所参加了在泰国首都曼谷召开的"东南亚地区科技情报网会议"。1982年,中情所作为国家情报中心参加亚太地区科技情报经验交流网(ASTINFO)。1983年9月30日—10月6日,中情所在南京举办"亚太地区科技情报和经验交流网协商会议",刘昭东和陈久庚代表我国与会,有关国际组织和地区组织的代表应邀参加了会议。1984年9月,中国新能源与可再生能源情报网(INNTAP)成立,

## 第三章 改革与探索（1981—1994 年）

重庆分所被确认为联合国教科文组织亚太地区新能源与可再生能源情报网的中国国家中心点。同年 11 月 30 日—12 月 11 日，联合国教科文组织、科研和高等教育处托里求斯就新能源情报网对中情所进行了工作访问。1985 年 5 月 5 日—6 月 8 日，中情所派金若豪、瞿水根、李启明赴菲律宾、泰国对新能源情报网的实施运行情况进行了考察。同年 12 月 10—22 日，中情所赵迎福、瞿水根赴尼泊尔参加亚太地区新能源网络会议。1993 年 11 月 16—19 日，"亚太科技声像交流网研讨会"在中信所举行，来自印度、菲律宾、泰国、越南、韩国、蒙古、巴基斯坦等国的代表参加了会议。

### （二）通过召开研讨会加强交流与合作

1983 年 4 月 18—28 日，中国科学技术情报研究所在北京举办了"东南亚地区技术转让研讨会"，讨论技术转让问题，中情所刘昭东、吴立夫和聂恒仁及有关国际组织和地区组织的代表应邀参加了会议。1984 年 1 月 22 日—2 月 11 日，中情所派赵迎福、刘成英赴菲律宾参加"情报分析和加工讨论会"，加强情报分析与加工的国际交流与合作。1985 年 9 月 2—18 日，中情所余名杰赴澳大利亚出席了亚太地区情报会议。同年 9 月 16—23 日，中情所蒋亚南赴泰国参加情报课程研讨会。1988 年 10 月 19—22 日，亚太技术转让中心（APCTT）与中情所联合在北京召开国际研讨会。1991 年 2 月，亚太技术转让中心主任布挚访问中情所。

### （三）通过举办培训班加强交流与合作

20 世纪 80 年代后期，中国科学技术情报研究所代表国家科委连续举办亚太地区情报资源开发利用培训班，利用我国科技情报工作的特点和优势支持地区国家进行信息领域的实践活动，培训亚洲国家进修生，选派专业骨干赴国外讲学等，使我国科技情报服务事业的发展得到了众多国家的承认。中情所不仅通过国际合作壮大了自己的情报学教育，随着我国经济的发展，中情所在师资和教材方面都具有了一定的实力。受国家科委国际合作司的委托，中情所开始为亚太地区情报机构和图书馆培养人才。1991 年，第一期"亚太地区情报资源开发利用培训班"在中情所举办。来自泰国、印度尼西亚、菲律宾、尼泊尔、斯里兰卡、朝鲜、蒙古国等国家的 15 名学员参加了培训班。学员们学习了有关情报学理论、情报研究方法、科技成果推广和应用、计算机信息处理、利用声像手段提供情报服务、中国专利文献的加工与服务等方面的课程；参观考察了中情所、中国专利局、天津情报所等单位。学员学习了情报理论知识，了解了中国科技情报机构的服务与发展。自 1991 年起，该培训班由科技部提供经费支持一共举办了 10 年，每期 15～20 人，学员主要来自亚洲国家，包括泰国、菲律宾、也门、马来西亚、印度尼西亚、巴基斯坦、伊朗、孟加拉国、越南、斯里兰卡、韩国、朝鲜、蒙古国、缅甸、尼泊尔等 19 个国家，联合国教科文组织亚太地区协调员托里求斯女士不但亲自来北京参加大部分培训班的开幕式,而且在亚太地区大力宣传该培训班。[①]据不完全统计,培训班共为亚太地区培训了219名情报、图书馆工作人员,为亚太地区图书情报界的人才培养做出了很大贡献,受到了联合国教科文组织的好评。此项活动不仅宣传了中国改革开放的成果及中信所情报学业务和信息服务的发展,研究生们还通过上述活动,促进了对亚太地区相关学科领域情况的了解,提高了国际交往能力及英语水平。随着信息处理和服务手段的现代化,培训班不断调整课程,向学员们传授了现代信息技术等知识,宣传了中国的科技信息和图书馆工作,加深了与亚太地区信息机构的相互了解,也增进了中国科学技术信息研究所与各国情报机构的友谊,提高了中国科技情报界在亚太地区各国的地位。

(四)通过互访、考察等形式加强交流与合作

1991年11月26日—12月9日,中国科学技术情报研究所胡海棠副所长率代表团访问埃及,并与埃及国家科技情报网络中心签订了合作协议。1992年4月21日,由埃及科学院院长率领的埃及科技情报代表团来访,刘昭东所长会见了埃及客人。11月15—25日,中信所派出以党委副书记赵棣华为团长的代表团访问印度,并进行考察。11月24—28日,中信所派员赴墨西哥进行科技情报工作考察。12月11—25日,中信所派出以张凤楼总工为团长的代表团赴马来西亚、印度尼西亚进行工作访问。1993年,中信所为促进国内外技术交流和转让,两次组团赴印度参加技术市场和"亚洲实用技术展览暨研讨会"和多次组团赴东南亚国家进行技术交流活动。特别是于1993年在印度举办的"中国科技成果展览会",印度政府给予了高度重视,展览会取得了很好效益,得到李岚清、宋健等国家领导人的批示和鼓励。5月24日,国务委员、国家科委主任宋健在展览会的汇报上批示:"我国农、工实用技术很受第三世界欢迎。这应该成为对外开放引导出口的一个重要方面,对我国实用技术开发是一个大激励。"

## 七、开展与组织国际活动日、国际交流会、研讨会和展览会

1991年9月5日,中国科学技术情报研究所举办"国际活动日",国务委员宋健和国家科委的几位主要领导,以及46个驻华使馆的外交使节和众多信息单位的代表参加。中情所向莅临的外国使馆科技官员和驻京国外公司代表介绍和展示了中情所的业务范围和信息服务领域。

1993年4月25—28日,由国家科委倡议,以中国科学技术信息研究所为主,包括中国国际工程咨询公司、中国信托投资公司、中国科技咨询服务中心、国家信息中心等28家单位在北京联合举办了中国第一届"93年国际咨询大会",参加本届大会的中方代表近1000人、外宾120多人、国务院副总理邹家华出席开幕式并发表重要讲话。参加大

---

[①] 刘昭东.科技情报与信息工作纪实.北京:科学技术文献出版社,2011:179.

会重要活动的中方领导人有国务委员兼国家科委主任宋健、中国科学院院长周光召、中国科协主席朱光亚等。外宾有韩国前副总理崔永哲、美国白宫科技政策办公室前主任助理托马斯·拉齐福德、巴西科技发展理事会主席马克斯·费米加、联合国前助理秘书长巴西人塞奇·春大地、IDRC前主席伊凡·赫德教授。这次咨询大会将学术研讨、展览展示及信息交流集于一体，为各国代表就全球热点问题进行探讨和交流提供了机会。

1994年5月28—6月1日，中国科学技术信息研究所维特公司承办的"94中国国际饮品及技术展览会"开幕，国务院副总理邹家华参观了展览，全国人大常委会副委员长吴阶平、轻工总会会长于珍、国家科委副主任黄齐陶、信息司司长刘昭东等出席了开幕式并为大会剪彩。此次参展的海内外企业共130家。该展览会不但取得了较好的经济效益，而且取得了较大的社会效益，提高了中国科学技术信息研究所在国际社会和我国社会上的知名度。

## 八、国际学术交流与培训

为了培养高级人才，中国科学技术情报研究所从20世纪70年代中期开始即往国外选派留学进修人员。从20世纪80年代初开始，我国与国际组织或某些国家合作举办了各种专业培训班。

### （一）参加联合国教科文组织举办的培训班

我国加入联合国教科文组织、联合国教科文组织世界科学情报系统和联合国教科文组织综合信息计划后，中国科学技术情报研究所便派员参加了该组织在菲律宾举办的"现代技术在图书馆和情报处理中的应用"的亚太地区情报培训班。该培训班主要是为亚太地区发展中国家培养图书情报人才。每年举办一期，每期30余名学员。课程由联合国教科文组织综合情报计划处设计，教员都是联合国教科文组织聘请的各国教员，包括罗伯特、托里求斯和该项目主持人、印度人、校长尼拉梅根教授、菲律宾大学情报学院院长瓦里奥、皮卡奇教授等。1983年4月，联合国教科文组织总干事阿马杜·马赫塔姆·姆博来访，明确表示支持在中国科学技术情报研究所举办情报研究班。1984年5月27日—6月9日，尼拉梅根还为中国科学技术情报研究所高级情报人员培训学校教学大纲和课程设计进行咨询。为了发展中国情报教育及培训工作，联合国教科文组织专家几次访华，就在中国开展情报专业教育事宜进行磋商。1980—1985年，中情所和地方的有关情报机构每年派2～4人参加培训班学习，该班共有亚太地区10个国家的27名学员参加。我国5年来派往菲律宾参加培训的学员近20人，包括赵棣华、戈雪松、刘志才、余子章、陶锦、罗德龙等。

1983年5—6月，中国科学技术情报研究所会同邮电科学研究院，与联合国教科文组织、欧洲空间组织联合举办"系统设计和联机检索培训班",分系统设计、通信、联机检索3个组,备有5套与欧洲空间组织联机检索的终端。①5月26日—6月9日,联合国教科文组织派罗伯茨夫妇2人访华,参加"情报系统设计培训班"开幕式,并派米尔豪泽等3人讲学。1983年,联合国教科文组织聘请欧共体和意大利咨询专家在北京举办"联机检索与情报系统设计培训班",共有180多名中国学员参加学习,为建设我国国际联机检索系统准备了干部。1984年,联合国教科文组织在北京举办了"微机在情报工作中的应用培训班"。1985年8月情报学研究班举办后,波特、尼拉梅根、维克里、尼特哈姆、夏洛特等专家来访并分别在情报学研究班讲学。1985年9月2—7日,由联合国教科文组织资助的中国新能源情报网文献标引培训班在重庆分所举办。9月9—15日,由联合国教科文组织赞助,中国科学技术情报研究所作为亚太地区新能源情报网的国家中心点,在湖北武汉举办中国新能源情报网节能培训班。1989年,联合国教科文组织在北京举办"利用社会经济和管理数据国家研讨会及培训班"。1995年,联合国教科文组织聘请两名咨询专家在北京举办"Internet培训班",100多人参加了学习。

## (二)派员赴美国进行干部和学员培训

1981年,中国科学技术情报研究所在我国率先实现了出访美国、培训干部的计划,这里包括第一批派出的在美国国家科技情报服务中心进行实习培训的2人,以后每年选派2人,该活动一直持续到1988年,选派培训的人员包括包锦章、张凤楼、徐海初、姜登岭、周智佑、赵宗仁、仲家珍、冯琳懿、金雅珍、王维亮、陈源曙、吴荣荣、高衡宝、杨宗礼、周建平、洪霞、陈健、赵永等。我国从事战略情报分析研究的科技情报专家也第一次被派往旧金山斯坦福战略研究所学习和实习。②1982年9月20日—10月11日,中情所派人参加美国国际发展机构委托美国纽约州立大学能源研究所举办的"发展中国家能源管理训练班"。1983年7月11日—8月4日,美国技术情报服务中心情报专家斯特林、芬尼切尔和梅茨格来华,在北京、武汉、成都进行科技报告和文献加工的讲学。1983年10月,中情所派戈雪松赴美参加能源情报开发和利用培训班。1984年3月,美国专家格罗雪和托斯访问中情所,商谈UNDP援助建立科技情报计算机检索系统事宜。1984年,中情所还选派科技情报人员沈维昶等赴美国进修或进行工作学习。1984年10月,美国技术情报服务中心主任卡波尼沃和弗兰波特访问中情所,双方签订了进一步加强合作的会议纪要。

1992年,中国科学技术信息研究所与美籍华人刘耀伦、田溯宁、丁健合作在我国北京开办了第一个Internet网络信息服务培训班,当时邮电部的技术人员也派员到培训

---

① 中国科学技术信息研究所. 中国科学技术信息研究所大事记(1956—1996)北京:科学技术文献出版社,1999:36.

② 刘昭东. 科技情报与信息工作纪实. 北京:科学技术文献出版社,2011:116.

班学习。并在以后的 5 年内，经国家科委批准，国家科委机关、中信所和十几个省市的科技情报所先期建设了我国第一批 Internet 网络基础设施。中信所在中国信息市场首拓 Internet 的通信条件和 Internet 网络环境，大楼和市场网络联机国外，受到了信息用户和专家的赞扬和欢迎。①

（三）参加英国文化委员会的研究培训

联合国教科文组织菲律宾亚太地区情报专业培训班 5 年培训结束后，中国科学技术情报研究所开始积极争取开设一年制情报研究生班事宜，以为中国科技情报机构培育情报专业人才。1984 年，英国文化委员会（British Council）决定开始支持中情所举办情报研究班。英国文化委员会驻华办事处主任助理、英国使馆文化教育处一秘朱利为此做出了较多的贡献。1985 年 1 月和 3 月，中情所派员赴英国进行了情报学教学考察。1985 年 4 月 17—29 日，中情所正式召开了情报研究班课程设计委员会，英国情报学教授桑德斯等 4 位来自英国、美国的专家出席研讨会，以及印度人、联合国教科文组织知名专家尼拉梅根与中国专家一起制订了一年制情报研究班的课程设置和教学大纲，此项目合作期为 3 年（1985—1988 年）。这是中国科学技术情报研究所与联合国教科文组织、英国文化委员会协商决定的共同支持在中情所开设"情报专业培训班"，以及附属在这一项目上的东南亚地区短期国际情报培训班项目，并派教员访华讲学，组织国际社会力量对专业课程的设计和教学大纲的编制进行咨询和评价。在 1 年的时间里有来自美国、日本、法国、德国、澳大利亚、加拿大、瑞典、印度等国家和地区的 15 位外国情报专家和 12 名中国专家，包括英国文化委员会北京办事处的朱利先生、大英图书馆馆长希尔教授、科学部主任莱恩博士、美国著名情报专家兰斯卡特先生、史密斯先生、福斯科特先生，以及联合国教科文组织的专家、印度的尼拉梅根教授等，讲授了 12 门课程。培训班介绍了国外最新的"情报学"内容和信息技术，使我国的科技情报研究生和学员第一次享受外国资助，到英国、法国、德国、丹麦、瑞典等西方发达国家及菲律宾国际信息培训学院接受信息教育和培训。自 1985 年起，中国科学技术情报研究所在联合国教科文组织及英国文化委员会的支持下创办情报学研究生班以来，一直是由中国科技情报研究所和联合国教科文组织驻京办事处联合为该班毕业学员颁发证书。当年的培训中，有 35 位具有大专文化程度的中国在职情报人员得到了系统培训，修完了大体相当国外硕士生必修的课程。1987 年，中情所在联合国教科文组织和英国文化委员会的支持下，又一次召开了保证情报研究班教学质量的会议——"情报研究班国际评价委员会"。评价委员会由 9 位外国专家和 8 位中国专家组成，其中包括著名的美国情报专家兰斯卡特教授、菲律宾大学情报学院院长瓦里奥教授、联合国教科文组织综合情报计划署情报教育处主任顾利耶（Currier）先生和英国文化委员会马勒先生。专家们对中情所研究班的工作和成绩给予

---

① 刘昭东. 科技情报与信息工作纪实. 北京：科学技术文献出版社，2011：164.

了充分的肯定。① 在为期3年的一年制情报研究生班即将结束之际，经中情所努力争取，联合国教科文组织和英国文化委员会决定把对中情所研究生班的支持再延长3年。1988年，经国家教委批准，中国科学技术情报研究所1年制情报研究班和硕士研究生教育合并，并于当年秋季招收了经过全国统考的硕士研究生班，学制为2年。同年5月，中情所再次召开了硕士研究生班课程设计研讨会。联合国教科文组织和英国、美国、加拿大及我国香港和国内代表近20人参加了研讨会。会议就研究生课程内容与结构、教学与学习方法、资源与支持和课程管理等内容进行了讨论。提出了中情所研究生班的3个研究方向，即科技情报政策与发展战略、文献加工与情报自动化、情报管理与情报经济，以及25门课程设置的意见。1988年，英国文化委员会推荐中情所硕士研究生班与英国依林学院（后并入西伦敦理工大学）合作。合作的主要目的是为中情所培养师资力量，合作方式是双方互派教师：中情所教师到依林学院接受培训，而依林学院则派教师到中情所授课。1988年11月11日，英国依林学院院长梅丽特来访，汪廷炯所长与梅丽特院长签订双方合作协议，内容包括互派教师讲学或进修，交换有关学术资料，共同举办教学经验交流会和学术会等。双方还签订了实习生合作备忘录。1988—1991年，中情所研究生班先后派出了14位教师到依林学院进修，其中2人攻读了硕士学位；英方先后派出以系主任杰姆斯（James）教授为首的教学人员约10人次来到中情所授课。通过3年的双边合作，英国为中情所研究生教育培养了一支较强的师资队伍。1991年3月，中情所在北京组织召开了"情报学研究生教学经验交流会"。英国情报专家福斯科特教授、澳大利亚墨尔本皇家理工学院院长兰姆斯顿教授应英国文化委员会和联合国教科文组织的邀请参加了会议。约15位情报教育界专家、教授出席了交流会。专家们就研究生培养方向、课程设置、教学方法、教材建设等方面的经验进行了交流。此次交流会对中情所研究生教学质量的提高起了很大的推动作用，使中情所的研究生教学内容和水平一直保持着和国际基本接轨。1993—1995年，英国文化委员会与联合国教科文组织共同支持中信所举办"情报研究班课程设计研讨会""教学评价会""两年制研究生班课程大纲设计讨论会""研究生教育经验交流会。"到1996年，研究培训班已培养了200多名研究生。

## （四）与美国马里兰大学、英国拉夫堡大学合作进行人才培训

中国科学技术情报研究所和联合国教科文组织、英国文化委员会的这一合作在20世纪90年代初已扩展到与美国马里兰大学和英国拉夫堡大学的合作。1994年7月和12月，美国马里兰大学图书情报学院院长安娜·普林蒂斯访问中信所，中信所和美国马里兰大学合作，达成了信息人才培养、共办中信所情报学硕士研究生培训班的协议。该协议期限为5年（1995—2000年），1995年1月合作协议生效。马里兰大学派遣情报学和信息管理学教授来华授课；每届优选资助去马里兰大学深造的学生，以双方名义发放硕士研

---

① 刘昭东. 科技情报与信息工作纪实. 北京：科学技术文献出版社，2011：176.

究生班结业证书,深造的优秀者在回国工作一段时间后再报考该校博士生时可受到优先录取照顾。这一合作项目在我国与菲律宾、英国、法国、瑞典、丹麦、挪威、日本及美国国家科技情报服务中心(NTIS)开展的同类情报与信息人才培训项目中,属于时间最长、效果最好的人才培训项目之一。

(五)与其他国家合作进行的国际学术交流与培训活动

中国科学技术情报研究所也积极争取机会参加有关国家或国际组织举办的学术活动,选送了一大批中国科技情报和图书馆专业人员赴法国、奥地利、荷兰、泰国、马来西亚、瑞典、澳大利亚、印度、匈牙利等国进行长期或短期专业学习和培训。1983年5月5日—6月6日,中情所选送王晓婴赴奥地利参加国际情报教师进修学校培训。在选派人员中,先后有14名中国情报工作者在1981—1985年期间分批派往由联合国教科文组织资助的菲律宾大学国际图书情报学院学习。通过专业人员积极参加国际社会情报领域的实践活动,提高了中情所的信誉和知名度,大大促进了国际合作与交流。

为了培训我国情报人员掌握现代情报专业知识和技术手段,中国科学技术情报研究所借助国外支持在华积极举办各种培训活动,为我国科技情报事业的改革开放和国际合作做出了贡献。1981年,加拿大国际发展研究中心(IDRC)与国家科委签订科技合作协议,项目中包括联合举办情报管理培训班。1982年12月6—18日,中国科学技术情报研究所与加拿大国际发展研究中心联合在昆明举办了我国第一个培训信息管理人才的科技情报政策与管理培训班——情报中心管理培训班,聘请国外授课人员7人,组织全国各部委省市情报机构负责人参加学习,有来自24个省、市、自治区情报所和22个部委情报所共56人参加了培训。培训班把西方国家的信息服务、资源和人才管理的崭新理念带给了我国,使我国的科技情报人员开始用新的眼光审视和对待情报和信息,并知道国际科学界把情报视为一种宝贵的资源,并开始接触产生效率的情报科学管理。这一国际培训班使我国"情报学""文献学"和"图书馆学"的研究内容大为丰富,研究水平获得了极大的提高。参加授课的外国专家包括美国国会图书馆亚洲图书馆馆长李伟华、美国波士顿西蒙信息学院院长刘钦智、印度国家科技情报文献中心主任尼拉梅根教授。"情报中心与管理培训班"为我国24个省、市和22个部委情报所和情报中心培训了一批管理人员。这批人员在20世纪80年代末和90年代初绝大多数成为这些单位的行政和业务负责人。

# 第四章 创新与跨越（1995—2010年）

1995年5月6日，中共中央、国务院公布了《关于加速科学技术进步的决定》（简称《决定》），《决定》的中心内容是实施科教兴国战略。《决定》中有关国民经济信息化的规定标志着科技信息事业走向创新与跨越的新阶段。随着科教兴国战略、可持续发展战略和"九五"计划的实施，中国科学技术信息研究所进一步深化科技信息体制改革，大力加强集成和管理，大力加强信息基础建设，使中国科学技术信息研究所结束了事业单位企业化管理过程中的"一所两牌"的过渡阶段。2002年，为了配合科教兴国战略和可持续发展战略的实施，科技部明确提出要把中国科学技术信息研究所建成全国科技信息的服务中心、学术中心、人才培养中心和网络技术研究推广中心，在全国科技信息系统中发挥指导示范作用。中国科学技术信息研究所改革为公益性科研机构。2005年，中国科学技术信息研究所的改革与发展工作做出了中长期布局和统筹安排。确定了"落实公益定位，坚持科学管理，服务自主创新，建设一流院所"的工作主线，并提出了三步走的发展思路。

随着科技信息体制改革的深化，中国科学技术信息研究所进行合理布局，加强组织机构建设，并按照新定位、新机构、新机制开始运作。全所的深化改革工作取得重大进展。中共十六大以来，以胡锦涛同志为总书记的党中央综合分析国内外发展大势，立足国情，面向未来，提出增强自主创新能力、建设创新型国家的重大战略思想，自主创新战略给我国科技信息事业的发展带来了机遇和挑战，科技信息事业进入自主创新的新阶段。在科技部党组和部领导的亲切关怀下，中信所在创新和跨越发展的新阶段，科技信息工作稳步推进，公益服务能力和科技决策信息支持能力不断提升，各项工作都实现了平稳发展。中信所创先争优活动稳步推进，党组织建设工作进一步加强。整合平台扎实推进，坚持资源立所、开放办所、技术强所、人才强所，使资源建设与公益信息服务工作取得新突破，科技决策信息支持能力不断增强，科研产出出现了高增长态势。推进开放联合，对外合作交流取得新突破，行业影响力不断提升。加强科学管理，建立岗位设置管理制度，进一步深化了事业单位的人事制度改革，人才队伍建设得到不断加强，所属企业做到了平稳、健康发展。

中国科学技术信息研究所不断加强科技文献信息资源建设，以现代化手段为社会提供网上科技信息资源服务，构建了科技文献信息资源保障体系，科研条件的社会化网络初步形成。为优化信息政策环境，加强建设科技文献信息资源共享体系，建立了以知识创新为中心的共享信息系统。为迎接信息时代的挑战，中信所的业务工作取得长足进展：科技文献信息资源建设工作、信息（情报）分析研究工作、信息咨询与服务工作、科技成果奖励与交流推广工作、科技论文统计工作、期刊和专著的出版工作、文献分类法和检索语言研究工作、专业数据库建设工作、信息技术创新工作、情报（信息）教育工作、学术交流与培训工作、国际交流与合作工作等在创新中实现了跨越。

## 第一节 科技信息体制改革与创新

### 一、科技信息工作走向创新与跨越的新阶段

（一）科教兴国战略和可持续发展战略

1995年5月，中共中央、国务院发布了《关于加速科学技术进步的决定》（简称《决定》），《决定》首次提出了科教兴国战略，并在1995年召开的第十四届中央委员会第五次会议上将科教兴国战略和可持续发展战略作为国民经济和社会发展的重要方针。《决定》中有关信息工作的内容明确指出了科技信息工作的定位、任务和发展方向。在此情势下，国家科委科技信息司、中国科学技术信息研究所和中国科技情报学会率先适应科技信息工作发展的需要，明确了信息服务业、信息化社会的基本方向和实现这些目标的任务。科教兴国战略和可持续发展战略的实施标志着中信所科技信息工作进入了创新与跨越的新阶段。

（二）《"九五"国家科技信息服务业发展计划》

1995年编制完成的《"九五"国家科技信息服务业发展计划》（简称《计划》）是"九五"期间科技情报事业的发展规划。《计划》的开头首先对信息服务业中的关键术语"信息资源""中国科技信息系统网络""国家科技信息计算机服务系统""信息服务业""信息基础结构"做了界定。《计划》的主体内容共分为5个部分，包括现状、环境和问题，指导思想和原则，主要目标，重点任务，支撑条件和措施。该规划是发展我国科技信息服务业的政策指导性文件，为我国科技信息服务业今后5年的发展勾画了一幅宏伟的蓝图，并为各部门、各地区和各种类型的信息服务机构制订"九五"计划和年度计划提供指导和依据。该规划是国家科技发展计划的重要组成部分，是实施"科教兴国"发展战略的基本保证。

（三）科技信息工作归口管理体制的变化

为配合国务院机构改革，根据1998年3月10日第九届全国人大第一次会议通过的

《关于国务院机构改革的决定》，国家科委更名为国家科学技术部（简称"科技部"），科学技术部内部也进行了调整，原国家科委科技信息司撤销，全国性科技情报与信息工作由科学技术部条件财务司负责，具体由中国科学技术信息研究所、中国科技情报学会协调。科技信息司撤销后，中国科技情报学会在科技部的支持下，承担了原科技信息司的部分职能。

## 二、深化科研院所改革，定位于公益性科研机构

### （一）科技信息体制改革的有序推进

1994年12月13—16日，国家科委科技信息司在广州召开全国科技信息座谈会。会议主要内容是交流深化科技信息体制改革经验、讨论建设国家科技信息网络试点方案和《"九五"国家科技信息发展计划》框架要点。国家科委信息司司长刘昭东在会议开幕式上做了题为"深化科技信息体制改革，加快我国科技信息基础结构建设"的报告。这次座谈会对科技信息体制改革的不断深化，为我国科教兴国和可持续发展战略的实施及应对信息时代的挑战具有积极意义。

1995年，中国科学技术信息研究所基本理顺了业务管理运行机制，已形成相互联系的四大块业务：信息资源开发与信息提供服务、信息技术开发与应用、信息研究与咨询、信息与技术的交流与交易，四大块业务自身管理比较协调，每块业务由一位副所长分工管理，线条清晰，责任明确。10月18日，为了适应新形势下科技信息工作的战略转移，中信所信息服务整体改进实施方案会议召开，会议提出了信息服务工作的指导思想、功能、任务；信息服务的对象、形式、内容、特点及文献和信息服务现代化的手段。1995年对经营性单位在不同程度上实行企业管理和经济核算制度，"等、靠、要"的局面基本改变。1995年，中信所实施文献信息服务总体改进方案，地下一、二层书库实行开架阅览服务，满足了读者阅览需求，建成了电子信息阅览室光盘局域网系统，确保了中信所的信息服务水平在1996年迈上一个新台阶，文献信息服务环境得到改善。1995年中信所完成工资奖金自理人员内部分流100人的目标，使分流人员总数达到400人。

1997年，中国科学技术信息研究所通过深化改革，强化措施、全面实行企业化管理。针对全所业务分散，机构重叠，部分企业管理不善的现象，中信所通过同类业务合并，优势集成及清理整顿，使各类业务单位由1996年的32个集成到16个。职能处室也通过精简机构和人员，提高了工作效率。中信所通过组建万方数据集团公司，初步树立了"万方数据"信息服务品牌在市场上的形象。1997年，中信所继续实行所长负责制，党政一把手密切配合，所（司）领导班子成员按照民主集中制和分工负责的工作原则，认真执行所务会的决定及协助所长做好各自分管的各项工作；职能处室贯彻精简、高效、服务的工作方针，有效开展管理协调工作；电子信息、咨询服务两大主业逐步形

成；文献服务、文献出版、教育培训、信息市场等工作均有较大的发展；人事制度深化改革，在淡化级别、起用年轻干部、职称评定、招聘专业人员、职工管理等方面都有实质性的进展；推进二级财务管理工作，搞活经营活动。经过1997年的集成和调整，中信所业务方向、组织机构和干部队伍基本确定。

1998年，中国科学技术信息研究所继续深化改革，全面实行企业化管理，大力发展以电子信息服务业和咨询服务业为主的各类业务工作，统一"万方数据"信息服务品牌，扩大社会和经济效益，《人民日报》等媒体和社会各界对中信所的改革和发展都给予了高度评价。1998年，中信所改变了计划经济体制下的管理模式，所领导按业务领域分工，职能处室进一步精简，形成了一支精干、高效的管理队伍。二级单位面向市场，自主经营，自我发展。1998年，中信所用人制度和分配制度在内的现代管理机制逐步形成，干部职工素质整体提高，全年专业人才数量首次出现正增长。

1999年，中国科学技术信息研究所立足市场，努力创新，进一步完善事业单位企业化管理机制，结束了事业单位企业化管理过程中"一所两牌"的过渡阶段。万方数据从所内独立分离成下属的独立企业，多数期刊业务并入科学技术文献出版社，音像馆和电子出版社合并，后勤服务管理中心成立，从而使中信所由几十个研究处室为特征的事业单位过渡到由从事公益性研究与服务的单位和具有法人地位的企业为支柱的非营利性信息服务机构，初步达到3年前提出的第一步战略发展目标。

2000年4月14日，梁战平所长在全所职工大会上着重提出今后一段时间内中信所的发展方针是以信息资源建设为基础、以网络建设为条件、以情报研究为动力和以信息服务为根本，按照"三中心一基地二集团"新的结构模式，全面提高中信所整体能力，包括文献保障能力、快速反应能力、决策支持能力、集成服务能力和持续发展能力。报告指出为落实上述发展方针和发展目标，中信所当前要抓好以下几个方面的工作：加强工程技术图书馆建设；加快完成万方数据公司股份制改造；在条件成熟时，组建科技出版集团；搞好其他企业化机制管理单位。2000年，中信所以抓大事、促发展为方针，重点抓好万方数据公司股份制改造、科技出版业务发展、"三讲"整改方案落实和国内外同行开展合作与交流等对中信所可持续发展具有全局性影响的工作。

（二）落实公益性科研院所改革精神，定位于公益性科研机构

2000年5月，国务院办公厅转发了科技部等12个部委的《关于深化科研机构管理体制改革的实施意见》，进一步明确了全国技术创新大会提出的社会公益类科研机构的改革思路。7月，科技部联合财政部、中编办、税务总局等机构制订了《关于非营利性科研机构管理的若干意见（试行）》。这是继应用类科研机构向企业化转制后，社会公益类科研机构改革所做出的重大举措，标志着我国科研机构结构调整将进入全面推进的新阶段。

# 甲子辉煌
——中国科学技术信息研究所成立60周年纪念

2001年，中国科学技术信息研究所按照国家科技体制改革的总体要求和现代信息服务业的发展趋势，以"创新""发展"为主题，进一步深化改革，完善管理机制，优化业务结构，实行干部轮岗，人员结构不断优化，职工队伍素质逐步提高。2001年，按照科技部党组的意见，中信所在科技部人事司、体改司的指导下，根据国办2000年第38号、第78号文件精神，结合中信所的具体情况起草了《中国科学技术信息研究所改革转制方案》。该方案经国内有关专家论证并正式上报科技部，为中信所转制为公益性非营利性信息研究服务机构，深化改革，促进发展做了积极的准备。

2002年3月，科技部党组书记、部长徐冠华明确提出要把中国科学技术信息研究所建成"全国科技信息的服务中心、学术中心、人才培养中心和网络技术研究推广中心，在全国科技信息系统中发挥指导示范作用"。这是中国科学技术信息研究所作为公益性科研机构的总体定位。为落实公益定位要求，中国科学技术信息研究所编制了中信所改革方案与中信所"十五"发展规划草案。改革方案几经修改，并经所务会研究上报科技部。

2002年6月25—28日，在中国科技情报学会组织召开的"全国科技信息工作研讨会"上，科技部副部长邓楠在书面发言中，对科技情报行业的定位问题做出了回答，邓楠同志指出：党和国家顺应世界科技进步和经济发展潮流，高度重视科技进步和科技创新，制定了依靠科技创新、实现经济跨越式发展的科教兴国战略，这个战略的一个重要组成部分是发展结构合理、功能完善、运转高效的国家创新体系，它由知识创新系统、技术创新系统、知识传播系统和知识应用系统4个分系统组成，4个分系统都需要一个收集、加工、传播和应用知识的基础平台来支撑，这正是科技情报工作的核心内容，科技情报工作要成为国家创新体系的重要支撑。邓楠还在研讨会上提出了科技信息工作的5项具体任务：①科技信息工作要当好我国国民经济和社会信息化的排头兵和开路先锋。②科技信息工作要成为科技创新的坚强后盾。③科技信息行业要成为国家战略信息资源的重要基地。④科技信息服务业要成为信息服务业的主力军。⑤科技信息工作要一如既往、更好地成为决策与管理的智囊团和思想库。

2002年10月10日，科技部、财政部和中央编办下发了《关于农业部等九个部门所属科研机构改革方案的批复》（国科发政字〔02〕第356号文件），批复了中国科学技术信息研究所的改革方案，将中信所定位为公益性科研机构，明确科技信息机构的体制定位，即中国科学技术信息研究所是"全国科技信息的服务中心、学术中心、人才培养中心和网络技术研究推广中心，在全国科技信息系统中发挥指导示范作用"。中信所作为第二批社会公益类科研院所的深化改革工作正式启动。〔02〕第356号文件批复后，所长梁战平带领党政领导班子研究中信所改革面临的形势和任务，及时召开了全所改革动员大会，就国家对公益类科研机构改革工作的精神进行了传达，并对中信所改革工作进行了部署。

2002年，为落实公益定位要求，中国科学技术信息研究所全面实行预算管理，对所属各部门和各业务单位的经费支出全面实行预算管理，提高了资金的使用效率。

2003年，中国科学技术信息研究所多次召开各类会议，研究落实中信所改革和发展的主要思路、工作任务，以及转制和创新发展的问题。6月，邹大挺所长到任后，所党政领导班子本着"以世界眼光分析形势、以战略思维正确决策、以务实作风精心实施"的原则，采取一系列有力措施，加大推进转制改革的力度，调整充实了转制工作的领导和研究力量，进行了大量的前期调研和相关准备工作，并成立了所转制领导小组。所转制领导小组于7月7日成立了5个专题小组，分别就发展、人事、财务、群众工作及宣传进行专题研究并配合转制进程开展工作。至此，中信所基本明确了改革方案的初步框架和整体战略思路：即"突出一条主线，壮大两种资源，坚持三个面向，加强四项工作，做好五个调整"；以"三个代表"重要思想为指导，牢固树立"全面、协调、可持续"的科学发展观，牢固树立"大中信所"的全局发展观，正确处理改革和发展的五大关系，努力创造"一体两翼"和"一个支撑"各方多赢的新格局，实现中信所的全面振兴和持续发展。同年，科技部批准了中信所改制的"一体两翼""一个支撑"原则性构架。同年，中信所还妥善处理万方数据公司和中信所之间的相互关系，明确规定在这次转制中，在万方数据公司工作的所职工可以参加所内岗位竞聘，同时中信所职工也可以平等地竞聘万方数据公司的职位，万方公司顺利完成了董事会换届，并对下属二级机构进行清理，妥善解决3个经济案件，净化了运营环境。

2004年，中国科学技术信息研究所稳步推进转制工作。全所按照"坚定方向，扎实工作，谨慎操作，稳步推进"的指导思想，重点做好前期准备，为具体实施创造有利条件。主要完成了以下工作：深入调研，借鉴先期转制单位的经验和教训；立足长远发展，研究确定中信所非营利公益研究机构的战略定位、学科方向和组织结构，通过专家论证并得到科技部原则认可；借鉴理论佳讯管理顾问公司提出的调整理念，认真研究设计转制实施方案，提出了中信所转制后目标管理、岗位设置、任职条件、薪酬设计、绩效考核等方面的初步方案。中信所加大了科学管理的力度，主要职能部门密切配合，积极推进计划、财务和人事管理的改革，研究出台了多项规章制度和管理措施。以制订全年工作计划表为基础，建立了季度检查和分析报告制度。建立了科研项目申报信息的通报制度，全年通报了各级各类申报信息13次，全所组织申报课题53个。加强财务监管，实现了所属各单位财务系统和银行账户联网，进一步提高了财务部门的监管效能。推行预决算制度，强化预算约束机制。

（三）2005年深化改革工作

2005年6月29日，贺德方就任中国科学技术信息研究所所长，以贺德方为首的新一届所领导班子成立后，在前两届所领导班子工作的基础上，继续对改革方案进行了深入研究和进一步完善，明确了改革的指导思想、目标和任务，提出了细化的实施方案和配套措施，使改革方案更具可操作性。7月20日，李学勇副部长、吴忠泽组长联合召开科技部公益类科研院所改革领导小组会议，对中信所改革方案进行了详细而深入的研究，并在定位、发展目标等方面提出了具体的修改意见。8月15日，科技部党组书记、部长徐冠华主持召开科技部2005年第50次党组会议，对中信所改革方案进行了研究审定。科技部党组原则通过了中信所的改革方案，对方案提出了进一步的修改意见和建议，并对中信所改革后的定位做出了明确要求（目标）："中国科学技术信息研究所改革工作是全国公益类科研院所改革的一部分，是科技部一项非常重要的工作。中国科学技术信息研究所要根据国家经济社会和科技发展需要以及国家中长期科技发展规划纲要的要求，立足于做好科技信息服务、管理和研究的主业，同时开展与此有关的人才培养工作。通过改革，中国科学技术信息研究所要加强科技发展战略研究，科技信息资源建设、服务和管理，以及科技期刊管理等几项工作。要把建立科技信息资源共享机制作为工作重点，对科技信息资源进行深度挖掘和加工，为我国科技事业提供更好的服务"。9月1日，科技部公益类科研院所改革领导小组再次召开会议，根据8月15日科技部党组会议精神对修改后的中信所改革方案再次进行了讨论。9月16日，科技部党组正式批复中国科学技术信息研究所的改革方案，中国科学技术信息研究所作为科技部直属的国家级公益类科技信息研究机构，定位于"为科技部等政府部门提供决策支持，为科技创新主体（企业、高等院校、科研院所和科研人员）提供全方位的信息服务；成为全国科技信息领域的共享管理与服务中心、学术中心、人才培养中心和网络技术研究推广中心，成为国家科技创新体系的重要支撑，在全国科技信息系统中发挥指导和示范作用"。

根据国家对公益类科研院所改革的总体要求，中国科学技术信息研究所深化改革的总体目标是通过主动调整和创新，建立现代公益类科研院所制度和运行机制，建设一支精干的高水平、高效率的科技信息服务、管理与研究队伍，瞄准国家经济、社会和科技发展的需要及国家中长期科技发展规划纲要的要求，以公益性科技信息服务为主体业务。加强科技信息资源建设、服务与管理工作；加强科技发展战略研究工作；加强相关专业的人才培养工作；接受科技部委托，承担科技期刊管理等相关工作。

2005年10月10日，科技部党组召开2005年第56次党组会议，听取贺德方所长《关于中国科学技术信息研究所改革方案实施情况的汇报》。党组书记、部长徐冠华在听取中信所所领导班子对改革实施情况汇报后，对中信所的改革给予积极的评价。自2005年11月1日起，中信所按照新定位、新机构、新机制开始运行。11月14日，按照深化改革方案的总体部署，经所务会研究决定，成立集团化出版企业筹建委员会，并确定了筹建委员会组成及职责任务。11月22日，根据国家对社会公益类科研院所改革的要求和《关于非营利性科研机构管理的若干意见（试行）》（国办发〔2000〕第78号文件）精神，成立了中国科学技术信息研究所科学技术委员会，作为所领导在科学技术方面的咨询机构，对决定有关中信所战略性、方向性重大问题提出咨询建议，是中信所学术评议和咨询的最高机构,每届委员会任期为3年。根据中信所改革方案和公益类科研院所的改革要求,中国科学技术信息研究所对改革和发展工作,在全所干部职工岗位公开招聘工作结束后,实施三步走的发展思路:第一步(2006—2008年)是中信所发展的磨合期,其工作重点是新机构、新业务、新机制之间的调整与完善;第二步(2009—2011年)是中信所发展的整合期,其工作重点是整合与提升全所优质资源和业务工作,进一步夯实发展基础;第三步(2012年以后)是中信所发展的跃升期,其工作重点是稳步全所公益研究与服务水平,形成具有特色的研究与服务产品。确定从磨合期到整合期再到跃升期的发展思路,全面实施"18866工程",努力建成全国科技信息领域的共享管理与服务中心、学术中心、人才培养中心和网络技术研究推广中心,成为国家科技创新体系的重要支撑,在全国科技信息系统中发挥指导和示范作用,并向着建设世界一流科研院所的目标迈进。

在科技部党组的亲切关怀和部公益类院所改革领导小组的精心指导下,中国科学技术信息研究所深化改革工作不断推进。2005年9月18日,中信所成立了公开招聘工作组,公布了《中国科学技术信息研究所关于公开招聘过程中填报志愿的若干规定》《中国科学技术信息研究所关于公开招聘工作组织机构职责、程序与纪律的若干规定》。9月19日,中信所召开了"中信所深化改革动员大会"。10月8日,中信所公布了《中国科学技术信息研究所中层干部招聘暂行管理办法的通知》《中国科学技术信息研究所职能处室定位和工作职责》《中国科学技术信息研究所公益部门定位和工作任务》。10月10日,公布了《中国科学技术信息研究所人员聘用暂行管理办法》《中国科学技术信息研究所下属公司人员聘用暂行管理办法》《中国科学技术信息研究所待岗人员暂行管理办法》《中国科学技术信息研究所人员分流暂行管理办法》。10月14日,召开"中国科学技术信息研究所职工岗位公开招聘工作部署大会",公布全所职工岗位684个,包括岗位说明、岗位数量、任职条件和职责任务,并开始预填报志愿,从而全面启动了职工岗位的公开招聘工作。同日,贺德方所长向科技部公益类科研院所改革领导小组汇报了中信所深化改革第一阶段中层干部的公开招聘工作情况,对广大职工反馈意见中的一些共性问题的答复,以及第二阶段职工岗位公开招聘工作安排情况。10月24日,公布了《中国科学技术信息研究所深化改革期间职工工作交接管理办法》。10月31日,中信所全员岗位公开招聘工作顺利完成。经过公开招聘,全所共有590人聘用上岗。其中,所领导7名,中层干部47人,职工536人。公益岗位共聘用192人:所领导7名,职能部门28人,公益业务实际聘用157人;企业岗位聘用361人;另有4人聘入科技部人才交流开发服务中心。2011年3月31日,中国科学技术信息研究所首次完成岗位级别评定和聘用合同签订工作。

(四)科技信息体制改革的扎实、有序推进

2005年深化改革后,中国科学技术信息研究所在科技部党组和科技部公益类院所改革领导小组的直接领导、精心指导下，积极、果断、稳妥、有序地推进了深化改革工作，实现了深化改革的阶段性目标。改革后，所的组织机构和人员结构已经基本调整到位，形成了7个职能处室、6个业务部门和3个所属企业集团的组织结构框架。中信所公益部门紧密围绕定位和职责，开展了大量卓有成效的工作：战略研究工作密切关注国家科技、经济和社会发展的重大问题，围绕科技部中心工作和重大任务，有针对性地开展了大量前瞻性、基础性、系统性的研究工作，提高了中信所为科技部等政府机构提供决策咨询的快速反应和综合保障能力，得到了部领导及部内相关司局的充分信任和高度肯定。2006年，中信所"以十项重点工作为龙头，全面提升公益服务与研究水平""所与下属企业协调发展、实现双赢"等思路，切实推进全所的改革与发展。通过深化改革，中信所在促进科学研究、公益服务、教育培训和经营业务的各个方面都迈出了坚实的步伐；新机构、新团队的运行富有成效，全所的综合实力得到进一步提升。2008年，中信所进一步落实公益定位，坚持科学管理，服务自主创新，增强知识产权意识，进一步规范和完善科技信息资源管理，把国家财政对公益科研机构稳定的经费支持转化为资源储备、人才储备和技术储备，整合全所资源，提升中信所的公益服务能力和科技决策信息支持能力。2009年，中信所根据"服务自主创新、建设一流院所"的目标，不断落实公益定位，制订了《中国科学技术信息研究所业务发展规划纲要（2009—2011）》，各公益部门按照新业务发展规划纲要的总体部署，确定了未来三年的发展路线图。2010年，中信所启动了事业单位岗位设置工作，公益服务能力和科技决策信息支持能力不断提升。

### 三、党建工作的创新与跨越

#### （一）党组织和领导班子建设工作

1995年7月，刘昭东出任党委书记。1997年1月8日，国家科委任命梁战平为党委书记。1998年10月22日，中国科学技术信息研究所进行领导班子调整，朱伟、梁战平、张钟、吕伟伟、刑宪力组成新一届领导班子。2000年4月6日，经中共科技部党组决定，任命梁战平为中信所所长。2003年6月6日，科技部党组任命邹大挺为中信所所长。2004年6月16—17日，中信所党员代表大会隆重召开，会议按规定程序选举产生了中国科学技术信息研究所新一届党委会和纪律检查委员会。大会产生了所新一届党委会，刑宪力出任党委书记。9月，中信所组成了以邹大挺、刑宪力、赵新力、吕伟伟、贺德方、武夷山为核心的所领导班子。2005年6月29日，贺德方就任中国科学技术信息研究所所长。

#### （二）党建工作改革的深化与创新发展

1995—2005年，所党委在科技部党组和部直属机关党委的领导下，认真贯彻落实党中央、国务院、科技部一系列方针、政策和部署,密切围绕所中心任务,不断加强和改进党在领导班子、思想政治、组织制度、廉政和反腐等各方面建设,充分发挥党组织的政治核心和战斗堡垒作用,发挥共产党员的先锋模范作用,有力保证了全所改革、发展、稳定的大局。2005年深化改革后,中信所面对新的发展定位,所党领导班子在深化改革和业务发展中始终把党建工作放在各项工作的突出位置,紧密围绕"落实公益定位、坚持科学管理、服务自主创新、建设一流院所"的工作主线,坚持党要管党,从严治党,不断加强党的思想建设;认真落实党建责任制,不断加强党组织的自身建设;坚持反腐倡廉常抓不懈,大力推动惩防体系建设。通过不断加强党的基层组织建设和党员干部队伍建设,切实发挥好党组织的凝聚力、战斗力和党员先锋模范作用,密切党政配合,服务全所中心工作,切实把党组织的思想优势、政治优势和组织优势转化为中信所的发展优势。在继承发扬传统做法基础上,围绕新时期党建工作的新要求、新问题,努力探索和运用新的党建载体和方法,扎实推进理论创新、组织创新、工作创新和制度创新,为中信所全面跃升和科学发展提供坚实的思想和组织保障,促进全所公益服务能力和科学决策信息支持能力的持续提升。

中国科学技术信息研究所连续多年举办思想政治工作会议。1998年6月11—13日,召开中层干部培训班,本次培训班是中信所首次针对市场、企业、管理、文化干部素质、领导艺术等方面知识对干部进行培训。1999年,举行开展"三讲"教育系列活动。2000年,全面落实"三讲整改方案",并以"三讲"教育为契机,认真落实党建责任制和党风廉政建设责任制,加强和改进思想政治工作,有力地保证和促进了中信所各项工作的顺利开展。2003年,坚持党政领导班子中心组学习制度,加强党的基层组织建设,健全党建责任制和目标管理指标责任体制,加强党风廉政建设。2005年1—6月,中信所连续举行共产党员先进性教育活动。2006年,开展反腐倡廉主题教育活动。2008年,中信所深入学习实践科学发展观活动,通过深入学习,全所干部职工对影响中信所科学发展的突出问题和原因有了更加深刻的认识,对中信所发展面临的机遇有了更清醒的把握,全所上下推进科学发展的思路进一步完善,提升中信所的公益服务能力和科技决策信息支持能力。

中国科学技术信息研究所不断加强组织部门建设。1997年,监察审计处并入党委办公室。1998年,经所务会研究决定,党委办公室所属监察审计处更名为纪检监察处;原党委办公室和人事处合并为党委办公室(保留人事处建制),并将审计工作并入财务处。10月22日,原党委办公室和人事处合并为党委办公室(保留人事处建制)。1999年,人事处和党委办公室分离。

中国科学技术信息研究所不断推进党组织制度建设。2000年,中信所制订了《关于认真搞好警示教育 进一步对党员干部党风廉政教育的意见》。2001年,制订了关于《党风廉政建设责任制实施办法》。2004年,制订了《中国科学技术信息研究所委员会工作规则》和《关于工作人员在国内交往中收受礼品登记和处理办法》。2005年，制订了《关于中央文件下发、阅读和管理工作暂行办法》《关于改革期间进一步加强干部纪律的有关规定》《严格执行廉洁自律各项规定》等所内文件。2006年，制订了《党员领导干部报告个人有关事项管理办法》。2007年，建立两级中心学习组学习制度和党风廉政建设和反腐败工作联席制度。2008年，中信所制订了《党建责任制实施方案》，并建立了干部党风廉政建设责任书和职工廉洁自律承诺书制度。2010年，中信所制订了《中层干部任职廉政谈话办法》。

## 四、创新和跨越阶段取得的总体成就

### （一）经济效益的跨越式增长

1995年，中国科学技术信息研究所总营业额7074万元，创收毛收入781万元；纯收入605万元；创收能力达1000多万元，比1994年都有不同程度的增长。1996年，各项经济指标稳定增长，总营业额达8540万元，纯收入726万元，上缴税金260万元。据全国科研院所对外经营联谊会对有进出口经营权的院所进行的统计，中信所由1994年自营出口列第41位上升到1995年自营出口的第24位，在进出口业务上取得了较大的进展和成绩。1997年，中信所通过优化集成，总营业额超过1亿。1998年，中信所完成预期营业额近1.2亿元。1999年，中信所营业额比1998年增长25%。2000年，中信所抓好经营创收工作，全所完成营业额8600万元。2001年，中信所共完成业务总收入1.58亿元。2002年，完成业务总收入1.66亿元。2003年，中信所实现业务总收入2.04亿元。2004年，中信所实现业务收入2.35亿元，比上年增长15%；科研收入达8998万元，比上年增长52%；经营收入7986万元，增加11%。万方公司营业额1.2亿元，实现利润1500多万元。中信所的综合实力进一步提升。2005年，全年实现业务收入24 138万元，比上年增长4%。2006年，中信所实现业务收入2.9亿元（不包含北京万方数据股份有限公司、北京东晓国际信息技术咨询有限公司），比上年增长21%。截至2009年年底，中信所的资产总额达到9.68亿元，比2008年增长了6.4%。2010年，中信所资产总额达到11.26亿元，比2009年增长了16%。

### （二）科研经费投入力度的加大和科研项目产出的稳定增长

**1. 科研经费投入力度的加大**

通过深化改革，从2006—2010年的5年间，随着国家对公益类科研院所支持力度不断加大。项目经费持续增加。2006年11月4日，中国科学技术信息研究所组织申请的"科技文献信息服务系统关键技术研究及应用示范"国家"十一五"科技支撑计划项目通过科技部组织的专家组评审，获得经费支持2910万元。2009年，中信所获得的各类科研项目经费达 2659 万元。2010 年，国家下拨给中信所的经常性事业费 7873 万元，是 2005 年的 1.98 倍；下拨中信所文献采购经费 9623 万元，是 2005 年的 2.13 倍。2010 年，中信所获得的各类科研经费 1708 万元。中信所发展方向更加明确，公益服务能力和科技决策信息支持能力不断提升，科研条件和环境不断改善，管理制度进一步完善和规范。

**2. 科研项目产出的稳定增长**

2002 年，中国科学技术信息研究所申报了 2002 年中央级科研院所科技基础性工作和社会公益研究专项资金重点项目与面上项目共 9 项，获准 8 项。全年共举办了 11 场高水平的学术报告会。2003 年，完成的各类研究开发课题同比增长 10%；获得科研项目经费同比增长 55%，在研课题达 67 项，是上年同期的 2 倍，其中 90% 以上为省、部级项目。2005 年，经过深化改革和公益定位，中信所的科研产出较以前有大幅度增长，全年完成各类科研项目 36 项，在研科研项目总数达 60 项。全年共组织学术报告会 16 场，所职工共有 1000 多人次参加了学术报告会。职工在各类期刊、会议和报纸上发表学术论文和文章共计 254 篇。CSSCI 收录中信所职工发表的论文数量增加，发文数的排位上升。所内学术氛围渐趋浓厚，学术能力与影响力得到提升。2006 年，中信所发表的学术论文总数为 200 篇，职工以第一作者身份在期刊上发表各类学术论文共计 174 篇，较 2005 年增长了 1 倍。其中，SCI/SSCI 源期刊论文 3 篇，国内核心期刊论文 99 篇。同时，还获得了国家知识产权局授予的 2 项软件著作权。科研水平明显提高，全所科研产出取得明显增长。2007 年，共发表学术论文 331 篇，以所人员为第一作者共发表各类学术论文 306 篇，其中，国内核心期刊论文 194 篇，比 2006 年增长 125%；SSCI 源期刊论文 2 篇，ISTP 收录论文 2 篇，CPCI-S 论文 2 篇。共获得国家知识产权局授予的软件著作权 7 项，是 2006 年的 3.5 倍。2008 年，中信所在研的科研项目达 109 项；发表的学术论文总数 338 篇，所职工为第一作者共发表各类学术论文 317 篇。其中，国内核心期刊论文 207 篇，SCI/EI/ISTP 收录 8 篇，CPCI-S 论文 2 篇。共获得国家知识产权局授予的软件著作权 11 项。2009 年，发表学术论文 430 篇；发表核心期刊论文 261 篇，在 SCI、EI 源期刊上发表论文 7 篇，CPCI-S 论文 20 篇。获得软件著作权 17 项。同时，重点规范了研究报告的产出管理工作，共产出各类研究报告 183 份，其中分析类研究报告 62 份，调研和咨询类报告 121 份。获得国家自然科学基金项目 3 项，国家社会科学基金项目 3 项，中国博士后科学基金项目 3 项。2010 年，发表学术论文 396 篇；发表核心期刊论文 221 篇，被 SCI/SSCI/EI/ISTP/ISSHP 国际著名检索数据库收录的论文 37 篇，同比增长 37%；SCI 收录文章在质量上有了明显提升，在影响因子排序本专业前 1/3 区期刊的论文实现了新的突破；CPCI-S 论文 28 篇。获得软件著作权 23 项，同比增长 35%。"一种文件自动分类系统"技术已获得国家知识产权局实用新型专利权，另有 2 项申报国家发明专利并受理。分别获得国家"十二五"科技支撑计划、国家"863"计划课题及新闻出版总署重大科技课题的立项。获得国家自然科学基金项目2项、国家社会科学基金项目4项、中国博士后基金项目4项、国家科学技术学术著作出版基金项目1项。

### （三）立足于公益信息服务和市场化信息服务

在公益类馆藏资源方面，中国科学技术信息研究所主要承担国家科技文献资源建设与服务保障的任务，是国家学位论文、会议论文、科技报告、期刊论文、院士著作馆等的收藏、研究和服务中心。截至2010年，共收藏国内学位论文150万余册，国外学位论文22万余册，外文会议文献10万余册，全国性学术会议文献6万余册；1958年以来的美国政府四大套报告123余万份，国外科技期刊4000余种／年，累计收藏国外检索和参考工具书30万余册，采集和开通电子版参考工具平台18种，如CA、NSI、NTIS、EI、INSPEC、Web of Knowledge等。采集和开通全文数据库33种，包含电子全文期刊7500多种／年，会议录约1000种／年。在馆藏数字资源中，中外文摘总量4523万条、每年新增330万条；中外引文数据总量8286万条，每年新增1550万条；全文总量约3486万篇，数据总和约40TB。国家工程技术图书馆已经成为国内规模最大、最具权威性的工程技术领域专业图书馆。

在特色资源建设方面，中国科学技术信息研究所从1958年开始全面收藏美国政府科技报告共123万余份，是国内收藏最早、最完整的两家单位之一；从1963年起作为中文学位论文法定收藏机构，收藏有150多万册国内硕士、博士论文；从2004年开始陆续收藏了国家科技计划项目2万多项课题的档案资料，国家科技计划项目档案资料作为一个时期中信所资源建设工作的重中之重来抓；率先在国内建立了院士著作馆，已累计征集到1000多位院士捐赠的4000多部著作和3万多篇论文，捐赠人数达到两院院士总人数的一半以上。

在市场信息服务方面，中国科学技术信息研究所于2000年8月发起成立了国内第一家以信息服务为核心的股份制高新技术企业——北京万方数据股份有限公司。截至2010年，万方公司期刊资源已达到6400余种，近1600万篇论文；学位论文160万余篇；研发了《中国学位论文数据库》《中国学术期刊数据库》《中外标准数据库》《中国科技成果数据库》等各主题数据库上百个，其中期刊、学位论文和会议数据的全文记录总计达2200万余条，二次文献数据上亿条，各类数据累计已达到20TB。

中国科学技术信息研究所还是我国规模最大的虚拟科技文献信息资源服务机构——国家科技图书文献中心（NSTL）的重要组成单位，是NSTL资源建设工作组和网络工作组组长单位，也是NSTL网络管理中心和用户服务中心的挂靠单位。每年加工文摘数据占NSTL总量的40%以上，每年完成的网上全文传递服务占NSTL总量的1/3左右，是国内最大的全文传递服务的提供机构。2010年度中信所资源采集量、数据加工量、全文传递服务量和NSTL经费支持金额均位列NSTL第一。

第四章　创新与跨越（1995—2010 年）

**（四）科技决策信息支持分析研究**

中国科学技术信息研究所长期跟踪国内外科技情报，跟踪科技政策、科技战略、技术前沿等领域的发展动向，提出的以事实型数据为基础，综合集成"事实型数据＋专用方法工具＋专家智慧"的科技情报研究方法论。该方法是中信所积极探索的一种科技情报研究模式，而且已经开始为国内其他研究机构重视，该方法为决策的科学化和民主化提供了有力的支撑。

一是事实型数据挖掘和分析为基础的研究工作。创建的《国际科技创新与决策数据库》《区域创新数据库》《中国高层次科技人才数据库》《中国科研项目信息数据库》和《ISTIC-中国发明专利数据库》等特色资源数据库，已成为科技决策信息支持的重要数据支撑，完成的科研报告多次受到党和国家领导人的批示。

二是以动态的信息储备、预警与增值利用为基础，建立主动服务与定题服务相结合的长效机制。并形成一系列有较高价值的决策参考资料、研究报告、重点领域深度分析报告和动态数据库，如《科技参考》《全球科技投入要览》《全球科技人才工作要览》等。

三是紧密结合科技中心工作开展战略研究。中国科学技术信息研究所先后参与了国家中长期科技发展规划纲要研究，以及"十一五""十二五"科技发展规划等研究制订工作。

此外，中国科学技术信息研究所还长期坚持以科学计量为特色的统计分析工作与科技指标研究。1987 年起开展的中国科技论文统计与分析工作已连续开展了 24 年（截至 2010 年年底），填补了国内该领域研究和统计工作的一项空白，定期出版的《中国科技论文统计与分析》年度研究报告，其连续性和可比性得到了国内外科技界的一致认可。每年定期公开出版《中国科技期刊引证报告》，为国家期刊奖的评选和其他管理部门对期刊的评价工作提供了科学依据。

**（五）面向行业的信息技术研究**

中国科学技术信息研究所作为我国科技信息行业最先开发中文数据库技术和应用互联网技术单位，通过多年的持续发展，已在海量信息检索技术、知识本体和知识组织研究工作、语言技术与知识研究、信息资源数字化加工技术等方面在国内同行中占有一定优势。截至 2010 年，中信所与北京万方数据股份有限公司已成为 IDF（国际 DOI 基金组织）唯一中文注册机构，DOI 注册总量已位居全球第二位。此外，中信所还围绕"科技文献服务系统关键技术研究与应用示范""汉语科技词系统建设与应用工程"及"中国数字资源唯一标识系统建设"等行业核心技术和关键技术的研发，形成了"中国可持续发展模型""科技创新辅助决策支持系统"和"新能源汽车词系统"等一批拥有自主知识产权的专利、软件系统、工具和模型。

### (六）推进人才队伍建设，优化人员结构

1999年4月，中国科学技术信息研究所99年度应届毕业生接收工作基本结束。经过对毕业生各方面的考核，确定接收包括清华大学毕业生在内的30位大学本科以上应届毕业生入所工作。这是中信所继20世纪80年代中期以来年度接收大学毕业生人数最多的一次。

2001年，中国科学技术信息研究所实行干部轮岗，人员结构不断优化，职工队伍素质逐步提高。为保证全国各项工作顺利进行，培养和锻炼干部，上半年共有10名中层干部（一把手）进行了轮岗。本着公开、公正、公平的原则，在全所范围内通过公开竞争选择了3名中层干部充实到所有关中层领导岗位。另外，中信所加大了人才引进的力度，共引进博士3名，硕士8名，本科生12名，使研究人员队伍结构逐步趋向合理。不断加强在职职工的培训力度，全年参加各类培训人员已达1000多人次。

2002年，中国科学技术信息研究所全面加强中层干部的公开选拔与培养工作。进行了第三次中层干部公开选拔工作，并首次举办新任干部培训班。积极选派部分年轻干部和业务骨干参加部系统培训班及驻外干部英语考试，共有4名通过考试获得科技部驻外资格。

2004年，中国科学技术信息研究所实施人才强所战略，在积极引进优秀人才的同时，注意加强对所内干部职工的锻炼和培养，支持在职人员学习进修和攻读学位，鼓励具有高级职称的年轻骨干指导研究生。

2005年11月后，通过深化改革，中国科学技术信息研究所加大了人才队伍建设工作的力度。改革后人才队伍结构发生了显著变化：改革前全所中青年人员比例约60%，改革后，在聘用上岗的192个公益岗位人员（含所领导7人）中，中青年比例上升至72.9%。博士人员比例由2.7%上升至10.4%；硕士人员比例由12.9%上升至30.7%；本科人员比例由34.5%上升至41.7%；大专人员比例由18.4%下降至12%。改革后科技人员结构发生变化：改革前，中信所高级职称人员比例在24.3%～27.7%，深化改革后，中级职称人员比例略有提高，初级职称人员比例略有下降，高级职称人员比例升幅较大，达46.9%。改革后人才分流达到阶段目标：此次深化改革，全所共分流488人。其中，进入企业岗位361人，申请退休104人，转入其他事业单位4人，待岗7人，调离10人，其他2人。

2006年7月20日，中国科学技术信息研究所举行"2006年新入所人员欢迎会"，这是中信所深化改革后首次引进的一批高学历、年轻化的新员工，其中博士后1名、博士5名、硕士研究生8名，这进一步优化了人才队伍结构，提高了中信所研究团队的层次和水平。

2008年，中国科学技术信息研究所干部队伍和人才建设不断加强。引进7名高学历专门人才，对有关的中层干部岗位及会计主管岗位实施了公开招聘、调整及轮岗，选派1名干部驻外工作，组织各类学术报告、选派业务骨干到所外参加各类培训，累计参加培训和学术报告会的人数达4500多人次。

2009年，所党政领导班子在统筹协调处理事业发展与人才发展之间关系的基础上，加大了干部队伍和人才队伍建设的工作力度。在全所聘用上岗的209个公益岗位人员中，中青年科研人员比例达到63.6%，具有博士、硕士学位人员占47.8%，具有高级专业技术职称的占54.5%。2009年，中信所加大了人才队伍建设力度，这主要体现在：①加强了对所属各部门领导班子建设。选准、配强所属各单位一把手，注重改善领导班子结构，扬长避短，发挥领导班子整体效能。所内通过公开招聘6名干部进行了提拔使用，对7名中层干部进行了轮岗。②加大干部职工教育与培训力度。先后组织部分领导干部和科研骨干20人赴大连理工大学管理学院进行为期5天的知识管理培训，以更新干部和科研骨干的先进管理理念，提高业务能力。③加大了对高层次人才的引进力度。先后引进博士后出站人员3人，博士后科研工作站人员7人，博士5人，硕士3人。

2010年，中国科学技术信息研究所加大了人才引进和培养力度。先后引进博士后出站人员5人、博士7人、副高职称人员1人，招收博士后科研工作站进站人员8名，接收"西部之光"访问学者2名。全所先后选派青年骨干到国外攻读博士学位1人、进行短期进修3人、西部博士服务团成员1人、地方挂职锻炼2人。围绕学习型组织建设，先后组织了全体中层干部赴井冈山进行业务知识管理培训，开展了支部书记、委员党务知识培训。全年先后面向所内组织各类学术报告会和专题讲座52场，累计参加培训人数5000人次。同时，面向社会、科技部系统和行业举办全民信息化素质教育、科技查新、科技计划项目管理、情报分析与战略研究、计算机应用等培训20余场，接受培训人员近千人次。截至2010年年底，在全所聘用上岗的公益岗位人员中，中青年科研人员比例为54.8%，中青年人员中具有博士、硕士学位人员占79.2%；公益岗位中具有副高级以上专业技术职称的占53.6%。

深化改革后，所党政领导继续加大人才队伍建设的工作力度，积极推进人才整合平台建设，凝聚行业优秀人才，培养中国科学技术信息研究所自己的顶尖人才和专家队伍，通过博士后接收、硕博士研究生培养、国际合作及高校合作中的人才交流，进一步拓宽人才引进渠道和方式，完善相应的配套措施，为中信所的中心工作提供人才服务和人才储备。把团队建设与整合平台建设紧密结合起来，与国家级科研项目的实施结合起来，在重点学科、重大项目，整合平台的基础上逐步建立稳定的专业化科研团队，以科研团队建设带动人才培养工作，为中信所未来的跃升奠定坚实的人才基础。

## 五、全国科技信息事业创建四十周年、四十五周年和五十周年纪念活动

### （一）全国科技信息事业创建四十周年纪念活动

#### 1. 全国科技信息事业创建四十周年庆祝大会

在全国科技信息创建40周年庆祝大会召开之际，1996年时任国务院总理李鹏为中

# 甲子辉煌
## ——中国科学技术信息研究所成立 60 周年纪念

国科学技术信息研究所建所 40 周年题词:"加强科技信息工作 促进科学技术发展"。为了总结经验,再创辉煌,1996 年 10 月 15 日,由国家科委、国防科工委、中国科学院、中国科协和国家自然基金会联合召开的"纪念中国科技信息事业创建四十周年"大会在北京人民大会堂隆重召开。国家科委副主任惠永正、国防科工委副主任陈达植、国家自然科学基金会主任张存浩、中国科学院党组副书记余志华、中国科协书记处书记张泽等有关部门的领导和 100 多名科技信息界的代表出席了大会。国家科委秘书长林泉首先宣读了李鹏、刘华清、邹家华、宋健等国家领导人的题词。然后,惠永正、陈达植分别介绍了科技信息工作 40 年来艰巨而光辉的历程,以及广大科技信息工作者团结奋斗、勇于改革,为促进我国科技、经济和社会发展所取得的辉煌成就,并就进一步繁荣和发展我国科技信息事业发表了意见,会上国家科委科技信息司司长、中国科学技术信息研究所所长刘昭东宣布由 5 个部门联合组织评定的"全国科技信息优秀成果"和"全国科技信息系统先进工作者"名单,其中,优秀科技信息成果一等奖 10 项,二等奖 55 项,三等奖 141 项;先进工作者 203 名。有关领导为获奖的代表颁发了荣誉证书。会议号召要抓住机遇,迎接挑战,为社会主义现代化建设再立新功。国务委员、国家科委主任宋健在全国科技信息事业创建四十周年庆祝大会中的贺信中指出:当今社会,材料、能源和信息是经济发展的三大支柱。信息技术的进步和信息服务业的快速发展对提高社会劳动生产率、优化资源配置和改善人类的生产与生活方式产生了重大影响。科技信息工作是全国科技工作不能缺少的基础。希望科技信息系统的各个单位按照"国务院关于'九五'期间深化科技体制改革的决定"、1995 年科技大会精神和 1992 年第八次全国科技情报工作会议精神,进一步深化改革,引导广大科技信息工作者坚定地进入经济建设主战场,为解决经济建设和社会发展的热点、难点服务,为提高经济增长的质量做出贡献。为实施"科教兴国"和"可持续发展战略"及实现国民经济的两个转变再立新功。[①] 全国科技信息事业创建四十周年庆祝大会是一次重要的会议,在推动我国科技信息事业的发展上起到了承前启后的作用,影响很大。

在全国科技信息事业创建四十周年庆祝大会召开之际,编辑出版了《中国科技信息事业创建四十周年文集》。

**2. 隆重庆祝建所四十周年纪念和回顾展**

1996 年 10 月 14 日,中国科学技术信息研究所在京西宾馆隆重庆祝建所四十周年大会。大会由中信所刘志才副所长主持,刘昭东所长致辞。国家科委副主任惠永正参加会议并做了重要讲话。朱丽兰、邓楠、黄齐陶、谢绍明等国家科委领导和有关部门负责人,国内信息企业、信息机构的代表千余人出席了纪念大会。

1996 年 10 月 10—31 日,中国科学技术信息研究所在中科信息市场举办建所四十周年展览,回顾中国科学技术信息研究所创建 40 周年发展历程,反映改革与发展成就,展

---

① 国家科委科技信息司. 中国科技信息事业创建四十周年文集 .1996.

望未来发展前景。

### （二）全国科技信息事业创建四十五周年纪念活动

2001年10月15—16日，由中国科学技术信息研究所、中国科技情报学会主办的"纪念中国科技信息事业创建四十五周年暨中国科学技术信息研究所建所四十五周年学术研讨会"在北京科技会堂举行，来自各部委、各省、市、自治区信息机构的领导与专家，高等院校的学者，部队、企业的信息工作者，部分论文作者共140余人出席这次会议。中国科学技术信息研究所所长、中国科技情报学会常务副理事长梁战平主持了会议开幕式。中信所副所长吕伟伟和情报学会副理事长付兰生主持了研讨会的学术交流，副理事长关家麟做了会议总结。与会代表一致认为，这次会议开得非常成功，集中了大家的智慧，产生了一些新的观点、新的想法、新的思路，对我国科技信息事业的发展起到了推动作用。

### （三）全国科技信息事业创建五十周年纪念活动

#### 1. 全国科技信息事业创建五十周年纪念活动

2006年3月18日，中国科技信息事业暨中国科学技术信息研究所创建50周年系列庆祝活动"三亚论坛——信息资源助力自主创新"在海南三亚召开。4月1—3日，"庆祝中国科技信息事业创建五十周年暨联合国信息素质教育研讨会"在西安举行。会议由中国科学技术信息研究所、国家科技图书文献中心、中国联合国教科文组织全国委员会秘书处等单位联合主办，来自39所大学的图书馆负责人和部分科技信息机构的代表参加了研讨会。

2006年10月15日，"热烈庆祝中国科技信息事业创立暨中国科学技术信息研究所创建50周年座谈会"在人民大会堂召开。科技部党组书记、部长徐冠华，党组副书记、副部长李学勇，副部长尚勇等领导及国家各部委、省市情报界、高等院校等机构的代表150余人出席座谈会。徐冠华部长做了题为"服务创新型国家建设 推进科技信息事业发展"的重要讲话。贺德方所长做了题为"开创科技信息事业新局面 再铸中信所辉煌"的报告。座谈会由中信所党委书记邢宪力主持。

2006年10月15—16日，由中国科学技术情报学会、中国科学技术信息研究所、国家科学技术图书文献中心和北京万方数据股份有限公司共同主办的"庆祝中国科技信息事业创立暨中国科学技术信息研究所创建五十周年国际学术研讨会"在北京科技会堂隆重举行。联合国教科文组织助理总干事阿卜杜勒·汗先生、加拿大科技信息研究所所长伯纳德·杜马舍先生、日本科技振兴机构副理事长细江孝雄先生出席会议。来自全国政府部门、高校、科研机构、图书馆、咨询机构及科技企业的180余人到会。中国科学技术信息研究所所长贺德方做了题为"自主创新情报先行"的主题报告。中国科技情报学会副理事长梁战平在大会总结中指出，信息技术的迅猛发展，给科技信息服务工作带来极大的冲击和影响，也提出了严峻的挑战。我国科技情报机构应根据社会的需求和发展，确定自己的业务发展方向，形成多元化的发展模式。只有这样，科技信息机构才能在社会中不为淘汰、不为边缘化。这次会议通过交流学习，大家形成了一些共同的认知：一是进一步领会科技情报事业在信息社会中的重要地位、作用和历史使命，提高对未来工作的自信心；二是要跟上时代的步伐，与时俱进，无论是高校还是科研机构、科技情报机构，都要重视信息化、网络化建设，加强信息资源建设和整合；三是要加强情报工作在制度创新中的作用；四是情报研究一定要服务于国家的重大决策，突出全局性、战略性、前瞻性。这些共识为今后事业的发展起着方向性、指导性的作用。①

2006年10月22—23日，由中国科学技术情报学会主办，中国科学技术情报学会信息技术专业委员会联合中国国防科技信息中心、中国科学技术信息研究所承办的"第20届全国计算机管理学术研讨会暨中国科技信息事业创立五十周年"纪念活动在江西南昌举行。来自全国各地信息服务界的57位代表参加了纪念活动。

建所50周年各项活动的圆满完成，进一步扩大了中国科学技术信息研究所的对外宣传，提升了中信所在业界的影响力，并取得了良好的社会影响。

**2.《中国科学技术信息研究所建所五十周年纪念文集》**

在全国科技信息事业创建五十周年之际，中国科学技术情报学会、中国科学技术信息研究所、国家科技图书文献中心和万方数据股份有限公司于2006年共同举办了"庆祝中国科学技术信息事业创建五十周年学术研讨会"全国征文活动。在此次征文活动中，中信所职工（含离退休职工）共提交征文46篇，其中得优秀论文二等奖1篇、优秀论文3等奖2篇。此次征文作为2006年度中国科学技术信息研究所建所五十周年学术征文活动的一部分，所学术委员会组织的评审组对其他未获奖的43篇征文进行了评审，共评选出优秀论文11篇，组织奖2个。中信所学术委员会决定将此次职工的46篇应征论文全部集结成册，并于12月编辑出版了《中国科学技术信息研究所建所五十周年纪念文集》，涉及的内容丰富。这些论文从多个侧面反映了中信所及中国科技信息事业50年的发展历程，也从不同角度对中国科技信息事业的发展趋势进行了探讨，具有一定的参考价值。

## 第二节　落实自主创新战略，调整、改革和发展组织机构与创新型企业

### 一、发展和完善创新型组织机构体系

由于科技信息体制改革的推进和科技信息司的撤销，中国科学技术信息研究所的任

---

① "庆祝中国科技信息事业创立暨中国科学技术信息研究所创建50周年"专栏. 中国信息导报, 2006：10.

务和管理机制也发生重大变化,这对中信所的科技信息工作的开展产生重大影响。2001年后,按照科技部领导对中信所提出的"早改革早支持、改革力度越大支持力度越大"的指示精神,继续推进改革。期间进一步精简机构,并相继进行了干部队伍年轻化、对部分经营部门实行企业化管理、成立了万方数据股份有限公司等改革。经过不断探索、调整,精简到24个业务机构和职能部门(不含科技部科技人才交流开发服务中心),其中,职能部门从14个精简到9个,在职职工702人。在此期间,还对并入中信所的科技部科技人才交流开发服务中心的4个职能部门进行了精简,对5个下属公司进行了清理。2005年深化改革后,中信所通过精简职能处室,重组公益部门,整合企业集团,进一步理顺了全所的业务体系,积极推动业务机构向公益研究与服务转变,形成建立了科学高效的"7+6+3"组织结构,即7个职能处室,6个公益部门,3个企业集团。此外,还有4个受托管的社会团体组织(中国科技情报学会、中国软科学研究会、中国科技成果研究会、中国科技咨询协会)和1个代管单位(科技部科技人才交流开发服务中心)。人员结构和状况也得到优化和调整,截至2011年4月30日,中国科学技术信息研究所共有在编职工571人(其中公益编制237人,在企业岗位工作的职工334人)。组织结构和人员结构的精简与优化为科学管理和加速发展打下了良好的基础。

(一)适应科技创新体制,调整、精简、完善职能部门

1995年,中国科学技术信息研究所办公室、监察审计处和文印室合署办公,1997年,监察审计处又并入党委办公室。1995年,成立国有资产处,加强对中信所国有资产的管理工作。1997年,中信所将国际合作处和国有资产处并入业务发展处,由业务发展处负责国际合作、国有资产管理等工作。同年,恢复基建工作职能管理,设置基建处,1998年旋即撤销。1997年9月15日,中信所完成职能部门的合并和人员的精简,主要职能单位由10个精简为7个,干部精简了15人,被精简干部约占原有人数的1/3。

1998年,经所务会研究决定:党委办公室和人事处合并为党委办公室(保留人事处建制),业务发展处和信息处合并为业务处(对外保留使用信息协调办公室名称),行政处和基建处合并为行政处(对外保留使用基建办公室名称)。设立市场处,负责市场开发和经营管理工作。1998年11月,所里对职能单位人员进行的调整,共有16人充实到一线岗位上。调整后的职能单位人员27人,加上5位所领导共计32人,占在职职工总数的4%。

1999年,中国科学技术信息研究所对职能部门再次进行调整:人事处和党办分离;业务处更名为业务计划处(简称为"业务处");财务处更名为财务审计处(简称为"财务处")。4月20日,经所务会研究决定,所办公室与市场处合并为所办公室,仍然保留市场处名称。2000年,国有资产处恢复职能部门设置;重新恢复联络处建制,将原由

业务计划处主管的国际合作与对外联络工作划归联络处。

2001年2月8日，为适应中国科学技术信息研究所业务发展和管理的需要，经所务会研究决定，设立国有资产经营管理处（简称为"国有资产处"，但与2000年前的国有资产处在职能上有所不同）。2001年10月23日，按照科技部要求，经所务会议研究决定，成立保卫处（原保卫处于1999年10月22日被后勤服务管理中心合并）。2002年，联络处更名为国际合作处。

2008年4月1日，根据国科人字〔2008〕27号文件精神，原"科研计划管理处"更名为"科研处"；"财务审计处"更名为"计划财务处"。

## （二）适应科技创新体制，完善、划并业务单位

1995年，中国科学技术信息研究所成立北京创大泰克电子有限公司，该公司是一家中美合资企业。1996年，中信所将系统工程部作为维特公司的归口联系部门。同年，成立印刷厂管委会。1996年3月22日，印刷厂停业整顿，并进行人员的分流与安置。8月5日，中科信息市场（原名为"中国信息市场"）开始试营业，同年10月正式运营。1997年，经上级批准，将印刷厂撤销，原厂址的厂房和土地改为所职工宿舍。

1997年，由中国科学技术信息研究所和海口友华物业发展有限公司（原兰州信昌城市信用社）两家机构共同出资成立的北京信盟信息技术有限公司负责经营管理。旨在通过信息发布、信息产品的展览展示和信息的交流交易，以及成果转让等，让信息市场成为集商驻办公、会议服务、网络服务、信息资源与信息技术的交流与交易等诸多功能为一体的智能化综合性服务场所。1997年1月27日，所务扩大会议决定撤销中国科学技术文献缩微复印公司。8月14日，劳动服务公司更名为中国科学技术信息研究所劳动服务管理中心。12月4日，信科公司并入太乙公司，同时撤销中情设备公司。12月19日，经所务会研究决定：科技成果推广中心与TIPS中国分部、兰科公司部分业务合并为科技成果推广中心（万方数据长信公司），对外可保留使用TIPS名称，撤销全国技术信息发布厅，自此，科技成果的交流、推广工作由万方数据公司来完成。信息分析研究中心除部分业务并入研究培训中心和万方数据网络中心以外，与兰科公司部分业务合并为信息分析研究中心（万方数据兰科公司）。

1997年，中国科学技术信息研究所所办企业和公司全面实行企业化管理，通过同类业务合并、优势集成和清理整顿，使业务单位由1996年的32个集成到16个，这16个业务单位包括万方数据库中心、万方数据网络中心（万方数据特英公司）、万方数据软件中心（万方数据太乙公司）、软件培训中心（1998年与万方数据软件中心合并称为万方数据软件培训中心）、信息分析研究中心（万方数据兰科公司）、科技成果推广中心（万方数据长信公司）、科技音像馆（万方数据天盛音像出版社）、研究培训中心、信息服务中心、科学技术文献出版社、万方数据中科信息市场（万方数据信盟公司）、劳动服务管

理中心、万方数据科苑书城、东晓公司、香港和华公司、日本和华公司。职能处室通过精简机构和人员，提高了工作效率。

1999年7月，中国科学技术信息研究所成立北京赛维波信息咨询有限公司（简称"赛维波公司"）。1999年7月底，又完成了业务单位进一步集成和所办企业的机制转变，即①万方数据公司从事电子信息服务和咨询两大主业，撤销其事业机制，内部机构按业务流程重组，按企业机制独立经营，并朝股份制的方向改制和加快发展。1999年，万方数据（集团）公司下设资源建设事业部、软件网络事业部、咨询服务事业部、市场开发事业部和综合事务部。②出版业从万方数据公司中分出并相对集成，10种所办期刊归入科学技术文献出版社；万方数据电子出版社和科技音像馆合并为万方数据电子出版社。③改进所领导管理模式，在做好分管横向业务的同时，主管一类纵向工作，把主要精力放在主管业务单位的发展上。1999年的集成工作结束了事业单位企业化管理过程中的"一所两牌"的过渡阶段。10月22日，经所务会研究决定，由劳动服务管理中心、行政处和保卫处组建后勤服务管理中心（保留行政处、保卫处的建制）；并将科技部科技人才交流中心并入中国科学技术信息研究所。经过上述职能部门的调整，使中信所由几十个研究处室为特征的事业单位过渡到由公益性研究与服务的单位和具有法人地位的企业为支柱的非营利性信息服务机构。

2000年，随着万方数据股份有限公司股份制改造的完成，一些并入万方公司的业务部门又从万方数据公司中分出。信息服务中心从万方数据中分出，再次成为独立的业务部门。信息分析研究中心（万方数据兰科公司）从万方公司分出，再次形成独立的业务部门——信息分析研究中心。研究培训中心从万方数据公司中分出，再次成为独立的业务部门，并更名为研究生培训中心，以加强研究生的教育和管理工作；同时成立社团联合办公室，负责举办讲座和培训班工作。科苑书城也从万方数据公司中分出。同年，考虑到即将成立的国家科技图书文献中心（NSTL）的需要，决定从万方数据公司原部门中留下4人，在中信所重新组建网络管理中心，为中信所和国家科技图书文献中心提供信息技术服务，开展信息化建设的相关工作。2002年，北京智库泉数据处理有限责任公司成立。2005年，网络管理中心更名为信息技术支持中心，成为与信息资源中心、战略研究中心、资源共享促进中心、情报方法研究中心和研究生部并列的6大业务部门之一。

2002年，北京智库泉数据处理有限责任公司成立。同年，中国科学技术信息研究所将科技声像馆发展成为影视制作中心。2003年，所成立国际信息咨询中心，并于2004年9月1日将万方公司的查新业务并入国际信息咨询中心。2004年，上海万方数据有限公司成立。

2006年7月18日，中国科学技术信息研究所举行北京万博科文化传媒有限责任公司成立揭牌仪式，科技部党组副书记、副部长李学勇出席并为公司成立揭牌。北京万博科文化传媒有限责任公司是经科技部批准，中国科学技术信息研究所为深化改革、整合出版资源，积极推进、投资创办了集图书、期刊、音像制品、电子出版物出版发行和电视节目编辑制作、广告策划于一体的集团化出版企业，下辖科学技术文献出版社、天盛科学技术音像出版社、天盛广告公司、电子出版社、东晓国际技术信息咨询公司等6家企业。拥有雄厚的图书、期刊、音像、电子出版实力，策划、出版了各类精品图书万余种和大量的影视、电子作品，立足于科技政策、知识和创新成果的传播、普及和提高，积极服务于国家创新驱动发展战略。

2006年8月31日，因中国科学技术信息研究所与海口友华物业发展有限公司合作的中科信息市场项目到期，双方不再继续合作。中信所下属的北京信盟信息技术有限责任公司作为中科信息市场的经营和管理单位予以注销。

（三）"7+6+3"的组织框架

2005年深化体制改革后，中国科学技术信息研究所将改革前的9个职能处室（所办公室、党委办公室、人事处、业务计划处、国际合作处、财务审计处、国有资产经营管理处、保卫处、老干部处）精简为7个职能处室（所办公室、党委办公室、人事处、科研计划管理处、财务审计处、离退休干部服务处、保卫处），将8个业务部门（信息服务中心、信息分析研究中心、研究生培训中心、网络管理中心、国际信息咨询中心、社团联合办公室、中科信息市场、后勤服务管理中心）重组为6个公益部门（信息资源中心即国家工程技术图书馆、战略研究中心、资源共享促进中心、信息技术支持中心、情报方法研究中心、研究生部），将10个经营单位（科学技术文献出版社、影视制作中心即北京天盛科学技术音像出版社、万方数据电子出版社、北京东晓国际技术信息咨询有限公司、北京信盟信息技术有限责任公司、北京公主坟文苑贸易公司、北京万方数据股份有限公司、科苑书城、赛维波公司、香港公司）归并和整合为3个企业（万方数据股份有限公司、北京万博科文传媒有限责任公司、北京科信苑物业管理公司），形成了7个职能处室、6个业务部门和3个所属企业的组织框架（即"7+6+3"的组织机构）。

在6个业务部门中，成立的情报方法研究中心，是自1993年情报方法研究室被撤销后，再次组建负责情报理论方法研究的业务部门，对于推动情报理论方法研究和科研课题的开展具有重要的意义。此外，中信所受托管理及代管单位还包括中国科学技术情报学会、中国软科学研究会、中国科技成果研究会、中国科技咨询协会和科技部科技人才交流开发服务中心。"7+6+3"的组织机构框架基本完成了中信所组织机构建设工作的跨越，截至2015年，中信所的组织机构建设工作基本采用这一框架结构。

（四）重庆分所的更名和转制

1997年，中国科学技术信息研究所重庆分所更名为国家科委西南信息中心。随着公益类科研机构改革步伐的加快，公益类科研机构改革主要转为企业、进入大学、按非营利机构管理、并入或转为其他事业单位。2002年，按照分类改革的原则，西南信息中心转制为企业，划归重庆市管理。2004年5月21日，科技部西南信息中心改制为重庆西南信息有限公司正式挂牌成立。西南信息中心能够顺利地从事业单位转制为企业、从国有企业改制为股份制企业，主要是早期市场化运作比较成功，从1990年初开始，所拨事业费就主要是支付离退休人员费用，在职职工费用则主要通过面向市场经营获得；同时，在这次改制中，重庆市对其160多名分流人员给予了优惠政策支持，企业基本上没有遗留下严重的包袱。

## 二、社团组织建设工作的稳定支撑

### （一）中国科学技术情报学会

中国科学技术情报学会成立于1964年，主要任务是组织开展情报科学理论与实践的学术交流活动、普及科学技术情报知识、开展咨询服务、接受课题研究、沟通中央与地方科技情报机构及行业间的联系、出版学术书刊和科普读物等。

**1. 中国科技情报学会组织建设**

1998年10月，中国科技情报学会在北京召开第5届会员代表大会，通过了新的章程，选举产生了新一届理事会、常务理事会，确立了5个工作委员会和5个专业委员会。这次大会不仅是学会5年一次的换届选举大会，也是学会正式恢复活动20周年的纪念大会。此次会议通过了第四届理事会的工作报告、中国科技情报学会章程和学会工作机构设置方案，并选举产生了第五届理事会。大会还对10个省、市先进进行了表彰。2003年12月，中国科技情报学会在北京召开第6届会员代表大会，会员代表大会审议并原则通过了第五届理事会工作报告、学会章程修改草案，选举产生了第六届理事会。会议进一步明确未来科技发展中科技情报工作重要战略地位，同时，在国家规划的指导下，组织各方力量，由学会牵头，研究在新的形势和条件下，科技情报行业未来5年发展战略和发展规划。会议提出要很好地发挥桥梁和纽带作用，抓好学术研究与交流，努力推动改革，加强国际交流与合作和加强学会自身建设的要求。2009年1月1日，中国科技情报学会在北京召开第7届会员代表大会，会议研究讨论了科技情报行业创新发展，交流管理创新经验。会议还围绕"新形势下科技情报信息机构的建设与发展"等主题组织开展分组讨论。此次会议为推动科技情报机构的创新发展，研究讨论了涉及科技情报行业创新发展的一些关键性问题。

1995年，中国科技情报学会设立了竞争情报分会。1998年第5届会员代表大会确立的5个工作委员会包括学术委员会、组织工作委员会、普及工作委员会、海峡两岸科技信息交流委员会和合作交流工作委员会；5个专业委员会包括信息技术专业委员会、信息资源专业委员会、信息研究与咨询专业委员会、情报理论方法与教育培训专业委员会和科技出版与科技声像专业委员会。2010年12月31日,中国科学技术信息研究所技术支持中心负责申请的"中国科学技术情报学会知识组织专业委员会"获得民政部批准,该知识组织专业委员会的成立将进一步推动中信所在知识组织研究领域的研究能力及影响力的拓展。中国科技情报学会在全国各省(市)、自治区建有地方学会,其业务受中国科技情报学会指导。

### 2. 全国科技情报工作研讨会

1998年根据国家科技部机构改革的精神,国家科委更名为国家科学技术部,原国家科委科技信息司撤销,全国性科技情报与信息工作由科技部条件财务司负责。由于科技部对原科技信息系统的政府职能管理的内容和范围发生了较大变化,对全国科技信息单位和部门的协调和管理已经减弱,科技信息界不再通过全国科技情报工作会议的形式对科技信息工作进行管理和协调。科技信息界主要靠学术研究和中国科技情报学会来开展民间交流和一定的协调,即全国科技情报工作会议改为研讨会的形式进行,具体由中国科学技术信息研究所、中国科学技术情报学会协调处理。

2000—2005年举行的4届全国科技情报工作研讨会,主要探讨了科技信息体制改革、定位与服务创新,以及中国科学技术信息研究所转制改革的总体思路和工作进展等问题。自2006年第五届全国科技情报工作研讨会始,到2010年第九届全国科技情报工作研讨会止,主要探讨了如何继续推进科技信息体制改革,如何实现科技信息工作的自主创新,科技信息机构在建设创新型国家中的作用,科技情报业务发展,以及科技情报行业发展等。

中国科技情报学会组织召开的"全国科技情报工作研讨会",以科技情报机构的体制改革和业务发展为主题,研究体制改革和业务发展的战略性方向性问题,科技部有关领导每次都到会做关于科技体制改革、科技情报工作发展等政策性报告,对科技情报机构的改革定位、业务发展重点与方向等提出了具体要求和意见,明确科技情报机构体制改革和发展的方向及面临的任务,这对指导科技情报工作具有十分重要的意义。

### 3. 学术会议和学术交流

"组织开展情报科学理论与实践的学术交流活动"是学会章程规定的首要任务。自中国科技情报学会成立以来,组织了各种类型的学术会议。到1996年,中国科技情报学会征集的交流论文约8000余篇,参加学术会议的科技情报工作者5000多人次。[1]20世纪90年代的10年间,中国科技情报学会与专业委员会、分会、地方学会、兄弟学会联合组织了全国性的学术研讨会120次,编辑出版了30本中文版论文集、2本英文版论文集和7期《情报学报》增刊。[2]

---

[1] 中国科学技术信息研究所.中国科学技术信息研究所大事记(1956—1996).北京:科学和技术文献出版社,1996:129.

[2] 郑彦宁.改革创新 主动求变 做好新世纪的情报学会工作.见:中国科学技术信息研究所编.中国科学技术信息研究所建所四十五周年纪念文集(1956—2001).2001:201.

## 第四章　创新与跨越（1995—2010年）

中国科技情报学会举办的学术会议包括由学会直接主办和联合主办的国际会议、综合性学术年会和青年会议及专题会议，以及各专业委员会支持下组织的专业学术会议。学术会议大多集中探讨学科发展及国内外科技情报工作中众所关心的热点和重大问题，因此，对引导学科进步和促进科技情报工作发展起着重要作用，能够取得难以估量的社会效益。其中，综合性学术年会是集中检阅学术成果，全面了解、评价学科进展的会议，会议规模一般都在百人以上，有学科各领域的专题发言，受到情报界同行的重视。

中国科技情报学会成立以来，已召开了多次国内大型研讨会和国际学术讨论会，不仅进行了学术、技术、产品的流通和沟通，而且对亟待解决的问题，提出了许多建议和意见。研讨会和国际学术讨论会还就情报检索、数据库开发、电子出版物、网络建设、信息高速公路等新事物或新问题进行研讨，而且每次会议论文数量长期不减，质量不断提高，与会人数踊跃，成为我国科技情报界最有影响和吸引力的交流阵地，不仅丰富了计算机情报管理的学科内容，深化了研究层次，而且不断推动着我国科技情报工作现代化的步伐。

为提高青年人的学术水平，培养青年学科带头人，到1996年，中国科技情报学会已召开了5届关于"青年情报理论与实践学术讨论会"。截至2006年，中国科技情报学会一共举办了126次"中国青年科学家论坛"。历届讨论会和论坛都在青年中引起了较大反响，他们认真撰写论文，对情报学、信息服务工作发表独到见解和观点。与此同时，又把这种会议列为中国科协青年学术讨论会的卫星会，并和优秀论文、青年科技信息奖结合起来，成为长期促进青年科技信息工作者成长的举措。

为推动情报研究生教育事业的发展，由中国科技情报学会、中国科学技术信息研究所共同举办"中国情报学研究生教育创建30周年纪念大会暨学术研讨会"，科技部人事司副司长蒋苏南、中信所贺德方所长、中信所赵志耘副所长、日本国会图书馆馆长尾真、联合国教科文组织驻京办事处代表辛格及全国43个拥有情报研究生教育的高校、研究机构的专家学者150余人参加会议。会上，贺德方所长做了题为"开放创新　携手共进共创情报研究生教育的美好未来"的报告，赵志耘副所长宣布了"中国情报学研究生教育创建30周年"专题征文获奖名单。

为推动科技情报机构创新发展，由中国科技情报学会、中国科学技术信息研究所联合主办，湖南省科学技术情报学会、湖南省科学技术信息研究所承办的第九届全国科技情报工作研讨会于2010年11月3—4日在长沙召开。会上，贺德方所长做了题为"落实定位，做好规划，打好基础"的主题报告。会议期间还举行了2010中国科技情报网工作会议和地市科技情报机构工作交流会。各单位就涉及科技情报行业创新发展的一些关键性问题，如为企业发展和政府决策开展情报服务工作问题、情报研究工作的协同协作问题、信息资源共享与服务问题、科技情报机构人才队伍建设问题、科技情报机构管理创新问题、科技情报机构联合发展问题等进行了深入的研究和讨论，交流了各单位业务发展和管理创新的新进展、新思路、新做法，以及对科技情报行业发展的建议。

### 4. 情报政策与管理

在情报政策与管理方面，中国科技情报学会站在改革的最前沿，引导全国的学术交流，情报学会情报政策与管理专业委员会发挥了重要作用。先后就情报有偿服务、情报经济、地方机构改革、信息产业、信息市场、情报立法、企业情报等问题进行了广泛深入交流，孕育了一批学科分支，推动了情报机构改革和情报管理模式及运行机构的完善。

### 5. 情报（信息）研究工作

自1992年将情报研究从情报研究与专业方法委员会分离出来以后，中国科技情报学会根据事业发展的需要于1995年专门组建了竞争情报分会。情报研究专业委员会从情报研究的功能入手，先后研讨了情报研究方法、软科学、情报咨询、市场调查、情报研究模式等问题，如今又面向市场经济，重点研讨竞争性情报理论，为我国情报研究工作的市场化、国际化铺平了道路。例如，中国科技情报学会于2000年3月承担了科技部软科学课题"全国科技信息机构体制改革与发展模式研究"，开展了全国信息资源开发与利用情况的调查，召开了两次全国科技信息改革与发展工作研讨会，在不同地区召开了小型座谈会，并考察了部分科技信息机构，对全国科技信息机构的改革与发展提出对策与建议。[1]2004年，中国科技情报学会申请了科技部国家软科学研究计划项目"我国科技情报行业中长期发展战略研究"，在该软科学研究项目中，根据国家科技发展的长远目标和战略及国内外竞争的态势，研究分析影响科技情报行业发展的要素和如何构建行业核心竞争力，研究实现行业可持续发展的战略、目标、政策和规划，提出对行业创新发展具有指导性和政策性意见。

### 6. 信息资源建设与服务工作

随着信息技术的发展，科技情报服务在信息技术、网络技术的支持下不断向信息化、网络化、数字化延伸，在市场激烈竞争的环境中日益成熟和发展。中国科技情报学会努力跟踪信息服务的新领域、新技术、新应用，适时地抓住诸如中文信息资源建设与管理、数字图书馆、网络咨询、信息传播和出版、信息内容与电子商务、ISP/ICP/ASP、加入WTO后信息服务业的对策、西部大开发的信息服务、新型信息人才的培养和继续教育、信息集成服务等热点问题，组织了不同类型、规模的学术研讨会。这些会议包括全国计算机情报管理学术研讨会、全国信息经济与网上信息资源学术研讨会、全国信息服务业发展与信息资源开发学术研讨会、第4届北京国际计算机情报管理学术讨论会等。会议都是以研究网络信息资源开发与应用服务为中心，围绕信息资源建设、发展动向、内容特点和制作、服务类型、运作方案、技术标准等问题交流了学术观点、技术思路、工作经验。多年来，中国科技情报学会还通过连续举办"全国科技情报工作研

---

[1] 郑彦宁.改革创新 主动求变 做好新世纪的情报学会工作.见：中国科学技术信息研究所编.中国科学技术信息研究所建所四十五周年纪念文集（1956—2001），2001：202.

讨会""全国计算机信息管理学术研讨会"等活动及组织开展"我国科技情报行业发展战略研究"和"我国情报学学科建设、发展和前瞻性研究"等国家课题研究工作,在促进全国科技情报行业业务发展及情报学学科建设与发展方面发挥了重要作用。[①]

2003年10月,中国科技情报学会召开了"网络环境下信息资源共建共享学术研讨会",共有200多名代表参加,会议征文近400篇,以《情报学报》增刊正式出版会议论文集,会议安排了3个大会主题报告和9个专题报告,重点研讨了网络环境下信息资源共建共享的关键技术与运行机制等重要问题。2003—2004年,中国科技情报学会策划组织召开了"第17届全国计算机信息管理学术研讨会"和"第18届全国计算机信息管理学术研讨会"。会议主题是"知识化信息服务"和"科技信息基础设施建设与信息服务新模式",主要研讨了科技情报行业如何从提供信息服务向提供知识服务逐步转型和发展新型情报服务业务的一些关键性、技术性问题。

科技部为进一步实施"科教兴国"战略,推出建设"科技基础条件大平台"的重大举措。中国科技情报学会承担了科技部下达的"科技文献信息资源与服务平台建设"课题研究工作,组织一批专家共同开展研究,采取定量、定性分析相结合的方法,研究了我国目前信息资源建设的现状与差距,分析了存在的问题,提出了"科技文献信息资源与服务平台建设"的基本思路和8年的总体建设目标与实施项目,以及实施平台建设的对策与措施,为科技部组织实施"科技基础条件大平台"建设提供了充分的决策依据。

**7. 情报理论方法和教育培训工作**

情报理论方法专业委员会自改革开放之初,就以新技术革命为契机,探索了情报学的基本理论问题,就情报的释义、作用、学科内涵及与信息的关系等问题进行广泛研讨,使情报学明晰了基本理论框架。

互联网的成熟与得到广泛应用之后,给科技情报行业业务发展带来了机遇,抓住机遇,把科技情报行业业务建立在互联网之上,以及构建新的情报业务对科技情报行业发展具有十分重要的意义。中国科技情报学会紧紧抓住情报理论与技术发展的热点、焦点问题,策划组织了系列学术研讨会,以学术活动为主要渠道去推动科技情报行业的业务发展。

2003年年初,中国科技情报学会申请了国家自然科学基金研究项目"我国情报学学科建设、发展和前瞻性研究",该研究课题将系统地研究新时期情报学理论体系框架、情报学学科建设与发展目标、发展原则和重点发展方向及领域等,形成一些创新性研究成果。

2002—2004年,中国科技情报学会举办了高层次学术研讨会,研究学科的新变化新发展新趋势。2002年7月28日—8月1日,由中国科技情报学会、中国国防科技信息学会主办,郑州航空工业管理学院信息科学系承办的"新世纪情报学教育发展战略研讨会"

---

① 郑彦宁. 改革创新 主动求变 做好新世纪的情报学会工作. 见:中国科学技术信息研究所编. 中国科学技术信息研究所建所四十五周年纪念文集(1956—2001), 2001: 202.

在郑州航空工业管理学院召开。本次会议以"新世纪情报学教育发展战略"为主题，就情报学教育的发展方向和框架、情报学学科定位和建设、情报学的内涵与外延，以及情报学教育的模式等方面进行了广泛深入、富有探索性的讨论。2003年10月30日—11月2日，中国科技情报学会和中国信息学会在南京理工大学共同组织了"信息构建（IA）与情报学理论方法新发展学术研讨会"，此次会议就信息构建与本体论进行了深入的探讨。在此期间召开的研讨会还就情报学学科定位和建设、情报学内涵与外延，以及情报学教育模式、"信息""知识"和"情报"三者之间的关系和区别、网络环境下情报工作的流程再造和结构调整等涉及情报学研究理论和方法的许多关键问题进行了深入研究和交流。

**8. 海峡两岸信息交流活动**

1993年，中国科技情报学会成立了"海峡两岸科技信息交流会"和台湾"海峡两岸科技资讯交流委员会"成为对口交流单位。同年12月，正式接待了台湾5人组成的资讯代表团，双方友好地商谈了两岸的合作。

1995年3月10日，中国科技情报学会首次派出以刘昭东副理事长为团长的5人代表团访问台湾，在访问期间，代表团参观了台湾资讯研究所和台湾大学图书馆为核心的台北、台中、新竹等地的图书资讯单位及新竹的科学园区，以及台北故宫博物院等公共场所，进一步加深了了解。双方还开展了一些实质性的合作项目，例如接受委托咨询、代查代印资料等。此次访问为以后科技信息资讯的交流打下了基础。从1998年起，第一届海峡两岸科技信息（资讯）研讨会召开，以后每两年在大陆与台湾轮流召开，并先后举办了4次研讨会。1998年3月17—23日，应台湾"海峡两岸科技资讯交流委员会"邀请，以中国科技情报学会常务副理事长、中国科学技术信息研究所所长朱伟为团长的中国科技情报学会科技信息交流团一行15人赴台北，参加"第一届海峡两岸科技信息（资讯）研讨会"，并访问了台北部分信息图书机构。会议主题为"互联网资源应用"，交流论文涉及信息基础建设与信息产业、互联网资源研究与应用、科技信息系统网络建设及应用、网络理论与知识产权领域。1999年9月，中国科技情报学会在上海召开"第二届海峡两岸科技信息研讨会暨第十三届全国计算机情报管理学术研讨会"。会议主题为"基于内容的因特网中文信息资源开发与应用服务"。此次研讨会对于促进海峡两岸科技信息交流具有十分重要的意义。2001年1月9日，中国科技情报学会常务副理事长梁战平率领代表团一行11人赴台湾参加了第三届海峡两岸信息技术学术研讨会，两岸学者以"海峡两岸图书文献数据库及信息服务交流合作"为主题交流了23篇论文，表达了对信息时代图书文献数字化、网络化必要性的共识和建立两岸信息资源交流合作机制的愿望。2002年5月27—30日，由中国科技情报学会海峡两岸信息交流委员会主办，中国科学技术信息研究所、国家科技图书文献中心协办的"第四届海峡两岸科技信息交流研讨会"在北京召开。会议期间，海峡两岸科技信息、图书馆界的专家进行了广泛深入的学术交流，主题为"虚拟图书馆——科技信息资源共建共享"，该主题是国际图书馆界、科技信息界都十分关心而又有许多学术、技术等问题需要探讨的课题，因此得到两岸同行的积极响应。

### 9. 国际交流活动

"沟通中央与地方科技信息机构及行业间的联系，密切国内外、海内外信息团体和信息工作者的友好交往，开拓合作渠道，加强国际合作与交流活动"，是中国科技情报学会章程规定的任务之一。中国科技情报学会成立以来，多次主办或合办国际学术讨论会和国际展览会，为国内情报工作者与国外同行进行学术交流提供了良好的机会。外国专家参加国际学术讨论会，不仅带来了先进的学术思想和技术，而且通过广泛深入的交流和讨论，使我国科技情报界及时了解国外科技情报工作的水平和动向，同时也宣传了自我，提高了我国科技情报界在国际上的地位。

1995年9月，中国科技情报学会与国家科委信息司合作召开亚太地区信息服务与企业发展研讨会，开创了我国企业信息服务业交流的国际渠道。从会议中，很多代表了解了全国企业信息服务发展的不平衡性，认识到加强地区间合作和资源共享具有广阔前景，为我国信息机构接近企业、走向国际增强了信心，提供了可资借鉴的形式。

除"请进来"之外，中国科技情报学会1986—2001年先后派出17个代表团出国参加国际学术交流和访问，其中先后3次参加美国情报学会（ASIS）学术年会，每次都使团员们在情报业务学习方面颇有收获，很受启发。在此期间，中国科技情报学会还派员2次参加了世界文献联合会（FID）大会。1994年，中国情报学会派出了24位代表参加在日本召开的第47届FID大会，我国论文数量多，质量高，并有多位代表做大会发言，受到大会组织者和到会代表的好评。在FID理事会上，刘昭东副理事长当选为国家理事，表明了我国信息研究队伍的雄厚实力，争取了我国科技信息工作应有的国际地位。此外，中国科技情报学会还参加了在英国举办的世界计算机信息技术学术交流会和展览会，这一时期派团访问过的国家有美国、英国、德国、法国、奥地利、比利时、荷兰、日本、澳大利亚、新西兰、加拿大、泰国、马来西亚、印度、印度尼西亚等国家和地区，参观访问了上百个信息单位，了解了各国科技情报工作的特点和趋势，各情报机构的建设和服务状况，以及采用的新技术、新方法和新经验。通过交往，中国科技情报学会和一些单位建立了良好的合作关系，达成了有关交换出版物、人员互访、讲学、培训等多方面的协作意向。这些都不同程度地扩大了视野，增进了同世界各国同行的友谊，为我国科技情报工作进行国际合作和交流打下了良好的基础。

### 10. 科学普及工作

"普及科学技术信息知识，传播先进技术，推广科技成果"是中国科技情报学会工作的一项重要任务。中国科技情报学会成立以来，多次举办培训班、报告会和一些重大活动，培养了人才，普及了情报知识和信息知识，提高了情报意识、信息意识和开发利用信息能力，提高了科技人员学术水平和业务能力。中国科技情报学会还利用多种渠道、形式向不同层次、领域的人员乃至中学生普及科技情报知识，不失时机地宣传科技情报在经济建设中的作用和地位，为此举办了各类学习班、报告会、讲习班和夏令营活动，参加者数万人。特别是1996年6月4日举办的"全国少年科幻世界创作大奖赛"在中央电视台进行的颁奖节目录制，该大奖赛对于向青少年普及科学知识，具有重要意义。此外，中国科技情报学会还邀请情报界专家讲授、制作《通向信息海洋捷径》《联机检索》普及教育系列录像片，举办地区性科技情报知识竞赛，举办首届中学生科技情报夏令营活动，出版了《情报知识问答》及情报普及丛书。

为配合全国人大环境与资源委员会和中央14部、委、局联合开展的"中华环保世纪行——向大气污染宣战"活动主题，中国科技情报学会普及工作委员会会同中国科协普及部、国家环保局环境信息研究所、中国科普研究所赶在2000年6月5日世界环境日之前联合编辑出版了《环境保护科普系列挂图——防治土地荒漠化》，宣传效果很好。

**11. 努力建设科技信息工作者之家**

中国科技情报学会一直把发挥党和政府联系科技情报（信息）工作者的桥梁和纽带作用作为自己的职责，努力增强为科技信息工作者服务的意识和能力，通过各种渠道，反映科技信息工作者的建议和要求，增加了情报学会的凝聚力。学会恢复活动之后，在迎来"科学的春天"的同时，也迎来了国际上信息化浪潮的冲击和国内改革浪潮的洗礼。面对由于信息技术的高速发展，人类向信息社会迅速转变的国际形势和我国由传统计划经济向社会主义市场经济转换的社会现实，作为我国科技信息事业重要组成部分的科技信息工作，一方面需要改变原有工作模式，转向经济建设主战场，实行人员分流、结构重组；另一方面需要迎接来自经济、新闻、商贸等多方面突起的信息产业大军的挑战，参与市场竞争，发展信息服务产业。中国科技情报学会肩负着时代赋予的使命，始终贴近社会现实，迎接挑战，以务实、严谨、科学的态度，针对国内外信息界出现的热点、焦点、难点问题，开展高质量的学术交流；围绕信息服务业改组重构、冲破封闭，集思广益进行学术引导；面向信息机构形成产业规模、创造特色产品和形成竞争优势献计献策，推动业务发展。

为了联系广大会员，中国科技情报学会定期出版"会讯"，及时地传播党和政府有关的信息政策，交流学术思想和工作经验，中国科技情报学会通过召开地方学会和行业秘书长会议，增强了各学会的历史使命感和凝聚力。一些学会在不断活跃学术交流的同时，加大宣传普及和人才培养的力度，拓展了为领导决策和企业服务的渠道；一些学会学术交流打破了情报系统的界限，走上了和企业结合的道路，在科技兴企、科技兴农中做出了贡献；一些学会树立经营观念，参与信息产业，成立了信息中介、咨询服务机构和经济实体，通过信息发布会、技术中介、承担课题和举办培训班，以及联办公司和经济合作等，既取得了较大的社会效益，促进了地方经济发展，也保障了学会各项活动的正常开展。①

**12. 科技期刊与学术专著的出版工作**

《中国科技资源导刊》是科技部主管、中国科学技术信息研究所主办的科技资源管理类专业性期刊，于2008年1月正式出版发行。该刊的前身为《中国信息导报》。《中国科技资源导刊》的宗旨是宣传和探讨科技资源管理的战略政策，探索和揭示科技资源管理领域的基本原理和规律，展示科技资源管理的实践经验等，促进我国科技资源管理领域的理论研究与实践管理水平的不断提升，为科技资源管理者和研究者提供高水平的学术交流平台。《中国科技资源导刊》主要登载科技资源（尤其是科技物力资源、科技信息资源和科技人力资源）管理领域的学术论文、研究报告、综述评论。旨在积极宣传和探讨科技资源管理的战略政策，探索和揭示科技资源管理领域的基本原理和规律，展示技术创新实践经验等，为科技资源管理者和研究者提供一个高水平的学术平台，以促进我国科技资源管理领域的理论研究与实践管理水平的不断提升，加快推进我国科技创新进程。

2003年，中国科技情报学会和中国国防科技信息学会决定共同组织编撰出版我国第一部《中国情报学百科全书》。2010年7月20日，在全国有关科技情报机构、高等院校的专家、学者共同努力下，中国科学技术信息研究所撰写的《中国情报学百科全书》由中国大百科全书出版社正式出版。《中国情报学百科全书》的出版是中国科技情报学会的直接贡献。《中国情报学百科全书》设情报学理论与方法、情报源与情报采集、信息组织与情报加工处理、情报检索、信息与情报服务、情报研究、情报技术与基础设施、情报事业与管理、情报成果与专著、情报机构与任务和综合相关学科共11个分支。收录了1219个条目，字数为130万字。条目设置充分体现了系统性、层次性和平衡性等原则，还适当选收了一些与情报学有密切关系的基础学科和相邻学科的条目。该书在充分研究国外情报学有关辞书的基础上，结合情报学在中国产生和发展的实际，按照"全、精、实、新"的编撰方针，在结构和条目设计上，突出情报学基础理论和方法，鲜明地反映了中国特色和风格，体现了科学性、权威性、时代性和实用性。《中国情报学百科全书》是情报学和相关领域的研究者必不可少的一部工具书，也是情报学专业、信息管理与信息系统专业、图书馆学和档案学专业及其他相关专业的学生学习和了解情报学知识的工具书，其出版对进一步推动情报学学科创新发展和指导科技情报工作具有十分重要的作用。

**13. 科技声像情报工作**

1992年4月21日，中国科技情报学会声像专业委员会成立，该委员会积极开展科技声像工作经验和声像科技学术交流活动，努力促进我国科技情报声像事业的发展。

2009年3月5日，中国科技情报学会声像专业委员会召开了"2009年度全国科技情报学会声像专业委员会工作研讨会"，会议就新形势下科技声像工作的开展思路、特点和

---

① 高庆生.坚持"三主一家" 再创学会工作新局面.见：中国科学技术信息研究所编.中国科学技术信息研究所建所四十五周年纪念文集（1956—2001），2001：206-212.

变化，如何把握科技声像工作的开展脉搏，提高科技声像工作的管理水平，如何推动科技声像工作健康有序地发展等一系列问题进行了探讨。

2010年6月18日，中国科技情报学会声像专业委员会召开了"2010年度科技情报学会声像专业委员会研讨会"，会议颁发了新一届中国科技情报学会声像专业委员会证书，并就全国各省声像工作如何为贯彻落实科学发展观，为科技创新工作服务进行了交流和探讨。

**14. 竞争情报分会的主要工作活动**

中国科学技术情报学会竞争情报分会，对外亦称中国竞争情报研究会（简称SCIC），是经中国科协批准，民政部登记，于1995年4月成立的全国性竞争情报从业者的学术性群众团体，是中国科协的组成部分，挂靠单位为中国兵器工业集团第二一零研究所，对外称北方科技信息研究所。

竞争情报分会的任务是组织竞争情报理论和实践的学术研究和交流活动、普及竞争情报知识、传播竞争情报技能、开展竞争情报咨询服务，帮助企业获得竞争优势、发展国际竞争情报的合作与交流、维护竞争情报从业者的合法权益、奖励优秀论文和优秀人才、编辑出版竞争情报学术书刊和科普读物，为提高我国企业竞争力，加速发展信息咨询业做出贡献。

竞争情报分会自1995年成立以来，始终将竞争情报培训作为分会的一项重要任务，并一直在探索竞争情报从业人员的培训模式。经过长时间的努力，竞争情报分会组织起了一支理论与实践经验兼备的培训专家队伍。通过举办培训师与会员的座谈会等形式，了解到了竞争情报工作者的培训需求情况及培训师的各自优势，并对培训的形式提出了较高的要求。为了满足不同层次的需要，满足企业对竞争情报人才的需求，竞争情报分会从2006年起，独立举办竞争情报操作实务培训。

竞争情报分会成立以来，开展了一系列有影响力的学术交流、普及培训和咨询服务活动，其中的"中国竞争情报年会""商业情报及市场竞争研讨会""春之声沙龙""走进企业——最佳实践与现场交流""运用竞争情报为政府和企业服务高峰会"等活动已经打造成为业界品牌，受到广泛关注和参与。其中，自1994年9月—2010年11月，一共召开了16届竞争情报年会，竞争情报年会就竞争情报理论与实践、企业竞争情报、国际竞争情报、竞争情报体系建设、信息咨询与服务业、情报分析研究、企业信息化、信息系统、信息网络、商业秘密保护等进行深入研究与讨论。竞争情报还牵头出版11部竞争情报专著；每5年开展一次中国竞争情报实态调查活动；与美国、日本、法国、德国、加拿大、巴西等8个国家的竞争情报专业组织建立了合作关系。这些活动的开展，引起了情报界、信息界、咨询界、企业界的强烈反响，不仅扩大了竞争情报的影响，奠定了分会在业界的影响力，也聚集和造就了一批重要的竞争情报资源和专家，为推动竞争情报在中国的发展做出了重要贡献。

## （二）中国软科学研究会

中国软科学研究会成立于1994年，主要任务是对我国软科学事业发展的方针、政策、法规、中长期规划开展研究，并向国家宏观管理部门提出建议；组织开展软科学基础理论与方法的研究，进行各种学术交流活动；接受境内外各界的委托，提供决策支持与咨询服务；积极开展多种形式的国际交流与合作，推动我国软科学的国际化进程。

## （三）中国科技成果管理研究会

中国科技成果管理研究会成立于1993年，主要任务是组织和开展全国科技成果管理、应用与推广的理论研究及学术交流活动，开展科技成果评估、评价与咨询，组织科技成果管理与应用培训活动和科技成果推广活动，开辟学术交流渠道，宣传科技成果管理、应用与推广研究的意义，为政府制定科技成果有关政策法规与规划等提出建议。

## （四）中国科技咨询协会

2002年5月17日，根据《关于中国科技咨询协会（筹备）工作移交中国科学技术信息研究所的批复》（国科人字〔2002〕17号文件），经所务会研究决定，整建制接收中国科技咨询协会（筹备）工作及人员，成立中国科技咨询协会（筹备）办公室。2003年4月22日，中国科技咨询协会正式成立，主要职责是通过建立和完善协会会员的资格认证和会员职业行为准则，促进会员的专业化服务能力和职业信誉能力的提升，保证咨询工作的价值和有效性；通过咨询行业知识资源的建设，促进会员为各类组织的可持续发展提供专业服务。

## 三、所属企业的创新发展

### （一）万方数据股份有限公司

**1. 合并、重组和股份制改造**

1997年5月26日，国家科委国科发人字〔1997〕第243号文件同意"北京市万方数据公司"变更为"万方数据（集团）公司"的批复。"北京市万方数据公司"变更为"万方数据（集团）公司"，继续开展数据库及各类电子出版物的制作、出版、发行、计算机软件开发和国内外计算机网络的信息服务等业务。7月23日，万方数据（集团）公司召开第一次董事会会议，会议议定万方数据公司董事会的组成、工作程序等事宜，并对下一步工作进行了布置。12月19日，科技成果推广中心、TIPS中国分部、兰科公司部分业务合并成为科技成果推广中心（万方数据长信公司），对外保留使用TIPS名称，撤销全国技术信息发布厅；兰科公司部分业务与信息分析研究中心部分业务合并为信息分析

# 甲子辉煌
## ——中国科学技术信息研究所成立 60 周年纪念

研究中心（万方数据兰科公司）。

1998 年，万方公司通过扩展，初步树立了中国科学技术信息研究所"万方数据"信息服务品牌在市场的形象，有效地带动了全所的经营发展。5 月 27 日，中信所召开万方数据记者座谈会，会议通报了过去一年中信所面向市场、深化改革、事业单位全面实现企业化管理所取得的成效，并回答了记者关于中信所和万方数据集团的发展战略、业务改革和人事改革等方面的问题。《新华社》《人民日报》《中国日报》《经济日报》《科技日报》《中国商报》《计算机世界》等 20 家新闻媒体的记者参加了座谈会。6 月 23 日，兰科公司的全部子产与中信所其他 5 家公司，即太乙公司、特英公司、公主坟文苑贸易公司、天盛音像出版社、天盛广告公司，全部并入北京市万方数据公司，北京市万方数据公司成为上述 6 家公司的全资投资公司，注册资金达到 782 万元人民币，万方数据公司完成了资产重组。10 月 27 日，经国家新闻出版署批准，中国科学技术信息研究所为电子出版物出版特有权单位之一，这是继万方数据库中心拥有自营产品进出口权后，又一个对中信所业务具有重大发展推动作用的政策法规方面的重大举措。国家新闻出版署同时确定万方数据库中心的 CECDB 等四大电子出版物项目为"九五"期间国家级重点工程项目。

1999 年，万方数据公司股份制改造工作进展顺利，进入后期实质性操作阶段。1999 年 3 月 24 日，万方数据香港公司开业，其业务以开拓港、台、东南亚地区市场，推进港台及东南亚地区和内地的科技信息合作和贸易往来为主。4 月 15 日，万方数据销售服务厅举行开业典礼。5 月 13 日，中国科学技术信息研究所成立了以所长朱伟为组长的万方数据（集团）公司股份制改造工作组，启动了万方数据的股份制改造工作。7 月 18 日，按照科技部党组制定的"双赢"原则，在所班子、职能部门和万方数据公司等共同努力下，万方数据股份有限公司注册。7 月 29 日，重组后的万方数据（集团）公司召开第一次全体员工大会，300 多名员工参会。1999 年，万方数据公司通过股改引入外部资金和建立股份制企业机制来加快发展。

2000 年 8 月 18 日，由中国科技信息研究所发起，由山西漳泽电力股份有限公司、北京知金科技投资股份有限公司、四川省科技情报研究所和科技文献出版社等 9 家单位共同组建了万方数据股份有限公司，成为国内第一家以信息服务为核心的股份制高新技术企业。万方数据股份有限公司的重组和股份制改造是万方数据股份有限公司发展历史上的一个重要的里程碑。

2001 年 5 月，万方数据通过了北京市软件企业认定。2001 年，万方数据在沈阳、西安、上海、深圳、武汉等地成立 5 大分公司，搭建起市场化运作的基本架构，逐步建立覆盖全国各省、市、自治区的销售网络。2002 年，万方数据公司上市辅导验收合格，数据加工子公司北京智库泉数据处理有限责任公司成立。

2007 年 3 月，北京万方数据股份有限公司加大技术创新和研发投入，成立了万方数据技术研究院，与北京大学、南京大学、南京理工大学、华中科技大学和中南大学等建立了联合实验室，组建并打造了一支高水平的研发团队。

**2. 经营业绩和主营规模的不断发展**

北京万方数据股份有限公司组建为高新技术股份有限公司后，成为国内最早从事信息内容服务的股份制高新技术企业，也是以提供集信息资源产品为基础，同时集信息内容管理解决方案与知识服务为一体的综合信息内容服务商。万方公司形成了以资源、软件、硬件为核心的业务模式。

万方数据股份有限公司自股份制改造完成后，经营业绩不断发展。截至2005年，万方公司紧紧抓住国家大力扶持信息内容与信息服务产业发展的良好机遇，各项经营指标取得持续快速发展，提前一年完成了董事会制订的"2004—2006年发展规划"，全年营业总规模达到1.5087亿元，实现税后利润1501万元。2006年，万方数据股份有限公司主营业务规模继续扩大，营业总规模达到1.7亿元，实现税后利润1630万元。2008年，万方公司积极保证了销售业绩与同期的适度增长，营业额总规模超过2亿元。2009年，万方公司以解决知识产权问题为突破口，在实现公司经营稳步发展的基础上，公司整体营业额保持平稳，2009年公司营业总收入2.1546亿元。2010年，万方公司在行业变革不断加剧、市场竞争不断激化的环境下，以公司成立十周年为契机，深入思考公司发展思路，成功续签了中华医学会独家期刊，与国家标准出版社达成了战略合作，解决了有史以来数量最多的31万篇学位论文的知识产权授权。针对资源大量下撤造成资源总量下滑的不利因素，公司在保持传统资源销售的基础上，大力拓展公司软件和医药产品的销售，取得明显成效。截止到2010年12月31日，公司营业总规模达到2.27亿元，实现利润3398万元。

万方数据股份有限公司以客户为导向，依托强大的数据采集能力，应用先进的信息处理技术和检索技术，为科技界、企业界和政府部门提供高质量的信息资源产品。在丰富信息资源的基础上，万方数据股份有限公司还运用先进的分析和咨询方法，为用户提供信息增值服务，并陆续推出企业竞争情报系统、通信、电力和医药行业竞争情报系统等一系列信息增值产品，以满足用户对深层次信息和分析的需求，为用户确定技术创新和投资方向提供决策。在为用户提供信息内容服务的同时，作为国内第一批开展互联网服务的企业之一，万方数据公司在坚持以信息资源建设为核心，努力发展成为中国第一的信息服务提供商，开发独具特色的信息处理方案和信息增值产品，为用户提供从数据、信息到知识的全面解决方案，为人们获取知识、创造知识提供全面的信息服务。万方公司始终以技术创新推动企业发展，拥有多项具有自主知识产权的信息处理和检索技术，以非结构化数据库为基础的海量数据管理技术在国内独树一帜。

经过多年的发展，万方公司的业务和产品已覆盖全国及部分海外市场。公司在全国设有6大销售区、30多个办事处，并设有香港公司、加拿大北美办事处，客户群体遍布全国31个省、市、自治区及欧美、亚洲等十几个国家。

## （二）兰科信息技术开发公司

1993年，中国科学技术信息研究所将中国技术与经济信息咨询服务公司发展成为"兰科信息技术开发公司"，其主要致力于科技成果推广和交流、信息咨询服务、产业市场分析、会议展览等业务。兰科信息技术开发公司是在科学技术要为经济建设主战场服务的时代背景下成立的。

1998年9月，由中国科学技术信息研究所信息分析研究中心（兰科公司）编制的《98中国产业市场研究报告》正式推出。该套报告分为《中国数控机床市场》《中国医疗机械市场》《中国通信设备市场》《中国室内建筑装修材料市场》《中国Internet服务市场》5个分报告。兰科公司是中信所科技实用技术转移、产业咨询服务的先驱。早期编辑的《中外信息快讯》《企业与科技》在全国影响力很大。定期编制的全国技术成果转让报告，发挥了积极的科技成果推广中介作用。兰科公司全国技术信息发布厅（1997年撤销）共举办了30多次成果和技术信息发布会，为企业举办了30余次新产品推广会，是当时国内最权威、最具有知名度的信息发布单位。

## （三）中科信息市场

1995年，中国科学技术信息研究所融资4500万元进行中国信息市场重大工程的建设工作，该工程的设计理念、服务内容和服务手段主要是通过学习"美国信息市场"而来的。1995年3月31日，中国科学技术信息研究所与兰州信昌城市信用社就共同建设中国信息市场项目举行了签字仪式，基本框架是兰州信昌城市信用社负责筹集建设信息市场的全部建设和机电设备资金，中信所负责提供大楼A段一层、二层的面积，形成合资经营，合作期限共10年。按照最初所务会设计的方案，中科信息市场的功能有4个：一是展示国内外信息技术和计算机网络、通信设备的新技术、新产品并发布有关信息，促进信息技术与设备的展示和贸易，成为交易中心；二是发布国内外科学技术发展和新技术、新产品的信息，成为信息发布中心；三是开展技术转让活动，成为信息和技术交流、交易的平台；四是成为国内外信息服务业和信息产业界众多公司的服务、展示场地。其基本手段是利用Internet网络设施和中信所的文献和数据库开展服务。5月3日，中国信息市场成立管理委员会。管理会名誉主任为惠永正，主任为刘昭东。1996年8月5日，"中国信息市场"更名为"中科信息市场"，并开始营业，由中信所和海口友华物业发展有限公司两家机构共同出资成立的北京信盟信息技术有限责任公司负责经营管理，同年10月正式运营。2006年8月31日，因中信所与海口友华物业发展有限公司合作的中科信息市场项目到期，双方不再继续合作。中信所下属的北京信盟信息技术有限责任公司作为中科信息市场的经营和管理单位予以注销。

中科信息市场是我国第一所应用Internet网络，并装有166个端口的公共信息服务场所。1996年，中科信息市场已成功举办几次活动，进驻的客户已达到可利用面积的90%，当年见到经济效益。中科信息市场旨在通过信息的发布、信息产品的展览展示和信息的交流交易，以及成果转让等，让信息市场成为集商驻办公、会议服务、网络服务、信息资源与信息技术的交流与交易等诸多功能为一体的智能化综合性服务场所。中科信息市场的建成和运营是当时中信所保生存、求发展的一条出路。在之后的经营运作中，中科信息市场取得了客观的经济效益，入住率常年保持在95%～100%，中科信息市场在为股东带来较为稳定的经济收益的同时，也通过举办一些有影响的会议、展览等活动取得社会效益。中信所通过与信昌城市信用社的合作所取得的经济效益，为中信所数据库产业的开发和经营服务提供了一定的资金。

（四）科苑书城

1994年9月28日，科苑书城在中国科学技术信息研究所地下书库建成并试营业。11月1日，科苑书城正式营业。筹建科苑书城是中信所深化科技信息体制改革的重要举措。1995年，科苑书城初步建成，营业第一年取得好成绩。1997年，科苑书城发展成为万方数据科苑书城，2000年，科苑书城从万方数据公司中分出，开始独立化运作。科苑书城创办11年，逐步发展成为以教辅类、外语类、计算机类图书为主，工具和社科图书为辅，集音像制品、软件、办公用品和自动化设备为一体的综合性文化市场。

2006年4月15日—5月30日，科苑书城停业关闭。6月26日，科苑书城23名职工岗位调整工作完成。

科苑书城曾是全国图书行业百强之一；首都图书行业前八名；海淀区重要的文化产业之一；北京市出版局"十一五"规划重点扶持的图书市场之一。曾连续6年荣获海淀区文明市场称号，在北京图书销售行业中具有极高的知名度。

（五）北京万博科文化传媒有限责任公司

2006年6月2日，北京万博科文化传媒有限责任公司成立。7月18日，中国科学技术信息研究所隆重举行北京万博科文化传媒有限责任公司成立揭牌仪式。科技部党组副书记、副部长李学勇出席并为公司成立揭牌。大会由刑宪力书记主持，贺德方所长宣读了吕伟伟担任北京万博科文化传媒有限责任公司总经理兼法定代表人的任命书。

北京万博科文化传媒有限责任公司是中国科学技术信息研究所深化改革、整合出版资源独资创办的集图书、期刊、音像制品、电子出版物出版发行和电视节目编辑制作、广告策划制作于一体的集团化出版企业。下辖科学技术文献出版社、北京天盛科技音像出版社、北京天盛广告公司、北京万方数据电子出版社、北京东晓国际技术信息咨询公司5家公司。北京万博科文化传媒有限责任公司成立当年，营业额即达到3271万元。2007年，北京万博科文化传媒有限责任公司不断加强内部管理，积极开拓市场，创品牌、出精品，其出版物获得了首届"中国出版政府奖"提名奖、"三个一百原创图书"等多个奖项。2008年,万博科公司努力克服原材料价格急剧上涨、奥运期间物流不畅、灾区回款受到严重影响的不利因素,实现了平稳发展。2009年,万博科公司在国内出版行业业绩严重下滑的情况下,圆满地完成建国六十周年成就展科教单元的筹展工作,并按照中央关于深化中央各部门单位出版社体制改革的意见,积极推动所属出版社的转制工作。2009年公司实现了营业总收入4700万元。2010年,万博科公司按照中央关于深化出版社体制改革的总体要求,积极推动所属出版社的转制工作,进一步完善法人的治理结构,理顺资产关系。科学技术文献出版社、天盛科技音像出版社、万方数据电子出版社的转制方案得到中央出版社改革工作领导小组的批复。2010年,公司在国内出版行业业绩普遍下滑的情况下,实现了平稳发展。

北京万博科文化传媒有限责任公司立足于科学知识和科技创新成果的传播、普及和提高,积极服务于国家科技政策、科技法规、科技发展战略等的宣传和实施。公司以图书出版、声像产品、期刊三块业务为主,拥有雄厚的图书、期刊、音像、电子出版实力,每年出版图书500余种。医药卫生、农业科学、科技政策与管理、化工轻工、文化教育等方面的图书在业内享有很高的知名度。《中国图书资料分类法》《汉语主题词表》《中国科学技术白皮书》等几十部图书先后获得中宣部"五个一工程奖"、中国图书奖等。截至2010年,北京万博科文化传媒有限责任公司策划、出版了大量精品图书和影视、电子作品,立足于科技政策、知识和创新成果的传播、普及和提高,积极服务于国家创新驱动发展战略。

(六)北京科信苑物业管理公司

北京科信苑物业管理公司成立于2004年,是中国科学技术信息研究所的独资公司。公司主营业务是为中信所主体业务发展及生活小区提供服务与管理。公司管辖约14万余平方米建筑面积的房产及各种基础设施,其中办公面积6万余平方米,绿地面积1.8万余平方米、绿篱及所辖区域树木花草3000余平方米;同时还承担中信所职工食堂、咖啡厅、售书厅的物业服务与管理工作。自成立以来,公司的物业服务与管理工作水平不断提高,职工队伍不断壮大,拥有一批具有较高素质且经验丰富的物业服务、基建、高低压供电、保洁绿化、基础设施维修等方面的专业人才。

## 第三节 信息时代科技信息工作的挑战与跨越

一、建立创新型科技文献信息系统,强化公益性服务

1997年5月28—30日,国家科委在北京组织全国科研条件工作会议,部署"九五"

科研条件工作，会议印发了《关于"九五"期间文献信息资源建设和发展的若干意见》（简称《意见》）。对于科技信息系统，《意见》指出：在国家科委的统一领导下，组建由中国科学技术信息研究所牵头的联合有关部委的国家科技信息中心，包含工程技术文献信息中心、医药文献信息中心、农林文献信息中心及标准文献信息中心。为了推动信息共享体系建设，1998年，科技部开展了以经费改革起步的科技文献信息资源建设和共享工作，从中央部门所属的28个信息研究所中，择优选出8个基础较好，实力较强的单位进行试点，增加经费投入，提高支持强度。其中，中信所被科技部遴选为重点支持的国家科技文献信息资源共建共享单位。1999年初，在全国图书馆文献信息资源共建共享协作会议上，124个图书情报单位签署了《全国文献信息资源共享倡议书》和《全国图书馆馆际互借公约》，按照"资源共享、优势互补、互利互惠、自愿参加"的原则，致力于建立以国家级文献信息资源网络为主导、地区级文献信息资源网络为基础的全国图书馆文献信息资源共建共享网络。经过多年努力，科技信息平台已经基本建立起跨部门、跨区域、多层次的资源整合共享的自主创新为核心的共享网络体系，科技资源由"物理分散、信息封闭"走向"合理分布、逻辑统一"。中信所利用现代化手段为全社会提供了丰富的网上科技信息资源，在电子信息资源和网络建设方面也取得了显著进展，已初步建成国际和国内联机检索服务系统及一些基于因特网的服务系统，如万方数据（CHINA INFO）。随着大规模数字化项目的开展，图书馆数字化工作陆续兴起，中文信息资源的数字化建设取得了重大进展。截至2006年，中信所创建了《中国科技成果数据库》《中国企业与产品数据库》《中文学位论文全文数据库》《中文学术会议论文全文数据库》及《中国数字化期刊群》等特色数据库，创立了中文知识链接系统，数字化资源总量超过4TB。[①] 深化科技信息体制改革后，中信所抓住信息革命带来的机遇，充分利用数字技术和网络技术，构建我国数字化和网络化的工程技术文献信息资源保障体系，实现由文献信息服务转变为知识服务，加快我国工程技术文献信息资源保障体系由传统模式向现代化管理模式的转变。科技文献信息资源保障体系的建设为科技界提供了一个快速、便捷的基于互联网的文献信息知识获取与交流的环境，从而为提高科技信息创新能力，实现跨越式发展，提供了强有力的保证。

## （一）国家科学技术图书文献中心

1999年12月，为推进全国科技文献资源共建共享，科技部联合国家经贸委、农业部、卫生部、中科院向国务院呈报了《关于科技文献资源共建共享工作的报告》，以创新的思路提出组建"国家科学技术图书文献中心（NSTL）"的设想。2000年2月，朱镕基总理、李岚清副总理批准同意了该报告，国家科学技术图书文献中心进入筹备组建阶

---

① 贺德方. 开创科技信息事业新局面，再铸中信所辉煌. 中国科学技术信息研究所建所五十周年纪念文集. 北京：中国科学技术信息研究所，2006.

段。6月12日，由中国科学院文献情报中心、中国科学技术信息研究所、机械工业信息研究院、冶金工业信息标准研究院、中国化工信息中心、中国农科院农业信息研究所、中国医科院医学信息研究所共同组建国家科学技术图书文献中心。中国标准化研究院标准馆和中国计量科学研究院文献馆为网上参建单位。2000年12月26日，由国家科学技术图书文献中心组织建设的国家科学技术文献资源网络服务系统正式开通。国家科学技术图书文献中心的正式成立标志着科技系统文献资源共建共享工作的改革试点进入实质性的发展阶段，我国科技文献信息资源共建共享体系步入了一个新的历史阶段。国家科学技术图书文献中心是我国规模最大的虚拟科技文献信息资源建设与服务机构，也是国内最大的全文传递服务提供机构。

国家科学技术图书文献中心成立以后，积极推进一种全新的管理模式。在加大国家投入，迅速提高我国科技文献总量的同时，始终坚持体制创新、机制创新、技术创新和服务方式创新，使各成员单位之间的资源共建共享工作不断深化，各种文献信息资源得以整合，创建了基于数字化和网络化技术的新型信息加工与服务体系，建成了目前中国最大的科技文献资源共建共享服务体系。NSTL的建立不仅对于更好地开发利用现有科技信息资源具有现实意义，而且对于逐步实现中国与国际信息资源网络系统接轨有着重要影响。

## （二）国家工程技术图书馆

2000年7月28日，国家科学技术图书文献中心工程技术图书馆成立大会在中国科学技术信息研究所举行，会上宣布了国家工程技术图书馆馆长梁战平，管理委员会成员王文斌、杨晋庆、杨德泽和馆长特别助理关家麟。国家经贸委技术进步与装备司有关领导、国家科学技术图书文献中心理事长师昌绪院士、袁海波主任、梁战平所长及工程馆其他参建单位的领导分别讲话。国家科学技术图书文献中心、中国科学院图书馆、中国农业科学院图书馆、中国医科院图书馆的领导，以及科技信息研究机构代表和新闻记者80多人参加了大会。国家工程技术图书馆是以中国科学技术信息研究所为首，联合机械工业信息研究院、冶金工业信息标准研究院、中国化工信息中心，采用虚拟方式组建了国家工程技术图书馆。国家工程技术图书馆是国家科技图书文献中心的重要组成部分，是国家科技图书文献中心的理、工、农、医4个国家级专业图书馆之一。其宗旨是根据国家发展需要，科学、完整地收藏工程技术领域的科技文献信息资源，运用先进技术手段，加速文献信息的加工利用，面向全国服务。参建单位保留现有行政隶属关系不变。国家工程技术图书馆设馆长一名，由中国科学技术信息研究所所长担任；设立管理委员会，管理委员会坚持民主集中制原则，对重大事项做出决策。

2001年3月7日，国家科技图书文献中心工程技术图书馆正式开业仪式在中国科学技术信息研究所信息发布厅隆重举行。科技部副部长邓楠、中国科协书记处书记张泽、国家科技图书文献中心主任袁海波、科技部有关司局负责人、共建单位代表及读者代表50余人参加了开业典礼。张钟副所长主持了开业典礼，国家工程技术图书馆馆长、中国科学技术信息研究所所长梁战平首先报告了工程技术图书馆建设情况、取得的成绩及今后的任务；袁海波主任、参建单位代表及读者代表先后发言。科技部邓楠副部长发表了重要讲话并为国家工程技术图书馆揭幕。国家工程技术图书馆的开业，标志着我国信息资源建设和服务工作又上了一个新的台阶。

2001年，国家工程技术图书馆建设初见成效。作为虚拟式国家科技图书文献中心的重要组成部分，国家工程技术图书馆4个参建单位按照集中采购、分别加工、联合上网、资源共享的原则，已经进行了科技文献信息资源共建共享的试点，取得了明显的进展。中国科学技术信息研究所作为国家工程技术图书馆的组成单位之一，采取有效措施，在科技文献采集、加工、服务和网络基础建设与服务系统开发等方面做了大量工作。中信所投资300多万元对阅览与服务环境进行了改造，改造总面积达2100平方米，保证了一流的服务环境。文献采集、加工、服务和数字化图书馆建设取得了明显的成效。成立了网络管理中心，具体负责国家科学技术图书文献中心站点系统建设、所大楼网、科技部大楼网运行维护，成功地对网络基础环境进行了改造，有效满足中信所、科技部和国家科学技术图书文献中心对网络通信的要求。2001年5月12日，建立并实行了"国家工程技术图书馆"周六对外开馆服务制度，保证了中心站点系统的开通和服务，以及系统数据质量。2003年7月，国家工程技术图书馆首次设立学科馆员，按学科主动开展全方位服务。

2002年9月，依据2002年7月国科发财字〔2002〕第224号文下达的基础投资计划，按照科技部领导的指示精神，中国科学技术信息研究所成立了国家工程技术图书馆书库改造工程领导小组，组长由赵新力副所长担任。科技部条财司及机关服务中心有关处室负责人参加领导小组工作。2003年10月17日，投资近4000万元的地下书库改造工程正式启动。截至2006年，国家工程技术图书馆改造工程全部完成。2008年12月4日，全国政协副主席、科技部部长万钢到中信所视察了国家工程技术图书馆建设与发展情况，并先后参观了国家工程技术图书馆院士著作馆、期刊阅览室和地下书库，对中信所国家工程技术图书馆的建设与开展的工作予以充分的肯定。

截至2008年年底，国家科学技术图书文献中心网络服务系统提供服务的数据库数已经增加到40余个，是系统开通之初的7倍多。系统已经积累了8000多万条文摘、题录和引文数据，是系统开通之初的近50倍。该系统已经发展成为向全国报道国内外科技文献信息资源最为丰富，数据量最多的网上文献信息服务系统。与此同时，NSTL自身的文献数字化加工能力不断增强。2008年，NSTL加工文摘和引文数据近2000万条，NSTL构筑了由中心站、镜像站、服务站等组成的国家级科技文献信息服务体系，先后在全国各地设立了10个镜像站和14个服务站，为全国科技界用户提供网络化、数字化、知识化和"一站式"的文献信息服务,保持系统的持续更新。中心网络服务系统文献检索全年访问量为6137万人次。全年共提供全文服务108万篇,其中网络服务系统全文传递服务量为33.7万多篇,比2007年增长近30%。中心为全国开通的329种网络版全文期刊,全年(2007年12月—2008年11月)的全文使用量达到517万篇,比2007年增长54%。NSTL匹配经费订购的ACS、AIP/APS数据库的全年使用量为1265万篇,比2007年增长13.12%。NSTL在国家科技创新和经济发展中,以及在应对重大、突发事件的过程中所具有的科技文献信息保障作用日益突显。99%以上的全文传递在24小时内完成。NSTL各单位以印本外文期刊为依托,优惠订购的7000余种网络版外文期刊,连同NSTL订购的网络版全文期刊,用户全年下载全文文献数量达到2000余万篇。截至2008年年底,NSTL网络服务系统检索访问总量约2.4亿人次。[①]

经过近10年的建设,国家科技图书文献中心建成为基于网络环境、公益性的、虚拟的面向全国的科技文献信息保障与服务机构,国家科技图书文献中心订购的学科范围覆盖了自然科学、工程技术、农业科技、医药卫生等四大领域的100多个学科或专业,在国家增量经费的支持下,NSTL拥有外文文献资源的数量不断增长。NSTL的网络服务系统成为一个集科技期刊、图书、会议文献、学位论文、科技报告、专利、标准和计量规程等文献类型于一体的大型综合性文献信息服务系统。

### (三)院士著作馆

2004年6月3日,国家工程技术图书馆举行了隆重的院士著作馆开馆及"院士名山"大型锻铜壁画揭幕仪式。时任科技部副部长邓楠、中国工程院杜祥琬副院长出席揭幕式并致词,柳百成院士代表中国工程院院士发言。科技部邓楠副部长、刘燕华副部长,中国工程院杜祥琬副院长、沈国舫副院长共同为"院士名山"大型锻铜壁画揭幕。中国科学技术信息研究所所长邹大挺主持揭幕仪式。沈国舫副院长在揭幕仪式上捐赠了中国工程院重大咨询项目"西北地区水资源配置生态环境建设和可持续发展战略研究"系列报告。师昌绪、王永志、金怡濂等工程院8个学部的院士、工程院办公厅、学部工作局、科技部办公厅及有关司局的领导近百人参加了揭幕仪式。国家工程技术图书馆院士著作馆(简称"院士著作馆")正式建成开馆,院士著作馆是国家工程技术图书馆的重要组成部分,也是国内首家规模最大的院士著作收藏中心。

院士著作馆的成立,在社会各界引起了良好反响。全国政协副主席、中国工程院院长徐匡迪院士、中国科协常务副主席、书记处第一书记邓楠、科技部副部长李学勇、刘燕华、中国科学院副院长李静海院士等先后来我馆视察工作并捐赠著作,对院士著作馆的工作给予了充分肯定和高度评价。全国人大常委会副委员长、中国科协主席韩启德院

---

① 中华人民共和国科学技术部. 国家科学技术条件发展60年(1949—2009). 北京:科学技术文献出版社,2009:279-280.

士等多位院士曾为院士著作馆做学术报告。许多院士来电来函称赞院士著作馆的工作是一件"功在当代，利及千秋"的传承事业，希望将院士著作馆办成我国系统完备的"院士文库"和院士科学文化传播中心。

院士著作馆的任务是全方位收集两院院士的著作资料，弘扬院士科学精神，传播院士科学文化，为我国科技事业的发展提供丰富的高科技信息资源保障。在开馆之初，院士著作馆即收到150位工程院院士捐赠的350部专著和100多篇学术论文。截至2004年，院士著作馆收集了320多位院士的1200多部专著和2500多篇论文。截至2006年9月，中国科技信息研究所已接收到两院900多位院士捐赠的3000多部著作，院士风采物品1000多件，成为国内首家规模最大的院士著作收藏中心。2005—2010年，院士著作馆组织徐匡迪、李京文、黎念之、贾福海、韩启德、赵忠贤、马志明、汪懋华、严陆光、金涌、李德毅、曹春晓、欧阳自远、程书钧、陈俊亮、高庆狮等院士主讲的院士报告会，院士报告会不断向制度化和品牌化推进，院士著作馆的影响力和服务能力不断提高。截至2010年，院士著作馆共征集64位院士的189部著作，征集院士手稿、书法风采物品47件，征集到72位院士论著和影像资料公开使用的授权。

2006年9月，经北京市有关部门批复，院士著作馆成为"北京市科普基地"和"海淀区爱国主义教育基地"。10月13日，由院士著作馆主办的院士学术报告会暨海淀区爱国主义教育基地揭幕仪式在北京国宏宾馆隆重举行。中国科学院院士陈可冀、中国工程院院士陈君石、中国科学技术信息研究所书记刑宪力及中共北京市海淀区委常委、宣传部部长贾沫微等领导出席揭幕仪式。刑宪力书记和贾沫微部长为院士著作馆入选"海淀区爱国主义教育基地"揭牌。

从2007年开始，为更好地整合开发院士信息资源，全面展示两院院士的风采，为广大科技工作者提供便捷、高效的科技信息服务，院士著作馆启动了数字化及网络化体系建设工程，建设了专门的院士信息数据库，包括院士著作3000多部（其中院士学术专著1800多部）、学术论文10万多篇、指导学生的学位论文两万多篇、成果3000多项、专利6000多个及标准200多条，搭建起了院士信息交流、风采展示和科学文化传播的综合平台。[①]

2008年，院士著作馆数字院士网站初步建成，并以此为依托，面向广大院士开展个性化文献信息服务，开辟文献服务快速通道，由专人负责满足院士的文献请求。

（四）中国科学技术信息研究所暨国家工程技术数字图书馆网站

2007年，中国科学技术信息研究所完成了"中国科学技术信息研究所国家工程技术数字图书馆"网站栏目的整体设计和初步开发工作。2008年，为提高数字化、网络化信

---

① 中国科学技术信息研究所·国家工程技术数字图书馆.院士著作馆.http://www.istic.ac.cn/Academician.aspx.

息服务，中国科学技术信息研究所建立了从数据加工到数据仓储再到数据发布的馆藏系列文献工作流程，建设馆藏文献系列文摘数据库和引文数据库，建设"中国科学技术信息研究所暨国家工程技术数字图书馆网站"（简称所馆网站，www.istic.ac.cn），集成整合了中信所馆藏的科技文献、网络资源和学术资源，为用户提供文献检索、全文传递、资源导航、知识服务、科学评价、决策信息等全方位服务，成为中信所面向全国开展科技文献信息支撑和保障服务的主要窗口。中国科学技术信息研究所暨国家工程技术数字图书馆网站的投入使用进一步突出了资源揭示功能，增强了网络服务能力，提升了中信所对外服务能力。2009年11月，国家科学技术图书文献中心举办"数字图书馆高层论坛主题年会"，主题是数字图书馆协同服务机制及其实现策略。2010年11月17—18日，由中信所承办的"数字图书馆高层论坛2010年主题年会"举行。数字图书馆高层论坛对于推动开放资源共享与服务，协同服务与协同机制，以及加强数字图书馆网站建设等具有积极意义。

## 二、共享信息资源系统与平台建设

### （一）建立以科技、知识创新为中心的共享信息系统

#### 1. 中国信息资源系统（CHINA INFO）

1997年2月12日，中国科学技术信息研究所召开所（司）联席会议，安排"信息资源建设"工作，建立中国信息资源系统重点工程项目。该项目由万方数据公司牵头并与合作单位签订合作合同。4月2—3日，全国科技信息资源会议召开，会议由国家科委科技信息司司长、中信所所长朱伟主持，万方数据公司副总经理在会上就筹建"中国信息资源系统"的问题做了介绍。8月6日，"中国信息资源系统"开通仪式在中科信息市场多功能厅举行。中信所联合众多情报机构通过"共建共享"方式建成的"中国信息资源系统"正式开通。中国信息资源系统开通后，建立了26个分中心，在社会上形成了一定的知名度。1998年2月17日，"CHINA INFO演示汇报会"在国家科委成功举行，朱伟所长在演示会上强调了信息资源建设的重要性。国家科委副主任惠永正对中国信息资源系统开通以后取得的成绩给予充分肯定，并对今后的工作提出了进一步的要求。7月14日，朱伟所长主持召开共建中国信息资源系统工作会议，进一步确立了中国信息资源系统的信息内容特色，立足于科技信息服务，将重点放在数据库检索、科技期刊、技术与商业信息服务等栏目，并成立以朱伟所长为组长的中国信息资源系统领导小组，负责规划、组织和监督。截至1998年年底，以中国信息资源系统为龙头的信息资源建设和服务已初具规模。截至1999年年底，中国信息资源系统的建设取得了较大的进展，信息量居国内网站第一。其中，拥有自主版权的数据库建设取得了较大的进展，上网电子期刊超过1000种，通过线路升级、硬件扩充和网络互联等手段，改善了网络环境，在全国建立了300个服务中心。2000年6月后，"中西文联机检索系统"作为中信所唯一对外

服务的系统经过改造后,成为中国信息资源系统的组成部分。

"中国信息资源系统"是以国家信息基础设施为依托,利用 Internet 技术提供网络中文信息服务的全国信息系统,是一个现代化、网络化、覆盖全国的以科技信息为主体,集经济、金融、社会、文化、教育于一体的综合性、权威性的信息传播系统,是面向科技决策部门、科研管理机构和科技研究人员的综合性信息平台。该系统采用分布式结构进行网络信息管理与服务,实现了中央与地方互通互联、资源共享、方便用户的目标。该平台的特色与功能是①快速反应:及时跟踪全球科技动态、通过专家协作平台和长期积累的基础数据库为用户提供快速反应的决策支持。②专家支持:与各领域专家建立紧密合作,提供专业化的咨询服务。③多层次:为政府、科技界、企业、公众提供信息浏览查询、专家答疑、订阅、推送等多层次服务。④交流互动:设立了专家主持、论坛、科技博客、评论反馈、在线投稿等功能,让用户充分交流与互动。⑤技术领先:通过自动去重、自动摘要、自动分类、自动发布等方式实现了信息自动处理流程,独立推出对科技信息的类比检索和聚类分析。①

### 2. 国家科技文献资源网络服务系统（NSTL 网络服务系统）

国家科技文献资源网络服务系统是由国家科学技术图书文献中心组织建设的服务系统。2000 年 12 月 26 日,科技文献网络服务系统正式开通仪式在科技部多功能厅举行。2001 年,国家科技文献资源网络服务系统一期工程项目通过验收,并已完成了"国家科技文献资源网络服务系统"二期工程的总体设计方案,项目招标投标工作也已完成。

经过开发、运行和维护,国家科技文献资源网络服务系统已经成为国内最大的科技数字图书馆系统,在国内影响巨大。中国科学技术信息研究所设计、建设、运行、维护了"NSTL 城域网",该城域网是国内第一个采用 1000M 局域网技术建成的城域网,自建成之日起,一直稳定运行。借助运行和维护"NSTL 城域网"的优势,中信所在国内率先开展了 IPv6 技术的应用研究工作,得到了中科院计算机所相关专家的认可,特邀请中信所参加中科院计算机所承担的中科院知识创新系统工程项目"IPv6 关键技术研究与城域示范系统"。2003 年,中信所建成了基于 IPv6 环境下的文献检索系统、专家咨询系统及目次浏览系统。中信所开发的"NSTL 参考咨询系统",是国内自主开发的第一个图书馆参考咨询系统,具有较好的引领作用。

2007—2009 年,由信息技术支持中心完成了 NSTL 三期网络系统建设,2010 年 5 月 30 日,由信息技术中心承建的 NSTL 回溯服务平台正式开通上线服务。回溯服务平台完成 267 家机构的 IP 登记,正式上线对全国科研及教育用户提供服务。

### 3. 中国科技情报网

为了更好地提升中国科学技术信息研究所及全国科技信息机构情报研究工作水平,

---

① 梁战平. 我国科技情报界的最新视点. 中国科学技术信息研究所建所五十周年纪念文集. 中国科学技术信息研究所, 19-20.

2009年,由中信所牵头,组织全国科技信息机构,采用会员制方式共同建立了"中国科技情报网"。2009年12月,"中国科技情报网"开始试运行,11家地方信息(情报)院(所)成为会员单位。通过情报网,建立了中信所与会员单位研究报告和研究快报共享,研究人员交流及开展合作研究的机制,开展产业分析研究、地方高新企业调查及区域创新数据库建设等工作。中信所以中国科技情报网为基础,进一步加强与地方情报所和国内高等院校的实质性合作,并以山东省为试点,建立了以科技情报网为基础的国家、省、地区三级联动的情报研究体系。2010年11月4日,中国科学技术信息研究所"2010年度中国科技情报网"工作会议在湖南长沙举行。赵志耘副所长出席会议并做了2010年度工作报告。全国20余家省级情报所有关领导及中信所相关人员60余人参加了会议。

"中国科技情报网"的开通与建设,提升了中国科学技术信息研究所及全国科技信息机构情报研究工作水平,推动了中信所及全国科技信息机构情报研究工作的发展与合作,揭示并共享了情报研究成果,促进了情报研究成果利用的最大化,已成为全国科技信息系统情报研究资源共享平台和联系纽带。

### (二)以创新体系建设为支撑的基础平台建设

**1. 科技信息决策支持平台**

2001年,经过中国科学技术信息研究所所内各部门的共同努力,"科技信息决策支持平台"正式开通。科技信息决策支持平台开通后,先后有27家省、市和部委信息机构作为正式成员单位参加了"决策库"的建设,文本数据达2万条,访问记录60万个,受到了社会的广泛关注。

**2. 科技文献预印本服务平台**

预印本是指科研工作者的研究成果还未在正式刊物发表,而出于和同行交流的目的自愿通过邮寄或网络等方式传播的科研论文、科技报告等文献。与刊物发表的论文相比,预印本具有交流速度快、利于学术争鸣的特点。从预印本网站上获取信息,一般电子预印本比印刷版论文发表早1～2年。这对前沿科学的研究人员有一定参考性。

2004年3月18日,中国科学技术信息研究所与国家科技图书文献中心联合建设的"科技文献预印本服务平台(系统)"建成并正式投入使用,该系统是一个以提供预印本文献资源服务为主要内容的实时学术交流开放系统。该系统由国内预印本服务子系统和国外预印本门户(SINDAP)子系统构成。国内预印本服务系统供存取的是国内科技工作者自由提交的预印本论文,可以实现二次文献检索、浏览全文、发表评论等。同年7月19日,邹大挺所长在拜访全国政协原副主席宋健时,宋健表示:"'中国预印本服务系统'的确是一个很好的科技和学术交流平台",并充分肯定了中信所的工作成绩。

中国科学技术信息研究所和丹麦技术中心合作建设了SINDAP(NTIC国外预印本门户),其目标是促进科技工作者发布自己的预印本论文及使用预印本数据库,SINDAP

系统利用开源软件构建，通过全球合作进行；利用 OAI 协议，有选择地采集世界上主要科技预印本网站的数据；SINDAP 提供来自全球 17 个预印本网站的记录供检索，实现了国外预印本文献资源的一站式检索。用户输入的检索式，可同时在汇聚的所有预印本系统中进行检索，并可获得相应系统提供的预印本全文。

### 3. 科技文献信息服务示范平台

2004 年 8 月 30 日，中国科学技术信息研究所网络管理中心开发完成了基于下一代互联网技术的 IPv6 文献信息服务示范平台，实现了新建 IPv6 网络与原有 IPv4 网络互通和通用网络服务的透明互访。科技报告、词库研究、文献揭示、ERP 集成办公系统、电子政务主题词表等课题取得了阶段性成果。

### 4. 专利信息检索分析平台

2007 年，中国科学技术信息研究所开发完成了"创新型国家建设进程中科技产出指标跟踪监测平台"工作，新建了"中国专利分析数据库"。ISTIC 专利信息检索分析平台是中信所依托先进的设计理念和技术手段构建的面向统计分析、创新决策及专利分析方法研究的专利信息检索分析平台。该平台以中信所自有知识产权的 ISTIC 专利分析数据库为基础，向用户提供专利信息检索、数据标引、专利分析等服务，并向研究人员提供管理数据、协同工作的环境。

## （三）5 大平台整合和"18866"工程建设

2007 年，中国科学技术信息研究所按照"以学科和人才队伍建设为抓手，推动研究和服务能力全面提升"整体工作思路，全面启动了"18866"工程。"18866"工程全面实施，内涵得到不断深化。

2009 年，中国科学技术信息研究所围绕"服务自主创新，建设一流院所"的目标，不断落实公益定位，坚持科学管理，明确了"加强内部资源整合，构建 5 个整合平台，并在 5 个整合平台的基础上，全面推进'18866'工程建设"的工作思路。①在资源整合平台建设方面，优化馆藏资源配置，公益服务能力稳步提升。以"中国科学技术信息研究所国家工程技术数字图书馆"建设为基础，对中信所馆藏资源进行了有效整合和充分揭示。②在研究整合平台建设方面，整合研究资源，进一步提升了科技信息决策支持能力。完成了"中国科技情报网"系统设计开发、管理模式设计、内容清洗发布等阶段性工作，与地方情报所的合作洽谈工作稳步推进。③在技术整合平台建设方面，注重数据库的研发，不断提升信息技术处理水平。"国家科技信息资源综合利用与公共服务中心"组建工作稳步推进，梳理并启动了 30 个重点事实型数据库的建设工作及 35 项共 4 大类软件工具和模型的研发工作。④在人才整合平台建设方面，积极创造条件，搭建事业发展平台，促进干部及人才队伍的成长、成才。中信所有 2 名研究人员进入"国家百千万人才工程"国家级人选。在人才教育和培训方面，建立了面向学科建设和重点工作的研究生培养机制，推动和完善研究生课程体系改革。进一步加强教师队伍的培养和锻炼，使研究生培养质量不断提高。⑤在管理整合平台建设方面，切实加强精细化管理，为科学化、规范化和数字化管理打下坚实的基础。围绕未来3年的业务发展规划，细化了全员岗位责任书和考核指标体系，启动了"中信所知识管理平台"建设工作。

2010年，中国科学技术信息研究所5个业务的整合平台建设稳步推进，公益服务能力和科技决策信息支持能力不断提升。①在资源整合平台建设方面，资源建设和加工能力持续增强。以"中国科学技术信息研究所国家工程技术图书馆"网站为基础，进一步完善资源遴选分析系统、图书馆自动化系统和电子资源加工生产线，开展馆藏资源回溯清理和数字化保存揭示工作。中信所为国家科技图书文献中心服务的能力和水平进一步提升，资源采集量、数据加工量、全文传递服务量、国家科技图书文献中心经费支持金额位列国家科技图书文献中心第一。②在研究整合平台建设方面，研究资源进一步拓展，科技信息支持服务层次及水平不断提升。"中国科技情报网"建设深入推进，平台注册会员单位29家，覆盖了国内29个省市的省级科技信息机构，联机提供的研究报告473本，研究简报1400多篇，访问用户达到5万多人次。"国际科技创新与决策数据库""区域创新数据库"等重要数据库的建设工作深入开展。③在技术整合平台建设方面，加强行业核心技术和共性关键技术及自主知识产权技术研究，提升独立开发能力。实现了联合编目、数据加工及网络服务的流程和数据整合。"国家科技信息资源综合利用与公共服务中心"获国家正式批准筹建，该中心的建立将为中信所相应技术工作的整合与应用示范、促进学研有效结合提供平台。④在人才整合平台建设方面，加大人才引进和培养力度。引进博士后出站人员5人、博士7人、副高职称人员1人，招收博士后科研工作站进站人员8名，接收"西部之光"访问学者2名。在研究生教育方面，加大了教师培训和培训力度，全面更新了导师队伍，注重研究生教育与中信所核心业务的融合。⑤在管理整合平台建设方面，中信所综合信息管理与服务整合平台建设稳步推进，ISTIC机构知识库、ISTIC文献资源库等10个子项目开发完成，整个平台开始试运行。科研项目管理和研究报告管理工作已全面转到该平台运行，大大提高了科研管理水平。

## 三、联合实验室和研究中心的建立及运行

### （一）联合实验室的建立及运行

#### 1. 科学计量学联合实验室

2008年12月9日，中国科学技术信息研究所与汤森路透科技集团结成战略合作伙伴，成立中信所－汤森路透(ISTIC-THOMSON REUTERS)科学计量学联合实验室（简称"联合实验室"），联合实验室当日揭牌。汤森路透集团旗下的科技集团（简称"汤森路透集团"）是全球领先的专业信息服务提供商，长期以来一直致力于为全球学术界与

## 第四章　创新与跨越（1995—2010 年）

企业界的研发和创新提供强大的科技与知识产权信息解决方案，加速科学发现，推动技术创新。联合实验室设在中信所内，双方研究人员以实验室为依托，加强学术交流，进行科学计量学相关基础理论、技术与应用性研究，探索学科发展方向；同时，联合实验室将为中国科学计量学领域的科研人员提供了学术交流和合作研究的平台，包括丰富的文献资源和情报分析工具，及联合实验室研究基金。

科学计量学联合实验室着重加强中外学术交流，定期举办国际研讨会和高端论坛，邀请国际顶尖的文献计量学家访问实验室。2009 年 6 月 22—25 日，由中国科学技术信息研究所、中国科技成果研究会及中信所－汤森路透科学计量联合实验室共同举办首届"科研管理与评价高级研修班"。9 月 11 日，由中国科学技术信息研究所、汤森路透科技集团及中信所－汤森路透科学计量学联合实验室举办的"科学计量学国际研究前沿探索——2009 科学计量学高端论坛"在中信所多功能厅举行。贺德方所长出席大会并致辞。研修班首先由中信所的总工程师武夷山做了"如果我是高校科研处负责人"的演讲，武夷山从"基本立场""避免评估的异化""科研评价应知""科研管理者要活用数据，善于分析问题"几个方面介绍了自己对科研管理的思考。然后，汤森路透科技与医疗集团中国区总裁、首席代表刘煜博士以"激励发现，推动创新"为题介绍了中国科技产出的情况及汤森路透科技与医疗集团目前在中国的发展。此次研修班的许多报告贴合高校科研管理实际，剖析了目前管理上存在的难点，并给出了有效的解决方案。同日，贺德方所长、武夷山总工程师会见美国"科学计量学之父"——加菲尔德一行。2010 年，由中信所、中信所－汤森路透科学计量学联合实验室及汤森路透集团共同主办的"国际大学评价研究高端论坛——泰晤士报高等教育全球大学排名实践与研究暨第二届科研管理与评价高级研修班"在中信所举行。武夷山总工程师介绍了中信所从事的科研绩效评估理论研究和基于大量数据的实证分析研究工作。论坛还发布了 2010 年联合实验室开放基金申请指南及研究方向。高端论坛由科技部副秘书长郑国安和汤森路透科技与医疗集团首席执行官迈克·博斯伍德先生共同致开幕词。《泰晤士报高等教育》副编辑费尔·巴蒂先生就《泰晤士报高等教育》全球大学排名的历史、方法论及其影响为题，介绍了《泰晤士报高等教育》在世界大学排名中是如何加强和有效运用定量研究方法的。汤森路透研究评估总监乔纳森·亚当斯博士介绍了汤森路透"全球教育机构概况大全项目"及该项目对科研管理者的重要意义。中信所总工程师武夷山介绍了科研绩效评估方法论和基于大量数据的实证分析研究。上海交通大学高等教育研究院院长刘念才教授介绍了上海交通大学开展世界大学排名的历史、方法、结果与讨论，以及上海交通大学排名的特点和影响，并展望了世界大学排名的趋势和未来。资深科学计量学家蒋国华教授介绍了中国的科学计量学发展及对研究评估和大学排名的影响。在中信所－汤森路透科学计量学联合实验室的组织下，此次论坛和研讨会加强了管理人员、研究机构、研究人员与国际同行的交流，共同探讨定量分析在研究绩效分析与评估中的应用，具体内容还涉及在世界大学排名中有效运用定量研究方法。2010年11月29日，中信所与中信所－汤森路透科学计量学联合实验室及汤森路透集团共同举办的"科技情报系统为区域创新提供有力信息支撑研修班"圆满结束。会议期间，武夷山总工程师出席会议并做了题为"科技信息机构如何提高软科学研究能力"的报告。来自全国省、市科技情报研究所（院）、各专业科技信息（情报）研究所及相关大学和科研机构的管理人员和研究人员103人参加了培训。

长期以来，中国科学技术信息研究所与汤森路透科技集团有着良好的合作关系，并利用汤森路透科技集团出版的科学引文索引（SCI）的数据对中国科技论文产出进行研究分析。中信所与汤森路透集团联合成立科学计量学联合实验室，进一步促进以事实型数据分析挖掘为基础的科技决策信息研究，推动中国科学计量学发展，并为国内科技信息研究机构和科研人员与国际学术界展开更高层次的合作与交流，多出创新性成果提供了一个重要平台。

### 2. 国内联合实验室

2007年3月24日，为了加大技术创新和研发投入，由中国科学技术信息研究所、北京万方数据股份有限公司、《数字图书馆论坛》编辑部共同主办的"信息内容与服务领域国际化学术论坛'2007三亚论坛'"在海南省三亚举行。会上宣布万方数据技术研究院正式成立。万方数据公司与北京大学信息管理系合作创办的"智能信息服务研究联合实验室"、与南京大学信息管理系合作创办的"知识服务与竞争情报联合实验室"、与南京理工大学经济管理学院合作创办的"企业创新服务联合实验室"，以及与北京邮电大学、北京理工大学等单位共同创办的"万方数据技术研究院数据挖掘开放实验室"也举行了挂牌仪式。

## （二）研究中心的相继建立

### 1. 俄罗斯科技战略联合研究中心的建立

2010年8月12日，由中国科学技术信息研究所与黑龙江科技情报研究所联合共建的"俄罗斯科技战略联合研究中心"成立揭牌仪式在黑龙江省科技情报研究所举行。中信所贺德方所长和黑龙江省科技厅于立河副巡视员分别致贺词并为俄罗斯联合战略研究中心揭牌。俄罗斯科技战略联合研究中心的成立旨在加强两所在俄罗斯科技战略研究方面的合作，进一步提高决策支撑能力，促进中俄科技交流合作。俄罗斯科技战略联合研究中心设在黑龙江省科技情报研究所，中心将立足科技国际化战略高度，为中俄科技合作开展前瞻性、全局性、战略性研究，并跟踪报道俄罗斯科技重点领域的信息。

### 2. 重点领域联合研究中心的建立

2010年9月29日，中国科学技术信息研究所与化工信息中心成立"ISTIC–CNCIC重点领域联合研究中心"，揭牌仪式在化工信息中心举行。中信所所长贺德方、副所长赵志耘，中国化工信息中心主任付旭、副主任揭玉斌出席了揭牌仪式。共建的联合研究中心,将利用双方的优势,共同在节能环保、新材料等领域开展技术与产业相结合的研究,联合面向政府及企业等创新主体服务。

**3. 中信所－美国千年研究所联合中心的建立**

2010年11月1日,"中信所－美国千年研究所(ISTIC-MI)联合中心"在中国科学技术信息研究所正式成立。美国千年研究所主席、合伙人约翰·席林博士、中信所赵志耘副所长分别为联合中心揭幕并致辞。联合中心的建立提升了中信所的国际影响力。

## 四、科技信息资源与科技信息标准化体系建设

### (一)科技信息资源建设与服务

1995年,中国科学技术信息研究所业务管理机制基本理顺,信息资源开发与信息提供服务成为四大主业务之一,科技信息资源建设工作由一位副所长具体分工管理,体现了对科技信息资源建设工作的重视。截至1995年年底,中国科学技术信息研究所收集国外科技资料104万余种;国外科技期刊1.6万种、17.47万余册;缩微科技资料470万余种,检索工具书29.4万余种,参考工具书2.31万余册,国外产品样本43.3万余份;国外科技影片1701部,国内科技影片350部,录像带21755部,国内科技资料50.8万余册,国内科技期刊9340种、60.4万余册,国内产品样本4万余份。[①]

1996年,中国科学技术信息研究所实施文献信息服务总体改进方案,地下一、二层书库实行开架阅览服务,满足了读者阅览要求,建成了电子信息阅览室光盘局域网系统。8月20日,中信所信息服务中心新建的经营信息阅览室正式接待服务。

1997年,由国家科委支持立项的中国信息资源系统(CHINA INFO)年内立项,8月6日开通,在社会上形成了一定的知名度。电子阅览室建设项目于1996年规划实施,1997年初投入试运营,12月10日,经专家鉴定和用户认可通过验收,正式交付使用。电子信息、咨询服务两大主业逐步形成;文献服务、文献出版均有较大发展,文献收藏总量有所增加。

1998年,中国科学技术信息研究所大力发展以电子信息服务业和咨询服务业为主的信息资源建设与服务工作,使这两项主业得到初步发展。以中国信息资源系统为龙头的信息资源建设和服务已初具规模。4月13日,中国科学技术信息研究所、中国科学院文献情报中心等8家信息机构共同成立了"科技文献资源共建共享系统管理委员会"。

2000年,在国家科技图书文献中心的指导下,国家工程技术图书馆建设初见成效,中国科学技术信息研究所作为国家工程技术图书馆的组成单位,在科技文献的采集、加工、服务和网络基础建设与服务系统开发等方面进行了大量工作。中信所对所阅览与服

---

① 中国科学技术信息研究所.一九九五年年报.中国科学技术信息研究所,1996:10.

# 甲子辉煌
——中国科学技术信息研究所成立60周年纪念

务环境进行了改造,改造总面积达2100平方米,保证了一流的服务环境。

2001年3月7日,国家工程技术图书馆正式开馆,标志着信息资源建设与服务工作又上了一个新的台阶,文献采集、加工、服务和数字化图书馆建设取得明显成效。7月2日,"科技信息决策支持平台"的建成受到了社会的广泛关注。7月20日,"全球技经贸信息快速反应系统"开通,该系统可为用户提供30个栏目的信息,每天信息总量可达130~150条。"全球技经贸信息快速反应系统"自开通上网运行后,建立和加强了与"中国产业报协"等国内有关信息机构和有关国际网络及驻华外事机构的合作,密切与TIPS总部的联系,调整信息分类、增加信息量,为国内外企业提供了有效的双向信息服务。

2002年,中国科学技术信息研究所文献采集品种保持稳中有升的发展势头,文献数据加工量在国家科技文献资源网络服务系统中名列第一。"科技信息决策支持平台"自开通以来,在国际国内引起了广泛关注,其影响力和权威性在逐渐增大,已成为中国科学技术信息研究所的品牌之一。经营性科技信息服务的经济和社会效益显著。

2003年,随着转制改革的不断深入,中国科学技术信息研究所科技信息资源建设与服务持续加强。本年首次大规模引进53种国外重点科技期刊的网络版全文数据库,同时加大对原有馆藏资源的数字化加工。国家工程技术图书馆网上文献服务持续快速增长,资源储备增量和科技文献服务继续保持领先地位。开展文献特色服务,设立了国家科技出版基金学术著作展示阅览书架;开展了以院士为主的网上VIP用户个性化服务。联合美国科学信息研究所为我国重点个人用户开通了ISI数据库;增加国内外科技史珍贵资料的收藏,并于11月3日将收藏的"国家科学技术学术著作出版基金"资助著作开始对外阅览服务。在学位论文、会议文献的使用方面,明确了采用"产权明晰、权益保障、资源互通、规范运作"的方式解决资源和权益关系。

2004年6月,中国科学技术信息研究所在继续丰富原有文献资源的基础上,并进一步启动了"院士著作的收集、加工与数据库建设""国家科技计划项目档案收藏管理体系建设"等特色资源建设项目,进一步建设中信所特色文献收藏体系。2004年,中信所大幅度增加了国外期刊的定购量,采集并开通的数字信息资源总量达到3412种,共引进了电子期刊896种。建成了我国第一个院士著作馆。

中国科学技术信息研究所全面提升科技信息资源建设的公益服务水平,创新型科技产出监测平台建设项目成果显著。2006年5月26日,中信所、国家科技图书文献中心和中国科技情报学会在中国科技会堂召开了"全国行业部门科技文献资源共建共享研讨会"。科技部条财司、国家科技图书文献中心及信息产业部、铁道部、交通部、林科院、中国兵器工业集团等部门领导及专家共60余人参加了研讨会,研讨会促进了科技文献资源体系共享建设。同年10月22日,中信所、北京万方数据股份有限公司、中国科学院地理研究所联合召开了首届科技信息资源共享促进国际研讨会。研讨会对于推进科技文献信息资源共建共享,提升科技信息资源有效利用与服务具有重要意义。

2010年，中国科学技术信息研究所科技信息资源建设与服务工作呈现出新的局面。在信息收集方面，继续实施国外文献的遴选评价和印本资源与数字资源并举的信息资源建设战略，不断扩充品种数量，优化科学机构，提升资源质量，完善资源体系，国内外科技文献的采集规模得到了持续增长，年度文献采购量比上一年度总采购量增长10%。在文献加工方面，以馆藏文献数据库建设为龙头，继续加强科技文献书目数据、文摘数据和引文数据的加工工作，大力开展馆藏资源回溯清理和数字化保存揭示工作，文献加工能力持续增强。全年完成文摘数据加工207万条，完成外文期刊引文数据加工254万条。随着资源平台建设的不断推进，中信所在国家科技图书文献中心的地位和作用不断加强。为国家科技图书文献中心服务的能力和水平进一步提升，并实现了"4个第一"，即年度资源采集量占NSTL总量的25%，位列第一；年度数据加工量占NSTL总量的43%，位列第一；年度全文传递服务量占NSTL总量的35%，位列第一；年度经费支持金额占NSTL总量的37%，位列第一。在信息服务方面，全年完成全文传递服务135 116份，同比增长11.42%；完成国内外用户文献代查代借8816份，接待到馆读者3240人次，提供数字参考咨询服务8891人次；文献扫描复制总量达到53万页；全年完成科技查新服务710项，收录引证服务11 780项。中信所还进一步加强主动服务工作，构建主动宣传推广体系。在共享体系建设与服务方面，中信所深入推进院士著作馆建设，院士著作馆的影响力和服务能力继续提高。截至2010年年底，中信所已收集国外科技报告1098万余份，国外科技期刊14 839种、209万余册，国外参考工具书27 042册，国外网络版学术期刊6267种，国外网络版数据库52种，国内科技期刊9649种、近121万册，国内网络版学术期刊8221种，国内网络版数据库4种，国家科学技术学术著作出版基金资助出版图书897册，院士著作3958册。[①]

## （二）科技信息标准化体系建设工作

全国信息与文献工作标准化技术委员会一直致力于科技文献与信息标准化体系建设工作。1996年，全国信息与文献工作标准化技术委员会组织中国科学技术信息研究所、国家技术监督局标准化和分类编码研究所、北京图书馆、中国科学院情报文献中心、新闻出版署、清华大学等单位的近100名专家参加"国家科技信息网络关键技术研究"的一个子项目——《科学技术信息系统标准使用指南》的研究和攻关工作。该书主要内容包括：检索工具、检索方法，并附有常用的164项国家标准和国际标准说明与标准原文。该书还列出科技信息系统使用的900多项标准目录和索引，以方便用户查找。全书分5卷出版，共400多万字。全国文献工作标准化技术委员会还承担了"九五"国家科技攻关项目——"全国西文文献信息计算机联合编目系统"中相关标准的研究和制订工作。

全国信息与文献工作标准化技术委员会起草、制订、修订了大量的相关国家标准。

---

[①] 中国科学技术信息研究所．二〇一〇年年报．中国科学技术信息研究所，2011：17．

从成立到 1997 年 10 月底以前，负责起草制订的国家标准共 42 项。2000 年，制订了国家标准《信息与文献——开放系统互联——馆际互借应用协议规范》（ISO10161）。2001年，组织制订 6 项国家标准。2002 年，组织制订了国家标准《电子政务主题词表编制规则》（GB19486—2004）。2003 年，组织修订了国家标准《学位论文编制规则》，该标准于2004 年公布实施。2004 年，组织制订 2 项、修订 2 项国家标准。2005 年，组织修订了《普通图书著录规则》《信息文献——信息交换格式》《GDDI——通用电子文档交换》3 项国家标准。2006 年，组织制订 2 项、修订 3 项国家标准。2007 年，组织制订 3 项、修订 1项国家标准。2008 年，组织制订 15 项、修订 13 项国家标准。2009 年，组织制订 7 项、修订 3 项国家标准。2010 年，组织制订 3 项、修订 1 项国家标准。

2010 年 10 月 22 日，由中国科学技术信息研究所和全国信息与文献标准化技术委员会联合主办的"2010 知识组织与知识链接研究论坛"在中信所举行，这次知识研究论坛对于推动信息文献标准化工作的经验交流具有重要意义。

## 五、信息（情报）分析研究工作的深入

### （一）信息（情报）分析研究工作综述

信息（情报）分析研究是中国科学技术信息研究所的传统强势业务，在 20 世纪 90年代上半期，中信所完成了较多信息（情报）分析研究课题，为领导战略决策和经济建设服务；编辑出版享誉国内外的刊物——英文版《中国科技简讯》、中英文版《高技术通讯》、中文版《国外科技动态》《快报》和《全球科技经济瞭望》等。1995 年前后，中信所还完成了数项科研课题，撰写了数项科研报告，完成的科技报告包括《各国科技实力对比》《世界主要国家科技发展趋势》《国际技术转移机制》和《邓小平科技思想研究》等。

在科技信息（情报）体制改革过程中，信息（情报）分析研究工作受到弱化，1993年，情报方法研究室被撤销，其所属业务与教育培训部合并成立研究培训中心，其检索语言组和机器翻译组归计算机中心，研究培训中心承担相应的信息（情报）方法研究工作。2005 年，恢复了科技信息研究业务，成立的情报方法研究中心，是自 1993 年情报方法研究室被撤销后，再次组建负责信息（情报）理论方法研究的业务部门，对于推动信息（情报）理论方法研究和科研课题的开展具有重要的意义。在国家中长期科技发展规划纲要的制定、"十一五"规划制定过程中，信息分析研究中心承担了大量的基础性、战略性研究工作，为中央和各部委的政策制定和科学决策提供了各种信息服务。

2005 年科技信息体制改革后，中国科学技术信息研究所科技信息（情报）课题研究方面有了长足的进展，研究课题和研究成果不断涌现，软科学研究、战略情报研究、用户研究、政策情报研究、情报跟踪研究、竞争情报研究等各类课题研究都取得长足进展。中信所还与各科技信息机构开展相关合作研究，通过直接利用产业相关政策及投入

产出情况等进行研究的基础上，进行相关领域数据的深入分析；与相关领域直接利用产业主要科研、生产基地的实地调研，结合专家咨询，系统地分析相关产业发展现状、模式，以及重点发展技术领域及趋势等。

（二）信息（情报）分析研究工作的不断深入

1995年，中国科学技术信息研究所将信息研究与咨询作为4大块业务之一，使信息分析研究业务关系基本理顺，信息分析研究工作得到加强，当年共完成研究课题37项。1996年完成研究课题23项，1997年完成42项，1998年完成18项。1998年12月11日，由中信所牵头的"我国科技电子信息资源的开发和利用研究"软课题研究成果通过由科技部政策法规与体制改革司组织的专家评审。科技信息分析与研究工作为全国技术创新大会和全国科普大会提供了较好的信息研究工作。2000年，中信所研究工作实行课题制管理，充分调动了研究人员的积极性，承担的研究课题数量比上年度显著增加，当年完成的研究课题18项，其中某些研究课题为科技部提供的决策咨询服务收到良好效果。

中国科学技术信息研究所信息分析研究工作优质高效地为决策部门服务。为科技部办公厅等有关司局提供各类信息研究与咨询工作；《科技参考》《互联网信息专报》的编辑、报送工作得到了科技部办公厅的高度评价。2001年《互联网信息专报》被国办采用112条，得到国务院领导批示的有12条；代表科技部完成了中组部交办的《21世纪干部科技修养必备》教材的编撰工作等。当年共完成15项课题研究。

2003年，随着转制改革的不断深入，信息分析研究水平不断提升，全所完成的各类研究开发课题同比增长10%；获得科研经费项目同比增长55%，在研课题达67项，是上年同期的2倍，其中90%以上为省、部级项目。研究分析工作对政府决策的影响力增强，向国家政府部门上报的信息同比增长21%；得到中央领导批示的信息较上年增加1.7倍。《未来研发环境的变迁》一文引起了国务委员陈至立同志的高度重视；世界重点国家的科研条件建设、科技投入等跟踪研究也得到科技部、财政部的充分肯定。中信所还加强与科技部和各单位的密切联系，围绕科技部的中心工作，积极配合部机关司局做工作。积极主动参与国家中长期科技规划的研究制定，为科研基础条件大平台建设提供了大量的支持，这些都得到部领导和有关司局的称赞。

2005年，中国科学技术信息研究所在信息分析研究业务上开展了大量的工作，战略研究工作密切关注国家科技、经济和社会发展的重大问题，围绕科技部中心工作和重大任务，有针对性地开展了大量前瞻性、基础性、系统性的研究工作，提高了中信所为科技部等政府机构提供决策咨询的快速反应和综合保障能力，得到了部领导及部内相关司局的充分信任和高度肯定。为了加强情报研究工作，中信所在深化科技信息体制改革过程中进行机构调整时，专门设立了"情报方法研究中心"，以加强对情报学基础理论和方法的研究。当年中信所完成各类科研项目36项，在研科研项目总数达到60项。"电子政

# 甲子辉煌
——中国科学技术信息研究所成立60周年纪念

务主题词表编制及应用系统"项目获得北京市科学技术奖二等奖,"网上虚拟展览软件开发及应用示范"项目获北京市科学技术奖三等奖。2005年3月,中信所首次启动预研基金项目征集工作,全所共有6个单位提交了25份项目申请书,申请预研基金74万元。按照学术委员会评审意见并经所务会批准,10个项目获得预研基金资助。

2006年,完成了《中国企业科技竞争力评价报告》等多份专题研究报告,全面完成科研课题44项。2007年,在科技部开展的重大专题调研工作中,中国科学技术信息研究所调配最强的研究力量,高标准、高质量地完成了科技部分配给中信所的调研任务。承担的国家科技支撑计划项目各子项目课题已全部如期开题,进入全面实施阶段。"重点领域的深度分析及科技热点监测研究"工作开展了生物技术、能源技术、海洋技术和中医药4个领域的研究。全年共完成研究课题40项。

中国科学技术信息研究所面向科技部等政府部门提供科技决策信息支持的快速反应和综合保障能力进一步提高。2008年,在我国南方地区遭受特大冰雪灾害及"5·12"汶川大地震后,积极查找国内外有关灾害应急管理的信息,及时向科技部报送,其中《减灾面临六大挑战》一文得到科技部党组李学勇书记、刘燕华副部长的肯定与批示。随着国际科技创新与决策支持平台(国别库)、纳米技术专利数据库建成并试用,在此基础上编印的《领域分析要览》及《2008年纳米技术领域研究报告》得到有关领导和专家的关注与好评。全年共完成研究课题47项。

中国科学技术信息研究所领导班子在对科技情报工作发展深入思考的基础上,大力倡导"事实型数据资源+专用方法工具+专家智慧"的科技情报研究方法论,研究提出了以事实型数据资源建设为基础、推动科技情报研究的业务发展新思路。在这一情报研究新思路的指导下,全所科研产出继续保持增长态势。2009年,全所完成核心期刊论文261篇,其中在SCI/SSCI/ISTP/ISSHP等国际著名索引源期刊上发表论文7篇。新申请软件著作权17项。科技决策信息支持能力不断提升,有6篇战略研究报告被副部级以上领导批示,其中《美国国家科学院建言政府调整出口控制和签证政策》一文引起刘延东国务委员重视。此外,全所当年共申请到国家自然科学基金项目3项,国家社会科学基金项目3项,博士后基金项目3项。从横向比较看,在全国情报研究机构中,中信所国家自然科学基金项目申请成功数量排名第一,国家社会科学基金申请成功数量排名第二。全所申请到的基金项目总量在全国情报研究机构中排名第一。2009年,全所共完成62项研究课题,其中国家级2项、省部级19项。

随着公益服务能力和科技决策信息支持能力的不断提升,中国科学技术信息研究所已经进入到以申请、承担国家级系列重大项目为主的新阶段。2010年,全所当年共申请到国家自然科学基金项目2项,国家社会科学基金项目4项,博士后基金项目4项,学术著作出版基金项目1项。全年共完成82项研究课题,其中国家级14项、省部级15项。

## 第四章　创新与跨越（1995—2010 年）

### （三）相关领域的信息（情报）分析研究

#### 1. 软科学和软课题研究

（1）中国软科学国际学术研讨会。由中国软科学研究会主办，中国科学技术信息研究所承办的中国软科学学术研讨会，每 2 年举办一次，是我国软科学领域最高层次的学术会议。中国软科学国际学术研讨会为全国软科学研究工作者提供了良好的学习与交流平台。1999 年 11 月 17—19 日，第一届国际软科学研讨会举行，研讨会的主题是"面向 21 世纪中国的改革与发展战略"，内容包括：现代管理理论、方法与应用；中国实现可持续发展的问题和对策，中国发展高新技术产业对策等。2002 年 4 月 8—9 日，第二届软科学国际研讨会举行，会议的主题是"互联网与管理变革"，围绕研讨会主题又设了互联网与企业管理、互联网与政府管理、互联网与管理决策、电子商务与管理模式创新 4 个专题。这次研讨会得到了国家和有关部委领导的高度重视和支持，在国际上也产生了一定的影响。2004 年 11 月 16—18 日，第三届软科学国际研讨会举行。会议的主题是"计划与市场"。由于本次研讨会召开的时间正处在"国家 2005—2020 年中长期科技发展规划"进行之际，因此会议特别邀请参与国家中长期科技发展规划的部分专家到会，介绍规划制定过程中取得的重要经验和遇到的主要问题，并听取与会的国内外软科学研究专家对今后如何做好科技发展长远规划，正确处理计划与市场之间的关系等方面的意见和建议。2006 年 11 月 28—30 日，第四届软科学国际研讨会举行，会议的主题是"建设创新型国家：理论与实践"。会议强调了中国软科学的蓬勃发展为推动决策的科学化、民主化做出重要贡献。中国将在更加充分利用国际科技资源的基础上，加强基础研究、高技术前沿科学研究和产业化等领域的全方位的国际合作，以及创新型国家建设和企业成为创新主体的关键因素。2008 年 11 月 4—5 日，第五届软科学国际研讨会举行，会议主题是"改革开放与国家发展战略——决策与软科学研究"。本次研讨会共收到全国及海外各研究会团体会员单位、理事、会员，各部委、省市、自治区政策研究室，省市、自治区科技厅（局）调研室，高校管理学院、科技处及有关软科学研究机构和研究人员投稿论文 1053 篇，入选论文陆续安排在《中国软科学》杂志正、增刊上发表。2010 年 11 月 1—2 日，第六届中国软科学国际研讨会举行，研讨会的主题是"科技进步与可持续发展"。通过会议主题研讨，了解关于十七届五中全会国家编制的"十二五"规划的主题思想，对"循环经济""低碳经济""绿色经济"等含义有了更深刻的理解，结合我国特色，应采用循环经济、绿色发展理念，并将这一思想提升到"十二五"规划编制之中。

（2）中国软科学学术年会。中国软科学历届学术年会主要围绕科学技术与国际利益、建设创新型国家的理论与实践、和谐社会与软科学、改革开放与国家发展战略、危机应对与创新发展、科技进步与可持续发展、创新驱动与深化改革等国家提出的重大理论与现实问题进行探讨。1994—2009 年，中国软科学研究会共主办 7 届中国软科学学术年会。

(3）相关软课题研究项目。2010年，中国科学技术信息研究所完成较多软课题项目成果，包括：《全球经济波动对各国科技发展战略的影响研究》《主要国家科技政策比较研究》《科技人才信息宏观监测机制研究》《海外高端华人科技人才引进与使用问题研究》《中长期科技发展规划阶段性实施的部署、策略》《国际低碳经济的发展趋势与应对战略研究》《"十二五"时期我国科技发展面临的形势与需求》。

**2. 竞争情报研究工作的跨越发展**

1994年1月28日，中国科技情报学会成立了情报研究暨竞争情报专业委员会，宣告中国竞争情报组织的诞生。1995年4月28日，成立了以包昌火为理事长，缪其浩、梁战平、高庆生、宫宏光、章雁为副理事长的中国科技情报学会竞争情报分会，对外亦称中国竞争情报研究会（SCIC）。中国竞争情报专业组织成立和全国性竞争情报网络的形成，标志着中国情报研究工作进入了一个新的发展时期，更直接、更有效地为国家经济建设、企业发展和市场竞争服务。截至2004年，SCIC一直把学术交流与学科建设作为自己的基本任务，总计召开9届学术年会、出版会议录8册、发表学术论文460多篇，为推进中国竞争情报业的发展做出了重要的贡献。

有关竞争情报的研究课题，比较典型的有：2000年，中国科学技术信息研究所承担的自然科学基金项目"在因特网环境下竞争情报的实践与理论"；2009年通过国家自然科学基金项目完成的"产业竞争情报理论方法的基本问题及其实证研究""国际竞争背景下我国产业竞争情报服务模式与运行机制研究"；2010年10月28日，中信所提交的"国外针对中国的科技竞争战略研究"课题，该课题基于竞争情报理论和方法，从产业竞争情报和国家竞争情报两个视角，研究了美国、欧盟、澳大利亚、加拿大国家和地区针对中国科技崛起、维护自身竞争优势的战略举措。

**3. 战略、规划（计划）研究**

自中国科学技术信息研究所创建以来，中信所为国家历次"五年计划"、科学规划等的制定，组织管理体制的调整，技术发展道路的选择等重大决策问题，向有关方面提供过大量有重要参考价值的战略情报，较好地发挥了情报研究的辅助决策作用。20世纪80年代，中情所进行了战略预测情报研究工作，如1985年提出的《2000年的中国》和关于中国的人口和就业、人民消费、经济、能源、交通运输、农业、教育、生态环境、自然资源、科学与技术、国际环境、总体定量分析等12个专题报告，《2000年的中国》研究是80年代较为综合系统的一项研究。进入21世纪后，中信所将战略情报研究工作的重点放在为科技部等政府部门提供科技信息战略决策支撑及带有全局性、前瞻性等重点领域的战略研究上。2005年12月30日制订的《国家中长期科学和技术发展规划纲要（2006—2020年）》，将国家重大战略需要的基础研究列为基础研究的一个主题，将前沿技术与科学前沿问题列为主要内容，表明了我国政府开始对带有全局性、战略性、长远性、前瞻性和国家安全性的重点领域与关键问题给予高度重视。制订国家中长期科学和技术发

## 第四章 创新与跨越（1995—2010年）

展规划，对于全面推进国家创新体系建设，迅速提升我国科技创新能力和竞争力，有力支撑全面建设小康目标的实现，具有重大的战略意义。2009年，中信所创建了中国科技情报网，开始实施信息动态监测研究。

**4. 产业竞争情报研究**

2008年，中国科学技术信息研究所率先提出产业竞争情报理念，重点围绕产业竞争情报的理论方法体系构建及应用示范开展工作。研制了基于多元数据与复合分析的产业竞争情报分析方法体系，面向风能和新一代信息技术产业领域发展需求，连续推出产业竞争情报系列研究报告。为企业、产业发展及政府制定产业政策提供强有力的情报支撑。

### （四）重大信息（情报）分析研究课题

**1. "我国科技电子信息资源的开发和利用研究"课题**

1998年12月11日，由中国科学技术信息研究所牵头，北京大学信息管理系、北京图书馆、清华大学图书馆和中国科学院计算机网络信息中心参加的"我国科技电子信息资源的开发和利用研究"软课题研究成果通过由科技部政策法规与体制改革司组织的专家评审。12月23日，科技部在中科信息市场多功能厅举行了该项研究成果新闻发布会，来自信息产业部、文化部、教育部等有关部委、各部委信息机构及图书馆界的代表共126人参加了新闻发布会。科技部政策法规与体制改革司软科学处处长胡志坚主持了新闻发布会，朱传柏副司长在发布会上强调了科技电子信息资源开发利用在国民经济信息化进程中的战略意义，充分肯定了该项研究成果的现实意义及实用价值。朱伟所长发布了该项研究的主要研究成果。该研究课题由1个总报告和6个分报告组成，并附有3个调查表。1999年5月，该研究课题以图书形式由北京图书馆出版社出版发行。该研究课题以调查数据为基础，以国际信息资源开发利用的大环境为背景，研究我国科技电子信息资源开发利用的现状、存在的主要问题，分析阻碍我国科技电子信息资源开发利用的主要原因，阐述在市场经济和网络环境下，我国科技电子信息资源开发利用的战略方针，提出我国科技电子信息资源开发利用的对策和建议，目的是为我国科技电子信息资源开发利用的战略决策、规划、宏观管理提供决策依据，促进我国科技电子信息资源开发利用的有效发展。

**2. 中医药研究**

1996年9月，由科技部农村与社会发展司牵头，国家中医药管理局等10余家单位主要参与的国家"九五"公关软课题——"中药现代化发展战略研究"正式启动，1997年9月结束。课题首次提出了中药现代化的概念及内涵，并就开发现代中药和参与国际市场竞争、建立中药系列标准规范、中药基础性研究、中药国际化研究、中药知识产权保护研究等方面进行了客观的较全面而系统的研究分析与评价。较详尽地研究了国内外中医药市场的现状、国内中药产业在诸如中药材资源、制剂与工艺、质量控制、安全性与有效性、中药基础性研究、中药新药开发与评价、出口创汇、中药知识产权等方面存在的问题。在此研究基础上，课题组提出了"中药现代化科技产业行动计划"，得到了国家新药领导小组的肯定和支持，具体相关项目"中药现代化研究与产业化开发"已列为国家"九五"攻关重中之重项目，有关内容已经在1999年开始组织实施。国家中医药管理局在中医药发展战略中采纳了课题研究内容，并依之制订了有关计划，启动了一些项目。国家"九五"攻关计划、攀登计划、自然科学基金项目、新药研究基金项目及国家重点基础研究规划等项目的拟订与实施都采纳或参考了课题研究成果。在课题成果的倡导与推动下，复方丹参滴丸和杏灵颗粒胶囊首次通过美国新药临床研究R&D申请，产品销售额连年翻番，在全行业产生了良好的示范与带动作用。"中药现代化研究与产业化开发"经过近1年的具体实施落实，建立了"中药现代化科技产业（四川）基地"，组建了一批规范化实验室和中心，开展了中药材规范化栽培研究、中药质量标准对照品研究、饮片炮制规范研究，以及相关的系列标准规范的研究。课题研究取得了良好的阶段性成果。"中药现代化发展战略研究"课题于1999年度荣获国家级科学技术进步奖中科技情报成果二等奖。"中药现代化发展战略研究"结题后，在南京召开的全球华人中药现代化学术研讨会，在全国包括港澳地区多次召开了有关中药现代化发展战略研究的研讨会，中央电视台等新闻媒体对课题研究成果多次进行了报道，中药现代化发展战略研究的内容被多次引用，在海内外引起了强烈的反响。

1997年，中国科学技术信息研究所完成"中医药走向世界"课题。为了促进中医药现代化发展战略研究，中信所成立了中医药战略地位研究课题组。2003年，课题组在"非典"期间深入疫区调研中医治疗"非典"的疗效，及时向中央有关部门和北京市提出一系列重要报告和建议，为政府做出运用中医药预防"非典"和救治患者的决策发挥了参谋作用，得到胡锦涛、温家宝、吴仪等中央领导的充分肯定。2003年11月18—19日，以"中医基础理论构建与研究方法"为主题的219次香山科学会议在北京召开，就我国中医药现状、中医基础理论研究方法和方向、中医药发展目标等问题展开了深入讨论。会议由邹大挺所长、信息分析研究中心贾谦研究员和广州中医药大学邓铁涛教授共同提议召开，赵新力副所长和武夷山总工程师与会并发言。2004年5月15—16日，中国科学技术信息研究所、中国中药协会、中国民族医药学会、中国医药保健品进出口商会共同主办的"中国中医药产业发展及国际化战略论坛"在南宁举行。武夷山总工程师主持开幕式。国家中医药管理局、国务院研究室、科技部、国家食品药品监督管理局等部门领导出席会议并做主题报告。2005年4月17—18日，由中国软科学研究会、中华中医药学会、中国系统工程学会和中国中医药研究促进会共同主办、中国科学技术信息研究所具体承办的"新时期中医药发展战略与政策论坛"在北京举行。全国人大常委会副委员长蒋正华、科技部副部长尚勇、国家中医药管理局副局长李振吉、中国软科学研究会常务副理事长马俊如、中信所总工程师武夷山等出席论坛，此次论坛对新时期中医药的发展战略和发展政策进行了探讨。2006年，中信所完成"中医药战略研究计划""中医药的原创优势及其实现路径研究"。2007年完成"构建中医药保护的法律体系研究"。2008年完成"中医战略资源的保护与可持续利用"。2009年完成"基于四性的中药性—效、物质关系研究"。

**3."中国药用濒危野生动物植物保护战略研究"课题**

药用野生动物是珍贵的自然资源，是人类的宝贵财富，是人民健康的保证，也是中药产业赖以生存与发展的物质基础。保护药用濒危野生动植物资源，不仅有利于生态环境的保护，而且有利于促进中医药产业的可持续发展，为此，中国科学技术信息研究所在2000年开展了"中国药用濒危野生动物植物保护战略研究"的软科学研究课题。课题组召开了10多次小型座谈会，两次全国性药用资源保护利用战略研讨会，抓住一些典型物种组织人员查阅文献，并到有关省市调研，访问了有关专家学者，进行了中药企业应用濒危物种情况的问卷调查，并编辑成总报告及4集分报告集。

"中国药用濒危野生动物植物保护战略研究"课题就是从资源保护与利用的战略角度出发，研究我国药用濒危资源的现状及存在的问题，以期提出药用濒危资源保护与可持续利用的战略措施及建议。课题的研究成果不仅能达到保护药用濒危野生动物植物资源的目的，也能满足中药产业持续发展的需求，同时，还可以应对国际压力，用客观事实来批驳中医药导致药用物种濒危与灭绝的不实之词，以赢得各国政府及国际保护组织的理解和支持。

**4.《21世纪干部科技修养必备》**

2001年，中国科学技术信息研究所代表科技部完成了中组部交办的《21世纪干部科技修养必备》教材的编撰工作。该教材内容分为6章，包括：世纪之交的形势和挑战；科学的过去、现在和未来；推动经济社会发展的技术进步；有关国家和地区发展科技的实践；科教兴国战略与可持续发展战略；领导干部应具备的科技素质。该教材于2002年2月由人民出版社出版发行。

《21世纪干部科技修养必备》在指导思想上，力求从战略高度，阐述科学技术对经济发展、社会进步、文明进化的重要促进作用；在材料选择上，既考虑科学技术发展的系统性、规律性，又突出重点，面向未来，既以我国经济社会发展对科学技术的要求为主线，又博采众长、广纳良议；在编写要求上，力求兼顾科学性与政策性、学术性与普及性、知识性与可读性；在顺序安排上，也做了一些新尝试：从当前我国面临的形势和挑战开始，以领导干部应有的科技素养为结尾，中间相继介绍了科学技术的有关知识、科技进步推动经济社会发展的作用、国内外发展科技的政策和实践，以及我国"科教兴国"和"可持续发展"两大发展战略。

**5."中国企业科技竞争力评价报告"课题**

2006年，中国科学技术信息研究所完成了"中国企业科技竞争力评价报告"的课题研究。该报告对企业科技竞争力研究的理论与方法、企业科技竞争力监测系统的研制开发、企业科技竞争力评价指标体系研究、大中型工业企业科技竞争力总体评估,以及食品、纺织及服装、医药制造、通信和电子、石油和化工、冶金及金属制品、机械及设备制造等行业的科技竞争力进行了全面的分析。该报告对我国企业科技竞争力进行了全面、客观的监测与评价研究。通过建立企业科技竞争力评价指标体系,从不同角度综合评价了我国企业科技竞争力的现有状况和发展趋势。在总体评估我国企业科技竞争力发展情况的同时,还对若干产业的科技竞争力发展态势进行了深入分析。报告得出了许多有意义的研究结果和大量的评价数据,为企业界和科技管理界制定科技竞争力政策和未来发展战略提供了非常有价值的决策依据和参考咨询,并针对当前我国企业、行业存在的共性问题提出有益的改进措施和建议。

**6. "国家创新能力基础设施建设项目规划研究"项目**

"国家创新能力基础设施建设项目规划研究"是科技部安排的国家科技基础条件平台工作的重点项目,该项目包括"中国科技产出指标跟踪监测平台""中国科技创新能力评价研究""中国科技竞争力评价监测平台研究"等若干子项目。2006年6月27日,"国家创新能力基础设施建设项目规划研究"课题组在北京召开了专家咨询会。会议由总体组组长、中信所所长贺德方主持。原中国工程院副院长师昌绪,钢铁研究总院副院长田志凌,清华大学副校长龚克,中国计量院院长童光球及国家自然科学基金、科技部、教育部有关领导出席会议。贺德方所长就课题的立项背景及研究重点做了详细介绍。2007年,该项目结题。"国家创新能力基础设施建设项目规划研究"项目对于推动我国科技创新能力,增强国家科技竞争力,加强和改善基础设施条件,推动共建共享平台建设具有积极的意义。

**7.《世界高影响力学术论文科学计量学分析》**

贺德方和郑彦宁完成的《世界高影响力学术论文科学计量学分析(1979—2008)》使用来自于美国汤森路透集团的科学网数据库的数据,按照科学基本指标数据库(ESI)的22个学科领域分类,以及按学术论文在1979—2008年共30年期间里产生的总被引次数由高到低排序,并从科学网数据库中选取每一个学科领域中论文总被引次数排在前1000的学术论文,共计得到高影响力学术论文22 091篇。基于上述数据,按照学科领域构建了国家或地区、研究机构、个人等角度的分析框架,从国家分布、机构分布、作者分布、发表期刊分布等视角分学科领域详尽地对高影响力学术论文进行了分析,从而比较全面和客观地反映了国家、机构和人员在各个学科发展中的影响力。

《世界高影响力学术论文科学计量学分析(1979—2008)》是当时国内外首次采用上述定制的论文数据所开展的分析研究,揭示了各国家(包括中国)在学科发展中的位置和影响力,从而可为我国政府部门和科技界提供有价值的参考。

**8.《中国科学技术国际地位与影响报告(2008)》**

2009年,中国科学技术信息研究所完成国家社会科学基金项目——《中国科学技术国际地位与影响报告（2008）》课题报告，完成人为庞景安。该报告浓缩汇总了分散于国际上主要科技指标工具书、科技管理数据库、各类型统计年鉴，以及各国政府科技黄皮书中有关描述、评价中国科学技术发展状况、趋势的指标数据，并使之有序化和系统化。主要内容包括中国科学技术的国际竞争力、科技人力资源的国际化发展、科技产出的国际地位、科技创新研发能力的国际比较、科技促进社会经济发展的国际比较、信息与通信产业发展的国际水平、高技术产业的国际化发展态势，以及中国科技发展的国际影响力等。通过本报告，可以方便、快捷地横向比较和纵向浏览国际上重要的有关中国科学技术发展的指标数据，全面了解中国科学技术在国际环境中的发展概貌和突出优势，分析对比我国科学技术发展的显著差距和发展瓶颈，寻找发现我国科学技术发展重点跨越的突破口和重要机遇。

**9."面向外文科技文献信息的知识组织体系建设与应用示范"**

2010年9月12日，为了实现海量外文科技文献信息的知识组织，促进文献信息内容的知识关联和知识发现，中国科学技术信息研究所圆满完成了"十二五"国家科技支撑计划"面向外文科技文献信息的知识组织体系建设与应用示范"项目申报工作，提出构建以内容建设为核心，加工协作和开放服务平台为依托，以自动处理智能检索和知识服务应用为基础的知识组织体系建设和示范应用。在该项目下，成功申请到两项课题："面向外文科技知识组织体系的大规模语义技术关键技术研究"课题和"信息资源自动处理、智能检索与STKOS应用服务集成"课题。

科技文献信息资源是科学发展与技术创新的最基础性和必不可少的支撑条件。科研人员离不开文献，这个项目将开发出基于科技知识组织体系的海量文献信息自动处理和智能检索系统，实现国家科技文献信息战略资源有效揭示和深度关联，能够整体提升我国科技文献信息资源的知识服务能力。另外，项目的实施，能够为科技、教育界用户，还有工业、企业用户，提供更好发现和获取文献信息，以及相关知识的技术手段，营造出更为便捷、友好的科技知识获取的环境，提升我国科技文献信息的保障服务能力，使国家收藏的海量科技文献信息资源得到更为有效的利用，真正为广大科技人员、科研院所、高等院校企业服务，使国家的科技投入发挥更大的效益。

## 六、科技信息咨询与科技查新服务

### （一）科技决策信息咨询的快速响应与保障

1995年，中国科学技术信息研究所将信息研究与咨询作为四大块主业之一，使之与信息资源开发与信息提供服务、信息技术开发与应用、信息与技术的交流和交易形成线条清晰、责任明确的管理运行机制。当年提供信息咨询3350次、技术咨询12 040次，实施技术开发和进行技术转让7项，举办讲座、培训班58次。1996年，中国科学技术

# 甲子辉煌
## ——中国科学技术信息研究所成立 60 周年纪念

信息研究所提供信息咨询 8570 次、技术咨询 20 003 次，实施技术开发和进行技术转让 8 项，举办讲座、培训班 46 次。1997 年，中信所电子信息、咨询服务两大主业逐步形成。当年实施技术开发和进行技术转让 8 项，举办讲座、培训班 79 次，进行 6 项市场调查活动。5 月 27 日，万方数据网络中心在中科信息市场国际信息发布厅举办"中信所大型全文数据库万维网查询服务新闻发布会"。会上中信所将近 10 年来开发的 30 多个数据库、总计达 600 万条记录的信息全部推向万维网上，向社会提供全文信息检索服务。20 世纪末，中信所大力发展以电子信息服务业和咨询服务业为主的各类业务工作，以"万方数据资源系统"为龙头的信息资源建设和服务已初具规模；以市场研究报告和科技论文统计为代表的咨询服务业也显示了良好的苗头。信息咨询服务定位于公益性服务，并为全国技术创新大会和全国科普大会提供了较好的咨询服务，为科技部提供的决策咨询服务收到良好的效果。

进入 21 世纪后，随着我国社会主义市场经济的强劲发展，中国科学技术信息研究所以各种形式推行了信息服务业务。2001 年，中信所信息咨询服务工作得到加强，为科技部办公厅等有关司局提供各类信息咨询服务达数十次，报送工作得到了科技部办公厅的高度评价。其中《互联网信息专报》被国办采用 112 条，得到国务院领导批示的有 12 条。当年举办讲座、培训班 13 次。中信所在决策咨询和信息报送工作中，努力提高敏感性和针对性，优质高效地完成了国务院及科技部领导交办的各项决策咨询任务。2004 年 5 月，经科技部办公厅推荐，中信所被中共中央办公厅秘书局评为 2003 年度向中共中央办公厅报送先进单位，盖红波被评为向中共中央办公厅报送信息先进个人。这一时期，中信所提供的信息跟踪服务为科技创新做出了重要贡献。其中，为铁道第二勘察设计院北京分院气悬浮列车项目研究提供了历时 3 年的跟踪服务，在英文、法文、日文、德文、俄文等多个文种和铁路、航空、机械、力学等多门学科的科技文献中找到解决研发中一些关键性问题的答案，提供给项目研究人员，使研究人员及时解决了研发中一些关键性技术问题，顺利完成了气悬浮列车缩比试验并取得突破性研究成果。《科学时报》于 2003 年 3 月 26 日头版对该成果进行了报道。在科研项目完成后，通过文献查新可以对科研成果的创新性进行实事求是的判断，从而为今后的研究指明了方向。

2006 年，中国科学技术信息研究所围绕着经济、科技和社会发展中的重大问题，为科技部等政府机构提供了决策咨询，提高了快速反应和综合保障能力。中信所紧紧抓住"建设创新型国家"这一重大历史机遇，增强自主创新意识，把为自主创新战略提供坚实的科技信息支撑服务作为工作的出发点和立足点，实现自身的快速发展。对此，中信所在部署 2006 年工作时明确指出：要以"建设创新型国家进程中科技产出指标跟踪监测平台建设""面向自主创新的信息服务体系建设"等 10 个重点项目的全面启动作为全所学科建设和业务拓展的突破口，重点支持并持之以恒地坚持下去。通过不懈努力，使中信所的科研水平建设、公益服务能力得到显著提高，实现建设国际先进、国内一流的科技信息服务机构的奋斗目标。当年信息被中办采用 37 条，被国办采用 28 条，得到领导批示 9 条，举办讲座、培训班 82 次，举办会议 8 次。

中国科学技术信息研究所信息咨询能力进一步提升，先后有《世界主要转基因作物的经济影响》编译报告、《典型国家的创新促进机构及美国创立国家创新基金会的设想》等报告得到刘延东等中央领导的重要批示。同时，加强主动咨询服务推广工作，构建主动咨询服务的宣传体系，进一步加强了对院士及团队的文献信息保障服务，先后为姚骏恩等多位院士的研究团队提供了咨询服务，院士著作馆建设深入推进；并在长春市成功举办了"推进资源合作共享服务科技创新"为主题的宣传推广会，在长春东北师范大学、中国标准化研究院、中国运载火箭技术研究院、北京航天材料研究院等单位开展了培训工作和服务宣传推广工作，全所咨询服务能力稳步提升。

经过 50 多年的发展，中国科学技术信息研究所已经形成了面向社会的开放化的现代信息咨询服务体系。在社会发展综合因素的作用下，中信所的信息咨询开始从单一形式的服务向集成服务发展，从以部门为主体的信息咨询服务向社会化服务模式转变，从个性化需求为导向的信息咨询服务向面向用户的交互式服务发展，各种专项咨询服务和系统化信息保证成为信息咨询服务业务发展的主流，信息咨询服务向多元化和多样化方向发展。

（二）科技查新服务

1990 年，国家科委授权包括中国科学技术信息研究所在内的第一批一级查新机构 11 家，其中有 5 家是国家级或省级科技情报机构，6 家为专业情报机构。中信所为综合性科技查新机构。中信所信息资源丰富，检索系统完备，万方数据资源系统的各类数据库等，较好地满足了一、二次文献的查找。2003 年 2 月 27 日，国务院为进一步转变政府职能，颁布了"国务院关于取消第二批行政审批项目和改变一批行政审批项目管理方式的决定"，取消了 406 项行政审批项目，其中的第 26 项即为"科技查新机构业务资质认定"，即取消了科技查新业务资质的认定。自此，科技查新机构业务资质认定和科技查新业务培训不再属于行政管理范畴，科技部也暂停了对科技查新机构的进一步规范管理和认定工作。[①] 2004 年 9 月 1 日，万方公司查新业务并入国际信息中心，成为专门的负责查新业务的部门。对于非纸质载体的信息资源，中信所一般都能通过多种渠道检索到所需信息，应用较广的如万方数据资源系统汇集的各专业期刊论文、会议论文、国内外标准、成果及专利等数据库。此外，中信所查新人员经验丰富，受理的查新项目专业范围广、数量多、收费适中、经济效益较好。

---

① 马景娣，缪家鼎. 对科技查新工作的再审视. 现代情报，2006，(5)：138-140.

## 七、科研成果的交流和推广

### （一）科研成果交流与推广的组织管理工作

1993年1月11日，成立了"中国科技成果管理研究会"，秘书处设在中国科学技术信息研究所，中国科技成果管理研究会协同各专业部门、各地方组织国内科技情报（成果）信息的交流与服务。1993年，中信所将中国技术与经济信息咨询服务公司发展成为"兰科技术信息开发公司"，其主要致力于科技成果推广和交流、信息咨询服务、产业市场分析、会议展览等业务。同年，中信所成立科技成果推广中心，附设在国家科委成果管理办公室，其主要任务是促进科技成果的推广与交流。4月23日，中信所与国际数据集团合资成立"北京技术咨询新产品开发服务公司"（后注册为"北京东晓高技术咨询与产品开发服务公司"）。1997年12月19日，经中信所所务会研究决定：科技成果推广中心与TIPS中国分部、与兰科公司部分业务合并为科技成果推广中心（万方数据长信公司），对外可保留使用TIPS名称，撤销全国技术信息发布厅，自此，科技成果的交流、推广工作由万方数据公司来完成。

2004年10月，经科技部批准，由中国科学技术信息研究所和DEVNET/TIPS中国国家分部华东事务局承办的"国际技术经济合作项目信息交流大会DEVNET/TIPS 2004年会"在上海举行，来自国外的金融机构、商会、研究机构、企业及DEVNET/TIPS系统部分成员代表100余人出席会议。邹大挺所长、赵新力副所长、武夷山总工程师出席了大会。内容包括"国际合作与企业发展高峰论坛"和"国际技术经济合作项目展示洽谈会"。会议主题为"国际技术经济合作与发展"。这次大会得到联合国工业发展组织（UNIDO）的支持，联合国拉丁美洲及加勒比经济委员会、联合国开发计划署中国代表处、联合国贸发会议、世贸组织、亚洲开发银行等国际机构分别派代表参会。科技部副部长邓楠出席大会并对DEVNET/TIPS国际组织为促进中国与世界的科技经济发展所做的贡献和这次大会的成功举办给予充分肯定。应科技部部长徐冠华邀请，日本前内阁总理大臣海部俊树率日本机构和企业85人代表团出席会议。海部俊树除在大会上发表演讲外，还专程参观了"国际技术经济合作项目展示洽谈会"。DEVNET/TIPS主席罗伯特·萨维奥博士、总裁丹尼尔·巴瑞斯博士、联合国开发计划署中国代表处宏观经济顾问、联合国拉丁美洲及加勒比经济委员会项目主管、亚洲开发银行执行行长、美国期货交易所前任主席、菲律宾外交部副部长、意大利银行行长，以及中国著名经济学家艾丰、厉无畏、钟朋荣等10余位中外专家在论坛上发表专题演讲。大会举办的"国际技术经济合作项目展示洽谈会"展览面积5000多平方米，展出和推介项目2500余项，部分项目达成合作意向。大会闭幕式上举行了项目签约仪式，共签订哈尔滨市城市轨道交通项目、诸城市瓷土开发利用项目、联合国亚太地区紧急物资救援中心项目等14份合作意向书，签约额达35亿美元。上海《文汇报》、上海《解放日报》《新民晚报》、上海电视台、上海人民广播电台、《中国日报》《中国工商时报》等 20 家受邀媒体对大会做了跟踪报道。大会及会前组织的一系列活动,为进一步促进我国与世界在技术经济领域的交流与合作搭建了平台,为中外合作伙伴及有关国际组织带来了共同利益。中信所作为执行机构的 DEVNET/TIPS 中国国家分部,进一步利用和开拓广泛的国际合作渠道,在这一平台上为我国的科技、经济、贸易、国际交流与合作寻求新的商机。

2006 年 4 月 1 日,中国科技成果管理研究会在北京召开了"全国科技成果与转化学术研讨会暨中国科技成果管理研究会第二届会员代表大会"。会议对于增强企业的科技自主创新能力,促进企业成为科技成果转化主体具有重要的意义。

(二)科研成果的交流与推广活动

1995 年 6 月 17—21 日,维特公司主办的"中国国际饮品及技术展览会"在北京展览馆举行。此次参展的海内外企业共 90 余家,本届展览会不仅取得了良好的经济效益,而且也取得了良好的社会效益。10 月 15—17 日,"北京 95 新技术新产品合资项目发布洽谈会"在中国科学技术信息研究所举行。同年,重点服务办公室主办的"第二届中国科技精品博览会及交流会"在北京、山东等多地举行,参观人数达到 14 000 人。同年,信息分析研究中心主办的"新产品、新技术展示洽谈会"在北戴河、青岛举行,参观人数达 1500 人。同年,维特公司在浙江、河南举行样品巡回展,展出样品约 3 万件,参观人数达 6000 人。

1996 年 11 月 28 日—12 月 2 日,长信公司与国内贸易部在中国国际贸易中心举办了首届"中国国际超级市场及连锁店设施展览会",来自国外的 7 个国家和地区,以及国内的 11 个省、市的 88 家厂商参加了展览会。此外,同年举办的洽谈会和交流会有:长信公司在北京主办的"美国样品展";长信公司在北京、威海主办的"技术成果发布洽谈会";重点服务办公室在北京、重庆、河南、山西等地主办的"'96 北京、重庆新技术新成果洽谈会及技术交流会";兰科公司在北京、北戴河主办的"'96 北戴河新技术新成果合资项目发布洽谈会";进出口业务部成果推广中心在泰国、马来西亚主办的"赴泰、马技术贸易洽谈";信息分析研究中心在北京主办的"中外实用技术洽谈会";成果推广中心在美国、德国等国主办的"赴美、德、法、西欧技术洽谈"和"技术成果推广交流会"。

1997 年 10 月 7—14 日,由国家科委科技信息司、国家信息中心、中国科学技术信息研究所联合主办、北京长信展览有限公司承办的"'97 中国数据库、电子出版物及软件展览会"在北京国际会议中心举行。本次展览会是当时我国唯一以数据库产业为展示对象的专业展览会。11 月 4—7 日,北京长信展览有限责任公司承办的"'97 中国国际商业设施及技术展览会"在国际贸易中心举行。本次展览会不仅促进了商业设施行业的发展,同时也促进了零售商业的现代化。此外,当年兰科公司在北京举办了计算机、饮品等展览会,以及"轻工及电子出版物展"。成果推广中心在北京、桂林、榆次举办了"科技成果发布会";在北京、重庆、天津、丹东等地举办了"科技成果推广会";在河南、武穴、北戴河、曲阜举办了"科技信息交流发布会"。

之后,中国科学技术信息研究所先后在多地举办了"科技成果交流洽谈会""科技成果推广会"。其中1999年,万方数据(集团)公司在北京举办了"Comdex计算机展览""国际计算机展览""建国50周年成就展"。中信所举办的各次展览会和洽谈会收到了较好的效果。

### (三)科技信息(情报)成果奖励工作

#### 1. 科技信息(情报)成果奖励制度的进一步规范化和科学化

1995年,科技信息成果奖励工作进一步规范化、科学化、法制化,国家科技进步奖开始按项目分类进行评审和管理,科技情报的表述改为科技信息,科技情报成果纳入"社会公益项目类",该类成果要求按技术创新程度、技术指标先进程度、推广应用程度,以及已获得的社会生态环境效益和对科技进步的推动作用等5项"定量评价指标"进行评审,并提出了不同等级的定性评分标准,根据评分的综合结果确定奖励等级。

1996年10月15日,为纪念中国科技情报事业创建40周年,国家科委、国防科工委、中科院、中国科协、国家自然科学基金委员会等5部门决定对全国科技信息优秀成果进行奖励。全国各省、市、自治区、各部门共推荐、上报科技信息成果共502项,经评审获奖优秀科技信息成果233项,其中一等奖10项、二等奖55项、三等奖141项。[①]中信所有大批成果获奖。

#### 2. 科技信息成果的获奖情况

(1)国家科技进步奖获奖情况见表4-1。

表4-1 国家科技进步奖获奖项目

| 编号 | 获奖项目 | 等级 | 获奖时间 | 获奖人员 |
|---|---|---|---|---|
| GKJ95001 | 智能型英汉机器翻译系列IMF/EC-863 | 1 | 1995 | 王惠临等 |
| GKJ97001 | 科技期刊质量标准及其评价方法研究 | 3 | 1997 | 宋培元、朱晓东等 |

(2)全国科技信息优秀成果奖获奖情况见表4-2。

表4-2 全国科技信息优秀成果奖获奖项目

| 编号 | 获奖项目 | 等级 | 获奖时间 | 获奖人员 |
|---|---|---|---|---|
| QKJ96001 | 《中国大百科全书》图书馆学、情报学、档案学卷之情报学 | 1 | 1996 | 武衡、刘昭东、汪廷炯、朱孟杰、高庆生、周智佑、王松益、高崇谦、陈昭楠、关家麟、练亚纯、林尧泽、赵宗仁、杨沛霆等 |

---

① 中国科学技术情报学会,中国国防科学技术信息学会.中国情报学百科全书.北京:中国大百科全书出版社,2010:419.

## 第四章 创新与跨越（1995—2010年）

续表

| 编号 | 获奖项目 | 等级 | 获奖时间 | 获奖人员 |
|---|---|---|---|---|
| QKJ96002 | 《现代科学技术基础知识》（干部选读）及其参考丛书 | 1 | 1996 | 刘昭东、杨沛霆、胡海棠等 |
| QKJ96003 | 促进中医药出口创汇的战略与政策研究 | 1 | 1996 | 徐绍颖、贾谦、文翠兰、葛葆森、罗红红、郑明燕、李泽清、叶冲等 |
| QKJ96004 | 《机遇与挑战》电视系列片 | 1 | 1996 | 李振羽、张锐华、邹全、吴维新、王立、陈印、吕建华、周文海、李晓东、肖雷 |
| QKJ96005 | 世界科技体系结构变革及R&D机构管理研究 | 2 | 1996 | 梁战平、周国臻、任志英、孙学琛、武建华、顾慧芳 |
| QKJ96006 | 科技大世界 | 3 | 1996 | 王长胜、王聪聪、罗勇、王立、程永来、胡炳申 |

（3）国家科委科技进步奖获奖情况见表4-3。

表4-3 国家科委（科技部）科技进步奖获奖项目

| 编号 | 获奖项目 | 等级 | 获奖时间 | 获奖人员 |
|---|---|---|---|---|
| KKJ95001 | 国家关键技术选择研究 | 2 | 1995 | 胡海棠、李思一、吴叶君、王小成等 |
| KKJ96001 | 促进中医药出口创汇的战略与研究 | 2 | 1996 | 徐绍颖、贾谦、吴伯平、周志宽、文翠兰、任旭、葛葆森、罗红红、郑明燕 |
| KKJ96002 | 世界科技体系结构变革及R&D机构管理研究 | 3 | 1996 | 梁战平、周国臻、任志英、孙学琛、武建华、顾慧芳 |
| KKJ96003 | 管理信息系统开发与标准化技术（专著） | 3 | 1996 | 周荣春、廖寿琪、任秀荣 |
| KKJ96004 | 情报技术（专著） | 3 | 1996 | 石履超、马兰、张凤楼、郑登理、孙月湘、汤兆魁 |
| KKJ97001 | 全国科技兴市信息通道的研究与建立 | 3 | 1997 | 林菁、陈丽英、张锡玲、张保明、涂悦红、李泽清、张旭 |
| KKJ98001 | 中药现代化发展战略研究 | 2 | 1998 | 甘师俊、李振吉、邹建强、许有玲、贾谦等 |
| KKJ98002 | 科学技术信息系统标准与使用指南 | 3 | 1998 | 沈玉兰、白阳、李秀锦、王西林、傅强、薛曙光 |
| KKJ99001 | IMB WEB的研发和推广 | 2 | 1999 | 马立柱、吴广印、戴诗勇、张红卫、贾珑 |
| KKJ99002 | 加快我国高新技术产业发展的政策研究 | 3 | 1999 | 梁战平、吴叶君、孙学琛、贡光禹、顾慧芳、黄宁燕 |

（4）中国科学技术信息研究所科技进步奖获奖情况见表4-4。

表4-4 中国科学技术信息研究所科技进步奖获奖项目

| 编号 | 获奖项目 | 等级 | 获奖时间 | 获奖人员 |
|---|---|---|---|---|
| SKJ1-1 | 促进中医药出口创汇的战略与政策研究 | 1 | 1995 | 徐绍颖、贾谦、吴伯平、周志宽、文翠兰、任旭、葛葆森、罗红红、郑明燕 |
| SKJ1-2 | 世界科技体系结构变革及R&D机构管理研究 | 1 | 1995 | 梁战平、周国臻、任志英、孙学琛、武建华、顾慧芳 |
| SKJ2-1 | 基础科学研究快报 | 2 | 1995 | 张保明、邵力勤、高凤云、叶玉江、马宏建 |
| SKJ2-2 | 冷战后世界各地的科技竞争态势 | 2 | 1995 | 刘昭东、侯国清、李思一、刘世伟、羑钢、张映辉、张锡玲 |
| SKJ2-3 | 跨世纪的思维方式——打破现状思维的七项原则 | 2 | 1995 | 陈颖健 |
| SKJ3-1 | 国外知识产权法律纵览 | 3 | 1995 | 刘昭东、胡泉鸣、陈建明、张锡玲、贡光禹 |
| SKJ3-2 | 九十年代世界科技纵览 | 3 | 1995 | 徐绍颖、胡泉鸣、任志英、陶建明、梁战平 |
| SKJ3-3 | 现代科学技术知识辞典 | 3 | 1995 | 张锡玲、陈颖健、文翠兰、黄振中、阎脉绍 |
| SKJ3-4 | 科技信息服务业中热点问题研究 | 3 | 1995 | 陈昭楠、郑登理、戚其秀、韩莉、吴家柱 |
| SKJ3-5 | "科技信息工作中知识产权问题和我们对策"研究与培训 | 3 | 1995 | 黄松如、韩莉、赵琳、郝文英、陈炳刚 |
| SKJ3-6 | 中信所机构设置及所、处级干部任免汇编 | 3 | 1995 | 王守云、贺朱、王小梅、张为平 |
| SKJ3-7 | 英汉英文会议名称缩写词手册 | 3 | 1995 | 郭华、吴荣荣、周杰 |
| SKJ3-8 | "中国火炬计划"系列片 | 3 | 1995 | 邹全、李振羽、张锐华、吕建平、李晓东 |

（5）中国科学技术信息研究所优秀成果奖获奖情况见表4-5。

表4-5 中国科学技术信息研究所优秀成果奖获奖项目

| 编号 | 获奖项目 | 等级 | 获奖时间 | 获奖人员 |
|---|---|---|---|---|
| SKJ1-1 | 科技计划项目管理信息系统 | 1 | 1996 | 邱德元、徐秉德、王小琴、谭立蓉、潘继才、何小龙 |
| SKJ2-1 | 金科工程前期可行性研究 | 2 | 1996 | 陈通宝、钱华林、戚其秀、张钟、陈松生、曾民族、张保明 |
| SKJ2-2 | 向NTIS提供中国科技报告工作 | 2 | 1996 | 王安娜、陶锦、谭丽宏、周杰、吴荣荣、杨玉慧 |

第四章 创新与跨越（1995—2010年）

续表

| 编号 | 获奖项目 | 等级 | 获奖时间 | 获奖人员 |
|---|---|---|---|---|
| SKJ2-3 | 为我国科技信息系统培养研究生 | 2 | 1996 | 潘静芬、吴贺新、韩莉、张德、赵琳、蒋亚南 |
| SKJ2-4 | 中国科学工程期刊文摘数据库（英文版） | 2 | 1996 | 李诗泉、吴家柱、张萍、张利、吕华、王翠娟、王连珍 |
| SKJ2-5 | 高技术通讯（月刊） | 2 | 1996 | 张述庆、赵庚新、杨蓉、王芷、傅鸥、柳芳、杨益玲 |
| SKJ2-6 | 《现代科学技术基础知识》参考丛书 | 2 | 1996 | 刘昭东、胡海棠、宋振峰、王丽生、庞美珍、王大庆 |
| SKJ3-1 | 中国科学技术信息研究所党的工作40年 | 3 | 1996 | 成秀峰、刑宪力、陈虹、李济民、杨克如 |
| SKJ3-2 | 《管理信息系统（CIM）开发与标准化技术》 | 3 | 1996 | 周荣春、廖寿琪 |
| SKJ3-3 | 《实用模糊数学》（修订版） | 3 | 1996 | 王琦、安静 |
| SKJ3-4 | 科技情报知识问答 | 3 | 1996 | 徐素华、关家麟、周智佑、白光武、申嘉廉 |
| SKJ2-1 | 全国科技兴市信息通道的研究与建立 | 2 | 1997 | 林菁、陈丽英、张锡玲、张保明、涂悦红、李泽清、张旭 |
| SKJ2-2 | 六级电视系列片《中国星火十年路》 | 2 | 1997 | 吴维新、贾罕君、李振羽、左朝胜、王晓方、何革华、袁元 |
| SKJ3-1 | 中国中西部地区电信发展需求模型及分析 | 3 | 1997 | 王艳、姜伟、黄振中 |
| SKJ3-2 | 办公信息系统 | 3 | 1997 | 周荣春、杨润生、余金康、苑广增 |
| SKJ1-1 | 中科信息市场网络的建设 | 1 | 1998 | 乔晓东、姜振杰 |
| SKJ2-1 | 《科学技术信息系统标准与使用指南》 | 2 | 1998 | 沈玉兰、白阳、李秀锦、王西林、傅强、薛曙光、赵艳华 |
| SKJ2-2 | 配合形势、服务领导（《科技参考》） | 2 | 1998 | 侯国清、张映辉、张义芳、秦红、李学慧、黄宁燕 |
| SKJ2-3 | 科技信息交流网（STICN） | 2 | 1998 | 周建平、乔晓东、王翠娟、姜振杰 |
| SKJ3-1 | 中信所读者ID证管理信息系统 | 3 | 1998 | 陶锦、周杰、张慈 |
| SKJ1-1 | 加快我国高新技术产业发展的政策研究 | 1 | 1999 | 梁战平、吴叶君、孙学琛、贡光禹、顾慧芳、黄宁燕 |
| SKJ2-1 | IMB WEB的研发和推广 | 2 | 1999 | 马立柱、吴广印、戴诗勇、张红卫、贾珑 |

(6）北京市科学技术奖获奖情况见表 4-6。

表 4-6  2004—2005 年度北京市科学技术奖获奖项目

| 编号 | 获奖项目 | 等级 | 获奖时间 | 获奖人员 |
| --- | --- | --- | --- | --- |
| 2004 计 3-002-1 | 网上虚拟展览软件开发及应用示范 | 3 | 2004 | 彭洁等 |
| 2005 计 2-002 | 《电子政务主题词表》编制及应用系统开发 | 2 | 2005 | 赵新力、盛苏平、刘春燕、张鹏等 |
| 2006 计 3-002 | 万方数据资源管理与服务系统 | 3 | 2008 | 吴广印、贺德方、蒋永清、王胜海、于晓松、石子夜 |

（7）2009—2010 年度业务拓展奖获奖情况见表 4-7。

表 4-7  中信所 2009—2010 年度业务拓展奖获奖项目

| 序号 | 获奖项目 | 获奖时间 | 获奖人员 |
| --- | --- | --- | --- |
| 09-1 | 气候变化和人类活动在土地沙漠化过程中的相对作用定量评价研究 | 2009 | 康相武等 |
| 09-2 | 发达国家科技期刊建设同经济实力、科技发展的关系暨期刊语言选择的历史性研究及其借鉴意义 | 2009 | 武夷山等 |
| 09-3 | 产业竞争情报理论方法的基本问题及其实证研究 | 2009 | 陈峰等 |
| 09-4 | 基于 BSC 的图书馆联盟资源共享绩效评估研究 | 2009 | 屈宝强等 |
| 09-5 | 我国政府信息定位服务系统总体框架研究 | 2009 | 张新民等 |
| 09-6 | 国际竞争背景下我国产业竞争情报服务模式与运行机制研究 | 2009 | 赵筱媛等 |
| 09-7 | 多语领域本体学习关键技术研究 | 2009 | 章成志 |
| 09-8 | 科技文献共享与运行中知识产权评估及使用管理研究 | 2009 | 张文德 |
| 09-9 | 基于 BSC 的科技文献机构资源共享绩效评估研究 | 2009 | 屈宝强 |
| 09-10 | 基于查新分类的跨语言查新翻译消歧技术研究 | 2009 | 高影繁 |
| 09-11 | 中国科学技术国际地位与影响报告 2008 | 2009 | 庞景安 |
| 10-1 | 政府资助对知识产权生产的作用 | 2010 | 周萍 |
| 10-2 | 中小企业竞争情报供给模式研究 | 2010 | 郑彦宁 |
| 10-3 | 建设健全我国电子出版物呈缴制度研究 | 2010 | 常春 |
| 10-4 | 网络环境下叙词表的编制模式与应用方式研究 | 2010 | 沈玉兰 |
| 10-5 | 图书馆资源组织语义化研究 | 2010 | 白海燕 |
| 10-6 | 面向科研诚信的学术论文著录行为规范化研究 | 2010 | 潘云涛 |
| 10-7 | 面向战略性技术管理的专利分析体系研究 | 2010 | 雷孝平 |
| 10-8 | 我国科技信息资源共享中信息质量评价研究 | 2010 | 宋立荣 |
| 10-9 | 社会网络视角下高层次科技人才学术合作网络研究 | 2010 | 李大玲 |

续表

| 序号 | 获奖项目 | 获奖时间 | 获奖人员 |
|---|---|---|---|
| 10-10 | 服务于数字图书馆的跨语言主题词表自动构建技术研究 | 2010 | 曾文 |
| 10-11 | 世界高影响力学术论文科学计量学分析 | 2010 | 贺德方 |
| 10-12 | 以网络为基础的国家科技信息资源的共建与共享 | 2010 | 刘娅 |

## 八、学位论文资源的收藏、管理与服务工作

1988年，国家科委、国家教委和中国社会科学院联合发文《关于报送留学生学位论文的通知》，确定授权中国科学技术情报研究所、中国社会科学院文献情报中心作为法定国家单位负责收藏。中国科学技术情报研究所负责收藏自然科学领域硕士及以上学位论文。1998年，博士后管理委员会办公室原则同意中国科学技术信息研究所收藏博士后的出站报告，2013年博士后管理委员会正式发文要求各博士后设站单位将博士后出站报告交送国家图书馆和中国科学技术信息研究所。

2002年，中国科学技术信息研究所开始进行学位论文数字化加工和存储，建立了集中的学位论文全文数据库。万方数据在成立之初根据中信所学位论文文摘数据库的原型，对学位论文进行分类、著录、标引、文摘抽取等，形成《中国学位论文文摘数据库》，总库容量达到80余万篇。为进一步满足用户需求，万方数据在保障产权人利益，逐个与学位论文产出单位或个人签署授权使用协议的基础上，2003年开始全面启动加工《中国学位论文全文数据库》。该库主要以学位论文所授予的学科类别进行栏目设置，如理学、工学、农学、管理学、法学、医学、文学等；按照其下属学科和专业组织编排稿件，如数学、物理、化学等二级栏目；同时按学位论文授予单位、学位级别等设置交叉栏目。中信所于2004年建立的中国预印本服务系统由国内预印本服务子系统和国外预印本门户（SINDAP）子系统构成。国内预印本服务系统供存取的是国内科技工作者自由提交的预印本学位论文，可以实现二次文献检索、浏览全文、发表评论等。国外预印本门户也可对学位论文进行开放存取服务。

2003年，在科技部的大力支持下，中国科学技术信息研究所联合中国社会科学院图书馆、中国高等教育文献保障系统（CALIS）、中国科学院文献情报中心、武汉大学等单位共同承担了国家科技基础条件平台建设项目"国家学位论文服务体系研究""学位论文编写规范及其电子化示范系统""中国学位论文收集与服务系统"等课题或项目的研究工作。贺德方、周杰、张建勇等参加了"国家学位论文服务体系研究"项目的研究工作。贺德方、沈玉兰、吴一等参加了"学位论文编写规范及其电子化示范系统"项目的研究。在"中国学位论文收集与服务系统"项目研究过程中，中国科学技术信息研究所贺德方、

乔晓东、曾建勋、张爱霞、梁冰、王莉、张鹏、杨代庆等承担中国学位论文收集与服务系统建设格局研究及集成服务系统开发工作；万方数据股份有限公司蒋勇青、赵捷、王星、郑一波承担学位论文元数据加工整理、转换，学位论文引文数据加工工作。整个课题总体上分析了我国学位论文资源建设的新形势、新任务，探讨21世纪我国学位论文的新管理体系，示范性构建网络环境下我国统一的学位论文共享服务系统，凝练、归纳了这些研究的主要成果，是我国学位论文资源管理和共享保障领域集体智慧的结晶。截至2010年，中信所收有650多个学位授予单位呈缴的50多万册硕博士论文，并建立了《中国学位论文数据库》。

为了统一学位论文的撰写和编写格式，便于系统地收集、储存、处理、加工、检索、利用、交流与传播，2006年我国发布了国家标准GB/T7713.1—2006《学位论文编写规则》，相关高校和科研机构也对学位论文撰写格式，甚至是编辑排版做出了详细的规定，力求在形式上保持统一。规范的文档结构一方面督促作者在学位论文中提交所有相关信息，另一方面有利于学位论文的组织加工与检索，为后期的学位论文资源建设提供便利。

## 九、科技论文统计与科技计量评价

### 1. 科技论文统计工作

科技论文作为科技工作者开展科学研究的系统总结和理论结晶，构成科研产出的重要组成部分，对其进行统计评价，一直是科技管理界关注、研究的重要内容。科技论文的类型包括：期刊论文、学位论文、会议论文、网络交流等。按论文内容划分大致可分为：研究性论文、综述性论文，以及讨论、札记、书评等。由于科技论文包含丰富的科技内容、书目信息，以及参考文献，所以普遍认为是最重要的科技统计对象之一。随着大型文献检索数据库、科学引文数据库的运行，以及网络化、数字化在全球的迅速发展，国内外科技论文的统计评价，无论在内容和方法上都有了长足进步和深入发展。[①]

中国科学技术情报研究所从1963年开始系统收集中文学位论文，是中文学位论文的法定收藏机构。中国的科技论文数按国际三大科技论文索引（SCI、EI和ISTP）的统计，已由"七五"末的世界第15位，升至1995年的世界第11位。[②] 截至2006年，中信所已累计收集中文学位论文100余万册。1984年，中信所开始系统收集中文会议论文，截至2006年，已累计收集5万余册；从70年代开始系统收集外文会议论文集，已累计收集10万余册；从60年代开始系统收集美国政府四大系列报告，已累计收集240万余份。[③]

---

① 庞景安. 科技论文统计的应用发展及相关问题讨论. 中国科技期刊研究，2005，6：798-801.
② 中华人民共和国科学技术部. 国家科学技术条件发展60年（1949—2009）. 北京：科学技术文献出版社，2009：138.
③ 贺德方. 开创科技信息事业新局面 再铸中信所辉煌. 见：中国科学技术信息研究所编. 中国科学技术信息研究所建所五十周年纪念文集. 2006：5-7.

## 第四章 创新与跨越（1995—2010 年）

1987 年，为了完成国家科委领导提出的评价中国科技工作国际地位的任务，尚忆初、贡光禹、程玉琴、杜宝荣和张玉华等人，共同开始了中国科技论文的统计分析工作。中国科学技术信息研究所每年都召开科技论文统计信息及结果发布会，公开发布上一年度中国国际和国内科技论文整体产出情况、科技期刊的发展状况，并发布高影响力的论文、优秀科技期刊的遴选结果。来自全国科研管理部门及研究机构的管理人员近千人到会。会后包括中央电视台新闻联播在内的各大新闻媒体对会议进行报道，社会影响广泛。截至 2006 年，中信所连续开展 19 年的科技论文统计与分析工作引领全国，并推动我国科技界观念转变，为提升整体学术水平做出了贡献。

期刊引文是科技论文的重要组成部分，中国自然科学期刊以中国科学技术信息研究所和中国科学院文献情报中心两单位的引文数据为主要检索库，社会科学类以中国社科院文献信息中心和南京大学两单位的引文数据为主要检索库。北京大学从事自然科学和社会科学两方面的期刊数据统计。该 5 单位都定期发布核心期刊有关信息。

### 2. 科技计量与评价工作

20 世纪 90 年代，中国科学技术信息研究所科技计量与评价工作进展顺利，社会各界对中信所通过科学计量学获得的研究成果给予更多的承认，中信所开始试图将之应用于科研绩效评估、科学基金评审等。1997 年，根据科学计量的统计分析结果所获我国在国外重要刊物上发表论文的数量排序结果已进入国家的统计系统，在国内外重要刊物上发表科技论文的数量和质量已成为评定各科研院所和高等院校科技水平与实力的一项重要指标。1998 年，随着国家正式批准的科技期刊数量的增加，中信所根据科学的期刊评价计量指标，开始不断更新和补充来源期刊的组成，使之成为一个动态的变化过程，形成良好的学术竞争氛围，始终保持来源期刊的权威性、客观性和全面性。中信所建立的《中国科技论文引文数据库》利用科技期刊综合评价指标体系，对科技期刊进行定量分析和定性分析，并对所有来源期刊进行经常性跟踪测评，力求准确、客观地评价各类期刊。这些评价指标包括：总被引频次、影响因子、即年指标、基金论文比例、论文作者地区分布数等。经过多年的积累和完善，截至 2001 年，《中国科技论文引文数据库》通过先进的情报手段自动完成数据的采集、建库和统计分析工作，为科技计量与评价活动水平和交流传播机制提供了必要的手段和工具。2008 年 12 月 9 日，中国科学技术信息研究所与汤森路透科技集团结成战略合作伙伴，成立 ISTIC-THOMSON REUTERS 科学计量学联合实验室。双方研究人员以实验室为依托，加强学术交流，进行科学计量学相关基础理论、技术与应用性研究，探索学科发展方向；同时，联合实验室为中国科学计量学领域的科研人员提供了学术交流和合作研究的平台，包括丰富的文献资源和情报分析工具，及联合实验室研究基金。联合实验室的建立有力地推动了中国科学计量学的学科发展。2009 年，为了推动科学计量学教育的发展，中信所在研究生教育学科调整后，在图书馆专业下设置了计量学理论与应用研究方向。

## 十、国家科技报告制度的初步建设

我国在 1984 年建立起了国防科技报告体系,并实现了在国防系统内部的交流利用,但我国的科技报告管理比较零散和无序,大多数部门尚未建立严格意义上的本部门科技报告体系,国家投入大量人力、物力产生的研究成果得不到有效利用。国家科技投入产生的科技成果进行永久保存、集成管理和有效利用,加快建立国家科技资源开放和共享机制,应该成为国家科技创新体系的重要支撑和基本保障条件,成为推进科技管理体制改革的重要任务。①

我国虽然在申报、开题、中期、年度和验收等科技计划管理过程中要求提交年度进展报告、成果验收报告、财务报告等项目报告,但是这些报告与科技报告的要求还有一定差距。如专题技术报告尚未纳入计划项目管理过程,执行情况、年度进展情况、验收报告中技术细节不够详尽,工作报告、项目组织情况报告等格式并不统一,内容偏向针对管理者而撰写的组织管理报告,而不是针对创新者而撰写的科技报告。总之,科技计划管理过程中提交的报告存在的主要问题,一是提交的报告格式不标准,不适于交流,很多是组织管理内容与技术内容的混合;二是技术内容描述注重结果,对技术过程描述不详尽、不具体、不深入。因此,将科技报告纳入科技计划管理程序,将科技报告与现有项目报告相结合,按科技报告的编写标准和格式规范细化项目报告的撰写,实现科技报告与项目报告同步撰写,同平台呈交,是推动科技报告制度建设的有效途径。

我国对科技报告的研究始于 20 世纪 90 年代初,王维亮在其著作《美国政府四大科技报告实用指南》一书中,系统介绍了美国政府四大科技报告及相关文献的产生、发展、来源、分类、收藏和服务等内容,为我国科技界特别是科技情报界全面了解美国科技报告提供了很好的素材,并带来了很大的便利。中国科学技术信息研究所从 20 世纪 90 年代初开始对科技报告管理体系进行跟踪研究,已起草了《科技报告管理条例》(民口)建议稿,以及《中国科学技术报告编号》《科技报告保密等级代码与标识》《科技报告著录规则》《科技报告标引规则》《科技报告文件管理元数据规范》《科学技术报告分类范畴》等 6 个标准草案。2002 年,中信所在科技部科技基础条件平台重点项目的支持下,开展了《中国科技报告体系建立与示范工程》项目的研究开发,对国内外科技报告建设现状进行了调研,提出了中国科技报告体系建设的政策建议。2006 年 4 月 26 日,"中国科技报告体系建设与示范工程"项目组在中信所召开了项目进展情况汇报会。会议由项目专家组组长、国家科技图书文献中心主任袁海波主持。科技部、财政部、教育部、总装备部、国家自然科学基金会、中国人民大学等单位的领导和专家到会。贺德方所长就项目的总体研究思路、阶段性成果及下一步的工作做了详细介绍。2009 年,由中信所起草的

---

① 贺德方,胡红亮,周杰.中国科技报告体系建设模式研究[J].情报学报,2009,28(6):803-808.

国家推荐标准《科技报告编写规则》(GB/T 7713.3—2009)正式颁布。

进入21世纪,国内有关科技报告的报道逐渐增多,对构建我国科技报告制度具有极大的参考与借鉴价值,其研究方向主要集中于以下几个方面:①对科技报告及其发展状况的介绍。朱东辉等介绍了科技报告的概念、特点、发展历程及科技报告的作用和价值,认为科技报告体现了科研投资方的投资权益,是一种良好的技术积累和技术交流工具;霍振礼、李艳研究了美国政府科技报告的资料性和档案性及对我国科技档案工作的启示;张爱霞等对美国政府科技报告、美国能源部科技报告的组织、管理、收藏、服务等情况进行了详细分析;庄官保介绍了美国AD报告的发展过程、法规制度建设、提交范围和交流使用办法。②对科技报告资源属性及其相关工作的研究。周杰研究了科技报告资源的形成机制,从5个纬度诠释了科技报告资源的价值构成,包括科研人员、科研机构、科技管理部门、政府投资人和社会公众;曾建勋提出了网络环境下构建编写模板、统计分析工具和用户授权体系等几种技术标准应用环境的必要性及其操作执行方式;张爱霞等对科技报告编写规则的框架结构、主要内容、文档模板定义(DTD)等进行了分析描述;胡红亮等从科技报告知识产权的定位入手,详细探讨了有关科技报告知识产权的法律概念,提出了解决科技报告知识产权的思路和措施。③对我国科技报告体系建设的思考。贺德方等对我国科技报告制度的总体建设框架进行了设计,从制度建设、社会意识、保密审查等多方面提出了系统的实施策略。邹大挺等在分析中国科技报告建设现状、特点的基础上,研究了中国科技报告体系的发展策略、管理体系、法规制度体系和标准体系。胡红亮等通过分析美国科技报告体系在4个不同历史时期的演变过程,对网络环境下我国科技报告的体系建设方面进行了探讨。张东、赵新力研究了建立我国科技报告体系的紧迫性和关键因素,并提出了设想和对策建议。[①]

总体来说,我国科技报告制度仍处于起步阶段,在国家科技报告制度建设过程中遇到困难和问题是不可避免的,特别是基层科研人员对科技报告工作的认识与认同有限,特别需要依托强有力的政策和技术支持,理顺工作思路和流程,构建切实有效的科技报告工作方案,鼓励和激励各方参与国家科技报告制度的建设。

## 十一、期刊的出版、管理与评价

### (一)期刊的出版工作

1995—2008年,中国科学技术信息研究所出版或创办的期刊主要有:《数字图书馆论坛》《中国软科学》《高技术通讯》《全球科技经济瞭望》《中国科技资源导刊》《中国超声医学》《国外科技动态》《老同志通讯》《资源通报》《科技内参》《网上资源通报》《科

---

① 贺德方,曾建勋.科技报告体系构建研究.国家社会科学基金重点项目研究成果中国科技报告资源体系构建研究(11ATQ006).科学技术文献出版社,73-75.

技参考》《大众软件》《网迷》《中国科技周刊》《电子产品世界》《通信世界》《互联网世界》《跨世纪人才》等。

2008年1月28日，经国家新闻出版总署批准，由科技部主管、中国科学技术信息研究所主办的《中国科技资源导刊》正式出版发行。2009年，期刊出版工作注重实施精品带动战略，以中国科学技术信息研究所名义出版的科技期刊达到19种，每期发行量达到288 400份。2010年，期刊中心有7种期刊通过年检，全年共出刊120期。

（二）万方数据——中国数字化期刊群

北京万方数据股份有限公司作为全国最早的数据库建设者，很多数据库始建于20世纪80年代。万方数据——中国数字化期刊群源于1998年的国家"九五计划"重点科技攻关项目——数字化图书馆示范系统。从2001年至今，万方数据——中国数字化期刊群着重收录中国核心类学术期刊，并在此基础上建立了中国核心期刊遴选数据库，集纳了理、工、农、医、哲学、人文、社会科学、经济管理与教科文艺等学科的5000多种期刊（部分期刊已回溯到1975年），基本上囊括了中国的科学技术类核心期刊和社会科学类核心期刊，成为中国网上核心期刊的一大门户。在此基础上还完成了论文引文关联检索、查新服务和论文引文指标统计。

万方数据——中国数字化期刊群的最大特色首先是整个系统以刊为单位实现全文上网，按医药卫生、工业技术、农业科学、基础科学、社会科学、经济财政、哲学政法与科教文艺8个大类100多个小类排列，交叉入选、刊名查询，同时保留了刊物本身的浏览风格和习惯，更突出人性化特点，全部以HTML及PDF格式提供期刊全文，支持编辑功能。读者不仅可以通过上网阅读这些最新期刊全文，还可以进行回溯检索、统计分析，充分提高了这些数据的使用价值，具备了网上期刊资源门户的特征。其次，凭借多年积累的在资源采集、处理、渠道开发等方面的经验及中国科技信息技术研究所的大力支持，万方期刊全文数据库已经发展起来，并在全国高校、公共图书馆、各级情报所等单位得到广泛应用。再次，信息资源更新频率较快。这样既可满足用户阅读期刊的周期要求，又可以在最短的时间内找到所需期刊。万方数据——中国数字化期刊群强调网上交流的显著特征，缩小编者与读者的交流距离，方便网上检索、期刊搜索引擎和在线订阅，有利于读者快捷获取和使用知识成果。此外，用户还可以免费查看相关文章，并且提供了地方分类等其他的途径分类方法，供客户选择使用。数字化期刊群还在原有中文刊的基础上，增加英文期刊。最后，万方数据提供的镜像服务方式、用户使用帮助和在线帮助都有利于用户的资源检索和利用。[①]

---

① 中国科学技术情报学会，中国国防科学技术信息学会.中国情报学百科全书.北京：中国大百科全书出版社，2010：229-279.

第四章　创新与跨越（1995—2010年）

## （三）科技期刊统计工作

受科技部委托，中国科学技术信息研究所对我国大陆出版的科技期刊基本信息进行了统计，涉及科技期刊的自身信息（包括刊名、刊期、文种、期刊类型、页码、定价、地址、电话、邮编等），主办单位信息（名称、地址、联系方式、刊社是否为独立法人等），期刊的发行情况，获奖及处罚情况等全方位信息，这是我国科技期刊界首次进行的大规模统计。这次统计历时2年，截至2005年2月26日，中信所采取通信、电话、电子函件和传真等多种方式逐个与科技期刊管理部门进行了2次数据核实，获得了全国100余个期刊管理部门（不包含军队系统）报送的4758种科技期刊的基本信息。将科技期刊的自然状况归为9个方面，即期刊的发展、地区分布、期刊类别、学科分布、主办单位情况、文种、刊期分布、编辑部人员情况、期刊的经营状况，进行了统计和分析，并以普查的结果建立了完整的科技期刊信息数据库。该库成为我国首次涵盖科技期刊全方位信息，数据量大，数据全面、真实、翔实，可靠性好的权威性数据库。

## （四）中国精品科技期刊

国家科技部自2000年以来，先后立项进行了"中国精品科技期刊战略研究"和"中国精品科技期刊服务与保障系统"的研究工作，为提升中国科技期刊的整体水平，提出了打造精品科技期刊的概念，有力地推动了中国科技期刊的评价体系研究。遴选精品期刊的目的是为了建设"中国精品科技期刊服务与保障系统"，旨在加强我国科技资源建设，引导我国科技期刊总体水平的提高，增强国际竞争力，更好地为我国科技自主创新提供支撑和保障。通过建设精品科技期刊数据库平台、培育精品科技期刊等工作，凝聚和培养高水平编辑人才队伍，引领和带动我国科技期刊资源整体水平的提高，推动我国的开放获取工作的开展，促进科技文献资源的高效共享。2006年8月23日，国家科技基础条件平台建设项目"精品科技期刊服务与保障系统"项目研究实施启动会在中国科学技术信息研究所召开。会议由科技部条件财务司马晋主持，项目组组长、国家科技图书文献中心主任袁海波、贺德方所长及中宣部、中国科协、中国科学杂志社、清华大学、中国地质大学、北京师范大学、中国高等教育文献保障系统（CALIS）等部门负责人和专家出席了会议。

2008年，中国科技信息研究所公布了第一批300种中国精品科技期刊和23种国际化精品科技期刊名单。据2007、2008年SCI数据库统计，23种国际化精品科技期刊中，有4种期刊影响因子排在本学科的前1/3，另有6种期刊的总被引频次排在本学科的前1/3，2009年有CELL RESEARCH的影响因子进入本学科前1/4阵列。300种中国精品科技期刊，在2009年表现如下：有40种期刊影响因子排在本学科第1位，有30种期刊影响因子排在本学科第2位，26种期刊影响因子排在本学科第3位；50种期刊的总被引频次排在本学科第1位；138种期刊综合评价总分排在本学科前3名。精品科技期刊的遴选周期为3年。中信所将对精品期刊开展跟踪监测，2011年将再一次进行评价。

（五）期刊综合评价

### 1. 核心期刊的研究和评价

中国核心期刊研究工作始于20世纪70年代，当时，外文期刊价格猛涨，为了用极少的经费，购得信息量大的期刊，开始了对国外期刊的评价研究工作。20世纪80年代末，中文期刊评价研究工作提到日程，中国科学技术信息研究所开始从事核心期刊评价研究工作。1997年，"科技期刊质量标准及其评价方法"获国家科技进步奖三等奖。

### 2. 中国科技期刊综合评价指标体系

1999年，中国科学技术信息研究所建立了中国科技期刊综合评价指标体系。采用层次分析法，由专家打分确定了重要指标的权重，并分学科对每种期刊进行综合评定。2004年11月12日，中国科技期刊综合评价指标体系高级专家研讨会在中信所召开，此次研讨会对于推动科技期刊评价的客观公正和有效管理科技期刊，为各部门提供决策依据具有重要意义。

### 3.《中国科技期刊引证报告》

1994年，中国科学技术信息研究所首次发布了《中国科技期刊引证报告》。自1994年开始，中信所每年都会发布《中国科技期刊引证报告》，并于每年11月出版发行。

《中国科技期刊引证报告》分为核心版及扩刊版。其核心版选用的是中国科技论文统计源期刊。为了全面、准确、公正、客观的评价期刊，《中国科技期刊引证报告》核心版结合中国期刊实际情况选用了诸如总被引频次、影响因子、即年指标、他引率、引用刊数、扩散因子、学科扩散指标、学科影响指标、被引半衰期等多种指标，根据不同的权重系数对期刊进行综合评价。其中影响因子是一个国际上通用的评价指标，计算方法为该刊前两年发表论文在统计当年被引用的总次数与该刊前两年发表论文总数的比值，能够较好反应期刊在其学术领域中的地位。《2010年中国科技期刊引证报告（核心版）》收录中国科技论文统计源期刊共1998种。中国科技论文统计源期刊的论文构成了《中国科技论文与引文数据库》（CSTPCD），即中信所每年进行中国科技论文统计与分析的数据库，该数据库的统计结果编入国家统计局和国家科学技术部编制的《中国科技统计年鉴》，统计结果被科技管理部门和学术界广泛应用。

中国科学技术信息研究所每年出版的《中国科技期刊引证报告（核心版）》定期公布CSTPCD收录的中国科技论文统计源期刊的20余个科学计量指标，计算所有来源期刊的综合评价总分，遴选出核心期刊。报告采用多种形式的表格和图形，帮助读者全面了解和评价科技类期刊，已经成为管理人员、期刊出版编辑人员和广大科研人员的重要工具书。

中国科学技术信息研究所在与国际评价机制接轨的同时，充分利用20余年积累的科

## 第四章 创新与跨越（1995—2010年）

技论文和科技期刊评价工作经验和丰富数据，选择了总被引频次、影响因子等重要的期刊科学计量指标进行统计和分析，同时注意结合中国科技期刊发展的实际情况，创新基金论文比、地区分布数、机构分布数、他引率、离均差率等多种期刊评价指标。在出版《中国科技期刊引证报告》的10余年间，我国科技期刊有了长足的进步，科技期刊的发展也带动了科技期刊相关的指标和评价体系研究工作的不断进步，中信所将研究成果应用在《中国科技期刊引证报告》中，适时进行指标的增补和修正。2011年版《中国科技期刊引证报告（核心版）》中已经扩展到23项科学计量指标，120多幅插图。

### （六）期刊数据库建设工作

1995年7月上旬，《中国科学工程期刊数据库（英文版）》光盘正式出版。该光盘收录了我国科学技术方面的核心期刊1200种，数据总量达到10万条。

中国科学技术信息研究所建立的《中国科技论文与引文数据库》，是以中国科技论文统计源期刊为基础，其选取经过了严格的同行评议和定量评价，并每年进行调整。可以说中国科技论文统计源期刊选取的是中国各学科领域中较重要的、能反映本学科发展水平的科技期刊。研究中国科技论文统计源期刊的各项科学指标变化情况，可以在一定程度上反映中国科技期刊的发展状况，也可映射出中国各学科的研究力量。

中国科技期刊编辑学会和万方数据股份有限公司联合举办的全国核心期刊国际化、网络化研讨会于2003年9月22—23日召开，与会者认为，期刊上网是有效推进核心期刊测评科学化、准确化、规范化的有效途径之一，是中国期刊走向国际的重要窗口。《中国核心期刊（遴选）数据库》的建设是核心期刊测评和论文统计分析的数据源基础。确定核心期刊是一项繁杂而浩大的系统工程，要进行文献计量分析，定量地评价学术期刊，需要大量的期刊论文和引文数据作为统计源基础，这就必须建立完整、全面、规范的核心期刊遴选数据库。为此，北京万方数据股份有限公司以中国数字化期刊群为基础，在中信所的领导下，整合集成了多年建设的《中国科技文献数据库》《中国科技论文与引文数据库》及其他相关数据库中的期刊条目，形成了《中国核心期刊（遴选）数据库》。在网络环境下，万方数据形成了一套规模化生产、产业化运作的数据处理流程和加工方案。《中国核心期刊（遴选）数据库》建成后，能够反映科学文献的相互引证关系，体现科学知识的累计性、连续性和继承性，以及学科之间的交叉、渗透的轨迹，向前可以追根溯源，向后可以跟踪发展。《中国核心期刊（遴选）数据库》进一步扩大了学术期刊的收录范围，于2003年底囊括中国学术期刊。

### （七）中国英文版科技期刊评价

截至2009年6月，中国科学技术信息研究所建立的《中国英文版科技期刊数据库》，统计出目前我国在刊的英文版科技期刊有212种，只占中国科技期刊总量的4%左右。

### 1. 中国英文版科技期刊引证报告

2000年起，中国科学技术信息研究所建立了《中国英文版科技期刊数据库》，并致力于推进中国的英文版科技期刊走向世界。2001年，首次推出了《中国英文版科技期刊引证报告》，之后每2年出版一次。并同时召开中国英文版科技期刊研讨会。中国英文版科技期刊研讨会与中国高等学校自然科学学报研究会联合举办，每次邀请一家国际出版机构参与共同主办。截至2010年4月，中信所与中国高等学校自然科学学报研究会一共联合举办了5届"中国英文版科技期刊研讨会"。许多国际检索系统和知名出版机构通过《中国英文版科技期刊引证报告》了解中国英文科技期刊。

### 2. 英文版科技期刊评价指标体系

检索万方数据从1998—2008年10年间，关于国内科技期刊评价研究的论文得到756篇，而国外期刊研究较多的则来自于美国、英国、荷兰、比利时和西班牙。在这10年间，中信所的科技期刊的评价研究不断进步，从最初的跟踪和模仿国外同行，过渡到理论与实践相结合，不断发展、创新和开拓的阶段，并且在应用研究方面、在认知度的广泛性方面甚至已经超越了国际国行。截至2009年年底，已有52种英文版科技期刊入选"中国科技论文统计源期刊"，即中国科技核心期刊。

## （八）全国核心期刊与期刊国际化、网络化研讨会

全国核心期刊与期刊国际化、网络化研讨会是由中国科学技术期刊编辑学会、中国科学技术情报研究所、万方数据股份有限公司等单位联合举办的研讨会。从2003—2011年，一共举办了9届全国核心期刊与期刊国际化、网络化研讨会。2003年9月举办的第一届全国核心期刊与期刊国际化、网络化研讨会着重就核心期刊的概念、功效和作用，核心期刊的测评方法和数据来源等方面的问题进行了深入探讨。2004年6月举办的第二届研讨会就如何加强科技期刊深化改革，实现期刊网络化由简单拷贝向电子互动化发展，推进科技期刊的国际化发展进程及其核心竞争力的提升等方面进行交流。2005年9月，举办第三届研讨会。会议发布了《中国期刊引证研究报告（2003—2004）》。2006年6月举办的第四届研讨会就国家期刊管理政策和国际期刊发展趋势进行了交流，并就期刊国际化模式、期刊网络出版、核心期刊测评体系、精品期刊发展战略方面的内容做了相关学术报告。2007年6月举办的第五届研讨会以"核心期刊评价创新、期刊高被引指数与期刊国际化、网络化"为主题，就科技期刊发展趋势、网络化变革及数据检索引证方面做了专题报告。2008年9月举办的第六届研讨会以"联合共赢，协作创新——让DOI（即互联网上的条形码）架起中国期刊走向世界的桥梁"为主题，就期刊出版业的发展机遇和方向、国际期刊出版商未来的发展规划和思路、中国期刊业的整合共赢等问题，进行了广泛交流和探讨；并就期刊评价的精品战略问题、DOI对于国内科技信息资源特别是科技期刊发展的重要价值等与期刊发展息息相关的具体问题进行了深入分析与

探讨。2009年11月举办的第七届研讨会就期刊数字化、网络化等主题做了报告。报告主要内容包括"企业改制""数字集成""回归本质"、刊声誉和出版周期等。2010年9月举办的第八届研讨会以"期刊国际化、网络化"为主题,共同深入探讨了科技期刊在数字化、网络化时代如何科学发展,与时俱进等问题。2011年9月举办的第九届研讨会以"科学评价促发展,品质服务谋共赢"为主题,就我国科技期刊发展的新思路和新动向进行了探讨。

## 十二、图书出版工作

### (一)图书的出版

1995年7月25日,《信息工作理论与实践》教材一书出版。10月,科学技术文献出版社出版的《国防科技情报源及获取技术》获国家级科技进步奖三等奖。1996年3月26日,由国家科委常务副主任朱丽兰作序,科学技术文献出版社出版的《21世纪科普教育丛书》受到广泛好评。4月24日,科学技术文献出版社出版的《重原子核三分裂四分裂的发现》一书,在第二届科普作品评奖大会上获荣誉奖。1996年,科技文献出版社出版的《21世纪科普教育丛书》《信息世界的挑战——21世纪的信息技术》《开发太空——21世纪的航天技术》等拳头产品的出版发行,受到了新闻出版署、国家科委等上级领导部门的首肯和广大读者的欢迎,收到了较好的社会效益。1997年出版的《贵耳丛书》受到科技部领导和社会各界的肯定。1998年,科学技术文献出版社在工商局登记注册后,积极完成科技部与中国科学技术信息研究所等上级部门有关科技政策、科技信息类的重点图书出版任务;同时主动策划出版应用医学、护理技术、健康保健、农业技术等方面的图书。在医学图书市场异军突起,成为一支不可忽视的力量。1999年3月30日,万方数据库中心开发的《中国科学技术文献数据库》《英汉汉英科技大词库》被中宣部、国家新闻出版总署列入40种"庆祝建国五十周年重点电子出版物"之中。9月15日,科学技术文献出版社出版的《蓝色的海洋——21世纪的海洋开发》荣获精神文明"五个一"工程奖。自1998年国家科学技术出版基金设立至2001年,科学技术文献出版社已有11种图书获得资助,如获得基金资助的《中国肿瘤病理学分类》,由全国政协委员、中华医学会肿瘤学分会主任委员张友会主编,是我国第一部系统全面的肿瘤病理学分类方案。

进入21世纪,出版工作的社会效益和经济效日益显著,图书出版、电子及音像出版的大多数业务指标都实现逐年增长,有些工作也赢得了良好声誉。其中,科技部刘燕华副部长作序的《OECD科学技术与工业概览》和《OECD信息技术概览》、邓楠副部长作序的《中国技术前瞻报告2003》出版后受到好评,科技部合作司也给予高度评价;在文化部、财政部实施的2003年"送书下乡工程"中,科学技术文献出版社有86本图书入选,取得了良好的品牌效益。2004年,编辑出版了《纪念邓小平同志诞辰100周年丛书》,

# 甲子辉煌
## ——中国科学技术信息研究所成立60周年纪念

在8月16日召开的"学习邓小平科技思想座谈会"上,科学技术文献出版社推出了《纪念邓小平同志诞辰100周年丛书》,与会领导对《春天长在 丰碑永存——邓小平同志与中国科技事业》和《春颂——邓小平同志与中国科技事业》两本书表现出浓厚兴趣,并给予高度评价。当年还高质量地完成了我国中长期科学和技术发展规划专题研究报告的整理出版任务,《科技期刊引证报告》开始按图书系列出版。10月29日,科学技术文献出版社在人民大会堂澳门厅举行了《现代介入性超声诊断与治疗》新闻发布会,北京协和医院、北京医院、北医三院、中国人民解放军总医院及美国费城马斯杰斐逊大学医院等国内外超声界著名专家40余人参加了发布会。

2006年,中国科学技术信息研究所对出版资源进行了全面整合,成立了北京万博科文化传媒有限责任公司,当年营业额达到3271万元。中信所一直比较注重专著的产出,特别是2006年及以后更是加强了各项奖励措施,使重点专著书籍的数量和质量有了很大提升。2006年,由科技部专题研究组编写,科学技术文献出版社出版的专著图书有:《国外禽流感防控综合报告》《国外支持农业创新的典型做法与经验借鉴》《国际安全生产发展报告》《外国政府促进企业自主创新产学研相结合的政策研究》。10月10日,科学技术文献出版社出版发行了由中国科学技术信息研究所、中国科技情报学会、国家科技图书文献中心联合编著的《数字时代情报理论与实践——从信息服务走向知识服务》一书。

北京万博科文化传媒有限责任公司成立之后,不断加强内部管理,积极开拓市场,创品牌、出精品。2007年,其出版物《疑难外科病理诊断与鉴别诊断》一书获得了首届"中国出版政府奖"提名奖,《中国萝卜》和《手术中病理诊断图鉴》获得"三个一百原创出版工程"奖等多个奖项。

中国科学技术信息研究所出版业务注重实施精品带动战略,出版了《实用临床心血管病学》《临床呼吸病学》《眼科疑难病》等多种名家医学专著,进一步巩固了医学类图书的市场份额。结合"农家书屋工程"等国家重点支农计划,推出了《果树病虫害诊治原色图谱》《果树栽培农谚问答》等系列丛书。为迎接新中国成立60周年,科学技术文献出版社以高度的责任感和使命感,出色地完成了大型图书《中国科技发展60年》(入选国家重点出版工程"辉煌历程——庆祝新中国成立60周年书系")、《国家科学技术条件发展60年》(入选"庆祝新中国成立60周年百种重点图书")和大型画册《创新与跨越——中国科技辉煌60年》的出版工作。

科学技术文献出版社还积极开展版权贸易,翻译出版了一系列国外优秀著作,如从美国世界观察研究所购买版权翻译出版的《可持续发展丛书》。该书由国家科委农村科技司策划、中国科技信息研究所组织。由于广泛论述人们当前所关心的粮食、能源、水、环境等敏感问题,深受国务院领导、科技部领导和广大读者的好评。由原国家科委副主任惠永正主译的《美国制造》《美国国家教育标准》等图书,也深受广大读者的喜爱。

## 第四章　创新与跨越（1995—2010年）

### （二）重点图书

**1.《科学丛书》**

1999年10月22日，由科学技术文献出版社推出的大型科普丛书——《科学丛书》在科技部举行首发式。《科学丛书》是继《21世纪科普教育丛书》出版之后，为了进一步普及科学知识而推出，该丛书共有9个分册，包括《宇宙探秘》《生命的起源与进化》《脑与意识》《数学游戏》《世纪电脑》《考古探秘》《动物行为的奥秘》《建筑科学与文化》《生命的卫士——免疫系统》。该丛书由多名院士、专家编写，全国政协副主席宋健题词，科技部副部长邓楠作序，涉及科学技术的各个方面，内容精辟翔实，观点新颖，格调高雅，采用朴素的语言让相关或非相关领域的读者能够及时了解各科学领域前沿最新发展走向，是一套多视角、多方面探讨、介绍科学发展的优秀科普读物。

**2.《外国政府促进企业自主创新产学研相结合的政策研究》**

《外国政府促进企业自主创新产学研相结合的政策研究》是科技部专题研究组组织撰写的国外科技创新与发展系列丛书之一。主编为李学勇，副主编为靳晓明、贺德方。该书于2006年7月由科学技术文献出版社出版发行。

为使国内各界更好地了解发达国家的有关经验教训，科技部组织有关方面撰写了《外国政府促进企业自主创新产学研相结合的政策研究》。该书不但介绍了外国政府在促进企业自主创新方面所采取的各种政策措施，而且还以案例的方式具体展现了企业利用这些政策措施发展壮大的过程。该书能为关注我国创新型国家建设的社会各界提供有益的参考。

该书通过综述与案例分析，系统介绍了世界主要国家政府促进企业自主创新、强化产学研相结合的政策举措及其企业创新的案例。综述篇对政府支持企业创新、促进企业自主知识产权开发、鼓励中小企业发展和培育民族工业的措施与政策等方面进行了综合分析与论述。案例篇通过对国外近10家大型公司如何利用政府的扶持政策成为创新主体的成功经验进行了分析论述，揭示了外国政府在企业创新中的作用。

**3.《中国科技发展60年》**

2009年9月1日，科学技术文献出版社出版了《中国科技发展60年》一书。该书系统、客观地记录了新中国60年波澜壮阔的伟大实践，全面展示了新中国60年来社会主义中国、中国人民和中国共产党的面貌所发生的深刻变化，深刻总结了马克思主义中国化的宝贵经验，生动宣传了新中国60年来我国各方面所取得的伟大成就及社会主义中国对人类社会发展进步所做出的伟大贡献。

**4.《国家科学技术条件发展60年》**

在中华人民共和国成立60周年之际，科学技术文献出版社组织编写了《国家科学技术条件发展60年》一书，系统回顾60年来我国科技条件工作的发展历程，对于深刻认识中共中央、国务院明确把科技放在优先发展地位的重大战略意义，自觉肩负起历史使命,紧密结合新形势新任务,深入贯彻落实科学发展观,加强自主创新,开放共享科技资源和科研平台,创新科技公共服务方式,推进国家创新体系建设,有着重要的现实意义。本书分为科技条件篇和科技投入篇,以时间为主线客观记述了我国科技条件工作60年来的发展历程,对广大读者深入了解科学技术条件工作在推动科学技术进步,建设创新型国家中的重要作用有积极的意义。

**5.《世界高影响力学术论文科学计量学分析》**

《世界高影响力学术论文科学计量学分析(1979—2008)》于2010年12月1日由科学技术文献出版社出版发行。该书使用来自于美国汤森路透公司的Web of Science数据库的数据,按照科学基本指标数据库(ESI)的22个学科领域分类,以及按学术论文在1979—2008年共30年时间里产生的总被引次数由高到低排序,并从Web of Science数据库中选取每一个学科领域中论文总被引次数排在前1000的学术论文,共计得到高影响力学术论文22 091篇。基于上述数据,按照学科领域构建了国家或地区、研究机构、个人等角度的分析框架,从国家分布、机构分布、作者分布、发表期刊分布等视角分学科领域详尽地对高影响力学术论文进行了分析,从而比较全面和客观地反映了国家、机构和人员在各个学科发展中的影响力。《世界高影响力学术论文科学计量学分析(1979—2008)》是目前国内外首次采用上述定制的论文数据所开展的分析研究,揭示了各国家(包括中国)在学科发展中的位置和影响力,从而可为我国政府部门和科技界提供有价值的参考。

## 十三、开展信息技术的研发与应用,引领科技信息发展未来

### (一)检索工具的进一步完善

**1.《中国图书馆图书分类法》的进一步完善**

《中国图书馆图书分类法》(简称《中图法》)是北京图书馆、中国科学技术情报研究所等单位联合于1971年开始编辑的一部综合性分类法。1975年,由科学技术文献出版社出版第1版。1980年书目文献出版社出版修订第2版。1990年出版修订第3版。《中图法》除中文版外,还有维吾尔文版及日文版。1981年被国家标准局发文推荐为国家标准试用本。1985年获国家科技进步奖一等奖。《中国图书馆图书分类法》已为中国多数图书馆和信息部门采用。

1999年,在前3版的基础上,《中国图书馆图书分类法》做了第4次修订,将原名改为《中国图书馆分类法》,并由北京图书馆出版社出版。2010年,《中国图书馆分类法》又进行了第5次修订,此次修订幅度较大,新增1631个类目,停用或直接删除约2500个类目,修改类5200多个,其类目仍然为5大类22个基本大类。9月,《中国图书馆分类法(第五版)》由国家图书馆出版社出版。

## 2.《中国图书资料分类法》的进一步完善

1995年,《中国图书资料分类法》(简称《资料法》)成立了独立的编委会,负责对《中国图书资料分类法》(第3版)的修订、出版和管理。《中国图书资料分类法》是全国各类情报与信息单位、图书馆、资料部门广泛采用的大型检索语言工具书,分类法是按学科系统编制的,具体系统结构和类目设置,必然要受一定时间条件的限制,随着科学技术的迅猛发展,新事物、新学科的不断涌现和深入,以及各类用户在使用过程中陆续提出问题和意见,必须对其加以充实和修订。

1996年9月,国家科委信息司下发《关于修订〈中国图书资料分类法〉第3版的通知》,专门组建编委会,征求19个部委情报(信息)所和有关单位对各专业类表的修订意见,并且在中国科学技术信息研究所成立了修订编审组,对《中国图书资料分类法》进行第4次修订。此次修订保持了与《中国图书馆分类法》体系结构一致、有简有详的传统,除了吸收《中国图书馆分类法》第4版的增补内容外,重点修订增补自然科学与工程技术方面的内容,还根据编委会对《中国图书资料分类法》第4版增强组配功能、适应机检需要的精神,增设了若干专用复分表和通用复分表,并适当增加了一些仿分类目。《中国图书资料分类法》修订后的第4版将知识门类分为哲学、社会科学、自然科学、马列主义和综合类5个基本部类,社会科学部类展开为9大类,自然科学部类展开为10大类。这次修订变化最大的是普遍采用组配方法,允许类目间灵活地进行自由组配,并实行分段标记法,而且解决了组配后号码的分拆、前置、插入、轮排的问题,大大提高了多途径检索功能,尽量满足网络环境下机检的要求,为用户提供更多、更新的检索点。

《中国图书资料分类法》第4版于2000年2月由科学技术文献出版社出版。在修订幅度与修订质量上,《中国图书资料分类法》第4版都比前3版有较大提高。特别是在改进传统体系分类法,使之向体系-组配式分类法方面向前迈进了一步,是科技情报界检索语言研究所获得的丰硕成果之一。

## 3.《中国分类主题词表》[①]

《中国分类主题词表》从1987年开始由包括中国科学技术情报研究所在内的全国40个图书情报单位共同编制的一部大型的文献标引工具书,1994年出版了第1版,2005年出版了《中国分类主题词表》第2版和电子版,它是以《中国分类主题词表》第1版编制规则和"主题词机读规范数据""《中国图书馆分类法》第4版机读数据库"为基础,以满足电子版功能为主,兼顾手工印刷版需求而编制的。第2版对第1版全面系统地做了修订,增补新学科、新事物、新概念的主题词2万多条,删除无使用频率的旧词包括修改为入口词的有1.2万多条,增补自然语言形式的入口词2.1万多条,修改和完善主

---

① 《中国分类主题词表》内容参照了大百科全书出版社出版的《情报学百科全书》、北京图书馆出版社出版的《中国分类主题词表(第2版、第1卷)"分类号——主题词对应表(一)"、华艺出版社出版的《中国分类主题词表》(第2卷)"主题词——分类号对应表(二)"等参考书和参考资料,并在此基础上编辑加工而成。

题词的参照关系,其中有属分关系或相关关系参照的主题词达77%,对《中国图书馆分类法》第4版类目做了部分修订和调整。第2版共收录了分类法类目52 992个,主题词110 837条,主题词串59 738条,入口词35 690条,包括哲学、社会科学和自然科学、工程技术等各领域的学科和主题概念。第2版应用范围广泛,可适用于图书馆、档案馆、情报所、书店、电子网站等进行各种类型、各种载体文献数字信息资源的分类主题一体化标引和检索,它不仅适用于综合性文献标引和检索的需要,而且也照顾到专业文献信息资源标引和检索的需要。同时《中国分类主题词表》的电子版为实现机助标引和自动标引提供了知识库和应用接口。

**4. 通用信息管理系统**

1996年,中国科学技术信息研究所系统工程部研发的"通用信息管理系统Quick IMS V3.0"是全国推荐使用的优秀软件产品。1996年2月7日,"通用信息管理系统Quick IMS V3.0"被原电子部中国软件行业协会评为向全国推荐使用的优秀软件产品,并获铜牌和证书。1996年12月28日,中信所开发的大型文献型数据库平台Quick IMS V4.0(企业版)通过原电子部组织的专家技术鉴定。专家们一致认为该产品达到了当时国际先进水平,代表了我国在这一技术领域的开发水平。

**5. "英汉-汉英科技大词库"和《英汉科学技术大词典》**

"英汉-汉英科技大词库"课题是由国家科委信息司主持,钱三强、袁翰青担任顾问,中国科学技术信息研究所负责实施的重要基础课题。《英汉-汉英科技大词库》于1999年被中宣部、国家新闻出版署列入40种"庆祝建国五十周年重点电子出版物"之中。

1998年2月20日,由中国科学技术信息研究所几十名专家、学者会同1000多名科技人员,历时5年时间精心编辑的《英汉科学技术大词典》由人民邮电出版社正式出版发行。在编纂过程中得到国家科委信息司、中国科学技术信息研究所及万方网络中心、万方数据中心领导的大力支持,得到全国自然科学名词审定委员会、国家技术监督局、国家语言文字工作委员会、全国术语标准化技术委员会、中国大百科全书出版社、科学出版社和社会科学院语言文字应用研究所、中国标准化与信息分类编码研究所及有关专业单位的指导和热忱帮助。国家科委领导非常关心和支持本词典的编制与出版工作。国家科委主任宋健为词典题词:"出版大型辞书,开发信息资源"。惠永正副主任为该词典作序。

《英汉科学技术大词典》是一部大型综合性双语种词典,主要收录自然科学和工程技术方面的基本术语和常用词汇。该词典优先选用全国自然科学名词审定委员会和国家技术监督局公布的名词术语及国内外有一定影响的主题词表中的主题词,以确保所选词的准确性、规范性和实用性。《英汉科学技术大词典》的编者根据编制、修订大型检索工具书《中国图书资料分类法》和《汉语主题词表》的经验,在学科分类体系的基础上,结合科技词汇分类的要求,设置了约 200 个学科范畴,建立了比较科学而实用的词汇分类体系,并在每个英文词的中文释义后标出该词所属的学科范畴,以便读者准确选用。《英汉科学技术大词典》收录了自然科学、工程技术、经济、法律等方面的基本术语和常用词汇约 50 万条,是一部供理、工、农、医和生物等各学科专业人员、工程技术人员,以及各院校师生使用的具有较强权威性的常备工具书。

《英汉科学技术大词典》具有如下十大用途:①国内外科技术语的对照与统一;②海峡两岸科技术语的对照与统一;③科技名词术语的标准化;④自然语言数据库的开发;⑤自动标引和自动分类的研究;⑥专家系统和人工智能的研究;⑦机器翻译的语料库;⑧综合性或专业英汉词典的编制与修订;⑨多语种叙词表的研制;⑩词语知识库的建立。

**6. IMS WEB 的研究、开发和推广**

IMS 是 IP 多媒体系统,是一种全新的多媒体业务形式,它能够满足终端客户更新颖、多样化多媒体业务的需求。IMS 包括库存管理系统和信息管理系统。库存管理系统是生产、计划和控制的基础。本系统通过对仓库、货位等账务管理及入/出库类型、入/出库单据的管理,及时反映各种物资的仓储、流向情况,为生产管理和成本核算提供依据。信息管理系统涉及经济学、管理学、运筹学、统计学、计算机科学等多学科,是各学科紧密相连综合交叉的一门新学科。作为一门新科学,它的理论和方法正在不断发展与完善。它除了具备信息系统的基本功能外,还具备预测、计划、控制和辅助决策等特有功能。"IMS WEB 的研究、开发和推广"成果荣获科技部 1999 年度科技进步奖二等奖。

**7.《电子政务主题词表》**

电子政务信息系统工程是我国新近开创的国家重点工程项目,其主要目标是为我国各级政府部门在网络环境下处理日常事务、改善管理与服务提供数字化平台与基础性信息技术支撑。其中,《电子政务主题词表》属于电子政务信息系统工程项目的组成部分。1993 年,中国科学技术信息研究所主持制订的《电子政务主题词表编制规则》国家标准已通过国家标准化管理委员会组织的专家评审,正式报批国家标准。鉴于开发研制对电子政务信息资源在库内的规范化组织与管理,以及真正实现网上库际信息资源的交换尤为重要,为适应此种需要,国家标准化管理委员会于 2004 年 4 月 5 日正式发布,并于 2004 年 10 月 1 日起实施《电子政务主题词表编制规则》国家标准。2006 年,中国科学技术信息研究所、北京市人民政府外事办公室信息中心、上海因特奈信息有限公司编制的"《电子政务主题词表》编制及应用系统"获北京市科学技术进步二等奖。

《综合电子政务主题词表》(试用本)作为 2004 年度国家科技基础性工作和社会公益研究专项"《电子政务主题词表》编制及应用系统"开发研究中的主要部分,于 2005 年 1 月编制完成。这是我国第一部按国家标准编制的综合性电子政务主题词表,填补了我国在这方面的空白。该表还是目前国内外收词量最多、专业覆盖面最广的电子政务主题词表。它的先进性与创新点在于：体系结构完整、科学合理；内容覆盖了我国电子政务各领域及相关知识范畴，包括党派团体活动、理论研究、政治思想工作、政府宣传等方面，充分体现了中国电子政务的特色；选取的主题词有良好的政务信息和用户需求根据，有较强的组配功能，还收录了一批最新出现的，有较高使用频率的政务信息术语；该表参照系统比较完整实用，不刻意追求烦琐的词间关系。它的问世，对我国政务信息管理的规范化与标准化、对我国电子政务信息资源的共建共享起积极的支撑与推进作用。

《综合电子政务主题词表》（试用本）共收录主题词 20 252 条，其中正式主题词 17 421 条，非正式主题词 2831 条。范畴索引划分为 21 个大类，132 个二级类。本表主要供国家政府部门处理政务信息时使用，对处理非政务信息亦有借鉴作用。本表可作为母本与专业电子政务主题词表相结合，供各专业部门及广大用户参考使用，籍以使整体电子政务信息资源达到兼容与共享。为保证以往信息处理系统的连贯性和稳定性，在编制《综合性电子政务主题词表》（试用本）时，充分考虑兼容已有的《公文主题词表（中办）》和《国务院公文主题词表》，将其全部主题词收入本表。本表中主题词后带有〔中〕、〔国〕的分别表示主题词选自《公文主题词表（中办）》和《国务院公文主题词表》。

**8. 检索语言兼容技术的发展**

随着信息处理技术的发展和互联网时代的来临，中国科学技术信息研究所检索语言兼容技术获得了较快的发展。

我国在新中国成立初期就开始讨论检索语言的兼容性问题，但正式讨论检索语言兼容性问题是在 20 世纪 80 年代，经过多年的实践，中国科学技术信息研究所检索语言兼容化已经取得进展：通过制定标准来规范词表的结构模式和选词标准，如叙词表编制的国家标准；《中国图书分类法》和《汉语主题词表》等综合性检索语言由于其权威性和影响力，同专业性的分类表和词表在实践上实现兼容。总之，兼容是为了实现信息资源共享和联机网络化检索而对检索语言提出的新要求，它是检索语言发展的趋势。

## （二）电子信息技术、计算机技术、网络技术和多媒体技术的广泛应用

**1. 计算机信息（情报）检索**

中国科学技术信息研究所研发的《西文文献编目系统与排版系统》，使人工打字机打印卡片变为计算机自动打印卡片，人工卡片检索变为计算机检索，成为国内第一个实现计算机编目的图书情报单位。

**2. 信息（情报）服务网络化**

1995 年，中国科学技术信息研究所实现了与国际互联网联机，扩大了国际出口，实现了检索、电子公告、电子邮政等多功能服务。1995 年，TIPS 中国分部局域网开始组建。TIPS 中国分部的运行，建立了一个集网络增值服务、数据库联机查询服务和深层次咨询服务于一体的信息服务新模式。1996 年，中信所计算机网络建设进一步加强，建成了"全

国科技网"的网管中心和大楼局域网。1997年,中信所开始提供大型全文数据库万维网查询服务,将近10年开发的30多个数据库,总计达600万条记录的信息全部推向万维网上,向社会提供全文信息检索服务。1997年,中国信息资源系统(China Info)是以国家信息基础设施为依托,利用Internet技术提供网络中文信息服务的全国信息系统,是一个现代化、网络化、覆盖全国的以科技信息为主体,集经济、金融、社会、文化、教育于一体的综合性、权威性的信息传播系统。截至1997年,中信所已经自建的网络信息系统有中国信息资源系统、联合国技术信息促进系统中国国家分部、全国科技兴市信息网、全国科技成果电子信息网和中国科技信息网。2000年6月12日成立的国家科技文献资源网络服务系统是由国家科技图书文献中心组织建设的。国家科技图书文献中心的成立标志着国家科技文献资源基础建设启动实施,科技信息系统文献资源共建共享工作的改革试点进入实质性发展阶段,我国科技文献信息资源共建共享体系步入了一个新的历史阶段。

2001年,为了更好地发挥科技信息机构的决策支持作用,中国科学技术信息研究所同28家部门、地方科技信息机构联合建设了面向决策科技信息网(http://www.chinainfo.gov.cn)。同年,中信所自建了网络信息服务系统——"国家科技文献资源网络服务系统千兆平台"。同年,建立"全球技经贸快速反应系统"。"全球技经贸快速反应系统"与"科技信息决策支持平台""网络电视和中国科技周刊"是中信所提出的三大工程。"全球技经贸快速反应系统"的建立对于中信所发挥整体优势,提升业务水平,扩展服务范围具有积极意义。2004年3月18日,中信所与国家科技图书文献中心联合建设的"中国预印本服务系统"建成并正式投入使用,该系统是一个以提供预印本文献资源服务为主要内容的实时学术交流开放系统。2005年,万方数据公司承担了国家"九五"工程项目——"网上虚拟展览软件开发及应用示范项目",该项目获北京市科学技术奖三等奖。

2008年,中国科学技术信息研究所建成"中国科学技术信息研究所国家工程技术数字图书馆"网站,该网站的投入使用进一步突出了资源揭示功能,增强了网络服务能力,提升了中信所的对外服务能力。2009年中国科技情报网的开通,提升了中信所及全国科技信息机构研究工作水平,推动了中信所及全国科技信息机构情报研究工作的发展与合作,揭示并共享了情报研究成果,促进了情报研究成果的最大化,已成为全国科技信息系统情报研究资源共享平台和联系纽带。

(三)专业数据库建设工作的跨越发展

**1. 专业数据库建设取得的成就**

1995年,中国科学技术信息研究所自建了文献型数据库《中国科学工程期刊数据库》(英文版)光盘,该光盘收录了我国科学技术方面的核心期刊1200种,数据总量达到10万条;自建了事实、数值型数据库《中国科技人名数据库(中英)》。《香港公司企业数据库》《台湾公司企业数据库》等非自建型数据库也建立起来。1996年，中信所数据库建设进一步加强，在完善原建库的同时，又新建了一批科技文献数据库。自建了《中国学术会议预报数据库》《东南亚、韩国、港台公司企业及外商驻华机构数据库》《中国三资企业数据库》《中国科技论文引文分析数据库》《国家新产品数据库》《成果预报数据库》《科技声像资料联合数据库》。12月18日，中国科学技术信息研究所维特公司（系统工程部）开发完成的大型文献型数据库平台QUICK IMS4.0（企业版）通过原电子部组织的专家技术鉴定。专家们一致认为该产品达到了目前国际先进水平，代表了我国在这一领域的开发水平。

1997年，中国科学技术信息研究所非自建数据库《美国医学索引》《美国金属文摘》《美国进出口商》《IEEE/IEE电子图书馆（IEL）》《美国化学文摘》《中国专利》相继建立。1999年，中国科学技术信息研究所拥有自主版权的数据库建设取得了较大的进展，上网电子期刊超过1000种。万方数据中心开发的《中国科技文献数据库》《英汉－汉英科技大词库》被中宣部、国家新闻出版署列入40种"庆祝建国五十周年重点电子出版物"之中。

2001年，随着万方数据公司股份制改造工作的完成，中国科学技术信息研究所对原有数据库进行了优化整合，并自建了《面向决策科技信息数据库》，"面向决策的科技信息网"和"全球技经贸快速反应系统"也正式开通。

2006年，中国科学技术信息研究所支撑科技决策的重要事实型数据库建设得到加强，数据采集加工量不断增长。基于事实的科技决策信息支持能力不断增强，有关研究成果持续得到科技部及中央领导的关注。7月18日，《中信所职工发表学术论文全文数据库》开通试运行。该数据库与同年建立的《国外期刊指南数据库》《国外会议论文指南数据库》和《科技文献资源采购招标管理数据库》等基础数据库，为规范中信所的内部管理构建了基础平台。2008年，"5·12"四川汶川特大地震发生后，在科技部条财司和国家科技图书文献中心的领导组织下，中信所立即启动了抗震救灾文献信息保障应急反应机制，专门成立抗震救灾专题信息筛选小组，建成《抗震救灾专题文献数据库》，开通科技文献应急服务通道，及时提供网络检索服务，切实保障了抗震救灾文献信息服务工作的迅速开展。当年《海外高层次人才数据库》建设也得到了科技部和中组部的肯定。2009年，所领导班子在对科技情报工作发展深入思考的基础上，提出了中信所要以事实型数据资源建设为基础，推动科技情报研究的业务发展。依托"中国科学技术信息研究所国家工程技术数字图书馆"和"中国科技情报网"两个平台加强基础性文献数据库和事实型数据库建设，公益服务能力和科技决策能力不断提升。当年自建了《ISTIC－美国专利数据库》《科技项目信息数据库》。2010年，加强基础性文献数据库和事实型数据库建设，全年完成各类数据库数据1000多万条，数据库数据总量约2.5亿条，公益服务能力和科技决策能力不断提升。当年自建了《ISTIC－重点技术领域专利数据库》。

第四章 创新与跨越（1995—2010年）

### 2. 万方数据资源系统

万方数据资源系统是由中国科学技术信息研究所研制开发的，该系统由商务信息子系统、科技信息子系统和数字化期刊子系统构成。

商务信息系统主要是以 CECDB（中国企业、公司及产品数据库）为基础，向社会公众提供全方位立体化的商务信息服务。内容包括企业快车、信息仓库、会员中心、在线交易等。在企业快车中，可以按企业分类或字段（如企业名、产品名、地名等）进行检索，了解某个企业的概况。信息仓库则包括经贸信息、成果专利、法律法规、标准文献、百万商务等栏目。会员中心包含企业注册、企业修改、信息发布、信息定制、企业论坛等内容。在线交易则使会员企业通过网络进行商务贸易。

科技信息子系统是万方数据资源系统中最重要的一个子系统，数据库资源包括科技文献、名人与机构、政策法规、中外标准、成果专利、台湾系列库、商务与贸易、公共信息8大类。科技文献收录各类科技文献数据库，包括会议文献、专业文献、综合文献和英文文献，涵盖面广，具有较高的权威性；名人与机构数据库包括我国著名的科学家、两院院士、工程师的全面信息及科研机构、高等院校、信息机构的信息；政策法规主要收录内容是与科技相关的政策法规等方面的信息，内容为国家技术监督局、建设部情报所提供的中国国家标准、建设标准、建材标准、行业标准、国际标准、国际电工标准、欧洲标准及美国、英国、德国、法国国家标准和日本工业标准等；成果专利数据库记录内容为国内的科技成果、专利技术及国家级科技计划项目；台湾系列库共有数据库记录内容为台湾地区的科技、经济、法规等相关信息；商务与贸易共有数据库主要为由万方数据股份有限公司联合国内近百家信息机构共同开发的《中国企业、公司及产品数据库》，可以全方位地展示出企业和产品信息；公共信息共有数据库主要信息包括工具书、寻医问药信息和交通、旅游、宾馆等信息。

数字化期刊子系统是由国家科技部支持，万方数据股份有限公司具体操作运行的国家重点科技攻关项目，是首家网上中文科技期刊出版联盟。

## 十四、充分利用影视技术，提供全方位影视信息服务

### 1. 继续为"星火计划"服务

1995年初，中国科学技术信息研究所开始在国家科委星火计划办公室综合处帮助下立项：拍摄"星火十年"专题片，成立了筹备小组，做了1年时间的筹划，国家科委星火办公室领导参加过10余次的筹划会，科委给予了巨大的经费支持，这是多年来取得制片经费最多的一个项目。1996年4月22—26日，全国"星火科技"电视节目工作会议在北京召开，中信所副所长关家麟出席了会议。7月12日，国务院总理李鹏为由中信所承办的国家科委《中国星火十年路》电视系列片亲笔题写了片名。8月12日，为庆祝

"星火计划"实施10周年,由中信所承办的国家科委《中国星火十年路》6集电视系列片制作完成。在《中国星火十年路》拍摄过程中得到了星火企业的支持、兄弟省的支持。1997年9月2日,中信所科技声像部摄制的《中国星火十年路》电视系列片荣获中宣部颁发的精神文明"五个一"工程奖和第六届"入选作品奖"。1998年9月15日,科技部星火计划办公室批准中信所创办"星火科技30分"专栏,在全国1000家县(市)电视台播出。1998年度星火科技《无钢瓶汽油切割技术》获星火科技一等奖。1999年2月3日,由科技音像馆策划的"星火科技30分"专栏在石家庄市举行首播式。

### 2. 专注节目制作,普及科技知识

北京天盛科学技术音像出版社主要以为电视台制作科技类节目为主,先后与中央电视台、中国教育电视台、北京电视台合作制作"科技博览""星火科技""科技大世界""科技新航线""财神到""中国科技周刊"等多个栏目。1998年2月9日,中国科协主席周光召为中信所电视栏目《科技大世界》《科技新航线》题写栏目名称。12月,在中国教育电视台举行的"五十一个"栏目比赛中,由中信所制作的《科技大世界》栏目被评为第一。另外,《科技大世界》栏目工作室与中国科协共同策划、拍摄、制作完成了《跨世纪中青年科学家》(25人)系列片。该片作为建国50周年献礼片。1999年6月10日,由天盛科学技术音像出版社制作的《中国农业科技二十年巡礼》"献礼"片正式出版发行。12月28日,《龙鸟之父——季强》荣获第九届"银河奖"三等奖。

### 3. 为重大活动提供服务

中国科学技术信息研究所影视工作积极参与科技部举办的国庆50周年、55周年科技巡礼、60周年科教单元成就展、"十一五"国家重大科技成就展等活动,为"北戴河全国科技成果展"策划方案、设计展览大纲、编写脚本和解说词,并独立制作完成多部大型科技类专题片。

中国科学技术信息研究所制作多部电视专题片《辉煌岁月——国家"九五"科技成就风采录》《行走式节水灌溉——李岚清节水新理念》《自主创新 跨越发展——"十一五"国家重大科技成就巡礼》《创新之路——新中国科技60年》在中央电视台播出。制作《中国科技辉煌60年》画册及展览图册《创新铸就辉煌——国家高技术研究发展计划(863计划)二十年》《"十一五"863计划重大成果集萃》纪念画册。其中,《行走式节水灌溉》荣获第三届全国科技优秀音像制品奖。另外,2003年9月影视制作中心制作的电视专题片《纳米科技探索物质世界的新大陆》《金属磨损自修复技术》分别荣获中国科协与新闻出版署联合主办的2003年度第八届全国优秀科技音像制品一等奖和三等奖。

### 4. 为政府机关及科研企业机构提供服务

中国科学技术信息研究所影视工作配合各政府机关,为其量身定制形象宣传片的策划与制作,包括《国家科技文献中心十周年》NSTL宣传片、《万方数据十周年》万方数据宣传片、《农业科技成果转化资金》科技部农村司宣传片、《科学发展 创新未来——

基础研究十年华章》科技部基础司宣传片及中信所所介宣传片。另外建立"863"影视资料库、基础影视资料库，进行项目收集和拍摄影像资料。建立科技音像信息数字化资产管理系统，承担科技部干部培训课程的策划与制作工作等。上述影视工作均获得了各单位的好评和一致认可。

**5. 继续加强与日本在影视科技信息工作方面的合作**

（1）日本环保项目放映会。1996年5月7日，中国科学技术信息研究所与日本广播协会（NHK）国际财团共同主办的日本环境保护录像放映会开幕式，在北京中日环保中心礼堂举行，这是首次举办的日本环保项目放映会。之后，多次在全国各地举办日本环保放映会。

（2）日中高清电视放映会。2000年10月6日，中日高清晰度电视周开幕式及放映会在中国科学技术信息研究所电影厅举行，这是日中高清电视放映会首次举办的放映活动，共计500余人出席了开幕式。11月1日，日本驻华使馆公使宫家邦彦来中信所拜会张钟副所长。宾主双方就今后进一步加强中日科技声像节目的制作、播放及高清晰度电视技术等方面的合作与交流广泛交换了意见。2006年10月19日—11月4日，由中国科学技术信息研究所与日本广播协会（NHK）国际财团主办，北京万博科文化传媒有限责任公司承办的"第七届中日高清晰度电视环境节目放映会"分别在北京、桂林、广州举行，全国各地共有14 000人参加了此次活动。

**6. 摄像与制作设备的更新、发展和共享体系建设**

经过多年的发展，中国科学技术信息研究所的影视摄像与制作设备不断地更新和发展。从最早的开盘录音机、老式摄像机，到全数字高清前后期制作设备，随着时代的发展不断更新，推动了中信所影视工作的迅速发展。

随着科技文献信息资源共享体系建设的实施，影视资料共享体系建设推动了影视工作的开展。比较典型的是充分利用网络环境推进影视资源共享服务和促进文化信息资源的共享。在利用网络环境推进影视资源共享服务方面，通过观念、体制、管理和服务等方面的创新和变革，加强文献信息资源共享体系建设。

## 第四节　情报（信息）学研究与教育的发展

### 一、加强情报（信息）理论和方法研究体系建设

随着信息时代的来临，中国科学技术信息研究所情报学理论与方法体系建设进入了一个新阶段。进入21世纪后，中信所对情报学研究方法的研究突破了传统研究方法领域，尤其是信息时代的来临，情报学研究方法领域进一步扩展。梁战平在"论情报学研

究"（2003年）一文中指出，情报学研究方法包括：社会调查法、引文分析法、系统科学方法、文献计量法、科学计量法、信息计量法、网络计量法、基于文献的知识发现法。

### （一）基于事实型数据的科技情报研究方法[①]

随着我国经济社会的飞速发展，产生了海量科技信息，其数量呈现指数增长，且内容不断细化，学科上不断交叉渗透和汇聚融合，并且随着互联网等信息传输工具的大量普及而得以更加快速地在世界范围内传播。以"三段论"为主的定性科技情报研究方法已经不能满足科研工作和决策的需要，加强基于事实数据的科技情报研究，以公正客观和更有说服力的研究指导科技决策和实践，已经成为一个任务。

以事实型数据为基础，综合集成"事实型数据＋专用方法工具＋专家智慧"的科技情报研究方法论，是中国科学技术信息研究所近年来积极探索的一种科技情报研究模式，而且已经开始为国内其他研究机构所重视。这种方法论的基本思路是，在建立和累积、更新信息资源数据库的基础上，针对某些科技问题，组织研究队伍，采用各种定量和定性相结合的系统集成方法，对事实型数据进行深入分析，从中发现某种现象、规律，继而通过专家智慧，提炼出可以指导实践的政策建议。大胆创新以事实型数据为基础的方法论，无论是对于推动科技情报理论研究，还是指导创新型国家建设实践，都具有极其重要的意义。

**1. 加强事实型数据资源库的建设**

积累和购进事实型数据资源库是科技情报机构的一项重要基本功，通过扎扎实实地积累、构建服务于特定对象和目标的事实型数据资源库，从而形成自己的优势，并在此基础上形成一流且出众的研究成果。

（1）事实型数据的类型和划分。事实型数据的表现形式，主要有客观的科研产出数据（如科技论文、发明专利等）、技术产出数据（如技术成果、标准和技术贸易额等）、政府和企业的研发投入数据、相关科技档案和国内外各领域的科技进展资料、具体研究案例、科技基础设施、研发机构和研发力量等。加拿大科技信息研究所（CISTI）、美国兰德公司（RAND）等国外咨询和情报研究机构对于事实型数据的累积和更新都非常重视，并逐渐形成自身的特色。在国内，中信所在积累工程技术领域的事实型数据方面领先，主要收藏国内外科技期刊、会议文献、科技报告、科技丛书、学协会出版物、学位论文、检索和参考工具书等类型的科技文献，以参考性强、价值高的灰色文献为馆藏特色。中国国家科学图书馆则以自然基础学科、边缘交叉科学和高技术领域的科学文献资源保障、学科化信息服务和战略情报研究服务而在国内独树一帜。

（2）事实型数据资源的加工和处理。事实型数据资源库的建立为科技情报研究工作提供了"科学的工作基础"。在严谨、可靠、及时的事实型数据资源的基础上，还需要运

---

① 贺德方. 基于事实型数据的科技情报研究工作思考. 情报学报. 2009,（5）: 18-21.

用科学可靠的现代化分析工具和分析手段,再加上专家智慧,对事实型数据进行有效的加工和处理,以方便用户检索和使用。建立事实型数据库并不能通过采购各类商业数据简单地完成,必须根据不同层次和不同需求的客户对各种数据库资源进行加工和处理,建成富有特色且具有自主知识产权的数据库系统。例如,科技项目档案包含巨大的科技价值,为此我国实施了国防科技报告体系建设,从而挽救了大量的国防项目档案,使之能够得以有序集成和服务利用,并成为我国重要的情报分析源。在科技部支持下,中信所积极推进国家科技计划档案数据库的长期建设工作。此外,中信所在引文数据库建设、词表系统研制等基础数据库建设方面投入更大的人力、物力和财力资源,先后构建了知识链接系统、中国科技论文引文分析数据库系统和相关的知识组织系统等,这为进一步的文献计量分析、领域分析和学科分析等相关工作奠定了良好的数据基础。

2. 推动专用方法、工具的使用和创新

建设事实型数据库资源只是科技情报研究工作的基础,必须借助各种专用的研究方法、研究工具和研究模型,才能找出隐藏在大量事实型数据中的重大发现、重要规律,找出影响科技政策和科技战略的关键因素。

(1) 事实型数据的主要方法和工具。国内外研究事实型数据的方法有定量分析法和定性分析法、纵向对比法和横向对比法、宏观分析法和微观分析法、专利检索法和文献分析法、研究设计方法和决策应用方法。这些方法研究仍以定性方法为主,但是定性与定量相结合的综合集成方法的应用趋势日益明显。综合集成方法将专家智慧、事实型数据资源、文献资料和计算机技术进行了很好的结合,这种以人为主、人机结合的系统集成方法不仅能很好地体现社会科学研究自身的特点,还最大限度地避免了研究个体的某些缺陷对整个研究造成的负面影响,因而应该更加积极地推动其在科技情报研究领域的应用。研究的工具包括逻辑模型、数学模型、图表模型、文字表述模型和系统仿真模型等5类。基于事实型数据的研究所采用的工具更加关注科技人才、科技经费等投入指标及专利、知识产权、论文等产出指标,并相应地采用一些工具来进行研究。除了这些常用工具外,各研究机构还在实践中探索出一些专用工具,也取得了很好的效果,例如兰德公司的10万正态偏差的百万随机数字、投资组合分析工具、计算机辅助决策分析工具,中国科学技术信息研究所的T21模型等。

(2) 基于事实型数据的科技情报方法研究。美国、日本、加拿大、德国等国家的科技信息研究机构非常重视事实型数据与先进的专用方法工具相结合的研究工作。在国内,中国科学技术信息研究所率先进行了一些探索性工作。如中信所联合美国千年研究所开发的T21模型,可以通过对与可持续发展相关的数据(如人口数据、环境数据等)进行拟合,发现各种不同因素之间的关联,从而为政策调整提供依据。同时,中信所承担的国家"十一五"支撑计划重点项目"科技文献信息服务系统关键技术研究及应用示范"项目,围绕着中文科技文献信息资源开展具有自主知识产权的相关深度分析方法工具及集成系统的研发工作,并初步取得了较好的效果。例如,2008年中信所利用连续20多年从事科技论文统计分析工作的基础,从论文被引用的角度,对世界顶级科学家的国(地区)别分布状况进行了分析研究。结果发现,据SCI数据库统计,1997—2006年的10年间,全世界发表论文的作者共涉及300万人,按22个学科领域分类,排在各学科被引次数前1%的作者共有5万人。各学科排在前250名左右的高被引作者,全世界共约6097人。以作者发表论文时所属的机构进行统计,美国排在第一位,为4016人,占总人数的65.87%,分布在890个美国机构中;英国排在第二位,为473人,占7.76%;中国排第十六位,为19人,仅占0.31%,但其中来自中国香港的作者有15人,也就是说我国大陆科技人员进入世界各学科被引次数前250名的作者仅有4人。通过以上分析,得到了比一般的定性研究更令人信服的结论。

**3. 专家智慧在科技情报研究中的应用**

事实型数据资源库加上专用的研究方法和工具(包括有针对性开发的技术模型),可以为科技情报工作者完成高质量的研究报告奠定坚实的基础和条件。但仅有这些基础和条件仍然不够,还需要高水平的专家智慧作智力保障。专家智慧的引入可以使科技情报工作者更好地了解决策需求,更有针对性地处理事实型数据资源,更及时地选择、调整研究方法、研究工具和分析模型,从而做出能够为科技决策提供支撑的研究成果。

事实型数据资源库和专用的研究方法、工具只是为研究工作搭建了一个共识的工作平台,要想在这个平台上产生有独特视角、独特观点和高质量的研究报告,必须依赖专家的特色理论及专家对本专业领域情报信息的敏锐的洞察力和分析力,不同的机构、不同的研究人员对同一数据资源可能会得出不同的分析结论,专家智慧的差异在这一过程中起到了很重要的作用。

在我国的科技情报研究工作中,也越来越重视专家的智慧,国家中长期科技发展规划纲要的制定就是一个最好的例证。在这项战略研究工作中,全国科技部门和研究机构提供的各种数据、工具是一个重要的研究基础,但在这个研究基础上,组织了300多名的专家队伍,并以这些专家为核心衍生出更多重点领域的专家研究团队,在众多专家智慧基础上,才使研究工作对我国中长期科技发展产生了明确的方向性、指导性和引导示范作用。

总之,科技情报机构在保持对外科技现状和动态进行跟踪分析和监测的同时,在积累和构建事实型数据资源库的基础上,通过开发、完善各种专用研究方法、工具和分析模型,并借助领域专家的智慧,可以形成有特色的科技情报研究工作新模式。

**4. 基于事实型数据开展科技情报研究的实践**

中国科学技术信息研究所在基于事实型数据的科技情报研究方法方面进行了积极的探索和实践。在坚持开展科技信息跟踪服务的同时,加强了以事实型数据资源为基础的科技情报研究工作,积极建设科技战略情报研究平台体系,积累和更新各类服务于科技决策的事实型数据资源库（包括基于引文的知识链接数据库、面向领域深度分析的专利库等特色信息资源数据库、以科技杰出人才为核心的中国高级科技人才数据库等），探索和开发专用研究方法、工具，开展针对重点领域的深度分析等，取得了一系列成果，建立了战略研究特色资源库和战略研究信息集成平台，积极开发服务于科技决策的专用模型与工具，基于专利和科技论文，对重点科技领域进行深度跟踪与分析，从而为推动创新型国家提供助力。

（二）网络信息资源研究

进入信息社会，信息作为一种资源，对经济发展、社会进步起着越来越大的推动作用，它的开发和利用也成为各国发展的核心动力。计算机、因特网的日益普及提供了全新的信息资源环境，信息资源开发利用的网络化趋势越来越突出。中国科学技术信息研究所也从文献信息资源研究转向关注网络信息资源，即使是对文献信息资源的研究也都设置在网络环境下进行。

网络信息资源共享研究和实践活动是网络管理的重点。在信息服务领域，资源共享要求对信息资源配置进行合理的调整，资源共建与共享已经成为世界各国信息服务业发展的潮流。中国科学技术信息研究所也十分重视信息资源共建共享研究，如建立了国家科技图书文献中心和网络服务系统等。

## 二、情报学教育事业的发展

### （一）情报学专业的整合和多层次专业教育体系的形成

20世纪90年代初期，情报学教育向以"信息""信息管理"为轴心的方向延伸和发展。1998年7月，教育部颁布新的《普通高等学校本科专业目录和专业简介》（简称《专业目录》），将原来属于不同学科领域的经济信息管理、信息学、科技信息、管理信息系统和林业信息管理5个专业合而为一，设立了"信息管理与信息系统"专业，与图书馆学专业、档案学专业一起分属于管理学门类下的不同一级学科之下，其中信息管理与信息系统放在"管理科学与工程"一级学科之下，而图书馆学、档案学和信息资源管理3个本科专业同放在"图书档案学"一级学科之下。与前一次专业改名所不同的是，信息管理与信息系统专业的设置不仅明确了情报学专业教育发展的新方向，而且按照信息管理是一种内涵广泛的横断学科的特点，与其他学科和已有专业进行了大范围的整合。这种整合体现了信息管理学科的内在规定性与本质特征，高效地配置了专业资源，顺应了社会对宽口径、厚基础、高素质的复合型信息人才的需求，从而使情报学专业教育在一个全新的视野和起点上重新塑造自身，培养适应信息时代需要的知识信息的组织与管理人才。到目前为止，信息管理与信息系统专业通过整合和重构，基本达到了较为稳定的规模和状态。这一时期情报学专业教育的重点已从本科教育过渡到研究生教育。经过30多年的建设,情报学教育获得了较快发展,已经形成一个本科、硕士、博士及继续教育等多种形式相结合的完整的专业教育体系,而且招生人数较多、规模较大、培养质量较高,基本上能够满足社会对各类各层次信息管理人才的需求。

（二）情报学研究生教育

经过近30年的发展,中国科学技术信息研究所情报学研究生教育已形成由博士和硕士两级学位授权点组成、结构和布局基本合理的教学体系,在推动情报学学科建设,培养社会急需的高级专门人才方面取得了可喜的成绩,获得了较快的发展。

为适应科技信息体制改革对情报专业人才的知识结构需求的变化,中国科学技术信息研究所课程设置几乎每2年调整一次,使学生及时掌握新知识和新技术,研究方向也随之调整。1996年,中国科学技术信息研究所将研究方向调整为4个,即信息分析研究与咨询、信息市场与信息经济、计算机信息技术、信息加工与自动化（1998年改为信息加工与数据库建设）。

1998年6月19日,根据国务院学位委员会〔1998〕第44号关于下达第七批博士和硕士授权学科、专业名单的通知,由北京大学信息管理系、中国科学技术信息研究所和国防科工委情报所3家共同申请的情报学博士点获得批准。同年,中信所设立在职硕士点。博士和在职硕士点的设立为中信所文献服务和研究培训工作的进一步提高提供了广阔的活动空间。

2001年,中国科学技术信息研究所研究生教育工作走上稳步发展的轨道,全年招生录取全日制科技情报硕士研究生及进修生41名,其中,全日制硕士研究生18名,全日制硕士进修生23名。

2002年1月22—25日,中国科学技术信息研究所研究生培训中心召开了情报学硕士研究生教学大纲专家讨论会。来自全国17个高校及科研单位的30余位专家学者就我国目前情报学研究生教育状况及学科进展做了探讨和交流,并对中信所研究生教学大纲的修订工作提出了宝贵的建议。10月,根据国家人事部人发〔2002〕97号文件通知,批准中信所设立"图书馆、情报与档案管理"一级学科博士后科研工作站,开创了博士后科研工作,这是我国第一个图书馆、情报和档案管理学学科博士后科研工作站设立,也是中信所在情报教育工作上取得的一个历史性突破。博士后科研工作站和流动站的设立对于培养高水平优秀研究人才,提高中信所科研水平、学术水平和创新能力,促进学科发展、业务工作发展和培养高水平的学科带头人方面发挥了重要作用。博士后科研工作站的设立表明中信所情报学教育已经具备了跻身一流学科之林的基本条件。

2003年8月6日,中国科学技术信息研究所召开博士后科研工作站第一次专家委员会会议，会议宣布博士后科研工作站领导小组和专家委员会成立，确定了专家委员会秘书并对博士后研究方向进行探讨。9月7日，经北京市学位委员会审核批准，中信所获得图书馆学硕士学位授予权。12月，第一个图书馆、情报和档案管理学学科博士后科研工作站首批两名博士后进站。12月5日，"中国科学技术信息研究所博士后科研工作站"在中科信息市场多功能厅正式举行了揭牌仪式。2004年，中信所加强了博士后工作站管理的制度化建设，并采取措施努力提高研究生教育质量。

2005年4月1日，中信所举行2004年度首次优秀硕士学位论文颁奖仪式。11月，公益性科研院所改制后，中信所对研究生教育设置的学科进行了调整，调整后的重点学科领域和研究方向包括理论与应用情报学、图书馆学、知识组织与知识管理、现代情报技术、信息管理与服务、信息经济学、科技传播学、科技战略与科技政策研究。同月，国内第一位情报学专业学科的博士后出站。12月22日，中信所博士后科研工作站博士后研究人员杨开荆顺利通过出站研究报告答辩，成为我国"图书馆、情报与档案管理"一级学科首位博士后。

2006年1月，中国科学技术信息研究所获得图书馆、情报与档案管理一级学科硕士学位授予权。2006年，中国科学技术信息研究所全年招收硕士研究生34名，博士后进站1名，有42人获得硕士学位。在读博士15人，在读硕士69人。

2009年，中国科学技术信息研究所建立了面向学科建设和重点工作的研究生培养机制，推动和完善研究生课程体系改革，经过多次调研、分析和课程调整，中信所的研究生教育分为图书馆和情报学两个专业。其中图书馆专业设立了数字图书馆实践与用户研究、信息资源组织与构建两个研究方向；情报学专业设立了信息技术与应用、信息分析与预测、计量学理论与应用、情报学理论与方法、信息构建与知识构建、文献加工与数据库建设、信息资源整合与共享等研究方向。同年，中信所研究生培养工作围绕所领导班子制定的人才聚集、学术交流、人才培养和人才储备等"四个功能"的基本原则开展工作，完成32名全日制研究生、7名在职研究生的答辩、学位授予工作；招收博士后13人。同年，中国科学技术信息研究所还进一步加强教师队伍的培养和锻炼，使研究生培养质量不断提高。

截至2010年年底，中国科学技术信息研究所拥有博士生导师6名，在读博士生14名。作为人事部博士后管理委员会评选的全国优秀博士后科研工作站之一，有在站博士后研究人员21人，相当数量的毕业生已经成为政府部门、事业单位、企业、高校的中坚力量和业务骨干。

中国科学技术信息研究所还积极开展与国内外著名高校在图书情报领域培养研究生的交流与合作，先后与美国马里兰大学情报学院、美国长岛大学、西蒙情报学院等开展了不同形式的合作与交流，并与北京大学、南京大学、浙江大学、武汉大学、吉林大学等国内高校开展了多方面的合作。

## （三）情报学教材和专著的编写

### 1.《信息工作理论与实践》

《信息工作理论与实践》由刘昭东、陈久庚等编著，由科学技术文献出版社于 1995 年 7 月 25 日出版。该书是 1992 年 9 月"情报"改为"信息"后的第一本专著，共分 10 章，后附有 6 个目录。具体内容为：①绪论；②信息资源与信息传播；③信息采集加工；④信息存储检索；⑤咨询；⑥信息分析；⑦信息技术应用；⑧信息市场；⑨信息产业的发展；⑩信息系统管理。书后附有中国科技信息服务业、日本信息服务业、西欧信息服务业、发展中国家信息服务业 6 个附录。该书在图书情报界有较大影响，是一部具有指导作用的参考书，可作为大专院校有关专业的教材和参考工具。①

### 2.《数字时代情报学理论与实践——从信息服务走向知识服务》

2006 年，中国科技情报学会联合中国科学技术信息研究所、国家科技图书文献中心编著了《数字时代情报学理论与实践——从信息服务走向知识服务》一书，该书是由中信所和有关部委科技信息机构的领导、专家，高等院校的教授、博士研究生导师，信息企业的高级管理人员共同参加编写的一部情报学综合性著作。10 月，该书由科学技术文献出版社正式出版发行，原国务委员、全国政协原副主席宋健同志及师昌绪、胡启恒、乌家培等两院院士和知名教授为此书题词，原科技部部长徐冠华为此书作序。

该书从理论到实践全面介绍了信息化社会信息服务走向知识服务的特征、规律及其基本内容，主要内容包括：信息与知识服务的情报学理论基础与学科建设；信息资源采集与评估；信息组织与构建；数据库建设；情报检索与知识发现；情报研究与咨询服务；竞争情报与知识管理；情报服务与情报用户；情报学教育与人才培养；以及国内外信息服务业与知识服务业发展概况等。

该著作是继 1959 年《科技情报工作讲义》、1984 年《科技情报工作概论》、1995 年《信息工作理论与实践》以后，中国科学技术信息研究所组织编辑出版的第四部理论与实践相结合的情报著作。这部著作正值中国科技信息事业创建 50 周年之际出版发行，对科技信息界、信息资源管理领域及情报学、图书馆学教育界具有重要意义。它既是对 50 年来国家科技信息事业和情报学理论与实践的总结和升华，也是对信息（情报）事业和学科建设与发展进行的展望和前瞻性研究。这部著作是信息工作人员开展业务工作和提高专业水平、学术研究水平的必读之书，也是各种信息教育培训和高等院校有关专业的教学参考书。②

---

① 中国科学技术情报学会，中国国防科学技术信息学会．中国情报学百科全书．北京：中国大百科全书出版社，2010：331-332．

② 中国科学技术情报学会，中国国防科学技术信息学会．中国情报学百科全书．北京：中国大百科全书出版社，2010：255-256．

## 三、专业教育培训工作

### （一）在职教育与培训

1995年5月，中央召开全国科技大会，提出了"科教兴国"战略。在此形势下，中国科学技术信息研究所所务会于年底专题研究了职工在职培训工作，决定把在职培训提高到更为重要的战略地位，以适应发展信息服务业和培养跨世纪人才的需求，并原则通过了《关于实行职工义务继续教育的暂行规定》，提出了许多具体的加强措施。1995年，中信所参加教育培训、进修及各类大专学习的共计609人（包括出国进修人员），占职工总数的61%。

1997年，经北京市学位委员会批准，中国科学技术信息研究所获得"具有研究生毕业同等学力人员硕士学位"授予权，开始开展以同等学力申请硕士学位的培养工作。经过多年的努力，中信所同等学力教育逐渐走向成熟化、规范化、多样化。中信所开展了情报学同等学力研究生教育，研究方向为"信息分析研究与咨询"和"信息技术与信息资源管理"。培养模式主要有以下3种：①北京班。即主要是面向北京地区的生源，每周六、日授课，学制1.5年。②全国班。即面向全国各地的生源，每年集中面授2次，每次15天，学制2年。③合作班。即与外地一些高校合作办班，采用聘请当地优秀教师和派遣北京教师相结合的方式，在当地每周六、日进行授课，学制1.5年。从1998年到2005年，北京班同等学力研究生的招生规模首先经历了一个迅速上升时期，在2001年达到顶峰，之后发展速度放缓；到2006年，全国班已经连续招收2年，因报名人数少而没有开班；2003年和2004年分别与上海交通大学、河北科技大学合作办班。

2001年，中国科学技术信息研究所与美国马里兰大学合作开办了"美国马里兰大学进修学习WIPO知识产权研讨班"，参与该班出国进修的人员共计9名。6月，鉴于中信所继续教育工作成绩突出，教育部、财政部及国家发展计划委员会联合授予中国科学技术信息研究所全国"两基"工作先进单位。2002年，中信所恢复国内在职短期培训项目，举办了英语和计算机培训班，参加培训人员共计209人。同年，中信所全面加强中层干部的公开选拔与培养工作，首次举办新任干部培训班，积极选派部分年轻干部和业务骨干参加部系统培训班及驻外干部英语考试，共有4名干部通过考试并获得科技部驻外资格。2010年，中国科学技术信息研究所拓宽干部锻炼渠道，全所先后选派青年骨干到国外攻读博士学位1人、进行短期进修3人、西部博士服务团1人。围绕学习型组织建设，先后组织了全体中层干部赴井冈山进行业务知识管理培训，开展了支部书记、委员党务知识培训。全年先后面向所内组织各类业务培训的学术报告会和专题讲座。同时，面向社会、科技部系统和行业举办全民信息化素质教育、科技查新、科技计划项目管理、情报分析与战略研究、计算机应用培训等培训20余场，接受培训的人员近千人次。

## （二）国家科委计算机软件技术培训中心的建立和发展

在国务委员、国家科委主任宋健同志的倡议和推动下，1993年11月12日中日两国政府正式签署了《关于就成立国家科委计算机软件技术培训中心实行技术合作项目的会谈纪要》（即R&D文件）、《关于国家科委计算机软件技术培训中心技术合作项目会谈纪要》备忘录和《国家科委计算机软件技术培训中心技术合作项目暂行实施计划》3个文件，正式成立了国家科委计算机软件技术培训中心，由中国科学技术信息研究所承办。

培训中心重点将定期开设系统管理和系统开发两个班。课程设置突出目的性、系统性、先进性和实用性特点。1995年5月9日，"国家科委计算机软件培训中心首届系统开发培训班"在中国科学技术信息研究所举行开学典礼。国家科委信息司司长刘昭东、副司长陈松生、中信所主管项目所领导陈炳刚及有关方面的外宾、专家近百人参加了开学典礼。该培训中心的目标是促进中国计算机软件技术产业的发展，加强计算机软件技术培训功能，引进国外先进技术和方法，培养系统开发、系统管理等方面的中、高级软件技术人才。该培训班注册学员46名。1995年中国科学技术信息研究所还举办了微机入门班、VISUAL BASIC班、网络班等几个专题短训班。此外，中信所还根据软件技术市场的需求，不定期开设短训班和举办研讨会。1998年8月31日，"国家科委计算机软件技术培训中心"项目顺利通过评估，并在人民大会堂举行评估报告签字仪式。

## 第五节 交流合作促进跨越式发展

### 一、新世纪国内科技信息事业的交流与合作

#### （一）发展与港澳台地区的交流与合作

中国科学技术信息研究所积极开展与台湾、香港、澳门地区的交流与合作。分别与台湾资讯工业策进会、台湾科学技术资料中心、台湾大学、香港雅式公司、中国网络（百慕大）香港有限公司等多个机构进行接洽互访，就科技文献共建共享等问题进行沟通交流。

2005年12月24—31日，贺德方所长一行应邀出席在台湾举行的由万方数据（香港）有限公司、台湾文岗信息股份有限公司及国际信息整合联盟（IFII）联合主办的"海峡两岸学术资源发展论坛"。论坛期间，贺德方所长一行还访问考察了财团法人中华出版基金会、IFII国际资讯整合联盟、飞资得资讯有限公司等机构，促进了海峡两岸情报、图书馆界学术交流。

2002年5月20日，以全国政协委员、澳门管理专业协会理事会主席、澳门立法会议员崔世昌先生为团长的澳门专业人士访问团一行17人来访。中国科学技术信息研究所与澳门专业人士进行座谈，座谈会由赵新力副所长主持，梁战平所长、武夷山总工程师及有关业务单位负责人参加了座谈。2003年12月6日，赵新力副所长接待了澳门图书馆馆长邓美莲等一行2人。

## （二）发展与国内同行业之间的交流与合作

### 1. 业务交流与合作

1995年2月23日—3月1日，中国科学技术信息研究所组织职能部门和有关单位负责人，由所长刘昭东等人分别带队，赴国家信息中心、北京图书馆、上海情报所、山东省信息所和天津信息所等单位学习经验。2000年，为增强与国内同行的联系，促进科技信息交流与合作，中信所召开了"全国科技信息机构体制改革与发展工作研讨会""全国星火科技电视节目工作会议"等国内会议，促进与国内科技信息机构之间的交流与合作。中国科学技术信息研究所充分发挥所内学会、协会的平台作用，通过组织学术活动和举办高层次的国内学术会议，在科技信息、情报行业内产生了越来越大的影响。2008—2009年中信所与河北省科学技术情报院、天津市科学技术信息研究所、山西省科学技术情报研究所、湖南省科学技术情报所等多个兄弟情报单位访问沟通，就中国科技情报网平台建设达成共识，签署了中国科技情报网合作协议。2010年4月12日，中国科学技术信息研究所与甘肃省科学技术厅《合作框架协议》签字仪式在兰州举行。中国科学技术信息研究所与甘肃省科学技术厅的所地合作框架协议正式签约，省科技厅党组书记、厅长张天理，中信所所长贺德方参加了签约仪式。本次所地合作旨在推动区域间科技合作与交流，发挥资源优势，提升区域科技信息服务水平，增强科技创新能力；战略合作内容主要集中在科技发展战略研究、科技情报网共建共享、科技论文统计分析、科技信息网络技术研发、科技人才培养5个方面。11月4日，中国科学技术信息研究所"2010年度中国科技情报网"工作会议在湖南长沙召开。赵志耘副所长出席会议并做了2010年度工作报告。全国20余家省级情报所有关领导及中国科学技术信息研究所相关人员参加了会议。工作会议进一步增强了中国科学技术信息研究所与地方科技信息机构之间的交流与合作。

### 2. 展览会与研讨会

1995年11月24—28日，中国科学技术信息研究所组团参加了在北京展览馆举行的第三届全国电子信息应用展。1998年10月8—29日，中国科学技术信息研究所举行"万方数据产品全国巡回展"。此次巡回展历时一个月，横跨哈尔滨、武汉、成都、长沙、南京五省市，所到之处受到了当地政府及高校、科研机构、企事业单位的热烈欢迎。此次巡回展在五省市引起强烈反响，当地电视台及新闻媒体都对此进行了全面报道。1999

年10月，万方数据（集团）公司相继在上海、重庆、长春、郑州及昆明5个城市举办了"万方数据资源系统和服务中心巡回演示会"，全国各地的近千名代表参加了演示会。2002年，中国科学技术信息研究所加强对外宣传，促进业务交流，举办"中国科学技术信息研究所发展历史与成就展"，制作《中国科学技术信息研究所简介》中、英文版光盘，编辑出版《中国科学技术信息研究所产品宣传册》，首次举办了业务单位成果展示活动。

2003年8月8—9日，中国科学技术信息研究所在北京召开了"中国科技信息事业发展战略研讨会"。会议由赵新力副所长主持，邹大挺所长、吕伟伟副所长、刑宪力副书记、贺德方副所长、武夷山总工程师及相关部门负责人出席了会议。来自中央国家机关有关部委情报所及省市情报所20余家单位的负责人参加了会议。2004年5月26—28日，由中国软科学研究会和中部区域创新发展战略研究课题组联合主办的首届中部区域创新论坛在武汉市举办。中信所所长邹大挺担任大会秘书长。本次论坛以城市群为探讨重点，从经济学与管理学的角度深刻分析了中部面临的机遇和挑战，揭示了应遵循的发展规律，提出了一些有参考指导意义的对策和建议。论坛创新了中部五省联动协作机制，并对中部五省起到了辐射作用，对中部五省经济起到推动作用。2009年11月11—13日，首次"中国科技情报网情报分析与战略研究研讨班"在北京举行。就中国科技情报网开展的合作研究相关内容，来自13个省级科技情报机构单位的35位代表参加培训。2010年3月28—29日，第六届万方数据三亚论坛在海南三亚举行。新闻出版署、工信部、安全部等有关部门领导出席会议并发表讲话，北京万方数据股份有限公司蒋勇青总经理、威科集团医学研究部全球业务发展副总裁安德鲁·理查森先生等与各界代表进行了广泛而深入的交流和研讨。来自政府部门、学术团体和科研机构、出版业、图书馆界、新闻媒体等180家机构或团体的200余名代表出席了会议。

## 二、国际交流与合作继续稳步发展

1995—2010年间，中国科学技术信息研究所国际交流与合作工作在原有的基础上继续得到发展，并实现了国际交流与合作工作领域的突破和跨越。特别是2009年以后，中信所结合所里重点工作和学科建设，加大开拓深层次国际合作的力度，对外交流不断取得新的突破。利用中信所的行业地位优势，积极保持和国际科技信息司组织和机构的工作交往和项目合作。选定国际合作基础好的科学计量学、未来学等学科，重点推进，通过参与该学科领域的国际会议、讲学、人员交流、合作研究等形式，切实推进学科建设向国际水平发展。国际合作与交流活动为中国科技信息事业的发展带来了更多的国外信息资源，为中国信息服务业的水平与世界缩小差距提供了渠道，为人才队伍培养提供了平台，为中国科技信息事业的发展提供了保障。

## 第四章 创新与跨越(1995—2010年)

### (一)举办和参加各种国际会议与交流

#### 1. 参加和举办国际会议

1995年,国家科委科技信息司在北京五洲大酒店成功举办中国第一届国际信息咨询与服务业大会,国内参会者多达1000人,各国外宾300多人。1996年9月2日,刘昭东所长出席在北京召开的世界档案大会开幕式。1998年6月21—24日,梁战平副所长出席在美国乔治·曼逊大学举行的世界信息技术大会,来自46个国家的1600位政界、企业界、学术界人物出席了会议。2000年10月10—20日,中国科学技术信息研究所与联合国教科文组织联合在北京召开"亚太地区及东欧地区计算机中心合作国际会议"。来自国际组织、亚太地区有关国家的代表共20余人出席会议。梁战平所长出席会议开幕式并向大会致开幕词。2004年10月11—13日,由中国科学技术信息研究所和DEVNET/TIPS中国国家分部华东事务局承办的"国际技术经济合作项目信息交流大会暨DEVNET/TIPS2004年会"在上海举行。来自国外的金融机构、商会、研究机构、企业及DEVNET/TIPS系统部分成员代表100余人出席会议。科技部邓楠副部长亲临大会并作重要讲话,邹大挺所长、赵新力副所长、武夷山总工程师出席了大会。同年10月21—23日,由中信所主办的联合国教科文组织第二届亚太地区信息网络会议在北京召开。会议代表来自中国、蒙古、韩国、朝鲜、日本等17个国家。2005年7月22—29日,武夷山总工程师出席第十届科学计量学国际会议。国际科学技术信息委员会(ICSTI)是世界科技信息界极具影响力的专业性国际组织。自成立以来,充分发挥了在世界科技信息领域内的交流平台和联系纽带作用,为推动科学交流合作、提高科研工作成效做出了重要贡献。2007年1月18—23日,赵志耘副所长出席在英国伦敦举行的ICSTC国际会议。2009年,中信所获得了国际科技信息委员会夏季大会在中国的首次举办权。2010年2月6—8日,陈家昌副所长一行赴法国巴黎参加国际科技信息委员会冬季会议。会上,中信所向ICSTI理事会及全体会员大会汇报了"2011年北京国际科技信息委员会夏季大会"的前期准备工作及大会基本组织方案。大会原则同意中信所提交的会议基本组织方案,最终确定"2011年北京国际科技信息委员会夏季大会"学术会议于2011年6月7—9日在北京召开。

2009年11月21—23日,由中国科学技术信息研究所、清华大学经济管理学院及澳大利亚南昆士兰大学共同举办"第四届科技信息资源共享促进国际会议"在北京举行。陈家昌副所长出席会议并致辞,科技部高新技术发展及产业化司副司长杨威武做大会发言。来自美国、德国、澳大利亚等15个国家和地区的近200名专家学者参加了会议。2010年11月27—28日,由中国科学技术信息研究所、北京理工大学和澳大利亚南昆士兰大学共同主办的"科技信息资源共享促进国际会议"在北京召开。陈家昌副所长致欢迎辞,科技部高新技术发展及产业化司处长王春恒出席会议并讲话。来自美国、加拿大、法国等10多个国家和地区的近300名专家学者出席会议。"科技信息资源共享促进国际会议"已经成为领域内有一定影响力的国际学术会议,该会议论文集已被美国《工程索引》(EI)检索。

**2. 各种国际学术交流活动**

1995年9月18—23日,亚太地区科技信息与经验交流网(ASINFO)第十届工作协商会议及主题为"21世纪信息教育发展战略研讨会"在中国科学技术信息研究所举行。1997年11月4—5日,由世界时代出版公司、美国国际数据集团亚洲公司、联合国开发计划署和中信所共同举办的"信息规则"系列国际研讨活动的第五站——"因特网上的交通规则"研讨会在北京钓鱼台国宾馆举行。2000年10月25—27日,中信所与联合国教科文组织驻亚太地区总办事处联合在北京召开"亚太地区信息伦理学术研讨会",来自国内外代表共15余人出席会议。张钟副所长到会并致开幕词,张钟副所长同时还被选为会议联合主席,主持会议专题讨论。

2001年5月10—24日,由科技部支持的"数字图书馆及网络信息服务国际研讨班"在中国科学技术信息研究所举行,来自泰国、越南、巴基斯坦、蒙古、朝鲜、印度尼西亚、斯里兰卡和尼泊尔8个国家的21名学员参加本届研讨班。梁战平所长及联合国教科文组织亚太地区顾问、丹麦哥本哈根大学苏珊·奥雷格女士和丹麦技术知识中心主任安妮特·施瓦茨女士为特邀嘉宾出席开幕式。

2003年10月20—21日,由TIPS中国国家分部承担的"欧盟——提高中小企业可持续发展能力"项目启动研讨会在北京举行。科技部的代表、各国合作方代表、欧盟驻华代表团、德国和意大利等国专家、国内政府机构、企业、科研院所等160余人参加了会议。此次会议对于提高中国中小企业可持续发展的商业意识具有重要意义。

2005年10月15—16日,由中国科学技术信息研究所主办、日本科学技术振兴机构和韩国文献处理学会协办的"第二届中日韩知识处理和服务国际研讨会:元数据及本体"在北京梅地亚中心召开。来自日本科学技术研究所、筑波大学及东京国际大学的日方代表,韩国圆光大学、汉城大学、韩国欧罗米系统(Orominfo)软件公司的韩方代表,以及北京大学、中国国防信息中心等单位的代表参加了研讨会。武夷山总工程师致开幕词。

2007年8月28—29日,由联合国教科文组织支持,中国科学技术信息研究所、爱思维尔中国科学技术部和中国高等学校自然科学学报研究会共同主办的"第四届中国英文版科技期刊研讨会"在北京举行。中信所发布了《2007版中国英文版科技期刊引证报告》。来自全国英文版科技期刊编辑部的108位期刊管理、编辑和发行人员参加了本次会议。

中国科学技术信息研究所还组织了多场报告会和培训活动。2004年1年内邀请国内外专家做学术报告20多场。2004年11月1—5日,由中国科学技术信息研究所、北京地球纵观环境科普研究中心、联合国环境规划署、TVE亚太地区代表处联合举办的"环境及可持续发展电视媒体培训"在中信所举行。来自澳大利亚、斯里兰卡、日本等国的环境保护专家40余人参加了培训活动。2005年11月25日，由中信所、中国联合国教科文组织全国委员会及联合国教科文组织驻北京办事处联合主办的"第一期信息素质教育师资培训班"在浙江萧山举行。来自全国20个省、市、自治区的48个科技情报研究所、高等院校的83名学员参加了培训班。中国科学技术信息研究所副所长赵新力、联合国教科文组织驻北京办事处谢卡琳女士出席培训班开学典礼。

中国科学技术信息研究所通过举办各种国际学术研讨会、报告会，以及组织的国际培训活动，充分展示了中国科学技术信息研究所对外开放合作的形象，在行业内产生了越来越大的影响。

（二）积极开展与联合国的交流与合作

### 1. 开展与联合国教科文组织的交流与合作

开展与联合国教科文组织"两计划"和全民信息计划的交流与合作。1996年12月1日，刘昭东所长赴法国巴黎出席联合国教科文组织政府间信息学计划（IIP）会议。1998年12月7—11日，梁战平副所长应邀出席联合国教科文组织在法国巴黎举行的政府间信息计划（PGI）第7次政府间委员会议、综合信息学计划第12次政府间理事会会议及两个会议的联席会议。梁战平副所长当选为联合国教科文组织在综合情报计划处会议副主席。1999年6月24—28日，梁战平副所长以副理事长身份出席联合国教科文组织综合信息计划处和政府间信息计划会议。会议讨论了综合信息计划和政府间信息计划两计划合并进程，以及讨论合并后新计划"全球信息基础结构计划及其管理结构"（GIP）。2001年，"两计划"合并为"联合国教科文组织全民信息计划"（IFAP）后，中国科学技术信息研究所代表我国当选了联合国教科文组织全民信息计划理事会成员，并被提名为副理事长候选人。2003年5月4—6日，邹大挺所长出席在巴黎举行的联合国教科文组织全民信息计划政府间理事会第三次会议，并当选为主席团成员。同年，联合国教科文组织批准中信所成立全民信息计划中国国家委员会的申请。2010年3月29—30日，张满年副所长一行应邀赴法国巴黎参加联合国教科文组织的全民信息计划第六次政府间理事会。会上，张满年副所长代表中国就政府间理事会未来的运作方式和《信息社会伦理准则草案》等议题提出了建议。

开展与联合国教科文组织亚太地区的交流与合作。1995年，联合国教科文组织亚太地区协调员托里求斯女士来访，大力促进联合国教科文组织与中国科学技术信息研究所的合作活动和合作项目。2001年5月9—16日，联合国教科文组织亚太地区顾问苏珊·奥雷格女士出席"亚太培训班"开幕式并向学员授课。期间，梁战平所长和张钟副所长会见了来宾，宾主双方就ASTINFO改革、门户网站建设及人员培训等共同关心的问题充分交换了意见并达成共识，为进一步扩大中信所与联合国教科文组织的合作与交流奠定了坚实的基础。

### 2. 开展与联合国技术信息促进系统的交流与合作

1997年6月3日,联合国技术信息促进系统(TIPS)中国分部成立10周年大会在中国科学技术信息研究所中科信息市场举行,来自TIPS总部、联合国开发计划署、欧盟及20多个国家的驻华使节与国内有关方面的人士到会表示祝贺。TIPS中国分部主任王连海、TIPS罗马总部执行主席古斯塔沃·佛洛伦斯和国家科委信息司司长、中国科学技术信息研究所所长朱伟在会上先后致辞。2000年6月22—29日,张钟副所长接见联合国技术信息促进系统罗马总部主任巴里奥斯先生并与其进行了会谈,双方表示今后需进一步加强交流与合作。会谈结束后双方签署了合作谅解备忘录。10月8—14日,张钟副所长会见了联合国技术信息促进系统主席萨维奥博士,双方就联合国关于妇女信息技术和电子商务培训项目在中国的实施进行了商讨,双方还就TIPS项目的进一步合作进行了建设性探讨。10月17—21日,联合国技术信息促进系统亚洲地区会议和亚洲与欧盟合作会议在斯里兰卡首都科伦坡举行。张钟副所长任会议主席并主持了会议。会议就TIPS网络的现状与发展、欧盟与亚洲及中国在技术贸易信息领域的合作进行了探讨。

### (三)积极开展与有关国际组织的交流与合作

#### 1. 促进与国际文献联合会之间的交流与合作

1996年4月15—18日,应国际文献联合会(FDI)的邀请,刘昭东所长以理事身份出席了在埃及亚历山大召开的理事会会议。10月19日—11月1日,以刘昭东为团长的中国科技信息学会代表团一行22人赴奥地利参加国际文献联合会第48届大会。

#### 2. 加入国际万维网联盟

国际万维网联盟(W3C)于1994年10月成立于美国麻省理工学院计算机科学实验室。国际万维网联盟是国际著名的标准化组织,拥有来自全世界40个国家的400多个会员组织,已在全世界16个地区设立了办事处。2006年4月28日,万维网联盟在中国内地设立首个办事处。2008年,中国科学技术信息研究所加入了国际万维网联盟国际组织。

#### 3. 加入国际科技信息委员会

2005年,中国科学技术信息研究所加入国际科技信息委员会(ICSTI),中信所是中国第一个加入该组织的国家成员。中信所积极开展与该组织的国际交流与合作,参加了该组织举办的国际会议和年会,并积极筹办"2011年北京国际科技信息委员会夏季大会"。

#### 4. 加入国际数字对象识别号基金会(IDF)组织

国际数字对象识别号基金会是成立于1998年的非营利组织,它是DOI系统的行政主体,目的在保障与DOI系统相关的知识产权,推广DOI的运用,并确保DOI系统的一切改进(如创造、维护、注册、解析与相关决策)能为全体注册者使用。

2007年初,中国科学技术信息研究所和万方数据股份有限公司联合向IDF申请取得了DOI的中文注册权,并在此基础上成立了中文DOI注册中心,成为中文信息服务领域的第一个IDF组织下的中文代理。建立并负责运作中文DOI的推广与应用，作为第一个中文合作式参考链接服务。万方数据研究院则是注册中心的日常管理基地。中心的任务与目标是通过与国内外相关机构的合作，推进DOI在国内出版界、信息服务界的应用，并积极探索通过DOI实现中文与英文文献资源的链接；中心不仅提供DOI的注册服务，而且还通过建设一个DOI中文应用平台与门户网站，提供基于DOI命名及应用相关的增值服务。在信息资源整合的基础上通过DOI系统提供更多的附加服务。

#### 5. 开展与欧盟的交流与合作

2000年6月29日，中国科学技术信息研究所与欧盟亚洲投资计划秘书处在北京共同主办了"欧盟亚洲投资计划报告会"。欧盟亚洲投资计划秘书处中国事务代表胡珍安女士就促进欧盟企业与中国企业之间的经济技术合作做了专题报告。来自各级政府部门、专业协会、地方情报所及TIPS中心站的代表120余人参加了报告会。同年9月7日，张钟副所长会见了欧盟亚洲投资代表胡珍安女士。胡珍安女士向张钟副所长通报了欧盟亚洲投资计划的实施情况。宾主双方表示今后要继续推动双边交流与合作向更高台阶迈进。

### （四）开展与美国的交流与合作活动

#### 1. 开展与美国学界的交流与合作

1994年7月和12月，美国马里兰大学图书情报学院院长安娜·普林蒂斯访问中国科学技术信息研究所，中信所和美国马里兰大学合作达成了信息人才培养，共同签订中国科学技术信息研究所情报学硕士研究生培训班的协议。1995年1月，合作协议生效，中信所与美国马里兰大学图书馆情报学院开始实施培养研究生和学术交流的合作协议，协议执行10年。在协议执行期间，中信所研究生毕业时，均可获得中信所与美国马里兰大学图书情报学院、联合国教科文组织3家共同签署的一年制研究生班结业证书。该活动使学生有机会了解学科的发展前沿，开阔了视野，提高了社会交往能力和英语水平，综合能力得到提升，也促进了双方的学术交流。[①] 中信所与美国马里兰大学的合作项目在我国与菲律宾、英国、法国、瑞典、丹麦、挪威、日本及美国技术情报服务处开展的同类情报与信息人才培训项目中，属于时间最长、效果最好的项目之一。

1999年1月19日，原美国白宫科技政策办公室主任，时任乔治梅森大学科学、贸易和技术政策中心主任瑞奇福特博士来访，张钟副所长接待了客人并进行了友好的会谈。

#### 2. 开展与美国世界观察研究所的交流与合作

1998年5月25日，美国世界观察研究所所长雷斯特·布朗博士应梁战平副所长的邀请，来中国科学技术信息研究所做了题为"21世纪人类的选择"的学术报告，并商讨了继续合作出版等事宜。2005年2月2日，武夷山总工程师会见世界观察研究所林安妮·米

---

① 张德，关家麟. 情报学研究生教育回顾与前瞻. 情报科学，2009，(1)：17-20.

切尔女士、全球环境研究所史立宏女士,双方洽谈了合作事宜。

### 3. 开展与美国《科学美国人》杂志社的交流与合作

1996年3月19日,宋健同志在中南海紫光阁会见美国《科学美国人》杂志社国际事务总裁佛冲先生和《自然》杂志社总裁兰特先生一行2人。刘昭东所长、关家麟副所长、重庆分所所长陈源曙参加了会见,双方就与重庆分所合作事宜进行了会谈。2001年3月21日,张钟副所长拜会来北京访问的《科学美国人》杂志总裁罗尔夫·克里斯巴克和副总裁恰克·麦克莱弗并洽谈合作事宜。5月31日,麦克米伦出版集团全球业务总经理克里斯托弗·帕特森一行3人来访,宾主双方就《科学美国人》杂志的合作事宜充分交换了意见并达成共识。2004年2月4日,邹大挺所长、吕伟伟副所长会见前来中信所访问的《科学美国人》出版公司总裁雷琴·泰勒加尔芭女士、国际部执行董事迪安·潘德林先生,双方进行了友好会谈。

### 4. 开展与美国图书情报界的交流与合作

2003年12月7日,中国科学技术信息研究所与美国科学信息所在科技部联合举行了"国际科技文献数据库高级用户定向服务开通仪式"。科技部刘燕华副部长、国际合作司金炬副司长、中信所邹大挺所长、赵新力副所长、武夷山总工程师、汤森路透科技信息集团首席执行官兼总裁迈克·坦西先生、副总裁亚当·克莱恩先生等出席了开通仪式。中美双方签署并交换了服务协约。

1999年11月14—27日,中信所以张钟副所长为团长的业务访问团一行5人访问了美国图书馆、农业、医学图书馆及加拿大情报所等单位。2001年5月31日,美国联机计算机图书馆中心(OCLC)总裁杰伊·乔丹一行3人来访并拜会梁战平所长,宾主双方先后介绍了各自业务的发展情况,商定在联机编目、馆际互借、因特网资源开发及人员培训等方面广泛开展合作。

### 5. 开展与美国千年研究所、美国科学促进会的交流与合作

2006年,中国科学技术信息研究所与美国千年研究所正式建立了合作关系。2007年8月5—11日,赵志耘副所长率中信所"2050年中国"考察团赴美国进行学术访问。考察团访问了美国千年研究所和美国科学促进会,并与美国千年研究所续签了合作协议、与美国科学促进会建立了初步联系,为今后的合作奠定了基础。2010年11月1日,中国科学技术信息研究所-美国千年研究所(ISTIC-MI)联合中心在中信所正式成立。美国千年研究所主席、合伙人约翰·D·席林博士、赵志耘副所长分别为ISTIC-MI联合中心揭幕并致辞。中国科学技术信息研究所-美国千年研究所联合中心引进系统动力学模型,开始技术预测的长期工作。

### 6. 开展与美国汤森路透集团的交流与合作

早在1980年,中国科学技术情报研究所就与美国科学技术情报研究所建立了合作关系,后又成功引进了"引文索引"信息加工与服务,并开展论文统计,后来被中国科

学界接受和认可。美国科学技术情报研究所后来发展成为汤森路透集团。2007年3月27日，中信所与美国汤森路透集团联合举办的"科技期刊自主创新与学术自律"高层学术论坛在北京举行。武夷山总工程师、汤森路透集团资深总监等国内外专家出席论坛并发言。进入SCI收录范围的中国科技期刊的负责人及相关领域学术期刊代表共120余人参加了会议。2008年12月9日，在"2008中国科技论文统计结果发布会"上，举行了汤森路透科学计量联合实验室揭牌仪式。科技部郑国安副秘书长为汤森路透科学计量实验室揭牌。2009年6月22—25日，由中信所、中国科学技术成果研究会及汤森路透科学计量学联合实验室共同举办的首届"科研管理与评价高级研修班"在温州举行。武夷山总工程师出席会议并做报告，来自55所高校的科研管理人员参加了会议。2009年9月11日，贺德方所长、武夷山总工程师会见美国"科学计量学之父"——加菲尔德博士一行，双方进行了友好会谈。

### （五）与日本有关机构、组织开展交流与合作活动

#### 1. 与日本现代创造社的交流与合作

日本现代创造社与中国科学技术信息研究所有多年合作历史（1985—2008年），每年组织日本企业界代表前来中国考察科技经济发展的情况。从1985年开始，已组织20多届日本技术经济友好访华团，该团每次访华都受到原国家科委和科技部主管部门领导的接见和赞扬。通过主办日中经济论坛等形式，促进了日本企业界对中国的了解，促进了日中企业信息与技术交流。1997年3月6日，刘昭东、朱伟、梁战平等新老所领导会见日本现代创造社社长伊豆兵卫夫妇，目的是巩固和扩大双方合作关系。

2000年7月5—12日，科技部黄齐陶副部长、中信所梁战平所长、张钟副所长接见日本现代创造社组织的第十四届中国经济视察团一行7人，双方并就在出版、咨询等方面的合作进行了探讨。2005年7月5日，由日本现代创造社组织的"第十七次中国经济视察团"一行来我国进行考察访问。科技部原副部长黄齐陶、中信所贺德方所长、吕伟伟副所长、武夷山总工程师在人民大会堂海南厅会见视察团一行，双方进行了友好会谈。

#### 2. 与日本科学技术振兴机构（JST）的交流与合作

早在1981年，中国科学技术情报研究所与日本科技厅下属的日本科技情报中心（JICST）进行长期数据交换，人员交流及其他合作项目，自此开始了中情所与日本科技情报中心的长期合作关系。1996年，日本科技情报中心与日本新技术事业团合并，发展成为日本科学技术振兴事业团。2003年10月，日本科学技术振兴事业团更名为日本科学技术振兴机构（JST）。

1999年11月24日，日本科学技术振兴事业团一行4人来访，朱伟所长接见了日本客人，双方就《高分子学报》《化学学报》做成日本文摘等事宜进行了探讨。2009年11月11日，武夷山总工程师会见日本科技振兴机构北京代表处首席代表渡边泰司先生一

行，双方围绕科技期刊、科研诚信、信息共享及科技论文统计分析等主题进行了友好会谈。11月30日，陈家昌副所长会见JST信息部部长大昌克美先生一行，双方就中日叙词表、DOI及亚洲科技门户进行了洽谈。2010年，中信所与JST和韩国科技情报研究所建立了经常化和制度化的三方技术部门合作交流机制。

### （六）开展与英国的交流与合作活动

#### 1. 与英国文化委员会间的交流与合作

1995年8月20日，应英国文化委员会邀请，刘昭东所长赴英国考察，随后又赴法国巴黎参加联合国教科文组织政府间信息学计划理事会会议。1997年11月13日，由中国科学技术信息研究所与英国文化委员会和国际环境影视集团首次合作举办的"'97英国环境录像放映会"在中信所电影厅举行。开幕式上举行了主办单位向北京市中小学校赠送环境教育录像带仪式。本届放映会在北京、哈尔滨、上海、广州、福州等10大城市同时举行。这是当时我国同国外合作在国内举办的规模最大的一次环境放映活动。

#### 2. 与英国拉夫堡大学的交流与合作

1996年10月10—17日，英国拉夫堡大学副校长约翰·菲泽教授等SME课题组成员来访，刘昭东所长会见了英国客人。1998年1月18—24日，以约翰·菲泽副校长为首的英国拉夫堡大学3名教授应邀来访，与业务处、研究培训中心等有关领导就"亚太地区信息人员培训中心"合作项目进行了会谈，并参观了中国科学技术信息研究所的有关部门。

#### 3. 与英国图书情报界的交流与合作

1995年，中国科学技术信息研究所信息业务代表团访问英国科技情报和图书单位。1996年9月12日，刘昭东所长、梁战平副所长等与来访的英国图书馆执行主席Brian Lang博士举行了会谈。2005年2月3日，武夷山总工程师会见英国布莱克威尔出版公司亚洲区总裁马克·罗宾逊先生，双方就期刊出版方面的合作事宜进行了探讨。

### （七）开展与德国的交流与合作活动

#### 1. 开展"科技信息网"建设和科技信息领域的交流与合作

1997年4月18日，梁战平副所长、张伟良副总工程师会见德国前驻华使馆科技参赞、GMD项目中介人克劳斯博士，双方就共同建立一个联结德国研究网和中国科技信息网的信息服务机构交换意见，并签署了谅解备忘录。9月11日，德国美沙集团国际商务和技术集团总经理席林哈特先生和顾问施图本劳赫先生应邀来访，刘志才副所长与对方就有关合作事项进行了探讨。1998年5月13日，梁战平副所长代表中信所与德国技术信息中心总裁桑德曼博士签署了"中德技术信息交流网"合作项目备忘录，双方准备利用网络技术设施为两国中小企业提供信息咨询服务。该项目经两国政府批准，列入两国政府间科技合作计划。7月7日，欧盟官员J·P·莱伯伦先生来访，科技信息司与来访官员就"科技信息交流网"合作项目进行了总结交流。陈松生副司长与欧盟官员进行了友好的会谈，双方对该合作项目所取得的成就表示满意。

#### 2. 开展与德国商界的互访活动

1995年11月，德国国际联机检索系统（STN）专家勃莱特菲特先生和洛福思女士来访。1999年4月20—22日，德国国际联机检索系统的FIZ部门主任斯图尔特伊斯教授及国际合作主管达格玛·马里克女士来访，张钟副所长接见宴请了来宾，双方对进一步合作提出了建议和意见。2008年，中信所与德国国家技术图书馆、艾斯维尔公司的合作不断推进，深化了两国间的合作与交流。

#### 3. 开展与德国出版界的合作与互访活动

1996年8月27日，关家麟副所长会见德国贝塔斯曼图书股份公司亚洲事务负责人崔岩先生。1998年2月12日，德国贝塔斯曼图书股份公司执行董事冯·维茨先生及主管瑞士和匈牙利地区经理法·米勒先生来访，朱伟所长、关家麟副所长就出版领域的合作交换了意见。

2005年7月19日，贺德方所长、赵新力副所长会见德国施普林格出版集团科学与工程出版部副总裁胡伯图斯·里德泽尔一行，并与客人进行了友好会谈。2007年8月30日，武夷山总工程师会见德国施普林格出版集团全球出版副总裁胡伯图斯·里德泽尔博士一行。双方进行了友好交谈。

#### 4. 开展与德国弗朗霍夫系统与创新研究所的交流与合作

2010年7月7—12日，赵志耘副所长应邀访问德国弗朗霍夫系统与创新研究所（ISI），双方就专利数据库、专利分析工具与方法等方面进行了探讨，双方建立了合作关系。

### （八）开展与法国的交流与合作活动

#### 1. 开展与法国驻华使馆的交流与合作

2003年2月4日，赵新力副所长会见法国驻华使馆新任科技参赞郭清溪一行。赵新力副所长详细介绍了中国科学技术信息研究所的发展历史及相关业务，双方还就网上信息采集、科技资源保存等问题进行了讨论。

#### 2. 开展与法国科技界的交流与合作

1998年8月20日，法国驻华使馆文化科技处科技专员、法国科研中心驻北京代表米那先生、于哥先生来访，并参观了万方数据公司和信息服务中心。2001年9月7日，梁战平所长会见了法国科技教育部信息与通信司司长米歇尔·贝奥亚一行。双方就在远程教育方面开展合作充分交换了意见并达成合作意向。

#### 3. 开展与法国图书、情报（信息）界的交流与合作

1996年1月，法国技术信息推广署（ADIT）主任捷隆主任来访。2003年9月15—

27日,以吕伟伟副所长为团长的中国科学技术信息研究所代表团对法国、瑞士两国的4个图书、科技信息机构进行了访问。在访法期间,代表团与法国专家就法国非营利性机构情况进行了咨询与交流。2005年6月27日,武夷山总工程师会见法国科技情报所格罗特梅尔先生,双方进行了友好会谈。

### (九)开展与加拿大的交流与合作活动

1999年3月8日,中国科学技术信息研究所与加拿大龙源网上中文书店关于由龙源在海外代理销售"网上科技期刊"合作协议书签字仪式在中信所举行,朱伟所长、张钟副所长等出席签字仪式。同年9月24日,中信所与加拿大科技信息研究所就文献提供服务等方面合作协议的签字仪式在中信所举行。朱伟所长、梁战平副所长、张钟副所长,加拿大国家研究委员会主席赛蒂先生、加拿大国家研究委员会国际关系部高级顾问哈米德先生、加拿大市场情报研究所执行所长沃尔特·皮克林先生、加拿大生物技术联盟(BC)执行主席特里莎·麦克雷先生等出席签字仪式。朱伟所长和赛蒂主席分别在合作协议上签字。

2003年8月13—29日,以赵新力副所长为团长的中信所代表团对美国和加拿大的8个图书、科技信息服务机构进行考察和参观。在访问加拿大期间,中信所恢复了与加拿大科技信息研究所的合作,启动了《高技术通信》(英文版)进入SCI的评审程序。2010年11月19—24日,贺德方所长应邀访问加拿大约克大学,双方进行了友好会谈,贺德方所长一行还视察了万方数据股份有限公司驻多伦多办事处。

### (十)与其他国家和地区的交流与合作活动

#### 1. 开展与俄罗斯的交流与合作活动

1995年11月,俄罗斯信息访问团来访。1998年1月21日,俄联邦驻华使馆科技参赞马戈马耶夫先生及二秘来访,商讨落实恢复双边科技合作事宜,并听取了中国科学技术信息研究所有关部门的工作介绍。同年4月14—18日,为促进中俄两国在网络领域的合作,俄罗斯科技部信息司通信与信息技术处处长谢夫·尼·维和俄罗斯公共网络发展研究所所长普拉托诺夫·阿·普来访。双方议定在网络互联方面、信息交流方面、超级计算机及有关网络技术研究与开发方面进一步洽谈,开展合作。2009年12月6—11日,刑宪力书记一行出席在俄罗斯举行的"全民信息计划"国家委员会第一次磋商会议并做大会交流发言。其间,刑宪力书记一行还访问了俄罗斯国家图书馆,双方进行了业务洽谈。

#### 2. 开展与澳大利亚、新西兰的交流与合作活动

1996年2月4—10日,以梁战平副所长为团长的"中国高新技术洽谈团"一行36人赴澳大利亚进行了技术交流展示活动。1997年6月24日,梁战平副所长会见澳大利亚

佳士得控股公司董事长董军先生,并代表中国科学技术信息研究所在合作备忘录上签字。2000年6月1日,张钟副所长会见澳大利亚首都地区政府贸易咨询委员会主席吉姆·莫菲先生一行4人,双方就今后在数据库建设、师资培训、市场咨询、人员交流等领域加强合作广泛交换了意见。2007年12月15—24日,刑宪力书记一行对澳大利亚、新西兰的部分信息机构进行了访问考察。2009年9月22日,陈家昌副所长会见澳大利亚昆士兰大学名誉校长比尔·洛夫格罗夫教授一行,双方就信息质量、科研诚信及远程教育等方面进行了研讨。

#### 3. 开展与北欧国家的交流与合作

2001年5月9—16日,丹麦技术知识中心主任安妮特·施瓦茨女士一行3人应邀来中国科学技术信息研究所洽谈合作,受到了梁战平所长接见。双方商定在数据库资源共享、因特网资源开发技术等方面开展实质性合作,并签署了合作谅解备忘录。同年11月3—12日,由梁战平所长为团长的中信所代表团应邀对丹麦技术知识中心进行了访问。双方就共同关心的问题进行了深层次的探讨,确定了今后的具体合作领域。

2010年6月,刑宪力书记一行应邀对瑞典科隆大学图书馆、芬兰期刊协会进行访问考察,此次考察增进了中信所与瑞典、芬兰相关机构的联系。

#### 4. 开展与意大利、荷兰、奥地利、爱尔兰的交流与合作

1996年1月,奥地利奥中经济委员会主席安博劳斯来访。同年6月4日,梁战平副所长会见奥中经贸委主席施耐德博士,并就在华设立办事处交换了意见。2005年7月4—7日,赵新力副所长出席在意大利都灵举行的"第八届工程系统和分析国际会议"。2007年11月17日,荷兰阿姆斯特丹大学劳埃特·雷迭斯多夫博士客座教授授予仪式在中信所举行。授予仪式由赵志耘副所长主持,武夷山总工程师等出席授予仪式。2009年8月21—26日,张满年副所长出席在意大利米兰举行的第75届国际图联大会。2010年10月18—23日,万方数据蒋勇青总经理应邀赴爱尔兰企业局、数字研究开发中心等机构进行访问,双方就科技项目信息共享实施管理等方面进行了探讨与交流。

#### 5. 开展与捷克、罗马尼亚、匈牙利的交流与合作活动

2007年5月15—29日,应捷克共和国教育、青年和体育部、罗马尼亚教育与研究部和匈牙利国家研究与技术办公室的邀请,贺德方所长一行对上述3国进行了友好访问,就国家科技创新体系建设、科研机构改革和财务管理工作,以及科技信息出版与服务等多项主题进行了考察与交流。代表团拜会了捷克共和国科学院、罗马尼亚教育与研究部、罗马尼亚国家科学研究署等单位,并在捷克共和国科学院副院长杰里·拉克斯尼克博士、罗马尼亚教育与研究部秘书长格奥尔基等人的陪同下分别和有关方面的人员进行了广泛交流。

#### 6. 开展与韩国的交流与合作活动

2004年10月13日,科技部张景安秘书长、中信所赵新力副所长会见了前来访问的

韩国科学技术信息院（KISTI）院长曹永华博士一行，双方就资源共享、文献传递等方面达成共识，并签订了备忘录。中国与韩国科技信息研究院的合作自此正式列入中韩两国政府间的科技合作项目。2005年5月24日，武夷山总工程师会见前来中信所访问的韩国科学技术信息研究院代表团一行。

### 7. 开展与朝鲜的交流与合作活动

1998年12月8日，朝鲜代表团一行5人来访，张钟副所长接见了客人并与代表团进行了友好会谈。代表团还参观了信息服务中心。1999年3月4日，与朝鲜科学技术通讯社关于"七国语科技电子词典"合作协议签字仪式在中信所举行，张忠副所长代表中信所在协议上签字。2003年6月24日，朝鲜驻华大使馆科技参赞李万春来访，并商谈朝鲜科学院来所参观事宜。

### 8. 开展与亚太地区的国际交流与合作

1991—2001年，中国科学技术信息研究所连续11年由科技部提供经费支持在培训中心举办亚太地区信息资源开发与利用研讨班。据不完全统计，11年来学员分别来自19个国家和地区，受训总人数达219人，为亚太地区图书情报界的人才培养做出了很大贡献，受到了联合国教科文组织的好评。通过开展与发展中国家之间的国际学术交流和教育培训，不但可以让发展中国家及时了解中国科学技术信息研究所科技信息工作的发展的前沿和动态，还有利于中国科学技术信息研究所情报学教育工作的发展和进步，有利于加深与发展中国家之间在科技信息领域的理解与沟通，推动全球信息（情报）教育事业的发展。

2002年8月12—25日，中国科学技术信息研究所主办的"中国－东盟国家信息资源服务与管理培训暨研讨班"在北京举行。来自泰国、文莱、印度尼西亚、柬埔寨、越南、老挝、缅甸、菲律宾8个国家的23名学员参加了本次研讨班。科技部国际合作司苑曙光副司长、中国科学技术信息研究所赵新力副所长出席开幕式并讲话。出席开幕式的还有马来西亚驻华使馆公使赛普先生、缅甸驻华使馆一秘吴贤良先生、新加坡驻华使馆一秘洪绍伟先生、柬埔寨驻华使馆二秘Seng Samreth先生和菲律宾驻华使馆二秘玛利亚·特蕾莎·艾莫尔尤拉女士。2004年9月14日，刑宪力书记一行访问印度尼西亚，受到印度尼西亚研究技术部副部长卢克曼·哈基姆的接见。

### 9. 拉美地区

1996年5月6日，应巴西软件出口2000年计划组织的邀请，以朱伟副所长为团长的中国科学技术信息研究所软件考察团，对巴西进行了为期10天的工作访问。同年10月18日，中巴软件合作项目——巴西软件出口2000计划中国办事处在中国科学技术信息研究所正式成立。刘昭东所长、朱伟副所长，巴西驻华大使塞尔吉奥·杜阿尔特先生等出席了签字仪式，并为办事处铭牌揭幕。1997年2月24日，中国和巴西软件合作研讨会在中科信息市场多功能厅举行。巴西驻华大使杜阿尔特先生、科技信息司司长朱伟、国家科委火炬办主任王瑞明出席会议并讲话。1998年12月1日，SOFTEX巴西软件出口协会亚洲办事处成立庆典在北京举行。巴西外交部部长路易斯·费利佩·兰普雷亚先生、巴西驻华大使杜阿尔特先生、中国科技部国际合作司美大处刘远文先生、中国科学技术信息研究所张钟副所长与会庆祝并发言。葡萄牙驻华大使、中国软件行业协会秘书长胡昆山先生及中巴双方科研机构、院校和公司的80余名代表参加了庆典。1999年4月2—11日，以所长助理蒋勇青为团长的科技信息考察团一行4人应邀访问巴西科技情报所，双方就信息资源服务、咨询服务等方面业务进行了交流。2010年6月底，刑宪力书记一行应邀对巴西科学在线图书馆进行访问考察，此次考察增进了中信所与巴西科学在线图书馆的联系。

1997年7月28日，应秘鲁驻华大使的邀请，梁战平副所长出席秘鲁国庆招待会。

2004年2月12日，武夷山总工程师会见智利科学技术委员会促进科学和技术发展基金会主任豪尔赫·尤特尼罗克先生一行并与代表团进行了友好会谈。

2009年6月23日，赵志耘副所长会见哥伦比亚科技管理局阿历克斯·格里弗先生，双方进行了友好会谈。

**10. 非洲地区**

2001年8月29日，坦桑尼亚高教科技部副部长穆希塔女士一行5人来访，受到梁战平所长的热烈欢迎。宾主双方就今后人员培训、科技信息交流等方面开展合作进行了友好会谈。2007年12月8—17日，贺德方所长一行应邀对南非比勒陀利亚大学、南非国家自然博物馆及肯尼亚国际博物馆管理委员会等机构进行了访问考察，双方就自然科技资源信息化等问题进行了友好交流。

# 第五章　新常态与新征程（2011—2016年）

在党的十七届五中、六中全会、党的十八大和全国科技创新大会精神的指引下，迈上科技信息事业发展的新征程。在科技信息工作迈入新常态、步入新征程的新的历史阶段，中国科学技术信息研究所对科技信息工作的发展规律进行了深入思考，结合自身实际情况及相关实践探索，对中信所的改革与发展工作做出了中长期布局与统筹安排，使全所的公益研究与服务水平稳步提升，并形成具有特色的研究与服务产品。

中国科学技术信息研究所主要从事以"科技决策支持"为特色的信息分析研究、科技信息服务、新技术研发推广和先进服务平台管理、科技信息领域高级人才培养和继续教育培训、社团管理、媒体出版等业务，同时肩负着国家科技管理信息系统、国家科技报告服务系统、国家科技信息资源综合利用与公共服务中心、国家工程技术图书馆建设与发展的重任。

60年来，中国科学技术信息研究所不断开拓创新，开发建设了"科技报告服务系统"，完成国家科技成果转化项目库相关标准规范的研制工作，启动了以上市公司年报数据为核心的"企业技术情报分析平台"工作，业务支撑与服务平台建设取得实效，数据库建设工作取得重大进展，综合集成"事实型数据＋专用方法工具＋专家智慧"情报研究方法促进了情报研究成果的不断涌现，8个重点学科建设支撑科研能力稳步提升。中信所积极开展国际合作，代表国家参加了联合国教科文组织全民信息计划（IFAP）、国际信息文献联合会（FID）等国际组织，有关专家担任了相关国际组织的领导职务，参与这些国际组织在科技文献领域、情报学基础研究及人才培养计划和项目的研究与实施。此外还与美国、加拿大、日本等30多个国家和地区的文献信息机构建立了稳定的业务合作关系，成为我国科技信息领域对外合作与交流的重要窗口。

60年来，中国科学技术信息研究所为国家科技事业的发展、为繁荣我国科技信息事业做出了重要贡献，在国内外产生了广泛影响。中国科学技术信息研究所将继续凭借自身结构优势、机制优势、业务优势和人才优势，以改革创新为动力，继往开来、团结奋进、励精图治，为服务自主创新、建设创新型国家做出更大的贡献！

第五章 新常态与新征程（2011—2016年）

# 第一节 建设创新型国家 科技信息工作步入新常态

## 一、党的十七届五中全会、六中全会、党的十八大和全国科技创新大会的召开

2010年10月15—18日，中国共产党十七届五中全会在北京召开。会议通过了《中共中央关于制定国民经济和社会发展第十二个五年规划的建议》，将"实施科教兴国战略和人才强国战略、加快建设创新型国家"作为当前和今后一个时期主要工作任务之一，并进一步提出要推动信息化建设，全面提高信息化水平。2011年11月15—18日，中国共产党十七届六中全会在北京召开。全会审议通过了《中共中央关于深化文化体制改革、推动社会主义文化大发展大繁荣若干重大问题的决定》，在精神导向、体制改革、政策措施等多个层面做出重要安排，注重培育主流文化，重振国民精神，部署"文化兴国"战略。2012年7月6—7日，全国科技创新大会在北京召开。胡锦涛总书记在会议上强调：大力实施科教兴国战略和人才强国战略，坚持自主创新、重点跨越、支撑发展、引领未来的指导方针，全面落实国家中长期科学和技术发展规划纲要，以提高自主创新能力，充分发挥科技在转变经济发展方式和调整经济结构中的支撑引领作用，加快建设国家创新体系，为全面建成小康社会进而建设世界科技强国奠定坚实基础。2012年9月23日，中共中央发布《关于深化科技体制改革加快国家创新体系建设的意见》，就深化科技体制改革、加快国家创新体系建设提出8点意见。2012年11月8—14日，中国共产党第十八次全国代表大会在北京举行。胡锦涛总书记在会议报告中指出要实施创新驱动发展战略，加快建设国家创新体系。

党的十七届五中全会、六中全会、党的十八大和全国科技创新大会标志着科技信息工作步入新常态，迈向新征程。

## 二、深化科技信息体制改革，落实公益定位

### （一）进一步加深对中国科学技术信息研究所定位的思考

2005年9月，科技部党组明确了中国科学技术信息研究所的公益定位：一是为创新主体提供公益和市场化信息服务；二是为决策主体提供基于事实的科技情报研究服务。随着十七届五中、六中全会、党的十八大和全国科技大会提出的科技创新战略的进一步深入和创新驱动战略的实施，以及实施科技信息体制改革的实践的深入，中国科学技术信息研究所不断深化对中国科学技术信息研究所定位的思考。

一方面，作为国家公益类科技信息机构，中国科学技术信息研究所在做好面向高等院校、科研院所及其科研人员的公益信息服务的同时，更多的关注点投向了以企业为主

体的技术创新体系，为企业创新做好科技信息服务与情报研究工作；另一方面，"决策"不仅在于科技管理等政府部门，也广泛存在于企业、研究机构和具体的科研人员与创新活动中，基于事实的科技情报研究工作进一步扩展服务范围和对象，加大对科研人员及企业等决策主体的关注与服务工作力度，努力使中信所的情报研究机构成为细分领域科研工作、企业技术创新及宏观领域政府科学决策的重要组成部分。为了贯彻党的十八大提出的"建设人民满意的服务型政府"的要求，中信所应当增加相应的科技创新信息服务板块，体现公益服务职能。

### （二）进一步加强对科技信息情报工作思路的研判

信息技术的快速发展，移动互联网、社会化媒体、云计算等热点出现，使得信息资源的深度和广度发生着巨大的变化。"大数据"时代的到来，对传统科技信息工作带来了新的挑战。随着创新型国家建设进程的不断推进，深化科技信息体制改革、加快国家创新体系建设对科技信息工作提出了新的更高要求。为顺应上述变化，中国科学技术信息研究所加强了对学科发展和主体业务方向的不断完善和超前部署，进一步加强资源和技术积累。坚持公益定位的基础上，强化资源集成，不断提高服务能力和水平，并在科技报告制度建设、科技成果转化项目库建设等科技部长期性重点工作中配备力量，发挥支撑作用。

### （三）人事管理制度改革的深化和内部管理制度体系建设的加强

#### 1. 加强绩效考核和岗位管理工作

2011年1月，中国科学技术信息研究所岗位设置实施方案得到科技部批复，中信所组织精干人员，切实落实责任，加强组织领导，明确工作机构和职责；结合全所实际，细化各项操作，平稳推进岗位设置；做到政策公开、过程公开、结果公开。2011年3月31日，全所首次岗位设置工作全部完成，并与职工签订了新的《聘用合同书》。

2012年，中国科学技术信息研究所继续加强绩效考核和岗位管理工作。根据全所年度工作安排，及时下达各部门《年度工作任务书》。任务书中对各部门学术论文、研究报告、项目申请、人才培养、队伍建设、学术交流、基础性事实型数据库等指标明确了量化考核标准。同时与每个在编职工和外聘人员签订《岗位工作职责和年度考核表》，明确了每一个岗位的年度目标、工作职责、考核内容和考核标准，并将考核结果作为职工岗位续聘，薪级工资晋升和绩效奖励发放的重要依据。

#### 2. 加强内部制度建设

2011年，中国科学技术信息研究所先后研究制订《中信所所属企业高管人员管理办法（试行）》《中信所科研诚信建设管理办法（试行）》《中信所集体户口管理办法》等办法，内部制度体系得到进一步完善，为全所推动科学管理进一步奠定了制度基础。

2012年，中国科学技术信息研究所坚持"精细化管理、数量化管理、透明化管理"的管理理念，不断细化管理流程、积累管理过程数据，对已经制定的涉及科研管理、人员聘用、财务管理、经费使用等120项管理办法进行梳理完善，促使所内各项内部控制制度形成闭环。为加强对各部门工作进度的追踪落实，所内建立了定期工作汇报制度。分管所领导每季度至少听取一次分管部门的工作进展汇报，各部门每月至少组织一次部门工作例会，及时了解工作进展、研究解决工作存在的问题和困难。

### 三、科技信息工作步入新常态，迈向新征程

2011年，中国科学技术信息研究所重点推进5个业务整合平台建设。在推进资源平台建设方面，中信所科技文献采集数量继续稳步增长，建设了全球高被引论文全文库，国家科技计划项目"档案的集中收藏"工作取得新进展。联合全国23个省市情报所，规划和启动了"全国科技查新事实型数据库"的建设工作。为NSTL服务的能力持续提高，在9个成员单位中，中信所文献采集量、数据加工量、全文传递服务量、NSTL经费支持金额等方面继续保持第一。在推进研究平台建设方面，中信所坚持方法创新，坚持"事实型数据＋专用工具方法＋专家智慧"的情报研究方法，使全所科技决策信息支持能力不断增强。2011年，中信所报送的《中国高影响力论文数量呈现快速增长态势》《俄罗斯有望再成高技术霸主》《韩国未来产业技术创新战略》《科学政策学研究在美国受重视》等研究报告得到刘延东国务委员的批示。中国科技情报网系统二期顺利上线，网站系统功能不断完善，会员制服务体系日益成熟，拥有研究快报2394份、研究报告1181份。在推进技术平台建设方面，中信所坚持技术强所，数据中心机房改建工程和NSTL服务体系工作顺利完成。《汉语主题词表》的修订与自主研发取得重要进展，《汉语主题词表》（工程技术版）编制工作进入协同编表阶段，英文超级科技词表的基础词库建设已全面展开。"新能源汽车领域汉语科技词系统"和"民生银行知识管理系统"等一批拥有自主知识产权的专利、软件系统和工具日益完善成熟。在推进人才平台建设方面，中信所加大干部队伍建设和人才引进与培养工作。中信所推动在重点学科、重大项目基础上逐步形成专业化科研团队，为人才发展提供更好的平台，完善公益性和市场化相结合的发展模式，发展面向市场的综合信息服务。在推进管理平台建设方面，中信所稳步推进综合信息管理与服务平台建设，ISTIC机构知识库、部门绩效考核系统、职工网络培训系统、职工网络考核系统等10个平台子系统已经完成开发，并进行了联合调试及整合，整个平台已开始试运行服务。2011年，随着科学管理不断深入，全所首次岗位级别评定和聘用会同签订工作顺利完成，干部和人才队伍建设得到不断加强，对外合作不断扩展，所属企业实现平稳发展。2011年，中信所加强"中国科学技术信息研究所暨国家工程技术数字图书馆网站""中国科技论文统计与分析平台""ISTIC专利信息检索与分析平台""中

国高层次科技人才信息网""中国科技情报网"和"全国科技查新成果共享平台"6个业务发展支撑平台建设，信息收集与服务、情报研究与服务等各项工作均取得了优异的成绩。2011年，中信所为创新主体提供了优质的信息服务；坚持"事实型数据＋专用工具方法＋专家智慧"的情报研究方法，深入推进情报研究与服务工作，为政府部门的决策提供情报成果；依托国家重大科技项目，加大行业核心技术和共性关键技术的研发，提升研究开发能力；科研产出从前几年的快速增长进入到高产状态下的相对稳定期，论文产出呈现了从数量增长向质量提升的转变，新增国家级科研项目和课题数量继续保持在较高水平上。2011年，中信所获批成立"国家科技信息资源综合利用与公共服务中心"，成为科技信息行业研究与创新的重要平台；通过全国信息与文献标准化技术委员会，开展信息与文献领域国家标准的制订、研究组织和推广工作，为科技信息行业发展奠定标准基础；以国家会员或国家联络点身份，参加联合国教科文组织全民信息计划等国际组织活动，成功承办了"2011年北京国际科技信息委员会夏季大会"，与日本科学技术振兴机构和韩国科学技术信息研究院等国际同行机构建立了常态业务合作机制，成为科技信息行业国际合作与交流的窗口。

　　2012年，中国科学技术信息研究所积极落实公益定位，提升服务科技中心工作的能力；坚持科学管理，提升管理的科学化、规范化；坚持人才强所，加强人才队伍建设；坚持开放办所，不断提升中国科学技术信息研究所影响力；坚持双赢方针，推动所属企业的平稳、健康发展；加强文化建设，大力营造和谐奋进的院所氛围。2012年，"中国科学技术信息研究所暨国家工程技术数字图书馆网站""中国科技情报网""中国科技论文统计与分析平台""ISTIC专利信息检索与分析平台"和"中国高层次科技人才信息网"等业务支撑平台建设取得实效，《中国科技论文与引文数据库》《中信所－中国发明专利数据库》和《中国高层次人才数据库》等事实型数据库数据量超过1亿条；继续以事实型数据为基础，综合集成"事实型数据＋专用工具方法＋专家智慧"的研究方法，使科技情报研究工作可定量化、科技情报研究成果具有可重现性，为政府部门的决策提供了富有成效的情报研究成果。由于近年来研究与服务工作的深厚积累，科技部将涉及科技工作全局的"国家科技报告制度建设"和"国家科技成果转化项目数据库建设"两项基础性工作交由中国科学技术信息研究所承担完成，拓展了中信所研究与服务工作的领域。图书馆学、未来学、科技政策与管理、信息资源管理、知识工程、自然语言处理、情报学、科学计量学8个重点学科建设有力地支撑了全所科研能力的持续提升，使全所竞争性科研项目获得数量和高质量论文产出在数量上继续保持较高水平；与南京大学、武汉大学、吉林大学等国内重点高校在学术研究、人才培养方面的合作，以及与爱思维尔集团联合创建"中信所－爱思维尔期刊评价研究中心"、与汤森路透集团公司续签"中信所－汤森路透科学计量学联合实验室"合作协议，进一步推动了开放联合、开放办所；联合国内有关科技信息机构、高校和信息服务企业共同建设国家工程技术研究中心——

## 第五章　新常态与新征程（2011—2016 年）

国家科技信息资源综合利用与公共服务中心，研究开发与科技情报研究工作紧密相关的软件工具和模型，为科技信息行业发展提供了关键技术、共性技术支撑。2012 年，中国科学技术信息研究所承担多项科技计划项目，申报并获准承担了国家"863 计划"课题 1 项、国家支撑计划项目 2 项、国家级基金类项目 12 项。2012 年，中信所国家社会科学基金获批项目数与国家图书馆、武汉大学在国内图书情报机构中并列第一，达到机构可获批项目数上限；在获批的中国博士后科学基金项目 5 项中，有 1 项为一等资助，是国内图书情报机构中唯一一家获得一等资助的单位。中信所依托研究积累提交的"基于 T21 中国模型的中国绿色情景分析"项目获得联合国环境计划署（UNEP）小额资助合同（4.8 万美元）的资助，这是中信所获得联合国环境计划署的项目。2012 年，中国科学技术信息研究所的资产总额不断增长，达到 11.81 亿元，获得的各类科研经费达 3747 万元，科研设备不断更新，文献资源采购和文献资源品种继续增加，全所业务发展后劲持续增强。

2013 年，科技部指定中国科学技术信息研究所作为国家科技报告制度建设支撑机构和"国家科技报告服务系统"运行管理机构，中国科学技术信息研究所开展了回溯科技报告审核改写工作，开发建设了"国家科技报告服务系统"，举办了科技报告宣传培训会 20 余场，有力地支撑了国家科技报告制度建设工作；与湖北省科学技术厅、苏州市科学技术局签署了战略合作协议，建立了中国科学技术信息研究所与服务工作直接面向区域科技发展的对接平台；"中国科学技术信息研究所暨国家工程技术数字图书馆网站""中国科技情报网""中国科技论文统计与分析平台""ISTIC 专利信息检索与分析平台"和"中国高层次科技人才信息网"等业务支撑平台建设取得实效；《中国科技论文与引文数据库》《国家科技成果转化项目数据库》《中信所-中国发明专利数据库》和《中国高层次科技人才数据库》等事实型数据库数量稳步增长；继续坚持以事实型数据为基础，综合集成"事实型数据+专用工具方法+专家智慧"研究方法，为政府部门的决策提供了及时的、具有针对性的情报研究成果；持续开展图书馆学、未来学、科技政策与管理、信息资源管理、知识工程、自然语言处理、情报学、科学计量学 8 个重点学科建设工作，有力地支撑了全所科研能力的提升，使全所竞争性科研项目获得数量和高质量论文产出数量继续保持在较高水平上；坚持开放联合、开放办所，与南京大学、武汉大学、吉林大学等国内重点高校及汤森路透科技信息集团、爱思唯尔集团等国际知名信息机构开展了深度业务合作；国家工程技术研究中心——国家科技信息资源综合利用与公共服务中心建设工作取得重要进展，研究开发了与科技情报工作紧密相关的软件工具和模型，为科技信息行业发展提供了技术支撑。

2014 年，中国科学技术信息研究所国家科技报告制度建设工作支撑机构和"国家科技报告服务系统"于 2014 年 3 月 1 日正式开通服务，负责起草的《科技报告编写规则》《科技报告编号标准》《科技报告保密等级代码标识标准》和《科技报告元数据标准》得到国家标准化委员会批准通过并正式颁布,举办科技报告宣传培训会近20场,有力地支撑了国家科技报告制度建设工作;完成国家科技报告转化项目库相关标准规范的研制工作,建立起多级的成果信息采集、加工、汇交、共享的协同工作体系,正式开通国家科技成果转化项目库系统,服务财政资金支持产生的科技成果转化工作;启动了以上市公司年报数据为核心的"企业技术情报分析平台——上市公司年报数据库建设及服务系统研发"工作,"中国科学技术信息研究所暨国家工程技术数字图书馆网站""中国科技情报网""中国科技论文统计与分析平台""ISTIC专利信息检索与分析平台"和"中国高层次科技人才信息网"等业务支撑平台建设取得实效;继续开展《中国科技论文与引文数据库》《ISTIC-中国发明专利数据库》《中国高层次科技人才数据库》等事实型数据库建设工作,数据量稳步增长;继续坚持以事实型数据为基础,综合集成"事实型数据+专用工具方法+专家智慧"的研究方法,为政府部门的决策提供及时的、具有针对性的情报研究成果;图书馆学、未来学、科技政策与管理、信息资源管理、知识工程、自然语言处理、情报学、科学计量学8个重点学科建设工作有力支撑了全所科研能力的提升,使全所竞争性科研项目获得数量和高质量论文产出数量继续保持在较高水平上;国家工程技术研究中心——国家科技信息资源综合利用与公共服务中心通过了科技部主持的国家紧密相关的研究软件工具和模型,为科技信息行业发展提供了技术支撑;继续推进国际合作与交流,不断深化与汤森路透、爱思维尔等著名信息企业的合作,加强与韩国科技信息研究所、日本科技振兴机构等国际信息机构的合作。

2015年,中国科学技术信息研究所紧紧围绕"落实公益定位,坚持科学管理,服务自主创新,建设一流院所"的工作主线,继续提升公益研究和公益服务能力。国家科技报告制度建设和科技成果转化工作扎实推进,业务平台建设取得实效,继续开展数据库建设工作,数据量继续增长;图书馆学、未来学、科技政策与管理、信息资源管理、知识工程、自然语言处理、情报学、科学计量学8个重点学科建设工作继续推进科研能力的提高,继续推进国际合作与交流,与国外机构建立稳定的合作关系。2015年,中国科学技术信息研究所以服务科技体制改革的重大任务牵引科学发展和组织机构调整,以构建智能化的集成服务系统提升全所资源整合和服务能力,全面提升中国科学技术信息研究所稳定发展能力。

## 四、党建工作的推进

### (一)领导班子建设工作

2014年12月16日,中国科学技术信息研究所召开干部会议,科技部李平秘书长宣读了科技部党组关于中信所领导班子的任免决定,戴国强任中国科学技术信息研究所所长,赵志耘任党委书记,中国科学技术信息研究所的科技信息工作迈向新征程。

### (二)党建工作的扎实推进

中国科学技术信息研究所不断提高干部职工思想认识和加强基层组织建设,切实加强党风廉政建设,扎实推进廉政风险防控管理工作。2011年4月21日,为加强全所党风廉政建设,所内组织开展了中国科学技术信息研究所2011年党风廉政建设责任书签署活动。中信所持续推进党风廉政建设。2014年,中国科学技术信息研究所党委认真落实党建责任制和党风廉政建设责任制,进一步巩固党的群众路线教育实践活动成果,大力加强作风建设,深入开展了"严明党的纪律 增强组织观念"党风廉政主题宣传教育月活动,重点组织开展了"五个一"活动,进一步加强党风廉政建设,强化党员干部党性观念、纪律意识和廉洁从政意识。同年,中信所根据中组部有关规定和科技部党组要求,对8名领导干部(5位所领导、3位中层干部)在企业兼职任职进行了清理规范。根据科技部党组要求,中信所还聘请专业咨询机构就在中央新要求下如何加强所属企业的管控进行了专题咨询研究,起草制订了《中信所下属企业管理办法》。

多年来所党政领导班子认真落实《所领导班子工作守则》和《所党委工作规则》,执行集体领导和个人分工负责相结合制度。坚持每周召开所务会,重大决策和情况的处理均由所领导班子集体决定,并及时向所党委通报。在关系全所发展及职工切身利益的重大决策中,注重密切党政配合,发挥整体合力。中国科学技术信息研究所举办组织党课学习,党课举办常态化。

## 五、人才队伍建设的不断加强

中国科学技术信息研究所不断加大对现有人才,特别是中青年人才的培养和锻炼力度,积极创造各类条件,搭建事业发展平台,促进现有干部和人才队伍成长。在科技人才队伍建设方面,中信所积极推进全所人才整合平台建设,凝聚行业优秀人才,通过博士后接收、硕博士研究生培养、国际合作及高校合作中的人才交流,进一步拓宽人才引进渠道和方式、完善相应配套措施,为中国科学技术信息研究所中心工作提供人才服务和人才储备。中国科学技术信息研究所把团队建设和整合平台建设紧密结合起来,与国家级科研项目的实施结合起来,在重点学科、重大项目、整合平台的基础上逐步建设稳定的专业化科研团队,以科研团队建设带动人才队伍建设,科技报告数据挖掘等一批专业团队建设取得可喜成果。注意统筹管理,充分发挥好职能处室、公益部门、企业经营和驻外4支队伍的作用。在干部队伍建设方面,结合中国科学技术信息研究所实际工作需要,加大干部交流轮岗和公开选拔力度。

2011年8月,中国科学技术信息研究所启动了5个中层干部岗位和2个企业高管岗位的公开招聘工作,并按照招聘程序完成到岗任职工作。此外,还对5名干部进行了交流轮岗。在人才引进与培养方面，2011年所内先后引进博士后出站人员6人、博士4人、硕士10人、正高职称科研人员1人，招收博士后科研工作站进站人员13名；先后选派50多名业务骨干到国外进行学术交流和访问；为进一步加强中信所研究生导师队伍建设，对研究生导师开展了教育学和心理学专业培训，并推荐了4名研究人员到北京大学、南京大学、武汉大学、吉林大学作为博士生导师人选。

全所加强对职能处室、公益部门和所属企业之间干部的轮岗交流，注重选拔使用年轻干部。2014年，全所有3名中层干部进行了交流轮岗，3名中层副职提拔任职，1名中层干部选调到科技部工作，1名干部驻外任职。2014年，中国科学技术信息研究所下达了全所16个部门的《年度工作任务书》，与530名在编职工和96名外聘人员签订《岗位工作职责和年度考核表》，进一步加强了岗位管理。

2015年，中国科学技术信息研究所继续坚持人才强所，加强干部管理人才队伍建设。全所先后新引进博士后5人，硕士5人，学士1人。授予硕士学位38人，招收博士后工作站研究人员10人。成立智汇营，搭建一个分享知识与智慧的平台，让青年人在学术研究、成果转化中发挥更大作用。

## 第二节 实施创新驱动 组织系统建设工作迈向新征程

### 一、组织系统的调整

（一）改进、完善研究室，促进情报方法的研发与应用

2012年1月29日，国务委员刘延东一行视察中国科学技术信息研究所，对中信所改革发展工作做出重要指示。为进一步落实国务委员刘延东讲话精神和科技部领导重要指示，中信所党政领导班子及时调整业务部门内设机构、改变工作方式和方法，提高对全球科技信息跟踪的时效性，改进、完善以研究室为基础的科技信息研究方法。扩充原有《科技参考》研究队伍的编制和人员结构，成立《科技参考》研究室，实行7×24小时工作制。同时，进一步强化以研究室为基础的科技信息研究工作方式，成立"科技产出监测与评价""期刊与专利数据挖掘"等研究室，加强具有行业特色的情报研究方法的研发和应用。

（二）"7+8+3"结构的形成

2015年3月27日，经科技部党组会议研究决定，同意中国科学技术信息研究所内设机构调整方案。4月6日，根据国科人字〔2015〕7号文件精神，中国科学技术信息研究所增设科技报告服务与产业情报研究中心、国家科技信息资源综合利用与公共服务中

心,将战略研究中心、资源共享促进中心、情报方法研究中心分别更名为政策与战略研究中心、科学计量与评价研究中心、情报理论与方法研究中心。按照科技部党组批准的方案,中国科学技术信息研究所调整后业务部门由6个增加为8个,形成了"7+8+3"的组织结构,保持了现有业务和人员的稳定,各公益部门和职能处室中层干部已基本配备到位。

截至2015年年底,中国科学技术信息研究所的机构设置为:①职能部门,包括所办公室、党委办公室、人事处、科研处、计划财务处、离退休干部服务处、保卫处;②公益部门,包括信息资源中心(国家工程技术图书馆)、政策与战略研究中心、科学计量与评价研究中心、信息技术支持中心、情报理论与方法研究中心、科技报告服务与产业情报研究中心、国家科技信息资源综合利用与公共服务中心、研究生部;③所属企业,包括北京万方数据股份有限公司、北京万博科文化传媒有限责任公司、北京科信苑物业管理公司;④标准组织,即全国信息与文献标准化技术委员会;⑤社团组织,包括中国科学技术情报学会、中国软科学研究会、中国科技成果管理研究会、中国科技咨询协会。

## 二、公益部门组织系统继续为驱动创新战略提供支撑

### (一)信息资源中心

信息资源中心主要承担国家科技文献资源建设与服务保障任务,是国家学位论文、会议论文、科技报告、期刊论文、院士著作等的收藏、研究和服务中心。负责国家工程技术图书馆的建设和运行,是国家科技图书文献中心用户服务中心和资源建设工作组组长单位。主要开展数字图书馆、知识组织体系构建、信息资源管理、用户研究与资源分析、科技计划项目档案管理,以及基于引文的知识链接分析等研究。承担《汉语主题词表》修订及《数字图书馆论坛》杂志的编辑出版工作。

截至2014年年底,中心共收藏国内学位论文256万余册,国外学位论文50万篇;外文会议文献27万余册,全国性学术会议文献6万余册;1958年以来的美国政府科技报告161万余份;国外科技期刊4300余种/年;累计收藏国外检索和参考工具书26万余册,开通文摘数据库或工具平台22种,开通全文数据库27种,同时收藏中国科学院和中国工程院1100余位院士捐赠的5000多部著作;拥有知识链接数据库、高被引论文数据库、中英文术语数据库、中国新方志数据库等特色数据库。在馆藏数字资源中,中外文摘数据库总量达到1.04亿条,中外引文数据总量达到1.63亿条,全文总量达到6269万篇。

截至2016年5月,信息资源中心共有各类研究开发、加工编辑和咨询服务人员40余人,其中拥有博士学位8名、硕士学位17名,拥有正高职称3名、副高职称22名及

多位在站博士后和在读研究生。10年来，获得软件著作权27项，在国内外重要期刊上发表文章209篇，先后承担国家科技支撑计划、国家社会科学基金项目、国家自然科学基金项目、国家软科学项目、国家科技基础条件平台等国家级课题31项。

信息资源中心以数字化、网络化手段向社会提供智能化、个性化、知识化的公益信息服务，开展专题文献检索及收录引证服务，推进嵌入科研环境的知识服务，开展面向用户的文献计量分析和知识评价服务；负责中国科技情报学会资源建设专业委员会的组织工作；承担全国信息与文献标准化技术委员会秘书处工作，对口 ISO/TC46 进行国际交流合作，开展文献信息标准化研究。

（二）政策与战略研究中心

政策与战略研究中心是中国科学技术信息研究所8大公益性业务部门之一，定位于为科技决策主体提供"基于事实的、科学、客观、系统的"战略研究及面向科技战略决策方案的产品与服务。

政策与战略研究中心下设《科技参考》研究室、国际科技战略研究室、科技政策与管理研究室，共有研究人员26人。研究人员80%以上具有高级职称，其中博士学历人员9名，博、硕士研究生导师11名。每年新招收硕士 5～7 名，博士后流动研究人员 1～2 名。目前正在中心研究和学习的博士后和研究生近20名。

近5年来，政策与战略研究中心承接了多项国家"973"计划、国家"863"计划、国家科技支撑计划、国家自然科学基金、国家社会科学基金、国家软科学研究计划、科技基础性工作专项、亚洲专项资金、科技部各司局、财政部、中组部、地方省市政府委托项目、中国博士后科学基金等支持的项目和课题，并积极参与和承接了国家"十二五"科技发展规划的重大专题研究及相关工作。与日本科学技术振兴机构签署了长期交流合作协议；与黑龙江省科技情报研究院共建了"ISTIC-HISTI"俄罗斯科技战略联合研究中心；与吉林省科技信息研究所建立了韩国科技研究中心。政策与战略研究中心先后与美国千年所（MI）、韩国科学技术信息研究院（KISTI）、英国曼彻斯特大学科技政策中心、华盛顿大学国际科技政策研究中心、加拿大国家研究理事会知识管理部（NRC-KM），以及北京市科学技术情报研究所、浙江大学等国内外相关研究机构开展了广泛的交流与合作。

政策与战略研究中心主要任务有：①国际科技战略情报研究。对世界科技创新大势、国内外重大科技问题及国外科技相关问题开展更具前瞻性、战略性、针对性的情报跟踪与分析。②科技战略决策支持服务。围绕创新战略、科技规划、计划管理、人才管理、经费管理及国际科技合作等问题开展具体研究工作，为科技决策提供重要支撑。③科技政策与管理学科建设。参考国外先进科技政策与管理研究所的研究模式，借鉴国内外相关研究机构的成功经验，以科技政策与管理的学术理论与方法为基础，开展适合中国特点的科技政策与管理研究。④政策与战略研究中心承办了《中国软科学》《全球科技经济瞭望》等学术刊物，以及《科技参考》《全球科技投入要览》《全球科技人才要览》等内刊，并接受中国软科学研究理事会的委托，协助开展中国软科学研究会的日常管理工作。

（三）科学计量与评价研究中心

科学计量与评价研究中心主要从事科学计量学基础理论方法研究及相关应用研究，开展科技产出评价、科技期刊评价、科研评价、机构评价、人才评价等研究工作，为政府决策部门和创新主体提供服务。负责中国科学技术情报学会、科技部科研诚信建设办公室秘书处的日常工作，以及《情报学报》编辑出版工作，下设科学计量学研究室、情报学会办公室、诚信办秘书处和《情报学报》编辑部。

中国科学技术信息研究所于1987年开始中国科技论文统计分析及科技产出评价工作。利用《科学引文索引》（SCI）、《工程索引》（EI）、《国际科学会议录引文索引》（CPCI-S，原 ISTP）等国际权威数据库，以及中信所自主研制的《中国科技论文与引文数据库》（CSTPCD）作为数据统计源，从国家、地区、学科、机构等不同层面和维度统计、分析和评价我国科研人员在国内外重要科技期刊和重要学术会议上发表论文和论文被引用的情况等指标，客观公正地分析我国论文的总体数量和影响、在世界上所处的位置，以及我国在国际比较中的学科优势，为科技管理工作提供决策支撑，为科技创新工作提供参考依据。每年定期出版《中国科技论文统计与分析》年度研究报告，召开中国科技论文统计结果发布会，向社会公布统计分析结果。在多年论文评价工作的基础上，开展"领跑者5000——中国精品科技期刊顶尖学术论文平台"建设工作，获得科技部、国家新闻出版广电总局等部门的高度关注。与汤森路透、爱思维尔建立联合研究中心，整合全球优势资源开展科学计量学与科技评价工作。

科学计量与评价研究中心的主要任务有：①承担"科学计量学"学科建设工作，开展科学计量学理论方法研究、科技产出评价与人才评价理论方法及相关应用研究，开展中国科技论文统计分析、中国科技期刊评价研究工作，为科技部等政府部门决策提供支持服务。②承担"中信所－汤森路透科学计量学联合实验室"和"中信所－爱思维尔期刊评价中心"运行工作。③开展科研诚信管理与政策研究，整合与传播国内外科研诚信相关研究成果，建设科技信用体系和学术诚信档案，并承担科技部科研诚信建设办公室秘书处有关工作。④接受中国科技情报学会理事会的委托，承担中国科技情报学会日常管理工作。⑤接受科技部委托，承担全国科技期刊的日常管理工作。⑥承担《情报学报》的编辑出版工作。

（四）信息技术支持中心

信息技术支持中心是中国科学技术信息研究所信息技术基础设施规划、建设、维护及各种信息技术应用与服务系统的设计、开发和管理归口单位,同时也是国家科技图书文献中心的网络中心和网络系统工作组组长单位,负责NSTL城域网与网络服务系统的规划、建设与日常运维,负责NSTL全国服务体系中各站点的技术支持工作。中心的研究内容包括知识组织、信息检索、数据挖掘等与数字图书馆密切相关的技术与应用,以及大型网络服务系统的规划、设计与实现。目前,中心承担了国家科技管理信息系统建设办公室的组织与管理工作,未来2~3年将重点围绕国家科技管理信息系统开展技术研发工作。

信息技术支持中心现有各类研究、开发与技术服务人员近20名,其中,拥有研究生学历或副高以上技术职称人员占63%,博士、硕士研究生导师6名。每年新招收硕士1~3名。

信息技术支持中心于1996年率先开始提供国际互联网接入业务。目前,通过专线与中国电信、联通、教育网、科技网实现了互联互通,出口总带宽达到550兆。中心拥有近500平方米设备先进、管理一流的通信和计算机设备机房,运行维护国家科技数字图书馆等多种大型国家级信息服务系统,数据库记录总量超过1.3亿条。

信息技术支持中心从2000年开始承担NSTL网络运维服务,目前已完成NSTL三期系统建设工作,建成了覆盖全国的网络服务体系,为9家成员单位、39个服务站、22个用户管理平台、50多万用户提供科技图书文献服务,年访问量超过1.35亿次。

信息技术支持中心承接了多项国家科技支撑计划、国家社会科学基金、国家科技基础条件平台、中国博士后科学基金等支持的项目和课题,尤其是"十二五"期间重点围绕国家科技支撑计划"面向外文科技文献信息的知识组织体系建设与应用示范"项目的组建开展技术研发工作,在智能检索技术的工程化应用方面取得较大突破。

信息技术支持中心的主要任务:①规划、设计和建设中信所信息技术基础设施和知识管理与共享平台,负责中信所数据机房安全管理、日常运维,为全所的业务工作提供信息技术条件保障。②代表中信所承担国家科技图书文献中心网络管理中心职责,负责NSTL城域网规划、建设、安全管理、日常运维,负责NSTL网络服务系统等应用系统的规划、建设、日常运维,负责系统数据的采集、质检、加载、更新和备份,负责NSTL全国服务体系中各站点的技术支持工作。③组织管理全所信息安全技术工作,围绕中信所内部业务需求,开发相关软件产品与工具,并对全所软件开发工作和软件开发团队进行归口管理。④承担国家科技管理信息系统建设办公室的组织与管理工作。⑤开展数字图书馆、数据挖掘、信息检索等信息技术领域相关理论、技术、标准和应用研究,建设开放式合作研究平台和博士后及博士、硕士人才培养基地,培养和引进骨干研究人员,组织核心研究队伍。⑥承担全国信息与文献标准化技术委员会第四分会的组织与管理工作,收集、整理与本领域相关的国内外标准资料,提出并组织本专业标准化工作,分会成立至今完成中国国家标准制修订任务24项。⑦出任中国科学技术情报学会计算机应用委员会副主任委员单位。

### (五)情报理论与方法研究中心

情报理论与方法研究中心主要开展科技情报领域相关的基础理论与方法研究,为科技情报研究提供理论和方法支持;承担中国科学技术情报学会知识组织专业委员会的组织工作,并代表中信所加入 W3C、IDF、ICSTI 等国际组织;负责《情报工程》的编辑出版工作;下设理论教研室、语言技术与机器翻译研究室、知识组织与知识工程研究室、大数据挖掘与情报分析研究室和《情报工程》编辑部。

情报理论与方法研究中心拥有强大的研究基础与实力:①机器翻译。自 20 世纪 70 年代以来,中信所一直开展机器翻译研究,在英汉科技机器翻译领域取得显著成绩,多次在国内机器翻译评测中名列第一。目前作为牵头单位联合中科院自动化所、哈工大、北交大等单位与日本科技振兴机构(JST)及京都大学等开展日汉机器翻译合作研究。②知识组织与知识工程。近 10 年来,在知识组织与知识工程方面开展了大量的理论、关键技术与应用研究,在多个重点领域开展了知识组织系统建设,承担了多项"十一五""十二五"项目,项目研究成果已在中国工程院、钢铁研究总院等单位中应用。③科技大数据挖掘与情报分析。近年来,开展科技大数据挖掘与情报分析研究,承担了"十二五"课题任务,目前正承担国家科技支撑计划"面向科技情报分析的信息服务资源开发与支撑技术"等项目,其相关成果在国家新闻出版广电总局、新能源电动汽车等多个部门与领域中应用。④数字资源标识与服务。中心承担中信所中文 DOI 系统的研发与运维工作,进行 DOI 国内标准的制定、国际合作等工作。系统注册总量居全球第二位,是中文信息资源国际化、提升中文数字内容影响力等不可替代的服务体系。"十二五"期间,中心科研成果丰硕。在国内外核心期刊发表学术论文 160 余篇(包括 SCI、SSCI、EI 论文 30 余篇),出版专著、译著 5 部,申请专利 2 项,申请软件著作权 64 项,培养硕士生 20 余名、博士生 2 名和博士后研究人员 13 名。完成或正在承担国家科技支撑计划项目 8 项,国家国际合作专项 2 项,国家自然科学基金项目 6 项,国家社会科学基金项目 1 项,国家数字复合出版项目 1 项。

情报理论与方法研究中心的主要任务:①承担"情报学"学科建设工作,围绕情报学科的前沿热点领域开展基础理论和方法研究。②承担"知识组织与知识工程""自然语言处理"学科建设工作,围绕科技信息资源综合利用与公共服务,跟踪科技信息领域和行业发展中的关键技术、基础技术、共性技术和应用技术,组织、策划、实施开展相关研究工作。③开展知识组织工具的研究开发工作,开展情报学相关模型方法的建设和研究工作。④开展相关领域的国内外学术交流与合作研究,承担中国科学技术情报学会知识组织专业委员会的组织工作,并代表中信所加入 W3C、IDF、ICSTI 等国际组织。⑤承担《情报工程》的编辑出版工作。

### （六）科技报告服务与产业情报研究中心

科技报告服务与产业情报研究中心是中国科学技术信息研究所根据加快推进国家科技报告制度建设和深入开展产业情报研究的工作需要，于2015年刚刚成立的业务部门。中心业务定位主要包括3个方面：①承担国家科技报告制度建设的日常管理工作，研究制定科技报告标准规范，负责全国科技报告的收藏、加工与服务，组织指导科技报告宣传培训，开发运行科技报告服务系统。②承担国家科技成果转化项目数据库建设工作，开展技术转移、技术成果转化等研究。③围绕重点产业和科技领域的跟踪分析，开展产业竞争情报研究工作，为产业发展和企业决策提供情报服务。

科技报告服务与产业情报研究中心的主要任务：①开展科技报告组织管理架构、知识产权归属、密级管理、呈缴和审查流程、共享交流等方面的专题研究。负责科技报告相关核心标准的制修订和宣传推广工作，参与科技报告政策法规研究和制定工作。②负责全国科技报告的呈交管理和收集工作，对收集的科技报告进行格式、内容和质量审核，形成科技报告资源体系。③组织开展国家科技报告共享服务系统等平台的规划、设计、开发工作，负责各类系统的日常运行维护和安全管理。④开展重点科技领域分析研究，跟踪分析生物技术、能源技术、新材料技术、先进制造技术、信息技术、农业技术、海洋技术、新能源汽车技术等重点技术领域的现状与发展趋势，并承担产业相关基础数据库建设。⑤开展产业竞争情报研究工作，为产业发展提供竞争情报服务。⑥开展技术转移、技术成果转化等研究，促进相关技术在科技信息服务领域的应用与推广，并承担国家科技成果转化项目数据库建设工作。⑦接受中国科技成果管理研究会委托，负责中国科技成果管理研究会的日常管理工作。接受中国科技咨询协会理事会的委托，承担中国科技咨询协会日常管理工作。⑧承办《高技术通讯》（中英文版）刊物。

### （七）国家科技信息资源综合利用与公共服务中心

为了研究开发大规模科技信息资源深度加工、组织、挖掘和知识关联服务等方面的关键技术、共性技术，建立科技信息资源综合利用服务体系，实现产业化，推动信息服务向知识服务转型，中国科学技术信息研究所作为依托单位，联合国内有关科技信息机构、高校和信息服务企业共同拟申报国家工程技术研究中心——国家科技信息资源综合利用与公共服务中心（简称"工程中心"）。2010年4月14日，中信所向科技部部务会汇报了国家科技信息资源综合利用与服务中心申报工作，得到部领导的高度肯定和部内相关司的大力支持。同年11月10日，以科技部评估中心顾问、原国家科技部副秘书长、发展计划司司长黎懋明为组长的国家工程中心评审小组，对中信所承担的空间数据应急共享会商环境进行了考察参观。科技部科研条件与财务司在中信所召开"国家科技信息资源综合利用与公共服务中心"同行专家可行性论证会，专家组一致同意通过依托中信所组建"国家科技信息资源综合利用与公共服务中心"可行性论证。12月1日，科技部

## 第五章 新常态与新征程（2011—2016年）

发展计划司就中信所申报的"国家科技信息资源综合利用与公共服务中心"召开综合评审会，陈家昌副所长代表中信所进行可行性论证汇报，会议取得较好效果。

2011年1月11日，经科技部批准，中国科学技术信息研究所作为依托单位，联合国内有关科技信息机构、高校和信息服务企业正式成立国家工程技术研究中心——国家科技信息资源综合利用与公共服务中心，该中心是国内科技信息领域唯一一家国家工程技术研究中心，该中心的成立填补了国内科技信息资源建设工程技术研究领域的空白，为中信所相应技术工作的整合与应用示范、促进产、学、研有效结合提供了平台。2011年，工程中心成功申报1项国家"十二五"科技支撑计划——"技术创新服务平台关键技术研究与应用示范"，开展支持技术创新服务平台的知识管理理论方法研究、基于知识库的企业创新支持关键技术研究与开发，企业技术创新的知识资源体系建设和面向企业创新应用链的知识服务平台及示范等研究工作。

2014年10月17日，工程中心通过科技部主持的国家工程技术研究中心综合评议验收。评估结果认为：该中心工程化研究方向明确，中心人才团队学术水平高、创新能力强、结构较合理、居于国内领先水平；研究开发能力强，整体达到国内先进水平，取得了一批具有自主知识产权的成果，技术成果达到行业先进水平。

2015年，"国家科技信息资源综合利用与公共服务中心"正式挂牌，面向全社会推广、转化中国科学技术信息研究所的多项科研成果。6月，中信所成立同名内设机构，负责工程中心运行。工程中心依托中信所的科技信息资源优势，强化科技信息理论与方法研究、技术开发与应用服务的能力建设，目标是建成我国科技信息资源综合利用的理论研究、技术研发与公共服务示范中心，提升面向全国科技创新的知识化信息服务的技术支持能力和公益服务能力，在全国科技信息服务行业发挥引领和示范作用。工程中心的主要任务有：①开展科技信息领域和行业发展的关键技术、基础技术、共性技术和应用技术的研究与推广服务。②承担高层次科技人才数据库、科技项目信息数据库、科学数据目录数据库、世界研究与实验基地数据库、专利数据库等的建设。③承担全国科技查新专业委员会建设。④承担各类基于事实数据的知识服务平台建设，为政府和企业提供决策服务。⑤建设支撑产业技术创新的数据和平台，服务国家技术创新工程。

目前工程中心已建设电动汽车技术、管理、市场和发展动态数据库，形成电动汽车技术决策和计划管理的一站式支撑服务平台，在苏州等产业基地展开了培训和应用。工程中心组织研发了派瑞智能培训系统、行业技术创新服务平台、协同OA办公系统、知识服务平台（智能搜索引擎、企业知识库平台、知识管理平台）等派瑞系列产品工具。工程中心还负责联合全国地方科技信息机构共同建设"中国科技情报网"，现有来自科技情报界、政府科技管理部门、高新区、咨询机构的会员机构30余家，有效推动了我国科技信息行业的研究、交流和协作。

## （八）研究生部

研究生部是中国科学技术信息研究所承担硕士、博士研究生培养，各学科教研室建设，博士后科研工作站管理、职工在职教育及开展社会专业培训的公益部门，定位于为中信所、科技部系统及国内同行业搭建人才培养和学术交流的平台，并在不断创造条件，力争早日建成国内第一个图书情报专业的研究生院。1978 年开始招收情报学专业研究生，为国内最早开展情报学研究生教育的单位，拥有图书馆情报与档案管理一级学科硕士学位授予权，目前有图书馆学、情报学、信息资源管理和竞争情报 4 个硕士点，同时还开展了情报学在职研究生的培养工作。

中国科学技术信息研究所目前建立有图书馆学、未来学、科技政策与管理、信息资源管理、知识工程、情报学、科学计量学和自然语言处理 8 个学科教研室，开展图书馆情报与档案管理一级学科 17 个研究方向的全日制硕士研究生的招生、培养和授予学位全流程管理；现有硕士研究生导师 81 人（其中所外导师 10 人），博士生导师 4 人。作为国内多所大学的学生科研实习基地，还组织接收在校大学生参加科研实习活动。

中国科学技术信息研究所于 2002 年经人事部批准设立国内首家"图书馆、情报与档案管理"学科博士后科研工作站，目前已有 50 余名博士后研究人员出站，在站博士后 30 多人。作为图书情报领域人才培养的专门机构，中信所多年来还面向行业和社会开展相关领域的技术培训和在职人员培训等工作。

## 三、新常态下的社团组织建设工作

### （一）中国科学技术情报学会

**1. 召开全国科技情报工作研讨会**

2011—2013 年，中国科技情报学会主持召开了 3 届科技情报工作研讨会。研讨会就科技情报行业创新发展与服务能力建设，科技信息网络服务方式，内容与技术创新，情报研究工作的协同协作，信息资源共享与服务，人才队伍建设，情报机构创新发展，市场竞争情报研究，区域创新资源建设与共建共享，科技情报机构事业单位分类改革，情报机构性质定位及业务发展特色等问题进行了研讨。全国科技情报工作研讨会对继续推动驱动创新和科技信息体制改革具有重要意义。

**2. 举办工作和学术交流会**

2011—2013 年，中国科技情报学会举办了 3 届全国计算机信息管理学术交流会，交流会就知识服务的技术与模式研究，关联数据与知识服务研究等进行了研讨。全国计算机信息管理学术交流会促进了科技情报机构的改革与发展及情报学学科建设与发展。

2011—2015 年，中国科技情报学会联合有关部门每年举办全国知识组织与知识链接学术交流会，交流会就知识组织与知识链接，文献、数据、信息、情报和知识的组织、关联及分析、计量、评价、展示和服务，知识组织与知识链接的研究与发展方向，网络环境下知识组织与知识链接的新理念、新思路、新方法等进行交流。全国知识组织与知识链接学术交流会推动了知识组织与知识服务进程，促进了图书馆学、情报学学科建设。

2012年8月30日，中国科技情报学会举办"中国科学技术情报学会知识组织专业委员会成立暨学术交流会"，交流会促进了科技情报机构的改革与发展及情报学学科建设。

2014年，中国科技情报学会组织召开了科技声像和科技查新等工作研讨会，促进了科技情报行业的创新发展。

2015年7月8—10日，中国科学技术信息研究所派员参加"大数据环境下的情报服务与创新学术研讨会暨中国科学技术情报学会第八届会员代表大会"。研讨会重点围绕大数据环境下的情报学研究、大数据环境下的情报分析技术发展、大数据环境下的情报服务创新、大数据背景下的用户研究等展开，以共同探讨科技情报机构面临的新形势、新任务，推动科技情报事业的创新发展。

**3. 成立新的专业委员会**

2012年8月30日，中国科技情报学会设立知识组织专业委员会。同年，中国科技情报学会申请设立的"科技查新专业委员会"得到中国科协、民政部批准。

**4. 竞争情报年会**

2011年10月—2014年9月，中国科技情报学会竞争情报分会举办了4届竞争情报年会（第17—20届），第17届年会围绕战略性新兴产业产生的竞争情报需求、经济转型期企业竞争情报战略研究及这个时期情报工作方法及热点、难点、企业竞争情报系统建设、网络舆情研究等竞争情报理论与实践活动中的热点议题展开了讨论。第18届年会就战略性新兴产业产生的竞争情报需求，探讨了全球大环境的变化形势下竞争情报如何更好地为新兴产业的发展发挥作用。第19届年会继续以推动竞争情报发展为核心，紧密围绕"大数据时代的竞争情报服务"，探讨大数据环境下竞争情报服务的方式方法。年会还就面向战略的竞争情报、企业竞争情报发展、竞争情报创新理论与方法等内容展开讨论。第20届年会继续以推动竞争情报理论研究和实践交流为核心，就有关竞争情报理论与实践进行研讨。

### （二）中国软科学研究会

中国软科学研究会成立于1994年，主要任务是对我国软科学事业发展的方针、政策、法规、中长期规划开展研究，并向国家宏观管理部门提出建议；组织开展软科学基础理论与方法的研究，进行各种学术交流活动；接受境内外各界的委托，提供决策支持与咨询服务；积极开展多种形式的国际交流与合作，推动我国软科学的国际化进程。

2011年11月，中国科学技术信息研究所、中国软科学研究会主办"第八届中国软科学学术年会",会议主题为"创新驱动与经济发展方式转变"。会议指出：创新驱动与经济发展方式转变是重大的历史课题，也是中国软科学面临的重大挑战性的课题。软科学研究要对这些课题进行系统的研究，在解决重大问题中履行自身历史使命，同时造就中国战略性的智库群体。2013年12月5日，中国软科学研究会举办了主题为"创新驱动与深化改革"的"第九届中国软科学学术年会"。研讨会指出：加快创新创造步伐，坚持用改革的办法解决影响发展的体制机制问题，才是实现中国经济社会全面协调可持续发展的有效途径。

2012年11月，中国软科学研究会举办了主题为"依靠科技创新，转变发展方式"的"第七届软科学国际研讨会"。此次研讨会对于深化科技体制改革，加快国家创新体系建设，实现创新驱动发展，促进科技与经济社会发展紧密结合，使我国经济尽快走上内生增长轨道，以及深入研究软科学领域的相关政策和典型案例，探索创新驱动与协同发展，具有积极意义。

2014年，为支撑中美创新对话、中拉科技创新论坛、中巴高级别科技创新对话的有关工作，中国软科学研究会受科技部国际合作司委托，严格按照国家相关规定进行过程管理，顺利完成"中外创新对话专项"美大地区研究课题招标工作。

## （三）中国科技成果管理研究会

中国科技成果管理研究会成立于1993年，主要任务是组织和开展全国科技成果管理、应用与推广理论研究及学术交流活动，开展科技成果评估、评价与咨询，组织科技成果管理与应用培训活动和科技成果推广活动，开辟学术交流渠道，宣传科技成果管理、应用与推广研究的意义，为政府制订科技成果有关政策法规与规划等提出建议。

2011年10月26—27日，由中国科技成果管理研究会、国家科学技术奖励工作办公室等联合主办"2011技术转移与成果转化暨沿海区域科技管理学术研讨会"。会议就科技成果评价、转化及沿海区域科技管理等问题展开了深入讨论，交流了在科技成果评价与转化中积累的经验和有效做法。2012年10月—2014年10月，中国科技成果管理研究会联合有关部门举办了3届"科技成果转化与评价学术研讨会"，研讨会就科技成果转化与评价、科技成果转化服务模式等进行研讨。研讨会对促进科技成果管理的理论创新和实践具有积极的意义。

## （四）中国科技咨询协会

中国科技咨询协会成立于2003年，主要职责是通过建立和完善协会会员的资格认证和会员职业行为准则，促进会员的专业化服务能力和职业信誉能力的提升，保证咨询工作的价值和有效性；通过咨询行业知识资源的建设，促进会员为各类组织的可持续发展提供专业服务。

2011年6月，中国科技咨询协会、人民日版社《中国经济周刊》、全球政商领袖基金会共同主办"2011国际创新与低碳发展论坛暨全球政商领袖北京峰会"。会议促进了中外国际经济技术的交流与合作，搭建了中外企业家、各行业代表沟通、合作和交流的平台。2012年，中国科技咨询协会编辑《咨询》和《国际快讯》两份电子会刊各6期，开展了"中国科技咨询协会咨询创新奖"的评奖活动，完成了典型"优秀咨询案例"的编撰工作。2013年，中国科技咨询协会开展了咨询从业人员的行为道德和职业能力综合测评方法与指标研究，组织了"中国科技咨询创新奖"的评奖活动，完成并发布了《2012咨询业发展报告》。2014年，中国科技咨询协会正式开通了中国科技咨询协会官方微信公众平台，开展了首批咨询人员职业能力综合测评工作，开展了2014年咨询创新奖的申报、评审工作及2014年职业女性风采人物推荐评选活动，举办了"咨询领袖话咨询"等研讨会、沙龙活动。

## 四、所属企业的平稳发展

### （一）北京万方数据股份有限公司

**1. 业务能力和经济效益平稳发展**

2011年，北京万方数据股份有限公司进一步深化员工薪酬制度体系改革，特别是确立了公司薪酬总额与公司经营指标完成情况挂钩的机制，将股东利益、企业发展和管理团队及员工收入更好地结合起来，提高了企业经营管理水平和行业竞争力。北京万方数据股份有限公司确立了"稳定万方数据服务平台相关传统产品和服务，全力拓展万方软件和万方医药网新业务的发展，使公司总体工作保持平稳健康发展"的工作方针。2011年，北京万方数据股份有限公司在石家庄建立了第二加工基地，在武汉建立了数据和服务技术平台的异地容灾站点。万方数据旗下的全资子公司北京万方软件有限公司正式宣告成立，努力建成为最有影响力的第三方科技评价中心及行业内最具有影响的科技创新评价及科技信息服务软件供应商。2011年，万方数据股份有限公司探索了软件业务新的销售模式，医药业务继续保持30%以上的增长速度，产品知名度和市场影响力大幅度提高。公司持续不断地加强技术研发投入，成功承担了国家新闻出版重大科技工程项目——"国家数字复合出版系统工程"重大项目中的4个子项目。同时，协同国内知名搜索引擎服务商共同完成国家"863"重大专项"以科技文献服务为主的搜索引擎研制"，进一步奠定了公司在"DOI"管理与服务技术、OA开放与服务、版权保护、论文相似性检测等领域的国内领先地位。2011年，公司营业总规模达到2.6亿元，较2010年同比增长14.3%；银行现金结余达1.5亿元以上，较2010年同比增长3.6%；实现税后利润3700万元，较2010年同比增长8.9%。

2012年11月21日，北京万方数据股份有限公司积极推进数字化加工生产线建设，石家庄第二加工基地——智库科技有限公司文献数字化处理生产线顺利投产。公司股权结构调整工作平稳顺利完成，新股东的进入对公司资源源头的稳定供给和未来稳定发展起到积极作用。公司股权结构和构成进一步优化。2012年公司经营稳健增长，全年营业额规模达到30 968万元，实现利润3980万元，货币资金达到1.5亿元以上。

2014年，北京万方数据股份有限公司获得软件著作权11项，承接由科技部和国家新闻出版广电总局批准立项的科技计划项目2个，申请国家课题经费或研发项目总额达3300万元。万方软件公司承接的国家"863"计划"云计算关键技术与系统（一期）"专项课题——"以科技文献为主的搜索引擎研制"顺利通过评估验收，成功结题。并深入优化RMSCLOUD核心引擎，部署规划了大数据开放运营思路，进行了升级改造服务，初步建立了DAAS服务模式，面向科技服务业建立数据运营平台。万方公司在保持传统资源销售的基础上，大力拓展软件、医药产品、基础教育产品的销售，取得明显成效。2014年，公司营业总规模达到3.35亿元。

**2. 举办科技创新会议，推动企业创新发展**

北京万方数据股份有限公司多次举办三亚论坛，推动企业创新发展。在2011年3月—2014年3月举办三届三亚论坛，分别以"推动技术创新 引领行业发展""立足科技创新繁荣文化产业"和"大数据新体验"等为主题，就数字出版产业知识更新、信息交流与合作共赢，产业链各主题间的互动与合作，信息内容服务和数字出版业转型，信息内容服务技术创新、数字出版行业标准建立、数字资源产品知识产权保护、数字出版商业模式，国家科技创新文献保障体系建设、医学信息服务、知识服务、学术视频等展开研讨。

**3. 推动企业文明建设，获得荣誉称号**

2014年6月19日，北京万方数据股份有限公司在海南省海口市教育装备综合改革试验区启动"教育装备海南扶贫援建工程"捐赠会上，向海南省的教育贫困县捐赠了60套价值600万元的"万方数据中小学数字图书馆"产品，被教育部教育装备研究与发展中心和中国下一代教育基金会联合授予"铂金牌优秀捐赠企业"。

## （二）北京万博科文化传媒有限责任公司

2011年，北京万博科文化传媒有限责任公司配合科技部各司局积极承担了"十一五"国家重大科技成就展的筹备工作，得到部领导和社会各界的充分肯定和认可。2011年3月7日，以"自主创新、跨越发展"为主题的"十一五"国家重大科技成就展在国家会议中心举行。胡锦涛、吴邦国、温家宝、贾庆林、李长春、习近平、李克强、贺国强等20多位党和国家领导人，以及全国人大、政协的数百位委员参观了成就展。本次成就展由科技部主办，由北京万博科文化传媒有限责任公司承担了本次成就展的筹展和宣传工作，本次展览会共有中组部、国家发改委、财政部、总装备部等11个部门、30多个省、自治区、直辖市的地方部门及几百个参展单位参与,是历次科技成就展中参与部门单位最多、规格最高的一次展览,是历次成就展中展示面积最大的一次。3月14日,北京万博科文化传媒有限责任公司圆满完成"十一五"国家重大科技成就展筹展工作。

2012年10—11月,北京万博科文化传媒有限责任公司承担并圆满完成了由中宣部、国家发改委共同牵头、多部委联合参加的"科学发展 成就辉煌"大型图片展"第二部分 促进国民经济又好又快发展"中的"第二单元 自主创新能力不断增强"的筹展工作。该展览于10月26日在北京展览馆顺利开幕并连续对公众展出一个月,至11月26日结束。同期,还圆满地完成了在长沙(10月底)和深圳(11月中旬)两地巡展的筹展等相关展览工作。

2011年,北京万博科文化传媒有限责任公司按照中央关于深化出版社改革的总体要求,抓住深化文化体制改革契机,进一步明确企业发展目标,完善法人治理结构,不断提高所属出版社的核心竞争力。特别是以科学技术文献出版社的改革为突破口,加强内部管理,转变经营模式,不断提升企业经济效益。2011年,科学技术文献出版社按照中央关于文化产业发展的要求,积极寻找市场定位和探索发展思路,对企业自身管理和经营进行了较大力度的调整:在编辑环节,建立了以单本图书利润核算为核心的绩效考核体系;在生产环节,通过采用招标方式重新遴选了纸张、印刷、装订等合作厂商;在仓储环节,确定了新华书店、网络和直销为主的渠道销售模式。通过上述改革,科学技术文献出版社逐步建立起图书的定制化经营模式。2011年,公司不断加强各项管理制度建设,建立了以利润为目标的绩效考核体系;进一步细化工作内容,重组业务流程,提高出版效率,对传统的图书仓储运输流程进行改革;明确了以学术出版为主体的业务发展方向,制定未来几年的发展规划。同时积极引进高层次人才,面向社会公开招聘了副社长和中层管理人员,加强现有人员培训。

2015年,北京万博科文化传媒有限责任公司已形成了以传统图书、期刊和音像出版为基础,以学术出版为核心竞争力,以数字出版和电商平台为新手段的发展方向和经营模式,几项重点工作取得新突破:①《风情中国》项目。国家出版基金资助的《风情中国——大型少数民族文化系列纪录片》项目申报成功并引进战略投资合作伙伴,共同拍摄并开展市场化商业运营开发,着力打造中国少数民族文化特色品牌。②《随糖APP》项目。以数字化转型为契机,打造集传统图书出版、手机移动端信息和服务平台、智能电视IPTV等多终端战略,在传统内容服务基础上进行服务和产品的延伸,针对糖尿病患者健康管理需求研发的《随糖APP》产品已上线试运行,目前系统正在进一步完善并进行市场化宣传推广中。③《掌上农典》项目。针对农村科技特派员和基层农业技术推广人员需求研发的农业科技信息数字化移动服务项目《掌上农典》已初步完成功能设计、软件系统开发,并开始在西藏等部分地区推广示范。④学术电商平台建设。传统图书出版发行积极应对市场新变化,布局互联网+战略,转变传统销售模式,探索建立学术出版网络销售平台，加强了出版社自营淘宝店的经营管理，初步搭建起了学术出版、网络销售、物流仓储等比较完整的学术出版销售管理体系。

（三）北京科信苑物业管理公司

2011—2013 年，北京科信苑物业管理公司进一步加强内部管理制度建设工作，不断提高服务保障能力，加强对办公楼设施设备的管理、维护和巡视，圆满地完成了政府采购、设备招投标、资产日常管理与固定资产盘存等多项工作任务。职工队伍不断壮大，拥有一批具有较高素质和经验丰富的物业服务、基建、高低压供电、保洁绿化、基础设施维修等方面的专业人才。2014 年，北京科信苑物业管理公司共完成各类设备维修、抢修 3000 多人次，各类巡视检查 2000 多人次，各项代办业务 110 多次，保证了全所及宿舍小区的安全稳定发展。北京科信苑物业管理公司继续实施主营业务经营战略，为中国科学技术信息研究所主体业务发展及各宿舍小区提供物业管理与服务。公司下设办公室、资产管理部、食堂、办公楼项目部、柳林馆项目部、西苑项目部、东区项目部等部门。2015 年，北京科信苑物业管理公司服务与管理工作水平不断提高，公司以科学、先进的管理，为中国科学技术信息研究所及所有业务营造安全、舒适、优美、方便的工作及生活环境。

## 第三节　自主创新　科技信息工作的新焦点

一、科技信息系统和业务发展支撑

（一）院士著作馆

中国科学技术信息研究所信息资源中心院士著作馆以推进院士报告会制度化、打造院士报告会服务品牌、提升院士著作馆影响力为工作主线，在院士报告会、院士 VIP 文献服务、院士论文集制作等方面取得了良好的进展。自院士著作馆建成以来，中信所先后邀请多位院士到馆进行主题讲座，听众反响热烈。

2011 年 4 月，信息资源中心在院士 VIP 文献服务方面也取得明显成效，先后有丁德、方静云院士委托助手给中国科学技术信息研究所发来了表扬信，对国家工程技术图书馆的文献服务工作给予了高度评价。院士论文集制作工作也有序开展。院士著作馆进一步优化了论文集制作流程，整合相关数据，初步建立了院士论文数据库，改进了院士论文集光盘制作方法，完成了邬贺铨等 7 位院士的纸质版和光盘版论文集的制作工作。院士著作馆已成为国内最大的两院院士著作收藏展示、弘扬院士科学精神和普及科学知识的基地。

## 第五章 新常态与新征程（2011—2016年）

### （二）中国科学技术信息研究所暨国家工程技术数字图书馆网站

为了提供数字化、网络化信息服务，中国科学技术信息研究所建立了从数据加工到数据仓储再到数据发布的馆藏系列文献工作流程，建设馆藏系列文献文摘数据库和引文数据库，建设"中国科学技术信息研究所暨国家工程技术数字图书馆网站"（简称"所馆网站"），集成整合了中信所馆藏的科技文献、网络资源和学术资源，为用户提供文献检索、全文传递、资源导航、知识服务、科学评价、决策信息等全方位服务，成为中信所面向全国开展科技文献信息支撑和保障服务的主要窗口。

2011年，所馆网站文摘数据总量7670万条，全文数据总量4300万篇，引文数据总量9961万条，点击量4137万次，页面浏览量1512万次。在山东省济宁市建立了"中国科学技术信息研究所国家工程技术图书馆济宁服务站"，在济南、烟台、潍坊等市，以及河南科技大学、河南工业大学、黄河科技大学等高校举办了用户培训和宣传活动。

2014年，所馆网站文摘数据总量达1.45亿条，其中馆藏文献70 093条。全文数据总量6269万篇，引文数据总量达1.63亿条，访问人次115万次，页面浏览量达3474万次。大力开展资源与服务的宣传推广和用户培训工作，在北京、云南、山西、广西、上海、陕西等多地组织用户培训14场。

### （三）中国高层次科技人才网

为了配合《国家中长期人才发展规划纲要》的实施，面向国家创新人才推进计划和"千人计划"等战略性需求，中国科学技术信息研究所在研究科技人才信息分类、评价、数据流程、数据标准和规范的基础上，利用科学计量学和数据挖掘等理论方法对海量科技人才信息进行深度分析和挖掘，重点采集国家科技进步奖（特等奖、一等奖）获得者、长江学者、杰出青年、百人计划新增入选者、国家重大科技计划项目首席专家、优秀博士论文获得者等高层次科技人才和潜在高层次科技人才信息，建立中国高层次科技人才数据库。开发了多维度检索、人才高级检索、全文检索、人才导航、人才分析、人物专题、统计分析等服务功能，建设中国高层次科技人才信息网，支撑科技人才评价，人才引进等相关研究工作，旨在为政府管理部门、科研机构提供便捷、有效的高层次科技人才信息服务和决策支持。

2011年，中国高层次科技人才网采集3055位新增人才信息，累计高层次人才已达8730人。此外，基于中国高层次科技人才成长的影响因素和影响机理，以及创新团队识别、变迁和绩效评估体系等问题研究，初步构建了面向不同类型的创新型科技人才评价指标体系框架，开展了青年科技人才的评价标准制定工作，为国家"青年千人计划"的评价和人才引进提供支撑服务。

2012年，中国高层次科技人才网采集3000位新增人才信息，更新8800位已有人才信息，中国高层次科技人才数据库累计高层次人才已经达到11 800人。同时，深入细分领域，采集整理电动汽车领域的高等院校、科研院所、企业和汽车协会的1500名专家初采信息，为电动汽车领域科技人才分析研究提供事实型数据。此外，还开展了科技人才信息共享标准研究，包括科技人才信息元数据标准、科技人才分类架构、科技人才唯一标识符等。

2013—2014年，中国高层次科技人才网在科技人才成长、评价、人才咨询等方面，开展了一系列科技人才研究和合作项目，拓展了高层次人才研究范围、研究广度和深度。

### （四）中国科学技术情报网

2009年，中国科学技术信息研究所牵头，组织全国科技信息机构，采用会员制方式共同建设了中国科技情报网。2011年，围绕情报网建设，中信所与会员单位在情报研究等方面签订合作协议73项，开展了先进储能、物联网和生物疫苗等领域研究、地区发展战略性新兴产业的技术选择与发展路径研究等战略研究，以及中国光伏领域决策支持服务平台建设调研、中国海水淡化与海水直接利用领域决策支持服务平台建设等工作。

2011年，为了探索地市科技信息机构加入情报网模式，中国科学技术信息研究所以山东省作为部、省、市科技信息机构三级联动合作模式的试点和示范省份，分别与山东省科学技术情报研究所及济宁市科技情报研究所、烟台市科技信息研究所、青岛市科技信息研究所进行三方签约，启动情报网在全国科技信息系统的推广工作和建立部、省、市三级联动合作模式的试点工作。6月21—22日，"第一批中国科技情报网重点科技领域研究课题验收会"在山东省烟台市召开。天津所、广东所、湖南所等11家单位通过课题验收。9月举办了"2011年中国科技情报网工作会议"，总结情报网工作并研究部署2011—2012年度工作，对在情报网建设中表现突出的会员单位进行了表彰，签订了2011—2012年度合作协议。10月19—20日召开"第二批中国科技情报网重点科技领域研究课题验收会"。山东省科学技术情报研究所、黑龙江省科学技术情报研究所、化工信息中心等8家单位通过课题验收。截至2011年年底，中国科技情报网会员单位共32家，新增研究快报962篇，总量达到2394篇；新增研究报告708篇，总量达到1181篇。

2012年，围绕情报网建设，中国科学技术信息研究所与会员单位在情报研究等方面签订合作协议34项，开展了数控机床、智能终端、地热能和电动车用锂离子电池等领域研究、地区发展战略性新兴产业的技术选择与发展路径研究等战略研究，以及钢铁产业专利情报应用服务平台和生物医药情报服务平台的建设工作。4月23—26日，召开第五届"中国科技情报网情报分析与战略研究研讨班"，来自浙江、江苏、河北等18个省（市、区）科技情报系统研究人员70多人参加研讨班。

2013年，"中国科技情报网"本着"开放联合、促进研究、服务决策"的工作思路，巩固和优化现有运行机制，促进全国科技情报系统网络基础环境、情报研究资源、情报研究工具和情报研究成果的有效共享，更好推动我国科技情报行业的研究、交流和协作，提升中国科学技术信息研究所引领行业发展的能力。本年度会员单位达到36家。2014年，新增研究快报805篇，总量达到5714篇；新增研究报告600篇，总量达到3038篇。

### （五）国家科技报告服务系统

中国科学技术信息研究所是科技部指定的国家科技报告制度建设工作的支撑机构和"国家科技报告服务系统"运行管理机构，是全国范围内科技报告的接收、保存、管理与共享服务机构。

科技报告开放共享和交流利用是国家科技报告制度建设的主要目标。2013年，为了实现科技报告对广大科研人员和社会公众的开放共享，中国科学技术信息研究所承担了"国家科技报告服务系统"（http://www.nstrs.cn）建设任务，建设向全社会展示科技报告和提供开放共享服务的基础平台，收集、加工科技部"十一五"以来立项项目（课题）的科技报告。

2013年11月1日，"国家科技报告服务系统"征求意见版（第一阶段）开通，展示了1000份科技报告，国家科技报告服务系统的运行得到社会各界的高度关注和积极评价。2014年1月1日，开通了征求意见（第二阶段），展示了3000份科技报告。系统主要功能包括科技报告检索、浏览、全文推送、统计分析等，实现了科技报告与项目（课题）发表论文、专利、标准等科研成果的同步呈现和链接。2014年3月1日，"国家科技报告服务系统"正式开通运行，实现1万份科技报告的开放共享，标志着我国科技报告制度建设取得实质性进展。2014年9月，中国科学技术信息研究所参与起草的《关于加快建立国家科技报告制度的指导意见》由国办正式转发，标志着我国科技报告制度建设全面启动，并正式颁布了《科技报告编写规则》《科技报告编号标准》《科技报告保密等级代码标识标准》和《科技报告元数据标准》。2014年年底系统实名注册用户已达2万个，网站总访客数达到27万人次，登录人次共计5.2万人次，点击量已达到1775万次，总页面阅览量达到1076万页，文摘浏览量共计41万条次，全文在线浏览量共计3.9万篇次。

"国家科技报告服务系统"开通了针对社会公众、专业人员和管理人员3类用户的共享服务。同时，系统采取了相应的技术措施，确保科技报告作者相关知识产权权益。社会公众不需要注册，便可检索、浏览科技报告摘要和基本信息；专业人员实名注册并通过身份认证后，便可检索、浏览科技报告全文，并可申请科技报告全文推送；面向各级科研管理人员提供基于科技报告的科研管理统计分析服务。

### （六）国家科技管理信息系统

2015年，中国科学技术信息研究所国家科技管理信息系统建设工作取得明显进展。

系统建设前期调研及设计工作按计划展开并实施。NSTL网络服务平台架构整合方案通过NSTL中心立项批准并获得经费支持,2015年下半年全面展开设计并实施。

## 二、平台建设 引领未来

### (一)中国科技论文统计与分析平台

2011年,"中国科技论文统计与分析平台"开发完成。中国科学技术信息研究所采集、加工《科学引文索引》(SCI)、《工程索引》(EI)、《国际科学会议录引文索引》(ISTP)等国际权威数据库收录的中国科研人员发表的论文,建设了《中国国际论文数据库》;创建了收录中国科技核心期刊论文的《中国科技论文与引文数据库》;在《德温特专利数据库》的基础上建设了收录中国授权专利的《德温特中国授权专利数据库》。基于多年积累的论文与引文数据及专利数据,中信所研制开发了"中国科技论文统计与分析平台",可以从机构、地区、学科、个人和期刊等多个纬度提供科技论文与引文、专利检索服务,并面向科研评价工作提供数据定制服务。

2011年,"中国科技论文统计与分析平台"上线数据量已达到747万条,为科研机构、高等院校和期刊杂志社等科技创新主体提供检索及数据定制服务。2012年,"中国科技论文统计与分析平台"二期系统开发完成,进一步完善了中国科技论文数据加工工作,优化数据加工流程,强化数据质量控制,提高数据处理效率,为科研机构、高等院校和期刊等科技创新主体提供更加权威、准确的数据服务。2013—2014年,"中国科技论文统计与分析平台"通过系统功能的优化更新,实现数据加工系统的升级,进一步优化数据加工流程,强化数据质量控制。

### (二)中文预印本服务平台

中国预印本服务系统于2004年3月正式开通,该系统由中国科学技术信息研究所与国家科技图书文献中心联合建设,是一个以提供预印本文献资源服务为主要内容的实时学术交流开发系统。该系统由国内预印本服务子系统和国外预印本门户(SINDAP)子系统构成。国内预印本服务子系统供存取的是国内科技工作者自由提交的预印本论文,可以实现二次检索、浏览全文、发表评论等。2011年,中国科学技术信息研究所依托"中国预印本服务系统"建立了"中文预印本服务平台",该平台是国内第一个预印本平台,从上线运行至今,每天都有科研人员在中文预印本服务平台上发表论文,在国内具有较大的影响。此外,中文预印本服务平台还提供学术论文的开放存取服务。

### (三)ISTIC专利信息检索与分析平台

为了支撑重点领域深度分析等情报研究工作,中国科学技术信息研究所建立了基于十国两组织专利数据的 ISTIC 专利分析数据库及经过深加工的重点领域专题专利数据库，开发建设了专利信息检索与分析平台，为情报研究人员开展情报研究工作提供支撑。

2011年，中国科学技术信息研究所继续加强专利数据加工、清理工作，范围拓展为中国、美国、日本、德国、俄罗斯5国，同时建成纳米技术、太阳能、电动汽车、生物质能、信息技术和生命科学等重点领域的专题专利数据库，开发了专利信息解析与清洗系统、专利数据搜索工具，建设"ISTIC 专利信息检索与分析平台"。

2012年，中国科学技术信息研究所继续加强专利数据加工、清理工作，范围拓展为中国、美国、日本、德国、俄罗斯、世界知识产权组织等5国1组织，同时建成纳米技术、太阳能、电动汽车、生物质能、信息技术和生命科学等重点领域的专利数据库，开发了德温特专利信息数据分析系统、欧洲专利数据补充择优工具软件、中国发明专利信息维护管理系统，建设了 ISTIC 专利信息检索与分析平台。

2013—2014年，中国科学技术信息研究所进一步建设 ISTIC 专利信息检索分析系统，将数据范围扩展至中国（中英文双语）、美国、德国3国，增加引用检索、专利家族检索，并进一步丰富了分析指标。

### （四）全国科技查新成果共享平台

2011年，为了促进全国科技查新行业的交流和合作，有效集成整合科技查新事实型数据资源，共享科技查新成果，提升科技查新工作水平，更好地发挥科技查新在科技立项、科技成果鉴定、项目评估和验收等科技管理工作中的作用，中国科学技术信息研究所联合全国科技信息机构，采用会员制和运行机制，成立科技查新成果共享联盟，开展《全国科技查新事实型数据库》和"全国科技查新成果共享平台"建设，形成科技查新学术交流、业务交流与协作网络，建立科技查新质量保证与信誉评估体系，提高科技查新工作自律度。

2011年9月，共有23个省市科技信息机构与中国科学技术信息研究所签署协议，加入科技查新成果共享联盟，开始《全国科技查新事实型数据库》和"全国科技查新成果共享平台"建设工作。《全国科技查新事实型数据库》主要收录"十一五"以来省部级以上项目的科技查新数据，到2011年12月，已收录科技查新项目5万条以上。"全国科技查新成果共享平台"支持会员单位科技查新数据上传、下载、审校等加工需求，提供检索、查重、浏览、统计等功能，在会员单位内实现受控查新数据的检索、浏览等共享服务。

根据《全国科技查新事实型数据库》建设工作安排，对已开发的科技查新事实型数据库系统进行测试与会员培训，以保证《科技查新事实型数据库》的正常运作。中国科学技术信息研究所信息资源中心于2011年12月7日在北京召开了科技查新事实型数据库系统测试培训会。会议邀请了23家会员单位的44名代表参会，并针对该数据库的使用对会员代表进行了详细的培训工作。会上，乔晓东总工程师强调了建设《科技查新事实型数据库》的重要意义和作用，指出在现阶段开展工作的基础上，要配合信息情报开发出更多的分析工具足以支持系统的运作。信息资源中心杜薇薇详细介绍了科技查新事实型数据库系统，对数据上传、加工、审核等操作方法进行了具体的教授，并对具体数据库操作流程进行演示。

2012年，中国科学技术信息研究所继续有效推进全国科技查新成果共享平台建设工作，科技查新成果共享联盟成员单位新上传查新事实型数据共26万条，《全国科技查新事实型数据库》累计数据27万余条，制订了《科技查新技术规范》（征求意见稿）。2012年6月19—21日，由中国科学技术信息研究所、中国科技情报学会联合安徽省科学技术情报研究所举办的"2012年全国科技查新工作交流会"在安徽合肥召开。会议充分肯定了近年来全国各地科技查新工作取得的成绩，总结交流查新机构业务经验，探讨科技查新工作可持续发展的新思路、新理念、新举措，对新时期科技查新工作进行了研讨。

2014年，中国科学技术信息研究所继续开展全国科技查新成果共享服务体系建设工作，组织召开《科技查新技术规范》国家标准（送审稿）专家审查会，完成标准报批稿并上报国家标准化管理委员会等待批准。继续《全国科技查新事实型数据库》建设，26家成员单位上传新数据4.5万条，累计已达41万条。11月26—28日，中国科学技术信息研究所组织召开了"2014年全国科技查新工作交流会"。与会代表围绕"科技查新发展策略""科技报告制度与科技查新""科技查新规范与质量控制""科技查新业务拓展与深化""科技查新信息共享与人才队伍建设"等主题进行了广泛交流和深入探讨。2015年11月11—13日，由中国科学技术信息研究所、中国科学技术情报学会在西安成功组织召开了"2015年全国科技查新工作交流会"。会议就新时期科技查新工作中加强查新专业委员会建设与发展，有力宣传与贯彻《科技查新技术规范》，充分发挥科技查新业务的职能与作用，推进新时期科技查新工作的创新和发展，具有积极意义。

（五）国家科技成果转化项目库信息服务平台

科技成果信息是推动科技成果转化的重要因素。中国科学技术信息研究所开展科技成果库标准规范和工作体系建设、成果信息的采集与加工、成果成熟度评价、已转化成果后跟踪等工作，为政府部门、创业投资机构、成果转化贷款合作银行、社会公众提供信息检索和查询、数据统计分析等基础服务与决策支持。

中国科学技术信息研究所多年来就将国家科技成果转化作为一项长期性、基础性工作进行推动，并通过市场化的力量建立了中国科技成果数据库，形成了90万科技成果数据积累。2012年，按照科技部、财政部的要求，中国科学技术信息研究所在原有工作的基础上，启动了国家科技成果转化项目库（简称"转化项目库"）建设工作。全年完成了转化项目库建设方案的制定工作，加工、清洗了"十一五"期间立项的科技计划产生的可转化成果37 868项,涵盖了"863"计划、国家科技支撑计划、火炬计划、科技型中小企业技术创新基金、国家重点新产品计划、星火计划等,完成了转化项目库在线填报系统设计和部分功能模块开发工作,包括成果信息在线填报、成果信息检索、用户权限管理等。

2012年,依托国家科技成果转化项目库,中国科学技术信息研究所建立了国家科技成果转化项目库信息服务平台,其建设和运行服务由财政部和科技部支持。该平台主要提供对财政性资金支持形成的科技成果信息和科技计划信息的检索查询、分类导航、数据统计等功能,长期为政府管理部门、成果转化投资机构和社会公众提供多层次的、非营利性的信息服务。

截至2013年年底,中国科学技术信息研究所已经建设完成了国家科技成果转化项目库网站系统,包括信息填报、审核、发布等功能模块,实现了在线服务功能。用户通过网站系统可对21 268条科技成果和61 094条科技计划项目信息进行检索和查询。

2014年,国家科技成果转化项目库完成相关标准规范的研制工作,初步建立起多级的成果信息采集、加工、汇交、共享的协同工作体系。已有680多家机构进行了在线信息核实填报,装载入库9721项成果信息、15 273项国家级科技计划项目立项信息。9月26日,在国家科技成果转化引导基金启动会上,国家科技成果转化项目库正式上线开通,对外进行服务。成果库的相关工作得到了各有关方面的高度关注,自开通以来,平均每天有近百个电话咨询成果信息的填报和系统使用等问题。10月27日,由中信所和国家科技风险开发事业中心共同举办国家科技成果转化项目库用户研讨会。与会专家就现有成果库的功能、成果详细信息披露程度、成果信息分级分类使用办法和资助信息核实方法等问题进行了热烈讨论,提出了切实可行的意见和建议。

2015年,中国科学技术信息研究所扩充国家科技成果转化项目库,强化成果库的规模建设和渠道建设。新增科技计划项目成果2004项,新增网站访问量93 027次。国家科技成果转化项目库正式对外进行服务。2015年网站访问量达到了3.2万人次。

(六)智汇营平台

2015年10月19日,为进一步贯彻"发展众创空间,推进大众创新创业"的系列政策,激发青年研究人员的活力,营造轻松、和谐、创新的学术氛围,中国科学技术信息研究所召开智汇营启动大会。戴国强所长、赵志耘书记、张新民副所长、郭铁成副所长、刘琦岩副所长等应邀出席,与中信所百余名职工共同参加了启动仪式。智汇营的成立,旨在全所范围内营造一种众创、众谋,喜欢阅读、崇尚实践的文化氛围,搭建了一个分享知识和智慧的平台,让青年人在学术研究、成果转化中发挥更大作用。

## （七）企业技术情报分析平台

2014—2015年，中国科学技术信息研究所启动了以上市公司年报数据为核心的"企业技术情报分析平台：上市公司年报数据库建设及服务系统研发"工作，2014年，中信所已经完成了用户需求调研、年报标引加工规范、应用服务开发设计等环节，实现了对LED领域300家上市公司共计2300余份年报全文数据资源的收集与加工标引工作，可实现专业技术领域数据集的深度分析。建成后将对重点领域企业的技术创新活动提供强有力的情报支撑。

## 三、联合实验室及其活动推动科技创新驱动和信息技术支撑

### （一）中信所－汤森路透科学计量学联合实验室

2008年，中国科学技术信息研究所和汤森路透集团首次签订了"中信所－汤森路透（ISTIC-THOMSON REUTERS）科学计量学联合实验室"合作协议。3年来，"中信所－汤森路透联合实验室"共举办国际学术会议6场；包括SCI创始人加菲尔德在内的34位国内外知名专家学者来实验室访问交流；培养了13位硕士、博士研究生和博士后人员；发表学术论文中注明联合实验室资助完成的论文有18篇，其中SCI论文4篇，ISTP国际会议论文2篇，出版学术专著2部，完成研究报告21本；目前为止设立开放基金24项，共有来自清华大学、北京大学等20个重要机构的154名研究人员参与研究项目。联合实验室的建立有力地推动了中国科学计量学的学科发展，取得了丰硕的成果，在国内外学术界产生了一定的影响。

2011年5月24—27日，中信所－汤森路透科学计量学联合实验室、汤森路透集团等共同举办"学科建设之定位策略暨第三届科研管理与评价高级研修班"。9月6日，贺德方所长、武夷山副所长、乔晓东总工程师、蒋勇青总经理会见汤森路透集团首席执行官兼总裁克里斯托弗·卡巴林及全球副总裁马克·加林豪斯一行，双方就数据库资源建设与深度挖掘等方面的内容进行会谈，并就双方战略合作事宜进行了探讨。

2012年5月17日，武夷山副所长会见汤森路透集团全球副总裁基思·麦格雷戈先生、中国区总裁刘煜先生等一行5人。8月22—25日，中信所、中国高校科技期刊研究会、汤森路透集团、威利－布莱克威尔出版集团共同举办"第六届中国英文版科技期刊研讨会"。9月12—14日，中信所、汤森路透集团、中信所－汤森路透科学计量学联合实验室及中国科学学与科技政策研究会科学计量学与信息计量学专业委员会共同举办"最佳实践——中外高校评价实证研究暨第五届科研管理和评价高级研修班"。

2012年，应汤森路透集团邀请，中国科学技术信息研究所贺德方所长、情报方法研究中心潘云涛主任、袁军鹏博士一行赴美国费城与汤森路透续签中信所－汤森路透科学

计量学联合实验室协议，并开展了学术交流活动。10月23日，贺德方所长和吉姆·泰斯塔副总裁参加了在汤森路透科技公司费城总部举行的合作签约仪式，双方交换了《汤姆森路透科技公司与中国科学技术信息研究所合作续订协议》。吉姆·泰斯塔副总裁致辞并介绍了汤森路透集团的总体情况，贺德方所长介绍了中国科学技术信息研究所的主体业务并回顾了中信所与汤森路透合作的历史，以及"中信所－汤森路透科学计量学联合实验室"成立3年来取得的成绩，双方一致肯定了实验室取得的成效。吉姆·泰斯塔副总裁详细介绍了汤森路透的期刊评估方法，产品战略总监帕特里夏·布伦南女士介绍了为高等教育与科研机构寻找有意义的绩效分析方法的相关研究。双方交换了关于期刊评价、机构评价的看法，并达成一致意见。本次出访，由贺德方所长带队，直接开展高层对话，续签了合作协议，增进了双方的了解，加强了中信所与汤森路透的战略合作伙伴关系。

2013年6月16—17日，中国科学技术信息研究所、中国科学学与科技政策研究会科学计量学与信息计量学专业委员会、中信所－汤森路透科学计量学联合实验室共同主办"第一届两岸三地科学计量学与信息计量学研讨会"。研讨会展示了近2年我国科学计量学及信息计量学研究的最新动态，将对两岸三地的科学计量学与信息计量学的科学研究、应用和人才教育等方面产生有益的影响。6月17—19日，中信所、汤森路透集团、中信所－汤森路透科学计量学联合实验室、中国科学学与科技政策研究会科学计量学与信息计量学专业委员会举办"协同创新研究与实践论坛暨第六届科研管理与评价高级研修班"。本次研修班共有76所高校的184位代表参加，是该系列研修班自2009年开办以来出席人数最多的一次。武夷山副所长做了"国内外协同创新实践与研究"的大会报告。汤森路透集团资深引证分析师戴维·彭德尔伯里先生利用汤森路透数据，从高校和科研院所实际出发，论述了"如何寻找最佳的科研合作伙伴"。清华大学、台湾大学、香港理工大学、上海交通大学、天津大学、哈尔滨工业大学、西安交通大学及中国科学技术信息研究所的研究人员就协同创新、科研评价等主题做了报告。本次会议在全国大力推进协同创新的大背景下召开的，受到了"985""211"高校科研管理人员的高度关注，会上既分享了已获得2011计划项目资助高校的成功经验，又探讨了如何寻找合作伙伴、如何在合作中保护知识产权等共性话题。6月25日，中信所所长贺德方会见汤森路透集团知识产权与科技业务全球副总裁基思·麦格雷戈先生一行。会谈时，贺德方所长简要介绍了中信所的主体业务并回顾了中信所与汤森路透合作的历史，以及中国科学技术信息研究所－汤森路透科学计量学联合实验室成立5年以来取得的成绩。会后，基思·麦格雷戈副总裁一行参观了中国科学技术信息研究所－汤森路透科学计量学联合实验室，观看了实验产出的成果。11月26—28日，中国科学技术信息研究所、汤森路透集团、中国科学技术信息研究所－汤森路透科学计量学联合实验室共同举办"基于全球视野与定量数据分析的科研管理信息化实践培训班"。

2014年4月8日，中国科学技术信息研究所和汤森路透知识产权与科技集团联合举办"科学数据国际化研讨会"。本次研讨会旨在为了更好地提升中国科学数据的国际影响力，探讨科学数据国际化的普遍规范和潜在的推广途径。6月9—10日，中信所与汤森路透集团联合举办"循征决策在高校科研管理和战略规划中的应用暨第七届科研管理与评价高级研修班"。中国科学技术信息研究所副所长武夷山、汤森路透研究分析总监及科学主管约书亚·D·施内尔博士等10位特邀嘉宾做了主题发言。10月28日，汤森路透知识产权与科技集团总裁巴塞尔·穆夫塔赫和中国区总裁刘煜等一行访问中信所，与中信所所长贺德方、副所长武夷山、总工程师乔晓东等进行了会谈。双方回顾了近年来良好的沟通和合作基础，互相介绍了当前业务布局和发展思路，并就未来进一步开展多层次协作进行了探讨。

2015年，中国科学技术信息研究所与汤森路透集团合作基本实现领跑者5000（F5000）论文与SCI被引用数据的动态链接，并将F5000论文推送到日本。

中国科学技术信息研究所和汤森路透集团通过设立科学计量学联合实验室，希望以实验室为依托，加强学术交流，进行科学计量学相关基础理论、技术与应用研究，探索学科发展方向；同时，联合实验室为中国科学计量学领域的科研人员提供学术交流和合作研究的平台，包括丰富的文献资源、信息分析工具等。联合实验室通过举办国际学术会议、开设科研管理培训班、设立联合实验室开放基金的形式支撑我国科学计量学的理论、方法、技术等的研究和应用，有力地推动了中国科学计量学的学科发展，成为国内外科学计量学领域的科研人员交流、学习的高端平台。

由于联合实验室取得的突出成绩，中国科学技术信息研究所戴国强所长和汤森路透知识产权与科技业务总裁范·卡拉埃尔先生分别代表双方在2016年2月24日续签了合作协议，并深入探讨未来在论文、专利、标准、商标、药物等方面的合作。

（二）中信所－爱思维尔期刊评价研究中心

2011年12月15日，贺德方所长、赵志耘副所长、武夷山副所长、乔晓东总工程师会见了国际出版商协会主席、爱思维尔集团国际部主任池永硕一行，双方就进一步加强和拓展在科技期刊评价和科技论文研究领域的长期合作进行了商讨。

2012年，中国科学技术信息研究所已经与爱思维尔集团开展合作。3月28日，中国科学技术信息研究所、爱思维尔集团、中国科学学与科技政策研究会科学计量学与信息计量学专业委员会共同主办"循征科技政策研究研讨班"。4月6日，乔晓东总工程师会见爱思维尔科技部产品研发总裁尼克·福勒一行。双方期望进一步加强合作。

2012年9月27日，中国科学技术信息研究所与爱思维尔集团联合创建的"中信所－爱思维尔（ISTIC-ELSEVIER）期刊评价研究中心"举行签约暨揭牌仪式。武夷山副所长主持签约暨揭牌仪式，贺德方所长致辞签署合作协议。科技部副秘书长郑国安与爱思维尔集团学术与政府部门总监奥利弗·杜蒙先生为"ISTIC-ELSEVIER期刊评价研究中心"揭牌。双方合作积极探讨了期刊的评价方法,探索期刊全文数据挖掘的模式,携手推进中国期刊的国际化、网络化进程。中信所依托期刊评价研究中心平台,利用爱思唯尔集团的国际影响力及专业资源,与爱思维尔集团展开更加深入的交流与合作,结合中信所工作实际定题举办国际学术研讨会,把握国际前沿,探讨科学计量辅助科研及期刊评价的最新进展。

2013年3月5—6日,爱思维尔集团高级专家亨克·莫德教授等6人组成的访问团在ISTIC-ELSEVIER期刊评价研究中心开展了2天的学术研讨,双方并就2013年度合作研究项目选题、期刊评估中国专家组、期刊评价研究中心的相关工作等事宜,进行了深入商讨和交流。12月5日,爱思维尔副总裁奥利弗、中国区负责人姚志远及相关人员来到中信所访问,双方就ISTIC-ELSEVIER期刊评价研究中心已经开展的工作,以及爱思维尔与中信所合作进行的中国期刊选择和咨询委员会的工作进行了深入探讨。

2014年4月21日,中国科学技术信息研究所、爱思维尔集团、ISTIC-ELSEVIER期刊评价研究中心联合举办"SCOPUS收录期刊遴选标准与程序培训会",培训会在业界产生了良好反响。5月22—23日,中信所、中国高等学校自然科学学报研究会、爱思维尔集团共同举办"第七届中国英文科技期刊研讨会"。会议发布《中国英文科技期刊引证报告》,并进一步就如何提高我国英文版科技期刊的学术质量和水平、规范编辑出版流程、开拓国际视野、扩大国际显示度等问题开展深入的交流和研讨。

2015年,中国科学技术信息研究所与爱思唯尔出版集团合作,打造"F5000 Mendeley学者俱乐部"。10月26日,中信所和爱思唯尔集团联合创建的"ISTIC-ELSEVIER期刊评价研究中心"举行续签协议仪式。中信所所长戴国强、副所长郭铁成等和爱思唯尔集团全球学术研究高级副总裁戴维·尼尔先生一行进行了会谈,对双方前3年的合作及研究成果进行了回顾,并探讨了未来的合作方向。戴国强所长和戴维·尼尔副总裁先生代表双方在续签协议上签字。

## 四、新时期的科技信息收集、加工、服务与文献工作标准化

### (一)文献收集

中国科学技术信息研究所继续实行强化遴选评价、优化学科结构、丰富品种数量、提升资源质量的馆藏文献建设策略和方针,在资源体系完善和特色资源建设方面,取得良好进展。

**1. 科技期刊**

2011年,中国科学技术信息研究所采购外文印刷版科技期刊4275种,开通外文网络版期刊8032种。外文期刊的品种数量继续保持稳步增长。同时,收集印刷版中文科技期刊6975种,订购网络版中文期刊9200种。2012年,采购外文印刷科技期刊4267

种。同时，收集印刷版中文科技期刊 6794 种。2013 年，采购外文印刷版科技期刊 4472 种，开通外文网络版期刊 7800 种。2014 年，中国科学技术信息研究所采购外文印刷版科技期刊 4576 种，外文期刊订购数量继续呈现上涨态势。开通外文网络版期刊 7800 余种，外文期刊订购的品种数量继续保持稳定。订购网络版中文期刊 9200 余种，保持了自 2011 年以来的保有量。

### 2. 会议文献

中国科学技术信息研究所继续加强国内外会议文献特色资源建设。2011 年，采集外文会议文献 2312 种，涵盖了国外主要出版社和知名学协会出版的大部分工程技术领域连续性的学术会议文献，馆藏总量达到近 7 万册。同时，采集中文会议文献 3150 册，累计收藏已达 9 万多册。2014 年，中国科学技术信息研究所采集外文会议文献 2838 册，馆藏总量达到 276 762 册以上。同时，采集中文会议文献 2814 册，累计收藏达到 70 937 册，中文会议文献收藏量居国内首位。

### 3. 科技报告

中国科学技术信息研究所收藏的美国政府科技报告馆藏数量不断增长。2011 年，通过采购、交换等方式收集美国政府科技报告 161 307 份。2012 年，通过采购、交换等方式收集美国政府科技报告 4.3 万份。2013 年，采购美国政府科技报告 2 万份。2014 年，采购美国政府科技报告 2.7 万份，回溯加工科技报告 6.3 万份，馆藏科技报告总量达到 142 万份。

### 4. 学位论文

2011 年，中国科学技术信息研究所收集学位论文 25 万册，已累计馆藏量达 200 万册。中信所作为美国 PROQUEST（学位论文全文数据库、图书馆数据库、博士论文全文数据库）公司电子版优秀博士论文集团采购的牵头单位和镜像站点单位，2011 年采购和新增外文学位论文 25 410 篇，镜像站全年论文下载数量达到 59 万篇。同时，收集中文学位论文 223 622 册。2012 年，中国科学技术信息研究所采购和新增外文学位论文 22 729 篇。同时，收集中文学位论文 19.5 万册，累计馆藏达到 210 万册。2013 年，中国科学技术信息研究所采购和新增外文学位论文 45 402 篇。同时，收集中文学位论文 32.3 万册，累计馆藏达到 240 万册以上。2014 年，中国科学技术信息研究所收集中文学位论文 33 万册，累计馆藏达到 273 万册以上，中文科技学位论文收藏量居国内首位。

### 5. 专利文献

2011 年，中国科学技术信息研究所采购世界专利组织、欧洲专利局和美国、英国、德国、法国"四国两组织"专利文献 2368 万件。2013 年，中信所新增"四国两组织"专利文献 122 万件。2014 年，中信所新增"四国两组织"专利文献 174 万件，馆藏总量达到 2635 万件。

### 6. 科技档案

2011 年，中国科学技术信息研究所启动了国家火炬计划、新产品计划等国家科技计划项目档案收藏工作,共收藏科技项目档案 2.6 万份,丰富了馆藏文献品种。截至 2013 年年底,中信所继续开展国家新产品计划等国家科技计划项目档案收藏工作,共收藏科技项目档案 4 万份。2014 年,中信所继续开展"863"计划、国家科技支撑计划、国家火炬计划、新产品计划等国家科技计划项目档案收集和整理工作,共收藏科技项目档案约 10 万卷,进一步丰富了馆藏文献品种。

**7. 院士著作**

截至 2014 年年底,院士著作馆已征集到中国工程院和中国科学院 1100 多位院士捐赠的 5700 部院士著作、10 万余篇学术论文及 1000 多件院士风采物品。

### (二)文献加工

2011 年,中国科学技术信息研究所继续全面推进数据库的建设工作,狠抓数据加工的流程管理,强化数据库建设质量,提高数据加工和发布的时效性。进一步落实和完善数据库建设流程体系和规章制度,形成《印本文献加工规程》等一系列规范文件体系,完成了从数据加工到数据仓储再到数据发布之间的流程细化工作,建立了贯穿加工任务派发、加工数据验收、核对、质检、加工成品数据入仓、上传、发布等作业环节的"加工—仓储—发布"流程。全年完成馆藏文献文摘数据加工 770 万条,新增引文数据 1000 万条。

2012 年,中国科学技术信息研究所加强了基础性科技信息资源建设,加大了重点服务工作力度,提高快速反应和信息保障支撑能力。2012 年,中信所承担的国家科技图书文献中心文摘数据加工量完成 155 万条。在全文传递服务中,重点加强了国外文献全文传递服务中的版权管理,严格执行知识产权的相关规定,累计完成全文传递服务 151 249 篇。国家科技图书文献中心回溯数据库全文下载量为 299 万篇,现刊数据库全文下载量为 573 万篇,加上支持单位和联合采购数据库,整体全文下载量为 4902 万篇。

2014 年,中国科学技术信息研究所定位于国家工程技术图书馆,推动文献数据标准化深度加工,不断探索文献数据加工的新模式和新方法。全年完成文摘数据加工 452 万条。大力提升数字化、网络化信息服务能力,在加强国外文献全文传递服务版权管理基础上,全年累计完成全文传递服务 15.7 万篇。中信所 NSTL 文献采购品种数量、数据加工数量、全文传递服务量和获得 NSTL 经费支持继续在 NSTL 成员单位内保持第一,分别各占 NSTL 总量的 1/3。

2015 年,中国科学技术信息研究所继续推动文献数据标准化深度加工。截至 11 月月底,已经完成文摘数据加工 453 万条。累计完成全文传递服务 14.1 万篇。中国科学技术信息研究所 NSTL 文献采购品种数量、数据加工数量、全文传递服务量和获得 NSTL 经费支持继续在 NSTL 成员单位内保持第一;主持 NSTL 网络服务平台架构整合与服务转型,形成面向全社会的增值服务能力。

## （三）信息服务

中国科学技术信息研究所以"中国科学技术信息研究所暨国家工程技术数字图书馆网站"为主要服务窗口，集成整合中信所馆藏的科技文献、网络资源和学术资源，为用户提供文献检索、全文传递、资源导航、知识服务、科学评价、决策信息等全方位服务，成为国内面向全国开展科技文献信息支撑和保障服务的主要机构。

2011年，中国科学技术信息研究所科技文献信息服务能力继续提升，全年完成全文传递服务140 937份，同比增长4.31%。完成国内外用户文献代查代借4932份，接待到馆读者2812人次，提供数字参考咨询5476人次，文献扫描复制总量达到55万页。全年完成科技查新服务543项，收录引证服务1622项。2011年，中信所进一步完善信息服务推广机制。对采购的各类文献资源，按照服务推广的范围，建立相应的服务推广情况数据库，切实提高资源使用效率。同时，不断创新服务方式，拓展服务范围。2011年在山东济宁市情报所建立了"中国科学技术信息研究所国家工程技术数字图书馆济宁服务站"，与山东省情报研究所联合开展面向整个山东省的"科技文献服务山东科技创新"培训活动。此外，还联合全国23个省市情报所，规划和启动了《全国科技查新事实型数据库》的建设工作。

2012年，中国科学技术信息研究所科技文献信息服务能力继续提升。中信所作为国家工程技术图书馆用户服务中心，通过国家工程技术图书馆网站和所馆网站完成全文传递服务151 249份，同比增长7.32%。完成国内外用户文献代查代借服务4440份，接待到馆读者2986人次，提供数字参考咨询服务7249人次，文献扫描复制总量66万页。全年完成科技查新服务728项，收录引证服务1447项。2012年，中信所继续有效推进科技查新成果共享平台建设工作，科技查新成果共享联盟成员单位共新上传查新事实型数据3万条数据。《全国科技查新事实型数据库》累计数据27万余条，制订了《科技查新技术规范》征求（意见稿）；在安徽合肥召开"2012年全国科技查新工作交流会"，参会代表达到150余名。

2013年，中国科学技术信息研究所完成文献传递150 417篇，用户文献代借代查4831篇，用户参考咨询服务7394人次。2014年，中国科学技术信息研究所完成文献传递157 442篇，用户文献代借代查3725篇，用户参考咨询服务8254人次。

## （四）文献工作标准化

2011年，全国信息与文献标准化技术委员会（简称文标会）完成《信息与文献 图书馆与档案馆的文献保存要求》和《信息与文献 图书馆绩效指标》2项国家标准的制定，9项国家标准制修订项目获国标委批准立项，2项国家标准送审；完成5项国家标准的征求意见稿，组织起草6项国家标准；向国际标准化组织ISO/TC46申请3项国际标准提案，其中2项已获得立项。

2012年，全国信息与文献标准化技术委员会共完成24项信息与文献国家标准的制修订工作，举办了"国际标准化综合知识及标准编写知识培训班"，做好国际标准的技术归口管理工作，推进ISDL国际标准、信息与文献术语等国际标准制定工作，组团参加了2012年5月在德国柏林举行的ISO/TC46的第39届大会。

2013年，全国信息与文献标准化技术委员会发布了《信息与文献 信息检索（Z39.50）应用服务定义和协议规范》国家标准1项，报批了"信息资源的内容形式和媒体类型标识"等8项国家标准，完成ISO/TC46国际标准投票22项次，组织参加了ISO/TC46巴黎第40次工作会议，通过申请成功获得了2015年ISO/TC46会议承办权。

2014年，全国信息与文献标准化技术委员会组织申请《科技报告编写规则》《科技报告编号规则》《科技报告元数据规范》《科技报告保密等级代码与标识》4项国家标准并获批准发布，组织完成《信息与文献 用于文件管理的工作过程分析》国家标准的制定和上报，征集7项国家标准计划项目，召开信息与文献国家标准计划项目专家评审会，组织完成了ISO/TC46各种工作文件的投票工作，共计投票11项次。开展了ISO/TC46——2015年会的相关准备工作，制定了会议初步方案，拟定了会议筹备事项，起草了会议邀请函，召开文标会分会会议，通报和讨论了会议的组织工作，确定了分工、相关条件和保障措施。

### 五、新时期科技信息（情报）分析研究

#### （一）情报研究与服务工作提供科技决策信息支撑

2011年，中国科学技术信息研究所继续坚持"事实型数据资源＋专用工具方法＋专家智慧"的科技情报研究方法，开展了国际科技战略跟踪研究、科技评价研究、科技政策与管理研究、重点领域深度分析、科技论文统计与分析、产业竞争情报研究和高层次科技人才研究等方面的研究工作，编辑出版《科技参考》《国际科技投入要览》《国际科技人才要览》和《重点科技领域发展动态》等系列出版物，出版了《中国科技论文统计与分析》等具有影响力的研究报告，有9项研究成果得到刘延东国务委员和科技部有关领导批示。

2012—2014年，中国科学技术信息研究所深入推进"中国科技情报网""国际科技创新与决策支持平台"及"创新型国家科技产出跟踪监测平台"等决策支持平台建设，不断完善《中国科技论文与引文数据库》《世界科技创新与决策数据库》《ISTIC-专利分析数据库》等重要事实型数据库建设。基于事实的科技决策信息支持能力不断增强，有关研究成果持续得到科技部及中央领导批示9项，其中《"非专利文献防御性公开战略应对海外专利攻击"相关问题的研究》一文得到国务院副总理王岐山及国务委员刘延东同志的批示。

2015年，《中国科技论文数据库》《ISTIC-专利数据库》等29个事实型数据库建设深入推进。"中国科技情报网"已有研究报告3287篇，科技简报5928篇。加强基于事实型数据的科技情报研究。承担《"十三五"全球科技发展趋势及国际竞争格局变化》专题研究及科技部"'十三五'科技重大专项发展规划研究"任务。完成《主要发达国家科技计划组织管理体制与机制问题概述》《国外科技计划专业管理机构调研报告》等研究报告，为科技部推动科技计划管理改革提供了有效支撑。

## （二）相关领域情报分析研究

### 1. 国际科技战略跟踪研究

中国科学技术信息研究所定期出版《科技参考》《全球科技投入要览》和《全球科技人才工作要览》等系列出版物。综合情报研究工作特点和需求，开发建设了"国际科技创新与决策支持平台"，在规范、统一的框架内实现世界各国科技战略、科技政策和科技计划等信息收集、深度加工和分析，支撑相关决策支持和研究工作，并存储国际科技战略跟踪研究的全部成果。

2011年，中国科学技术信息研究所编辑出版《科技参考》80期，报送国务院办公厅、科技部、地方科技厅等部门，其中有7期得到国务院有关领导和科技部领导的批示。出版《全球科技投入要览》和《全球科技人才工作要览》各24期，正式出版了《国际科学技术发展报告（2011）》并赠阅2011年全国两会代表。这些跟踪研究成果引起了科技部、中组部、财政部、国家发改委等有关部门的重视，成为我国科技管理部门和科技界了解世界科技发展动态的重要参考。2011年，"国际科技创新与决策支持平台"新增世界各国科技战略、科技政策和科技计划研究报告等信息2234条，累计信息量共计7274条；通过软件集成对全球50个网站的信息进行监测与采集，情报监测资源新增数据209 949条，采集信息数据量共计达到56 965条。

2012年，中国科学技术信息研究所编辑出版《科技参考》80期，报送国务院办公厅、科技部、地方科技厅局等。出版《全球科技投入要览》24期、《全球科技人才工作要览》22期，正式出版了《国际科学技术发展报告（2012）》，并赠阅2012年全国两会代表。

2013年，中国科学技术信息研究所编辑出版《科技参考》66期，报送国务院办公厅、科技部、地方科技厅局等，数篇入选向党中央、国务院报送的《科技部研究报告》《科技部简报》。出版《全球科技投入要览》24期，《全球科技人才工作要览》22期，正式出版了《国际科学技术发展报告（2013）》。

2014年，中国科学技术信息研究所编辑出版《科技参考》70期，报送国务院办公厅、科技部、地方科技厅局等，数篇入选向党中央、国务院报送的《科技部研究报告》《科技部简报》。出版《全球科技投入要览》24期，《全球科技人才工作要览》22期，正式出版了《国际科学技术发展报告（2014）》。

## 2. 科技评价研究

2011—2014年，中国科学技术信息研究所主要围绕政府资助对知识生产作用、中国的国际科技地位、中国大学的知识生产能力、中国区域科技创新能力、中国企业创新能力、区域科普能力监测与评价等问题进行研究。2011年，中信所出版了《中国高校ESI论文绩效评估》等研究报告；2012年出版了《中国发明专利区域统计分析报告——以五大新兴产业技术为例》；2013年出版了《国家创新型试点城市发展监测报告》等研究报告，为科技政策与规划的制订提供科学有效的研究基础。

## 3. 科技政策与管理研究

中国科学技术信息研究所围绕我国科技管理关注的重点和热点，重点开展科技发展战略、科技宏观管理、科技体制改革、科技计划管理、国际科技合作及科技资源共享模式、共享机制和共享政策等方面的研究，为政府科技决策提供信息支撑和决策支持。

2011年，围绕科技创新促进经济发展方式转变、科技成果转化的体制机制与测度指标体系、国外科技体制及改革动向、我国科技发展规划实施的阶段性策略与部署、科技支撑计划的改革思路和管理机制、科技人才队伍建设和激励机制，以及面向战略性产业培育与发展的科技资源配置方式、科技资源开放与共享运行机制、科研项目全生命周期管理等问题展开研究，出版了《世界主要国家支持战略性高技术产业的比较研究》《经济危机背景下典型国家科技政策调整及其战略意图》等研究报告，为我国政府科技决策提供了重要支撑。

2012年，中国科学技术信息研究所围绕典型国家科技管理体系与机制，创新型国家、地区、城市的测度指标体系，产业技术创新联盟，国外政府资助科研机构成果管理与转化，国家科技重大专项管理体制，科技支撑计划产学研合作，国内外科技人才政策，科技资源开放共享评价，主要国家科技计划项目评估的主要做法和经验等问题开展研究，出版了《国家科技重大专项管理体制研究》《科技支撑计划产学研合作》等研究报告，为我国政府科技决策提供了重要支撑。

2013年，中国科学技术信息研究所围绕世界主要国家创新战略和科技发展趋势跟踪、公立科研机构人员绩效激励机制、科技外交战略、创新型城市评价指标体系、主要国家科技成果转化和科技计划管理、服务于首都自主创新战略的创新政策体系、科技报告制度等问题展开研究，出版了《主要国家科技计划项目评估的主要做法和经验》《主要国家科技成果转化和科技计划管理研究》等研究报告，参与了国家科技体制改革、创新驱动发展战略等战略决策研究与服务，为我国政府科技决策提供了重要支撑。

2014年，中国科学技术信息研究所围绕世界主要国家创新战略和科技发展趋势跟踪、创新驱动发展战略顶层设计研究、公立科研机构人员绩效激励机制、科技外交战略、创新型城市评价指标体系、青海省创新驱动战略、兰州新区科技创新发展规划等问题开展研究，出版了《世界主要国家重大科技项目综述》《国外科技计划专业管理机构调研报告》等研究报告，参与了创新驱动发展顶层设计、"十三五"国家科技创新发展规划、"十三五"国家科技重大专项规划等战略决策研究与服务，为我国政府科技决策提供了重要支撑。

**4. 重点领域深度分析**

中国科学技术信息研究所围绕生物技术、能源技术、新材料技术、先进制造技术、信息技术、农业技术、海洋技术、新能源汽车技术等多个重点科技领域，在对国内外领域相关政策及投入产出情况等进行比较研究的基础上，运用专利分析法、国内实地调研法和专家咨询法，系统分析相关科技领域产业发展现状、模式、重点发展技术领域及趋势，提出我国相关领域技术研发及其产业化发展策略。

2011年，中国科学技术信息研究所重点分析研究了风能、电动汽车、印刷电子、能源与气候变化、生物质能源、基因治疗等领域的最新科技发展动向，出版了风能技术领域、气候变化领域等系列研究报告，并编辑出版了24期《重点科技领域动态研究》。

2012—2014年，中国科学技术信息研究所重点分析研究了高端装备、电动汽车、信息技术、印刷电子生物医药技术、能源与气候变化、纳米技术等领域的最新科技发展动向，出版了高端装备技术领域、纯电动汽车技术领域、信息技术领域、印刷电子技术领域、生物医药技术领域、纳米技术领域、能源气候变化领域等系列研究报告。2012年，编辑出版了6期《重点科技领域发展动态》，2013年编辑出版了28期《重点科技领域发展动态》，2014年编辑出版了86期《重点科技领域发展动态》。

**5. 产业竞争情报研究**

2011年，除了重点开展产业竞争情报的理论方法体系构建及应用示范研究工作外，中国科学技术信息研究所还围绕风能产业中的前沿热点领域——海上风电的竞争态势开展研究，完成了《中国海上风电发展分析》两份研究报告。报告基于网络信息、专利信息等多来源信息，通过关系整合的思想建立竞争情报分析方法体系，针对中国和德国海上风电产业的发展态势、风机市场竞争格局、风电技术竞争态势等内容开展研究。报告被国电联合动力公司、北车风电公司等风能装备制造企业购买使用，反响良好。2012年，中国科学技术信息研究所进一步完善、深化了基于多源数据与复合分析的产业竞争情报分析方法体系，撰写完成了《2012国外风电装备制造"走出去"标杆企业研究报告》和《2012信息技术产业技术竞争态势研究报告》，将研究形成的产业竞争情报基本理论和基于多源数据与复合分析的产业竞争情报分析方法进一步应用于风能和新一代信息技术产业领域，为探索科技情报机构开展面向产业需求的竞争情报服务积累了经验。2013年，中信所撰写完成了《2013国外风电装备制造标杆企业商业模式研究报告》。6月26日，中信所联合中国科技情报学会竞争情报分会举办了"2013竞争情报北京论坛"。此次会议以"新形势下的竞争情报与国家战略"为主题，邀请了北方科技信息研究所研究员包昌火、上海科学技术情报研究所研究员缪其浩等14位专家做学术报告。专家们就中国情报学发展中存在的问题及其对策、企业如何应对大数据挑战、战略性新兴产业国际竞争中的情报和战略、保障创新决策的竞争情报系统建设、中国企业"走出去"需要竞争情报、产业变革的预见分析与企业创新战略、恶意金融攻击中的竞争情报与反竞争情报等议题阐述了观点与最新研究发现。此次会议的举办对于推动竞争情报领域的研究与实践有着积极的促进作用。2014年，中信所完成了《2014年风电装备制造产业世界名牌企业研究报告》，为探索科技情报机构开展面向产业需求的竞争情报服务积累了经验。在系统总结近年来产业竞争情报理论方法研究及其应用成果基础上，出版了《竞争情报理论方法与应用案例》《竞争情报助力产业发展——国际竞争背景下的产业竞争情报服务》两部专著。组织举办了"2014产业竞争情报理论与实践研讨会"，会议以"产业竞争情报理论方法与应用服务"为主题，就产业战略与政策、创新、产业竞争情报系统建设与服务、产业竞争情报理论方法与技术应用等议题展开讨论。

### （三）重大科技信息（情报）研究课题

#### 1."中国科技报告资源体系构建研究"项目

2011年，贺德方研究员依托中国科学技术信息研究所在科技报告馆藏和研究方面的优势，申请了国家社会科学基金重点项目"中国科技报告资源体系构建研究"，并获得批准。在重点项目的研究过程中，贺德方研究员率领课题组结合近年来我国在科技报告制度建设方面的举措，积极推动我国科技报告体系研究及其在国家层面的建设进程，相关研究成果多次得到科技部领导批示，并在国家科技报告制度建设进程中得以正式应用，最终该重点课题以免于鉴定方式准予结项。

《科技报告体系构建研究》是国家社会科学基金重点项目的主要研究成果。该书以构建国家科技报告体系为目标，通过对国内外科技报告制度演化历程进行比较研究，基于科技项目的生命周期对科技报告的资源配置与整合模式进行了全面探索，结合科技报告制度建设目标提出了科技报告制度建设的政策依据，从政府科技投入效益的视角设计我国科技报告体系和共享服务模式。最后紧密围绕我国科技计划管理实践，从运行层面制订了我国科技报告工作的操作指南。《科技报告体系构建研究》一书对于全社会整体把握科技报告制度建设流程，系统构建科技报告管理体系具有指导意义，对于科技界全面认识科技报告的内涵与价值，提升科技报告质量和使用效益具有参考作用。

#### 2."新闻出版重大科技工程数字出版支撑技术"项目

2011年，中国科学技术信息研究所、北京万方数据股份有限公司、南京大学联合承担了"新闻出版重大科技工程数字出版支撑技术"项目。2011年3月30日，武夷山总工程师主持召开了项目启动会，项目承担单位的相关人员参加了会议，会议主要议题是项目整体规划，各项子课题研究计划及项目实施的整体要求等。

"新闻出版重大科技工程数字出版支撑技术"项目研究内容包括为学术期刊提供学术

不端行为检测服务，实现文献定量和定性评价；提供出版物在线审读反馈系统，提高审读效率；提供面向知识服务的专家识别和推荐服务；实现统一信息门户，为新闻出版单位提供内容管理一体化，为数字出版提供服务和支撑。

### 3. "科技文献信息服务系统关键技术研究及应用示范"项目

2011年4月14日，科技部科研条件与财务司组织有关专家在北京对"十一五"国家科技支撑计划项目"科技文献信息服务系统关键技术研究及应用示范"进行了验收。科技部科研条件与财务司孙增奇处长出席会议并讲话。来自科研院所、高校和企业的13位国内知名专家受邀作为验收专家出席会议。科技部科研条件与财务司有关人员、项目课题负责人参加了验收会。

"科技文献信息服务系统关键技术研究及应用示范"项目实施4年来，全面完成了课题目标和任务指标，在科技文献信息服务领域的理论创新与基本技术研究、应用和集成技术研究、基本数据的采集和开发与标准规范方面都取得了较好的研究成果。研究成果在国际科学引文数据库及服务系统填补了国内空白；承担单位中国科学技术信息研究所成功申报了国家科技信息资源利用与公共服务中心，对带动行业发展具有良好的示范意义；研究成果"科技政策与战略""空天科技"领域的监测系统已经被中国科学院正式应用到相关领域的世界科技发展动态监测工作之中。项目共出版科技著作12部，发表科技论文265篇，获得计算机软件著作权35项，申请国内专利12项，获得国内专利授权2项（其中发明专利1项），培养博士研究生29人、硕士研究生80人，完成国家技术标准1项，17项成果得到应用。

验收专家组认为该项目在高水平科技论文发表、计算机软件著作权登记、专利申请、人才培养等方面都取得了突出成绩，项目成果能在多个公益类和产业化信息服务系统或平台中得到实际应用，该项目的研究产出成果体现了国家科技文献信息服务行业的发展趋势与战略需求。

### 4. "面向科技创新的专利信息加工与服务关键技术研究与应用示范"项目

2013年4月8日，国家科技支撑计划"面向科技创新的专利信息加工与服务关键技术研究与应用示范"项目启动会在北京举行。这次会议的主要目的是交流各课题承担单位前期研究基础，讨论项目管理机制，了解课题承担单位在项目运行中的需求及存在的问题。

"面向科技创新的专利信息加工与服务关键技术研究与应用示范"项目是国家科技支撑计划项目，中信所信息技术支持中心和战略研究中心分别承担了该课题中的"专利信息资源挖掘与发现关键技术研究"和"专利信息资源整合与加工关键技术规范研究"两项课题。"面向科技创新的专利信息加工与服务关键技术研究与应用示范"是以国家和企业已投入巨资的海量专利信息和服务体系为基础，建设面向科技创新的专利信息服务平台，并利用该平台开展热点监测评价、专利预警、科研项目管理等示范应用，为政府决策和企业创新提供专利信息支撑。

### 5. "电动汽车技术预测与决策支持系统开发"项目

2013年4月13日,国家科技支撑计划"电动汽车技术预测与决策支持系统开发"项目启动会在北京举行。该项目于2012年底通过专家论证,并于2013年通过科技部的正式批复。中国科学技术信息研究所作为主要承担单位,承担了该项目的第一课题"基于多源信息的电动汽车数据挖掘关键技术研究"、第二课题"电动汽车专题数据库建设"和第三课题"电动汽车多源信息决策支持系统研发",同时还承担了整个项目办公室的协调管理工作。项目启动会由资源共享促进中心彭洁主任主持,中信所副所长张新民、科技部高技术中心金茂菁处长和来自中信所资源共享促进中心、战略研究中心、信息技术支持中心,以及中国汽车工程学会、浙江大学、清华大学、同济大学、武汉大学的近30名主要研究人员参加了会议。启动会上进行了第一次项目间技术交流。信息技术支持中心介绍了电动汽车词系统、数据挖掘等的前期研究基础,战略研究中心介绍了电动汽车专利分析、电动汽车领域分类、数据清洗加工等方面的前期研究基础,资源共享促进中心代表介绍了元数据模型、基于论文/人才/项目等信息的分析与可视化展示、信息管理研究等方面的前期研究基础。此外,浙江大学、武汉大学有关人员还分别就网络信息采集、存储、挖掘分析、网络信息评价模型等前期研究情况做了介绍。

中国科学技术信息研究所采用"事实型数据+专用工具方法+专家智慧"的科技情报研究新方法,并将其具体应用到电动汽车全球创新资源调查研究之中,开创了创新资源调查研究的新模式。"电动汽车全球创新资源地图"揭示了美国、日本、欧洲等主要国家/地区电动汽车专利竞争态势,以及丰田、通用、奔驰等重点企业电动汽车研发重点和专利实力,通过创新资源地图相关管理部门、研究机构和生产企业可以全面地了解全球电动汽车及其关键零部件的优势创新资源分布情况及其技术特点,帮助其利用国际创新资源,促进国际合作的开展,实现我国电动汽车产业跨越式发展。此外,在基于事实的创新资源调查和总结归纳国外领先企业电动汽车国际合作经验的基础上,提出以需求为核心,以"合作内容""合作对象""合作模式"为重点的电动汽车国际合作三维分析模型,为北京市电动汽车国际科技合作政策研究提供了新思路和新理论。

## (四)国家级项目研究课题

### 1. 国家自然科学基金项目

2011年,中国科学技术信息研究所完成国家自然科学基金项目:"基于预测市场方法的基金申请量预测研究""基于系统动力学的区域沙漠化动态模拟与政策调控研究"。2012年完成"基于海量数字资源的科研关系网络构建研究""面向特定情报分析应用的知识组织系统快速构建关键领域问题研究"国家自然科学基金项目。

### 2. 国家社会科学基金项目

2011年，中国科学技术信息研究所完成国家社会科学基金项目："中国科技报告资源体系构建研究""用于相关文献优选的供词与引文综合分析方法研究""我国文献信息标准体系框架研究""基于知识组织的术语服务体系研究"。2012年完成"专利信息的生命特征揭示和老化规律研究""网络环境下科技信息资源建设中的质量元数据及评估应用研究""图书馆资源语义化理论及方法研究""基于叙词表自动集成的领域本体构建方法研究""面向科技型中小企业创新的技术竞争情报方法体系研究"国家社会科学基金项目。

### 3. 中国博士后科学基金面上资助项目

2011年，中国科学技术信息研究所完成中国博士后科学基金面上资助项目："基于专利分析的中国国际技术合作研究""基于数据库用户搜索行为的学习模型研究""叙词表自动集成及领域本体构建方法研究"。2012年完成"学术关系可视化方法与系统研究""基于专利分析的印刷电子技术创新研究""科技文本信息资源中术语抽取与基于术语的分类与聚类""高新技术企业技术威胁预警研究""单篇论文评价的理论与方法研究"。

### 4. 国家科技支撑计划项目

2011年，中国科学技术信息研究所完成国家科技支撑计划项目："技术创新服务平台关键技术研究与应用示范""信息资源自动处理、智能检索与STKOS应用服务集成"《汉语主题词表》（工程技术版）、"英文超级科技词表的映射研究""面向外文科技知识组织体系的大规模语义计算关键技术研究"。2012年完成"电动汽车多元信息决策支持系统研发""电动汽车专题数据库建设""基于多源信息的电动汽车数据挖掘关键技术研究""专利信息支撑科研项目管理应用示范""专利信息资源整合与加工关键技术与规范研究""专利信息资源挖掘与发现关键技术研究"。

### 5. "863"计划项目

2011年，中国科学技术信息研究所完成"以科技文献服务为主的搜索引擎研制"的"863"计划项目。

### 6. 国家软科学计划项目

2011年，中国科学技术信息研究所完成国家软科学计划项目："新能源研发态势及对我国能源战略的影响""主要国家科技成果转化和科技计划管理的相关研究""国家科技支撑计划支持产学研合作的管理机制研究""典型国家科技管理体制与机制比较研究""我国科技支撑经济发展方式转变的侧度指标体系研究""主要国家科研诚信制度与管理比较研究"。2012年完成"主要国家科技政策比较研究""公立科研机构人员绩效激励机制研究""产业技术创新链的理论、案例与政策分析""国外科技人才发展趋势比较研究"。

### 7. 新闻出版重大科技工程项目

2011年，中国科学技术信息研究所完成"数字资源服务支持系统"新闻出版重大科技工程项目。

## 六、科研成果

2011—2015 年，中国科学技术信息研究所科研产出不断保持高增长态势。2011 年，中国科学技术信息研究所根据《专项贡献奖励办法》（科发〔2009〕第 57 号），在学术论文、业务拓展、决策贡献、专利和软件成果方面给予奖励：学术论文 350 篇，其中重要学术论文 256 篇（源期刊和 ISTP 收录论文 50 篇和中文核心期刊 206 篇），普通期刊与会议论文 70 篇，报纸文章和全文转载论文 24 篇。在 256 篇重要学术论文中，被美国《科学引文索引》(SCI)、美国《社会科学引文索引》(SSCI)、美国《工程索引》(EI)、美国《科技会议录索引》(ISTP)、《社会科学及人文会议录索引》(ISSHP) 收录 50 篇，同比增长 35%。在学术论文、业务拓展、决策贡献、专利和软件成果方面，获得业务拓展奖 12 项；决策贡献奖 9 项；专利和软件成果奖 46 项。2011 年，中信所科研产出中，获得软件著作权 45 项，同比增长 96%。申请国家发明专利 4 项，其中获得国家发明专利正式授权 1 项，实现了中信所在科研成果知识产权保护工作上的新突破。在科研工作中，产出分析类、咨询类、调研类研究报告共 144 份。2012 年，中信所共产出学术论文 385 篇，包括核心期刊论文 253 篇，美国《工程索引》源期刊论文 11 篇，美国《科学引文索引》、美国《社会科学引文索引》论文 15 篇，美国《科技会议录索引》《社会科学及人文会议录索引》论文 11 篇。在科研工作中，产出分析类、咨询类、调研类研究报告 136 份。2012 年共获得软件著作权 36 项。2013 年，中信所共产出学术论文 429 篇，包括核心期刊论文 278 篇，美国《工程索引》源期刊论文 14 篇，美国《科学引文索引》、美国《社会科学引文索引》论文 8 篇，美国《科技会议录索引》《社会科学及人文会议录索引》论文 8 篇。在科研工作中，产出分析类、咨询类、调研类研究报告 131 份。2013 年共获得软件著作权 35 项。2014 年，中信所共产出学术论文 366 篇，包括中文核心期刊论文 219 篇，美国《工程索引》源期刊论文 12 篇，美国《科学引文索引》、美国《社会科学引文索引》论文 14 篇，美国《科技会议录索引》《社会科学及人文会议录索引》论文 6 篇。在科研工作中，产出分析类、咨询类、调研类研究报告 203 份。2014 年共获得软件著作权 40 项。2014 年 3 月 25 日，"电动汽车全球产业与创新资源调查研究"课题成果被北京市委、市政府举行的 2013 年度北京市科学技术奖励大会授予"北京市科学技术奖三等奖"。

中国科学技术信息研究所在历史上一直比较重视科技论文和软件著作权的产出。特别是 2011 年以后，中信所加强了各项奖励措施，进行年度统计以来，数量增长很快。科技论文在国内同行业中居于领先地位。2014 年以后科技论文产出数量已经从前几年的快速增长期进入到相对稳定期，科技论文产出呈现了从数量增长向质量提升的重大转变。软件著作权专著的数量和质量也有很大提升，软件著作权的获得数量呈现出快速增长的态势。

## 七、学位论文资源的收藏、管理与服务工作

### (一)学位论文的收藏与管理工作

2011年4月14日,由北京万方数据股份有限公司、万方数据电子出版社举办"2011年学位论文管理交流会"暨科研诚信与研究生教育探讨会。此次研讨会主要是探讨学位论文管理工作及科研诚信与研究生教育等重要问题。会议针对学位论文管理工作中的具体情况,交流改进措施,为营造良好的学术环境献计献策。北京万方数据股份有限公司总经理蒋勇青致辞,他就科研诚信工作在中国当前形势下的重要性,对科研诚信建设工作中加强技术手段支持、建设配套技术环境达到必要性进行了阐述。科技部科研诚信建设办公室副主任、中国科学技术信息研究所副所长陈家昌介绍了中信所建所历史及基本定位、架构、馆藏资源、国家学位论文收藏体系,以及我国的学术规范建设,学位论文与学术规范等情况。此次研讨会有助于推动学位论文管理工作的平台交流。

2012年,中共中央、国务院《关于深化科技体制改革加快国家创新体系建设的意见》中指出,要"整合各类科技资源,推进科技文献、科学数据等科技基础条件平台建设,加快建立健全开放共享的运行服务管理模式和支持方式"。学位论文作为我国科技资源开放共享的重要组成部分,需要在尊重我国历史沿革所形成的学位论文收藏格局基础上,稳定和完善我国学位论文的国家收藏体系,充分利用大数据手段、网络化条件和数字化环境,加强学位论文的协同采集和元数据共享,在强化学位论文资源聚合与知识组织的基础上,更进一步支撑学位论文质量管理和诚信体系建设;在联合做好学位论文公共服务的前提下,发展保障学位论文知识产权的产业化增值服务,为我国科教兴国战略和创新驱动发展战略的实施提供科技信息支撑。

2013年,博士后管理委员会正式发文要求各博士后设站单位将博士后出站报告交送国家图书馆和中国科学技术信息研究所。截至2013年6月,中信所建立的《中国学位论文全文数据库》收集全文约230万篇。此外还收集了国外电子学位论文34万余篇。《中国学位论文全文数据库》收录了自1977年—2013年6月的国内高校、科研院所的博硕士论文,覆盖97%以上的"211工程"院校,合作单位达580余家,是目前收录内容最全的学位论文数据库。2013年6月28日,全国博士后管委会办公室发出《全国博士后管委会办公室关于进一步加强博士后研究报告收集工作的通知》(博管办〔2013〕第29号),将中信所正式列为全国博士后出站报告、博士后科学基金结题报告的法定收藏和服务单位。经过30年的收集积累,在各学位授予单位的大力支持下,我国形成了硕士、博士、博士后多层次结构,具有相当规模,学科门类大体齐全的国家学位论文收藏体系,形成了我国特有知识产权的学位论文基础性战略资源,并形成了学位论文三家机构法定收藏的组织体系。

## （二）万方数据学位论文的服务与经营状况

在服务方面，万方数据提供多元化的增值服务：一是知识脉络分析服务，以主题词为核心，用可视化的方式向用户揭示论文的知识点的发展趋势和共现研究时序变化；二是论文相似性检测服务，基于万方数据海量文献资源及中国学术网页数据库，对学术成果进行相似性检测，提供客观翔实的检测报告，为学术出版、科研管理提供支持。此外，还可为学位授予单位提供开放式接口，查看每篇论文的点击率和下载率。

在知识产权方面，万方数据采取与学位论文授予单位合作共建共享的方式，采用整体版权和个体授权两种模式与学位论文授予单位和作者签订版权授权的出版协定，由万方数据统一向研究生培养单位及研究生个人支付相应的费用，同时向研究生本人和导师支付万方数据检索使用卡。

## 八、科技论文统计分析与期刊评价工作

### （一）科技论文统计分析工作

中国科学技术信息研究所利用《科学引文索引》（SCI）、《工程索引》（EI）、《国际科学会议录引文索引》（CPCI-S，原ISIP）等国际权威数据库，以及中信所自主研制的《中国科技论文与引文数据库》（CSTPCD）作为数据统计源，全面、准确、科学地从国家、地区、学科、机构等不同层面和纬度统计、分析和评价我国科研人员在国内外重要科技期刊和重要学术会议上发表论文和论文被引用的情况等指标，客观公正地分析我国论文的总体数量和影响、在世界上所处的位置，以及我国在国际比较中的学科优势，为科技管理工作提供决策支撑，为科技创新工作提供参考依据。中信所每年定期出版《中国科技论文统计与分析》研究报告，召开中国科技论文统计结果发布会，向社会公布统计分析结果。2013年，中信所在多年论文评价工作的基础上，开展了"领跑者5000——中国精品科技期刊顶尖学术论文平台"建设工作，获得科技部、国家新闻出版广电总局等部门的高度关注，并与汤森路透、约翰·威立、爱思维尔等国际出版集团展开合作，向世界推介我国的优秀科研成果。

2015年10月21日，中国科学技术信息研究所发布了最新的中国科技论文统计结果。研究称，中国国际科技论文数量连续6年排在世界第二位，中国科学研究工作的整体水平持续快速提升。数据显示，2015年1—9月，中国科技人员共发表国际论文158.11万篇，被引用1287.6万次，中国论文被引用次数增长的速度显著超过其他国家。在此期间，中国各学科被引用次数处于世界前1%的高被引论文共15 011篇，占世界份额的11.9%。分析各学科论文的被引用次数及其占世界的比例，可以显示出中国各学科领域论文的影响力，中国共有19个学科的论文被引用次数进入世界前10位，其中7个

学科的论文被引用次数排名世界第二位，分别是农业科学、化学、计算机科学、工程技术、材料科学、数学、药学与毒物学等。研究还表明，2014年全球176个学科领域中具有高影响力的期刊共有154种、发表论文总数为50 404篇，其中中国有5505篇，位居世界第二位。中国科学家发表在《科学》《自然》和《细胞》这3个国际公认的享有最高学术声誉的科技期刊上的论文有177篇，连续两年排在世界第五位。

（二）精品期刊的平台建设及"领跑者5000"项目活动

2013年4月，中国科学技术信息研究所情报方法研究中心分别在北京（4月12日）、西安（4月16日）和上海（4月26日）主办了3场"精品期刊顶尖论文平台——领跑者5000（F5000）"项目研讨会，邀请部分中国精品科技期刊的负责人和项目联系人进行探讨。来自全国各地的160余家精品期刊编辑部参加了会议。会上，各精品期刊编辑部就"领跑者5000"项目的发展及编辑部、中信所和作者如何协作完成该项目展开了热烈的讨论。研讨会取得了预期效果，进一步推进了"领跑者5000"项目，并加强了中信所同各精品期刊编辑部的联系和沟通。

2013年6月25日，中国科学技术信息研究所所长贺德方会见汤森路透集团知识产权与科技业务全球副总裁基思·麦格雷戈先生一行。会谈时，贺德方所长重点介绍了中信所新启动的重点工作"领跑者5000"项目。武夷山副所长向汤森路透来访人员详细介绍了"领跑者5000"项目的目标、数据来源、选取标准及未来影响，双方就具体实施工作开展了深入友好地交流，汤森路透将为"领跑者5000"项目提供引文数据交换及平台集成等相关知识。12月6日，中国科学技术信息研究所与约翰威立国际出版公司合作举办"学术写作与同行评审专家培训班"。论文入选中国科学技术信息研究所"领跑者5000"项目的科研人员，以及来自中国科学院、北京航空航天大学、东北大学、北京工业大学、北京科技大学、中国矿业大学等高校和研究机构的50余名研究人员受邀参会。

2014年1月15日，贺德方所长接待约翰·威立国际出版公司（John Wiley）全球科研高级副总裁斯蒂文·米洛一行，武夷山副所长等参加会见。双方就合作推动"领跑者5000"项目论文作者进入期刊编委库、举办"学术写作与同行评审专家"培训会、进行科技图书评价等领域合作达成了共识。

（三）期刊评价工作

中国科学技术信息研究所采用自主研制的中国科技期刊综合评价指标体系，按照期刊影响因子、总被引频次等20余项期刊评价指标对中国科技期刊进行综合评价，客观地反映出中国科技期刊的学术水平、质量和影响，从而遴选出核心期刊。中信所每年对中国6000多种科技期刊进行数据采集与分析加工，客观地遴选出中国科技论文统计源期刊，即中国科技核心期刊。每年定期出版《中国科技期刊引证报告（核心版）》，报告采用多种形式的表格和图形，帮助读者全面了解和评价科技类期刊。报告对我国科技期刊的发展起到了重要的引导作用，已经成为科技管理人员、期刊出版人员和科研人员了解和评价期刊的重要工具书。

《2011年版中国科技期刊引证报告（核心版）》于2011年11月正式出版，报告汇集了20余项文献计量学指标，收录了61个学科分类中共计1998种重要科技期刊。《2012年版中国科技期刊引证报告（核心版）》于2012年12月正式出版。《2013年版中国科技期刊引证报告（核心版）》于2013年9月正式出版，收录了113个学科分类中共计1994种重要科技期刊。《2014年版中国科技期刊引证报告（核心版）》于2014年9月正式出版，报告汇集了24项文献计量学指标，收录了115个学科分类中共计1989种重要科技期刊。

2015年，中国科技期刊的质量和影响力指标呈上升趋势。中国科学技术信息研究所运用中国科技期刊综合评价指标体系，对中国的6000多种科技期刊进行监测，遴选出中国科技核心期刊。中信所以此为依据，通过与国外大型信息服务提供商链接的方式，将中国的优秀论文推送出去。

## 九、国家科技报告制度建设

### （一）科技报告制度创建

建立国家科技报告制度是推动科技创新、加快国家创新体系建设的一项战略性基础工作。国家科技报告制度建设涉及面广、实施难度大、建设周期长。美国从其军方开始科技报告工作到其国家层面科技报告工作正式展开，花了30年时间；我国国防科技报告体系从开始建设到国家层面科技报告制度建设兴起也约为30年。鉴于我国科技报告制度建设涉及跨行业、跨部门、跨地区等不同层次部门和单位，是一项复杂的系统工程，需要对中国科技报告体系进行顶层设计，充分调研与论证，先期制订切合实际且科学可行的建设方案。

党和国家高度重视我国科技报告制度的建设工作。温家宝同志在中国科协第八次全国代表大会上指出，欧美等国家都有系统的科技报告制度，把国家支持的科研活动产生的资料，包括研究目的、方法、过程、技术内容、中间数据以至经验教训，尽可能向公众开放共享。刘延东同志在考察中国科学技术信息研究所时也强调指出，科技报告工作是基础性工作，我国在这方面与发达国家还有很大差距，我们也要加快建立科技报告制度。

2012年7月，中共中央、国务院《关于深化科技体制改革加快国家创新体系建设的意见》明确强调，对财政资金资助的科技项目和科研基础设施，加快建立统一的管理数据库和统一的科技报告制度，并依法向社会开放，我国的科技报告制度建设就此拉开帷幕。2012年9月5日，由科技部发展计划司与中国科学技术信息研究所联合举办的"国家科技报告制度建设"专家咨询会在北京召开。计划司叶玉江副司长主持会议，中信所所长贺德方、副所长张新民、总工程师乔晓东出席会议。国防科技信息中心、中国航空工业信息中心等单位有关领导专家参加咨询会。9月18日，由科技部发展计划司与中信所联合举办的"国家科技报告制度建设实施方案"专家咨询会在北京召开。会议由张新民副所长主持，乔晓东总工程师及科技部发展计划司、总装科技报告办公室、航空工业信息中心等单位的多名专家参加了会议。

2012年，按照科技部的统一部署，依托科技部发展计划司和中国科学技术信息研究所，成立了国家科技报告制度建设联合办公室，联合办公室设在中信所，代表科技部落实和推进国家科技报告制度建设工作。

### （二）科技报告制度建设目标和建设原则

**1. 建设目标**

国家科技报告制度建设的主要目标是进一步完善国家科技报告制度的政策、标准和规范，理顺组织管理架构，推进收藏共享服务，到2020年建成全国统一的科技报告呈交、收藏、管理、共享体系、形成科学、规范、高效的科技报告管理模式和运行机制。

**2. 建设原则**

国家科技报告制度建设的指导思想是以服务科技创新为根本目标，以促进科技报告规范产生、持续积累、集中收藏和开放共享为主要任务，充分利用现有机构和渠道，逐步建立健全国家科技报告组织管理机制和开放共享体系，形成统一的国家科技报告制度，为提升我国科技实力、深入实施创新驱动发展战略提供支撑。国家科技报告制度建设的基本原则是坚持分步实施，在相关地方和部门先行试点，要求财政性资金资助的科技项目必须呈交科技报告，引导社会资金资助的科研活动自愿呈交科技报告。坚持统一标准，规范科技报告的撰写、积累、收藏和共享，坚持分类管理，在做好涉密科技报告安全管理的同时，把强化开放共享作为工作重点，充分发挥科技报告的作用。坚持分工协作，科技行政主管部门、项目主管机构、项目承担单位各负其责，建立协同创新的工作机制。

### （三）科技报告制度建设工作的进展

2012年，科技部发展计划司和中国科学技术信息研究所全面分析了我国科技计划管理过程与科技报告推行目标间的差异与差距，先后撰写了《国外科技报告体系建设情况》和《国内科技报告建设情况分析》等材料，联合部内各司局和中心确定实施方案的切入点。2012年，中国科学技术信息研究所抽调专职人员从事科技报告相关工作，为国家科技报告制度建设工作的全面展开奠定了良好的前期基础。2012年12月27日，科技部第32次部务会审议并原则通过建立科技报告制度的总体目标、重点任务和时间进度安排，决定在"973"计划、"863"计划、科技支撑计划、重大科技专项、国际合作专项非涉密项目、大型仪器专项,以及科技奖励工作中全面开展科技报告试点工作。中国科学技术信息研究所多次举办"科技报告指导人员研修班",开展科技报告的宣传和培训工作,一方面广泛地宣传了科技报告制度建设的重要性,另一方面也提高了科研人员、科研项目管理人员撰写审核科技报告的能力,收到了较好的效果。

为了推动科技报告制度建设工作,中国科学技术信息研究所先后召开10多次方案论证和咨询会议,分析各方面的困惑和忧虑,特别调查了经受国外科技报告制度洗礼的"千人计划"归国科技人员的经验和感受,引起了多方共鸣和响应。经半年前期研究、论证筹划,就国家科技报告制度体系的建设框架达成共识,拟定了先期试点、分步实施的建设方式,制订了国家科技报告制度建设方案,确定科技报告制度体系建设主要从政策法规、标准规范、组织管理及资源共享等4个方面,构建由国家、部门／地方及基层科研单位形成的三级组织管理体系,在现有科技信息机构基础上设立各级科技报告管理中心,按照"谁立项、谁收缴"的管理原则,逐步推进各部门(地方)构建科技报告管理体系,并确定基层科研单位的科技报告工作法人责任。

2013年,中国科学技术信息研究所起草了《国家科技报告制度实施方案》,制订了《国家科技报告制度建设框架设计》《科技报告试点工作的方案》等顶层设计方案。中信所编制了《科技报告编号标准》《科技报告保密等级代码标识标准》《国内外科技报告样例集》《科技报告改写全文样例》《美国科技报告全文样例集》《科技报告工作手册》《科技报告撰写标准、科技报告撰写全文样例汇编》《科技报告体系研究文集》等培训教材和课件,承担了《关于加快建立国家科技报告制度的指导意见》《国家科技计划科技报告管理办法》等政策法规的制订工作及科技报告相关核心标准的编制修订工作。9月22日,中信所启动了科技报告加工审核工作,组织地方情报所和所内50多名科技报告专家,按科技报告编写的标准规范,对国家科技计划已结题项目回溯呈交的1.4万份科技报告进行审核改写工作。2013年11月1日,中信所开发建设了"国家科技报告服务系统"征求意见版(第一阶段),展示了1000份最终报告,向社会公众提供公开科技报告摘要浏览服务,向经实名注册的科研人员提供在线全文浏览服务,并面向社会广泛征求意见。

2013年,中国科学技术信息研究所开发了"科技报告撰写和管理平台",功能包括科研项目管理及科技报告撰写任务下达、在线或离线撰写、质量审核等功能,可抽取科技报告元数据,实现科技报告共享使用,支撑基层科研机构科技报告管理工作及科研人员科技报告撰写工作。

(四)科技报告工作试点

**1. 科技报告试点工作的总体要求和目标**

为贯彻落实全国科技创新大会精神和要求,加快建立统一的科技报告制度,科技部决定在国家科技计划中启动科技报告试点工作。2013年4月，科技部发展计划司印发《关于在国家科技计划中开展科技报告试点工作的通知》，正式启动科技报告试点工作，并颁布了《国家科技计划科技报告管理办法》。科技部决定在"973"计划、"863"计划、科技支撑计划、重大专项、国际科技合作专项、大型仪器专项等国家科技计划专项及国家科技奖励工作要先期建立科技报告制度，这些计划和专项自2006年以来立项的全部非涉密计划项目（课题）需要呈交科技报告。力争通过1年左右时间的国家科技计划试点工作，初步形成拥有一定规模和数量科技报告的共享服务系统，基本建立国家科技计划中科技报告的呈交、收藏、管理、共享渠道，科技报告在科技界和社会公众中的影响显著提升。

科技部明确各计划科技报告试点工作由计划主管单位具体负责，各计划需要修改年度报告、中期评估报告、验收报告模板；由科技部信息中心对申报中心之相应模块进行更新；中国科学技术信息研究所负责制订科技报告编写标准和提供相关培训服务，建设国家科技报告服务系统。

按照科技报告制度建设总体方案，到"十二五"末，我国建立起统一的科技报告呈交、收藏、管理、共享体系，形成科学、合理、规范、高效的科技报告管理模式和运行机制；到2020年，在全国范围内基本形成包括国防在内，覆盖中央和地方财政投入统一的科技报告体系。

**2. 科技报告试点工作的进展**

（1）科技报告改写回溯工作。科技报告撰写模板是正确撰写和审核科技报告的重要依据。为此，科技部发展计划司从"973"计划、"863"计划、科技支撑计划、重大专项等计划领域选取10个已验收项目（课题），由中国科学技术信息研究所组织项目（课题）负责人开展科技报告案例撰写分析工作，就科技报告案例征求科研工作者和科研管理者意见，确定科技报告撰写模板，增加科技报告内容部分，将科技报告融入其中，嵌入现有科技计划管理过程。在此基础上结合科技报告抢救工作的开展，通过组织50位专家对已有科研项目的验收材料进行改编，形成科技报告。2013年，为了加强科研管理工作，建立科技报告工作体系，启动了中信所科技报告回溯工作。6月30日，中信所举办了"科技报告撰写培训班"，讲解科技报告相关知识、撰写要求及"科技报告呈缴和管理系统"使用等内容，培训班由乔晓东总工程师主持。所内6个公益部门及万方数据股份有限公司负责科技报告收集工作的中层干部、学术秘书、各类项目负责人等共90余人参加了培训班。信息资源中心周杰副主任重点讲解了科技报告的相关知识、撰写要求，以及如何将项目验收报告改写成科技报告。信息技术支持中心牟琳介绍了中信所自行研发的"科技报告呈缴和管理平台"的使用方法。科研处郑彦宁处长从组织实施、提交范围、审核与使用等方面对中信所科技报告的管理工作进行了说明，帮助所内研究人员全面了解中信所对科技报告撰写和收集工作的要求。截至2014年2月底，中信所累计收到"863"

计划、"973"计划、科技支撑计划和重大专项、国际合作及大型仪器专项的回溯科技报告 2.1 万份，并完成回溯科技报告改写编辑工作。

（2）科技报告组织管理工作。一是明确科技报告工作中不同责任主体及其职责范围，切实强化科技报告工作的可操作性。在任务书签订阶段，科技计划管理部门负责根据项目的研究性质和资助强度，在任务书中明确承担单位须呈交的科技报告类型、时间节点和最低数量，并作为项目验收的必备条件；在科技报告撰写阶段，项目负责人需按照任务书要求和相关标准规范组织撰写科技报告，标注使用级别或提出密级建议；在科技报告审核阶段，承担单位需按统一标准对科技报告进行编号，进行形式、内容和密级审查；在科技报告呈交阶段，国家科技报告管理中心对通过形式审查的科技报告进行加工和保存，并根据科技报告密级进行分类管理。公开科技报告通过国家科技报告服务系统对外提供服务，为社会公众了解科研投入产出情况、监督科技项目实施提供渠道。二是针对科技计划项目实施阶段的不同实行分类管理。针对已验收项目，开展科技报告回溯工作，在提交原有报告基础上，进行科技报告规范改写。针对在研项目，要求在 2014 年全面执行新的科技报告撰写模板，在提交年度报告、中期报告和验收报告同时一并提交科技报告。针对新立项目，各计划归口管理司局在计划任务书中明确规定承担单位呈交科技报告的数量、类型及时限，将科技报告任务完成情况作为中期检查和结题验收的重要依据。通过回溯积累经验，发现问题，不断完善。

（3）科技报告呈交与服务工作。在国家科技计划项目申报中心开发科技报告呈交平台，实现科技报告网络呈交功能，为科技报告撰写呈交提供保证。科技部信息中心在科技部一站式申报服务平台中开发完成了"科技报告在线报送"专栏，各计划通过统一平台渠道呈交科技报告，固化科技报告撰写、呈交和审核等具体流程，极大提高了工作效率，减轻了科技人员的工作成本。在此基础上设计了国家科技报告服务系统（征求意见版），于 2013 年 11 月 1 日上线投入试运行，并于 2014 年 1 月 1 日进行系统功能升级，截至 2014 年 8 月收录科技报告 15 700 份。国家科技报告服务系统严格遵循"分类管理、受控使用"的原则向社会开放共享，对实名注册专业人员、科技计划管理人员、普通公众提供多层次的科技报告资源服务方式，并建立报告下载登记和追踪制度，打击恶意盗版和侵权行为，向作者反馈科技报告的浏览和引用等使用情况，达到尊重作者劳动成果和提升作者影响力的双重目标。

（4）科技报告宣传培训工作。中国科学技术信息研究所在 20 年研究基础上编写了以科技报告基础知识、撰写规范、呈交流程等为核心内容的科技报告系列培训教材，包括《科技报告工作手册》《科技报告体系研究文集》《国内外科技报告样例集》《科技报告撰写全文样例》等，面向国家科技计划管理人员、基层单位科研管理人员、项目承担人员开展科技报告培训交流活动。2013 年 7 月 10—12 日，中信所组织的"科技报告指导人员研修班"在北京召开，来自全国各省市科技信息研究所 120 余名代表参加了研修班，科技部发展计划司叶玉江副司长和中信所贺德方所长在开幕式上做了重要讲话。在研修班开幕式上，科技部发展计划司副司长叶玉江强调了建立国家科技报告制度的重要意义，介绍了国家科技报告制度建设工作的总体目标和工作步骤。他指出，科技部党组和领导班子深入落实中央精神，积极部署，精心组织，把科技报告工作摆到了科技工作的重要位置。目前，科技部作为国家科技报告制度建设的牵头部门，正在联合相关部门研究制定国家科技报告制度建设的政策法规体系，推动部门、地方积极开展科技报告工作。中信所所长贺德方回顾了美国及我国国防科技报告工作的发展历程。他强调，扎实做好各级科技管理人员和一线科研人员的培训是科技报告工作开好头、起好步的基础和关键。要让各级科技管理人员认识科技报告在创新体系建设中的重要作用，让各级科技信息人员清晰科技报告工作的实质和流程，让广大科技人员熟知科技报告撰写、呈交和利用的方法，形成广大科技人员广泛参与的氛围。在研究培训中，代表们接受了国家科技报告体系建设、科技报告编写与呈交方法的培训，开展了科技报告实际改写操作，进行了科技报告基础知识测验，考核合格的学员获得了科技报告指导员证书，成为科技报告宣传员，将承担科技报告培训任务。"科技报告指导人员研修班"的开班，标志着科技报告宣传培训工作已正式启动，这将为推动国家科技报告制度建设奠定基础。10月14日，科技部发展计划司和中信所联合科技部人事司共同组织了"国家科技计划科技报告试点工作培训会"，发展计划司、人事司主管领导出席，部内各计划主管司局及相关中心100余位同志参加培训。发展计划司副司长叶玉江介绍了近期科技报告试点工作重大意义和总体进展情况，贺德方所长、张新民副所长、乔晓东总工程师分别就国内外科技报告工作状况、国家科技报告体系建设框架、科技计划科技报告试点工作安排，以及科技报告撰写要求、典型案例和质量管理要点、科技报告呈交系统和共享管理办法进行了培训和讲解。中信所组织开展的科技报告宣传培训工作，以及先后举办的面向科技部各司局、部分省市科技厅、部分国家科技计划项目承担单位的宣传培训会19场，参与人员5000多人次，并在《科技日报》《光明日报》及相关网络媒体上对科技报告进行广泛宣传。

科技报告试点工作取得明显进展和显著成效。试点期间在充分考虑主体科技计划项目（课题）验收报告有关要求的基础上，以科技报告相关标准为依据，按照注重与现有制度的有效衔接、注重服务于不同人员的需求、注重报告的规范性和可用性的原则，修订形成了国家科技计划项目管理环节，形成各计划新的包括科技报告的报告编写大纲。同时，对国家科技计划项目申报平台进行修改，增加了科技报告提交栏目，实现了科技报告和项目报告的同步呈交。经审核修改，已通过"国家科技报告服务系统"上线服务，面向全社会共享。

（五）科技报告制度建设工作的突破

2014年，中国科学技术信息研究所继续大力开展国家科技报告制度建设工作。2014

年3月，由16名熟悉科技报告工作的高层技术专家和管理专家组成的国家科技报告制度咨询专家组正式成立，负责咨询国家科技报告制度建设的顶层设计、重点决策咨询和推进效果评估，为科技报告体系建设的科学开展提供智力支持。7月18—19日，中信所在山东青岛举办了科技报告制度建设方案制订研讨班。地方科技厅（局）、中科院、医科院、20多个省级科技信息所负责人及信息管理人员80余人参加了此次制度建设方案研讨班。会议围绕科技报告制度建设有关重点问题进行了广泛交流，并提出了意见和建议。

国家科技报告制度建设涉及多方主体，需要强化工作开展的法律基础和政策依据。我国实施的《政府信息公开条例》《科学技术进步法》为建立我国科技报告制度提供了开放共享的法理基础，但尚缺乏科技报告法定呈交的制度。因此，2014年由科技部牵头，中信所参与起草了《关于加快建立国家科技报告制度的指导意见》，在广泛征求各科字口部门和专家学者意见后，于9月由国务院办公厅发布。《关于加快建立国家科技报告制度的指导意见》是国家科技报告制度建设纲领性文件，通过指导意见及其实施细则，规范指导科技报告的产生、收集、管理和交流，使科技报告工作有法可依、有据可循，并积极推动各部门、各地方出台本部门或地方的科技报告管理办法。与此同时，党和国家及科技部领导也在不同场合强调了科技报告制度建设的重要性，对我国科技报告制度的建设和发展起到了重要的推动作用。

为实现科技报告的有效收集与共享，依托现有的科研项目管理渠道，按照"谁立项、谁管理"的原则，建立由国家、部门（地方）和基层科研单位组成的三级组织管理架构，逐步形成规范的科技报告管理工作机制。科技部负责科技报告的统筹规划、组织协调和监督检查，牵头拟订科技报告制度建设的相关政策法规，制定并监督执行科技报告工作的标准规范。依托现有机构设立国家科技报告管理中心，负责全国范围内科技报告的接收、保存、管理与共享服务，组织指导科技报告相关的专业培训和业务咨询，承担国家科技报告共享服务系统的开发、运行和管理工作。各部门各地方应将科技报告工作纳入本部门归口管理或省级财政资助的科技计划、专项、基金等管理秩序，指导和督促项目承担单位及时呈交科技报告，并定期向国家科技报告管理中心报送非涉密和解密科技报告。有条件的部门、地方可充分利用现有机构和渠道，设立科技报告管理机构，对本部门、地方科技报告进行集中收藏和统一管理。项目单位应建立科技报告工作流程，组织科研人员撰写科技报告，按相关规定设置科技报告密级，对本单位产生的科技报告进行审核，并根据项目来源渠道呈交科技报告。

2014年，科技报告相关核心标准的制修订工作取得成效，科技部和中国科学技术信息研究所组织完成的《科技报告编写规则》《科技报告编号标准》《科技报告保密等级代码标识标准》和《科技报告元数据标准》4个标准得到国家标准化委员会审批通过，已正式颁布和印制，为规范科技报告编写、加工和管理等重点环节提供了技术支撑。2014年3月1日，"国家科技报告服务系统"（www.nstrs.cn）正式开通运行，标志着我国科技报告制度建设取得实质性进展。

2014年，中国科学技术信息研究所继续开展全国范围的科技报告培训工作，在天津、安徽、湖北、四川、陕西、吉林、河南、河北、浙江、甘肃等地开展了科技报告培训，有效推动了科技部科技报告试点工作的开展。同年，部门和地方科技报告制度建设取得突破，收集国家自然科学基金面上项目报告9966份，交通运输部科技报告769份。同年，浙江省科技报告共享服务系统于12月8日顺利上线试运行，辽宁、安徽、陕西、四川、山东等省已经制订了地方科技情报制度建设方案，启动了省级科技报告系统定制开发。

2015年，中国科学技术信息研究所科技报告制度建设持续推进，切实加强对科技部中心工作的支撑。组织起草了《科技报告共享服务管理办法（草案）》并进行论证；配合创新发展司组织召开了"国家科技报告制度建设推进会"。推动了湖北、湖南等9省地方科技报告体系建设工作。开发了中科院科技报告呈交和服务系统。完成报告服务系统手机版及相似性检测系统、用户统一认证系统的开发。采集加工国家科技计划项目科技报告4000多份。系统整合各类科技报告4万多篇，实名注册人数达到2.4万人，网站总点击量达到2600万次。

## 十、科学计量与评价

2011年后，中国科学技术信息研究所依托国际权威数据库和自建科技计量与评价数据库，以及中信所－汤森路透科学计量学联合实验室进行科技计量与评价工作，科技计量与评价工作取得重大进展。2012年9月27日，中信所与爱思维尔集团联合创建的"中信所－爱思维尔期刊评价研究中心"举行签约暨揭牌仪式。自此，中信所承担"中信所－汤森路透科学计量学联合实验室"和"中信所－爱思维尔期刊评价研究中心"运行工作，并整合全球优势资源开展科学计量学与科技评价工作。

为了推动科学计量与评价的研究生教育工作，中国科学技术信息研究所研究生部设置了科学计量学学科，主要研究方向为科研绩效评价研究和科技期刊、专著评价研究及人才评价等，并设有科学计量学教研室。此外，中信所开展科研诚信管理与政策研究，整合与传播国内外科研诚信相关研究成果，建设科技信用体系和学术诚信档案，并承担科技部科研诚信建设办公室秘书处有关工作。

中国科学技术信息研究所开展"领跑者5000——中国精品科技期刊顶尖学术论文平台"建设工作，获得科技部、国家新闻出版广电总局等部门的高度关注。2013年6月16—17日在陕西西安举办的"两岸三地科学计量学与信息计量学研讨会"有力推动了两岸三地的科学计量学与信息计量学的科学研究、应用和人才教育。

2014年，中国科学技术信息研究所继续加强科研评价工作。一是全面完成"领跑者

5000——中国精品科技期刊顶尖学术论文平台"（F5000项目）建设工作。通过该项目将中国顶尖的优秀学术论文向全球推介，同时也为优秀期刊和论文作者提供交流和合作的高端平台。以此项工作为基础而申报的"精品科技期刊顶尖论文平台"入选2014年新闻出版改革项目库。目前，F5000数据库平台系统基本建设完成，与汤森路透数据库实现了静态链接，未来将融入其主流评价工具，与爱思唯尔、约翰·威立等公司在数据和作者层面的推介和合作工作正在推进之中。二是不断完善科技期刊评价体系，研制和应用新的学术计量指标。2014年，通过不断的研究和实践，"中国科技期刊综合评价指标体系"得到进一步完善。对期刊学科分类体系进行了优化和调整，研制和应用了"开放因子"等创新指标，更加科学、全面、准确地对科技期刊的学术质量与影响进行客观监测，提升了我所在科技期刊研究与评价工作中的学术地位和公信力。三是进一步拓展科学评价的范围和对象。2014年，我所开展了近500个科技条件资源网络共享平台的评价工作，进一步完善了基于用户视角的评价指标体系，为科技部等管理部门、资源建设单位和各类用户提供科学有效的决策支持和信息服务。此外，我所还以竞标方式获得了国家奖励办设立的研究项目，采用计量学方法就我国社会力量设立科技奖励项目的评价方法进行研究和实际应用。在以往研究工作、经验积累和相关能力的基础上，将科技评价指标的应用面首次拓展到社会力量设立科技奖励项目的评价工作中，这标志着我所科学计量学研究成果在实践中发挥了更大的作用，进一步巩固了中信所在科学评价理论和方法研究领域的前沿地位。

2015年，中国科学技术信息研究所拓展评价研究范围，遴选了约400种我国社会科学期刊，与自然科学期刊一起作为统计源，进行评价分析，实现了全学科覆盖。2015年中国科学技术信息研究所第一次发布《中国高校产学共创排行榜》，必将引导高校科研工作在创新驱动发展战略中发挥作用。

## 十一、期刊出版

截至2014年年底，中国科学技术信息研究所主办了20种期刊，包括《情报学报》《中国软科学》《高技术通讯》（中文版、英文版）、《数字图书馆论坛》《全球科技经济瞭望》和《中国科技资源导刊》等学术性期刊，以及《通讯世界》《低碳世界》《电子产品世界》等行业杂志，积极推动学术交流与科学普及。

### （一）《情报学报》

《情报学报》是学术性期刊，主要刊载情报科学领域的原创性学术论文或高质量的综述评论。重点关注信息、知识、情报相关的理论、方法、技术与应用，内容包括：信息搜集与过滤、信息组织与检索、信息分析与服务、知识获取与构建、知识组织与标引、情报分析、情报传递与服务等内容。《情报学报》是中国科技论文统计分析源期刊,并被INSPEC、LISA、CSSCI等国内外索引系统收录。

2011年全年共出版刊物12期,刊发文章172篇。2012年全年共出版刊物12期,刊发文章151篇。2012年11月22日,"纪念《情报学报》创刊30周年学术研讨会"召开,研讨会围绕着情报学科前沿热点及发展方向、情报学基础理论与方法体系、情报技术系统与软件工具、情报研究实践与传递服务等问题开展了研讨与交流。2013年全年共出版刊物12期,刊发文章137篇。2013年11月13日,《情报学报》编辑部组织召开了"《情报学报》编委会扩大会"。2014年全年共出版刊物12期,刊发文章129篇,正式启用了网络投稿系统。

(二)《中国软科学》

《中国软科学》杂志是由科技部主管的国家中文核心期刊和国家一级学术期刊,月刊,创刊于1986年6月。2003年完成《中国软科学》杂志回归中国科学技术信息研究所的接收移交工作。

《中国软科学》杂志主要设有专论、战略与决策、科技与经济、科技与社会、科技政策、科技与管理、区域发展、项目管理、企业管理、理论方法与案例、软科学研究成果与动态等,主要刊载国内外软科学领域的原创性学术论文或高质量的综述评论。《中国软科学》杂志重点关注国家宏观经济、科技和社会发展政策、重大理论动向、研究成果和发展动态。《中国软科学》是软科学领域的权威核心期刊,被CSSCI等索引系统收录。多篇文章被《新华文摘》《人大报刊复印资料》摘录或全文转载。2011年全年共出版刊物12期,刊发文章400余篇;2012年全年共出版刊物12期,刊发文章200余篇;2013年全年共出版刊物12期,刊发文章220余篇。2014年全年共出版刊物12期,刊发文章260余篇。

(三)《高技术通讯》

《高技术通讯》是由国家"863"计划联合办公室创办,由中国科学技术信息研究所于1991年主办的月刊,是国内高技术领域的高层次、综合性学术刊物之一。其宗旨是为我国研究人员及时发表其研究成果和进行国内、国际学术交流提供园地,促进我国高技术研究的发展和扩大其在国内外的影响。《高技术通讯》注重研究的新思路、新理论、新方法和新技术的择文标准,而使其具有学术性、前沿性、可读性和资料性。

《高技术通讯》(中、英文版)主要刊载以"863"计划研究成果为主的计算机、现代通信、先进制造与自动化、新材料、生物工程及资源环境等高技术领域内具创新性和学术价值的研究论文。《高技术通讯》是中国科技论文统计源期刊,是高技术领域的权威核心期刊,其中文版和英文版均为美国《工程索引》(EI)、美国《化学文摘》(CA)、英国《科学文摘》(SA)及俄罗斯《文摘杂志》《中国科学引文数据库》等国内外索引系统收录。

2011年共出版中文刊12期，刊发文章230余篇，英文刊4期，刊发文章73篇；2012年共出版中文刊12期，刊发文章201篇，英文刊4期，刊发文章72篇；2013年共出版中文刊12期，刊发文章192篇，英文刊4期，刊发文章73篇。2014年共出版中文刊12期，刊发文章183篇，英文刊4期，刊发文章67篇。

### （四）《数字图书馆论坛》

《数字图书馆论坛》是由中国科学技术信息研究所和北京万方数据股份有限公司于2007年创办。《数字图书馆论坛》是正式发行的以数字图书馆命名的刊物，也是一份专门以数字图书馆为主要内容的专业性科学普及杂志。

《数字图书馆论坛》的宗旨是在广大社会范围内普及信息素质基本知识，引起人们对于信息素质教育的关注，使读者认识到提高自身及社会整体信息素质的必要性，让数字图书馆不再只是人们传统认识上的图书馆数字化，使人们不再停留在固定、有限的时间或空间里去考虑信息化问题，而是提高人们随时随地利用信息的能力，将数字图书馆移植到人们的大脑里，成为一种习惯、一个过程、甚至是一种思维方式。

《数字图书馆论坛》重点关注国内外数字图书馆建设与发展的理论研究与实践应用，追踪数字资源馆藏建设、数字图书馆技术体系、信息服务向知识服务转型的相关技术、数字出版与开放存取、用户行为研究与信息素养教育、国内外数字图书馆建设的成功案例分享等热点、焦点问题。刊物以专题策划为主要特色，自创刊以来已经系列报道了70多个学术研究专题。《数字图书馆论坛》是中国科技论文统计分析源期刊，2011年全年共出版刊物12期，刊发文章152篇；2012年全年共出版刊物12期，刊发文章120篇；2013年全年共出版刊物12期，刊发文章138篇。2014年全年共出版刊物12期，刊发文章141篇。

### （五）《中国科技资源导刊》

《中国科技资源导刊》主要刊载科技资源（尤其是科技物力资源、科技信息资源和科技人力资源）管理领域的战略政策，探索和揭示科技资源管理领域的基本原理和规律，展示技术创新实践经验，为广大科技资源管理者和研究者提供高水平的学术交流平台，是中文社会科学引文索引（CSSCI）扩展版来源期刊。

2011年全年共出版刊物6期，刊发文章75篇，围绕热点话题，形成了8个专题。2012年全年共出版刊物6期，刊发文章122篇，围绕热点话题，刊发12个专题文章，成功入选"中国科技核心期刊（中国科技论文统计源期刊）"。2013年全年共出版刊物6期，刊发文章100篇，围绕热点话题，刊发12篇专题文章，再次获得"中国核心期刊（中国科技论文统计源期刊）"证书，并被《中国核心期刊（遴选）数据库》收录。2014年全年共出版刊物6期，刊发文章102篇。重点围绕热点话题，聚焦报道，组织了74篇文章，形成了17个专题。再次入选"中国核心期刊"，连续3年获得"中国科技核心期刊"证书，并被《中国核心期刊（遴选）数据库》收录。

2011年5月18日，中国科学技术信息研究所资源共享促进中心及《中国科技资源导刊》编辑部组织举办了第2期科技资源管理青年沙龙。此次学术沙龙着重围绕科技创新人才的政策新导向和科技创新人才研究的热点领域、研究进展、研究成果等展开了积极交流和讨论。2013年5月11日，中信所资源共享促进中心组织召开"纪念《中国科技资源导刊》创办五周年编委会工作会议"。会议广泛交流了相关领域的学术研究成果，充分总结了办刊经验，积极讨论了报道重点，提出了刊物今后的发展方向。

### （六）《全球科技经济瞭望》

《全球科技经济瞭望》创刊于1986年（曾用刊名为《全球科技经济了望》《国际科技交流》），是由科技部主管，中国科学技术信息研究所科学技术文献出版社主办的综合性的学术期刊。《全球科技经济瞭望》主要刊载世界发达国家、新兴工业化国家的科技与经济方面的文章，文章多为我国驻外使领馆科技工作人员根据国外调研工作撰写提供，对研究国外的科技进步促进经济发展，开展对外科技、技贸合作与交流具有重要的参考作用。

2011年全年共出版12期，刊发文章120余篇。2012年全年共出版刊物12期，刊发文章120余篇。2013年有多篇文章被《新华文摘》《人大报刊复印资料》摘录或全文转载。2013年共出版12期，刊发文章148篇。2014年有多篇文章被《新华文摘》《人大报刊复印资料》摘录或全文转载。2014年共出版12期，刊发文章148篇。

2013年，根据中国科学技术信息研究所发布的《2012年版中国科技期刊引证报告（核心版）》，经过多项学术指标综合评定及同行专家评议推荐，《全球科技经济瞭望》杂志成功入选中国科技核心期刊。另外，根据2010—2011年中国人民大学的《人大报刊复印资料》转载论文综合评价数据和评审专家组评议，在国内公开出版的近4000种报刊中，《全球科技经济瞭望》入选2012年版《人大报刊复印资料》重要转载来源期刊。

### （七）《情报工程》

《情报工程》是由中国科学技术协会主管，中国科学技术情报学会与中国科学技术信息研究所主办的专业性学术刊物（双月刊），主要刊载情报研究、面向工程实现、服务知识社会，为支持政府和企业在情报分析领域中的实践，提供情报分析的理论研究、技术方法、工程应用等方面的专业化学术交流平台。《情报工程》重点关注前沿情报理论方法、竞争情报、创新管理、投资战略、技术转移、政府和企业案例研究、信息分析处理技术、国内外情报机构和智库动态、政府和企业的情报应用实践、图书馆情报理论与技术等。刊物设有学术前沿、理论研究、应用实践、专题、综述、书评、论坛、学会动态及讲座等栏目。

### (八)《中国超声医学》

《中国超声医学》杂志创刊于 1985 年,月刊,是由科技部主管,中国科学技术信息研究所和中国超声医学工程学会主办的超声医学研究、诊断、治疗、超声仪器工程专业方面的综合性刊物。

《中国超声医学》杂志主要报道超声医学领域的新成果、新技术、新进展。刊物设有基础研究、临床研究、超声治疗、经验交流、短篇报道、病例报告、超声工程技术、述评、综述、讲座、专家点评、编读论坛及国内外学术活动信息等专栏。

《中国超声医学》杂志是中国科技论文统计源期刊,临床医学特种医学类核心期刊,清华大学等多家数据库收录的期刊。2004 年成为《中国知识资源总库》《中国科技期刊精品数据库》收录期刊。本刊论文还被美国只读光盘(CD-ROM)数据库、《生物文摘》摘录收藏。

## 十二、信息技术应用开发与服务

### (一)汉语主题词表协同编制系统

2009 年,中国科学技术信息研究所启动了《汉语主题词表》(工程技术卷)重新编制工作,研发汉语主题词表协同编制平台,实现了同义词群构建、词汇属性标注、词间关系加工、词汇检索、属分逻辑检查等功能。

2011 年,中国科学技术信息研究所累计收集中文科技词汇 360 万条,经过筛选、词类区分和词汇标记,建立了包含 330 万条科技词汇的基础词库,制定了包含 3741 个类目的范畴表和汉语主题词表编制规则,组织有关单位开展大规模的联合协同编表工作,完成了专业词汇筛选、范畴归类、同义词归并等工作。

2012 年,中国科学技术信息研究所继续推进《汉语主题词表》(工程技术卷)编制工作。术语词汇加工平台功能不断完善,满足了编制、合表、审核、管理的需求,可实现属性编辑、逻辑错误控制、任务分工与设计、合表、交叉词群检查与修正等功能。在词表分编基本完成的基础上,开展合表工作,处理了大批量交叉词群问题,根据词汇分类情况统计分析结果不断完善范畴类目体系。词表编制工作进入最后阶段,为出版《汉语主题词表》奠定了基础。

2013 年 3 月 11—15 日,为了推动《汉语主题词表》(工程技术卷)的编制进程,中国科学技术信息研究所信息资源中心召开工作会议,会议讨论了总审工作开展形式、审核任务及词族处理原则。会议决定总审采取集中审核方式。会议针对词组构建中的难点问题,与会专家提出了词族审核的原则。会议还明确了通用词族审核的任务分工。2013 年,中信所组建了由国内叙词表专家组成的词表审核小组,对该书初稿进行了审核,完成了书稿的总审工作，进入出版准备阶段。《汉语主题词表》（工程技术版）覆盖工程技术所有学科专业，收录正式主题词（叙词）20万条，非正式主题词（入口词）16.6万条，等同率为0.83，入族率为0.98，相关参照度达到0.62。词族层平均为4级，每个词族平均有叙词45个。计划按学科分为13个分册印刷出版，同时出版光盘版。

2014年，中国科学技术信息研究所最终完成《汉语主题词表》（工程技术卷）编制工作，《汉语主题词表》共收录概念19.6万个，词汇36万条；等同率0.84。属分参照度为2.14，相关参照度为0.63。中信所开展了《汉语主题词表》（工程技术卷）编辑出版工作，逐一审核了词表范畴表中的类名、类级，按照13个分册对词表体系进行切分，对范畴表按分册进行分拆和排版，对《汉语主题词表》（工程技术卷）初稿进行审校，共完成约1.2万页出版稿的修改。《汉语主题词表》（工程技术卷）覆盖工程技术所有学科专业，按学科分为13个分册印刷出版，同时出版光盘版。随着该词表的印刷版和光盘版的出版发行，《汉语主题词表》（工程技术卷）将会在我国科技信息界得到广泛的应用，并进一步推动我国科技信息检索语言的研究工作。同时，积极筹备《汉语主题词表》（自然科学卷）的编制工作，开展了合作编表单位的遴选，启动了《汉语主题词表》（自然科学卷）基础数据的采集工作，对自然科学领域相关叙词表、文献关键词和专业词典进行筛选、抽取和粗分类工作。

### （二）汉语科技词系统

自2006年中国科学技术信息研究所提出汉语科技词系统的概念以来，开展了汉语科技词系统理论与方法研究，并且以新能源汽车领域作为样本领域，开展了新能源汽车领域词系统的构建工作，并在此基础上开展了科技监测与评价、专利内容深度分析、企业知识管理等方面的应用工作。

2011年，中国科学技术信息研究所完成了新能源汽车领域词系统构建工作，系统中包含55 962条词条，其中包含核心词6117条、基础词49 845条；设计并使用了78种二级关系类型，并建有56 826个关系实例；设计并使用了45种二级属性类型，并建有18 397个实例。新建面向新能源汽车分类法共4层180个类目，并且构建了5902个类目实例。每一个核心词都包含对应的英译，系统中包含有6309条定义，以及10 260个拥有HNC概念描述的词条。

2012年1月31日，《汉语科技词系统（新能源汽车卷）》由科学技术文献出版社正式出版。2012年，以汉语科技词系统研究为基础，"知识组织系统的集成与服务研究及新能源汽车领域应用示范"成果获得2012年度"中国机械工业科学技术奖"二等奖。"新一代工业生物技术""智能材料与结构技术""重大自然灾害监测与防御""新能源"等4个领域汉语科技词系统的建设基本完成，并完成了用于汉语科技词系统建设的"综合语料库"管理平台的建设工作。

2013年，中国科学技术信息研究所完成了《汉语科技词系统（新一代工业生物卷）》《汉语科技词系统（智能材料与结构技术卷）》《汉语科技词系统（重大自然灾害监测与防御卷）》《汉语科技词系统（新能源卷）》的最后出版准备工作，并交由科学技术文献出版社出版。在已有词系统和相关资源基础上，初步构建了电动汽车领域汉语科技词系统及可再生和替代能源技术本体。

2014年，《汉语科技词系统（新一代工业生物工程卷）》《汉语科技词系统（智能材料与结构技术卷）》《汉语科技词系统（重大自然灾害监测与防御卷）》《汉语科技词系统（新能源卷）》由科学技术文献出版社正式出版。在金融银行和钢铁材料等领域，以技术服务的方式推动汉语科技词系统建设和应用，并搭建了以汉语科技词系统为基础的结构化知识服务平台框架。

汉语科技词系统综合吸收叙词表、词典、本体等优势，立足现实条件，在国内率先进行了理论方法、工程实践方面的探索。与传统的主题词表相比，汉语科技词系统从设计目标、应用场景、词汇知识内容、技术体系和应用服务方式上均有重大的变化。

### （三）语言技术与知识技术

中国科学技术信息研究所开展了机器翻译、多语言信息组织、跨语言信息检索、多语言自动标引与文本挖掘等技术开发，并开展了上述技术在科技信息加工处理、科技信息服务、科技评价、预测与辅助决策中的应用研究。

2011年，中国科学技术信息研究所开展了多语言科技机器翻译技术研究及应用试验，建立了实验用跨语言信息检索平台，完成了基于轻型本体（中英文工程技术类主题词表）的跨语言检索和查询等功能（包括上位词、下位词和相关词扩展）。2011年9月23日，中信所开发的"ISTIC英汉科技自动翻译系统"在第七届全国机器翻译研讨会系统评测中获得科技领域自动评测第一名。

2012年，中国科学技术信息研究所开展了多语言科技信息机器翻译、语义关联及跨语言信息检索与应用工作，完善了跨语言信息检索试验系统平台，进行了日汉跨语言信息检索与分类原型研究与开发。对日语JST主题词表进行汉化，为日汉机器翻译引擎研制和日汉跨语言信息检索奠定了基础。

2013年，中国科学技术信息研究所进行了多语言科技信息机器翻译技术的改进和日汉机器翻译技术的探索、多语言科技信息语义关联网络构建及跨语言信息检索等技术的研究与应用工作，收集并整理了涵盖多领域的词典及句对的多语言语料库，整理形成汉日英多语主题词表1部，更新了跨语言信息检索与分类原型系统的研究与开发，完善了英汉多引擎机器翻译及系统融合的系统平台。

2014年，中国科学技术信息研究所开展了多语言科技信息机器翻译之英汉机器翻译技术的改进和日汉机器翻译系统的研制及日汉语料收集与加工、机器辅助翻译与语料加工平台、多语言科技语料库构建与评价、多语科技文本挖掘与语义关联网构建、语言知识技术在科技评价与预测等技术的研究与应用工作。在收集、整理多语言、多领域词典与句对的基础上，进一步完善科技语料库建设，进一步完善了中－英－日多引擎机器翻译及系统融合的系统平台。

2015年，中国科学技术信息研究所进一步加强与日本科技振兴机构（JST）、京都大学等机构在机器翻译领域的合作研究。开展了少数民族语言与汉语之间的机器翻译尝试。

（四）大数据及数据挖掘技术

中国科学技术信息研究所开展了概率主题模型分析、科学社会网络分析、异构资源深层主题关联分析、技术机会发现及术语及关系发现等关键技术研发，并将这些技术应用于科技文献智能分析服务平台中。

2014年，中国科学技术信息研究所依托所重点工作和"十二五"科技支撑计划课题，搭建了分布式计算（HADDOOP）实验环境，致力于两个平台和一个团队的建设工作。两个平台是指融合多源信息的科技文献智能分析服务平台（SciTeMiner）和大规模语义计算工具包平台SCT。这两个平台基本成型，国内多家科研机构和企业对上述两个平台产生了浓厚的兴趣，其中海尔集团研发中心率先与中信所签订了战略合作框架协议，将中信所作为其技术情报供应商。一个团队是指数据挖掘团队，基本形成一支兼备算法研究和核心模块开发的数据挖掘团队。

（五）NSTL技术支持与服务

作为我国科技信息行业最先开发互联网技术与应用的单位，中国科学技术信息研究所具有良好的网络环境，与中国电信、中国联通、中国教育网等都实现了网络互联，数据中心数据存储容量约为300TB，文献总数已达到1.37亿条，成为国内科技信息行业最大的数据中心。

2011年，中国科学技术信息研究所完成NSTL网络体系结构改造和升级，新开通NSTL服务站和用户管理平台16个，开通对外服务接口11个；2012年新开通NSTL服务站和用户管理平台9个，开通对外服务接口24个；2013年新开通NSTL用户管理平台4个，内网镜像18个，接口接入单位6个；2014年新开通NSTL用户管理平台3个，内网镜像1个，接口接入单位10个，为全国用户提供全时信息检索与文献传递服务。

## 十三、数据库建设

中国科学技术信息研究所依托"中国科学技术信息研究所国家工程技术数字图书馆"

和"中国科技情报网"两个平台,加强基础性文献数据库和事实型数据库建设,公益服务能力不断提升。中信所已经建成的事实型数据库有:国际科技创新与决策数据库,区域创新数据库,中国高层次科技人才数据库,国内外科技计划项目数据库,ISTIC-美国专利数据库,"中国科技论文统计与引文数据库"集成平台,俄罗斯专利数据库,德国和日本专利数据库。新建了风能技术、生命技术、移动通信技术、生物质能技术和纯电动汽车技术专利数据库,并初步建立了领域专题数据库筛选标引平台。

### (一)馆藏文献文摘数据库

为了揭示国家工程技术图书馆馆藏文献,中国科学技术信息研究所对各类馆藏文献开展了文献书目数据、文摘数据、引文数据的全面标引和加工,建设了中外文期刊、中外文会议文献、外文科技报告、中外学位论文等馆藏文献系列文摘数据库和引文数据库。数据库包含母体文摘名称、出版机构、出版年代、出版地、文献卷期、分类号、馆藏号、提名、作者、作者单位、关键词、文摘等字段内容,全方位、深层次地揭示了馆藏资源的文献特征和主体特征。2014年,各类馆藏文献的文摘数据库累计总量达到7009万条,引文数据总量1.63亿条,成为国内最大的科技文献文摘数据库之一。

### (二)专利分析数据库

为了支撑重点领域深度分析等情报研究工作,中国科学技术信息研究所建立了基于五国一组织专利数据的ISTIC专利分析数据库,以及经过深加工的重点领域专题专利数据库,内容包括专利标题、摘要、申请号、公开号、分类号(IPC、USPC、CPC等)、日期(申请日、公开日、优先权日等)、申请人、发明人、优先权、法律状态、引文等经过深加工的字段内容。2013—2014年,中信所不断加强专利数据加工、清理工作,范围为中国、美国、日本、德国、俄罗斯、世界知识产权组织等五国一组织,同时建成纳米技术、太阳能、电动汽车、生物质能、信息技术和生命科学等重点领域的专利数据库。

### (三)科技论文、人才、项目数据库

**1.《中国科技论文与引文数据库》(CSTPCD)**

中国科技论文统计与分析项目是科技部委托项目,由中国科学技术信息研究所承担,研制《中国科技论文与引文数据库》。从1987年至今,已经连续进行了20余年。科技论文是科技产出的重要指标之一,是中国国际学术地位不断提高,国际影响力不断扩大,科学技术总体水平不断进步的最好见证。中信所每年定期向社会公布中国科技论文统计结果,每年的宏观统计结果编入科技部和国家统计局出版的《中国科技统计年鉴》,统计结果被科技管理部门和学术界广泛应用。《中国科技论文与引文数据库》收录我国各

个学科最重要的学术类和技术类期刊上发表的论文，标引内容包括题目、摘要、文献来源、学科等论文项目，引用文献来源和链接等引文数据，作者单位、地区等作者数据项目，以及获得基金项目资助的情况。2013年，《中国科技论文与引文数据库》收录的论文数据累计总量达662万条，2014年累计达到719万条。

### 2.《中国国际科技论文数据库》

科技论文的产出情况是测度科学技术发展水平的重要指标，反映了一个国家基础研究、应用研究等方面的情况，并在一定程度上反映了一个国家的科技水平和国际竞争力水平。中信所自1987年以来，在中国科学技术信息研究所丰富的文献资源和信息产品积累基础上，发挥自身研究专长和项目实践经验优势，长期坚持针对我国国际科技论文的全面检索、标引和加工，建立了《中国国际科技论文数据库》，通过科学计量学的基本原理和分析方法，深入解析和了解中国科技论文在世界所处的位置和影响力。截至2014年年底，《中国国际科技论文数据库》累计总量达到366万条，数据库包含论文题目、作者、作者单位、关键词、文摘、发表年卷期、基金项目等字段内容。中信所每年向社会公布中国国际科技论文统计结果，研究报告被科技管理部门和学术界广泛应用。

### 3.《中国高层次科技人才数据库》

为了配合《国家中长期人才发展规划纲要（2010—2020年）》的实施，面向国家创新人才推进计划和"千人计划"等战略性需求，在研究科技人才信息分类、评价、数据标准和规范的基础上，中国科学技术信息研究所重点采集了国家科技进步奖（特等奖、一等奖）获得者、长江学者、杰出青年、百人计划入选者、国家重大科技计划项目首席专家、优秀博士论文作者等高层次科技人才和潜在高层次科技人才信息，如论文、专著、专利、项目等，建成《中国高层次科技人才数据库》。2013年，《中国高层次人才数据库》新增1500位人才信息及其科研成果信息，更新11 355位已有人才信息，《中国高层次人才数据库》累计高层次人才已达到12 855人；深入细分领域，完成电动汽车领域500名专家详细信息的采集并规范入库，为电动汽车领域决策支持系统提供专家支持。2014年，《中国高层次科技人才数据库》新增1700位人才信息，更新12 855位已有人才信息，《中国高层次科技人才数据库》累计高层次人才已经达到14 555人。

### 4.《科技项目数据库》

为全面了解我国科技计划的布局情况，并与国外政府资助的科研活动进行对比，中国科学技术信息研究所建立了《科技项目数据库》，主要收集了各类科技计划信息、科技项目立项信息、科技项目成果信息等，涵盖了国家自然科学基金、"863"计划、"973"计划、国家科技支撑计划、国家社会科学基金、国家软科学计划、国际合作计划、火炬计划等国内科技计划和项目，以及美国自然科学基金委员会、美国农业部等支持的国外科技项目，为科技管理部门的决策、科研人员的立项提供信息支撑。截至2014年12月，

《科技项目数据库》已采集数据累计达到约238.2万条，其中项目信息累计约204.9万条，项目成果信息累计33.3万条。

（四）科技创新数据库

**1.《区域科技资源及地方科技发展数据库》**

为及时掌握我国区域创新发展情况，向政府管理部门和创新主体提供区域可持续发展决策支持服务，中国科学技术信息研究所收集、标引和加工了28个省、自治区、直辖市的区域创新数据，建设了《区域科技资源及地方科技发展数据库》。数据库包含所属地区、数据类型、题名来源、文献类型、统计分类、文献索引号、保存形式、提交单位、作者、出版／发表日期、收集年份、ISBN、ISSN、摘要、关键词、正文、附件、备注等字段内容，多角度、深层次地反映了我国区域创新的发展情况。2014年，据不完全统计，加工入库的各类数据资源新增量为4487条，数据库累计总量达到424 300条。

**2.《国际科技创新与决策支持数据库》**

为了支撑国外科技政策和科技战略等研究工作，中国科学技术信息研究所收集了世界主要国家的科技政策、战略与规划、科技投入与产出、科技法律、科技管理机构、重点研发机构等信息，建立了《国际科技创新与决策支持数据库》。数据库包括经过翻译、加工的中文信息及通过情报采集工具采集的外文信息。2014年，翻译、标引入库的各类中文信息1808条，信息累计总量达到13 184条；情报监测采集工具采集的原文信息25 999条，信息累计总量达到119 878条。

（五）《国家科技成果转化项目数据库》

为了推动财政资金支持形成的科技成果的转化，支持国家科技成果转化引导基金的运行，受科技部和财政部委托，中国科学技术信息研究所承担了国家科技成果转化项目库建设工作。该库汇集了财政性资金支持产生的、可转化的应用型科技成果信息，包括成果名称、承担单位、项目来源、所属行业分类等信息，涵盖了"863"计划、国家科技支撑计划、火炬计划、科技型中小企业技术创新基金、国家重点新产品计划、星火计划等，以及科技计划项目信息，包括科技计划名称、科技项目名称、起止年限等，为技术转移和成果转化提供信息支撑。截至2014年年底，国家科技成果转化项目库汇集了财政性资金资助产生的61 093条科技成果的基本信息。

（六）《全国科技查新事实型数据库》

《全国科技查新事实型数据库》由中国科学技术信息研究所联合26家科技信息机构共同建设，涵盖了各机构近些年完成的主要科技查新课题的基本信息，包括查新项目名称、委托单位、委托时间、学科专业、查新目的、查新范围、技术要点、查新创新点等字段内容。利用这些数据不但可以共享查新结果，避免重复检索，还可以通过数据处理和挖掘，分析我国科研立项、科技发展的动态、趋势和热点，为科技管理和科技决策提供参考。2014年，中信所继续开展全国科技查新成果共享服务体系建设工作，26家科技查新成果共享联盟成员单位共新上传查新事实型数据4.5万条，《全国科技查新事实型数据库》累计数据已达41万条。

## 第四节 信息（情报）方法研究和情报教育工作的拓展

### 一、信息（情报）方法研究

（一）基于"事实型数据＋专用工具方法＋专家智慧"的研究

科技情报研究工作是科技情报机构的主要业务之一。在开展科技情报研究工作中，科技情报研究方法论对于提升科技情报研究工作水平，以及对科技决策的影响力至关重要。"事实型数据＋专用工具方法＋专家智慧"是由中国科学技术信息研究所提出的科技情报研究方法论，是一种定量与定性相结合的情报研究模式。

以事实型数据为基础，综合集成"事实型数据＋专用工具方法＋专家智慧"的科技情报研究方法是一种有效的方法论。这种方法论的基本思路是：在建立和累积、更新事实型数据库的基础上，针对某些科技问题，组织研究队伍，采用各种定量与定性相结合的系统集成方法，对事实型数据进行深入分析，从中发现某种现象、规律，继而通过专家智慧提炼出可指导实践的政策建议。科技情报机构应广泛采用"事实型数据＋专用工具方法＋专家智慧"的科技情报研究方法开展科技情报研究工作。"事实型数据＋专用工具方法＋专家智慧"的科技情报研究方法论应用的前提是存在事实型数据库。因此，对事实型数据的内涵与作用和如何建设事实型数据库等问题的深入探讨，对推动"事实型数据＋专用工具方法＋专家智慧"的科技情报研究方法论的应用和科技情报研究工作的发展具有现实意义。[①]

为科技部等政府部门提供决策支持服务是中国科学技术信息研究所核心定位之一。按照这一定位要求，中信所坚持服务于科技决策的事实型数据库建设，建设了《中国科技论文与引文数据库》《国际科技政策数据库》《重点科技领域专利数据库》《产业数据库》和《中国高层次科技人才数据库》等一批事实型数据库。其中，《中国科技论文与引文数据库》包括了中国科研人员在国内中文核心期刊发表的论文与引文数据、在国际SCI期

---

① 贺德方. 事实型数据——科技情报研究工作的基石. 情报学报. 2010: 771-776.

刊上发表的论文与引文数据，以及在国际重要的学术会议上发表的论文与引文数据等事实型数据；《国际科技政策数据库》覆盖世界多个国家和地区的科技政策、科技计划和科技投入等事实数据；中信所与台湾大学合作建立了清洗过的美国专利数据库，覆盖了自1976年以来的600万条美国专利数据。基于上述事实型数据库，中信所开展了基于科学计量学的研究分析和基于专利分析的重点领域研究分析，以及相关政策研究分析等工作，有效地提高了中信所为科技部等政府部门提供决策支持服务的能力与水平。

中国科学技术信息研究所在开展科技政策研究与服务过程中，从时间和国家／地区两个维度长期、连续地收集、加工国内外科技政策类数据，具体包括科技政策、科技规划、产业政策、产业规划、税收政策、投资政策及人才政策等，以提高科技政策研究的权威性，以及快速反应能力。中信所长期坚持建立的"国际科技政策数据库"曾为政府决策服务发挥了重要作用。中信所利用"事实型数据＋专用工具方法＋专家智慧"的情报研究方法，研究人员从竞争情报视角出发，收集了2000—2008年美国知名智库、研究机构和产业界针对中国所发表的研究报告和政治言论，深入分析发现美国对中国从遏制与对峙、到关注与反思，再到共生与融合的战略思想转变并揭示其背后暗含的美国对华科技竞争战略的宏观意图。

中国科学技术信息研究所采用"事实型数据＋专用工具方法＋专家智慧"科技情报新方法，并将其具体应用到电动汽车全球创新资源调查研究之中，开创了创新资源调查研究的新模式。

（二）基于事实的科技政策与科技战略研究方法论

经过多年从事科技情报研究及服务科技决策实践，中国科学技术信息研究所提出了"基于事实的科技政策与科技战略研究方法论"。其基本思路是在建立和累积、更新信息资源数据库的基础上，针对某些科技问题，组织研究队伍，采用各种定量与定性相结合的系统集成方法，对事实型数据进行深入分析，从中发现某种现象、规律，继而通过专家智慧，提炼出可指导实践的政策建议。

中国科学技术信息研究所在印刷电子、纯电动汽车、高端技术、信息技术、新能源、生物技术、新材料技术等重点科技领域分析工作中，就是以上述方法为指导，在对国内外领域相关政策及投入产出情况等进行比较研究的基础上，运用专利分析法、文献计量学分析法、国内实地调研法、专家咨询法等，系统分析相关科技领域产业发展策略。研究过程中对每个领域在世界范围内的科技政策、发展现状、专利分析、科技论文分析、主要研究学者分析、主要研发机构分析，以及与世界其他国家的差距分析等问题进行客观描述，为创新主体提供服务，为科技决策提供支撑，为推动建设创新型国家提供助力，在决策支持方面获得良好效果，并由此获得了一系列国家、省部级课题。

## 二、情报教育

中国科学技术信息研究所进一步加强情报学教育工作和中信所核心业务的联系，加强了研究生导师队伍建设，完善了研究生及博士后管理制度，建立了大学生暑期科研实习制度。博士后科研工作站被人社部和全国博管会评为"全国优秀博士后科研工作站"。中信所成功申报并获准在一级学科"图书情报与档案管理"下增设"信息资源"和"竞争情报"两个二级学科硕士授予权。中信所提升了图书馆学、未来学、科技政策与管理、信息资源管理、知识工程、自然语言处理、情报学、科学计量学8个重点学科建设，有力支撑了全所科研能力。加强了与南京大学、武汉大学、吉林大学等国内重点高校在学术研究、人才培养方面的合作，进一步推动了开放联合、开放办所。以"中国科学技术信息研究所博士后科研工作站成立十周年座谈会"为契机，加强全国博士后管理部门、图书档案学科9家博士后设站单位、情报学博士点单位，以及博士后研究人员的密切合作与交流。

### （一）硕士研究生培养

中国科学技术信息研究所拥有图书情报与档案管理一级学科硕士学位授予权，拥有图书馆学、情报学、信息资源管理和竞争情报4个二级学科。2011年，中信所招收全日制硕士研究生30人（学制2.5年），招收硕士研究生课程进修生25人（4月16日开班）。全日制硕士研究生毕业33人，授予情报学硕士学位32人、图书馆学硕士学位1人、同等学力情报学硕士学位10人，新增"信息资源管理"和"竞争情报"两个硕士学位招生点。2012年，中信所招收全日制硕士研究生33人（学制2.5年），招收硕士研究生课程进修生21人（12月15日开班），研究生课程进修班结业22人。由于从2010年起将学制由2年更改为2.5年，因而2012年全年无全日制硕士研究生毕业。2013年，中信所招收全日制硕士研究生30人（学制2.5年），全年全日制硕士研究生33人毕业并取得学位，同等学力人员有11人取得硕士学位。2014年，中信所招收全日制硕士研究生33人（学制2.5年），全年全日制硕士研究生29人毕业并取得学位，同等学力人员有10人取得硕士学位。

### （二）博士研究生培养

中国科学技术信息研究所与北京大学、中国国防科技信息中心联合申请，于1998年获得情报学专业博士学位授予权，开始联合培养情报学博士研究生。2011年，中信所共有6名研究人员在北京大学、武汉大学、南京大学、浙江大学担任博士研究生导师，培养在读博士研究生15名。共有3名博士研究生毕业，获得博士学位。2012年，中信所共有9名研究人员在北京大学、武汉大学、南京大学、浙江大学、吉林大学担任博士研究生导师，培养在读博士研究生15名，2012年共有4名博士研究生毕业，获得博士学位。2013年，中信所有9名研究人员在北京大学、武汉大学、南京大学、浙江大学、吉林大学担任博士研究生导师,培养在读博士研究生15名。2013年共有4名博士研究生毕业,获得博士学位。2014年,中信所共有8名研究人员在北京大学、武汉大学、南京大学、浙江大学、吉林大学担任博士研究生导师,培养在读博士研究生14名。2014年,共有3名博士研究生毕业,获得博士学位。

### (三)博士后科研人员培养

中国科学技术信息研究所于2002年10月获批成立全国首家"图书情报与档案管理"学科博士后科研工作站,2011年已有17位博士后科研人员出站。2011年,中信所共招收入站博士后科研人员8人,出站5人,博士后科研人员共申请获得博士后科学基金项目3项。2011年,中信所博士后科研工作站被国家人力资源和社会保障部、全国博士后管理委员会评为"全国优秀博士后科研工作站"并受到表彰。2012年,已有22位博士后科研人员出站。2012年,中信所招收11名博士后进站,出站博士后6名,在站博士后科研人员共申请获得中国博士后科学基金项目5项,其中一等资助1项,二等资助4项,举办了"中国科学技术信息研究所博士后科研工作站创建10周年座谈会"(10月26日举办)。2013年,中信所招收14名博士后进站,出站博士后13名,在站人员共计33人。参加了中国博士后科学基金第53、第54批及第6期特别资助的申报,共有27人次提交了基金申请,获得11个基金资助项目。其中,特别资助1项、一等资助3项、二等资助7项,包括图书档案学科8项,管理学科3项。2014年,中信所招收7名博士后进站,出站博士后8名,在站人员共计36人。参加了中国博士后科学基金第55、第56批及第7期特别资助的申报,共有30人次提交了基金申请,获得8个基金资助项目。其中,特别资助1项、一等资助2项、二等资助2项。

2013年11月15日,中国科学技术信息研究所首次博士后学术年会召开。赵志耘副所长、武夷山副所长参加并主持年会,战略研究中心7名博士后在年会上做学术报告,同时,其他各教研室的23名在站博士后人员就本人在站研究工作、承担国家自然科学和社会科学基金及中国博士后科学基金项目的研究做学术交流发言。本次年会邀请到南京理工大学王曰芬教授、北京邮电大学吴斌教授就专利信息的智能挖掘及信息融合工具进行了主题演讲,国家图书馆、北京农业大学的博士后也参加了年会。2014年11月21日,中国科学技术信息研究所第二届博士后学术年会召开。中国科学院自然科学史研究所刘益东研究员、中国科学院文献情报中心韩涛副研究员在会上进行了主题演讲。

## 三、学科建设

### (一)图书馆学

中国科学技术信息研究所图书馆学学科主要研究方向为信息组织与知识服务、资源分析与信息构建、数字图书馆与用户服务等，设有图书馆学教研室。

2011年，学科建设团队承担"十二五"国家科技支撑计划、国家社会科学基金等国家级项目7项，发表SCI论文1篇，中文核心期刊论文26篇，完成研究报告13份，为硕士研究生开设"数字图书馆概论""信息资源建设和信息服务""信息组织"和"信息检索"4门课程，指导培养4名硕士研究生、3名博士后科研人员，举办了"全国知识组织与知识链接学术交流会"。

2012年，学科建设团队申请到国家自然科学基金项目1项、中国博士后科学基金项目1项，承担在研"十二五"国家科技支撑计划、国家社会科学基金等国家级项目8项，发表SCI论文1篇，中文核心期刊论文26篇，完成研究报告10份，为硕士研究生开设"信息组织""数字图书馆概论""知识聚合与知识图谱"3门课程，指导培养15名硕士研究生，3名博士后科研人员入站，举办了"2012年全国知识组织与知识链接学术交流会""2012年知识组织与知识链接论坛"等学术会议。

2013年，学科建设团队申请到国家社会科学基金项目2项、中国博士后科学基金项目2项、国家软科学研究计划项目1项，同时还承担"十二五"国家科技支撑计划、自然科学基金、社会科学基金等国家级项目10项。发表SCI论文1篇，中文核心期刊论文35篇，完成研究报告10份，申请软件著作权14份。为硕士研究生开设"信息组织""数字图书馆概论""知识聚合与知识图谱"3门课程，指导培养13名硕士研究生、2名博士后科研人员入站，举办了"2013年全国知识组织与知识链接学术交流会"等学术会议。

2014年，学科建设团队申请到中国博士后科学基金项目4项，同时还承担"十二五"国家科技支撑计划、国家自然科学基金、国家社会科学基金等国家级项目12项。发表SCI论文1篇，中文核心期刊论文29篇，完成研究报告23份，申请软件著作权14份。指导培养17名硕士研究生，2名博士后科研人员入站，举办了"2014年全国知识组织与知识链接学术交流会"等学术会议。

## （二）未来学

中国科学技术信息研究所未来学学科建设围绕未来学理论与科技预测、重点科技领域分析、科技指标与科技评价、区域与行业创新评价、科学技术与社会发展等几个方向进行，设有未来学教研室。

2011年，学术团队继续在新兴学科预测方法、科研绩效和技术竞争力评价、重点科技领域分析、可持续发展预测模型等几个方向开展研究工作。发表中文核心期刊25篇，SCI/SSCI论文3篇，开始研究生课程"信息分析方法"，指导培养11名硕士研究生、博士后科研人员4名，聘任美国千年研究所研究员屈慰双博士、荷兰阿姆斯特丹大学教授勒特·雷德斯道夫博士、台湾大学教授陈达仁、黄慕萱为客座研究员。

2012年，学科建设团队在科研绩效评价研究、专利信息分析方法与工具开发、区域及产业创新发展监测评价研究、重点科技领域分析、可持续发展预测模型等几个方向开展研究工作。发表SCI/SSCI论文4篇,中文核心期刊22篇;开设研究生课程"信息分析方法",指导培养9名硕士研究生、2名博士后科研人员。

2013年,学科建设团队在专利信息分析方法与工具开发、区域及城市创新发展监测评价研究、重点科技领域分析、可持续发展预测模型等几个方面开展研究工作,开设研究生课程"信息分析方法",指导培养9名硕士研究生、2名博士后科研人员。发表SCI/SSCI论文4篇,EI英文源论文4篇,中文核心期刊论文16篇。

2014年,学科建设团队在专利分析方法与工具开发、区域及城市创新发展监测评价研究、重点科技领域分析、可持续发展预测模型等几个方向开展研究工作,开设研究生课程"信息分析方法",指导培养14名硕士研究生、6名博士后科研人员。发表SCI/SSCI论文5篇,EI英文源论文4篇,中文核心期刊论文15篇。

### (三)科技政策与管理

中国科学技术信息研究所的科技政策与管理学科主要研究方向包括科技发展战略、科技管理体制、科技计划管理、科技支撑经济社会发展、科技人才、国际科技合作等内容,设有科技政策与管理教研室。

2011年,学科建设团队承担了国家软科学计划项目5项,发表中文核心期刊论文22篇,完成研究报告6份,为研究生开设"科技政策与科技战略"课程,指导培养硕士研究生12人、博士后科研人员2人。

2012年,学科建设团队承担了国家软科学计划项目5项,发表SCI/SSCI/EI核心期刊收录论文3篇,中文核心期刊论文24篇,完成研究报告6份,为研究生开设"科技政策与科技战略"课程,指导培养硕士研究生12名、博士后科研人员2名。

2013年,学科建设团队承担了国家软科学计划项目4项,发表中文核心期刊论文18篇,完成研究报告4份,为研究生开设"科技政策与科技战略"课程,指导培养硕士研究生6名、博士后科研人员1名。

2014年,学科建设团队承担了国家软科学研究计划项目5项,发表中文核心期刊论文15篇,完成研究报告6份,为研究生开设"科技政策与科技战略"课程,指导培养硕士研究生6名、博士后科研人员1名。

### (四)信息资源管理

中国科学技术信息研究所资源管理学科主要研究方向为信息资源建设与服务、科技信息资源共享、信息资源整合技术、信息质量管理等,设有信息资源管理教研室。

2011年,学科建设团队承担国家科技支撑计划项目、国家软科学计划项目、国家社会科学基金等国家级项目5项,中国博士后科学基金项目2项,发表SCI论文1篇,ISTP

检索论文 10 篇，中文核心期刊论文 17 篇，完成研究报告 4 份，为硕士研究生开设"信息资源管理与共享"课程，指导培养 7 名硕士研究生、4 名在站博士后科研人员。同年，中信所举办"第六届科技信息资源共享促进会议"，会议主题为"协同创新，开放共享"。

2012 年，学科建设团队承担国家软科学研究计划项目、国家社会科学基金等国家级项目 6 项，中国博士后科学基金项目 1 项，发表 SCI 论文 1 篇，中文核心期刊论文 18 篇，完成研究报告 4 份，为硕士研究生开设"信息资源管理与共享"课程，指导培养 12 名硕士研究生、5 名在站博士后科研人员。2012 年 11 月 22 日，中信所举办"第七届科技信息资源共享促进国际会议企业应用论坛"，大会就大数据应用展开交流。11 月 23—25 日，中信所、南京大学、北京理工大学、澳大利亚南昆士兰大学主办"第七届科技信息资源共享促进国际会议"，大会就大数据应用展开交流。

2013 年，学科建设团队承担国家软科学研究计划项目、国家社会科学基金等国家级项目 7 项，中国博士后科学基金项目 2 项，发表中文核心期刊论文 16 篇，完成研究报告 6 份，为硕士研究生开设"信息资源管理与共享"课程，指导培养 10 名硕士研究生、7 名在站博士后科研人员。10 月 26—27 日，中信所、武汉大学和澳大利亚南昆士兰大学共同主办"第八届科技信息资源共享促进国际会议"，会议围绕"大数据时代的信息资源共享"主题展开讨论，进一步促进和深化科技信息资源开放共享的研究和实践。

2014 年，学科建设团队承担软科学研究计划项目、国家社会科学基金等国家级项目 7 项，中国博士后科学基金项目 2 项，发表中文核心期刊论文 15 篇，完成科技报告 26 份，为硕士研究生开设"信息资源管理与共享"课程，指导培养 9 名硕士研究生、4 名在站博士后科研人员。10 月 26—27 日，中信所、苏州市科技局、武汉大学和澳大利亚南昆士兰大学共同主办"第九届科技信息资源共享促进国际会议"，会议围绕"科技资源共享与服务创新"主题展开讨论，进一步推动科技信息资源开放共享的研究与创新实践，使科技信息资源更好地服务于企业创新。

（五）知识工程

中国科学技术信息研究所知识工程学科开展的主要研究工作包括领域词系统建设、专利信息的深度挖掘与分析、企业知识管理，以及支撑企业创新活动的内部和外部知识库建设方法研究，设有知识工程教研室。

2011 年，学科建设团队承担科技支撑计划、中国博士后科学基金等国家级课题 5 项，发表 SCI/EI 论文 7 篇，中文核心期刊论文 12 篇，完成研究报告 14 份，为硕士研究生开设"知识组织""知识管理"两门课程，指导培养 2 名硕士研究生、3 名博士后科研人员。

2012 年，学科建设团队承担科技支撑计划、国家自然科学基金、社会科学基金等国家级课题7项，发表SCI/SSCI论文4篇，EI期刊论文6篇，中文核心科技期刊论文25篇，完成研究报告8份，出版专著1部，为硕士研究生开设"知识组织""数据挖掘与决策支持"两门课程，指导培养12名硕士研究生、5名博士后科研人员。

2013年，学科建设团队承担科技支撑计划、国家自然科学基金、社会科学基金等国家级课题14项，发表SCI论文2篇，EI期刊论文6篇，ISTP论文1篇，中文核心期刊论文32篇，完成研究报告16份。为硕士研究生开设"知识组织与知识技术""数据挖掘聚合决策支持""知识工程原理与技术""专利及专利信息利用""信息组织与检索技术""自然语言处理在数字网络信息服务中的应用""JAVA技术与应用""数据挖掘与决策支持"等课程，指导培养12名硕士研究生、9名博士后科研人员。2013年7月成功与韩国科技情报研究所（KISTI）联合主办了"第一届国际数据密集型情报和知识研讨会"，卓有成效地促进和推动了中韩图书情报领域的交流与合作，被中国图书馆协会授予"李炳穆交流合作奖"。

2014年，通过竞标方式获得国家新闻出版广电总局组织的"国家数字复合出版系统工程"项目中"领域词表构建与管理系统""领域本体构建与管理系统"两个分包开发合同。学科建设团队承担国家科技支撑计划、国家自然科学基金、国家社会科学基金等课题4项，发表SCI论文2篇，EI期刊论文6篇，ISTP论文1篇，中文核心期刊论文32篇，完成研究报告16份。为硕士研究生开设"知识组织与知识技术""数据挖掘和决策支持""知识工程原理与技术""专利及专利信息利用""信息组织与检索技术""自然语言处理在数字网络信息服务中的应用""JAVA技术与应用""数据挖掘与决策支持"等课程，指导培养12名硕士研究生、9名博士后科研人员。

（六）自然语言处理

中国科学技术信息研究所自然语言处理学科主要开展英－汉、汉－英、日－汉、汉－日机器翻译，中、英、日大规模科技语料库建设，中－英－日多语言检索，以及文本挖掘及其在科技信息服务中应用的相关研究工作。

2011年，学科建设团队承担中国博士后科学基金、国家社会科学基金等国家级课题3项，培养硕士研究生1名，博士1名，博士后科研人员3名，并举办了"中日两国机器翻译技术合作研讨会"。

2012年，学科建设团队承担中国博士后科学基金项目1项，完成国家社会科学基金等国家级项目1项，发表EI国际期刊论文1篇，ISTP国际会议论文1篇，中文核心期刊3篇，完成研究报告6份，指导培养硕士研究生3名、博士研究生3名、博士后科研人员3名。

2013年，学科建设团队承担了国家社会科学基金项目1项，中国博士后科学基金项目1项；申请国际合作项目1项，国家自然科学基金项目1项，国家博士后基金特别资助项目1项；发表中文核心期刊论文6篇，录用EI期刊论文2篇；完成研究报告5份；指导培养硕士研究生毕业2名，博士研究生毕业1名，博士后科研人员出站2名。

2014年，学科建设团队承担国家自然科学基金项目1项，国家社会科学基金项目1项，国际科技合作项目1项；完成中国博士后科学基金项目2项。发表SCI期刊论文1篇，中文核心期刊论文8篇，发表国际会议论文3篇，完成科技报告6份；指导培养硕士研究生毕业1名，博士研究生毕业1名，博士后科研人员出站1名。

（七）情报学

中国科学技术信息研究所情报学学科主要研究方向为竞争情报、情报理论与方法研究等。

2011年，学科建设团队承担了国家自然科学基金和国家社会科学基金等国家级项目5项，发表SCI/SSCI论文2篇，中文核心期刊论文23篇，完成研究报告2份，为硕士研究生开设"竞争情报""情报分析技术"课程，指导培养9名硕士研究生、3名博士后科研人员。

2012年，学科建设团队承担国家自然科学基金和国家社会科学基金等国家级项目6项，并完成了其中2项国家级项目的结题验收工作，发表中文核心期刊论文20篇，完成分析类产业研究报告2份，情报学理论方法报告1份，为硕士研究生开设"情报学概论""竞争情报""情报技术分析"3门课程，指导培养9名硕士研究生、3名在站博士后科研人员。

2013年，学科建设团队承担国家自然科学基金和国家社会科学基金等国家级项目2项，发表中文核心期刊论文14篇，完成分析类研究报告4份，为硕士研究生开设"情报学概论""竞争情报""情报分析技术"3门课程，指导培养8名硕士研究生、1名在站博士后科研人员。

2014年，学科建设团队承担国家自然科学基金和国家社会科学基金等国家级项目2项，发表中文核心期刊论文16篇，完成研究报告8份，为硕士研究生开设"情报学概论""竞争情报"2门课程，指导培养9名硕士研究生、4名在站博士后科研人员。

（八）科学计量学

中国科学技术信息研究所科学计量学学科主要研究方向为科研绩效评价研究和科技期刊、专著评价研究及人才评价等，设有科学计量学教研室。

2011年，学科建设团队承担国家自然科学基金和国家社会科学基金等国家级项目5项，发表SCI/SSCI论文2篇，中文核心期刊论文13篇，完成研究报告14份，为硕士研究生开设"科学计量学"课程，指导培养6名硕士研究生，2名博士后科研人员。

2012年，学科建设团队承担国家自然科学基金和国家社会科学基金及国家软科学计划等国家级项目5项，发表SCI/SSCI论文2篇，中文核心期刊论文16篇，完成研究报告13份，为硕士研究生开设"科学计量学"课程，指导培养5名硕士研究生、3名博士研究生、3名博士后科研人员。

2013年，学科建设团队承担国家自然科学基金、国家社会科学基金和国家软科学计划等国家级项目3项，发表SCI/SSCI论文2篇，完成研究报告13份，为硕士研究生开设"科学计量学"课程，指导培养6名硕士研究生、3名博士研究生、3名博士后科研人员。

2014年，学科建设团队承担国家自然科学基金、国家社会科学基金等国家级项目3项，发表SCI/SSCI论文3篇，EI论文1篇，中文核心期刊论文22篇，完成研究报告20份，为硕士研究生开设"科学计量学"课程，指导培养10名硕士研究生、2名博士研究生、4名博士后科研人员。

## 第五节　交流合作步入新常态，迈向新征程

一、新征程中的国内科技信息交流与合作

（一）通气会

2012年8月10日，科技部办公厅召集主流媒体召开了主题为"中国追求科技发展质量取得显著成效"的媒体通气会。《人民日报》《新华社》《光明日报》《经济日报》和《科技日报》等媒体参加。武夷山副所长向媒体通报了中国科学技术信息研究所的最新研究报告——"中国追求科技发展质量取得显著成效"。会后，《人民日报》《新华社》《光明日报》《经济日报》和《科技日报》均在显著位置刊发了报告内容，新华网、人民网、科学网、中国网、求是理论网等各大门户网站也进行了相关报道。

（二）培训会

2011年6月16日，中国科学技术信息研究所在龙岩举办联合国教科文组织"全民信息计划"培训班。龙岩市7个县（市、区）知识产权局、知识产权试点单位代表、龙岩学院师生共300余人参加了培训。

（三）表彰会

2013年10月22日，中国图书馆学会授予中国科学技术信息研究所信息技术支持中心"李炳穆交流合作奖"，表彰以乔晓东总工程师为带头人的中信所信息技术支持中心研究团队在中韩两国间图书馆交流与合作方面所做出的突出贡献。

## （四）研讨会

为把握数字出版（学术数据库）的新趋势，探讨数字信息资源服务与利用的新方式，2013年3月27日，信息资源中心在中信所举办了"2013数字出版趋势研讨会"。研讨会就国内外数字出版和数字图书馆的发展情况、图书馆馆藏发展的下一个十年发展、图书馆的整合服务及开放获取等相关问题进行了探讨。数字资源的整合、发现等深度服务也受到了一定程度的关注。

## （五）座谈会

2014年3月19日，中国科学技术信息研究所在北京召开"省市（行业）情报所所长科技报告工作座谈会"。座谈会上，科技部计划司刘敏副司长介绍了国家科技报告工作进展情况和下一步的工作打算；中信所乔晓东总工程师演示了国家科技报告服务系统的功能；武汉大学本科生院陈传夫院长和南京大学信息管理学院孙建军院长分别就科技报告的知识产权问题和质量评估与监控做学术讲座。贺德方所长在总结发言中指出：科技报告是国家宝贵的战略资源，做好科技报告工作是科技情报机构的历史责任；科技报告工作具有长期性、复杂性和挑战性的特点，是一项复杂的系统工程；做好科技报告工作需要稳定的投入支持，要做好必要的人力和经费等准备；科技报告工作必须作为"一把手工程"，并要与科技计划管理部门实现无缝合作；中信所将按照科技部计划司的工作部署，对地方科技报告工作给予全力支持。座谈会期间，各省市科技情报研究院（所）负责人就地方科技报告工作的设想和规划进行了研讨和交流。

## （六）学术年会

2015年11月25—26日，为了更好地探讨"互联网+"环境下的科技信息资源管理和服务问题，召开了"中国科技信息资源管理与服务年会"。本届大会的主题是"互联网+科技信息资源服务"。会议重点针对科技信息资源共享与服务利用、大数据与情报工程、科技情报与决策支持、科技评价与监测、科技信息与创新创业等议题展开讨论，交流并分享有关科技信息领域的新理念、新模式、新方法、新工具、新机制。通过10年的努力，"中国科技信息资源管理与服务年会"已经成为科技信息资源综合利用与服务领域的一个高端学术交流平台，通过持续的关注、研讨和交流，推动加深社会各界对科技信息资源管理与应用理论和实践的理解，促进科技信息资源开发利用的良性发展和科技信息行业产学研的合作。此次会议探讨的大数据与情报工程、科技情报与决策支持、科技评价与监测、科技信息与创新创业等内容将进一步推动科技信息资源综合利用与服务的研究和创新实践。

## （七）国内区域合作与交流活动

2013年10月24日，为了发挥中国科学技术信息研究所在信息资源、技术和人才方面的优势，推动区域间合作与交流，中信所与湖北省科技厅签署了战略合作协议，双方将在光电子信息领域及其他重点科技领域研究、人才培养等方面开展合作，支持湖北省科技信息事业的发展。中信所所长贺德方和湖北省科技厅厅长郭跃进在合作协议书上签字。

2013年11月20日，贺德方所长和苏州市科技局黄戟局长签署了中国科学技术信息研究所－苏州市科技局战略合作框架协议，同时为中国科学技术信息研究所国家工程技术图书馆苏州服务站揭牌。在中信所深入推进与苏州市科技局签订的战略合作框架协议的基础上，依托"中国科学技术信息研究所国家工程技术图书馆苏州服务站"，加强对苏州区域创新的科技信息服务工作。与苏州市科技服务中心签订技术服务和技术咨询合同，围绕苏州区域创新需求开展了电动汽车和碳纳米管领域的创新服务。

2014年9月28日，中国科学技术信息研究所与西北农林科技大学就科技信息资源建设与服务战略合作举行签约仪式。双方本着"优势互补、资源共享、相互合作、共同发展"的原则，在各自优势领域内，就文献信息资源建设、科技信息资源服务、人才培养和合作交流等方面开展深入合作。随着服务的深入，2014年10月，中信所与北京万方数据有限公司、苏州市科技服务中心、天津市科学技术信息研究所联合申报了国家科技支撑计划项目"新一代科技信息服务平台研发与应用示范"，将科技信息服务与区域创新再次结合，研究科技信息服务于企业创新的实践案例。

2015年，中国科学技术信息研究所加强主动服务，积极探索科技信息服务区域创新的方式。与苏州市科技局战略合作协议第二期合作顺利进行。牵头完成《青海省深化体制机制改革加快实施创新驱动发展战略行动方案》研究报告，支撑青海省具体行动方案的出台。10月30日，中信所所长戴国强、联合国教科文组织国际传播与信息咨询专家夸梅一行赴苏州高新区调研。戴国强所长对于苏州的医疗器械产业发展提出了专业的指导。

2015年11月25—26日，举行"中国科技信息资源管理与服务2015年会"。此次会议主题为"互联网＋科技信息资源服务"，由大会主题报告和5个分论坛组成，重点针对科技信息资源共享与服务利用、大数据与情报工程、科技情报与决策支持、科技评价与监测、科技信息与创新创业等议题展开讨论。

2015年12月20日，中科鼎富（北京）科技发展有限公司与中国科学技术信息研究所在提高国家科技图书文献中心网络服务及各地服务站服务能力方面建立了合作关系。

## 二、国际科技信息交流与合作进一步拓展

### （一）国际科技信息事业的交流与合作取得的成就

2011年，中国科学技术信息研究所对外交流与合作进一步拓展。成功举办了"2011年国际科技信息委员会夏季大会""第六届科技信息资源共享促进国际会议"及"第二届中日韩科技信息机构联合会议""中日两国机器翻译技术合作学术交流会"等国际学术会

议，进一步提升了中信所在国际科技信息界的影响力。与德国弗朗霍夫系统与创新研究所、日本科技振兴机构、韩国科技情报研究院、美国汤森路透集团和千年研究所建立了稳定的合作交流机制。中信所-汤森路透科学计量学联合实验室举办了"学科建设之定位策略暨第三届科研管理与评价高级研究班"，与联合国大学国际软件技术研究所等机构的合作取得重要进展，并与奥地利理工学院、比利时鲁汶大学科技研发评价中心、英国曼彻斯特大学科技政策中心建立了业务交流渠道。2011年，中信所共计有27个团组出访，人数为50名，赴19个国家和地区开展业务访问、学术交流和合作研究等活动，积极开拓国际交流渠道。2011年，共有60个国际及港澳台组到中信所访问考察、参加国际会议或进行合作研究，其中包括美国能源部科技信息办公室主任布莱恩·希特森、美国汤森路透集团公司总裁克里斯托弗·基伯里安先生、爱思维尔集团国际部主任池永硕等。

2012年，中国科学技术信息研究所积极参加国际组织会议，参与国际机构的合作，推动科技信息领域基础研究和服务发展。中信所与美国汤森路透集团签署第二期合作协议，继续拓展在信息分析和科研评价领域的多方位合作，与日本科技振兴机构续签合作协议，与德国弗朗霍夫系统与创新研究所、希腊国家文献中心签署合作备忘录。与爱思维尔集团签署战略合作协议，联合创建了"中信所-爱思维尔期刊评价研究中心"。参加"第三届中日韩信息技术联席会议""第七届科技信息资源共享促进国际会议""第七届软科学国际研讨会"等国际学术会议，承办科技部和世界知识产权组织联合举办的"国家科技创新知识产权信息服务研修班"等学术活动。作为联合国教科文组织"全民信息计划"中国联络点，坚持在国内欠发达地区开展科技信息培训，得到联合国教科文组织"全民信息计划"委员会的充分肯定。2012年，中信所共计有30个团组出访，人数为55名，赴25个国家和地区开展业务访问、学术交流和合作等活动，积极拓展国际交流渠道。2012年，共有43个国际及港澳台团组到中信所进行访问考察、参加国际会议或进行合作研究，其中包括联合国教科文组织非洲事务部总干事本·巴卡女士、爱思维尔集团科技部大学与政府事业部学术市场总裁奥利弗·杜蒙等。

2013年，中国科学技术信息研究所代表国家积极参与国际组织的活动。分别参加了国际科学理事会／国际科技信息委员会2013年夏季和冬季年会，国际标准化组织信息与文献技术委员会大会及各分技术委员会工作会议，联合国教科文组织第37届大会传播与信息委员会会议，"第四届中日韩科技信息技术机构联席会议"，并在中信所举办DOI专题研讨会，拓宽了国际合作的渠道。2013年，中信所派员访问美国国家技术信息服务局、加拿大国家研究理事会知识管理部等机构，探讨深入开展合作的模式。2013年，中信所继续加强与同行国际机构之间开展实质性合作。与日本科技振兴机构继续开展国际合作，与美国汤森路透集团公司合建的"中信所-汤森路透科学计量学联合实验室"，与荷兰爱思维尔公司合建的"中信所-爱思维尔期刊评价研究中心"，与美国千年研究所合建的中信所-美国千年研究所（ISTIC-MI）联合实验室"运行良好。2013年，中信所共计有28个团组出访,出访人员51名,赴24个国家和地区开展业务访问、学术交流和合作研究等活动,积极拓展国际交流渠道。2013年,先后有28个国际及港澳台团组到中信所进行访问考察、参加国际会议或进行合作研究,其中包括日本前国会图书馆馆长长尾真先生、日本科技振兴机构前理事长冲村宪树先生、美国科学院研究数据信息部主任保罗·乌勒先生等。

2014年,中国科学技术信息研究所继续参加国际组织会议,并深入推进与国际机构的合作。中信所派人参加美国国会图书馆举办的"ISO/TC46"2014年会,并在大会上陈述中信所2015年举办该年会的准备情况。2014年6月,赵志耘副所长率团访问加拿大国家研究理事会知识管理部,深入洽谈合作协议和开展合作的模式。分别在西安和苏州成功举办了"中日韩科技信息联席会"和"第九届科技信息资源共享促进国际会议"。并与美国专利商标局、美国能源部科技信息办公室、法国高商(SKEMA)商学院等开展专利分析、科技报告和竞争情报等领域的学术交流活动等。2014年,中信所共有11个团组出访,出访人员19名,赴6个国家和地区开展业务访问、国际会议、学术交流和合作研究等活动,积极开拓交流渠道。2014年,先后有13个国际及港澳台团组到中信所进行考察访问、参加国际会议或进行合作研究,其中包括汤森路透知识产权与科技集团全球总裁巴斯勒·穆夫塔赫、美国密尔沃基大学副校长约翰内斯·布里茨等。

2015年,中国科学技术信息研究所切实发挥中信所在国际组织中的影响力。2015年ISO/TC46年会"数字环境下信息与文献标准化"国际论坛成功举办。2015年,中信所不断推进国际合作与交流。继续加深与汤森路透、爱思唯尔等机构的合作,推进ISTIC-THOMSON REUTERS科学计量学联合实验室和ISTIC-ELSEVIER期刊评价研究中心建设。与日本科技振兴机构(JST)开展项目联合申请,并探讨了双方面向科技文献的机器翻译合作研究。"中日韩科技信息联席会议"机制深入开展。联合德国希尔德斯海姆大学和韩国科技情报研究院共同举办第二届专利挖掘国际研讨会。2015年,中信所为拓展国内科技论文的国际影响力发挥作用。基于中国科技期刊评价成果,推荐和帮助35种中国科技期刊加入Scopus国际论文检索系统。

(二)举办和参加各种交流与合作会议

**1. 国际会议**

(1)国际科技信息委员会(ICSTI)国际会议。2011年2月5—8日,中国科学技术信息研究所科研人员一行3人赴美国雷德蒙德市参加国际科技信息委员会冬季会议。该团组此行的主要任务是向国际科技信息委员会各成员汇报"2011年北京国际科技信息委员会夏季大会"筹备工作进展,并就筹备工作中的相关事宜与执委会进行沟通和确定。2011年6月7—8日,由国际科技信息委员会(ICSTI)主办、中国科学技术信息研究所承办的"2011年国际科技信息委员会夏季大会"在北京举行,来自中国、美国、加拿大

# 甲子辉煌
——中国科学技术信息研究所成立60周年纪念

等10多个国家的图书馆界、科技信息界、出版界和企业界代表共400多人出席了会议。大会中方主席贺德方所长和外方联合主席、ICSTI主席罗伯塔·谢弗女士分别在开幕式上致辞。科技部党组副书记、副部长王志刚出席开幕式并做了重要讲话。中国科协副主席、党组副书记程东红，科技部副秘书长郑国安、政策法规司司长徐建培、科研条件与财务司司长张晓原、国际合作司司长靳晓明等领导应邀出席会议，开幕式由陈家昌副所长主持。大会特邀的近30位演讲嘉宾都是图书文献、信息资源管理、信息计量学、科学计量学、技术创新政策等领域的国际知名专家学者。科技部党组书记、副部长王志刚在开幕式上指出，科技信息是科技创新和转化活动的重要支撑。当前，中国把建设创新型国家作为奋斗目标，科技创新是建设创新型国家的重要内容。要实现这个目标，必须要大力发展科技信息事业。用知识服务科技、经济、社会发展，并让科技更多地惠及民生、提高大众科学素质。新时期科技信息行业要以满足科技进步与创新的信息需求为主线，用知识服务人类，着力推进科技信息工作向知识服务转型，加强科技信息领域的国际交流与合作。大会以"迈向知识服务"为主题，旨在促进国际科技信息领域的学术交流，探讨迈向知识服务的有效途径。与会代表从"信息资源建设与服务""知识组织与知识发现""信息环境构建"3个方面进行了深入的学术研讨与交流。同时，为了更好地促进学术交流并展示研究成果，本次会议还组织了学术论文的征集并正式出版。2011年"国际科技信息委员会夏季大会"被国际科技信息委员会评价为历次大会参会规模最大、学术水平最高、举办最成功的一届会议。2012年3月，乔晓东总工程师参加了国际科学理事会／国际科技信息委员会2012年年会。

（2）中日韩科技信息机构联合会议。2011年3月14—15日，"第二届中日韩科技信息机构联合会议"在北京召开，中国科学技术信息研究所、日本科技振兴机构（JST）和韩国科学技术信息研究院（KISTI）的代表参加了会议。一年一度定期举行的"中日韩科技信息机构联合会议"宗旨是促进国际科技信息机构之间的合作共赢发展，提升亚洲科技信息资源的传播与服务水平、强化我国及中国科学技术信息研究所的科技信息服务能力，从而实现科技创新国策下的信息服务支撑体系的升级换代。本届会议共设"电子期刊及相关环境""基于DOI和其他唯一标识符的链接中心信息交换""科技信息流通新技术""以决策支持为目标的科学计量学与科学数据的收集、共享""亚洲科技门户的合作"5大议题。会议以三方共同关心的信息技术研发项目为中心，分享了各自的研究成果与规划。在寻求深化现有合作项目、拓宽合作领域的共识下，除进行预设议题的交流外，对重点合作点进行了深度研讨。会后，根据会议交流的情况，信息技术支持中心与韩国科技信息研究院完成了中韩国际科技合作项目"支持研发战略规划的智能服务体系的构建"的申报工作。2014年10月10—11日，中国科学技术信息研究所与韩国科技信息研究院、日本科技振兴机构共同在西安市举办了"第五届中日韩科技信息机构联席研讨会"。中信所总工程师乔晓东代表中方致辞。各方代表围绕"科技创新政策与创新平台""科学评价与开放获取""大数据、多资源智能信息分析、信息分析方法"等议题，介绍了本国相关研究项目的最新进展及未来规划，并展开了深入讨论。

（3）国际数字对象识别号基金会（IDF）年会。2012年12月4日，乔晓东总工程师出席在英国伦敦举行的DOI基金会年会。乔晓东总工程师向大会报告了中国DOI注册与服务的运行情况和中国DOI发展状况，增进了与其他国家和地区的交流。

（4）世界科研诚信大会。2013年5月5—8日，第三届世界科研诚信大会在加拿大蒙特利尔市举行。科技部、教育部、中国科学院和中国科协等部门都派员出席会议。中国科学院派出孙平参加会议，并主持了题为"支撑科研诚信方面的努力"的分组会。大会围绕各国和国际科研诚信体系建设、科研诚信教育、调查处理科研不端行为举报、保证科学记录的准确性、科技工作者的伦理和社会责任，以及营造良好的科研环境与文化等问题进行了广泛而深入的交流。此次大会的主题之一是讨论《关于跨界科研合作中的科研诚信蒙特利尔声明》，其中强调在涉及不同国家、机构，以及跨领域、跨行业科研合作中各方应承担的责任和注意的问题。许多代表在发言中希望各方更加关注科研质量，以及科研结果的可靠性和可信性问题，呼吁科学家在研究和发表过程中要更加严谨，要习惯取得微不足道的进展和效果，而不应当总是期待或轻易相信自己能取得重大成果。

（5）绿色经济建模会议。2013年5月7—8日，由联合国环境计划署主办，卑尔根大学和美国千年研究所承办的绿色经济建模会议在挪威卑尔根举行。战略研究中心杨阳代表中国科学技术信息研究所，受邀在本次会议上做了题为"中国绿色经济——挑战和路径"的报告。杨阳用T21–China模型分析了中国的绿色经济政策在不同情境下对就业、经济、能源、排放等产生的影响，并现场展示了模型的基本界面和模拟结果。这种基于事实型数据的政策模拟工具在研究的客观性和实用性方面得到了充分肯定。

（6）ISO/TC46全会。2013年6月，中国科学技术信息研究所派员参加在法国巴黎举行的国际标准化组织信息与文献技术委员会（ISO/TC46）大会及各技术委员会（SC4、SC8、SC9、SC11）工作会议，并成功申请到该会议的2015年举办权。2015年6月1—5日，国际标准化组织信息与文献标准化技术委员会（ISO/TC46）第42届全体会议在北京召开，来自美国、英国、法国、德国、澳大利亚、日本、南非等20个国家的国家标准化机构及其专家120人参加会议，科技部副部长张来武、国家标准化管理委员会工业二部副主任孙维、中国科学技术信息研究所所长戴国强应邀出席会议。ISO/TC46自1947年成立至今，已经发展成为国际上影响最大的信息与文献领域国际标准制定组织。第42届ISO/TC46全体会议，充分凸显其作为国际标准化组织在标准研究制定方面的协商、合作的本质，展示信息与文献国际标准在全球信息资源共享中的价值，推动技术标准在创新驱动发展中的重要作用。

**2. 研讨会**

2012年3月2日，乔晓东总工程师一行赴法国巴黎参加"国际科技信息委员会2012

会员年会暨学术研讨会"。乔晓东总工程师在会上做了题为"2011年中国科学技术信息研究所信息研究与服务进展"的演讲。此次访问加强了中信所与国际科技信息委员会会员单位的了解，为进一步合作打下了基础。

2013年12月6日，中国科学技术信息研究所与国际DOI基金会（IDF）联合举办了"DOI创新应用（北京）研讨会"。来自政府、出版社、企业、高校和研究所的300多名中外代表参加了研讨会。会议围绕着"DOI标准的当前国际发展趋势"的主题展开了深入的探讨，从DOI标准的制定及完善入手，到全球各国的注册机构如何实践应用，再落脚于中国在开展服务与推广过程中的经验与成绩。通过本次大会进一步加深了广大中文DOI会员用户对DOI标准的认识和理解，推动了DOI标准在中国的广泛应用。

（三）开展与联合国教科文组织全民信息计划的交流与合作

2011年10月3—5日，应联合国教科文组织全民信息计划（IFAP）主席由夫金·库字敏的邀请，武夷山副所长参加了在俄罗斯莫斯科举办的"信息社会的数字化信息保存"大会。2012年4月2日，武夷山副所长参加了联合国教科文组织全民信息计划政府间理事会第七届会议。6月25日，联合国教科文组织"全民信息计划培训班"在西藏拉萨举办，来自西藏自治区50多家单位的200多名学员参加培训。

2012年4月，武夷山副所长参加了联合国教科文组织全民信息计划政府间理事会第七届会议。5月14日，联合国教科文组织官网在"新闻和关注文章"栏目发表题为"全民信息计划助推中国农村民生"的报道，对中信所自2003年以来开展全民信息计划活动进行了报道。

2013年6月8日，联合国教科文组织"全民信息计划培训班"在江西省永新县开班。培训班由中国科学技术信息研究所主办，江西省永新县政府承办。此次全民信息计划培训的主题是"专利知识培训，茶产业发展与卫生信息传播"。该培训班的目的是提高学员在信息社会环境下的获取、分析和利用专利信息的能力；同时结合永新县当地的需求，传播茶产业发展和远程医疗知识，助力永新县新农村新城镇建设。本次培训班主要以培训讲座与实地调研形式展开，中信所、解放军301医院远程医学中心、中国农业科学院茶叶研究所和上海今点软件有限公司的4位专家做了专题讲座。通过此次培训，当地学员了解到专利价值与利用、农村医疗卫生服务、茶产业发展及移动环境下的科技特派员工作的重要意义和业态模式，提高了永新县科研单位和人员的信息素质和信息利用能力，为进一步提高永新县科技信息化水平提供了有力支持。

2014年7月2日，由中国科学技术信息研究所主办的联合国教科文组织"全民信息计划培训班"在青海省西宁市开班。来自中国科学技术信息研究所、中华全国专利代理人协会的专家围绕"提升科技创新企业及科研机构在自主创新环境下的专利知识素养"的培训主题，针对专利属性、专利申请流程、专利申请策略、专利与市场盈利关系、专利检索、专利信息平台、知识产权侵权与保护等内容进行了专题讲授。

（四）开展与国际数据管理协会的交流与合作

2013年3月7日，国际数据管理协会（DAMA）胡立本主席、田景熙等一行访问中国科学技术信息研究所，与中信所资源共享促进中心主任彭洁研究员等就目前大数据的组织与管理等主题进行了广泛交流与讨论，积极分享了各自在相关领域的研究基础。胡立本主席介绍了国际数据管理协会的知识体系和方法论，介绍了DMBOK（一本有关数据管理的较为权威的专著）书稿的相关内容，探讨了在目前环境下数据的全新概念与标准，并介绍了国际数据管理协会承担的中国人民银行的数据管理项目。资源共享促进中心工作人员介绍了今年承担的国家科技支撑计划项目"电动汽车多源信息决策支持系统"中关于数据管理、元数据模型构建的相关想法，双方就如何构建科学合理的数据管理模式展开了讨论。会谈中，双方就共同开展关于数据管理的研究项目、共同筹办科技信息资源管理与服务分论坛等方面达成初步的合作意向。

（五）开展与美国的交流与合作活动

2011年8月8—17日，陈家昌副所长率团参加了在美国纽约召开的中美图书馆服务研讨会和在波多黎各圣胡安市召开的第77届国际图联大会，参会期间与国外同行进行了深入交流与沟通。9月，美国汤森路透集团公司总裁克里斯托弗·基伯里安先生等来访。11月22日，美国能源部科技信息办公室主任布莱恩·希特森来访并参加"第六届科技信息资源共享促进国际会议"。2012年，中国科学技术信息研究所与美国汤森路透集团签署第二期合作协议，继续拓展在信息分析和科研评价领域的多方位合作。2013年6月17—19日，中国科学技术信息研究所联合汤森路透集团等在西安举办了"协同创新研究与实践论坛暨第六届科研管理与评价高级研修班"。6月25日，中信所与汤森路透初步达成"领跑者5000"项目合作意向。10月，美国科学院研究数据和信息部主任保罗·乌勒先生来访，并参加"第八届科技信息资源共享促进国际会议"。2014年，中国科学技术信息研究所开展与美国专利商标局、美国能源部科技信息办公室等学术交流活动等。2014年，中信所共有11个团组出访，出访人员19名，赴6个国家和地区开展业务访问、国际会议、学术交流和合作研究等活动，积极开拓交流渠道。2014年，汤森路透知识产权与科技集团全球总裁巴斯勒·穆夫塔赫、美国密尔沃基大学副校长约翰内斯·布里茨来访，进一步促进中信所与汤森路透及密尔沃基大学的学术交流与合作。

（六）开展与日本的交流与合作活动

早在1981年，中国科学技术情报研究所与日本科技厅下属的日本科技情报中心（日本科技振兴机构前身）建立了长期的合作关系。

2011年，中国科学技术信息研究所与日本科技振兴机构（JST）签订了合作备忘录，建立研究人员交流互访机制。2011年2月22日，中信所战略研究中心与日本科技振兴机构研发战略中心成功举办"关于各国科技政策研讨会"，就双方共同关注的话题进行了深入探讨和交流。日方北场林研究员以"关于美国科技预算政策的最新动向"为题，围绕美国科技预算政策的形成过程，以及美国最新的研发预算发表演讲。中方程如烟研究员发表了题为"关于美国联邦政府研发经费的管理的报告"，从分配、监督到绩效评估细致介绍美国联邦政府研发经费的管理。随后，中日双方代表分别就英国科技与创新政策新动向、中国高端人才政策、东南亚的科技政策（以新加坡和泰国为中心）和俄罗斯的科技政策新动向阐述了各自的观点。双方同意签署增进科技政策研究合作的协议书，定期召开研讨会，并适时推出中日科技政策论坛。9月26—27日，由中信所和日本科技振兴机构主办的"中日两国机器翻译技术合作学术交流会"在北京召开。来自中日两国的50余名研究人员参加了学术交流会。科技部国际合作司公参阮湘平等领导、中信所副所长武夷山、日本国立国会图书馆馆长长尾真、日本驻华大使馆参事官岩本桂一、日本科技振兴机构高级执行理事川上伸昭等到会并致辞，乔晓东总工程师主持会议。会后，科技部副部长曹健林、科技部有关司局领导以及武夷山副所长、乔晓东总工程师会见了日本客人。双方就中日机器翻译技术和应用领域合作进行了友好会谈。2011年11月3—4日，中信所战略研究中心与日本科技振兴机构研发战略重心在北京举办"国际人才政策研讨会"，赵志耘副所长和日本科技振兴机构林幸秀上席研究员共同主持了会议，双方就共同关注的研究内容进行了深入探讨和交流。

2013年6月17—18日，中国科学技术信息研究所战略研究中心与日本科技振兴机构研究开发战略中心召开了双方签署合作备忘录以来的第二次联合研讨会。会上，双方各有5名研究人员发言，就美国、英国、意大利、法国及日本和中国的资助体系进行了热烈的讨论。会后双方一致认为今后有必要进一步加强互访。

（七）开展与英国的交流与合作活动

2011年6月26日—7月7日，贺德方所长率团赴英国、芬兰、瑞典3国访问，参观牛津大学、曼彻斯特大学、哈维尔研究综合园、芬兰国家技术研究中心、斯德哥尔摩大学等，就研究实验基地的运行管理机制、仪器设备开放共享和成果转化等问题和有关管理人员、研究人员进行了交流座谈。

（八）开展与德国的交流与合作活动

自德国弗朗霍夫系统与创新研究所与中国科学技术信息研究所于2010年建立了战略合作关系以来，双方合作关系日益密切，在合作研究和人员交流方面取得了重大进展。

2011年6月15—17日，张满年所长率团访问德国弗朗霍夫系统与创新研究所（ISI）

和比利时鲁汶大学研究与发展监测中心（ECOOM），先后与弗朗霍夫系统与创新研究所ISI区域与创新中心副主任赖纳·弗里奇博士就双方签署备忘录、交换研究人员等事项进行了探讨，与比利时鲁汶大学研究与发展监测中心主任沃尔夫冈等就文献计量和专利分析等领域的研究情况进行了深入交流。

2013年5月21日，受中国科学技术信息研究所战略研究中心邀请，德国弗朗霍夫系统与创新研究所赖纳·弗里奇博士来访，与中信所从事统计分析科研工作的多位研究骨干进行学术交流。在学术研讨会上，曹燕同志做了题为"基于专利文献计量学的地区工业技术比较"的学术报告，介绍了中信所基于ISTIC自主知识产权的专利数据库，围绕中国区域科技创新能力进行科技评价与监测的研究进展。赖纳·弗里奇博士也展示了系统与创新研究所在运用文献和专利计量方法评价区域创新的研究成果。随后，双方就区域创新评价、重点科技领域技术分析等研究主题进行了深入研讨，为未来更广阔的合作研究拓展了新的思路。

（九）开展与加拿大的交流与合作活动

2014年7月1—5日，中国科学技术信息研究所副所长赵志耘率团前往加拿大渥太华做学术交流，访问了加拿大国家研究理事会知识管理部，就双方的主体业务进行了交流，并就未来的合作意向进行了探讨。加拿大国家研究理事会知识管理部主任帕姆·比约恩、知识管理部信息研究与分析经理琼·阿卡姆伯特等参加了交流讨论。

（十）开展与意大利、奥地利、西班牙、希腊的交流与合作

2011年6月27日—7月6日，赵志耘副所长率团访问意大利拉齐奥商业创新中心，与中心孵化器负责人罗伯托·朱利亚尼先生，以及知识密集型企业咨询协会国际合作处主任布鲁诺·格拉塞蒂先生就孵化器的经费来源、孵化企业的选择、孵化企业的毕业等方面进行了深入的交流和讨论。期间，赵志耘副所长一行还访问了奥地利理工学院，就双方建立联合实验室和人员交流进行了探讨。2011年9月4—15日，中信所党委书记邢宪力、总工程师乔晓东、人事处处长李沛一行3人赴瑞士世界知识产权局、西班牙纳瓦拉大学图书馆及希腊国家文献中心进行了交流访问，深入了解相关机构在知识处理技术和文献、专利等数据管理机制方面的情况，并就中信所与相关机构的业务合作与人员交流进行商讨。

2012年6月12日，贺德方所长率团访问了希腊国家文献中心，与希腊国家文献中心签署了合作备忘录。2012年9月12日，邢宪力书记率团访问了奥地利工学院等机构。

（十一）开展与匈牙利、波兰的交流与合作活动

2012年9月12日，邢宪力书记率团访问了匈牙利塞切尼图书馆和波兰国家图书馆

等机构。

### (十二) 开展与韩国的交流与合作活动

2011年3月14—15日,第二届"中日韩科技信息机构联合会议"在北京召开。日本科技振兴机构(JST)、韩国科学技术信息研究院(KISTI),以及中国科学技术信息研究所代表参加了会议。贺德方所长会见日本科技振兴机构和韩国科学技术信息研究院与会代表,与会代表参观了中信所网络机房、中国科学技术信息研究所-汤森路透科学计量学联合实验室、国家工程技术图书馆等场所。5月,中信所与韩国科学技术信息研究院签署了合作备忘录,开展"支持研发战略规划的智能信息服务体系构建"合作研究。6月8日,贺德方所长会见韩国科学技术信息研究院知识信息中心代表团崔曦允一行5人。会上,贺德方所长对中信所信息技术支持中心和韩国科学技术信息研究院于本年度5月份联合申请的中韩国际合作项目"支持研发战略规划的智能信息服务体系构建"表示积极肯定和大力支持。双方在会上签署了合作备忘录。

2012年9月24—25日,由中国科学技术信息研究所与韩国科技信息研究院共同主办的"中韩合作及技术转移联席会"在中信所举行。乔晓东总工程师出席会议并就如何使用InScite系统软件及未来服务平台的搭建工作做了详细介绍。双方就InScite技术转移的相关工作做了部署。

### (十三) 开展与中东、非洲的交流与合作活动

2012年5月29日,赵志耘副所长率团访问了埃及科研部、以色列时代(The Time)孵化器中心、南非科技部等机构。2012年6月12日,贺德方所长率团访问了土耳其中东技术大学、以色列技术大学等机构。上述访问活动推动了中国科学技术信息研究所与中东、北非等国的交流与合作活动。

# 参考文献

[1] 中华人民共和国科学技术部. 国家科学技术条件发展 60 年（1949—2009）[M]. 北京：科学技术文献出版社，2009.

[2] 刘昭东. 科技情报与信息工作纪实——我的回忆 [M]. 北京：科学技术文献出版社，2011.

[3] 中国科学技术信息研究所. 中国科学技术信息研究所大事记（1956—1996）[M]. 北京：科学技术文献出版社，1996.

[4] 国家科委科技情报局，中国科学技术情报学会. 中国科学技术情报事业创建三十周年纪念册（1956—1996）[Z]. 北京：中国科学技术情报学会，1987.

[5] 邓力群，马洪，武衡，等. 当代中国的科学技术事业 [M]. 北京：当代中国出版社，1991.

[6] 杨沛霆. 文献组织工作中的几个问题 [M]// 中国科学技术情报研究所编. 科学技术情报工作讲义（下册）. 北京：中国科学技术情报研究所，1959.

[7] 中国科学技术情报学会，中国国防科技信息协会. 中国情报学百科全书 [M]. 北京：中国大百科全书出版社，2010.

[8] 中国科学技术信息研究所. 中国科学技术信息研究所建所四十周年纪念文集 [Z]. 北京：中国科学技术信息研究所，1996.

[9] 中国科学技术信息研究所. 中国科学技术信息研究所建所四十五周年纪念文集 [Z]. 北京：中国科学技术信息研究所，2001.

[10] 中国科学技术信息研究所. 中国科学技术信息研究所建所五十周年纪念文集 [Z]. 北京：中国科学技术信息研究所，2006.

[11] 贺德方. 我国科技情报行业发展方向的探讨 [J]. 情报学报，2008.

[12] 中国科学技术情报研究所. 中国科学技术情报研究所年报（1983—1992 年）[Z]. 北京：中国科学技术信息研究所.

[13] 中国科学技术信息研究所. 中国科学技术信息研究所年报（1993—2014 年）[Z]. 北京：中国科学技术信息研究所.

[14] 姚平录，柴雨亭，等. 北京科学技术志 [M]. 北京：科学出版社，2002.

[15] 贺德方，赵嘉朱，姜爱蓉，等. 国家学位论文资源管理与共享系统研究 [M]. 北

京：科学技术文献出版社，2014．

[16] 中国科学技术信息研究所．科技报告工作手册[M]．北京：科学技术文献出版社，2015．

[17] 国家图书馆中国图书馆分类法编委会．中国分类主题词表[M]．第2版．北京：北京图书馆出版社，2005．

[18] 刘湘生．中国分类主题词表[M]．北京：华艺出版社，1994．

[19] 胡炳申．略谈我国的科技声像情报工作[J]．情报科学技术，1991．

[20] 中国国防科学技术信息学会：情报学进展（2008—2009）[M]．北京：国防工业出版社，2010．

[21] 北京市发展计划委员会，等．首都信息化标准体系[M]．北京：中国标准出版社，2001．

[22] 中国科学技术信息研究所．中国科技信息事业55年[M]．北京：科学技术文献出版社，2011．

[23] 马景娣，缪家鼎．对科技查新工作的再审视[J]．现代情报，2006．

[24] 庞景安．科技论文统计的应用发展及相关问题讨论[J]．中国科技期刊研究，2005．

[25] 贺德方，胡红亮，周杰．中国科技报告体系建设模式研究[J]．情报学报，2009．

[26] 中国分类主题词表（第1卷）[M]．第2版．北京：北京图书馆出版社．

[27] 中国分类主题词表（第2卷）[M]．北京：华艺出版社．

[28] "庆祝中国科技信息事业创立暨中国科技信息研究所创建50周年"专栏[J]．中国信息导报，2006；10．

[29] 贺德方．基于事实型数据的科技情报研究工作思考[J]．情报学报，2009．

[30] 张德，关家麟．情报学研究生教育回顾与前瞻[J]．情报科学，2009．

[31] 贺德方，曾建勋．科技报告体系构建研究[M]．北京：科学技术文献出版社，2014．